4 Lk 2 3286 4

Grenoble
1884

Lesdiguières, François de Bonne, connétable de

Actes et correspondances

Tome 3

DOCUMENTS HISTORIQUES

INÉDITS

POUR SERVIR

A L'HISTOIRE DU DAUPHINÉ

TIRÉ A 375 EXEMPLAIRES

dont 250 sur papier ordinaire
et 125 sur papier hollande teinté.

ACTES ET CORRESPONDANCE

DU CONNÉTABLE

DE LESDIGUIÈRES

PUBLIÉS SUR LES MANUSCRITS ORIGINAUX

PAR

le Cte DOUGLAS et J. ROMAN

MEMBRES DE PLUSIEURS SOCIÉTÉS SAVANTES

TOME III.

GRENOBLE

ÉDOUARD ALLIER, IMPRIMEUR
GRANDE-RUE, 8

1884

ACTES ET CORRESPONDANCE

DU CONNÉTABLE

DE LESDIGUIÈRES

JOURNAUX ET RAPPORTS

MILITAIRES ET POLITIQUES

MÉMOIRE

FAIT PAR LE CAPITAINE ARABIN

DE LA

VIE DE MONSEIGNEUR LE CONNESTABLE DES DIGUIÈRES

MEMOIRES DE CE QUE J'AY APRIS OU VEU DU COMMANCEMENT DE LA FOURTUNE DE MONSEIGNEUR LE CONNESTABLE DES DIGUIÈRES, L'INSEMBLE DE SES EXPLOICTZ, AYANT HEU L'HONNEUR EN PLUSIEURS DE SES RENCONTRES DE LE SUIVRE. [1]

En premier lieu j'ai bonne souvenance d'avoir appris de la bouche de feu Madame mère de feu mondit seigneur le Connestable, qui

---

[1] Le journal du capitaine Arabin existe en copie à la bibliothèque de la ville de Grenoble; cette copie date du XVII° siècle et est d'une écriture et surtout d'une orthographe détestables. Cet intéressant document a été déjà publié par M. Gariel, bibliothécaire de Grenoble, dans son excellent recueil intitulé *Delphinalia*.
Des documents originaux inédits appartenant à M. Roman nous permettent de donner sur le personnage du capitaine Arabin, dont le nom n'est

pour lors on nommoit seigneur des Diguières, qu'elle l'avoit envoyé en Avignon aux estudes qu'il paracheva avec honneur [2].

Du despuis preferant l'espée à la plume et la cuirace à la robbe longue, suivit en gendarmerie feu monseigneur de Gordes pour l'hors lieutenant du Roy en Dauphiné.

L'an 1562, monsieur de Furmeyet, levant les armes es montagnes du Dauphiné pour le party de la religion, fit son enseigne mondit seigneur des Diguieres [3].

cité qu'une fois ou deux par Videl, et sur sa famille, des renseignements très complets.

Laurent Arabin était fils de Jean Arabin, hôtelier de Corps, qui vivait encore en 1570; il paraît avoir porté les armes pour la première fois vers 1567 et fut témoin en 1569 de la bataille de Montcontour. Depuis lors il semble s'être attaché à la personne de Lesdiguières dont il devait être à peu près le contemporain; celui-ci utilisa ses talents comme ingénieur militaire et lui fit construire le fort de Puymaure destiné à bloquer la ville de Gap. En 1584, le 10 juillet, Arabin acheta les terres du prieuré de Corps de Pierre Gauthier, prieur du lieu, qui déclara dans l'acte ne savoir signer.

Laurent Arabin eut deux frères, Salomon et Barthélemy, mais ni l'un ni l'autre ne peut être l'auteur du journal que nous publions, car ils portèrent tous deux le surnom de *capitaine Roure*, tandis que Laurent seul porta celui de *capitaine Arabin*. Salomon est celui des trois frères qui paraît avoir rempli la plus brillante carrière militaire; il contribua activement, en 1585, à la prise d'Embrun et s'empara quelques jours après, avec peu de soldats, de Châteauroux et de Saint-Clément en Embrunais. Aussi son nom paraît plusieurs fois dans le journal de son frère.

Barthélemy, le troisième des frères Arabin, est le seul dont la descendance nous soit connue; il eut trois fils, Laurent et Salomon vivants en 1610, et Pierre, surnommé comme son père le *capitaine Roure* et mort antérieurement à 1610.

De sa femme Honorée de la Place, fille de Jean de la Place, châtelain de Corps, et qu'il avait épousée le 19 août 1594, ce dernier eut une fille unique nommée Marguerite qui épousa en premières noces le capitaine Jean Le Blanc, de Gap, et devenue veuve se remaria le 8 septembre 1610 avec noble Guillaume Gras, seigneur de Saint-Maurice en Valgodemar. Toute cette famille Arabin avait embrassé avec beaucoup de zèle le protestantisme, et lors de la révocation de l'édit de Nantes, un officier de ce nom quitta le Dauphiné pour l'Angleterre où il combattait en 1689 sous les ordres de Schomberg (*France protestante*).

Le journal du capitaine Arabin est un document intéressant, il donne des détails en grand nombre qu'on ne trouve pas ailleurs. Il contient également un très grand nombre d'erreurs, surtout des erreurs de dates, dont nous avons rectifié la plupart dans des notes.

Si l'on s'en rapporte au début de ce mémoire, il aurait été écrit postérieurement à 1626, puisque dans la première phrase il y est question de *feu monseigneur le Connétable des Diguières*. Cependant, comme rien n'est plus aisé à un copiste que de modifier une phrase de l'original qu'il copie, rien n'est moins certain que la date de cet écrit et peut-être faut-il en reculer la composition jusque sous le règne de Henri IV. En effet, l'auteur parle de la prise du fort Barraux comme d'un événement *de fraîche date, dont les plus jeunes chantent les louanges*, et ce fort a été pris en 1598.

[2] François de Castelanne, frère de la mère de Lesdiguières, était prieur de Saint-André-lez-Avignon, de l'ordre de Cluny; non seulement il était oncle de Lesdiguières, mais il était encore son parrain. Il l'attira donc à Avignon auprès de lui et lui fit faire ses études. Le tuteur de Lesdiguières avait été Jean Martin, chatelain à Saint-Laurent-du-Cros, et mari de Catherine de Bonne, sa tante. (*Arch. des Hautes-Alpes.*)

[3] Antoine Rambaud, capitaine Furmeyer, prit les armes à l'instigation de Jacques Rambaud, son frère, prévôt apostat du chapitre de Gap, et s'empara de cette ville à la tête de 400 protestants du Champsaur ou fugitifs de Gap, le 2 mai 1562

En la mesme année feu monsieur de la Coche se saisit de Grenoble pour la religion, ou du despuis il fust bloqué et assiégé par messieurs de Mogiron et de Suze; la batterie faisoit breche du costé du logis de feu monsieur le Président du Cros [1].

Monsieur de Furmeyet adverty de ce siège s'approche et loge à Seisonnage ou il fut attaqué par huict centz harquebusiers choeisis que les sieurs de Mogiron et Suze avoient à ces fins tirés de leur armée. Lesquelz estants descouvertz par ledict sieur de Fermeyet, il commande son enseigne, scavoir mondit sieur des Diguières, conduisant les enfants perdus, avec lesquelz il fit si bien et reçeut de tel front ses ennemis que de huict centz un seul en eschappat et non content de cette victoire poursuivit sa pointe droit à Grenoble et teste baissée donna de telle roideur sur l'armée ennemie qu'il la mit en désordre et en fuitte et la poursuivit toûjours combattant jusques à Gierres ou plusieurs des fuyards perdirent la vie au grand honneur et reputation de mondict seigneur des Diguières [2].

Au mois de mars année 1563, ledit sieur de Furmeyet emmena ses trouppes au Gappensois, se saisit de Romette à la barbe et estonnement de cœux de Gap [3].

Le treiziesme du mesme mois et an appres la susdite prise de Romette, les Gappensois sortirent pour nous attaquer; mais qu'ils furent descouverts, ledit sieur de Fermuyet cognoissant par experience la vertu de son enseigne mondit seigneur des Diguières, le commande de recevoir et charger avec une troupe d'enfens perdus les ennemis; ce qu'il fit si courageusement que beaucoup de ceux de Gap desmurerent sur le champ, qu'il poursuivit jusques au pont de Burle [4]. Et tout ce que dessus et arrivé durant les premiers troubles [5].

---

[1] Ce ne fut pas Maugiron et Suze qui commandaient en chef devant Grenoble, mais Sassenage à la tête d'une armée de 6,000 hommes environ. Le siège commença le 24 octobre 1562; les assiégés étaient quelques centaines de gens de guerre seulement.

[2] Furmeyer arriva à Grenoble le 16 novembre 1562 avec cinq ou six cents combattants détachés de l'armée du baron des Adrets.

[3] Furmeyer fit pendre le capitaine Mongin qui commandait à Romette et passer au fil de l'épée la garnison. Ce fait d'armes eut lieu le 11 mars 1563.

[4] C'est-à-dire jusqu'aux portes mêmes de Gap, à quatre kilomètres de Romette. Le pont de Burle, comme le moulin de ce nom, où se tinrent à Gap les premières assemblées protestantes, était situé sur le torrent de Bonne.

[5] Les premiers troubles pour le Dauphiné, mais les seconds en réalité, car la conjuration d'Amboise est considérée par tous les historiens comme la première guerre religieuse.

Les secondes troubles esmues en France mondit seigneur des Diguières, renommé par sa valeur, fut choisy et eslu par cœux de sa religion en ses cartiers de Corps pour chef ; donc il se saisit de Corp ou il commanda environ deux ans [1].

Pendant ces entrefaictes nos ennemis avec une puissante armée assiegerent le Saint Esprit ce qui occasionna de s'armer monsieur d'Acier, lhors général pour cœux de la religion en Dauphiné; donques il manda monsieur d'Auruse, gouverneur de Gap, et mondit seigneur des Diguières, gouverneur de Corps, de marcher promptement avec leurs gens ; le rendez vous fut prins à Pierrelatte ou de part et d'autre nous nous y trouvasme au jour assigné ; mais l'ennemy adverty de cette arrivée leve le siege et se retire à haste. Nostre armée lui donna la chasse passe le Rosne audict Saint Esprit, et allames loger et refrechir à Bagnoles.

Du despuis notre ordre nous vînmes à Usez ; mondit seigneur des Diguières heust l'avangarde composée des enfans de Gap et de Corp et par bonheur rencontra en chemin le signor Scipion, Italian, avec centz lances, cavalerie redoutée par tout le Languedoc ; aussy ils estoyent soldatz. Mais la vertu et courage des nostres les dompta, car ayant leurs chefz en teste, mondit seigneur des Diguières, les attaquerent de tel courage qu'ilz les mirent en fuitte et suivirent battant jusques aux portes de Tresque. Ceste deffaicte entre Connaux et Tresques. Des que fumes arrivé à Usez la paix fut publiée et nostre armée congedié [2].

Le diziesme septembre 1568, cœux de la religion de Gap après avoir mis entre les mains du sieur du Rousset les clefs de leur ville s'allerent joindre aux troupes de monsieur de Mouvans et passerent le Rosne et la Dordonne et se joignirent avec Messieurs les Princes en Aubeterre : Monsieur d'Aurenge les conduisait. Monseigneur des Dignières voulant estre de la partye s'y treuva avec ses gens et y fist sy bien qu'il merittat d'estre toûjours appellé et ouy au conseil des princes [3].

---

[1] Pendant un peu moins d'un an en réalité, à partir du mois de septembre 1567 jusqu'au mois d'août 1568, date du départ des bataillons protestants du Dauphiné pour Montcontour.

[2] Ces événements eurent lieu en novembre 1567.

[3] Ils partirent de Gap le 25 août 1568 sous les ordres du colonel Aurouse; ils formaient quatre enseignes. Ils arrivèrent à Aubeterre le 1er novembre, assistèrent à la bataille de Jarnac le 13 mars 1569 et à celle de Montcontour le 3 octobre de la même année.

Apres la bataille de Montcontour, ou nos Dauphinois eurent leurs bonne part de l'honneur avec leur maistre mondit seigneur des Diguières [1], le conseil de guerre le jugea nécessaire en Dauphiné pour les affaires de la religion et y retourna avec Monsieur de Montbrun et les troupes par mille difficulté, sans eschec. Avant que d'entrer en Dauphiné, Monsieur de Montbrun, général de la troupe, s'asseura du Pousin; l'ayant pris passa le Rosne au dessoubz avec ses troupes en quantité de batteaux qu'il renvoya de dela, l'armée estant passé, à la vue de ses gens, pour les advertir qu'il n'auroint plus occasion ny commodité de fuyr et quitter, eussent leur confiance à la justice de leur querelle et la leur force et valeur; et non en vain, car des aussytost que Monsieur de Gordes ceut leur arrivée vint à œux, les charge courageusement et n'esperoit rien moins que de rencontrer des fénéans et de les deffaire par menaces. Mais il treuva bien à qui parler; il fut vaillamment repoussé et bien battu par les nostres. Le champ de la bataille desmura couvert des corps de noz ennemis, presque de toute leur noblesse. A grand peine le sieur de Gordes se sauva avec peu des siens et fut promptement suivy de mondict seigneur des Diguières qui l'eust joingt et pris, n'eust esté qu'en se seizisant du sieur du Rousset, son lieutenant, l'autre eust loysir d'eschaper [2].

Du despuis scavoir l'an 1570, nos troupes victorieuses se logerent dans Loriol le fortiffierent et y fut mis gouverneur monsieur de Mirambeau. Monsieur des Diguieres retourna à Corp avec messieurs de Champollion, de Saint-Jean, de Polligny, Bardonnanche, la Villette de Gap et Saint-Germain, et fortifierent Corp.

Ilz y furent appres visittez et bloquez de près par les sieurs du Monestier et la Casette, chacun conduisant deux mille hommes [3]. Leur batterie ayant faict bresche du costé gauche de l'église et leurs deux mines ayant jouée, l'une à la porte de l'Arra, l'autre à celle de Grenoble, donnerent l'assaut ardiment, mais à leurs desavantage;

---

[1] Lesdiguières était simple capitaine sous les ordres du seigneur d'Aurouze. Cet officier fut tué sans doute dans cette campagne, car il ne reparait plus dans l'histoire des guerres de cette époque. Des vingt-quatre enseignes et trois cornettes qui étaient parties du Dauphiné, il ne rentra que 800 fantassins et 200 cavaliers environ.

[2] Ces événements se passèrent le 28 mars 1570 et le jour suivant. Gordes laissa environ 60 morts sur le champ de bataille, et Montbrun 20.

[3] L'assaut de Corps fut livré le 22 juillet 1570. Les deux capitaines catholiques avaient non 4,000 hommes, mais environ 2,000 seulement.

car les plus courageux y laisserent la vie et nommement plusieurs cappitaines.

Trois ou quatre jours apres ceste responce, de Champollion leurs dressa un plaisant estratagemes, car il fit attacher de mesche à chasque corne de chèvre qu'il, en bon nombre, trouva dans la ville, affamé à cause du siège, et puis environ trois heures de nuict obscure mit le troupeau hors de la porte. Elles, pressées par la faim, coururent pour gaigner la campagne et pour repaître et mirent la peur, l'effroy et le desordre parmy les assiegeans ; de sorte que s'ils fussent esté suivis sullement de 50 arquebuziers, l'ennemy fust esté deffaict. La fuitte fut sy précipitée que les derniers marcherent et oppresserent les premiers et ne se reconnurent que dela du molin de Corp [1].

La mesme année la paix fut publiée par le roi Charles [2].

L'an 1572 [3], le sieur Gaspard de Coligny, admiral de France, fut massacré à Paris.

L'an 1574, Monseigneur des Diguieres suivy de 27 ou 28 chevaux pour le plus, passa par Corp et s'alla saisir de Mens en Trièves. Là il séjourna environ deux mois et dressa une armée de six vingts hommes, et voilà qu'il fut adverty par le cappitaine Bastien, commandant en Embel, et par le capitaine Roure, commandant aux Diguieres, que le sieur de Beaumont avec trois centz soixante hommes s'estoit saizy de Corp et s'i fortiffioit. Sur cest advis mondict seigneur des Diguieres laissa pour garder Mens la moitié de son armée, prend l'autre moytié. Nous estions soixante de nombre faict. L'approche de Corp et la priere faite à son des mousquetades, l'ennemy [4] met ses gens en trois escadrons un chacun de vingt hommes ; l'un fut commandé par le sieur de Glandage, l'autre par le capitaine Bastien. Le troizième escadron mondit seigneur en teste donna du costé de la porte de l'ospital que nous enfonceames en despit des desffandans. Nos compagnons en mesme temps des autres costés grimpent les murailles, enfoncent les portes et en un moment nous emportames et primes la ville avec une grande boucheries et carnage de l'ennemy.

---

[1] La levée du siège de Corps eut lieu le 15 août 1570. Lesdiguières s'empara des canons des assiégeants ; ce fut sa première artillerie.

[2] La paix fut signée à la Charité-sur-Loire, le 8 août 1570 ; elle fut suivie le 15 du même mois de l'édit de pacification de Saint-Germain.

[3] Le 24 août.

[4] Les protestants.

Le sieur de Beaumont y perdit la vie, tous ses gens y furent ou tués ou prisonniers. Quarante des plus braves se retranchèrent dans la tour de la prison et firent honnorable composition. Mondit seigneur des Diguieres leur donna la vie qu'ils ont du despuis vaillamment et fidellement employé à son service.

La mesme année dans Grenoble on prisoit cent lences conduites par le seignor Centurion, Geneveso [1]. Monseigneur de Lesdiguières eust envie de voir de près ces braves cavalliers; part de Mens avec sa troupe se va embucher au Pont de Clefz, mande le cappitaine Bastien avec 7 ou 8 pour attirer l'ennemy. Ce courage sans peur va droit à Portetraine, donne un coup d'espée à la sentinelle; on sonne le tocsin, on crie aux armes, la ville est esmuettée, les lances à cheval suivent ceste poignée de gens à bride avallée jusqu'au lieu de l'embuscade ou par force d'armes nous les fismes faire alte et en despit de leur renommée perdre la vie. Presque tous y demeurèrent, le seignor Centurion se sauva nous laissant des beaux et bons chevaux et armes dorées richement [2].

En la mesme année 1574 monsieur de Bonrepos, pour lors gouverneur d'Ambrun, et monsieur de la Casette, ayant levé environ 1,500 hommes assiégerent Freyssignieres, firent un fort à l'antrée de la vallée, lieu dit à Chancela. Ces pauvres assiégés recoururent incontinent au favorable et prompt secours de Monseigneur des Diguières que tout à l'instant part avec sa petite et assurée troupe. Le cappitaine Villeneufve eut la conduitte des enfants perdus. Nous primmes le chemin par Oursières et passames les montagnes en despit des neiges et autres difficultés, cependant avec bonheur, tout le malheur se deschargea sur noz ennemis que nos enfans perdus attaquerent avec tel courage enfin qu'il emporterent leur fort les mirent en fuitte et suivirent toujours battant jusques à Saint Crespin. L'ennemy perdit 7 ou 8 centz hommes que tuez que noyes. Le lendemain faisant retraitte droit par Saint André vinmes loger à Savine de la à Chorges et en Chamsaur en nos maisons [3].

---

[1] Génois.

[2] Cet événement eut lieu le 8 novembre 1573. Chorier le place en 1570.

[3] Cet événement est placé généralement par les historiens au 8 juin 1570 et non 1574. La publication d'un grand nombre de pièces originales et inédites, relatives aux guerres de religion en Dauphiné, qui suivra de près, nous l'espérons, celle de la correspondance de Lesdiguières, viendra rectifier et rendre définitives toutes ces dates

Quelque temps après veu qu'à La Mure rien ne tenoit que deux chasteaux l'un desquel estoit au sieur de Beaumont[1] l'autre un sieur du Monestier, Monseigneur des Diguieres partant de Mens nous y conduisit, ou par force d'armes emportames celluy du sieur de Beaumont. Tous les deffendans y resterent excepté le cappitaine Pedescaux qui du despuis en plusieurs rencontres a randu des louables services au party par son courage et le Beaumian auquel pour s'estre bien retranché on donna la vie. Le chasteau du sieur de Monestier s'estant rendu par composition nous fortiffiames la ville qui du despuis fut à nostre devotion[2].

Monseigneur des Diguieres croisant toujours en bonheur, en courage, prit envie de joindre les enfants de Gap qui bravoient sur leur fumier. Il partit donques de Vif avec ses troupes, entre en Chansaur et cepandent que nous nous allames embucher au vilage nommé Larra, mondit seigneur despecha le cappitaine Villeneufve pour lors commandant à la Haye d'enlever le baitail de cœux de Gap. Ce qu'il fit promptement avec une vingtaine d'arquebuziers[3]. Les enfans de Gap voyant l'effort qu'une petite troupe de geans leur causoit s'armerent promptement sortirent en double escadrons, l'un desquelz estoyent commandé par monsieur de la Pallu qui tiroit droit au Champsaur l'autre par Estienne Compte tirant à Romette. Nos sentinelles placées sur la poterne de Gap du costé de la Bastie les ayant descouvert en donnerent advis à mondit seigneur des Diguieres qui fit marcher par troupe droit à St-André pour prendre langue. Le capitaine Roure ayant descouvert l'ennemy marqua à mondit seigneur avec la pointe de son espée l'androit ou ils estoient; lors ce courageux prophète s'escria : « Messieurs de Gap, ilz ne sont plus à vous mais nostre. » Il commanda donc le cappitaine Bastien avec peu de gens, nous n'estions que vingt harquebuziers, de commancer les escarmouche au forest de Chalon, nostre pointe fit joindre les escadrons ennemis qui

---

contestées. Les vainqueurs, après le fait d'armes de Freyssinière, rentrèrent en Champsaur en longeant la rive gauche de la Durance, évitant de passer sur la rive droite où Embrun leur barrait le chemin.

[1] La maison de Beaumont existe encore dans le quartier le plus élevé du bourg de la Mure.

[2] Cet événement est généralement placé par les historiens au mois d'octobre 1573.

[3] Lesdiguières s'embusqua à Larra, près de Romette, non loin de la route qui de Gap conduit à Laye. Attirés par le capitaine Villeneuve les gens de Gap s'y engagèrent et Lesdiguières prit après eux la même route de manière à les prendre entre deux feux.

presageans leurs morts ce mirent a genoux pour prier Dieu et vrayement ils pouvoient bien dire leurs *In manus tuas*, carz il n'eurent pas achevé leurs prieres, ayant en teste Estienne Comte qui se deffendoyent des mieux et en queue le sieur de la Pallue, commancerent vaillamment à se retirer le long du ruisseau de Buzon ; mais ils furent contraint de treuver leurs morts avant que d'arriver au pont de Romette ; seullement deux ou trois qui se cacherent dans des alliers eschapperent le tranchant de noz espées. Le sieur de Villard Morel, le sieur de la Pallue, Estienne Comte, le chanoisne Marchon furent au nombre de cœux qui moureurent l'espée au point. Des nostre un seul fust tué ; Monsieur de Morges receut une harquebuzade au bras, le cappitaine Maubec une autre au genouil. La susdite deffaicte arriva le 7e juin 1574, jour de la Pentecoste [1].

L'an que dessus le sieur de Montbrun ce saisit de Serres [2]. Le chasteau taint bon par le courage de monsieur de Beauregard et de monsieur de Montauquier [3] qui n'ayant pour toute provision de bouche qu'un barbet l'escorcherent pour manger. Monsieur de Labourel, gouverneur de Gap, leur mena un secours de bien 1500 hommes, mais en vain car descouverts qu'ilz furent par monseigneur de Lesdiguieres qui estoient logés au grand Aspres, il commande douze ou quinze chevaux de pouser et attaquer bien 500 enfans perdus ; ce qu'il firent. Il les suivit avec le reste de ses gens et heurta sy courageusement ses ennemis qu'il les contraignit resculer et entrer dans leur bataille. Mais pour cela ne furent hors de danger, car monsieur de Montbrun ce mesme temps, qui estoit logé à la Bastille de Montséleaux, arriva et donna de l'autre costé de la bataille, si bien que de part et d'autre l'ennemy y laissa 1000 ou 1200 hommes que tuez que noyez. Cela fut cause que cœux du château contrains par famine se rendirent avec honorable composition [4]. Du despuis monsieur de Montbrun avitailla Serres en y laissant bonne garnison mena ses troupe en Triéves qu'il raffraichit en Lalley et à Saint Maurice.

---

[1] Cet événement est également raconté comme s'étant passé le 14 mai 1570. La version d'Arabin parait plus probable.

[2] La prise de Serres eut lieu le 27 avril 1573.

[3] Ces deux capitaines se firent depuis protestants et servirent utilement Lesdiguières qui les fit anoblir tous deux.

[4] La bataille de la Bâtie-Monsaléon eut lieu le 8 mai 1573. Les catholiques, au nombre de 1,500 environ, étaient commandés par le capitaine Gargas, et ils perdirent 100 ou 120 hommes seulement.

Ce brave chef, ennemy de l'oysiveté, ne laissa lomgtens ses gens sans besongne, mande monsieur des Diguieres de se treuver au Monestier de Clermont avec ses troupes; nostre cappitaine fut prompt à [obéir]. Nous arrivasmes plus matin que le sieur de Montbrun et trop matiniers pour cinquante fantacins du prieuré de Vif qu'à leur malheur nous treuvâmes en ce lieu et donnasmes si bien à desjeuner, qu'ils n'ont heu du despuis aucunement fain; pas un d'eux n'eschappat de noz espées, et le sieur de Montbrun quand il arriva fut bien aise de treuver besongne faicte. Mais pour avoir double contentement il nous conduisit à Vif pour la donner des nouvelles de leurs compagnons. Nous attaquames ardiment ce prieuré, sappans et eschellans les murailles et fîmes si bien que la place fut nostre, ou nous fîmes barbe rase; Monsieur le Chevallier il desmurast, neul n'eschappa de deux centz qui gardayent la place. Des nostre le cappitaine Patras, de Ments, et Pierre Lagier fursnt tuez en grimpant les murailles [1].

La mesme année mondict seigneur des Diguieres conduisit noz troupes à nouvelle expédition et prit à Serres deux canons avec lesquelz nous fîmes bresche au chasteau de la Roche et par assaut l'emportames ou moureurent le sieur de la Combe, gouverneur, avec ses troupes [2].

Et sans autre sejour, avec les mesmes pièces attaquames la Bastie-Neufve; la bresche faicte et ville gaignée, trouvasmes que les soldats et habitans, s'estoient retirés au chasteau d'ou ilz sortirent par composition. Pour la conservation de cette place mondit seigneur me fit l'honneur de m'en donner la garde avec mon escadron jusque à nouvelle expedition [3].

Le courage avec le bonheur croit à mondict seigneur des Diguieres; partant de Ments, nous conduisant au Diez, assiejeames Chastillon avec deux canons. Le secours du sieur de Gordes qui survaint nous contraignit à retirer noz pièces à Menglon. En l'escarmouche Monseigneur s'advança si fort dans le passetemps que son cheval fut tué dessoubz lui; sa botte y desmurast engagée, François Gont, l'un de ses arquebuziers, lui ayda à en retirer le pied et le monta sur son cheval [4].

---

[1] Ce fait d'armes est placé par la Popelinière à la date de septembre 1573.

[2] Cet événement eut lieu au mois d'octobre 1576.

[3] Également en octobre 1575.

[4] Cet événement eu lieu le 12 juin 1575.

Le lendemain les troupes du sieur de Montbrun et de Provence estant arrivez pour se joindre à nous, le sieur de Gordes fut promp à la retraite et faisait filer ses troupes vers Die, mais les nostres cottoyans leurs ordres rompirent leurs filles, les travaillerent si bien qu'il en desmura sur la place de quinze à dix huict centz, le bruict courust que les Suisses n'avoient pas esté si bien estrillés depuis la bataille de Mayrinac [1].

Nous blocquames le sieur de Gordes dans Die, ou il fut puissamment secouru par le sieur de l'Estant, son beau filz, avec des grandes troupes. Nous allames au devant du secours; Monseigneur des Diguieres eut l'advant-garde selon sa coustume. Passé qu'il eust le pont de Mirambeau, provoyent l'advantage de l'ennemy et n'ayant bon augure de la journée, mande un gentilhomme au sieur de Montbrun pour le prier de sa part de ne passer le pont; cependant luy ce jetta dans la meslée à corps perdu ou il fit des forces d'armes incroyables. Son cheval fut tué dessoubz luy, un des siens le cappitaine Viallet, de Romette, mettant pied à terre luy presta son cheval. Mais monsieur de Montbrun arriva au pont, prié qu'il fut de l'advertissement de monseigneur des Diguieres, il estoit alors appuyé sur mon espaule et n'y voulant acquiescer, s'escria : « Passe ou me lesse passer. » J'us l'honneur de le suivre de prais en cette charge ou pour recompense j'en raportay cinq coups d'espée, mais le bon seigneur y desmura prisonnier. Je fus le dix septiesme des nostres qu'on croyoit morts. L'ennemy receut plus grand eschet. Monseigneur des Diguieres en deffit de quatre à cinq centz fantassins et une compagnie d'arquebusiers à cheval commandée par le sieur de Valfanier qui y desmura [2].

Le jeudy matin troiziesme Jeanvier 1577 monseignenr des Diguieres se servant de l'occasion, veu que dans Gap on avait tenu un grand bal où pour le moins le monde bien harrassée dormoit profondément, il les voulut reveiller pour les faire mieux dancer ou dormir le grand sommeil. Nous entrâmes dans Gap par la fenestre de l'escuyeries du logis des trois Roys, les autres par une gueritte, du coste de la porte

---

[1] Les Suisses furent battus au pont d'Oreille le 13 juin 1575. Ils perdirent environ 1,000 hommes et 18 drapeaux.

[2] La bataille du pont de Mirabel ou de Blacons, car il porta ces deux noms, eut lieu le 4 juillet 1575 Il n'y mourut pas plus de 200 hommes des deux partis, mais parmi eux plusieurs officiers de mérite. Montbrun qui y fut fait prisonnier fut décapité à Grenoble le 13 août suivant.

Saint Arey. Il n'y heust point de carnage sinon que les harchiers de Gangailles et le cappitaine Puis sortent de leurs logis sur le bruict de la surprinse furent tués. Monseigneur l'Evesque et son clergée sortirent par Porte Colombe nous laisant leurs maisons et la ville en proye et se retirerent à Tallard [1].

On craignoit tant monseigneur des Diguieres que tant seulement pendant son absence le seigneur Jules Centurione, Genevois, osa se presenter par deça pour nous enlever Corp. Il y vint avec cent lances et environ mille harquebusiers, menant pour guide l'Escuyer, frère du capitaine Bastien qui fut tué à la prinse du chasteau du sieur de Monestier. Il ne treuve neulle résistance à Corp ou il ce fortiffia et l'Escuyer par trahison s'empara du chasteau d'Ambel ou il ce fortiffia aussy. Ce que dessus arriva au mois de may 1577 [2]. Monseigneur des Diguieres ayant heu advis de secy, assemble promptement ses troupes tirant droit en Ambel avec deux canons qu'il prit à Gap, et l'eust emporté n'eust été le prompt secours du sieur de Gordes qui y conduisit bien 6000 honmes [3]; nous levasmes le siège et quoyque peu de gens le petit pas nous restirâmes à leur teste aux des Diguieres et sans eschecs et à leurs honte et intherest, car nous leur fimes disputer tous les passages en cette retraite et cousta la vie aux plus hardis qui nous osoyent suivre et entre autres au sieur de Putraille.

Le sieur de Gordes contant de nous avoir veu, se retira à grandes journées d'Aspres en Valbonnoys et de là à Grenoble. Nous reprimes incontinant nostre siege avec telle ardeur que par la bresche nous emportames le chasteau d'Ambel, et la vie à l'Escuier et à tous ceux qui se trouverent dedans.

Le seigneur Centurion ne se croyant estre assuré à Corp pour estre si prais de nos espées, se retira du dict lieu y laissant le capitaine La Tour avec bien 7 ou 8 cens hommes en garnison. Le 29e d'aoust 1577, monseigneur des Diguieres luy prespara un ballet par une camisade de 4 ou 5 centz hommes. La lune esclairoit fort pour faire voir sa vaillance estant luy mesme en teste. Nous actaquames la ville par douze

---

[1] On a attribué, mais à tort, à Lesdiguières la destruction des édifices religieux de la ville de Gap. Un mémoire de l'évêque de cette ville, daté du 20 janvier 1574, c'est-à-dire antérieur de trois ans à la prise de Gap par Lesdiguières, affirme qu'à cette époque ces édifices étaient déjà en ruines et en attribue la destruction aux protestants qui prirent Gap le 2 mai 1562.

[2] Le 7 mai 1577.

[3] 4,000 hommes seulement.

divers endroitz et l'emportames heureusement. Le capitaine La Tour avec fort peu se sauva en Devoluy, tous les autres y demurârent.

Le jeudy pénultiesme de septembre 1580, monsieur le duc du Meyne avec son armée assiegea La Mure[1], ayant saizes canons battans qui vollerent environ deux mille cinq centz coups contre un bastion qui fut de l'autre costé bien combattu et deffandu, mais les deffendans après plusieurs sorties, combats et vaillances, ayant mis le feu à la ville ce retirerent & retrancherent en la citadelle et le sixiesme de novembre se rendirent à honnorable composition, vies, bagages, armes et canons sauvés[2].

Le ving-troiziesme de juin 1585, monseigneur des Diguieres avec ses troupes attaqua Chorges, ou monsieur des Crottes, gouverneur de ce lieu, avoit laissé bien 300 hommes soubz la charge du sieur Despraux, filz de monsieur de Saint-Germain. Nous forçâmes la ville et presque tous passarent au fil de nos espées.

Le quatriesme d'aoust 1585 à Grenoble fut publié l'esdit du Roy portant commandement aux ministres de vuider la France dans un mois et cœux de la religion de se catholiser dans six mois, ce qui fut cause de nouveaux troubles[3].

Car le vingt huict d'aoust 1585 Monseigneur des Diguieres partant de Saint-Bonnet nous conduisit à Bourdeaux à cinq lieux de Monthelimar où il fit un gros d'environ cinq cens hommes[4]. Nous bordames de nuit le Monthelimar, où nostre pétard ayant enfoncé [la porte] Saint-Martin, nous nous rendimes maistres de la ville sans grand carnage, encores que le dimanche auparavant on y avait fait la reveue de 900 harquebusiers, qui par imprudent libertinage attachèrent un chat avec un baril de poudre au bout d'une perche, y mirent le feu, criant : « Les huguenosts bruslent » et le prevost de ce lieu nommé Baritel pressé par le peuple de publier l'esdit du Roy, respondit ne vouloir ce faire [qu'] au préalable, il n'eust deux ministres pour les faire pendre en la place ou il le publieroit. Il les vit le dimanche suivant à son costé, car deux ministres le conduisirent en la mesme place ou il fut pendu.

---

[1] Le duc de Mayenne, parti de Grenoble le 29 septembre, arriva à la Mure le 1er octobre.

[2] Le capitaine Sacramor de Birague fut fait gouverneur de la Mure pour les catholiques.

[3] L'édit royal publié le 4 (d'autres disent le 13 août), à Grenoble, avait été promulgué le 18 juillet, en suite du traité fait le 7 juillet à Nemours, entre Henri III et les ligueurs.

[4] Le journal des guerres de Lesdiguières place ce fait au 25 août.

Nous ne demurames longtemps en repos en ce lieu de conqueste, car dans peu de jour le sieur de Mogiron, gouverneur en Dauphiné, avec ses troupes d'environ 6000 hommes nous assiegea. La place fut bien attaqué mais mieux deffendue ; l'ennemy voyant que par le siège il n'advançoit rien, et ne pouvoit secourir le chateau, leva le siège et se retira, donna signal à ceux du chateau de ce rendre ce qu'il firent le landemain 13 de septembre 1585 par composition honorable armes et vie sauvés.

Monseigneur des Diguieres victorieux de tous costez, partit du Monthelimar y laissant gouverneur monsieur du Pouet et nous conduisit par Bourdeaux au Diez où incessement et hereusement nous primmes Aix en Diez, Montleau et Chastillon, et ce faict nous retournames à La Mure.

Quelque temps après et la mesme année on donna advis à monseigneur des Diguieres que le segnor Jean Bastiste de Luzerna, Jean de la Gesia et Jean de Gareno, sortis d'Ambrun, conduisayent trois compagnies de lanciers et cinq centz arquebuziers à Gap. Il se résolut de les ataquer et nous fict marcher promptement. Nous rencontrame l'ennemy à la monté de la Coache et le saluames de sy bonne grace que toute l'infanterie passa par le tranchant de nos espées et plusieurs de la cavallerie ; les autres receurent la vie par la bonté de leurs chevaux. Nous les poursuivimes toûjours abbattans jusques à la tour de St Jullien ou desoubz de laquelle ils passarent la Durance au gay, et quelques uns burent à bonnes graces jusques à crever.

La mesme année 1585 le courage inesbranlable de monseigneur des Diguieres, le portat d'attaquer les plus asseurez, d'entre lesquels estoient la ville d'Ambrun. Il employa son industrie à cette occasion esperant y prendre prisonnier monsieur d'Avançon, archevesque de ce lieu. Doncques le dix-neuf novembre 1585 il nous y conduisit partant à nuict close ; de noz pecttars jouèrent contre la fausse porte de la citadelle, laquelle enfoncée nous donnast entrée. Mais noz gens furent surpris de tel estonnement et peur panique que chacun cherchoit la porte pour fuir, ce quy fust arrivé, n'eust esté l'asseure courage du cappitaine Roure, qui pour empêcher ce dessordre et retenir les fuyards se taint à la porte avec un grand bouclier qu'il pourtoit ; à sa consideration nous rentrames. Tous cœux qui estoient dans la citadelle furent tué exepte le sergent La Montaigne avec sa garse, qui s'estoit retiré dans la grand tour. Le mesme jour, nonobstant tous ces retranchemens et barricades de monsieur de Jassand, gouverneur de de la ville, du sieur de Crottes et des habitans nous emportames la ville sans grande boucherie. Monseigneur fut marry que monsieur l'archevesque s'estoit sauvé le jour précédent; il en fut adverty à nostre arrivée et sans son conseil il eut remis la prise à un autre jour pour l'attraper [1].

[1] Voici le récit de la prise d'Embrun écrit par le capitaine Gentil, qui en fit sauter les portes avec le pétard :

« Le seigneur de Lesdiguières m'ayant communiqué l'entreprise d'Ambrun et monstré le modelle tant de la ville que de la citadelle, ayant faict faire toutes les machines et pétards qui estoient nécessaires en une entreprise de telle importance, ledict seigneur s'achemine à Ambrun, lequel j'exécutay par la citadelle... Il advint qu'un quidan qui avoit aidé à charger nos pétards sur les mulets, s'évada et ce rendit à minuit dans Ambrun et donna advis à monsieur de Gessen, gouverneur de la ville et de la citadelle, que ledict seigneur de Lesdiguières estoit en chemin et qu'il avoit aidé à charger les pétards. Voila tout le monde en garde sur la muraille, faisant des rondes et des feux, tellement que comme nous fusmes près de la ville on ne voyoit que feux sur les murailles. Monsieur de Morges, beau-frère dudict seigneur de Lesdiguières, me dict, avant que nous eussions mis pied à terre, quelle esperance j'avoy de l'exécution ; je lui dis que bonne et que je luy ferois son logis dedans avant qu'il fust jour. Tost après nous mettons pied à terre; je morce mes pétards et marche droit à la citadelle avec huict des miens qui me portoient les premiers pétards et les mesches, et douze autres que monsieur de Lesdiguières m'avoit baillé, et les sieurs de Saint-Jean et Poligny menant les armes, et des arquebusiers qui estoient commandés de me suivre lorsque je serois dedans. Ledict seigneur de Lesdiguières vint avec nous voir poser le premier pétard, et monsieur de Morges estoit au gros. J'estois encore à plus de cent pas de la citadelle lorsque la sentinelle me cria : Qui va là ! auquel je repondis que c'estoit un pétard, je proche de la porte. Je fais sauter la première, et sans perdre de temps vay à la seconde qu'on deffendoit à coups de pierre. Je me couvre le mieux qu'il me fut possible, me rangeant près de la muraille et fais tant que je pose l'autre pétard auquel je mis le feu et pendant que l'amorce brusloit je m'en vay chercher un autre, pensant l'appliquer à l'autre porte, mais je trouve que le pétard avoit tout ouvert. J'appelle les cappitaines Escoty, Courbière, La Rivière et les miens ; avant que la fumée eust passé je me trouve entre ceux du corps de garde qui se venoient renger à la porte pour la deffendre. S'il y fussent arrivez avant que j'eusse entré ils nous eussent empéché facilement l'entrée, car la porte estoit etroicte et dans un epesseur de murailles de quinze à vingt pieds, joinct que le dehors estoit deffendu par des pierres qu'on jettoit du donjon. En somme nous chassons ces gens la ou à coups de pistolets ou avec la parolle et les contraignismes de gaigner le haut ou estoit le canon, d'où ils revenoient nous faire une recharge lorsque monsieur de Lesdiguières, de Saint-Jean et Poligny entrèrent avec une troupe qui les assaillirent et poursuivoient, dont les aucuns furent tuez et les autres contraincts de saulter des murailles par dedans la ville. Cependant je gaigne le bas d'une porte du donjon, d'ou je menasse ceux qui estoient dedans que s'ils ne se rendoient que je mettrois le feu en leurs magazins de pouldres à coups de pétards et les ferois brusler tous vifs. De faict j'avois peur en y tirant d'y mettre le feu et que tout ce donjon se renversast sur nous et nous enterrast. Enfin ils craignirent le danger et se rendirent, et ce faict, après on se rendit maistre de la ville ou monsieur de Lesdiguières donna et força les barricades que l'ennemy avait faictes pendant que nous nous amusions à nous saisir de la citadelle. »

(*Les prinses des villes et places exécutées par le cappitaine Gentil pour le service du roy pen-*

Le lendemain fut commandée le sieur de Rousset et quatorze gens d'armes de la compagnie de mondit seigneur avec la compagnie du capitaine Roure ou nous nous allames saisir de Chasteauroux, sans eschet, ou pour lhors estoient 7 ou 8 centz hommes qui de peur abandonnerent la place. Le capitaine Roure avec sa seulle compagnie fit faire bas à ceux de Saint Clement qui furent contrains luy ouvrir la porte de leur ville.

Quelques temps après le sieur d'Allemagne donna advis à mondict Seigneur que son chasteau étoit assiégé par monsieur de Vins y commandant bien deux ou trois mille hommes. Sur cet advis Monseigneur mande ses troupes; nôtre rande-vous fust à Serres, de là à Rubieres, de Rubieres aux Mées; de la vinmes en Orayson ou nous treuvames monsieur le baron d'Allemague et monsieur d'Oraison qui se jougnirent à nous pour voir le passe temps de la guerre. Nous attacquames l'ennemy de telle furie qu'il fut contraint de lever le siége avec sa tres grande perte. Il y perdit le sieur de Ventabren, sergent de bataille, et plusieurs capitaines avec bien quinze ou dix huict centz hommes et vingt quatre drappeaux que nous reportames à Ambrun [1].

Un peu après mondit Seigneur eust envie de revoir le Contat; nostre randez vous fust à Saint Paul trois chasteau, menans quand et nous trois canons. Et faisant chemin primme Chantemerle, Valaury et assiegeames Collonzelles; les deffendans pour avoir mal à propos attendu le canon furent tuez et le sieur Brutin pendu en un amandier. Pour faire court ce faict, nous primes Beaulmes, Richerances et plusieurs autres places; Chamaret-le-Gras eust peur de nostre batterie et se rendit. Du despuis sans grande resistance, primes Aubignan, le Rasteau, Saint Morice, Villedieu, Mirabeau et Piedmeira; Melans attendit la bresche et l'emportames d'assaut [2].

A Briançon le sieur de Claveson, gouverneur, faisoit bonne garde, mais ayant esté bloqué et assiégé par nos troupes, il eust plus d'assurance à la faveur de mondict seigneur des Diguieres qu'à ses bastions qu'il nous abandonnast avec honnorable composition [3].

---

dant les derniers troubles, in-8°, s. l. n. d., 24 pp. B. N. MSS. Clairembault, vol. 361, p. 389.)

Les soldats de Lesdiguières pillèrent la plus grande partie du trésor de la cathédrale d'Embrun, mais le monument lui-même fut absolument respecté.

[1] Le 5 septembre 1586. Le baron d'Allemagne fut tué dans cette bataille.

[2] Tous les sièges précédents eurent lieu entre le 15 et le 29 juin 1587.

[3] La capitulation de Briançon eut lieu seulement le 6 août 1590.

L'an 1588 nous assiegeames Guilestre et tenions si de pres que la peur les fit rendre [1].

Nostre Cœsar avait rencontré son Pompée, ie dis monseigneur des Diguieres donna souvent la chasse à monsieur d'Auriac [2] un des braves cavaliers de ce temps. Il avait aussy des bonnes troupes qui avec la valeur et prouesse de leur chef se faisoient craindre. Pour les combattre et vaincre mondit Seigneur employa toute son industrie; aussy avoit il affaire à gens qui ne se laissoient pas prandre au nid sans gantellet, nous avions souvent espreuvé leurs armes en plusieurs rencontres et n'avions jamais heu affaire à meilleurs champions. Enfin mondict Seigneur partit de Gap conduisant ses troupes au Contat pour les attirer aux ambuches, qu'il dressa au forest de la Croix près Tallard ou il nous laissa quinze gendarmes et dix harquebusiers soubz la conduite du sieur de Blusset, son mareschal de logis. La nous fumes descouvers par des picoureurs, à leur malheur car six ou sept payerent la mort d'un des nostres nommé Jacques Platel, de Tallard, qu'ils avoient tué. Sur ceste allarme nous nous retirames à Gap à la teste de monsieur d'Auriac qui nous suivit, sans eschet, marris et bien fachés que nostre entreprise n'eust reussy selon nostre desseing; cherchions l'occasion de mieux faire. Donque le landemain le sieur de Blusset, feignant vouloir joindre monseigneur des Diguieres et nous rendre à lui au Contat, nous conduit à Veynes ou après avoir resseu, une heure de soleil couchant sortimes et arrivé au pont d'Ose rebourssames chemin le long de l'eau jusque à la Roche, de la veinmes nous embucher au forest du cappitaine Chappan [3], ou sejournames trois jours non en vain, car le seigneur d'Auriac sortit avec sa troupe leste et en bonne ordonnance et ne nous descouvrit jusques à ce que le chargeames de telle furie que la pluspart de ses gens y resterent. Le sieur d'Auriac avec quelques uns des plus braves après s'estre bien battus et deffandus furent enfin contrains de se rendre prisonniers au plus forts [4].

---

[1] Guillestre fut pris le 5 septembre 1587.

[2] Étienne de Bonne, seigneur d'Auriac, la Rochette, la Batie, vicomte de Tallard, fut le chef militaire de la Ligue dans les Alpes. En 1585, le 5 avril, il s'était emparé par force de la ville de Gap dont il avait chassé le gouverneur royal et avait même tenté une pointe en Provence dont il fut repoussé par le Grand-Prieur à la fin du mois de mai.

[3] Ce *forest* n'est autre chose que le château de Chatillon-le-Désert, nommé encore Château-Chappa, du nom de son propriétaire le capitaine Claude de Chappan.

[4] Auriac fut fait prisonnier le 26 juin 1579.

Monseigneur voulant tout a fait brider les enfans de Gap et assesseurs de leur ville qui luy servoit de pierre d'achoppement, et partant il donna commission à cinq de ses capitaines, sçavoir au sieur de Poliny, de Beauregard, de Montauquier, Monestier et à moy de fortifier le lieu de Pied Moure, nous y employames toutes nos forces et industries et commanceames ce travail le 4 avril 1588 en telle sorte que la place fut en deffance dans peu de jours et bien nous servit, car le 18e du mesme mois à la solicitation de ceux de Gap, le sieur de La Valette avec grandes troupes, nous y vint attaquer mais il y fut mieux receu qu'il ne vouloit nous le repoussames si bien qu'il perdit l'envie de nous revoir et le landemain reprit son chemin de Provence ou il estoit plus assuré. Du depuis ceux de Gap furent contrains de prendre loy de nous et de plier soubs le joug des plus forts [1].

Nostre cappitaine voulant estandre ses victoires d'un bout à l'autre du Dauphiné, ne peut souffrir que le gouverneur d'Exilles, le bravat de dessus son roc en la frontière du Piedmont, et partant d'Ambrun l'an 1586 nous conduisit en Exilles que nous blocquames si à propos que, de fain ou de peur, les tenans nous rendirent la place.

Le courage partout grand de nostre chef se servant du voysinage, nous voulent donner le passe temps que de voir de pres la contenance des grandes troupes que pour lhors son Altesse de Savoye avoit à Suze soubz la conduitte du sieur de Sonas; à ses fins nous vimmes à Chaumont. Le chef ennemy adverty de nostre arrivée prent envie de voir trante des siens combattre avec autant des nostres. Monseigneur luy accordat tres volontiers le cartel et ja tenoit les siens trantes prêts, mais le Savoyard n'eust jamais le courage ou le pouvoir de trouver ou assurer trente champions des siens pour satisfaire au passe-temps. Nous les attendimes deux jours en bonne desvotion, et voyant leurs poltronnerie, Monseigneur mandat un esquadre d'arquebusiers pour attirer l'ennemy qui, non trente, ains en grand nombre et grosse flotte, suivirent nos arquebusiers jusques prais de Chaumont où nous les reçeumes selon leur méritte et si bien que cinq centz payerent la

---

[1] Une note écrite par un notaire nommé Mutonis sur un de ses registres, immédiatement après les événements, nous apprend que la citadelle de Puimaure, construite une première fois à partir du 10 août 1580, fut démolie un an environ après. On commença à la reconstruire sur les mêmes fondations le 4 mars 1588. Elle fut de nouveau démolie par ordre de Richelieu. La Valette, au dire de tous les historiens, n'attaqua pas Puimaure, voyant que la place était très forte il se contenta de l'observer pendant deux ou trois jours et se retira sans combattre.

folle enchère et la couardise de trente poltrons. Monseigneur à ce rencontre marchea en teste et donna le premier coup d'espée, et choisissant le premier cavallier et plus hardy et apparent de l'ennemy, alla droit à luy et luy portat la pointe de son espée en la visière avec telle destéritté et adresse qu'il le renversa mort à terre de mesme façon et valeur que du despuis il atterra le hardy espagnol à Pontcharra, et non content de cette belle deffaicte faict passer son canon par le col des Horres et bloqua et emporta Barcelonne [1].

Je ne puis oblier le siège du Bourg d'Oysans ou le sieur de Beaumont tenoit pour nous, à l'ennuy de messieurs de Mogiron et de Gordes qui l'assiegerent avec environ 6,000 hommes et quelque artillerie. Monseigneur ayant eu le vent de ce siege part par des Diguieres avec ses troupes nous conduit à la Paute, un car de lieu du Bourg, ou nous passames la riviere et forceames le corps de garde des assiegeans dans des moulins, et dressames nos escaramouches entre les deux ponts, la plus belle que j'aie ouï renommer et priser. Elle durast quatre heures et demy, et plusieurs des plus braves de part et d'autre y heurent de l'honneur et des coups. Enfin par dexterité nous blocqueames si bien les assiegeans qu'eussiez dit estre siege sur siege, car ils se trouverent entre nous et les notres, assiegés et engagés sy à propos que sans le secours qu'il survint il estoient nostres. Mais le sieur de Chevriere adverty de leurs infortunes, les secourent avec bien trois mille hommes; nous leur coupames chemin et suivirent le long de la rivière pour ne nous oser aborder. Et sur ses entre faictes le sieur de Mogiron avec les siens attacquoient furieusement nos barricades ou ils tuerent le capitaine Bousquet, de Sisteron, et sans la provoyance et courage de monsieur de Lacroix, de Tallard, secondé par le capitaine Roure, de Corps, avec sa compagnie, nous estions tous perdus; mais leur proesse respoussa le malheur sur nos ennemis, desquelz bien trois ou quatre centz et plusieurs capitaines demurerent sur la place. L'ennemy regrettoit fort cette perte [2].

Pour dessert je vous presente une saulcisse laquelle a autant faict parler de soy que celle de Millan; nous la misme contre la maison

---

[1] La capitulation de Barcelonnette eut lieu le 20 octobre 1591.

[2] La levée du siège du Bourg-d'Oisans et les combats qui en furent la consequence eurent lieu du 25 octobre au 1ᵉʳ novembre 1588.

du sieur de Monestier, de la Mure, maison bien flanquée et deffandue. Conduite par monsieur de Poligny, nostre saussisses fit un tel ravage qu'au dire des mieux entendu centz coups de canons, n'eussent pas faict un tel débris; elle fit voller en l'air deux pavillons et les sentinelles. A la faveur de ceste saulcisse nous entrames et pour sa saulce fimes passer tous les deffandans au fil de l'espée [1].

Quand à la prinse de Grenoble, escaramouche des Moulettes, combat de Pontcharra, prise de Barreaux et autres, cela est de sy fraiche datte que les plus jeunes en chantent les louenges. Sy en quelques endroitz je n'ay pas marqué le jours et sur quelque article cotté le temps, on les peut facilement treuver ailleurs ; ma mémoire en cela demande pardon à l'amy lecteur.

---

[1] Le château du Monêtier, à la Mure, fut pris le 8 juin 1587.

JOURNAL DES GUERRES DE LESDIGUIÈRES

DE 1585 A 1597.[1]

[1585]

Le xxiij^e de juin 1585, veille de St Jean, Chorges fut prins par escalade en plein midy par ceulx de la religion conduits par monsieur des Diguières ou furent tués quatre vingts catholiques de la ligue.

---

[1] Ce journal des guerres de Lesdiguières fait partie du volume 4111 des Mss. franç. de la Bibliothèque nationale. Il provient de Colbert et avait appartenu auparavant à de Thou dont la signature se lit au bas du premier feuillet. On le nomme généralement *Journal de Calignon*.

Ce titre est-il exact ? Oui, si l'on entend par là qu'écrit par ordre de Soffrey de Calignon, chancelier de Navarre, corrigé et annoté de sa main, il a été donné par lui à de Thou pour en faire usage dans la composition de son Histoire universelle. Non, si l'on entend par là que Calignon est l'auteur de cet ouvrage. Ceci sera facile à prouver.

On sait, à n'en pas douter, que Calignon ne prit aucune part aux campagnes de Lesdiguières et ne fut jamais attaché à sa personne ; employé dès 1576 à des négociations politiques par le roi de Navarre, qui avait su apprécier sa finesse et sa rare habileté, l'un des rédacteurs des articles de Nérac, puis conseiller à la Chambre de l'édit du parlement de Grenoble, enfin chancelier de Navarre, son existence se passa tout entière loin des camps. Il suffit cependant de jeter un coup d'œil sur le *Journal des guerres de Lesdiguières* pour reconnaître qu'il n'a pu être écrit que par un témoin oculaire. L'auteur y parle constamment à la première personne : *nous vînmes coucher à la Vachette* (10 mars 1587); *nous assiégeâmes le château du sieur du Monestier* (26 mai 1587); *nous allâmes dîner à Guillestre* (1er août 1588); *nous partîmes de la Côte-Saint-André* (janvier 1594), etc., etc. Le passage suivant précise l'emploi que remplissait l'auteur auprès de Lesdiguières : *j'ai payé*, lisons-nous à la date du 6 mars 1588, *Jérémie le muletier, le pallefrenier et Marie, de leurs gages jusqu'à la fin du mois d'apvril année présente. Reste à arrester le marché et payer Jehanne*. L'auteur était donc à la fois secrétaire et trésorier de Lesdiguières, fonctions que n'exerça jamais Calignon, et ce journal n'est qu'un abrégé des éphémérides tenues jour par jour par les secrétaires de Lesdiguières, dans lesquelles on relatait les événements militaires, les dépêches reçues ou expédiées, les sommes perçues ou dépensées, et les rapports adressés par son ordre au roi ou au public.

Ce qui démontre bien que ce journal n'est pas une composition originale faite toute d'une pièce au cours des événements, mais un extrait et une compilation faits après coup, c'est que les rédacteurs y ont intercalé le récit tout entier de la bataille de Pontcharra (10 septembre 1591), écrit par ordre de Lesdiguières et dont on connaît plusieurs éditions imprimées et de nom-

Le .. de...[1] en la mesme année ceux de la religion se retirèrent à Dye et tost après assiegèrent la citadelle soubz la conduite des sieurs de Gouvernet & du Pouet auxquels elle fut rendue par composition par le sieur de Beaune qui commandait le........ de... ...[2] suivant.

Le xxve d'aoust en la même année a deux heures après minuict la ville de Montelimart fut prise par trois coups de pétart par le sieur des Diguières, qui emporta en mesme jour deux tours de ladicte ville que l'ennemy tenoit encores. Le lendemain il attaqua le vieux

breuses copies, et le récit de l'entrée de l'armée française en Savoie (6 novembre 1592), dont il existe des copies contemporaines à la Bibliothèque nationale. D'autres parties de ce journal offrent des passages du même genre, c'est-à-dire des récits très longs et très complets cousus, sans transition au milieu d'éphémérides très courtes et très concises (v. entre autres au 3 mai mai 1595); ce sont probablement des rapports ou des discours composés par ordre de Lesdiguières pour être envoyés au roi ou répandus dans le public et qui n'ont pas encore été retrouvés dans leur forme originale.

Les rédacteurs primitifs de ce journal sont donc probablement Florent de Renard, secrétaire de Lesdiguières de 1575 à 1590; Biard, qui le fut en 1587; Giraud, qui le fut de 1589 à 1594; Béraud, qui le fut en 1590; L'Abbé, qui le fut en 1591 et 1592 et surtout Noël Brémond qui, de 1590 jusqu'à sa mort, fut son trésorier et son secrétaire intime.

Quel a donc été le rôle de Calignon dans la rédaction de ce journal? Il l'a fait extraire et rédiger par un scribe quelconque et s'est réservé le rôle de correcteur et d'annotateur. Les annotations et les corrections qu'il y a faites sont relatives à trois chefs principaux. Il a donné plus de clarté à certaines phrases en y intercalant quelques mots; nous avons reproduit ces additions dans le texte entre crochets. Il a ajouté quelques détails historiques ou géographiques destinés à compléter le récit du rédacteur du journal; nous les avons reproduits pour la plupart en note et en caractères ordinaires, réservant pour les notes des éditeurs les caractères italiques. Enfin il a fait œuvre d'érudit et d'antiquaire en indiquant les noms anciens des villes dont il est question dans le récit et en donnant quelques détails sur les peuples gaulois qui les possédaient; nous n'avons pas besoin de démontrer que cette partie de l'œuvre de Calignon a singulièrement vieilli et nous l'avons supprimée. Les notes ajoutées par Calignon, dont l'écriture est parfaitement reconnaissable, sont quelquefois en interligne et quelquefois en marge. L'erreur de ceux qui ont attribué la rédaction complète de ce document à Calignon vient de ce qu'ils n'ont pas examiné suffisamment l'original dont la disposition seule aurait dû les éclairer à cet égard.

Il est superflu d'insister sur la valeur historique de ce document; il pèche du côté de la rédaction, et on remarque un manque absolu de proportions entre ses diverses parties; tandis que quelques-unes offrent seulement une sèche nomenclature, on constate que certains épisodes acquièrent un développement tout à fait anormal; on y a inséré en outre beaucoup de détails sans valeur historique. Malgré ces défauts, ce document, composé sur des pièces absolument officielles et authentiques, écrites au jour le jour au cours des événements, offre tous les caractères de la sincérité et de l'exactitude que doit présenter tout récit vraiment digne d'être utilisé par les historiens; nous n'avons pu y découvrir dans les dates ou dans la substance des faits une erreur bien démontrée. Aussi avons nous été à son égard sobres de notes et de commentaires, nous contentant de renvoyer généralement, soit aux lettres de Lesdiguières imprimées dans les précédents volumes, soit aux documents manuscrits ou imprimés où l'on peut trouver des détails plus complets sur les événements racontés sommairement dans le journal.

[1] *Lacune dans l'original.*

[2] *Lacune dans l'original. Cet événement eut lieu le 20 août 1585. Die fut pris par 400 protestants que le gouverneur avait expulsés de la ville.*

chasteau de Narbonne de ladicte ville qui fut au mesme jour habandonné par ceux qui estoient dedans. Après il assiégea l'autre chasteau d'icelle ville qui tint dix neuf jours, à sçavoir depuis le xxve d'aoust que la ville fut prise, jusques au xiiie de septembre qu'il fut rendu par le sieur d'Anconne et le capitaine Boulati à faulte de vivres; et s'en sortirent en gens de guerre. Durant ces xix jours les papistes taschèrent de le secourir sous la conduitte de monsieur de Maugiron, lieutenant du roy, accompagné du comte de Saut, comte de Tournon, seigneur Alfonse, comte de Montlaur, comte de Grignan le filz, comte de Suse, et force noblesse, faisant environ cinq cents chevaulx, et deux mil hommes de pied. La premiere fois ilz y vindrent avec deux pièces de campagne, faisantz estat de ne trouver ceux de la religion couvertz que d'une barricade par le dehors du chasteau, mais les trouvantz retranchez ilz allèrent quérir deux canons, & estans retournés pour la seconde foys & trouvantz les trenchées renforcées & multipliées, battirent le ravelin et la porte du pont et la tour la plus proche espérant par ses esclatz faire abandonner la barricade du sieur de Vacheres et par là entrer dans le chasteau. Mais la batterie estant faicte d'environ deux cents coups de canon, ils ne s'osèrent présenter, ce qui donna occasion à ceux du chasteau d'advertir leur secours de la nécessité de vivres ou ils estoient, par une balle de piece de campagne qu'ilz tirèrent au camp ou il y avait une lettre dedans, laquelle veue, le secours decampa et le chasteau entra des le lendemain en composition.

Le xixe de novembre en la mesme année 1585 la citadelle d'Ambrun fut prise par deux coups de pétard soubz la conduite du sieur des Diguières. Ceulx de la ville qui s'estoient barriquées contre la citadelle[1] furent empourtés le mesme jour et les sieurs des Crottes et de Gessan, gouverneur de la citadelle, qui s'estoient retirés dans l'évesché se rendirent.

[1586]

Le xve d'apvril 1586 ledict sieur des Diguieres battit Saincte Jalle de trois canons, et après avoir tiré environ deux cents coups de canon, envoia ses gens à l'assault qui se logerent au pied de la bresche, laquelle n'estant raisonnable il fut advisé de recommencer la batterie le

---

[1] *Quand elle eut été prise par les protestants.*

lendemain, auquel jour [le sieur de Sainte Jalle rendit la place au matin sans attendre nouvelle batterie, estant sommé. Ilz sortirent en gens de guerre le mesme jour xvie.

Le xixe dudict mois, Mirebel, [bourg fermé] près de Nyons, porta les clefz audict sieur des Diguieres, sans estre assiégée. Il n'y avait que les habitants dedans.

Le ve de septembre 1586, monsieur des Diguieres assisté des sieurs de Gouvernet, de Morges, de Rosset, du Dauphiné, et des sieurs d'Allemagne, de Senas, de Genson, etc., de Provence, leva le siége d'Allemagne assiégé par Vins des trois sepmaines auparavant, defit ledict Vins, luy tailla en pièces environ douze cents hommes, rappourta vingt & sept enseignes.

Monsieur d'Allemagne seul des nostres y mourut. Ledict Vins s'enfuit à Riés. Entre les morts furent recogneux le chevalier Vert, de Gap, la Columbe, frere du sieur de Cleret, le capitaine Marenc, le sieur d'Ampus, le jeune Lamote, le sieur de Ventabran, capitaine Lamanon, capitaine Revoire, le sieur du Gau, capitaine Corneille, capitaine Triboulet, le jeune la Robine dit Fontenilles, Aurouse, le sieur de Chasteaufort, le frère de Baratier [Vapincencis], capitaine Brisson, la Fressinouse, le cadet de Garreaus, le sieur de Valaure et cent ou six vingtz autres que gentilshommes que capitaines. Les prisonniers furent le chevalier de Moriers, le sieur de Chasteaurodon, le sieur de Chasteauneuf, le sieur d'Hans qui perdit le sens sur le point de sa prise & mourut deux ou trois jours après, le cadet de Sainct Genet, le sieur de Ribessautes, le capitaine Pichatte & son frère.

Novembre 1586. — Le premier jour de novembre 1586, Chorges assiégé [1], dont monsieur des Diguières part & vient à Ambrun, ayant pourveu à la place.

Le ve novembre Seine rendue a discretion à monsieur d'Espernon, laquelle ayant esté limitée à ce que les habitans eussent biens & vies sauves, on ne laissa pour cela de faire pendre La Combe, ministre, Merche advocat et le capitaine Arnaut. Despuis après le siége de Chorges, Bougearel et Eugent capitaine furent aussi pendus [2].

---

[1] *Un document officiel (B. N. Mss. Fr. 3974, p. 272) nous fait connaître que les armées réunies d'Epernon et de La Valette, qui allaient assiéger Chorges, se composaient de 16,300 fantassins,* de 19 compagnies et de 670 hommes de cavalerie et de 95 hommes d'état-major.

[2] *Voici d'après le Mss. Fr. 2148 de Bibl. nat., p. 82, le nom des personnes pendues par ordre*

[Peu de jours avant le siège de Seine monsieur d'Espernon aiant assemblé ses forces à Sisteron les amena à Ventavon pour voir si, sur l'estonnement de sa venue, la place ne se rendroit, peu de jours devant prise & mal munie; mais il se rencontra que deux heures devant sa venue le sieur des Diguieres y estoit venu; et ne s'y passa que quelques légères escarmouches où le sieur de Vic fut blessé d'un coup de faulconeau, dont il perdit une jambe.]

Le huictiesme jour dudict novembre 1586 le chasteau de la Bréaule commença à estre battu & furent tirés en tout 564 coups de canon; le capitaine le Bréaule y commandait.

Le xj^e ceux de la Bréaule parlementèrent la nuict d'entre l'unzieme et le xij^e. [Crillon blessé d'un coup de mousquet au pied.]

Le xiij^e ils sortent vies et bagues sauves, laissant les enseignes à monsieur d'Espernon et les harquebuses aussi, desquelles ils recouvrent une partie, estant porté par promesse secrete qu'on les leur rendroit toutes.

Le xvij^e les trouppes de monsieur d'Espernon passent la Durance & se trouverent les deux frères joinctz avec leurs trouppes au siege de Chorges le xixe.[St Jean y commandoit.] Ilz eurent en tout 3000 Suisses, sept régimentz de gens de pied françois, a sçavoir celuy des gardes, de Picardie, de Champaigne, de Piémont, de Rubampré, de Bérangueville, & [Aemar Poisieus] du Passage, cinq compagnies de gensdarmes, dix huit de chevaulx legiers et les gardes des deux chefs, sans plusieurs volontaires. [Monsieur de la Guiche grand maitre de l'artillerie; la Pierre, maréchal de camp.]

Le xxj^e le capitaine cadet de Charance entre dedans Chorges avec six vingtz harquebuziers.

Le xxiij^e l'ennemy bat Chorges, ayant tiré auparavant deux ou trois cents coups de canon. Ce jour-là en furent tirés environ mil, et la grosse batterie cessa. Le flanc du bastion Sarrazin fut razé et la pointe du bastion Sainct Jean fort emouchée[1]. Il n'y eut perte que de trois

---

d'Épernon au mépris de la capitulation de Seyne : Pierre Bourgarel, gouverneur; Guillaume de la Noze; Alexis Ogoier; Antoine Cimat, dit Broquet; Baptiste et Arnoux Arnaud; Antoine de Roux, coseigneur de Sigoyer; Elias de Barras, cadet de Mélan.

[1] Les bastions portaient le nom des capitaines qui y commandaient : Jean Sarrazin, fils de François Sarrazin, de Nancy, était l'ingénieur qui avait fortifié Chorges par ordre de Lesdiguières; Saint-Jean était le neveu de Lesdiguières.

ou quatre soldats dedans. Durant tout le siège il y eut environ seize cents coups de canon tirés. Il y avoit quatorze pieces de batterie. La batterie recommença environ midy, mais il ne fut tiré que quelques volées. Ceux de dedans font une sortie.

DÉCEMBRE 1586. — Le quatriesme dudict décembre les sieurs de Buat, Cadillan et Charmont viennent à Ambrun de la part de monsieur d'Espernon, soubz prétexte de venir voir le sieur de Bricquemaud, pour essayer de traitter quelque composition avec monsienr des Diguieres pour le faict de Chorges, et s'en retournent le lendemain au camp.

Le septiesme, le sieur de Charmont revint à Ambrun pour mesme effect, et au mesme jour le capitaine Garneri y arriva aussi de la part du duc de Montmorancy pour la prolongation de la trève du Comtat qui luy fut accordée jusqu'à la fin de l'année.

Le huictiesme, Charmont s'en retourne sans rien faire, et emmene Florent [Sainct Julien] au camp, qui revint aussi le neufviesme sans avoir rien avancé.

Le neufviesme Garneri s'en retorne.

Le quinziesme, le sieur de Bricquemaud alla au camp soubz prétexte d'obtenir des lettres de faveur à monsieur de Savoye pour la délivrance de son frere prisonnier à Turin, mais avecques charge de reprendre le traitté.

Le xvij^e dudict décembre le sieur de Bricquemaud revint à Ambrun, & retorne le lendemain au camp pour continuer le traitté.

Le xixe le sieur de Bricquemaud revient à Ambrun avec le sieur de Buat, ayant traitté, mais non conclu ny arresté.

Le xxe ils retornent tous deux au camp.

Le xxj^e le sieur du Buat, avec les sieurs de Tagean et de Termes revinrent à Ambrun pour le mesme faict, et le mesme jour Florent fut envoyé au camp.

Le xxij^e Florent revient avec le traitté conclud et arresté, et retourne le lendemain au camp pour l'exécution d'icelluy.

Le xxiij^e ceux de Chorges tant soldatz que autres, sortent par composition, avec leurs armes, artillerie, hardes, chevaux, meubles, vivres, munitions et bagages, la mèche esteinte, l'enseigne ploiée, sans tambour, laissant la ville démantellée, [à la charge qu'elle ne pourroit estre] pillée, bruslée ny saccagée ny les maisons ruynées, et ceulx qui y voudront demeurer le pourront faire en seureté de leurs personnes et biens vivantz selon les édictz, [après avoir tenu 52 jours] ¹.

[1587]

Janvier 1587. — Le premier janvier 1587, monsieur des Diguières partit d'Ambrun et vint coucher à Ancelle.

Le deuxiesme d'Ancelle aux Diguieres.

Le quatriesme des Diguieres à Mens.

Le cinquiesme de Mens à Tresmenis.

Le sixiesme de Tresmenis aux Fauries.

Le septiesme des Fauries à Serres.

Le treiziesme monsieur des Diguieres part de Serres & vient coucher à Orpiere.

Le quatorziesmes d'Orpiere à Saint Eupheme.

Le quinziesme de Saint Euphème à Nyons ou se tint une assemblée de la noblesse.

Le vingtième Florent partit pour aller en Guyenne.

Le vingt-quatrième monsieur des Diguières part de Nyons ayant tenu l'assemblée et vient coucher à Saint Sauveur.

Le xxve de Saint Sauveur à Serres.

Février 1587. — Le deuxiesme dudict février, monsieur des Diguières part de Serres et s'en va à Veines ou il parle prés de la ville au baron de la Roche la nuit d'entre le 3e et le 4^{e ²}.

Le quatriesme monsieur des Diguieres revint de Veines à Serres, et le mesme jour y arriva Bereti, secrétaire de monsieur le duc de Montmorency, venant devers le roy de Navarre, il vint pour prolonger la trève du Comtat.

Le sixiesme Bereti s'en retourne.

Le xviij^e monsieur des Diguières va coucher à Ventavon pour régler la garnison et pourvoir à la fortification.

---

¹ *Le siège de Chorges fut fatal à l'armée catholique malgré son triomphe final, la moitié de son effectif, c'est-à-dire environ 9,000 hommes, y périt de froid, de faim ou de maladies.*

² *Cette entrevue avec Balthazard Flotte, baron de la Roche, avait pour but une alliance entre les protestants et les politiques dont le baron était le chef en Gapençais.*

Le xxme il revient coucher à Serres.

Le xxj^e il en part & vient coucher à Veines.

Le xxij^e de Veines à Flotte.

Le xxiij^e de Flotte à Ambrun.

Le xxvij^e monsieur de Chastillon vient à Ambrun.

Mars 1587. Le deuxiesme monsieur de Chastillon part d'Ambrun pour retourner en Languedoc.

Le septiesme monsieur des Diguieres part d'Ambrun et vient coucher à L'Argentière. Ce voiage du Briançonois fut entreprins pour avoir argent pour la cause, mais on ne tira justement que les deniers de la fortification d'Ambrun et la moindre partie des arréraiges des contributions.

Le huitiesme de L'Argentière au Villar de Briançon.

Le dixiesme du Villar au village du Mont Genevre et ce mesme jour fut tué le sieur de Saint Jean [qui Caturiges tenuerat], le capitaine Claveri et quelques autres voulantz forcer une barricade au pied dudict mont : il y eut aussi quelques blessés, mesme les capitaines Rivière, Abel et autres ; le nombre des morts et blessés fut d'environ quinze. Le mesme jour nous vinsmes coucher à la Vachette et le lendemain xj^e au Villar, et le xij^e au Monestier de Briançon.

Le xiij^e du Monestier de Briançon nous rebroussasmes à Sainte-Chafrey.

Le xve de Saint Chafrey à la Valloyse.

Le xvj^e de la Valloyse à Ambrun.

Le vingt-cinquiesme monsieur des Diguières part d'Ambrun et vient coucher à Romolon.

Le xxvj^e de Romolon à Saint Bonet.

Le xxvij de Saint Bonet aux Diguières.

Le xxxj^e des Diguières souppa aux Noyers et l'après souppée on partit et marcha en toute la nuict pour l'entreprise du chasteau des Champs [deux lieus près Grenoble].

Avril 1587. Le premier jour dudict mois d'apvril environ deux heures après minuict le chasteau de Champs fut pris par deux coups de pétart.

Le troisiesme, les sieurs des Diguières, d'Ebens & de Bonrepos entrent en conférence au chasteau d'Ebens sur le faict de la pacification de ceste province, ou il fut parlé d'une treve et fut conclud particuliere pour Champs et ce qui est dela [et entre] la Romanche, la rivière du Drac [& Grenoble]. Mais le sieur de Maugiron et la Court ne la voulut approuver.

Le cinquiesme, de Sainct Martin, monsieur des Diguières vient coucher à Vif.

Le sixiesme de Vif à Clelles.

Le septiesme de Clelles en Tresminis.

Le huitiesme de Tresminis en Aspres.

Le neuviesme d'Aspres à Serres.

Le douziesme le canon part de Serres et marche en nombre de trois pièces à Nyons pour attaquer quelques places en Valentinois.

Le xiiij^e de Serres à Veines.

Le xvj^e monsieur [des Diguières] alla courir à Gap attaqua une escarmouche ou il y eut quelques uns de l'ennemi tués et blessés, & des notres quelques uns blessés puis s'en revint le mesme jour. Le xvij, il retourna à Gap pour parler au sieur de Prabaud [1], escarmouche et revint coucher à Veines.

Le xviij^e Venterol craignant le canon se rendit en l'absence de monsieur des Diguières, à savoir les murailles à sa discrétion, que le chasteau ne seroit abattu, ny ce lieu pillé.

Le xixe de Veines à Serres.

Le xxj^e de Serres à Rozans.

Le xxij^e de Rozans à Nyons, où il ne se fit aucun exploit.

May 1587. Le troisiesme jour dudict moy, de Nyons monsieur des Diguières vint coucher à Rozans.

Le iiij^e de Rozans à Serres.

Le vij^e la trouppe de chevaux légers [du sieur des Diguieres] & d'arquebusiers à cheval dudict sieur des Diguières, conduicte par le sieur de Montront & celle du sieur de Rosset conduitte par luy, estant partis deux jours avant d'auprès de Serres, font une embuscade auprès de Saut [dont estoit le comte de Saut] envoyent prendre le bestail, & taillent en pièces six vingts hommes dudict Saut qui estoient sortis, entre lesquels il y avait vingt ou trente hommes de commandement.

---

[1] *Gaspard de Bonne, Sr de Prabaud, commandait un corps protestant chargé d'observer Gap.*

Ils prindrent aussi cinq ou six prisonniers. Il ne s'y perdit que le cadet de Blanc de Gap. Il y eut force chevaux tués & blessés et plusieurs aussi blessés des nostres, mais point d'autres morts que ledict cadet. L'ennemy se défendit tres bien aussi il n'en reschappa ung seul.

Le dimanche dixiesme, monsieur de Diguières partit de Serres & alla coucher à Ventavon.

L'unziesme à Vausserre.

Le douziesme à Ambrun.

Le xxij^e d'Ambrun monsieur des Diguieres vint coucher à Ancelle.

Le xxiij^e d'Ancelle aux Diguieres.

Le xxxj^{me} des Diguières à Nantes [près la Mure] et ce mesme jour nous assiégeasmes le chasteau du sieur du Monestier, [situé au bourg de la Mure, et au mesme jour nous assiégeasmes le fort du Pont du Cognet.]

Le xxvij^e on commence une tranchée pour venir à la sappe audict chasteau et ce mesme jour le sieur des Diguières va donner ordre à Champs puis revient coucher à la Mure.

Le xxxj^e le Pont de Cognet rendu à discrétion, ceulx de dedans s'estonnèrent après avoir reçu un coup de pétard. Un des nostres y fut tué et cinq ou six blessez. On donna la vie & liberté aux rendus sans les obliger à aucune promesse.

Juin 1587. Le huitiesme jour dudict juing, le chasteau dudict sieur du Monestier estant à la Mure fut rendu, bagues sauves et à la charge d'estre démantellé et que le capitaine serait favorisé au paiement de ses arrérages. Ce mesme jour les sieurs de Bricquemaud, du Mas et Calignon allèrent à Saint Georges, et le ixe à Grenoble pour achever de traitter du demantellement de Champs et la Mure, commencé quelques jours auparavant entre eulx et les sieurs de Baylly [conseiller en la Cour], Bonrepos et d'Ebens, et aussi pour l'ouverture d'une trève requise par les catholiques.

Le huitiesme, monsieur des Diguieres alla à Sainct Jean d'Erans, où il sejourna le lendemain ixe.

Le dixiesme il alla en Aspres, et le xj^e à Serres.

Le xij^e traitté du démantellement des chasteaux de Champs & de la Mure faict à Grenoble à la charge qu'on nous donneroit six mil escus et que l'ung ny l'autre party ne s'en pourroit servir ny les fortifier par cy apres. Il fut parlé de la trève de Serres. Monsieur des Diguières alla à Rozans.

Le xve de Rozans à Nyons. Ce mesme jour Merindol fut investy dès la poincte du jour par monsieur de Gouvernet.

Le xvj^e monsieur des Diguières va au siège de Merindol. Ce mesme jour le canon part de Nyons pour aller à Merindol au nombre de trois pièces de batterie.

Le xvij la ville de Mérindol se rend au matin, à la charge de n'estre poinct pillée et le chasteau se rend l'après diner à discrétion. Monsieur des Diguieres leur donne la vie et les armes, excepté à deux qui avoient trahy Benivay, et s'estoient révoltés, ayant pris les armes pour les papistes.

Le xviij Benivay se rendit et Moulans fut assiégé, et le siège levé le même jour.

Le xixe Pierrelongue se rendit ayant veu un canon. Le mesme jour Egalliers qui avoit esté comme neutre reçut garnison.

Le xxe le canon arriva à Saint Maurice, & en partit à minuit pour aller à Jonquières en la principauté [d'Oranges] ou il arriva le xxj^e à huict heures du matin. Il fut tiré une douxaine de canonnades, puis ils se rendirent le mesme jour par composition et furent réduictz soubz l'obéissance de monsieur de Blacons [gouverneur de la dicte principauté].

Le xxij^e le canon revint à Nyons; à savoir deux pièces et la troisième demoura à Sainct Maurice qui revint à Nyons le lendemain.

La nuict d'entre le xxij^e & le xxiij^e environ minuict, le Poët la Val fut investy par les nostres par l'infanterie, et le xxiij^e monsieur des Diguieres y arriva avec la cavallerie estant party de Nyons ce mesme jour.

Le xxvij^e monsieur des Diguieres voiant que le Poët ne pouvoit estre forcé sans canon, et que les assiégés faisoient contenance de se défendre, conduisit deux pièces de campagne, de Montellimard au Poët pour abbatre les gerrites et en passant à la Bastie Rolland, où estoient Ramefort et Charpey, avec environ quatre vingtz ou cent cuirasses, attaqua une escarmouche, où Maisonneuve, papiste, fut prins. L'ennemy rembarré dans la ville par les nostres qui les suivirent jusques dans le ravelin, deux des nostres tués et quelques uns blessez: plusieurs de l'ennemy blessez et tués.

Le xxviij° le Poët fut battu desdictes deux pieces, partie des défenses levées, et breche faicte, laquelle n'estant raisonnable, les nostres y ayant planté l'echelle furent repoussés sans pertes ni dommages que de quelques blessez.

Le xxix° ceux du Poët se rendirent bagues sauves et se retirèrent l'enseigne déploiée sans tambour battant.

Le xxx° nous allasmes à Dye.

Juillet 1587. Le cinquiesme dudict juillet monsieur des Diguieres après avoir pourveu au Dyios et Royannés et faict response à ceulx de Grenoble sur le faict de la trève, part de Dye et s'en vient à la Baume.

Le sixiesme de la Baume à Serres.

Le huictiesme de Serres à Manteyer.

Le neufviesme de Manteyer à Montoursier aux nopces de mademoiselle de Villette.

Le dixiesme de Montoursier aux Diguieres.

Le xij° des Diguières à Ancelle, aux fiançailles de monsieur de Rosset. [1]

Le xiij° d'Ancelle aux Diguieres. Ce jour monsieur de la Valette print Pierrelongue par composition après avoir tiré six vingtz coups de canon de deux moyennes. Les nostres sortirent bagues sauves, enseigne déploiée, tambour battant, avec leurs armes. A la descente dudict sieur Beaumes & Rossas quittèrent [2] quelques jours auparavant.

Le xiiij des Diguieres à Mens.

Le xvj de Mens à Chastillon.

Le xvij de Chastillon à Dye.

Le xviij de Dye à Aoste.

Le xix° on commença à fortifier Aoste [près de Crest, que l'on voulait brider.]

Le xxxj° monsieur des Diguières part d'Aoste avec la cavallerie & vient à Derbieres pour favoriser le passage de monsieur de Chastillon.

Aoust 1587. Le premier jour dudict mois d'aoust, monsieur de

---

[1] Louis de Rousset, S' de Rousset, Prunières et Ancelle, épousa en secondes noces une demoiselle de la famille de Castellane, dont était la mère de Lesdiguières.

[2] Se rendirent.

Chastillon passe le Rhosne avec environ deux mille harquebusiers de Languedoc pour aller en l'armée d'Allemagne & vient camper près de Derbieres ou monsieur des Diguieres estoit avec la cavallerie de Daufiné.

Le deuxiesme, toutes ces troupes marchent ensemble et vont loger à la Vache, Montéléger et Beaumont ou elles séjournent le lendemain, IIIe.

Le quatriesme les troupes viennent à Sanson et aultres lieux circonvoisins.

Le cinquiesme de Sanson à la Grange et autres villages.

Le vij^e de la Grange à Sessin, Sassenage, Cles & aultres lieux, et en chemin nous perdismes quelques chevaulx au destroict de Veuray et y eut deux valletz blessez le tout par les harquebusades tirées delà l'Isère.

Le XIIj^e de Sessin à Vif.

Le xvj^e la ville de Montelimard reprise au matin par les papistes, excepté les deux chasteaux et les maisons voisines d'iceulx.

La nouvelle de ceste prinse arriva à Vif à IX heures du matin et à l'instant le sieur du Poët, de Blacons, de Salles & de Souberoche ont esté depeschés pour le secours du chasteau.

Le XVIIj Morge [père de celui qui commande aujourd'hui à Grenoble qui avait espousé la sœur de la femme du sieur des Diguieres] tué près de Champs.

Le XIXe de Vif à Champs et ce mesme jour la defaicte des Suisses [à Vaunavés]. On essaya de rabiller le pont de la Romanche, mais en vain, les gués furent sondez & trouvez non guéables. Le sieur de Vésin [Glane, Fribourgeois], chef des Suisses, se sauva au pont de Vizile. Le sieur de Montrocher, son lieutenant, et le sieur d'Aubonne [lequel étoit fils de l'évêque de Montauban][1] se retirèrent en Oysans, où ils furent prins avec environ 600 Suisses. [Le seigneur Alfonso d'Ornano fit ceste defaicte avec moins de 200 chevaux 3 ou 4 cents harquebusiers: ayant prins les dictes forces en l'armée de monsieur de la Valette qui estoit pour lors à Grenoble et aux environs]. Le nombre

---

[1] *Il était fils de Jean de Lettes de Montpezat, évêque de Montauban, qui se fit calviniste, épousa publiquement Armande de Durfort, veuve de Jean du Bousquet, résigna son évêché en 1556 et se retira à Genève où il mourut.*

desdicts Suisses estoit de dix enseignes dont les 8 estoient de 300 hommes et les deux de 500 chacun. Il y avoit outre ces deux compagnies de françois la chacune de 200. Il ne s'en sauva jamais plus de cent autres, non comprins ceulx qui furent recoux au Bourg lesquels cent s'en retornèrent avec monsieur de Chastillon.[1]

Ce mesme jour le chasteau de Montellimard fut secouru, et les papistes entièrement chassés de la ville. Il y vint de Vivarès environ huit cens hommes pour le secours et quatre cens de Dauphiné desquelz estoient chefs les sieurs du Poët, de Blacons et de Vacheres. Ils donnerent aux barricades de la ville au partir du chasteau environ les sept heures du matin, à sçavoir le sieur de Saint Genix soustenu par le sieur de Vacheres et les sieurs du Poët et Blacons après. Le combat dura deux heures, puis la grand tuerie commença, et furent tués le comte de Suze faisant la retraitte à la porte Saint Gaucher; le sieur de Logiers, le fils du sieur du Teil; le jeune Puy Saint Martin, nommé Porte; et de prisonniers, le fils aisné du comte de Suze, le baron de la Garde, le sieur de Chenillac du Vivarès, le sieur de l'Estrange, le sieur du Teil, le sieur de Précontal, le sieur de Ramefort, le jeune Cosans, le jeune Vanterol, le capitaine Bolati, prisonnier et blessé. Le secours de Vivarés fut amené par le sieur de Chelus qui fut un peu blessé, et les sieurs de Mirabel et d'Alard & austres. Il n'y eut qu'environ douze morts des nostres sur le champ, et plusieurs blessez desquels le sieur de Tessières mourut depuis. La tuerie dura longtemps après le combat, de sorte que le nombre des ennemis morts excéda deux mille.

Les papistes ne tindrent la place que trois jours en tout durant lequel temps ils ne s'accorderent entre eux & dict on qu'ils demeurerent deux jours sans mot. Quand ils entrèrent ilz n'estoient guere plus de sept ou huict centz. Mais le pillage et les mandementz des chefs en attirèrent ung tel nombre que quand ils furent chassez ils estoient plus de trois mil. L'entreprise fut faicte par le bourreau de la ville, certains paysans [habitans d'icelle], et un maréchal qui forgea les marteaux et ciseaux dont les paysans rompirent les barreaux & verroux des trois

---

[1] *Ce combat coûta aux Suisses douze cents morts, huit cents prisonniers, une cornette et onze drapeaux ; d'après une lettre de La Valette, du 20 août, il n'avait que cent cavaliers et cinq cents arquebusiers pour remporter cette victoire. Voir sur ce combat la* Copie d'une lettre contenant le discours au vray de la de deffaicte de douze enseignes des Suisses bernois, 1587, s. l., in-8°, *et* La deffaicte générale des Suysses par Monsieur de la Valette, ainsy qu'ils pensoient venir donner secours aux rebelles de France. Paris, Menier, 1587, in-8°.

portes du portal Saint Martin, après avoir tué le corps de garde, n'estans armés que de pioches soubz leurs robbes en lieu de corcelets et quelques armes d'hast. La résolution de ses paysans fut premierement communiquée au sieur d'Anconne qui la négligea, puis à Boulati qui l'achemina à l'ayde de Saint Ferreol & dudict Anconne. Quand l'ennemy entra, le capitaine Legier, sergent major y fut tué, et sans sa mort il avait commencé à repousser l'ennemy; mais estant blessé, il fut abandonné de ses soldats. Le combat dura cinq ou six heures avant que l'ennemy fut maistre de la ville durant lequel temps les nostres eurent le loisir de retirer les pouldres au chasteau. Le capitaine dudict chasteau ne voulut recevoir dans icelluy ceulx de la ville qui s'y voulaient retirer, ains les renvoya au chasteau de Narbonne. L'artillerie fut recousse laquelle l'ennemy voulait enlever avant le secours sans la contention qui survint entre eux, à qui elle demeurerait.

Les valletz qui gardoient les chevaux dans le fossé du chasteau voiants l'ennemy repoussé montèrent à cheval, & en tuèrent plusieurs hors la ville & en eussent faict plus grande tuerie sans la compagnie de cheval du sieur de Ramefort, laquelle pensant entrer en la ville comme ledict sieur y estoit entré, environ une heure auparavant, donna la chasse aux valletz, et y fut tué un harquebusier à cheval des nostres, meslé avec iceulx valletz. Il y avait environ deux cens armés des nostres, quand ils donnèrent aux barricades, lesquelles estoient flanquées par les maisons percées et le canon braqué en un endroit que les nostres éviterent. Les chefs y firent très bien, et sont louables de la diligence valleur et sage conduitte qu'ils y apportèrent. La sieur de Saint Genis y fit [aussi] très bien et le sieur de Soubroche.[1]

Le xxij de Champs, au bourg d'Oysans, où furent recoux[2] 45 Suisses.

Le xxiiij^e du Bourg au Villar d'Arenes. Et ce mesme jour, monsieur de Chastillon à Vauiani pour de la prendre son chemin avec ses troupes en Savoye.

Le xxve du Villar d'Arenes au Monestier de Briançon, ou l'on fit fortifier le temple & y fut mis le capitaine Bosquet en garnison.

---

[1] *Voir sur cet événement qui coûta la vie au comte François de la Beaume-Suze, célèbre capitaine catholique, la* Prinse et reprise de ontélimar, *et le* Discours de la deffaicte des Suysses en Dauphiné, contenant la vraye histoire de la récente prise et reprise de Mont-limar, *par* Robelin. Paris, Linocier, s. d., in-8°.

[2] *Retrouvés*.

Le xxxj^e du Monestier de Briançon au Villar de Briançon. Ce mesme jour le filz du comte de Grignan print le parti et se saisit de Clanseies & Montsegur appartenant à son pere. Environ ce mesme temps la ville de Suze fut prise & saccagée par les gens de monsieur de Blacons puis quittée à cause du chasteau.

Septembre 1587. — Le premier jour dudict septembre Guillestre fut investi par les trouppes d'Ambrun et le canon commença à marcher.

Le deuxiesme monsieur des Diguieres vient du Monestier de Briançon à Guillestre.

Le iiij^e la ville de Guillestre quitée par l'ennemy et le lendemain le chasteau rendu par composition. Les trois capitaines sortent à pied avec une espée et une cuirasse, les soldatz gascons avec le bâton blanc, ceux du pais à discrétion tant soldatz que autres. Il y eut environ deux cents canonnades de quatre moienes et quelques coups de deux pièces de campagne. Les capitaines estoient Belmont et son lieutenant Gasans et la Mirande dauphinois.

Quelques jours auparavant La Mirande gaigné par monsieur de la Vallette en avoit chassé Chaffardon, gouverneur, qui tenoit pour la ligue, duquel la Mirande estoit lieutenant. Monsieur des Diguières fit pendre cinq soldatz [dauphinoys de la garnison du chasteau] diffamés de voleries.

[Ledict 5me le Chasteau de Quéras fut investy par les nostres, ou monsieur des Diguières vint le 6e et le 8e en Ambrun.]

Le xj^e à deux heures devant jour les trouppes [catholiques] de la garnison de Briançon prindrent le fort du Monestier, estantz montez sur la voulte du temple à deux heures devant jour par les eschelles & poulies des maçons qui achevaient la fortification, avant qu'estre descouvertz, et ayans percé la voulte et jetté force paille et bois allumé par la le feu se mit aux pouldres qui enleva le clocher et sept ou huict de l'ennemy qui print le capitaine [dudict fort] et douze soldatz et en tua environ 40 ou 50.

Le xiij^e Lesdiguières vint à Montgardin.

Le xiiij^e à Montmaur.

Le xve à Serres.

Le xvii. Environ ce temps Ramefort vint à Serres pour traitter de sa rançon et la voulut faire une marchandise¹ [pour reprendre Serres].

Le xxɪᵉ monsieur des Diguières part de Serres & vint à Ventavon.

Le xxɪjᵉ de Ventavon à le Mote du Cayre.

Le xxɪɪjᵉ de la Mote à Bellaffaire.

Le xxɪɪɪjᵉ de Bellaffaire à la Bréoule & la nuit d'entre xxɪɪɪɪᵉ & le xxvᵉ Queras investi [auparavant fut du tout assiégé].

Le xxvᵉ de la Bréoule à Ambrun.

Le xxjᵉ. Pluie tres grande & telle qu'on ne vit de memoire d'homme la Durance si débordée près d'Ambrun, ce qui retarda les trouppes & le canon.

Le xxvɪɪjᵉ d'Ambrun à l'Argentière.

Le xxxᵉ de l'Argentière à Saint Martin de Querieres.

Octobre 1587. — Le premier dudict octobre de Saint Martin de Querieres à Arvieu.

Le deuxiesme d'Arvieu à Villevieille.

Le troisiesme. En ce temps Ramefort pressait sa marchandise & vint pour cest effect à Sisteron, avec environ 80 chevaux; à quoy on l'amusoit pour séparer les forces de monsieur de la Vallette & avoir loisir de faire l'exploit de Queras; mais la chose devint enfin suspecte par la longueur, & ne vint à aucun effect.

Le vɪɪjᵉ ceulx du Chasteau Queras commencèrent à parlementer.

Le xᵉ ils se rendent voyant le canon arrivé. La composition fut que le sieur de Luny [bastard de la maison Maugiron], gouverneur, se retireroit bagues et armes sauves, son lieutenant avec ses armes, les soldatz au nombre de dixhuict avec l'espée, ceux de la vallée sans armes. Le canon fut trainé par Sillac, [lieu] par des montaignes très-hautes & difficiles, et contre l'espérance de plusieurs parvint enfin à Queras n'ayant faict que quatre lieues en neuf jours; à sçavoir de la Durance an deça de Saint Clément en Queras. Le sieur des Diguieres estant maitre de la place par ses soldatz, qu'il y logea ce mesme jour, et le lendemain donna leurs harquebuses eux soldatz de Luny et luy fit beaucoup de courtoisies par dessus la capitulation et les fit sortir le xɪᵉ.

Le xɪjᵉ le sieur de Briquemaud avec les troupes print l'église Saint

---

¹ *C'est-à-dire voulut profiter de l'occasion pour nouer des relations avec la garnison de Serres et reprendre cette ville.*

Pierre fortifiée par l'ennemy en la vallée de Chasteau Daufin, tua tout ce qui estoit dedans, & print le capitaine prisonnier.

Le xiiij⁰ monsieur des Diguieres part de Queras & vient à Ambrun.

Le xix⁰ monsieur des Diguieres part d'Ambrun & vient à Avançon.

Le xx⁰ d'Avançon à Saint Bonnet. Ce mesme jour à la diane le sieur de Ramefort accompagné de soixante salades et cent cinquante harquebusiers donna sus Saint Esteve à un quart de lieue dudit Avançon, où il y avoit vingt sallades de la compagnie de monsieur des Diguieres et environ vingt cinq harquebusiers des gardes; mais ils furent repoussez laissantz cinq morts et le jeune Paquiers qui menoit l'infanterie prisonnier. La cavallerie de l'ennemy fit très mal et quant aux nostres Dieu les garentit car peu se rallièrent et ce peu donna l'effroy aux gens de cheval des catholiques et fit sa faction contre leur infanterie. Nous n'y eusmes perte que d'un homme mort & deux blessés. L'honneur demeura à l'infanterie.

Le xxj⁰ monsieur des Diguieres vint aux Diguieres. Ce mesme jour le roy de Navarre donna bataille contre le sieur de Joyeuse, entre Montpoint et Coutras et emporta la victoire, où moururent le sieur de Joyeuse et son frère et 4 ou 5 mille hommes,

Le xxv⁰ les sieurs Præcenteur, de Bonrepas, d'Ebens, [Bailly,] conseiller [au Parlement de Grenoble], et Servient s'assemblèrent à Ebens avec les sieurs d'Estables, de Briquemaud, Calignon et Biard pour traitter de la treve; mais les catholiques ne se trouverent garnis de pouvoirs suffisant, d'autant que monsieur de la Vallette n'y consentoit, lequel aussi fit arrester le sieur du Mas à Vallence, qui venoit audict lieu d'Ebens n'ayant passeport que du sieur Maugiron [qui] desiroit la treve, mais sur le point de ceste assemblée il fut intimidé par lettres du roy, portant défence d'y entendre.

Le xxix⁰ deffaicte de quelques reistres à Vimort ou moururent plusieurs des trouppes de la ligue & mesme des seigneurs de qualité[1].

Le xxx⁰ des Diguieres à Mens.

Le xxxj⁰ de Mens à Tremenis.

---

[1] *Le duc de Guise attaqua le 26 octobre les quartiers de l'armée des protestants allemands, commandée par Chatillon et le comte de Dohna, à Vimori, près de Montargis, mais sans succès. Un mois après, le 24 novembre, les catholiques prirent leur revanche et tuèrent aux protestants deux mille hommes dans le bourg d'Auneau, près de Chartres.*

Novembre 1587. — Le premier novembre de Tremenis à Serres.

Le vj^e de Serres à Beurieres.

Le vij^e de Beurieres à Dye.

Le viij^e Ramefort, Montaut, Esquarabaques et Signac avec environ quatre cens harquebusiers et six vingtz chevaulx surprennent Jonquiere [en la principauté] à la diane, excepté une tour. Le sieur de Blacon y survient, trois ou quatre heures après, avec trente chevaux : l'infanterie qui estoit dedans s'effraye se souvenant de Montellimard et habandonnant la ville, s'enfuit : la cavallerie qui estoit dehors les suit sans qu'il y eut apparence d'autre secours que lesdicts trente chevaulx.

Le xij^e de Dye à Aoste. Ce jour nasquit à monsieur des Diguières une fille [1].

Le xiiij^e d'Aoste à L'Oriol.

Le xvj^e de Loriol au Montellimard.

Le xvj^e Henry de Bonne, filz de monsieur des Diguières, alla à Dieu. C'estoit ung enfant de très belle espérance et qui mourut avec l'invocation du nom de Dieu à l'aage de sept ans et sept ou huict mois [2].

Le xxij^e monsieur des Diguières vient de Montellimard à Montségur.

Le xiij^e de Montségur à Nyons.

Le xiiij^e de Nyons à Rosans.

Le xve de Rosans à Serres.

Le xvij^e de Serres à Veynes.

Le xxixe de Vëines à la Bastieneuve.

Le xxxe de la Bastieneuve à Ambrun.

Décembre 1587. — Le xe Monsieur part d'Ambrun et vient à Saint Bonet.

Le xie de Saint Bonet aux Diguieres.

Le xiij^e. Ce jour Le Blanc partit des Diguieres pour aller trouver le roy de Navarre de la part de monsieur des Diguieres.

Le 16e. Ce jour je fis mes nopces [3].

---

[1] *Elle mourut en bas âge.*

[2] *Le roi de Navarre était parrain de cet enfant dont Lesdiguières pleura la mort jusqu'à la fin de ses jours.*

[3] *Cette note est de Calignon, qui épousa par contrat du 17 décembre 1587 Marthe du Vache, fille de Claude du Vache et de Françoise de Murinais.*

Le xixe monsieur des Diguières vint des Diguieres à Poligny.
Le xxe de Poligny à Ancelle.
Le xxje d'Ancelle à Ambrun.

[1588]

Janvier 1588. — Le deuxiesme monsieur [des Diguières] part d'Ambrun et vient à Bastieneuve.

Le troisiesme de la Bastieneuve à Veines.

Le iiije de Veines à Serres.

Le vi{e} Orange faillit à estre pris par l'artifice du comte de Suze, prisonnier au chasteau qui corrompit un caporal lequel fut pendu. L'entreprise se manioit avec le vice-legat d'Avignon.

Le vije de Serres à Veines.

Le ixe de Veines à Luc.

Le xe de Luc on s'achemina tout le jour et toute la nuit à Grenoble pour le prendre.

Le xie de Grenoble que nous faillismes à prendre sur les cinq heures du matin, on vint à Saint Martin de Poysat, et à la mesme heure nous forçames le fort de Giere.

Le xije de Saint Martin à Domène.

Le xve de Domène à Champagnier. Et au mesme jour partit A..... pour aller à Genève.

Le xvie de Champagnier au Monestier de Clermont.

Le xvije du Monestier à Saint Maurice.

Le xviije de Saint Maurice à Tresmenis.

Le xixe de Tresmenis à Aspres.

Le xxe d'Aspres à Serres.

Le xxije de Serres au bord de Durance & de là à Ventavon.

Le xxiiie de Ventavon à Serres.

Le xxviiie de Serres à la Baume.

Le xxixe de la Baume à Dye, ou l'assemblée fut tenue, et l'estat dressé. [Ung nommé] La Croix y vint durant l'assemblée [de la part des catholiques] pour le faict de la trève.

Février 1589. — Le sixiesme de Dye à Saint Maurice ou la Croix revient pour le faict de la trève.

Le vij^e de Saint Maurice à Tresmenis aux nopces du sieur de Beaumont & de Prabaud [1].

Le viij^e de Tresmenis aux Diguieres.

Le xie des Diguieres à Veines.

Le xij^e de Veines à Serres.

Le xiiij^e La Croix & Bussod revindrent une autre fois pour le faict de la trêve & s'en retournèrent le lendemain.

Le xxe Vassieu partit de Serres pour aller trouver le roy de Navarre, mais il fit séjour à Nyons jusques environ la fin du mois de mars.

Le xxiij^e monsieur des Diguières part de Serres & vient coucher au Lauzet près de Gap.

Le xxiiij^e de Lauzet à Romette.

Le xxvj^e de Romette à Ambrun.

Le xxixe. Environ ce temps monsieur de Paris [qui devait espouser depuis[2] Vachere] fut tué & [Budos et le commandeur] de Champs prins prisonnier par monsieur de Montbrun & de Salles.

MARS 1588. — Le vi^e dudict mars, je payé Jeremie le mulletier, le pallefrenier et Marie, de leurs gaiges, jusques à la fin du mois d'apvril, année presente. Reste à arrester le marché & payer Jehanne.

Le vij^e monsieur de Chandieu & du Jay [secretaires du roy de Navarre], partirent d'Ambrun pour aller en Allemagne.

Le ixe monsieur des Diguières part pour l'entreprise de Talard, laquelle il devoit exécuter le 10; mais elle se trouva double, de sorte que ledict seigneur s'en retourna ledict x^e à Gap. Un sien pallefrenier en eut la teste tranchée à Talard [3].

Ledict ixe le sieur de Roybond [fils du président de Calais] vint à Ambrun.

Le xiiij^e monsieur des Diguières part d'Ambrun et vient à Saint Laurens.

---

[1] *Gaspard de Bonne, sieur de Prabaud, épousa Sybille Artaud de Montauban en secondes noces; il avait épousé en premières Claudie de Bérenger.*

[2] *Depuis a probablement ici le sens de* bientôt après.

[3] *Pierre de Chissé, sieur de la Marcousse, gouverneur de Tallard, avait envoyé à Lesdiguières deux traitres nommés du Moulin et La Bajole, soldats de la garnison, pour lui proposer de lui livrer le château de Tallard. Lesdiguières une fois entré on devait le tuer ou le faire prisonnier. Les historiens racontent que cette trahison eut un commencement d'exécution et que Lesdiguières, prévenu par les cris de quelques-uns de ses compagnons qu'on égorgeait, put se retirer à temps.*

Le xvᵉ de Saint Laurens aux Diguieres.

Le xvɪjᵉ des Diguieres en Vaubonnais.

Le xɪxᵉ de Vaubonnais monsieur des Diguières partit à 6 heures après midy et alla tenter l'entreprise de Vizille, laquelle il faillit ceste nuict là, puis alla disner à Champs, et coucher à Champagnier.

Le xxᵉ monsieur des Diguières estant party de Champagnier donna jusques à la Coche sur Giere ou il défit 50 ou 60 harquebusiers du fort de Giere et de Grenoble conduicts par le capitaine l'Isle dont y en eut environ 20 prisonniers. Le mesme jour le sieur de Morges donna jusques à Goncelin, revint par ledict lieu de la Coche & ramena environ 50 prisonniers, et au mesme jour ledict sieur des Diguières revint coucher à Uriage. Ce soir là le sieur de Beaumont [de la religion] faillit le chasteau de Revel. Ce voiage fut entrepris pour la contribution [1].

Le xxjᵉ d'Uriage à la Mure.

Le xxɪjᵉ de la Mure à Mens.

Le xxɪɪɪjᵉ de Mens aux Fauries.

Le xxvᵉ des Fauries à Serres.

Avril 1588. — Le troisiesme dudict avril de Serres à Veines.

Le quatriesme de Veines à Puimore ou les trouppes se rendirent et les pionniers pour fortifier le lieu & garder le sieur de Saint Julian d'entrer dedans Gap. Ce mesme jour fut tué le sieur de la Marcousse, commandant à Talard, par la troupe du sieur de Grignan venant à Piemore [2]. Le sieur des Diguières fut assisté en ces affaires des sieurs de Gouvernet, de Grignan, de Montbrun, de Morges, de Beaumont, de Briquemaud avecques leurs trouppes. Cependant le sieur de la Valette assembla ses trouppes à sçavoir sa compagnie & celle de monsieur d'Espernon, du sieur Alphonse, de Tournebon, de Ramefort, de Montcassin, de Monclar et quelque infanterie pour empescher ladite fortification.

Le vᵉ la fortification de Puimore commence.

Le xɪɪɪjᵉ. Ce jour Puimore fut achevé d'estre mis en défense ayant

---

[1] *C'est à dire pour recueillir de l'argent.*

[2] *La Marcousse fut tué traîtreusement par un bâtard de la maison de Moustiers nommé Saint-Martin; ainsi fut vengée la trahison de Tallard. Saint-Martin lui-même, quelques années après, fut décapité pour avoir voulu livrer quelques places au duc de Savoie.*

esté les courtines haussées de 15 pieds au plus bas endroictz, sans avoir faict perte que d'un pionnier tué, un blessé & un soldat blessé, le tout du canon qui battait au travers [venant de la ville de Gap].

[CCCLX toises, de courtine revestue de gazon, un puis, une cisterne, logis pour L chevaus, pour CCC hommes depied, provision de bois & farines pour trois mois, logis pour les poudres et autres choses nécessaires, le tout faict et basti en X jours [1].]

Le xve monsieur des Diguières part et trouve la compagnie du sieur de Saint Julien à Curban, qui prend la fuitte et se retire à Cleret où elle fut investie, la barricade forcée et cent ou six vingtz chevaux pris, & une douzaine de tués. Les maistres se sauvèrent au chasteau. Nous y perdimes quinze soldatz & en furent blessez environ trente. L'ennemy n'y perdit que deux ou trois hommes. Le mesme jour ledict sieur [des Diguières] vint coucher à Serres. Au mesme jour aussi Tornebon parut avec sa compagnie devant Piemore pour le recognoistre, et ceux de Gap sortirent a l'escarmouche & perdirent quatre hommes tués par cinq ou six hommes de cheval sortis de Piemore.

Le xviij[e] monsieur de la Valette vint de Sisteron à Gap accompagné d'environ 350 chevaux et cinq ou six cents hommes de pied : puis, ayant demeuré tout le 19 à recognoistre Piemore &, consulté des moiens de le prendre, voiant que ce n'estoit chose facile, s'en retourna le vingt à Talard, et le 22 à Sisteron. Cependant monsieur des Diguières fut le 18e à Ventavon pour veoir passer ledict sieur de la Valette & en tirer quelque avantage : mais il y arriva trop tard et le mesme jour s'en retourna à Serres, d'où il partit le lendemain sur la nuict pour visiter ceux de Piemore & sçavoir leur estat & en revint le 20e.

Le 21e il alla à Ventavon pour veoir encore ledict sieur de la Vallette; mais il s'en alla par delà la Durance, de sorte qu'il ne fit rien.

Le xxiij[e] monsieur des Diguières revint de Ventavon à Serres & de la à Veines le xxiiij[e].

Le xxve en Piemore. Ledict jour Saint Jehan [de Roians] fut assiégé par monsieur de Cugie & monsieur de Gouvernet.

Le mesme jour xxv trente sallades & vingt & cinq harquebusiers à cheval de la trouppe de monsieur de Morges conduicts par le sieur

---

Il existe au cabinet des estampes de la Bibl. nation. plusieurs gravures du tem représentant le fort de Puimaure.

Cécillienne, défirent la compagnie de monsieur de Maugiron, conduitte par le sieur de Disemieu & deux centz cinquante harquebusiers à pied, tuèrent quinze armés, & vingt & cinq harquebusiers, prindrent cinquante chevaux. Disemieu y receut sept ou huict coups d'espée & de pistolet. Bonvert, sergent maior de Grenoble y fut tué, & deux capitaines de gens de pied; le reste se sauva partie en la maison du sieur de Varce, partie à la montagne & partie au pont de Clais. La défaicte commença au gravier de Grèce, [rivière] au dessus de Vif. Il n'y eut que trois blessés des nostres.

Le xxviij[e] ledict jour le siege levé [de Saint Jean][1].

Le xxix monsieur des Diguières vint aux Diguieres.

MAY 1588. — Le premier may je departi pour aller vers le roy de Navarre.

Le troisiesme Monsieur despart de Lesdiguieres & va coucher à Piemore.

Le quatriesme : ledict jour sur la nuit, ceulx de Saint Jehan ayans mis le feu en leurs logis dedans l'église, qu'ilz avoient fortifiée, s'enfuirent à Romans, sentans venir le second siege.

Le sixiesme la nuict monsieur du Bosquet [de la religion] logea avec sa compagnie près du Jariayes.

Le septiesme la nuict Monsieur despart et va assiéger Jariayes, couche à Vauserres.

Le ixe Monsieur va coucher à Ambrun d'où le canon estoit. Despartz le mesme jour.

Le xe Monsieur vint coucher à Chorges avec le canon où il receut nouvelles de la mort du sieur de Mouvans [fils de Mouvans], qui fut tué près de Digne, allant en court.

Le xj[e] ledict Seigneur vint coucher à Piemore d'où il fit sortir une petite pièce.

Le xij[e] Jariayes fut battu d'un canon & une petite pièce. Et fut tiré cent quarante coups. La Violette tué [2].

Le xiij[e] Jariayes rendu et sortent vies et bagues sauves; le canon mené à Piemore.

Le xxj[e] monsieur des Diguières vint coucher à Lesdiguières et par

---

[1] Saint-Jean-en-Royans.   [2] Ces trois mots effacés.

chemin reçut nouvelle que monsieur de Guise le 12 de may s'estoit rendu maistre de Paris. Le Roy contrainct d'en sortir se retira à Chartres, la veille de . . . . . ¹.

Le xxiie. Il eut nouvelles que monsieur Faure s'en estoit allé de là les montz et à Turin pour n'avoir luy mesme la peinne de rendre son compte².

Le xxve Monsieur s'en va à Piemore pour veoir quelques bastions que la pluye avoit ruynés & reveint coucher à Lesdiguières.

Le xxvij^e deux heures devant jour mondit Seigneur reçut lettres de monsieur Faure s'excusant de son départ faict pour éviter la prison : prie monsienr Biard de rendre son compte pour luy.

Le xxvij^e Monsieur depart & vient coucher à Mens.

Le xxviij^e vient coucher à Dye.

Le xxxe la ville d'Estoille fut prise par le sieur du Poët assisté du sieur de Morges & la compagnie du sieur de Charpey desmontée. Ledit sieur se sauva au chasteau, lequel ne peut estre prins, encores qu'on l'attaquast par une mine en la muraille ou plusieurs des nostres furent blessez & quelques ungs tués. Et entre les aultres [Montmiral, de Nismes, fils de Melet conseiller au siège présidial dudict Nimes.]

Le mardi 31 du moys, monsieur des Diguières y arriva avec toutes ses trouppes.

JUING 1588. — Le cinquiesme dudict juing monsieur des Diguières avec toutes ses trouppes, part d'Estoille, laquelle on quitte n'ayant pu prendre le chasteau à cause du siège du Saint Esprit, [auquel il se falloit préparer, pour y assister monsieur de Montmorency. Ledict sieur des Diguières s'en vint donc coucher à Dye ce jour 5e]

Le vij^e de Dye à Mens.

Le viij^e de Mens aux Diguières.

Le xe des Diguières à Piemore.

Le xiij^e de Piémore à Serres.

Le xvj^e de Serres à Rosans.

Le xvij^e de Rozans à Nyons, où la plus part des troupes se rendirent.

¹ *Lacune dans le texte original. Le roi s'enfuit le 13 mai et arriva à Chartres le 14.*
² *Ca Faure était trésorier des finances.*

Le xviij₍e₎ de Nyons à Montségur.

Le xix₍e₎ de Montségur [au devant] du Saint-Esprit ou fut attaquée une escarmouche, au bord du pont pour le recougnoistre. Ce mesme jour Saint-Chama [Massiliensis] fut exécuté ayant confessé l'entreprise d'Oranges [qu'il tramoit en faveur des catholiques].

Le xx₍e₎ le reste des trouppes acheva d'arriver [près le Saint-Esprit], excepté celles du sieur de Blacons.

Le xxiiij₍e₎ despart de monsieur de Calignon [du chasteau] de Pierre-Fitte, pour aller en Guyenne.

Le xxvij₍e₎ monsieur des Diguières, avec messieurs de Grugnan, de Gouvernet, du Poët, de Blacons, de Saint-Sauveur, de Vacheres & de Montbrun, passe le Rhosne & va veoir monsieur de Montmorency à Coulombier, près le Saint-Esprit, ou il disna. Il se parla des affaires du comté, ou après plusieurs discours la tresve fut rompue. Il est vray qu'on leur donna six semaines de terme avant que de permettre la guerre. Ledict jour nous retirames en nostre camp.

Le xxix₍e₎ nous eusmes nouvelles que le Roy & la Ligue estoient d'accord et que le Roy et monsieur de Guyse alloient en Guyenne & monsieur de Mayenne en Daufiné [1].

Cedict jour nous envoiasmes monsieur de Salles à Nyhons prendre deux canons pour mener devant Baumes, mais faulte de trouver des mulles à Oranges, ilz furent laissez à Nyons.

Juillet 1588. Le premier dudict juillet monsieur des Diguières décampe du Saint-Esprit & va coucher à Montsegur.

Le deuxiesme de Montsegur à Nyons.

Le troisiesme de Nyons à Serres.

Le cinquiesme de Serres à Piémore.

Le vij₍e₎ ce jourd'huy ceulx de Gap attaquent une escarmouche contre le corps de garde qu'estoient au moulin de Burle, ils y faisoit perte de sept hommes & 15 blessez.

Le viij quelques uns de Gap commencent à parler d'accord & viennent à Piémore les sieurs de Passieu, Davini et.... [2].

Le ix₍e₎ ledict sieur de Passieu Davini, et..... [2], viennent à Piémore

---

[1] Par suite du traité d'union conclu à la suite de la journée des barricades entre le roi Henri III et le duc de Guise, le 15 juin 1588.

[2] Lacunes dans le texte original.

pour traitter dudict accord et monsieur d'Yères avec eulx, qui porta la parolle et conseilloit de remettre Piemore à son estat premier. Ce jour, la trève fut accordée pour deux jours à la requeste du sieur de Puimichel, envoyé par monsieur de la Valette aux fins dudict traitté.

Le xj^e messieurs de Furmeyer & Marquet furent parler à monsieur de Saint-Julian [1].

Le xij^e lesdicts sieurs de Furmeyer & Marquet retournent à Gap.

Le xiiij^e lesdicts sieurs d'Estables & Marguet départent pour aller à Grenoble pour traitter d'une suspension d'armes à la réquisition des commis du pays [2].

Le xve lesdicts sieurs arrivés à Grenoble, la trève fut arrestée entre monsieur des Diguières et le sieur de Saint-Julien pour la ville de Gap et Tallard, et les ostages baillez.

Le xviij^e les sieurs conseiller Baillif, Présenteur, Aguin, et sieur d'Ebens, avec le procureur du pays, conférèrent de la trève ou suspension d'armes, mais ne peurent s'accorder avec les susdicts sieurs députez de la religion.

Le xxe lesdicts députez confèrent encor et fust résolu que le sieur d'Ebens viendroit trouver le sieur des Diguières pour luy représenter la raison des sieurs catholicques.

Le xxie lesdicts députez de la religion départent laissant le sieur de Cugie à Grenoble afin d'oster l'opinion qu'ilz voulussent rompre ledict traitté.

Le xxiie ledict sieur d'Ebens départ.

Le xxiiij^e advis du traitté de Mevillon assiégé par monsieur de Gouvernet; arrivée du sieur d'Ebens qui confère avec le sieur des Diguières sans effect.

Le xxve conférence du sieur d'Ebens & du sieur de Puimichel, et résolution de n'accorder la suspension que aux qualitez portées par les articles qui luy en furent baillez.

Le xxvj^e le sieur d'Ebens despart et ledict sieur de Puimichel.

Le xxviij^e départ de Puymore ou nous avons seiourné depuis le 5e du présent, et de la ledict jour, aux Diguières.

Le xxixe ce jour nous eusmes advis de l'arrivée à Grenoble de l'edict de réunion d'entre le Roy et la Ligue et que monsieur de

---

[1] *Pour l'engager à rendre la ville de Gap.* [2] *Voir notre 1er volume, p. 70.*

Mayenne devoit venir avecque armées en ceste province, selon mesme les lettres que le Roy en escripvoit à monsieur de Maugiron & à la Court [1].

Le xxxj^e depart des Diguières et arrivée dudict jour à Ambrun.

Ceste nuict nos gens tirèrent trois coups de pétars au chasteau de Briançon, s'en retournèrent sans rien faire. Il ne s'y perdit personne.

Aoust 1588. Le premier aoust, nous allasme diner à Guilestre et retournasmes ce mesme jour à Ambrun où nous eusmes advis que monsieur de la Roche faisoit faire une bonne citadelle à Romans, et s'estoit rendu maistre de la ville.

Le quatriesme, partis d'Ambrun et allés coucher à Puymore. Monsieur de Briquemaud et monsieur de Prabaud avec les troupes à la Bréolle, où ils fortifièrent la maison de monsieur du Collet.

Le cinquiesme, nous eusmes advis que monsieur le commandeur de la Roche [oncle du comte], estoit demis de son gouvernement de Grenoble, et sa compagnie cassée.

Le sixiesme à Serres.

Le vııj^e à Veynes, et de la à Puymore, à 10 heures du soir.

Le dixiesme nous eusmes advis que l'on avait refusé l'entrée de Grenoble à monsieur des Crottes & à sa compagnie, qui s'achemine en Briançonnais, et escrit à monsieur des Diguières pour avoir passeport pour despescher son lieutenant à monsieur de la Valette.

Le treisiesme nous allons à Montmaur ou nous trouvons monsieur de Buisson et monsieur de Gouvernet et là se faict [une espèce d'union] [2] avecq monsieur de la Valette. Ce mesme jour nous retournasme à Puymore.

Le xvı^e partis de Puymore & venus aux Diguières.

Le xvıj^e des Diguières à La Mure.

Le xvıııj^e audict la Mure ou la compagnie [de monsieur des Diguières] fit reveue de cent maistres bien armez avec la casaque de velours bleu.

Le xıx^e partis de la Mure, venus à Clais où le capitaine Jehan tra-

---

[1] *Du parlement. Voir, relativement à ces pourparler et à ces projets de trève, la lettre à Calignon, dans notre 1er vol., p. 79.*

[2] *L'union offensive et défensive envers tous et contre tous. Effacé. Voir le texte de ce traité dans notre 1er vol., p. 84.*

çoit le fort de Bosancy. Monsieur de Morges y estoit arrivé le jour auparavant et s'est barriqué audict fort.

Le xxe arrivée de monsieur de Grignan. On commença ce jour à travailler audict fort avecque environ 700 pionniers et trois jours apres il y en eut plus de xj cent.

Le xxij arrivée des compagnies de messieurs de Grignan, de Gouvernet, de Saint Sauveur, de Briquemaud et des compagnies de gens pied du Dyois. Ce jour on fut à Grenoble, mais il ne s'y fist aucun effect et n'y eut que une légiere escarmouche.

Le xxiiij^e nous receusmes ce jour [l'union][1] de monsieur de la Valette signée, et lettres de luy et de monsieur de Buisson sur ce sujet.

Le xxxe les députez du Marquisat[2] arrivent à Bosancy.

Le xxxie ce jour la tresve conclue et signée entre lesdict députez pour le marquisat de Salluces et le Daufiné [pour contribuer aux frais de la guerre].

Septembre 1588. — Le premier jour les quatre pièces de Morges arriverent à Bozancy.

Le deuxiesme. Ce jour nous eusmes nouvelles que la petite Claude [fille de monsieur des Diguières] estoit morte a Ambrun, et enterrée dès le mardy auparavant.

Le cinquiesme nous eusmes nouvelles par monsieur de Chabert de la prise d'Entraigues, au Contat, faicte par monsieur de Blacons.

Le vij^e le trompette de monsieur de Blacons arrive qui presse le le secours d'Antraigues.

Le viij^e nous partismes ce jour de Baujancy et vinsmes à Saint Georges, laissant à Bausancy monsieur de Morges.

Le ixe ce jour, nous vinsmes à la Mure où nous trouvasmes les députez de Romans et Valence et où arrestasme la trève avecque ces places fut depesché le sieur Marquet avec les députez.

Le xe. Ce jour Beaumes investy.

Le xj^e Les pièces arrivent en nombre de deux petites.

Le xij^e nous eusmes le fort de Beaumes et ceux de dedans, voians les pièces, se rendent vyes et bagues sauves.

---

[1] L'allience offensive et deffensive. *Effacé.* [2] *De Saluces.*

Le xiij₎ ce jour nous eusmes nouvelles de la mort de monsieur de Grignan [pere] et vinsmes coucher au Bourg [d'Uisans.] Nous eusmes aussi nouvelles de la fortification du chasteau de Livron par Courbieres [pour monsieur des Diguieres].

Le quinziesmes nous fortifiasmes une partie du bourg d'Oysans, où est compris le vieux chasteau.

Le seiziesme au bourg d'Huisans.

Le xix₎ départ du bourg d'Huisans et de Villar d'Arennes ; le fort laissé en défense, le gouvernement baillé à monsieur de Beaumont avecq cent hommes de pied, sa compagnie de cheval et celle de pied du capitaine Baudon.

Le xx₎ au Monestier de Briançon.

Le xxj₎ au Monestier.

Le xx₎ audict Monestier.

Le xxiij₎ à Arvieu en Queyras, où nous trouvasmes monsieur de Roibon et de Vicose. En passant par Briançon[ois] les consuls [de Briançon] font la revérence à monsieur & obtiennent sauvegarde.

Le xxiv₎ Chasteau Daufin investy par les trouppes de monsieur de Brisquemaud et Souberoche. Nous couchasme à la Chanal. Monsieur du Villar depesché pour aller visiter monsieur de la Fitte [qui commandait Revel, au Marquisat].

Le xxv₎ nous arrivons à Chasteau Dauphin. La casematte du chasteau gaignée par les nostres, regaignée par les catholicques le mesme jour, & la nuict, reprise par force par les nostres.

Le xxvj₎ le Chasteau Dauphin rendu vyes et bagues sauves, les deux canons qui estoient sur le col de l'Agnel retournés à Molines.

Le xxvij₎ à Chasteau Dauphin départ de monsieur de Gouvernet et de l'infanterie pour se retirer en leur garnison. Monsieur de Villar arrive.

Le xxviij₎ entrevue de messieurs des Diguières et de la Fytte à Brossas. La tresve du Marquisat confirmée. Messieurs de Baudisse [1] et de la Mante faicts bons amys.

Le xxix₎ départ pour aller en Queyras. Nous rebroussons chemin à Chasteau Dauphin, sur l'advis que nous eusmes de la prise de Carmagnolle & de Santal par monsieur de Savoye.

---

[1] Il est des Ursins de Rome, mais luy et ses prédécesseurs sont de longue main habitants du marquisat de Saluces.

Le xxx₈ de Chasteau Dauphin en Queyras, ou nous eusmes nouvelles que monsieur de Chambaud estoit assiégé à Saint Égrève [1].

Octobre 1588. Le premier jour à Ambrun, où la nouvelle du siège d'Entragues continue [où le sieur de Blacons estoit assiégé].

Le deuxiesme à Ambrun, nous mandons à monsieur de Gouvernet & aux troupes d'embas [2] de secourir monsieur de Blacons.

Le troisiesme à Ambrun.

Le quatriesme nous partons d'Ambrun & venons coucher à Puymore. Paviot arrive à Ambrun, qui nous asseure du secours de Carmagnolle que monsieur de la Valette faisoit marcher en diligence.

Le cinquiesme à Puymore nous eusmes nouvelles que monsieur de Blacons estoit assiégé et que l'ennemy avoit mis aux champs 4 canons & deux couleuvrines pour le battre. Nous mandons aux forces dàbas [2] de les secourir par le sieur.... [3]

Le vi₈ nous arrivasmes aux Diguières ou nous eusmes nouvelles que l'ennemy venoit au Bourg-d'Huisans, ensemble des blessures de monsieur de Morges [fils de celuy qui fut tué à Vif.]

Le vij nous arrivasmes à Mens; Chasteau-Daufin assiégé ce jour par monsieur de Savoye.

Le viij₈ à Mens, nous eusmes nouvelles de la reddition de Carmagnolle & de tout le Marquisat excepté de Ravel. Monsieur de Lepére(?) Savoiard arrive à Barcelonne avec 400 chevaux.

Le ix₈ départ de Mens pour aller coucher au Monestier de Clermont. Nous rencontrons en chemin monsieur de Clervans [4] et de Roibons, venans d'Allemaigne. Le Bourg [d'Oisans] assiégé par les troupes de monsieur du Maine, composées de trois régimens, trois compagnies de gendarmes et deux d'albanois.

Le x₈ au Monestier de Clermont le mesme jour à Baujancy & coucher audict Monestier.

Le xj₈ à Mens, monsieur de Roibons dépesche vers monsieur du Ramefort et monsieur de Bricquemaud suit le lendemain avecque sa compagnie pour le secours du Marquisat.

---

[1] M. de Blacons à Entragues. *Effacé.*
[2] *Du bas Dauphiné.*
[3] *Lacune dans l'original.*
[4] Claude Antoine de Vienne.

Le xij^e mercredy à Mens, messieurs de Clervant et de Vicose départent pour aller en Guienne.

Le xiij^e le capitaine.... [1] dépeché vers monsieur de la Valete pour demander secours de 100 chevaux et 200 arquebuziers et le sieur Fine vers le sieur de Vacheres, du Poët et de Chambau, pour avoir 200 arquebusiers.

Le xiiij^e nouvelles de la défaicte de [quelques] troupes le duc de Savoye estant près Chasteau Daufin, faicte par monsieur de Ramefort, assisté de quelques uns des nostres.

Le xve le sieur de Roybon dépesché vers monsieur de la Valette pour luy dire que s'il ne nous veult secourir, que nous regarderons faire noz affaires sans rompre avec luy et sans aussi l'assister au besoing.

Le xvj^e nouvelles du passage des sieurs de Vicouze et Clervant en Vivaretz.

Le xvij^e le sieur de Vachère arrive avec sa troupe et passames à la Mure, et Monsieur à Ponsenas d'où il départ à la minuict, et s'en va embusquer près de Brié pour attraper les vivandiers de Grenoble au camp, mais ils prindrent le chemin du fort de Giere et de la Coche. Ledict jour le capitaine Ian, [ingénieur provençal], revint de Bozanci, laissant la fortification à faulte d'argent [2].

Le xviij^e le sieur du Poët arriva et sa troupe alla coucher à la Mothe avec le sieur de Vachères et ledict jour monsieur d'Ebens arriva soubz passeport de la Cour, portant d'aller à Gap; mais c'estoit pour parler à Monsieur. Ledit jour discours fut de s'accorder contre le duc de Savoie, et oster le fort de Bajancieu [près de Grenoble] sans aultre offre ou moien. Mais le lendemain il parla de quelque alliance. [C'est à dire du mariage d'Albigny avec la fille de monsieur des Diguières] [3].

Le xxj^e nous vinsmes à Vaubonné et Monsieur alla coucher à Puteville.

Le xxij^e Monsieur s'en va delà le fort de Balmes et fit recognoistre l'ennemy par monsieur de Villars.

Le xxiij^e Monsieur faict partir monsieur de Vachères & monsieur du Villars avecq quelques armes en nombre de trente chevaulx, pour

---

[1] *Lacune dans l'original.*
[2] Et d'avoir adverti Monsieur. *Effacé.*
[3] *Albigny, fils de Gordes, ancien gouverneur du Dauphiné, était chef de la ligue dans cette province et commandant de la place de Grenoble.*

donner au plus près du camp. Et luy cependant s'en alla à la montaigne au-dessus du bourg pour recognoistre l'ordre que l'ennemy tenoit à se mectre en bataille. Lesdicts sieurs chargèrent quarante chevaulx [de ceulx qui avoient assiégé le fort de Bourg-d'Oisans] si à propos qu'ils tuèrent le sieur de Mérieu qui conduisoit et eurent cinq chevaux, cazaques, armes, etc.

Le xxve Monsieur vint loger à la Paute et son infanterie le plus près du Bourg qu'il put et passa Romanche à un gué bien bas, et vint recognoistre l'ennemy.

Le xxvj^e ledict Seigneur fet passer ses forces de cheval et quelque infanterie et fit forcer un moulin ou les ennemys avoient logé vingt arquebusiers desquels en furent tués 17. Un prisonnier & deux se sauvèrent. Les pièces tuèrent quelques vingt de nos chevaux et y en eut..... [1] tuez des nostres, vi ou vii ^xx blessez. De l'ennemy, on dit huict tuez et quarante blessez [2].

Le xxixe ceux du chasteau firent deux signalz qu'ils n'avoient de corde [3]. On fit quelque parlement, mais l'ennemy demandoit les deux forts & le paiement des maisons brulées au Bourg, cela rompit.

Le xxxe monsieur de Gouvernet, de Bricquemaud, de Salles, donnèrent jusques à Vouiani, et par ce que les paisans avoient pris quelques soldats des nostres et batu, ils mirent le feu en quelques maisons et tuèrent quelques paisans.

Le xxxj^e nous eusmes advis que Merargues, [des nostres], avoit esté pris avec quelques soldatz et demanda-on l'eschange avec d'autres qu'ilz nous tenoient.

Novembre 1588. Le premier jour le secours de l'ennemy marche dès la poincte du jour conduict par monsieur de Chevrier Miolans. Il y avoit 250 chevaulx et 1500 arquebuziers. Les nostres se présentent en bataille [compagnie] à compagne et font quatre escadrons. Il y eut quelque escarmouche, laquelle, entendue par l'ennemy, faict départir 500 arquebuziers de ses troupes, enfoncent nos barricades, chasse notre infanterie, jusqu'à ce que le sieur de la Croix entendant la rumeur, du gué prochain ou il estoit en garde, tourne vers ce costé et

---

[1] *Lacune dans l'original.*

[2] Faux advis de M. de Morges que l'ennemy tenoit, car ce dernier nous vouloit serrer le pas de Vaubonnois, 200 chevaux & 1500 arquebusiers. *Effacé.*

[3] *Pour mettre le feu aux arquebuses.*

trouvant l'ennemy deça le rocher, le charge, chasse et devance. Cependant monsieur des Diguières, qui avait ouy ceste scopeterie arrive accompagné de vingt salades et se mesle. Il y eut 85 de morts de l'ennemy comptés sur la place et 4 des nostres et entre iceulx le Bosquet. L'ennemy perdit 4 capitaines. Mascaron menoit leur gros et Villeneufve les enfants perdus. Il fut faict prisonnier. Cependant le secours print le chemin de derrière la Montaigne et nous, ne le pouvant suivre ny empescher de se joindre à faulte d'infanterie, et congnoissant que nous en avions trop peu pour garder les pas, monsieur des Diguières commanda qu'on fit repaistre et après départ pour reprendre son logis deca le fort de Balmes.

Le troisiesme monsieur le baron de la Roche arrive et après plusieurs discours est traitté union entre eux et le project du traicté mis par escript pour estre envoié à monsieur de la Valette.

Le 4ᵉ paquet du roy de Navarre. Monsieur des Diguières vint à Mens ou il traicte avec le baron de la Roche.

Le vjᵉ le sieur Fine, conduisant cent arquebuziers du Vivaretz soubz la charge du capitaine Allard, passa à Dye pour aller trouver monsieur des Diguières; puis ledict sieur des Diguières revint aux Daurens.

Le 7ᵉ à la Mure.

Le 10ᵉ. Environ ce temps le fort du Bourg fut rendu à l'ennemy qui fut le..... jour de..... par laquelle.....[1].

Le 20 monsieur des Diguières vient à Saint Georges pensant attaquer quelques compagnies qui venoient de Grenoble au camp. Mais il ne s'y fit rien.

Le 21 au Monestier de Clermont.

Le 22 à Mens.

Le 24 aux Diguières.

Le 25 à Puymore.

Le 26 à Ambrun.

Décembre 1588. Le xiijᵉ Monsieur vient en Puymore.

Le xvijᵉ à Serres.

Le xxviijᵉ monsieur de Guyse tué à Bloye et tost après son frère le

---

[1] *Lacunes dans l'original.*

cardinal. Le cardinal de Bourbon, monsieur de Joinville, monsieur de Nemours, l'archevesque de Lyon et plusieurs aultres prisonniers. Ce jour monsieur des Diguières vint à Rosans.

Le 24 à Bordeaux.

Le 27 à Anconne qui estoit assiégé [par les nostres] dès la nuict précédente. Ce jour furent tirez quelques canonnades aux défenses.

Le 28ᵉ la batterie commence environ cinq heures du matin d'une couleuvrine, deux bastarde & deux fauconneaux. Et y fut tiré environ quatre vingtz ou cent canonnades. La batterie dura jusques environ une heure après midy. La bresche n'estoit raisonnable toutesfois la place fut emportée d'assault; le seigneur du lieu & toute la garnison tuée. Il y eut environ vɪˣˣ hommes des nostres que tués que blessez L'assaut dura trois heures.

Le xxɪxᵉ à Montellimard.

[1589]

Janvier 1589. Le premier jour de janvier Marsane battu [par les nostres] sans effect à cause du mauvais temps et qu'il n'y avoit assez de canons. Durant ce temps monsieur des Diguières revenoit tousjours coucher à Montellimard et cependant Donsère se rendit à luy.

Le cinquiesme de Montellimard à Lauriol.

Le huictiesme à la Baume Cornillane.

Le xjᵉ à Charpey.

Le xvjᵉ à la Grange près la Motte Conin.

On s'estoit approché jusque-là pour l'entreprise de Saint-Marcellin qui fut petardé par le sieur de Cugie, mais un clédaz[1] les arresta. Le gouverneur estoit adverty.

Le xvɪɪjᵉ à Charpey.

Le xɪxᵉ à la Baume Cornillane.

Le xxᵉ à Montellimard.

Le xxɪɪjᵉ à Donsére.

Le xxɪɪɪjᵉ [près de] Camaret.

Le xxvɪᵉ à Nyons prendre les pièces pour battre Colonselles.

Le xxvɪjᵉ [près de] Camaret.

---

[1] *Voir plus loin, au 5 mars 1591, p. 64, la note 1.*

Le xxvııjᵉ à Colonselles. Battu de quatre-vingts canonnades par deux couleuvrines & deux pièces de campagne, se rendit le lendemain par composition, vye sauve aux gens de commandement ; toutefois, ils furent tous tués. Ce jour mesme Monsieur vint à Rocherenches qui se rendit après avoir tiré une canonnade.

Février 1589. — Le premier jour dudit février Bouchet se rend.

Le deuxiesme de Rocherenche au siège de Camaret & en y allant Roch'Aygude se rendit et ce jour mesme Camaret fut assiégé.

Le cinquiesme Camaret se rend par composition après quelques canonnades.

Le sixiesme de Camaret à Aubignan, qui nous donna entrée en qualité qu'on leur rendroit après la place en payant mille escus pour les frais de l'artillerie. Monsieur de Veronne y fut tué en parlementant.

Le neufviesme Monsieur part d'Aubignan pour aller veoir madame de Montmorency près de Mornas & vint coucher à Oranges.

Le dixiesme d'Oranges à Aubignan.

Le xııııᵉ à Oranges après avoir quitté Aubignan.

Le xvᵉ à Villedieu qui se rendit & le mesme jour se rendit Querenc ayant veu le canon et Buisson sans le veoir.

Le xvıᵉ à Nyons.

Le xvıjᵉ à Puymerac, qui se rendit sans voir le canon.

Le xvıııj Moulans fut pris par assault ayant esté battu de trois couleuvrines & deux pièces de campagne depuis sept heures du matin jusques à trois heures après disner ; l'assault dura une heure et y eut six vingts morts de l'ennemy ; la brèche n'estoit guere raisonnable. Le chasteau se rendit à discrétion le bas estant desia gaigné. Vassieu [du party du sieur des Diguières] y fut tué et trois ou quatre autres & une douzaine de blessez.

En ce temps le sieur [comte] de Chasteauvillain & [le sieur] de Mure [du party des catholiques,] s'abbouchèrent à Venterol avec monsieur des Diguières pour la trève de Daufiné qui fut le xxᵉ, et ce mesme jour mondict seigneur des Diguières vint coucher à Nyons.

Le xxıııjᵉ jour, saint Mathias, la ville de Lyon fut saisie par la Ligue [1].

---

[1] Il me semble que ce fut la veille de saint Mathias.

Le xxve de Nyons à Rosans.

Le xxvj^e à Serres.

Le xxviij^e à Puymore.

Mars 1589. — Le cinquiesme aux Diguières.

Le vij^e à Mens.

Le ixe Bausancy, où l'on commença à traicter de la trève de Daufiné.

Le xxviij^e la trève fut conclue & signée avec le sieur Alfonse [d'Ornano] aux faulxbourgs de Grenoble en une maison nommée la Trève.[1]

Le xxxe de Bosancy à Mens.

Apvril 1589. — Le premier aux Diguières.

Le cinquiesme à St Bonnet, et le même jour à Puymore.

Le huictiesme à Serres.

Le xvij^e à Ribiers ou Monsieur fit sa monstre de sa compagnie & de ses harquebuziers à cheval.

Le xviij^e à Serres.

Le xxij^e à Upaix.

Le xxiij^e monsieur vint à Ribiers, ou il donna à disner à monsieur de la Valette & la ils traictèrent des contributions de Prouvence ; puis ledict seigneur des Diguières vint coucher à Ventavon.

Le xxiiij^e en Puymore.

Le xxvj^e à Chasteaurous pour donner ordre aux pestiférés d'Ambrun.

Le xxvij^e en Puymore ou mondict Seigneur tumba malade.

May 1589. — Le deuxiesme jour la Ligue commença à tumultuer à Grenoble.

Le troisiesme Guichard, secretaire de monsieur de Savoye, part d'avec monsieur des Diguières, de Puymore, où il l'estoit venu trouver ce jour mesme & alla coucher aux Diguières.

Le quatriesme la nuict du jeudy la Ligue prend les armes et le

---

[1] *La première trève entre Ornano et Lesdiguières fut signée le 28 mars 1589, une autre le 31 mai, enfin une alliance définitive entre ces deux capitaines eut lieu le 13 septembre. Voir notre 1er volume, p. 87.*

vendredy au matin Alfonse [d'Ornano] se trouva assiégé à la Trésorerie. Les choses s'apaiserent sur le mydi par convention. Le samedi [le seigneur d'Ornano] quitte la ville & se retire à la Plaine [près la ville] demeurant la ville au pouvoir de la Ligue; depuis il y rentra deux foys et voiant qu'il n'y estoit asseuré de sa personne, il se retira à Saint Marcellin.[1]

Le ixe Monsieur va de Puymore à Serres.

Le xij^e à Rosans.

Le xiij^e à Nyons.

Le xve à Oranges pour faire la treve du Comté.

Le xxviij^e la trève du Comté fut arrestée environ ce temps à scavoir le........[2]

Juing 1589. — Le premier d'Oranges à Grignan.

Le deuxiesme au Montellimard.

Le sixiesme à Loriol. En ce temps monsieur des Diguières, de la Roche, & du Passage se virent & commencèrent à parler de traitter ensemble.

Le viij^e à Vachères.

Le ixe à Dye où l'on tint le synode.

Le xiij^e à Beurieres.

Le xve à Serres.

Le xxxe de Serres à Puymore.

Juillet 1589. — Le xxiiij^e monsieur des Diguières vient à Montoursier.

Le xxve aux Diguières.

Aoust 1589. — Le iiij^e des Diguières, en Puymore.

Le ve à Montmaur.

Le vj^e à Serres.

Le vij^e à Ribiers.

Le viij^e aux Mées.

Le xj^e à Riés.

Le xve à Mésel.

---

[1] Cette journée rappela en petit la journée des barricades de Paris. Comme Henri III, le maréchal d'Ornano dut céder à la violence et se retirer.

[2] Lacune dans l'original.

Le xvje au Brusquet.

Le xvıj{e} à Saint Pons lès Seine.

Le xvıııj{e} à la Bréolle.

Le xıx{e} à Ambrun.

Le xxe en Puymore.

Le xxvje ce jourd'hui monsieur des Diguières fit son entrée dans Gap [qui se rendit à luy] par traicté faict avecques luy du xxıııj{e} et en mesme temps le chasteau de Tallard se rendit, à sçavoir le xxve, la ville ayant capitullé un peu auparavant.[1]

Le xxvııj{e} monsieur va à Talard.

Le xxıx{e} revient à Gap. Le mesme jour monsieur de Blanieu vınt trouver ledict Seigneur [de la part du sieur d'Ornano] pour conférer de la délégation des signori de Jacob & Davise.[2]

SEPTEMBRE 1589. — Le ııj{e} de Gap aux Diguières.

Le vııj{e} des Diguières à la Mure.

Le ıx{e} de la Mure au fort de Balmes, où il s'abboucha avec monsieur d'Ambel.

Le xe du fort de Balmes à la Mure, où les sieurs du Chastellard [conseiller de la cour], & de La Motte le vindrent trouver, pour traitter de la continuation de la trève.

Le xje monsieur des Diguières alla aux Diguières.

Le xıj{e} des Diguières à la Mure.

Le xııj{e} de la Mure à Sassenage.

Le xıııj{e} de Sassenage à la Motte-Connin

Le xve de la Motte-Connin à la Grange.

Le xvje monsieur des Diguières & monsieur le colonnel [d'Ornano, gouverneur de Dauphiné,] s'abbouchent.

Le xvıj{e} ils continuent à se revoir.

Le xvııj{e} ils font de mesme & concluent l'union.[3]

---

[1] Voir ces traités dans notre premier volume, p. 97.

[2] Jacob, gouverneur de Savoye, et Davise, sénateur à Chambéry, envoyés par monsieur de Savoie à la cour de Parlement de Dauphiné pour se condouloir avec elle de la mort du feu roy Henry III et prier ladicte Cour de mettre en considération les justes prétentions que son Altesse avoit sur la France.

[3] Voir dans notre premier volume ce document si important, p. 102. Nous l'avons reproduit d'après Videl, mais il doit contenir une erreur de date, car Videl le date de la Grange le 13 septembre, et Lesdiguières et Ornano, d'après le journal que nous publions, arrivèrent seulement le 15 dans ce village et en partirent le 19.

Le xix⁰ monsieur des Diguières va à Charpey.

Le xx⁰ de Charpey à Chabeuil, où il vit le Colonnel & fut conclud que ledit Colonnel entreroit dans la ville de Crest [tenue par le sieur. de Monteson], ayant ledict sieur de Monteson esté disposé à le recevoir par ledict sieur des Diguières et l'entremise de monsieur du Mas. Et de faict le mesme jour ledict Colonnel y fut receu et le xxj⁰ monsieur des Diguières y entra où il fut convenu que Monteson continuerait à commander à la Ville et le Puy Saint Martin au chasteau, à la charge qu'aultres n'entreront dans ledict chasteau que la garnison ordinaire et qu'Alfonse aurait une porte de la ville.

Le xxiiij⁰ de Crest, monsieur des Diguières vient à Livron où l'on sceut que, contre les conventions, Marsane [fils du Puy Saint Martin], s'estoit jetté dedans le chasteau du Crest avec des soldatz de Grenoble, ce qui fit rebrousser le sieur Alfonse & monsieur des Diguières.

Le lundy dedans la ville de Crest.

Le xxvj⁰ le chasteau du Crest se rendit : Marsane en estant auparavant sorty par composition.

Le xxvij⁰ du Crest monsieur des Diguières à Charpey.

Le xxviij⁰ du Charpey à Romans.

Le xxx⁰ monsieur des Diguières vient de Romans à Tullins.

Octobre 1589. Le premier, le chasteau de Moyrens fut assiégé par le sieur Alphonse & monsieur des Diguières.

Le deuxiesme de Tullins à Saint-Jehan au camp de Moyrens.

Le sixiesme les trouppes allèrent à Grenoble paroistre, puis se retirèrent en leur quartier.

Le xj⁰ le chasteau de Moyrens fut pris par escallade après qu'on eut tiré vingt & cinq canonnades. Fonclere, Spinton & tous les aultres y furent tués excepté deux ou trois, entre lesquelz estoit la Balme et Sautereau. Il y eut environ soixante mortz.

Le xiij⁰ de Saint-Jean au Fontanil & le lendemain à Saint-Robert

Le xiv⁰ Cornillon se rendit, bagues sauves.

Le xv⁰ on alla escarmoucher à Grenoble.

Novembre 1589. Le xxj⁰ Condrieu fut pris sans aucune défense à la brèche. Le chasteau ne fut attaqué : la prise de la ville fut le mercredy xxij⁰. Elle fut battue de 4 canons.

[Lacune de quinze mois] [1]

[1591]

Mars 1591. Le vendredy 1er mars 1591 deux canons de calibre sortis de Grenoble pour battre les Eschelles.

Le samedy second, monsieur des Diguières est party de Grenoble pour ledict siége et arrive le soir à Vilette, maison de [la] Chartrousse.

Le mesme jour en chemin, les deputtez du Contat rencontrez près Voreppe, et mandez audict Grenoble pour attendre Monsieur.

Le mesme jour Monsieur a visité la place des Eschelles et le pas de la Crotte [2] gardé par l'ennemy, a faict avancer son infanterie, qui sur le soir a pris la ville des Eschelles par escalade, et l'ennemy retiré au chasteau.

Le dimanche 14e après que Monsieur a esté adverty que quelques casaques noires de l'ennemy, sortis du pas de la Crotte, s'estoient presentez à la veue des nostres, alla au mesme lieu où lesdictes casaques ne parurent plus. Il y eut quelque légère escarmouche. L'ennemy met le feu au village sentant ne le pouvoir garder, toutesfois pour quelques considérations il ne fut point donné audict village, lequel nous demeuroit inutile à cause dudict bruslement.

Ce faict, Monsieur faict le tour du chasteau des Eschelles pour adviser du lieu ou la batterie se feroit.

Ledict jour monsieur de Peronnes vient de la part de monsieur de la Valette pour demander du secours, chargé de créance & de lettres du xxije febvrier dernier, mises en la liasse de mars cottée... [3]

A l'instant le sieur de Chaboud vient de la part de monsieur de Maugiron qui demande assistance, et apporte lettre, à laquelle est faict response ledict jour, comme appert par ladicte lettre & response, mise en liasse de mars.

---

[1] *Cette lacune est en partie comblée par le Discours de ce qui s'est passé en Daulphiné depuis le mois de may dernier par le sieur des Diguières contre le duc de Savoye. Tours 1590, que l'on trouvera imprimé plus loin, et par les documents relatifs à la prise de Grenoble insérés dans notre premier volume p. 143 à 161.*

[2] *C'est un chemin dans le roc qui dure environ demi-lieue : Il est en Savoye.*

[3] *Ce renvoi et le suivant se réfèrent aux archives personnelles de Lesdiguières malheureusement perdues aujourd'hui et qui devaient présenter un intérêt immense pour l'histoire de France pendant cinquante ans.*

Le lundy quatriesme mars le canon arrive aux Eschelles.

Ledict jour on a tiré 57 coups de canon contre le chasteau; l'ennemy parlemente. Le sieur de la Frette y entre dedans; le gouverneur, appelé le sieur de Corbeau, promet de donner contentement le lendemain à Monsieur. Par ainsy la batterie cesse tant pour ce regard qu'à cause de la nuict. Leurs gens cryent de ladicte Crotte qu'ils tiennent bon.

Le cinquiesme mars qui fut le mardy, la capitulation dudict chasteau est faicte selon qu'il est contenu en icelle cy après insérée. En mesme temps que le sieur de Corbeau sortoit, Monsieur fit attaquer une grosse escarmouche à ladicte Crotte, laquelle dura environ trois heures de sorte que les nostres avoient gaigné la première barricade & faict quitter un cledaz [1] au destroit [2], encores que les pierres qu'on rouloit du dessus de la montaigne des deux costez endommageoient fort les nostres. Cependant leur gros arriva et nos gens se retirent le pas, avecque grand perte des leurs [3] à l'abord, et entre iceux le lieutenant du baron d'Aix, lequel on ne sçait qu'il est devenu.

A nostre retraicte parut 12 enseignes de Napolitains suivis de toute la cavalerye de Savoye d'environ trois cens chevaulx. Mondict Seigneur voyant ses forces, faict retirer son canon la nuict du mesme jour.

Le vi[e] dudict mois, qui estoit le mercredy, l'ennemy faict avancer quelques cornettes de sa cavalerie auprès de la rivière du Guyé, & nous de l'autre bord, demeurans les uns et les autres en ces termes, sans rien entreprendre de tout ce matin.

Apres disné les forces de l'un et de l'autre party se retrouvent en bataille. Mondict Seigneur voyant que l'ennemy ne faisoit conte de s'avancer fit faire une charge par monsieur de Briquemaud avec une vingtaine de salades contre une compagnie de carabins d'environ soixante & et en fut tué une dizaine. Cependant un escadron d'environ cent lances des ennemys vint à la charge, mais le sieur du Poët avecques 50 salades parut, qui leur donna occasion de ne passer plus oultre. Ainsi ce jour se passa de la sorte & les deux armées se retirent.

---

[1] C'est un treillis de boys.
[2] Au défilé.
[3] *Des ennemis.*

Le jeudy septiesme à midy les deux armées se sont retrouvées en bataille la rivière entre deux. Enfin Monsieur passa au delà avec quelques uns pour remarquer la contenance des ennemys et les recognoistre, ou son cheval a esté blessé d'une mosquetade. En mesme temps il a faict passer une trentaine de sallades afin de faire une charge. Mais les ennemys se sont retirez vers leur gros d'infanterie, qui estoit logé auprès du village de la Crotte. Ainsi voians qu'ils n'avoient pas envye de venir aux mains nous nous sommes retirés.

« Articles accordés au sieur de Corbeaux pour le faict de « la capitulation et redition du chasteau des Eschelles en « l'obeissance du roy soubz l'autorité et commandement de « monsieur des Diguieres. »

Premièrement la relligion catholique, apostolicque et romaine aura son exercice accoustumé aux Eschelles et son mandement, sans qu'il y soit aucune chose altéré ne innové.

Le sieur Commandeur des Eschelles et tous les ecclésiastiques dudict mandement joiront paisiblement de leurs biens & meubles estans dans ledict chasteau et ailleurs sans y estre troublés ni molestés en leurs personnes, se contenans toutesfois paisibles, soubz l'obeissance du Roy et sans rien attenter au préjudice de son service.

Le mesme est accordé à tous les manans et habitans des Eschelles et son mandement, soubz ladicte condition.

Le sieur de Corbeaux sortira de ladicte place et chasteau des Eschelles avec ses soldatz, la vie, armes et bagages sauves, avec la mesche allumée, les drapeaux restans avec ladicte place au pouvoir dudict sieur des Diguières, ensemble les munitions tant de guerre que de bouches qui s'y trouveront.

Les bourgeois, marchans, laboureurs & paysans qui sont audict chasteau, en sortiront avec leurs meubles pour se retirer seurement en leurs maisons, à la condition susdicte.

Ledict sieur de Corbeaux sera conduict en lieu de seureté avec ses soldatz, et pour cest effect luy sera baillé escorte.

Et pour l'entretennement de ce que dessus, ledict seigneur de Lesdiguieres & les gentilhommes estans près de luy en ceste armée, engagent leur foy et honneur. En tesmoignage de quoy ont signé le present traitté. Du camp devant les Eschelles, le cinquiesme jour de mars mil cinq cents quatre vingtz & unze.

Du vendredy huictiesme dudict mois Monsieur arriva à Grenoble, et un peu après, monsieur de Morges venantz de la Cour.

Du unziesme ses lettres du gouvernement de ladicte ville [de Grenoble], par luy [sieur de Morges], obtenues de sa Majesté sont esté vérifiées par la Court de parlement de ceste province.

Du treiziesme Monsieur partit de Grenoble & vint coucher à la Mure.

Du quatorziesme à Lesdiguières.

Du quinziesme à Puymore ou Monsieur a faict seiour les xxvj, xxvij, et xxviij^e du mois.

Du xxixe est party de Serres, et est venu coucher à Ribiers.

Du xxxe à la Chaup.

Du dernier mars à Séderon, où il fut proposé certains articles par ceulx de Meulhon sur la capitulation d'iceluy et depuis par Monsieur répondus dudict jour sans aucune résolution.

APVRIL 1591. — Du premier apvril, les lieux de Aureau, le Revest Saint Trinit, en la comté de Sault rendus par composition.

Le second dudict mois, Monsieur se transporta encore au devant de Meulhon, mais après avoir parlementé l'espace de trois heures, rien ne s'est résolu ny arresté.

Du iij^e de Sederon à la Chaup.

Le iiij^e à Ribiers.

Le ve aux Mées ou toutes noz troupes firent seiour les vj, vij, vuj, ix et x avril.

Du unziesme à Valensolle ou il fit séjour le xij.

Du treiziesme à Vinon où il a faict séjour le xiiij. Auquel jour, Monsieur avec les forces du Daulphiné se joignit à monsieur de la Vallette et ses trouppes audict lieu ou y a un chasteau qui fut pris le jour de devant par composition. Résolus d'aller avitailler Berre[1] assiégée et pressée par l'ennemy.

Estans encore en ce lieu advis certain est donné que l'ennemy estoit

---

[1] C'est Serre en Provence, l'autre cy dessus mentionnée est en Daufiné. *Ce n'est pas Serre mais Berre qu'il faut lire quoiqu'en dise Calignon dans la note ci-contre.*

logé en corps d'armée composée de mil maistres et de seize ou dix huict cens harquebuziers tant Provencaulx, Espagnolz que Savoyards, en trois villages, assavoir l'avangarde à Esparron ; la bataille à Rians, et l'arrieregarde à Saint Martin de Pallieres, ces trois lieux distans les uns des aultres de demye lieue et de deux lieues de Vinon, avec asseurance qu'il ne se parloit autre chose entr'eulx que de combattre l'armée du Roy dont desja il se promettoient la deffaicte.

Sur cet advis il est résolu entre les chefs de l'armée de Sa Majesté, qui estoit de huict à neuf cens maistres & deux mil arquebusiers, d'aller droict à l'ennemy en l'ordre qui en suit : assavoir que les trouppes du Daulphiné marcheroient en avant garde dont la première teste seroit conduicte par le sieur du Poët.

A la seconde trouppe suivant de fort près ledict sieur du Poët, le sieur de Mures avec sa compagnie joincte à celle du sieur de Lesdiguières, que le sieur de la Valette conduiroit le gros de la bataille, après luy les bagaiges et pour arrieregarde cent maistres conduictz et commandez par le sieur de Buon.

En cest ordre le lundy quinziesme, on marcha droict à Esparron et estant sur le coustault opposite, l'ennemy se void rangé en bataille, non toutesfois sy avancé à la plaine qu'il estoit à desirer, mais assez proche du village et devant la cavallerie, l'infanterie estoit avancée a faveur de quelques fossés et haies.

On a sceu que l'intention de l'ennemy n'estoit de combattre là, et qu'il avoit esté surpris dont y a apparence par ce qui sera cy apres dit.

Ce pendant que l'armée du Roy s'avançoit dans la pleine l'arriere garde [de l'ennemy] logée à Saint-Martin joignit ceux d'Esparron ainsy rangez ; estant donc avancée à port de mosquet, on envoie un regiment de gens de pied au flanc de l'ennemy, qui au premier salve, quite son champ de bataille et gaigne un petit coustault qui est au dessus dudit village, dont le derrière luy estoit libre. Tout aussy tost l'avangarde de l'armée du Roy gaigne ce champ, où elle faict ferme, cependant que l'infanterie escarmouchait d'une part & d'autre, celle de l'ennemy logée au village et celle du Roy essayant de la poulser.

Mais voiant qu'il ne se pouvoit faire qu'avec beaucoup de perte pour estre l'ennemy hault et avantageusement logé, le sieur de Lesdiguières avec ladicte avantgarde faict un grand tour pour trouver moien de gaigner le derrière de l'ennemy; ce qui fut faict, et tout aussy tost [l'ennemy] voiant venir droict à luy un escadron de deux cens chevaulx conduicts par le comte du Bar [prouvençal], s'esbranla par deux fois et enfin prend la fuitte laissant l'infanterie et environ trois cens chevaulx engaigés dans le village. C'est escouadron est suivy jusques à tant qu'il se jette sur les bras du comte Martinengue venu de Rians avec cinq cents chevaulx.

Estans joinctz ils font une charge aux nostres qui la soustiennent ferme, puis chargent l'ennemy de telle vigueur qu'ilz le mettent en route et le mènent battant une lieue durant. En cest exploit l'ennemy a faict perte de deux cens maistres, trois cornettes et un guidon, le reste de l'ennemy se retirant en désordre

Au mesme temps que ceste route se faisoit l'on travailloit à gaigner le vilage ou l'ennemy s'estoit barriqué à la haste; mais la nuict estoit sy proche et l'ennemy si avantageusement logé, que pour ce jour on ne gaigna que quelques maisons, ou l'on se barriqua posant les gardes à l'entour, affin que ceulx de dedans ne se sauvassent à faveur de la nuict et du pais assez propre pour l'infanterie, car l'armée du Roy se campa à la plaine.

Le xvie quelques soldatz qui s'estoient retirez dans une église ou estoit le sieur de Cucurron dans un colombier et dans un molin à vent jusques au nombre de deux cens se rendent a discrétion. L'on en a gardé pour prisonniers quelques-uns et le reste a esté pendu [1].

Le lendemain xvij[e] ceulx qui estoient au village pressez de faim et soif, empeschés d'une grande multitude de mortz et blessez et sans espérance d'aucun secours, se rendent la vie sauve, et à l'instant après la foy donnée sortent trois cens chevaulx et mil hommes de pied désarmés retenus prisonniers entre aultres le sieur Alexandre Vitelly, le sieur de Saint-Roman, et trente capitaines soit de cavallerie ou d'infanterie. Il y a esté gaigné quinze drappeaux, une quantité inumérable de chevaulx et bagaiges. Tout le butin venu à cognoissance a esté party par moitié entre les sieurs de la Valette et de Lesdiguières puis distribué aux compagnies.

Ceste perte couste à l'ennemy cinq cens maistres mortz ou prisonniers et quinze cens arquebusiers.

---

[1] *Ces soldats étaient des français qui servaient sous les ordres du duc de Savoie.*

De nostre cousté nous avons perdu ung seul homme de marque qui est le jeune Buons, une vingtaine de mortz et une centaine de blessez [1].

Le xviij^e dudict mois l'armée du Roy part d'Esparron et vint coucher à Bras.

Le xixe à Tournes où il faict seiour les xxe et xxj^e.

Le xxij^e est venu camper à une lieue d'Aix [tenu par l'ennemy].

Le xxiij^e en un aultre endroict à demye lieue de ladicte ville.

Le xxiiij^e à Marignane rendue à monsieur de la Valette par composition.

Le xxve à Gian distant de demye lieu de Sellon tenu par l'ennemy. Aussi tost l'armée arrivée et campée au devant dudict lieu, l'on commença à la forcer par escalade et à coups de petard, ou du premier abord fut emporté, tous ceulx qui estoient dedans tuez, hors mis quelques uns qui furent pendus, qui fut cause que nostre armée y sejourna le xxvj^e.

Le xxvij^e à Saint-Andriol ou elle fit séjour le xxviij^e.

Le xxix à Baumettes après avoir gagné la Durance.

Le xxxe à Lormarin [habité des anciens Vaudoys].

May 1591. Le premier may à Corbiere et Sainte Tulle.
Le second à Voulx.
Le iij^e Peyruys et Chasteau Arnoulx.
Le iiij^e à Serres [en Daufiné] ou Monsieur séjourna le 5e.
Le vi^e à Gap.
Le à viij^e monsieur Vulson arrive de la cour.

Sur l'avertissement que Monsieur reçeut de Briançon pour la mauvaise garde qu'on y faisoit craignant qu'il n'y survint quelqu'inconvénient il partit pour cest effect de Gap le neufviesme may et vint coucher à Ambrun.

Le xe après avoir ouï nouvelles que ladicte ville avoit esté asseurée

---

[1] *Tout ce passage à partir de :* du treiziesme à Vinon où il a faict sejour le xiiiie... *n'est que la reproduction, sauf une légère modification au début, d'vne brochure imprimée intitulée :* Discours véritable de la desfaicte de l'armée rebelle au roy en Provence, faicte par celle de sa majesté à Esparron de Pallières le quinziesme avril 1591 et jours suyvans. *(S. l. n. n.)* 1591, in-8°, 10 pp.

Voir dans ce volume un récit inédit de la victoire d'Esparron et dans notre premier volume une lettre de Lesdiguières à son cousin de Bonne-Prabaud, sur le même sujet, p. 161.

au service du Roy par monsieur de Prabaud y ayant mis nouvelle garnison composée de personnes affidées au service de sa Majesté, rebrouce chemin de l'Argentière et vint coucher à Guillestre.

Le xj^e à Ambrun.

Le xij^e à Gap où il fit séjour le xiij^e et quatorziesme.

Du quinziesme part de Gap et vint coucher aux Diguières.

Le seiziesme à Grenoble.

Le dixhuictiesme les Éstaz commencent d'entrer et ont duré dix jours.

Juin 1591. Le quatriesme juin Monsieur estant adverty du ravage que les ennemys du Roy faisoient en ceste province du costé du Pont de Beauvoisin part de Grenoble et vient coucher à Voreppe ou il sceut que l'ennemy faisoit avancer son canon contre les Eschelles.

Le cinquiesme de Voreppe à Chirens nouvelles arrivent comme l'ennemy commençoit de reculer son canon et de démanteller le Pont de Beauvoisin.

Le vj^e part dudict lieu de Chirens avec quelques uns des siens sans bagages et s'en alla avec monsieur le collonnel [d'Ornano] à Sainct Genis, au-devant duquel il fit attaquer une escarmouche, ce pendant que l'ennemy quittoit le Pont [de Beauvoysin] avec grand effroy après avoir demoly les fortifications qui y estoient.

Le vij^e l'armée du Roy s'achemine en gros, droict contre Saint Genis, ou estant on dresse l'escarmouche qui dura une heure sans aucune perte des nostres, et de la elle vint prendre logis au Pont, de Beauvoysin. Cependant l'armée ennemye se sépara en deux pour se rafraischir, une partie logée à Yenne et l'autre aux environs de Chambéry.

Le viij^e la pluspart de l'armée du Roy part dudict Pont, faisant dessein d'aller assiéger Saint Genis. L'infanterie logée aux faulxbourgs tout autour, l'on commence à travailler aux tranchées dans laquelle le cappitaine Guichard, qui avoit esté créé ce jour là sergent de bataille par monsieur le collonnel [d'Ornano], fut tué d'une arquebusade.

Le ixe monsieur de Gouvernet arrivé avec sa compagnie et celle de monsieur d'Oriac. Auquel jour sur le tard nouvelles arrivent que l'ennemy se préparoit pour nous venir veoir, qui mit nostre armée en alarme; incontinent toute la cavallerie fut à cheval, mais bientost cest advertissement se trouva faulx. Monsieur de Blacons print ce mesme jour le chasteau de Montfleury[1] & notre infanterie se retira de Saint Genis et recula à demye lieue près de nous.

Le xe Monsieur fit attaquer l'escarmouche au devant dudict Saint Genis qui dura trois heures. Il y mourut sur la place quelques uns tant de party que d'aultres. La nuict estant desjà venue chacun se retira.

Le lendemain xie l'ennemy s'estant logé à faveur de quelques fossez et hayes près de leurs tranchées, treuvé en cest estat par nostre armée, l'escarmouche recommença plus fort que devant & dura depuis midy jusques au soir, que Monsieur fit loger quelques uns des siens dans un grangeage bien près de la tranchée de l'ennemy. Nostre armée commence de vouloir desloger et quicter le champ de bataille à cause de la nuict qui estoit si proche ; quoy appercevant l'ennemy commence de sortir hors de sa tranchée en nombre de soixante ou quatre vingt arquebuziers qui furent aussi tost dépéchés par les nostres qui sortirent de la grange. Ce faict ils se retirèrent.

Le xvje Monsieur part du Pont [de Beauvoysin] avec monsieur de Gouvernet, du Poët & de Blacons en intention d'exécuter une entreprise qu'il avoit sur Chambery mais n'estant conduict à propos par la guide se retira le xvije sans rien faire.

Le xviije séiourne.

Les xixe, xxe et xxje monsieur le colonnel [d'Ornano] entre en traicté avec les chefz de l'armée ennemye par le commerce libre et agriculture, mais après avoir negotié lesdicts troys jours avec eulx rien ne s'est peu résouldre.

Le xxije et xxiije séjourne.

Le jour de Saint Jean xxiiije notre armée part du Pont de Beauvoisin et vient coucher à Bourgoin [en Daufiné] ou il a faict séjour le xxve.

Le xxvje de Bourgoin à Vyrieu.

Le xxvije nos chefz avec la pluspart de nos troupes à cheval furent courir jusques à la Gulletière, fauxbourg de Lyon, où ils séjournèrent une heure sans que personne sortit [de la ville] qui fut cause que nos gens se retirèrent.

Les xxviije et xixe l'on négocie avec ceulx de Lyon la redition de

---

[1] C'est en Savoye. Il y a un monastère de femmes de ce mesme nom à un quart de lieue de Grenoble.

Chantdieu[1] par l'intermise du sieur de Pasquier sans rien résouldre.

Le dernier juin nostre armée part d'Eiryeu a la réquisition de monsieur de Maugiron pour aller assiéger Givordz, ou estoit arrivé le canon, y estant desià venu par la rivière et mis sur le soir en batterye.

Juillet 1591. Du lendemain premier juillet au point du jour commence à jouer et dura la batterye trois heures. Icelle finie on se prépara pour aller à l'assault estant au préalable la brèche recogneue et commença à donner si vivement que la place fut emportée du premier coup, tous ceulx qui se trouvèrent dedans tuez, hors mis quelques ungs qui se retirèrent au chasteau où l'on commence de trainer le canon pour le battre; mais estans desia à demy vaincuz par la prinse de la ville commencèrent à parlementer et se rendirent tous prisonniers de guerre. De là Monsieur vint coucher à Vienne.

Le second juillet, de Vienne à la Coste Saint André.

Le iije à Grenoble ou il a faict seiour les iiije, ve, vie et vije.

Le viiije de Grenoble à Lesdiguières où il a séjourné les ixe et xe.

Le xje à Puymore ou il a faict seiour les xije, xiije xiiije et xve.

Le xvje part de Puymore et alla passer à Ventavon ou monsieur de la Vallette se treuva. Du mesme jour à Serres ou il séjourna les xvije et xviije.

Le xix de Serres à Puymore où il a séjourné les xx, xxi et xxij.

Le xxiije estant adverty que l'ennemy avoit quelque intelligence sur le chasteau d'Exilles, part de Puymore a cest effect et vint coucher à Ambrun.

Le xxiiije à Oulx ou il sceut que l'ennemy estant adverty de sa venue rompit son desseing et se retira, qui fut cause qu'il s'en retourna le xxve coucher à Briançon.

Le xxvje à Ambrun où il seiourna le xxvije.

Le xxviije d'Ambrun à Puymore.

Le xxixe estant pressé pour le siège qui devoit venir à Grenoble pour remédier aux ravages que l'armée de Savoye faisoit à la vallée de Grésivodan partie et vint coucher aux Diguières.

Le xxxe à la Mure.

Le dernier à Grenoble.

---

[1] C'est Chantdieu, dont le ministre Chantdieu estoit conseigneur.

Aoust 1591. Le second jour d'aoust Monsieur commença de faire avancer quelques compagnies de gens de pied dans la vallée [de Graysivaudan en Daufiné tirant en Savoye].

Le IIJ^e Monsieur part avec sa compagnie [qu'il fit mettre] [1] en embuscade bien près du quartier de l'ennemy pour attraper quelques ungs qui durant deux ou trois jours estoient venus faire des courses à une lieue de Grenoble. Furent par luy ou ses gens tuez huict ou dix maistres et prins vingt deux chevaulx.

Le IIIJ^e, v^e, vj^e et vIJ^e seiourne à Grenoble.

Le vIIJ^e en est party prenant son chemin contre la Savoye, du costé de Goncelin. Après avoir repeu audict lieu le mesme jour, part avec sa compagnie de gens de cheval, les deux de ses gardes et va droict en veue de Montmeillan, où il fit paroistre douze ou quinze chevaulx, le reste demourant en bataille un peu recullez, faict mectre pied à terre à sesdicts arquebuziers et tirer au-dessus du pont de Montmeillan où avoit quelques ungs de l'ennemy. Cependant on travaille à rompre ledict pont et ceulx dudict chasteau à tirer des canonnades, qui n'offencèrent personne des nostres, encores qui s'en soit tiré vingt-cinq volées ou trente. Dudict pont en a esté rompu environ douze toises; pendant cest effect monsieur de la Buisse [2] fut blessé d'une arquebuzade à la jambe, et de leur costé est mort une dizaine d'hommes, quoy faict mondict sieur se retire et vient coucher à Pontcharrat.

Le IXe à la Pierre, laissant sa compagnie avec sesdicts gardes à Goncelin, et venant prouvoir aux munitions nécessaires pour le seiour de nostre armée en la vallée.

Le xe à Grenoble où il fit séjour le xj^e.

Le lundy xIJ^e mondict seigneur partit de Grenoble et vint coucher à Goncelin.

Le xIIJ^e il reçeut nouvelles asseurées comme l'avangarde de l'armée papalle [3] commençoit de passer le pont de Montmeillan et que trois ou quatre cens mousquetaires accompagnez de quelque nombre de chevaulx, s'estoient avancez contre nous pour favoriser le passage d'icelle.

---

[1] Estant commandé d'aller. *Effacé.*

[2] Il s'appelle de Galle en son surnom. C'est une famille venue anciennement d'Angleterre. Il estoit du party du Roy.

[3] C'estoient les troupes que conduisoit le duc de Monte Martiano.

Le xiiijᵉ et xvᵉ séiourne.

Le xvjᵉ Monsieur part avec la pluspart de sa cavallerie et va faire une course jusques à Montmeillan où il fut tiré quelques canonnades sans offenser personne, et depuis se retira.

Le xvijᵉ ladicte armée ennemye ayant passé oultre du costé de Chambéry, mondict sieur partit de Goncelin et vint coucher à Grenoble où il a séiourné les xviijᵉ et xixᵉ dudict mois.

Le xxᵉ estant pressé par monsieur de la Valette de s'acheminer avec ses troupes du costé de Berre [assiégé par l'ennemy], pour le secourir, partit de Grenoble et alla coucher à Saint-Maurice en Trièves.

Le xxjᵉ dudict mois à Serres.

Le xxijᵉ à Ribiers.

Le xxiijᵉ Monsieur fit faire reveue à sa compagnie audict lieu où ¡ lsceut que Berre estoit prins.

Le xxiiijᵉ partit de Ribiers & vint coucher à Castel Arnouls [en Provence].

Le xxvᵉ aus Mées où il a faict séiour jusques au iijᵉ septembre, pendant lequel séiour il assiégea Lus ¹ [en Provence] avec les troupes que monsieur de la Valette y avoit devant et y fit venir quatre canons et une bastarde qui y arrivèrent le xxxjᵉ dudict mois et incontinent mis en batterye.

Septembre 1591. Le dimanche premier septembre ledict lieu fut battu de iijᵉ coups de canon.

Le second dudict mois la batterie recommence mais dura peu, car incontinent après quelques vollées de canon ceulx de dedans, pressés tant par faulte d'eau, munitions de guerre que du dommage que le canon leur portoit, se rendent par composition et sortent environ deux heures après midy, quarante salades et deux cens hommes de pied. La composition fut telle qu'ilz sortiraient scavoir les cappitaines à cheval avec leurs armes et les soldatz avec l'espée seulement. Mais Monsieur, par courtoysie, leur donna leurs chevaulx, ardes, armes et bagaiges, fors leurs drappeaux qui sont demeurés avec la place et en cest estat se retirèrent à Saint-Pol [en Provence].

---

¹ C'est une forte place appartenant à l'evesque d'Aix; elle est très en hault.

Le IIj^e résolution fut prinse pour aller assiéger Digne [en Provence], et à cest effect on fit le département des logis. En mesme instant un pacquet arriva de Grenoble contenant entre aultres choses que l'ennemy avoit assiégé Moretel[1] et qu'il faisoit beaucoup de ravaiges en la vallée de Grésivaudan, qui donna subiect à Monsieur de retourner bien tost en Dauphiné pour y remédier.

Le IIIj^e mondict sieur part des Mées & vint coucher à Mézel. Ce mesme jour fut prins Chantarsier et Courbon [en Prouvence] à un quart de lieue de Dignes, qui tenoient pour l'ennemy, et c'est par composition. Sur le soir nouvelles arrivèrent de divers endroicts que le duc de Savoye s'avançoit contre nous avec six cens chevaulx et deux mil arquebuziers et qu'il estoit desia à Valensolle [en Prouvence], qui fut cause que nostre armée estant en alarme partit ledict soir et vint coucher à Volonne [en Prouvence], le cinquiesme dudict mois.

Le sixiesme à Gap.

Le septiesme à Lesdiguières ou Monsieur a faict seiour les vij et ixe dudict mois.

Le xe[2] de Lesdiguières à Grenoble où il se trouva accompagné des

---

[1] C'est un costeau que monsieur des Diguières avait commencé à fortifier pour l'opposer à Montmeillan.

[2] *Ici commence la reproduction d'un récit de de la bataille de Pontcharra imprimé sous le titre suivant :*
Discours de la défaicte de l'armée du duc de Savoye faite par le sieur des Diguières en la plaine de Pontcharra, près le chasteau de Bayard, vallée du Graisivaudan, le xviiie septembre 1591. A Tours, chez James Mettayer, MDXCI, 19 pp. in-12. *L'imprimé est précédé d'une courte introduction que nous reproduisons.*

« Apprès la prinse de la ville de Lus en Provence le sieur de Lesdiguières vollant se prévalloir du temps & le faire profficter au service du Roy, cependant que l'armée de sa Maiesté estant au siège de Gravaison empechoit le duc de Savoye d'entendre ailleurs, resolust avec ce peu de forces dont il avoit rangé ladicte ville de Lus au debvoir, d'aller assiéger Digne et pour cest effaict partist de nuicts le xxiiie aoust. Arrivé près ladicte ville se rendist d'abord Courbon à deux mousquetades dudict Digne & sur la délibération d'exécuter ceste entreprinse nouvelle asseurée arrivarent que l'armée de Savoye composée de sept cents maistres & sept mil arquebuziers, chose notoyre à Thurin, confirmée par plusieurs advis et que despuis c'est treuvé véritable, que ceste armée estoit commandée par les sieurs Amédée, Olivaro & marquits de Trevic, avoit assiégé Moretel, depuis n'a guères fortiffié pour couvrir Grenoble du cousté de Savoye.

« Sur ce nouveau advis il fallust nécessairement changer la desliberation et au lieu d'assaillir se resoudre de retourner & deffandre voire user de dilligence, pour ce que la place n'estoit si bien fortiffiée & pourveue qu'il estoit à desirer, comme chose entreprinse et exécutée dedans quatre jours, pendant lequel temps ledict sieur des Diguieres estoit sur la frontière de recognoistre l'armée du Pape passant par Montmellian affin de donner advis au Roy, empecher qu'elle ne courust & ravageast la vallée de Graisivodan, ce qu'elle eust faict n'eust esté l'obstacle que luy donnoit la trouppe dudict sieur de Lesdiguieres, & se preparer au siege dont Grenoble estoit menassé par ladicte armée.

« Le xxvie dudict moys et le jour suivant ledict sieur de Lesdiguières sourtist de Provence

sieurs de Mures, de Bricquemault, de Morges, de Prabaud, et autres gentilzhommes et cappitaines, avec trois cens maistres et deux mil sept cens harquebuziers qu'il avoit assemblez depuis son retour de Provence. Son lacquais arriva le xiij^e en ceste ville venant de la Cour ¹.

L'ennemy ayant sceu l'arrivée de nos trouppes à ladicte ville et villages circonvoisins, dont le nombre leur estoit incertain, leva son siège lequel à la vérité il n'avoit pas mis trop près de Moretel, et s'en alla loger à Pontcharra, demye lieue loing au-dessus de ladite place, et travailla à retrancher et barricquer leur venue de ce logis avec apparence de le vouloir garder, et logea aussi quelques trouppes en des maisons là aupres; et quant aux trouppes dudit sieur de Lesdiguières l'infanterie print logis au Cheilas, et la cavallerie à Goncelin et Tensin, tellement que la tête de ceste petite armée n'estoit que à demye lieue de l'ennemy.

On emploia le xve du mois à recognoistre la forme du logis de l'ennemy et le xvj^e en attendant ledict sieur des Diguières demouré malade à Grenoble d'un catharre qui le retint la l'espace de quatre jours, le sieur de Belliers ² à cheval, avec quelques harquebuziers à cheval, enfonça la garde d'une compagnie de cavallerie, donna dedans leur logis et la deffit entièrement. Il y demeura une vingtaine d'hommes sur la place, vingt-sept chevaulx de service et des casaques, lances et autres armes gaignées.

Le susdict jour 15e septembre Monsieur a dépesché à Venise [à monsieur de Messes] par la voye de monsieur Perron ³.

Le xvie les sieurs de Mures et de Morges, ne voulans perdre temps allèrent avec quelques ungs de leur compagnie recognoistre de si près la garde de l'armée [ennemie] qu'ils entrèrent pesle mesle dedans et la gectèrent sur les bras de ladicte armée, et n'eust esté que le chemin estroict fut embarrassé de trois ou quatre chevaulx qui ser-

---

apprès avoir laissé quelques compagnies des siennes audict Courbon en attendant que monsieur de la Valette y en eust establi à sa vollonté, & sans congédier ne desbander aulcunes troppes les fist prendre le chemin ou la necessité pressoit.

« Despuis ledict jour jusques au xiie septembre ledict sieur des Diguières travailla à assembler de ses amys si bien que le mesme jour se treuva à Grenoble & villaiges circonvoysins, etc.

¹ Cette dernière phrase n'est pas dans l'imprimé.

² Frère du sieur de la Buysse dont le surnom est de Galles comme nous avons dit cy-dessus.

³ Cette phrase n'est pas dans l'imprimé.

virent de barricquade aux fuyards, ils les eussent poursuivys davantage. Il mourut la quelques uns de l'ennemy et y fut gaigné de bons chevaulx.

Ledict sieur de Lesdiguières arrivé n'oublia pas d'employer le xij^e à bien veoir le logis des ennemys, considéré l'assiette des lieux qui leur estoit favorables et d'ou ils se pouvoient ayder si on les allait attaquer, et le jugea si bien que de la mesme façon qu'il l'avoit prémédité, veoire figuré sur une feuille de papier, l'ennemy se trouva le lendemain en bataille, qui estoit le xviij^e dudict mois. L'ordre en estoit tel : sa teste estoit tournée vers Grenoble, à la main gauche estoit son infanterie sur un coustault de vignes en rond, au dessoubz du chasteau de Bayard[1]; à la main droicte la rivière de l'Izère, et entre ladicte rivière et le coustault, la cavalerie en troys escouadrons dedans les prez qui sont proches de la maison du sieur de Bernin, et au devant de ceste cavallerye environ quarente maistres avancez en ung champ plus relevé que les prez, auxquelz on ne pouvoit aller dudict champ que à la file, y ayant un vallon ou précipice qui empeschoit les nostres d'aller à eulx en bataille.

Les ennemys s'estoient mis en cest ordre parce que de loing ils avoient descouvert les trouppes dudict sieur de Lesdiguières venir à eulx. Estant donc arrivés à deux mousquetades du champ de bataille de l'ennemy, il fit faire alte aux siens en un bas, prèz la rivière, où ils estoient couvertz d'arbres, affin de n'estre recogneuz. Cependant le sieur de Prabaud avec quinze cents arquebusiers suivoit le coustault à main droicte en deux trouppes, dont l'une tenoit le hault pour délosger ceux qui occupoient le coustault, et l'autre suivoit le chemin en bas, pour faire quitter l'infanterie qui favorisoit la cavalerie de l'ennemy. Et en attendant que ledict sieur de Prabaud s'avançast, on fit paroistre quelque infanterie et cavalerie sur le champ ou estoit la garde de l'ennemy, et peu de temps après, ceste cavalerie qui n'estoient

---

[1] Dont portait le nom le capitaine Bayard qui l'avait basti. Ledit Bayard s'appelait Pierre du Terrail, il ne laissa qu'une fille bastarde, mère du Chastelard à qui la reine d'Écosse fit trancher la teste et d'un autre Chastelard dict Bochosel, conseiller au Parlement de Grenoble.
Bayard ne se nommait pas Pierre du Terrail, mais Pierre Terrail, et ce n'est pas lui qui avait fait bâtir le château de Bayard, mais son grand père, en 1404. Il avait acheté cette terre peu de temps auparavant de la famille d'Arvillars, qui possédait la seigneurie d'Allevard. Elle l'avait acquise le 25 mai 1357 de Jean Bigot.

pas plus de vingt maistres conduictz par le sieur de Verace [1], lieutenant de la compagnie du sieur de Briquemaud, alla droict à la dicte garde qui ne voulut point attendre, mais quitta sa place pour se retirer au gros. Voiant ceste contenance, et que d'ailleurs nostre infanterie avoit commencé à esbranler celle de l'ennemy qui estoit sur ledict coustault, ledict sieur de Lesdiguières fit monter ses trouppes sur le champ de bataille qu'il avoit choisy, qui estoit celui mesme ou la garde de l'ennemy estoit auparavant posée.

Et sur ce champ se rangea ainsy : l'infanterie, conduicte par le sieur de Prabaud, tenoit la main droicte comme il a esté dict ; le sieur de Mesplais, avecq un bataillon d'infanterie, la main gauche sur le bord de la rivière ; la cavalerie au milieu, rangée en trois escouadrons se suivans l'un l'autre, sans comprendre les coureurs en forme d'avantgarde commandez par ledict sieur de Bricquemaud ; l'escadron qui le suivoit de près, conduict par les sieurs de Mures et de Morges ; le deuxiesme la cornette dudict sieur de Lesdiguières conduicte par le sieur de Poligny, en dernier estoit la cornette blanche accompagnée de cinquante deux maistres couverts, et toutesfois paroissoit pour cinq cens maistres, parce qu'il y avoit à la queüe sis vingtz arquebuziers à cheval, et les valletz ayant tous l'espée à la main, ce qui donna beaucoup d'effroy à l'ennemy. A main gauche de ladite cornette blanche y avoit un aultre bataillon d'infanterie pour favoriser ladicte cornette blanche qui servoit d'arrièregarde.

Ainsy rangés, à mesme temps que l'escarmouche s'eschauffoit entre l'infanterie d'une part et d'aultre, et que celle de l'ennemy commençoit à quicter son logis, on chargea la cavallerie de l'ennemy qui, au premier abord, fit assez belle contenance et soustint ceste charge, puis poussa un peu nostre avantgarde qui, se voyant soustenue, tourne et rompt l'ennemy qui avoit desjà mis tous ses escouadrons en un pour mieulx fuir. Toutesfois, il fit encores un tourne [2] dedans les prez qui sont delà la maison du sieur de Bernin, et attendit nostre avantgarde de la longueur de la lance, puis il commença à fuir et continua estant poursuivy jusques à Montmeillian où les fuyards ne se

---

[1] C'est le petit-fils de Budæe, et fils d'une fille de Briquemaud, mariée à un des fils de Budæe, à Genève.

[2] *Une volte face.*

retirèrent tous parce que les ungs sont mortz sur la place et les autres s'en alloient à vau de routte vers la Rochette, Aiguebelle, Miollans et dedans les boys.

Le nombre des morts passe deux mille cinq cents, il s'y est gaigné plus de trois cents chevaulx. Il y a quelques prisonniers, la plus grande part cappitaines, lieutenans ou enseignes, dix huict drappeaux portant la croix rouge et une cornette y ont esté gaignés aussy.

(Les troupes conduittes par le duc de Monte Martiano estoient avec l'ennemy, et la cavallerie et infanterie espagnolle entretenues en Savoye par le roy d'Espagne pour ceste guerre sous la charge du seigneur Olivera, espagnol[1]).

Le sieur Amédée s'est sauvé à Miollans, les sieurs marquis de Trèves et Olivera ont esté perdus dedans les boys, l'espace de trente six heures, et depuis se sont sauvez à Montméllian, les bagaiges entièrement demurés, la pluspart des principaulx chefs de l'ennemy se treuvent perdus.

Cecy a esté exécuté le dix huictiesme septembre, et le dix neufviesme deux mil Romains & Milanois qui s'estoient sauvez dedans le chasteau d'Avallon avec le comte Galeotte de Beljoyeuse, leur chef, se sont renduz à discrétion; la fureur des soldatz n'a peu pardonner à six ou sept cents d'iceulx qui ont esté taillez en pièces, et le reste avec le baston blanc remis en lieu de seureté par ledict sieur de Lesdiguières soubs les promesses qu'ils ont faictes de se retirer en Italie sans jamais faire la guerre contre le Roy.

Ceste victoire est de tant plus signalée pour ne s'y estre perdu aucun homme de marque des nostres, et après la recherche faicte par les compagnies, s'est trouvé un cheval legier du sieur de Briquemaud et deux soldatz morts, et le sieur de Valouses et deux soldatz blessez.

Le butin n'a pas esté si petit qui ne se monte plus de deux cens mil escuz, la plus grande partie en chaisnes, bagues, or, argent monnoyé, vaisselle d'argent et riches accoustremens, et le reste en chevaulx, armes et meubles.

Il semble que la mémoire de ce grand cappitaine, le chevalier de Bayard, en son temps si affectionné à la France, n'ait voullu per-

---

[1] *Cette dernière phrase n'est pas dans l'imprimé.*

mettre que ses anciens ennemys receussent aultre traictement à la veue d'une maison que luy même a faict bastir.

A Dieu en soit la gloire, et le contentement aux serviteurs du Roy [1].

Le xxe septembre, de Bayard à Goncelin.

Le xxj[e] au soir, le sieur de Poligny s'archemina du costé de Marches [ville fermée en Savoye], avec quelques gens à cheval pour exécuter leur entreprinse qu'il y avoit, mais il fut descouvert, qui fut cause qu'il s'en retourna sans rien faire.

Le xxij[e] mondict sieur dépescha son lacquais à Nisme et Montpellier.

Le xxiij[e] séiourna encores [à Goncellin].

Le xxiiij[e] de Goncelin à Grenoble où il a faict séiour les xxv, xxvj, xxvij, xxviij & xxix septembre.

Le trentième aussi.

---

[1] *Ici finit le récit imprimé de la bataille de Pontcharra. Il existe à la Bibl. nation. deux documents non signés relatifs à cette bataille, dont voici la reproduction :*

« Monsieur, il y a trois jours que je vous ay escrit par la voye du messager qu'aviez envoyé par deca, cettuy cy servira pour vous confirmer la nouvelle de Savoye touchant la victoire que monsieur des Diguières a obtenue sur le Savoyart. Monsieur des Diguières l'a escrit à Geneve et le faict est tel : à la charge que monsieur des Diguieres leur fît qu'il en demeura sur le plan deux mil cinq cens de morts et beaucoup de prisonniers, et deux mil hommes qui estoit les trouppes envoyées du Pappe, compris trois cens chevaulx, se sauverent dans un fort où ils furent incontinent investis et contraints à se rendre à discretion, desquels à la furie en furent tués de sept à huit cens, tout le demeurant sauvés et désarmés et leur ayant faict donner le serment de ne porter jamais les armes contre le Roy et avecq un baston blanc en la main ont été renvoyés en Italye, ayant retenu prisonniers ceux qui avoyent moyen de payer rançon. Ils prirent à ceci deux mil trois cens chevaux de service ; le butin que l'on a eu a ceste defaicte, sans les chevaux, consistant en chaines d'or, deniers précieux et autres choses est à deux cens mil escus.

« De Basle le xxviie septembre 1591. »
(B. N. Mss. F. 3644, p. 79.)

« Les nouvelles qui ont par cy devant couru de la deffaicte du duc de Savoye sont maintenant changées en celle de don Amédée, lequel sachant que le sieur des Diguières estoit allé en Provence attaqua ung fort commancé par icelluy des Diguières en Daulphiné vers Bayard, et luy si tost qu'il en eust l'advis s'en revinst en grande diligence, si donna rendez vous si à propos à toutes ses forces que ledit Amédée l'eust sur les bras avant qu'il eust nouvelles de son retour.

« Tous les advis s'accordent en la deffaicte & en routte mais non pas en la quantité de morts & de prisonniers.

« Les advis de la Suisse portent que ledit Amédée avait six mil hommes de pied tant du pais que Espagnols et Neapolitains et cinq cens hommes d'armes la, tout, fors que ceulx du pais, venant trouver le duc de Parme ; que tout ce nombre a esté mis en routte; qu'il est mort quatre mil hommes sur la place et qu'il en a beaucoup de prisonniers.

« Des lettres interceptées escriptes à Lyon confirment la route & la deffaicte, mais au lieu de six mil hommes de pied Espagnols, Napolitains et Savoyards elles n'en disent que quatre mil & de morts sur la place douze cens & nombre de prisonniers.

« Le duc de Lorraine n'en confesse que huict cens morts & quatre cens prisonniers. »
(B. N. Mss. Fr. 3644, p. 136).

Octobre 1591. Le premier iour d'octobre partit dudict Grenoble et vint coucher à Lesdiguières, et y a séiourné jusques au ve qu'il est party et venu coucher à Pisançon, et monsieur Chaulier en mesme instant [partit] pour faire son voiage en cour.

Le vj à Saint-Bonnet.

Le vij à Saint-Jan.

Le viij[e] à Puymore où il a séiourné les ixe, x[e], que son lacquais est arrivé de Languedoc.

Le xj[e] résolut d'aller assiéger Barcelone [1]. Après avoir mandé à toutes ses forces de s'y rendre pour cest effect, part dudict Puimore & vint coucher à Romolon [en Daufiné].

Le xij[e] au Lauzet [qui est en la comté de Barcelonne], et pour faire avancer le canon y séjourna le xiij[e].

Le xiiij[e] à Saint-Pons où estant arrivé il logea toutes ses troupes autour dudict Barcelone et fut cerné de tous costés dès le mesme jour.

Le xviij[e] il eut advis certain de monsieur de Mirebel, par une sienne lettre, qu'il avoit surprins Caumars avec cinquante harquebusiers et s'estoit rendu maistre de toute la ville, et bien tost après sur le soir que l'ennemy s'estoit saisy de Briançon, ce qui n'a esté véritable.

Le xixe le canon arriva et en même instant mis en batterye [contre ladicte ville de Barcellonne].

Le lendemain xxe fut tiré quelques vollées, mais par ce que la batterie estoit trop esloignée de la muraille et que la pluspart des pouldres se trouvèrent gastées, l'on fut d'advis de la changer, ce qui fut faict et à deux cens pas de la ville.

Ceste approche fit soudain changer de résolution à ceulx de dedans et commencèrent à parlementer dès le soir; ceste négociation fut si vivement poursuivie que du lendemain xxj[e] à midy ils sortent avec la capitulation suivante :

Après que le sieur du Sauze aura effectuellement remis en l'obéissance du Roy, soubz l'aucthorité de monsieur des Diguières, la ville de Barcelone, luy a esté accordé et à tous les cappitaines, soldatz, ma-

---

[1] C'est une ville du duc de Savoye, située en la comté de Barcellonne, prés du Gapensoys et Ambrunoys.

nantz et habitans qui sont de demeurer dans ladicte ville, la vie sauve, de grace specialle, ayant préallablement laissé les chevaulx, armes, drapeaux, ardes & bagaiges ; lequel sieur du Sauze et tous ceulx qui vouldront sortir avecq luy seront conduictz par le sieur de Poligny par delà le Chastelar pour prendre le chemin de Piémont, soubs les promesses que ledict sieur du Sauze de tous ceulx qui l'accompaignent ont faicte de ne s'arrester à Demont [1] pour y porter les armes, ny se retirer à Digne, ny aux Allos pour mesme effect, pendant le temps de troys mois. Faict au camp devant Barcelone, le xxj^e octobre 1591.

Et en cest estat les susnommez prindrent la route du Piedmont en nombre de 400 hommes de guerre.

Le xxij^e mondict sieur séjourna à ladicte ville.

Le xxiij^e en partit et tirant son chemin du costé de Digne pour assister monsieur de la Vallette à la prendre, vint coucher à Sellonnet.

Le xxxiiij^e seiourne.

Le xxve au Brusquet ou mondict sieur séiourna jusques au dernier dudict mois, attendant que monsieur de la Valette fit ses aproches de ladicte ville avec son canon.

Ledict jour, dernier octobre, Monsieur vint camper à une harquebuzade de ladicte ville.

Novembre 1591. Sur l'advenue de Cisteron [2] estoit Goubert [place] qui tenoit contre nous. Il arresta pour quelques jours les trouppes dudict sieur de la Valette et son canon, mais enfin fut pris (après avoir tiré quelques volées) à discrétion; tous ceulx qui se trouvèrent dedans portant les armes furent pendus excepté deux soldatz, ce qui advint le premier et le second jour de novembre.

Le canon arrivé à Digne du mesme jour fut mis en baterie sur la nuict.

Et le lendemain, iiie fut battu un petit fort au-dessus de ladicte ville, qui dans quatre ou cinq volées de canon en fut abattu une partie et à l'instant quicté par ceux de dedans qui après y avoir mis le feu se sauvèrent dans la ville.

---

[1] Qui appartenoit au Roy et estoit occupé par le duc de Savoye, c'est une place delà les monts, près de Cony et Cental. Aujourd'hui le duc de Savoye la possède par l'eschange du marquisat de Salusses, encore qu'elle n'en soit pas.

[2] C'est probablement Digne qu'il faut lire.

En mesme temps on battoit une église aussy qui est distant de ladicte ville de demy arquebuzarde gardée par trente soldatz commandez par un cappitaine Ermite ; ceulx de ladicte ville avoient desia commencé à parlementer dont le traitté estoit fort avancé, auquel furent comprins ceulx de ladicte église, à qualité qu'ils se rendroient à discrétion comme ils firent ; la vye leur fut donnée de grâce spéciale par ledict sieur de la Valette, et ainsi sortirent comme ceulx de la ville, avec la capitulation suivante :

Premièrement que tous les gens de guerre tant de la ville que aultres qui sont à présent dedans ladicte ville remettront effectuellement icelle au pouvoir de monseigneur de la Valette et auront la vye sauve, armes, ardes et bagages, et sortiront les cappitaines sur un bidet et seront conduictz en toute seureté jusques à Vinon ou à Rians par deux gentilzhommes qu'ilz choisiront soubz la foy et promesse dudict seigneur sans aultres ostages.

Et pour le regard du cappitaine Ermite, la promesse que ledict seigneur de la Valette a faicte aux depputez de ladicte ville sera gardée ainsi qu'il leur a accordé.

Que ladicte ville de Digne ne sera aucunement pillée, saccagée, ny rançonnée, tant en général qu'en particulier, soubz quelque prétexte que ce soit.

Lesdicts manans et habitant fourniront la somme de cinq mil escus pour l'infanterie de Daulfiné, paiables dans le terme qui sera convenu.

Ledict sieur de la Valette les quitte gratuittement de l'obligation qu'ils luy avaient passée, moiennant les fraiz de l'armée desquelz il en sera convenu.

Et pour le regard des arrérages qui se trouveront estre deubz par les mandemens de mondict seigneur ou du procureur du pays durant le temps qu'ilz ont esté soubz l'obéissance du Roy en sera traitté en la prochaine assemblée.

En considération des pertes que ceulx de la dicte ville ont faictes, ledict seigneur les exempte du logis de l'armée, et n'auront que la garnison qui y sera establie. Et seront traittés de mesme que les aultres subiectz et fidelles serviteurs de sa Majesté.

Que la mémoire des choses passées demeurera estaincte et abolie, tant générales que particullières, et n'en sera faicte aucune recherche par ledict seigneur de la Valette ny par aultres officiers & magistrats de la province.

Lesdicts sieurs de la Valette et des Diguières ensemblement engagent leur foy et honneur pour l'observation du contenu aux présents articles.

Faict au camp devant Digne le quatriesme novembre 1591.

Le mesme jour mondict seigneur des Diguières alla coucher aux Mées et ayant heu assuré advis quelques jours auparavant que le duc de Savoie battait le Puech de neuf canons, il se resoult avec monsieur de la Valette de s'acheminer de ce cousté pour le secourir; et à cest effect partit des Mées le ve pour aller coucher à Sainte Tulle.

Le vj^e en part et prend son chemin droict contre ladicte place assiégée avec ledict seigneur de la Valette et toute leur cavallerie, et estant au bord de la riviere de Durance, sur le poinct de gayer, la cavallerie de l'ennemy paroist rangé en bataille sur une petite pleine au delà ladicte riviere, en troys escouadrons, accompaignez de quelque infanterie, faisant contenance de se vouloir résouldre au combat. Mais la nuict estant proche, fit prendre retraitte à un chacun, mesme mondict seigneur des Diguieres à la Tour d'Eygues où son quartier estoit, se résolvant d'employer le lendemain à une bataille, si l'ennemy retournoit à son camp. Mais il ne fut pas à ceste peine, car du lendemain vij, il eust advis certain de monsieur de la Valette, qui estoit logé à Pertuys, comme le Duc avec toutes ses forces et canon s'estoit retiré à Aix, environ deux heures après minuict avec un grand effroy, dont lesdicts seigneurs et leur cavallerie furent voir ladicte place qu'ilz trouvèrent bien ruynée de........ [1] coups de canon qu'elle avoist enduré. Et après chacun se retira à son quartier où il firent seiour le viij^e dudict mois.

Le ixe part mondict seigneur et vint coucher à Rians, où il eust nouvelles du sieur Chaulier, par un domestique de monsieur de Botheon qui apporta un paquet à mondict seigneur escrit de Nevers.

Le xe et xj^e furent employez à traitter avec Apt. Il n'a rien peu succéder.

Le xij^e part de Rians et après avoir prins congé de monsieur de la Valette, vint coucher à Sainte Étienne de Cruez.

---

[1] *Lacune dans l'original.*

La xij[e] à Ribiers [en Daufiné].

Le xiiij[e] à Serres ou il a séiourné le quinziesme que le susdict messager partit avec un pacquet au Roy.

Le xvie à Puymore, où il faict séjour jusqu'au vingt-quatriesme qu'il est allé coucher à Ambrun, où il a aussi séiourné jusques au xxixe; auquel jour il est venu coucher à Puymore. Avant son départ donné un pacquet à monsieur Perron pour faire tenir à Venize [à monsieur de Messes].

Décembre 1501. — Estant arrivé au Puymore, il eust nouvelles comme le Duc venoit voir monsieur de la Valette avec toutes ses forces, au devant de Beines qu'il tenait assiégé.

Il y fit séiour jusques au ixe qu'il alla coucher à Remolon.

Le xe revint à Puimore et après y avoir séiourné jusques au xvij[e], vint coucher aux Diguières ou il a demouré deux jours.

Le xxe à la Mure.

Le xxj à Grenoble.

Le xxij[e] il eust nouvelles assurées que monsieur de la Valette accompagné de monsieur de Gouvernet, avoit battu le Duc, le mercredy xviij passé, au devant de Vinon, et luy avoit tué six ou sept vingtz hommes à cheval, prins deux canons et chassé de son logis, qui ont esté véritables.

Le xxvie que le duc de Parme avec ses forces de quinze mille hommes de pied et trois mil chevaulx avoit joinct monsieur de Mayenne, que le Roy mandait à tous ses amys de se rendre près de luy avec leurs forces.

Que monsieur de Vantadour avoit deffaict le marquis de Villars, sieurs de Montpezat et Pompadour, qui le venoient attaquer en son gouvernement de Limosin.

[1592]

Janvier 1592. Le troisiesme jour de janvier 1592, Monseigneur partit de Grenoble et vint loger à la Grange, distant d'une lieue de Saint-Marcellin, ou se trouvèrent messieurs du Poët, baron de Jons et aultres gentilzhommes qui y firent séiour avec luy le iiij[e].

Le cinquième fut de retour audict Grenoble, et y a séiourné

jusques au ..... [1] febvrier. Ce séiour n'a esté infructueux parce que le ..... [1] janvier il fut faict une dépesche à la cour de le dernier dudict mois, une aultre à ..... [1] qui fut portée par le laquais de mondict seigneur, et la tenue des Estaz qui ont commencé le lundy vingt septième du mois passé et ont duré jusques au xij^e de febvrier, que monsieur le colonnel [d'Ornano] partit de ceste ville et alla coucher à Tullins.

FEBVRIER 1592. Nouvelles arrivèrent du vendredy matin, treiziesme iour dudict mois de febvrier, de la mort de monsieur de la Valette près de son canon au siège de Roquebrune, près de Fréius, le mardi auparavant, qui fut cause que mondict sieur envoya homme exprès à monsieur le colonel [d'Ornano] pour se trouver à Tullins le dimanche xvj^e, pour en conférer; ce qui fut faict, et le lundy suivant fut de retour à Grenoble. Ce iour mesme, Monsieur dépescha son laquais au Roy sur ladicte mort.

Le mardy xviij^e dudict febvrier, mondict sieur fit faire reveue & monstre à sa compagnie à Vif, où il coucha, et le mercredy après retourna à Grenoble où il a faict séiour jusques au ve mars, qu'ayant nouvelles que l'ennemy s'estoit logé entre Chambéry & Montmeillan, part dudict Grenoble avec un bon nombre de ses amys pour l'aller voir, & ayant reçeu advis du contraire, rebroussa chemin et vint coucher à la Pierre, d'où il partit le lendemain vj^e, et se rendit à Grenoble.

MARS 1592. Le viij mars, les députez de Provence sont arrivez en ceste ville pour persuader à Monsieur de s'y acheminer.

Le xvj^e, estant encores pressé par la court de Parlement de ladicte Provence [2] de s'y en aller avec ses forces pour empescher que le duc de Savoye ne se prévalust de la mort de feu monsieur de la Valette, partit de Grenoble et vint coucher à la Mure.

Le xvij^e à Lesdiguières ou il a séjourné le xviij^e.

Le xixe à Puymore, y ayant demeuré jusques au xxiiiie, auquel iour mondict sieur se résolut d'avancer jusques à Vantavon pour s'aboucher avec monsieur de Gouvernet sur les particularitez dudict

---

[1] *Lacunes dans l'original.*   [2] *Ladicte cour estoit lors transférée à Cisteron.*

voiage. Pendant ce séiour, monsieur le marquis d'Oraizon vint audict Puymore sur le sujet dudict voiage.

Le xxve, la noblesse de Provence s'avança jusques au Poët pour veoir Monsieur où il se trouva accompagné dudict sieur de Gouvernet & aultres gentilzhommes du Daufiné. Il se résolust en ceste assemblée la règle que l'armée tiendroit estant au pays de Provence. De la vint coucher à Upaix.

Le jeudy xxvj à Serres ou nous fismes séiour le xxvij^e.

Le xxvij à Puymore, y ayant demeuré jusques au iij^e apvril; ledict iour vint coucher aux Diguières.

Apvril 1592. Le quatrièsme dudit apvril, estant bien adverty que les ennemys devoient venir exécuter le soir suivant une entreprise qu'ils avoient sur Morestel, partit des Diguières et se rendit à Goncelin, deux heures de nuict, avecq partie de ses trouppes qu'il avoit assemblé pour cest effect.

Le ve séiourna audit Goncelin.

Le vj^e à Grenoble où aussitost estre arrivé il eut nouvelles du prochain retour de monsieur de Saint-Julian qui fut le vij^e dudit mois.

Le ixe à Lesdiguières y ayant demeuré le xe.

Le xj^e à Puymore.

Le xve on dépescha à la court par l'homme de monsieur de Mures, et le dupputa par monsieur Aymon.

Sur la résolution prinse par mondict seigneur de faire son voiage de Piémont, il assembla toutes ses trouppes, tant de cheval que de pied, qui se rendirent le xxij^e de ce mois aux environs de Gap, et fit ses aultres préparatifs nécessaires durant son séiour à Puymore d'où il partit le xxvij^e apvril et alla coucher à Ambrun & y fut le iour suivant.

Le dernier dudict mois son desseing de Piedmont étant rompu, se résoult de tourner la teste contre la Provence, à la réquisition qui luy en estoit tous les iours faicte par le pays, et partit d'Ambrun pour aller coucher à Selonet [en Provence] [1].

[1] *Voir sur l'expédition de Lesdiguières en Provence le* Discours du voyage fait par monsieur de Lesdiguières en Provence, commencé le xxviiie apvril 1592 et fini le xiie juillet ansuyvant. *Nous publions plus loin ce document; à la suite on trouvera sur le même sujet les* Instructions de M. d'Espernon au Roy sur les affaires de Provence contre monsieur de Lesdiguieres ausdites circonstances.

May 1592. Le premier may, de Selonet au Brusquet.

Le iiij⁰ dudict mois, du Brusquet à Vallensolles, ou en passant à Beynes, après l'avoir reconnu, y posa le siège.

Le viij⁰ Saint-Pol, Ryans et Genisseray, furent réunis à l'obéissance du Roy et Bauduen assiégé.

Le x⁰ prins par composition qui fut telle que ceulx de dedans sortirent vye sauve, armes et bagages. Les depputez d'Aix arrivèrent en mesme temps pour traicter avecq mondict seigneur.

Le xij⁰ de Vallensolles à Mezel.

Le xiij⁰ monsieur de Poligny fut blessé d'une mousquetade à la teste en allant recognoistre avec Monsieur un lieu propre pour loger le canon & mourut le xv⁰.

Le mesme iour, Beynes fut prins par composition; la vye sauve, armes, ardes et bagages, fut donné à ceux qui estoient dedans, avec cinq mil escuz au chevalier de Moryes, qui y commandoit, qui en sortit le lendemain et tous les siens.

Le xvij⁰ fut réduit Chastellane & trois compagnies de gens de pied mises dedans en garnison. Lesdicts depputez d'Aix retournèrent encore pour persuader Monsieur d'entandre à la tresve.

Le mesme iour, de Mezel à Vallensolles.

Le xvij⁰ de Vallensolles à Riez, ou il fut adverty de la réduction d'Aups, Barioulz, Cotignac, Peyrolles, Joucques, Saint-Pol sur Durance & Genseray.

Le xix⁰ de Riez à Aups, Draguignan reduict par monsieur de Montault.

Le xxiij⁰ d'Aups à Draguignan. Bargasme fut reduict le iour précédent.

Le xxv⁰ de Draguignan à Fayence.

Le xxvj⁰ de Fayence à Moans qui fut reduict ledict iour.

Le xxvij⁰ à Chasteauneuf rendu aussi par composition.

Le xxviij⁰ à Antibes.

Juing 1592. Le second iour de juing, monsieur de Bricquemault estant logé à Cannes, passa la rivière du Var, et trouvant l'ennemy qui faisoit quelques retranchemens sur le bord de la rivière, du costé de Nice, les leur fit quicter, en tua quelques uns et gaigna des chevaulx et bagages.

Le iiije juin, Monsieur partit d'Antibes avec la pluspart de sa cavallerye en résolution de prendre quelques fortz & retranchemens que l'ennemy y avoit de nouveau faictz sur ledict bord et de tailler en pièces ce qui se présenteroit des ennemis. Mais ayant passé ladicte rivière, tout quicta et prindrent la fuite vers Nice, laissant néantmoins beaucoup de leurs gens mortz force, chevaulx et bagages.

Le xje mondict Seigneur fut à Vance [en Provence, évesché], à la réquisition du seigneur dudit lieu avec trois coleuvrines seulement. Tout ce qui s'y peut faire fut de prendre le bourg parce que le lieu estoit fortiffié d'un bon nombre de bons soldatz et les murailles trop fortes pour la batterye, y ayant faict tirer soixante coups de canon sans pouvoir faire aucune ouverture. Qui fut cause qu'il se retira audict Antibes du vije dudict mois.

Le xe dudict mois, mondict Seigneur partit d'Antibes après l'avoir munie d'une bonne & forte garnison, tant de gens de cheval que de pied et vint coucher au devant de Grasse.

Le xje à Fayence.

Le xije à Draguignan.

Le xviije de Draguignan au devant du Muy campée.

Le xxe mondict Seigneur fut voir Saint-Tropais ou il fut fort bien receu par les habitans, et du lendemain au camp.

Le xxiije cent ou six vingtz harquebusiers de l'ennemy se voullurent gecter dans le Muy pour le secourir, mais ils furent bien repoussez par les nostres qui les poursuivirent en sorte que le tout fut tué ou faict prisonnier, excepté les cappitaines qui les conduisoient, qui entrèrent dans ladicte place et quelques aultres qui s'écartèrent de la trouppe.

Le xxiiije le canon arriva.

Le lendemain xxve fut battu de quatre gros canons et deux coleuvrines depuis l'aube du iour jusques à 2 heures après midy qu'ils commencèrent à parler et se rendirent.

Le xxvje sortirent de ladicte place........... [1] harquebuziers la vye sauve, ardes et bagages, laissant trois couleuvrines qui furent données deux aux consulz de Fréjus et la plus grosse aux consulz de Saint-Tropez.

---

[1] *Lacune dans l'original.*

Le xxvij^e du camp à Pignan.

Le xxviij^e séiourne.

Le xxixe à Cueurs.

Juillet 1592. Le premier juillet à Oleolles.

Le ij^e au camp, devant la Cadière.

Le iij^e fut batue de cent canonnades, se rend à composition, et fut la ville conservée sans aucun ravage moyennant xv mil livres que les habitants ont donnés pour les fraiz de l'armée.

Le ve sortent cinquante harquebusiers avec leurs armes, ardes et bagages qui leur furent donnez de grace spéciale; le Chastellet reduict aussy et remis à composition moienannt trois mil escuz qu'il donne.

Le mesme iour, la Ciutad, Cereste, Cassins, Signe, Rocquefort furent réduictz a l'obéissance du Roy, lesdictz lieux de la Ciotat & Cireste par la négociation des députez de Marseille qui donnèrent pour eulx vingt mil escuz.

Le vij^e du camp à Oleolles.

Le viij^e et ixe le lieu des Evenes fut battu par monsieur Desgarrabagues de cent ou six vingtz canonades sans rien avancer.

Le xe d'Oleolles à Cueurs.

Le xij^e de Cueurs à Bras.

Le xiij^e de Bras à Pourrieres. Nouvelles assurées de la prinse de Vienne par le duc de Nemours.[1]

Le xiiij^e de Pourrières à Ryans.

Le xve Monsieur fit faire monstre à quelques compagnies de nos trouppes.

Le xvj^e de Ryans à Manosque.

Le xvij aux Mées.

Le xviij^e des Mées à Puymore ou nous avons séiourné jusques au xxij^e que vinsmes coucher à Lesdiguières.

Le xxiij^e à la Mure.

Le xxiiij^e à Grenoble.

Le dernier de juillet, Monsieur fit une course à Chambéry et fust de retour le premier aoust. Ledict iour Antibes fut rendu au duc de Savoye.

---

[1] *Le duc de Nemours avait déjà pris Vienne une première fois en 1588 (juillet), il y entra en 1592 et la garda jusqu'au 22 avril 1595.*

Aoust 1592. Le ix Monsieur fut coucher à Motteconnin pour s'aboucher avecq monsieur le colonel [d'Ornano] lequel il trouva à Yzeron et plusieurs aultres gentilzhommes. La résolution fut prinse sur ce qui estoit nécessaire de faire pour s'opposer aux desseings de monsieur de Nemours qui avoit déia prins Vienne et faisoit d'aultres progrès dans le Viennois [ayant mesme prins la ville de Saint-Marcellin, siège de baillage][1].

Le xve l'infanterie passa la rivière [de l'Isère].

Le xvj^e Monsieur fut voir Moretel et fust de retour le mesme iour.

Le xviij^e mondict Seigneur fit faire reveue à sa compaignie.

Le xxvj^e partit de Grenoble et vint coucher à la Saonne.

Le xxvij^e joignit ses trouppes avecq celles de monsieur le Colonel et fut le Molard, distant d'une harquebuzade de Saint-Marcelin, quitté par les ennemys.

Le xxviij^e Saint-Marcelin assiégé et le iour suivant réduict à l'obeissance du Roy.

Le xxxe ceulx de dedans sortent armes et bagages sauves, et en mesme instant l'armée du Roy partit de Chaste[2] [près Saint-Marcellin] et vint coucher à la Coste-Saint-André.

Septembre 1592. — Le premier iour de septembre l'ennemy adverty de l'arrivée de ladicte armée au susdict lieu part du Pont-de-Beauvoisin et se retire en Savoye.

Le iiij^e la pluspart de l'armée royalle part de la Coste [Saint-André] conduicte par les chefs et prend droict son chemin contre Septeme qui avoit esté réduict en l'obeissance de Sa Majesté par celluy qui y commandoit dedans deux ou trois jours auparavant, et fut mondit sieur de Lesdiguières jusques dans les faulxbourgs de Vienne avec sa cavalerie au partir duquel il vint coucher à Moydieu.

Le ve fut de retour à la Coste.

Le vj^e mondict seigneur sépara ses forces d'avec celles de monsieur le Colonel voyant que l'ennemy s'estoit retiré et que l'armée du Roy

---

[1] *Voir la lettre de Lesdiguières au Roi, vol. I, p. 170.*

[2] C'est le lieu dont le commandeur de Chaste portoit le surnom & appartient encor de présent à ceux de ceste famille lesquels se tiennent en Velay.

ne pouvoit faire aucun progrès audict pays qu'a ruyner icelluy et vint coucher à Voreppe ou il congédia son armée.

Le vij^e à Grenoble où il séiourna le viij^e.

Le ixe de Grenoble à Mens.

Le xe à Lesdiguières.

Le xj^e à Puymore.

Le xiiij^e estant asseuré de l'arrivée de monsieur d'Espernon en Provence y fut envoyé messieurs le juge de Gap et Perinet avec memoires bien amples sur la bonne intelligence que mondict Seigneur desire avoir avecq ledict duc d'Espernon.

Sur la résolution prinse par mondict Seigneur de mettre à exécution les desseings que de longue main il avoit sur le Piedmont, ayant la pluspart de son armée près de luy, part de Piedmore le xxij^e dudict mois et vint coucher à Ambrun où il séiourna le iour suivant.

Le xxiiij^e vint coucher à Briançon.

Le xxve septembre l'armée du Roy passa le mont Genèvre et se mit en gros à Sezanne et aultres lieux circonvoisins le mesme iour.

Le xxvj^e au matin ceste armée se sépara en deux [1], dont une partie print le chemin de main droite vers Pragela, tirant vers la Pérouse et à Pignerol pour faire entreprinse sur ces deux places, et l'autre vers Suze où il y avait espérance de faire quelque service à Sa Majesté. De ces trois entreprises une seulle succéda qui fut celle de la Pérouse car la ville fut prinse la nuit d'entre le samedy xxvie et le dimanche xxvij^e dudict mois, environ une henre après minuict. Et quant à Pignerol l'escalade fut présentée au chasteau et de quatre eschelles n'en furent dressées que deux dont l'une se trouva courte, & l'autre fut renversée et rompue. Les faulxbourgs de Suze furent prins, mais la garde d'iceulx portoit si peu de commodité aux affaires du Roy qu'ilz furent quittez et les troupes qui y estoient joignirent le reste de l'armée en la vallée de la Pérouse [2], le dernier jour de septembre affin de s'attacher à bon escient à l'expugnation du chasteau de la Pérouse qui tenoit encore depuis la prinse de la ville. Et pendant ce siège fut faicte

---

[1] *Le passage suivant est transcrit presque textuellement d'un récit intitulé :* Brief recit des exploits de guerre du sieur des Diguières, commandant l'armée du roi contre le duc de Savoye, depuis la journée de Pontcharra jusqu'au dernier de décembre 1592, *qui sera imprimé plus loin.*

[2] Ceste vallée est habitée la pluspart par les anciens Vauldois.

une course jusques à Osasco qoi est un bourg en la plaine ou y a chasteau une lieue au dessoubz de Pignerol, qui fut prins et garnison y establye.[1]

Octobre 1592. — Le mesme iour le cappitaine Francesco Caquerano qui commandoit audict chasteau de la Peyrouse voyant le canon prest & en batterie rendit la place et en sortit vies, armes et bagages sauves le lendemain; et après avoir pourvu à la garde et seureté de la place, l'armée partit de la val Pérouse le iij^e octobre et fit logis à Briqueras et aultres lieux proches en la plaine de Piedmont.

A l'abord de ceste armée et dès le premier dudict mois d'octobre la tour de Luzerne[2] se rendit en l'obeissance du Roy par le moien d'une troupe envoiée en la valée de Luserne qui effraia ceux qui estoient dedans ce fort. Le lendemain à la poincte du iour quelque infanterie s'avança jusques au fort de Mirebouc[3] faisant semblant de présenter le pétard, ce que ceulx du dedans ne voulurent attendre et se rendirent la vie, les armes et bagages sauves. Ces deux forts de Luzerne & de Mirebouc donnent libre passage du Dauphiné par la vallée de Queras jusques en la pleine de Piedmont et la ville & chasteau de la Pérouse est de bonne conséquence pour le charroy du canon en esté[4].

Or estant ladicte armée arrivée audict Briqueras ledict iour iij^e octobre, ledict sieur de Lesdiguières eut advis que l'ennemy faisoit un gros à Vigon [en Piedmont], et qu'il y pouvoit déià avoir treize cens infantassins barricquées audict lieu, ou encores estoit attendu le régiment de Purpurat [gouverneur de Pignerol], et aultres forces tant de cheval que de pied.

Dès le lendemain iiij^e ledict sieur de Lesdiguières marcha droict audict Vigon avecq environ trois cens maistres et six cens harquebuziers tant à pied qu'à cheval arriva près ledict lieu environ les neuf

---

[1] *Une lettre de Lesdiguières au premier président du parlement de Grenoble (B. N. Mss. Fr. 20784, p. 345), raconte les mêmes événements et presque dans les mêmes termes que le Journal des guerres.*

[2] *Luzerne est une vallée appartenant à monsieur de Savoye de là les monts, toute habitée par les Vaudoys. Ceste tour avoit esté faicte par le feu duc de Savoye après la guerre qu'il eut contre ces peuples Vaudoys aux premiers troubles de France.*

[3] *Mirebouc est sur le haut de la montagne de la Croix, séparant la vallée de Quéras qui est en Dauphiné, d'avec la vallé de Bobio, habitée par les Vaudoys, appartenant au duc de Savoye. Ledit Mirebouc avoit esté basty pour le feu duc de Savoye, tant pour servir de frontière contre le chasteau de Quéras que pour tenir en subjection lesdits Vaudoys.*

[4] *En quelque temps que ce soit. Effacé* Cette phrase *se lit aussi dans l'imprimé.*

heures du matin et avecq la cavalerie faict environner le lieu, cependant l'infanterie venue d'abord gaigna les premières barriquades reduisant les ennemys dedans la place où ils mettoient toute leur asseurance et à la vérité ilz s'y estoient très bien accommodez.

Le combat de main à main dura l'espace de deux heures, mais enfin, quelque résistance que les ennemys peussent faire, leurs barricades furent forcées & eulx taillez en pièces, sauf quelques hommes de commandement qui sont demeurez prisonnierz; leur résistance fut grande parce qu'ils eurent loisir de se résouldre à bien faire. Ceste trouppe estoit commandée par le colonnel Branquetti qui y est mort et dix drapeaux gaignez. Des François il y a six cappitaines ou hommes de commandement blessez, deux chevaulx légers et une dixaine de soldatz morts. [Le meurtre fut de mil ou douze cents hommes de l'ennemy] [1].

Le jeudy viij[e] octobre l'abbaye de Staffarde fut prinse.

Le dixiesme dudict mois on commença la fortiffication de Briqueras dont mondict seigneur des Diguieres porta le premier gazon.

Novembre 1592. — Le jour de la Toussaintz premier de novembre toutes les vallées d'Angroigne, la Pérouse, [Saint-Martin, Luzerne] et aultres sugettes du duc de Savoye vindrent prester le serment de fidélité au Roy en la personne de mondict sieur, commandant generallement en son armée qui est dela les montz.

Le vj[e] dudict mois estant adverty l'ennemy que quelques compagnies des nostres avoient assiégé la Tour du pont qui est sur le Chasteau Daufin, si en accourut avec le plus grand nombre de gens qu'il peut amasser, et attaquèrent de vive force quelques endroitz des retranchemens et barricquades des nostres, pensant l'emporter, mais ilz en furent empeschez par la deffence qui en fust faicte, où il demeura un bon nombre d'Espaignolz, Piedmontoys et aultres, notamment un cappitaine Espaignol qui fut bien regretté par lesdicts ennemys.

[2] Cependant la fortification de Briqueras se continue avec une di-

---

[1] *Voir la déclaration de Lesdiguières sur son entrée en Piémont, datée de Briqueyras le 7 octobre, vol. 1, p. 175 à 179. Là finit le passage transcrit du Brief recit dont nous avons parlé plus haut.*

[2] *Le récit suivant est une copie textuelle d'un rapport au roi sur la guerre de Piémont, rédigé par les secrétaires de Lesdiguières, dont le manuscrit original existe à la Bibl. nat., Mss. Fr. 3609, p. 43. Le manuscrit de la Bibl. nat. est même plus complet que le journal, le copiste de celui-ci ayant sauté quelques phrases que nous avons eu soin de rétablir. En outre en tête du rapport se trouve la phrase suivante que le*

ligence incroiable et telle que la place est en deffence. Aussi nul n'a esté exempt du travail ; les chefz ont monstré l'exemple à porter le gason, et l'infanterie au lieu d'aultre vicieuse occupation y a travaillé incessamment et comme par émulation les uns des aultres.

Les pionniers des vallées de Luzerne, d'Angroigne, Oulx, Pragela et la Pérouse y ont accouru gayement tesmoignant par là combien ilz abayent après la liberté françoise.

L'affection des peuples est incroyable. Les advertissemens des actions du Duc et de son armée ne mancquent pas.

Son Altesse feust si estonnée à ce premier abord que dextrement elle fist maistre quelque apparence de traicté par l'entremise du comte de Morette, offrant de remettre Berre, Cellon de Craus, Grace, Antibes et ce qu'il tient en Provence. On n'ignoroit pas que c'estoit pour gaigner temps et prendre le logis de Saluce ; on l'eust bien prévenu, mais on ne vouloit pas entreprendre [1] tant de besongne à la fois, veu qu'on avoit commencé la fortiffication dudict Briqueras, car ledict sieur de Lesdiguières a ceste maxime familière de vouloir commencer pied à pied.

Ce pied de Briqueras se peult dire grand & petit tout ensemble ; à la vérité ce n'est qu'un bourg qu'on a fortiffié, mais en telle sorte qu'il n'y a pas apparence que Son Altesse puisse emotter les bastions de six mois, quelque assistance que son beau-père luy donne, et on ne peult nyer que ce ne soit beaucoup de gloire à quatre ou cinq cens chevaulx et trois mil hommes de pied françois d'avoir entrepris & commencé cet ouvrage à seize milles de Turin qui disent sept ou huict lieues françaises.

Les gens de guerre sont contenuz, avec prou de discipline autant que la corruption du siècle peult souffrir ; pour le moings les blasphemes y sont en horreur, l'exercice de la religion catholicque songneuse-

---

journal ne reproduit pas : Ce qui s'est passé en Piedmont depuis l'arrivée de l'armée du Roy conduitte par le sieur de Lesdiguières jusques après la deffaite de Vigon aura esté particullierement représenté par monsieur le baron de Jons qui aporta à sa Majesté les huict drapeaulx gaignés à ladicte deffaicte. On a continué la fortiffication de Bricayras, avec…, etc. *Le même récit se retrouve dans le* Brief recit *dont nous avons parlé ci-dessus.*

[1] Le catholicon en fut cause, cela se dira à bouche. *Cette phrase démontre d'une façon positive que ce journal avait été rédigé à l'intention de l'historien de Thou, qui avait demandé à Calignon des mémoires historiques sur les événements auxquels il avait été mêlé.*

ment rendu et les églises et gens du clergé conservez & respectez curieusement.

Ceulx de la religion qu'on dit refformée ne sont pas aussi privez du leur, restraincts seullement à faire le presche & prières dans le logis du général de l'armée et ce par des ministres des vallées de Luzerne qui preschent en langue italienne[1].

Les vivres y abondent aussi est-ce un païs plantureux et gras.

Nul ne se peult séparer de l'armée sans congé; nécessité de passer par le destroit de Mirebouc ou par le cledat[2] de Sézanne au pied du Mont Genevre.

Le vj^e novembre ledict Seigneur fut recognoistre Pignerol pour y entreprendre à l'advenir.

En ce temps son Altesse assemble son gros à Saluces.

Diverses trouppes des nostres & par divers jours ont esté à la guerre de ce costé, de la mesmes à la pleine de Revel, non sans effect, car les ennemis tiennent chambre.

Le unziesme on eut nouvelle que ceulx d'Orbassan se barriquoient & vouloient discontinuer le paiement de leurs contributions. Le sieur du Poët y fut envoyé avec deux cens chevaulx, le régiment de Bernin et les six compaignies du Languedoc.

Avant faire attaquer les barriquades il les envoya faire sommer pour n'exposer ce pauvre peuple au pillage. Comme ils se virent investis et les trouppes prestes à donner, ilz mirent les armes bas et se rendirent à discrétion qui fut telle que pour éviter le désordre et les excès que les soldatz pouvoient commettre, après les avoir seulement laissé repaistre deux heures, on fit battre aux champs. Ce qui estoit des soldatz estrangers dans ledict bourg se retira à Rivalte à un mil de là.

Le xiij^e novembre l'artillerie acheva de passer les montz qui n'est pas une petite entreprise.

Ledict sieur de Lesdiguières l'alla recevoir avec toute l'armée au dessoubz de Pignerol, ou il feust dans l'abbaye dudict Pignerol qui est à une harquebuzade de ladicte ville avecq quelque noblesse seulement

---

[1] Et les pionniers desdictes vallées commanceants et achevans leur journée prient Dieu suyvant l'institution de leur religion. (B. N. Mss. Fr. 3609).

[2] *Le défilé.*

qui estoit avec lui, sans que les gens de pied entrassent dans le temple, dans les maisons des moynes, ni mesme dans le parc et granges qui en despendent.

Ce sont trois canons et deux colleuvrines, calibre de Roy, qu'on a passez. Ledict sieur des Diguières les avoit fait venir il y a longtemps à Exilles, ancienne frontière de la France du costé du pas de Suze.

La conduicte et diligence desdicts canons est à remarquer, car ç'a esté à force de bras par le chemin de la Pérouse et de Portes. A mesure que le canon arrivoit en une vallée ou paroisse, tout le peuple y accourroit pour le traîner jusques à la prochaine et se descharger de la despence de l'escorte.

Ceux de la vallée ou parroisse voisine dez qu'ils oyoyent le bruict de la descente du canon l'alloient recevoir sur leurs limites et aveq une dilligence extrême le convoyent sur leurs voisins, et ainsi de main à main il arriva ledict jour xiij^e à Briquairas, dont toute l'armée rendit beaucoup d'allégresse, voiant les fleurs de lis en bronze repasser deça les montz. On fist tirer la vollée des cinq pièces qu'on pouvait aisément entendre de Turin.

Le mesme jour on eut advis que son Altesse avoit pris le logis de Villefranche. De nostre costé on receut lettres aussi de monsieur de Gouvernet & de Buons comme ilz avoient passé le mont Genevre, conduisantz, sçavoir le sieur de Gouvernet deux cens maistres et cent harquebuziers à cheval que monsieur le colonnel [d'Ornano] envoya du Daulfiné, et ledict sieur de Buons aultres deux cens maistres, cinquante carabins et de trois ou quatre cens harquebuziers à cheval que monseigneur d'Espernon envoya de Provence.

Le xvj^e novembre ledict sieur des Diguières monta à cheval avecq partie de l'armée pour aller au devant du sieur de Buons, et l'accompagna jusques à son quartier. Et pour ne perdre temps on alla recognoistre tout d'un plein le logis qu'on debvoit prendre le lendemain, nommé Cavours à quatre mil de Villefranche, qui disent deux lieues, où son Altesse estoit avecq son armée : et si sur le voisinage du logis elle vouloit venir aux mains l'ordre du combat feust dès lors résolu, scavoir que l'on feroit quatre escouadrons de cavallerie et deux bataillons de gens de pied.

Messieurs de Gouvernet & de Buons seroient à l'avant garde ayant chacun un escouadron de deux cens chevaulx [1]... de gens de pied composé des régiments de la Vilette, de Montmorin & des compagnies de Languedoc. Ledict bataillon commandé par monsieur d'Auriac, qui disposeroit les enfans perduz selon l'occasion et l'assiette du pays.

A la bataille ledict sieur de Lesdiguières avec la cornette blanche, sa compagnie de gendarmes qui est grande et forte et celles de messieurs de Morges et de Mures.

Le sieur du Poët à la main gauche et dans son escouadron sa compagnie de gendarmes, celles de messieurs le baron de Bricquemault, de Blanieu du Rivail, de la Buisse, de la Pierre & de Valouses.

Entre les deux escouadrons de la bataille, un gros bataillon de gens de pied, garny de grande quantité de piquiers & mosquetaires, commandé par le sieur de Prabault.

Le mardy xvij[e] l'armée part de Bricqueiras pour aller prendre le logis dudit Cavours, approchant duquel on eut advis que son Altesse s'avançoit avec son armée. Il n'est pas croiable combien sur ceste nouvelle l'ardeur de combattre paroissoit sur le front d'un chacun.

On logea tard audict Cavour ayant longuement demeuré à la place de bataille sur ces faulses allarmes et attendant aussi le retour du lieutenant dudict sieur du Poët qu'on avoit envoyé prendre langue jusques aux portes dudict Villefranche, d'où son Altesse partit le mesme jour pour aller à Vigon.

Ledict lieu de Cavours [est une petite ville bien assise][2] & fermée de murailles de bricque, au pied d'une petite montaigne laquelle il semble que la nature ayt voulu planter au milieu de la pleine du Piedmont pour servir comme de guette et de citadelle à tout le païs des environs.

Sur le hault du rocher y a un chasteau presque inaccessible. les avenues duquel on fist gaigner dès l'arrivée; car sans cela la seureté n'eust pas esté grande dans la ville, et quoique l'accès soit difficile & malaisé, on résolut de l'attaquer avecq trois canons et deux colevrines qu'on envoya quérir audict Briqueiras.

Le mercredy xviij[e], chacun garda son logis sans aultre rumeur, si-

---

[1] Composé de deux cents chevaux et plus le bataillon de ladicte avant garde, oultre que partie des arquebuziers à cheval que ledict sieur de Buons a admenés mettoyent pied à terre, (B. N. MSS. F. 3609). *Il y a une lacune dans le journal.*

[2] *Assiégé, est grand et beau. Effacé.*

non que les sentinelles de cheval des deux armées se poussèrent de part & d'aultre jusques à leur corps de garde.

Attendant l'arrivée du canon on travaille à bien recognoistre la place ; surtout on jugea que ce seroit un grand advantaige de se loger sur une crouppe de roc opposée à une tour que deffend ledict chasteau ors qu'elle en soit séparée de cent ou six vingtz pas.[1] Ce logis ne s'est peu faire qu'avec beaucoup de difficulté apportant par un chemin aspre & rude une grande quantité de sacs[2] plains de terre sur ladicte croupe de roc et encore malaisez à placer, d'aultant qu'elle va en pendant. Enfin l'art surmonta la nature et l'ordre se peult dire l'ornement en toutes choses.

Il feust tel que ledict sieur des Diguieres taxa par billetz toutes les compagnies de gens de cheval et tous les régiments de gens de pied à certaine quantité de sacs qu'ils devoient prendre dans leurs logis ou là où ils pourroient, et les faire porter sur ledict rocq remplis de fiens et de terre : chacun se rendit si ploiable à cela que l'exécution a esté aussi prompte que le commandement, qui n'est pas un petit advantaige à un chef d'estre si heureusement obey.

Le jeudy XIXᵉ, l'artillerie arriva dudict Briqueiras, et le mesme jour on eut divers advis comme le Duc travailloit pour ne laisser perdre ceste place à sa veüe.

A la vérité s'il la perd ce luy sera beaucoup de honte & de préiudice s'il vient à un combat au son de l'artillerie, c'est ce qu'on recherche, et discourt-on en ceste sorte.

Les armes des François sont justes, celuy qui les manye heureux, les soldatz asseurez qui ont vaincu ceux à qui ilz ont heu affaire, autant de fois qu'ilz les ont rencontrez : et puis ils n'ont nulle retraicte, car regardans les montz couvertz de neige, ils peuvent dire que les vaisseaux sont bruslez.

Le XXᵉ, on meist les pieces en batterie et feust-on bien empesché à cause de l'extrême haulteur de la montaigne, ne pouvant, en quelque lieu qu'on la regardat, trouver un seul logis pour le canon sans luy hausser le nez, de sorte qu'il falloit raccommoder les flasques et baisser le derrière des plate-formes.

---

[1] Qui se deffendent l'un l'autre (B. N. MSS. F. 3609)

[2] Lesdicts sacs se baillèrent d'un soldat à l'autre estant lesdicts soldatz logés *in crepidinibus* du rocher, où ils estoient montés à vuyde, car estant chargés ils n'eussent peu.

Enfin toutes incommoditez surmontées, on le dresse à la tour nommée Bramefam, que ceulx du païs tiennent avoir esté construicte pour occuper un endroict qui se trouve le seul le long de la creste de ladicte montaigne, dont on peult regarder le chasteau à droicte ligne, le reste n'estant que roc taillé en forme de croissant.

Après beaucoup de coups perduz, on effleura seulement les marchecolis de ladicte tour, et pour ne rien perdre à faulte d'entreprendre on essaya à l'entrée de la nuict de s'i loger, mais on trouva qu'il n'estoit encores temps [1].

Le samedy xxj on eut advis que pour tout certain son Altesse devoit paroistre pour secourir les assiégez, comme à vray dire la baterye du jour précédent sembloit l'y avoir convyé; de faict ledict sieur des Diguières y voiant beaucoup d'apparence assembla dès le matin les chefz de l'armée pour adviser si on debvoit continuer le siège, ou aller au devant pour le combattre.

La question n'estoit pas petite et feult néantmoings bientost vuydée par un rencontre d'opinions et consentement de volontez, de continuer l'un et ne laisser pas eschapper l'autre; et pour cest effect chacun prist son tas de besoigne, qui à choisir la place de bataille, qui à faire clore les advenues de pallissades, qui à la batterie, qui aux approches; et la journée fut si bien employée qu'après avoir battu ladicte tour depuis les cinq heures du matin, jusques à cinq heures du soir, on l'emporta de bravade, nonobstant le voisinage du chasteau : aussi ne fut-on guières destourbé par les alarmes de Son Altesse, de laquelle on ne sceut aultres nouvelles que celles que rapportèrent quinze ou vingt chevaulx, qu'on avoit envoyé battre l'estrade jusques aux portes de Vigon.

Le dimanche xxij[e] à cinq heures du matin, les sentinelles qui estoient en garde [2] sur le hault du rocher [de Cavour], d'où l'on peult voir à clair le lieu du Bricairas, rapportèrent d'avoir ouy grand salve d'harquebusades de ce costé-là ; c'estoit le Duc qui estant party de Vigon à l'entrée de la nuict, y estoit allé donner une camisade [3], et sans flatter, il tint à peu qu'il n'emportast la place, car ilz avoient desia

---

[1] D'aprocher ladicte tour, mais ce fut en vain (var. B. N. MSS. F. 3609).

[2] Aux adveneues du chasteau (B. N. MSS. F. 3609.)

[3] *Une surprise.*

rompu les pallissades & monté jusques sur la poincte de deux bastions, d'où ilz furent chassez et renversez à coups de main, à coups de crosse, d'arquebuzade, à coups de pierre et contrainctz de laisser les mortz et les eschelles dans le fossé. Ce n'est pas un petit tesmoignage que Dieu veut favoriser la justice de ceste guerre d'avoir préservé ceste place.

Sur cest advis ledict sieur de Lesdiguières monta à cheval avec la cavallerye de l'armée qui alla prendre sa place de bataille à deux harquebusades de la ville sur le chemin de Briqueiras.

Incertains de ce qu'on rapporteroit dudict Briqueiras, il s'avança et ledict sieur du Poët quant & luy, au devant de ceulx qu'on y avoit envoyez à toute bride et dès qu'on sceut la faillite, ledict sieur de Lesdiguières jugea que les ennemys se retirans après s'estre deffandus pourroient faire beau jeu, se meit à les suivre le grand pas sur le chemin de leur retraicte avecq ladicte cavallerie et environ deux cens harquebusiers à cheval, laissant monsieur d'Auriac pour commander se reste de l'armée qui estoit demeuré au siège. On aborda les ennemys sur les neuf heures du matin à un vilage [nommé Garzigliana][1] dans un pays si couvert d'autins[2] que c'estoit très mal aysé d'y dresser les escouadrons, et c'est la principalle raison qui empescha de cueillir le fruict que l'occasion avoit appresté.

Les ennemys donc se trouvèrent dans ledict village ayant un ruisleau devant eux, une saulsaye, et à l'une et l'aultre main des jardins & chemins couvertz et très propres pour eulx qui avoient toute leur infanterie: et nous au contraire que trente ou quarante carabins et environ deux cens harquebuziers à cheval.

Ceulx de l'avant-garde se hastent, se pressent, portez de l'ardeur de combattre, on faict des charges, on reçoit celles des ennemys qui donnèrent jusque sur le bord du ruisseau, et en mesme temps ledict sieur du Poët s'avança avecq son escouadron se mesla parmi leurs lances qu'ils semèrent en brises[3] le long du chemin.

Le chevalier de la Mante qui menoit [une compaignie de chevaulx-légers des] ennemys, y fut pris et quelques mortz demeurez sur le

---

[1] Nommé Saint-Martin (B. N. MSS. F. 3609).
[2] Ce sont vignes de haulte branche, c'est-à-dire mariées à des ormeaux.
[3] *Brise, en patois dauphinois, morceau.*

champ. Le sieur du Poët retourna à sa place n'ayant commandement de passer oultre.

Ceulx de noz harquebuziers à cheval qui s'estoient advancez, ayans mis pied à terre furent commandez diversement, et à vray dire un peu chaudement, car au lieu de les faire loger à mesure qu'ilz entroient dans le village ils coururent à travers champs après les ennemys, cuidant que toute la cavallerie suivit; mais l'ordre de l'advant-garde n'estoit pas entièrement disposé. Cela provoqua les ennemys à faire encore un autre demy charge pour tousiours donner temps à leur infanterie de tirer pais. Ledict sieur des Diguieres se trouva lors de ladicte charge sur le bord du ruisseau ou il feist un tourne, bien à temps et à propos, avec fort peu de gens qui le suivoient comme il alloit, despartant les commandemens du lieu à aultre. On ramena les ennemyz d'où ilz estoient venuz et en chemin faisant, ledict sieur des Diguieres fait placer quelques harquebuziers dans les clostures des jardins du village que les ennemys habandonnèrent du tout & nous laissèrent les mortz, et le regret qu'a faute d'infanterie, on ne feit du tout sentir à monsieur de Savoie combien les armes des François luy doibvent estre formidables.

Après avoir séiourné quelque temps dans le village, et considéré la contenance des ennemys qui se retiroient par un pais advantageux pour leur infanterie, on s'en retourna audict lieu de Cavours.

Les assiégés avoient peu aysément voir une partie du combat; et jugeans par la contenance de nostre retour, quelle avoit esté l'yssue feirent quelques demonstrations de vouloir parlementer. On y envoya un trompette qui les trouva assez ploiables, mais divisez entr'eulx; de sorte qu'ils remirent à faire response le lendemain. Il est à présumer qu'ilz ne tarderont guere à changer de maistre [1].

Depuis le lundy xxiij^e novembre, que les ennemiz s'estant rasseurez rompirent le parlement le jour précédent, on s'est tenu cloz & couvert et de telle sorte qu'on a faict revivre à ce siège l'ancienne forme des Romains, car chasque maistre de camp, chasque cappitaine et presque chasque soldat a non seulement palissé les advenues des chemins, mais toutes les clostures des jardins, afin que Son Altesee cogneust qu'on ne vouloit pas démordre qu'à bonnes enseignes; et ce

---

[1] *Ici finit la copie du rapport de Lesdiguières au roi.*

mesme jour on continua à battre une partie du corps de logis du chasteau qui regarde vers la ville.

Le jeudy xxvj^e on entreprend de mettre sur le plus hault de la montagne deux canons pour faire la sommation de plus près. Quiconque verra le lieu, le trouvera incroiable; aussy y a-t-il fallu beaucoup de façon. Les soldatz les tirèrent à force de bras, depuis le pied de ladicte montaigne, jusques autant qu'il se trouva de terre pour affermir leur pas.

Ce fut la première stance[1]. On alla après assoir sur le roc vif à demy montaigne, deux arques, ou autrement deux tours, avec lesquelz on tira par des cables les deux canons l'un après l'autre, avec leur affuts. Mais la difficulté se trouva à les placer à ceste moictié de chemin, attendant que les argues fussent réunies à la sommité du roc, pour leur faire faire le sault entier, et qu'on eust dressé des apans comme de rabatz de jeu de paulme, pour suppléer à l'inégalité du rocher dantelé & creuzé en maintz endroictz par où le canon debvoit passer, lequel se feust indubitablement caverné & accroché en chemin sans ce remède.

Voilà ou l'ambition pénètre, ou à mieulx dire le désir de bien servir et combien la patience & la résolution des hommes courageux gaigne des avantaiges

Décembre 1592. — On emploia depuis ledict jour xxvj^e jusques au premier décembre avant[2] mettre les pièces en batterie sur le hault de ladicte montaigne, d'où l'on battoit à plomb une terrasse qui couvre l'entrée dudict chasteau et effleura-on quelques tours, sans aultrement faire bresche où l'on peult donner ny se loger.

Le mercredy second decembre, à la diane, son Altesse essaya de jetter environ cent cinquante hommes de secours dans le chasteau, portant chacun un sachet de douze ou quinze livres de farine. Le commencement et le milieu de l'entreprise lui succeda, car il fault confesser qu'avecq une résolution bien grande, ledict secours fut conduit jusque dans le milieu de nostre camp, monta une partie du rocher, mais ilz crièrent trop tôt : Vive Espaigne. Noz corps de garde s'estans estenduz & entresecouruz l'un l'autre les rencontrèrent comme ilz passoient

---

[1] *Station.* [2] *C'est probablement* à mettre qu'il faut *lire.*

une poincte du roc. Il en est demeuré sur la place de mortz soixante six et vingt deux prisonniers entre aultres deux cappitaines, l'un Arragonnois et l'aultre Millannoys, le reste ou retournez ou entrez blessez et ayant quitté ce qu'ils portoient jusques mesmes leurs armes, de sorte que ce sont autant de gens inutiles.

Le maistre de camp qui commandoit dans ledit chasteau, nommé Hierosme de Vercel, parla ledict jour comme l'on continuoit la batterie, & monstra n'avoir pas faulte d'asseurance et appréhender surtout le reproche et le rigoureux chastiment de celuy qu'il sert : mais enfin la nécessité où il se voit réduict, la difficulté d'estre secouru, luy feront passer par dessus ces considérations.

Le jeudi iij^e décembre on feit faire une chamade pour retirer les mortz, ausquelz on a voulu rendre ce charitable office de leur donner sépulture. C'estoient la pluspart soldatz d'eslite, tirez cinq pour compaignie de toute leur infanterie, scavoir cinquante Espagnols, cinquante Millanoys et cinquante Napolitains.

Les prisonniers asseurèrent que son Altesse et dom Olivera les conduisirent environ deux mil pas deça Vigon sur le chemin de Revel.

Le vendredy iiij^e les ennemis se sentans obligez du soin qu'on avoit voulu avoir de leurs mortz envoierent un alfier espagnol pour en remercier ledict sieur de Lesdiguières et le prier de plus permettre audict alfier de faire faire les cérémonies funebres à ses compagnons, mesmes à un cappitaine Espagnol qui conduisoit ledict secours. On l'ottroya volontiers & recogneut en deux choses, qu'ilz estoient proches de leur fin, et que le comte de Luzerne et Hierosme de Versel, qui commandoit dedans ledict chasteau, estoit bien aise de faire jetter les premières planches du parlement à un Espagnol.

Le samedy[1] v^e au matin, ilz envoièrent leur capitulation par escript, qu'on leur accorda avecq toutes les cérémonies qu'ilz requéroient.

Le dimanche vj^e ladicte capitulation feust accomplye : messieurs le comte Emanuel de Luzerne et Hiéronisme de Versel, sortirent aveq quatre cens hommes de guerre, ayant enduré six cens cinquante et tant de coups de canon. Ils passèrent tout au travers de nostre infanterie, laquelle estoit en bataille sans avoir receu discourtoisie aucune, et furent conduictz par le sieur de Villars et d'Hercules,

---

[1] *Il y a par erreur* vendredy *dans le Mss. original.*

avecq la compaignye dudict sieur de Lesdiguières, jusques sur le chemin de Vigon, où est son Altesse, laquelle peut dire avoir veu perdre ceste place à sa veüe, n'y ayant que quatre mil, qui disent deux lieues françoises.

La fortification de Bricairas est un pied en Piedmont : la prise de Cavours les affermit tout deux, et peult-on meshuy[1] estendre les bras vers Turin et ailleurs : car le plat pays qui est entre deux cedde à la lueur des armes de la France. Encores que son Altesse soit à Vigon, ceulx de Villefranche et aultres lieux le long du Pau ne laissent de fournir vivres à l'armée et paier les impositions & cottes.

Le vij^e et jusques au xxe furent emploiez à fortiffier ceste place et la munir de tout ce qui estoit nécessaire. Pendant ce temps, quelques gens à cheval des nostres, en nombre de xxx, furent courir jusques à Raconis, ou ilz rencontrèrent quatre cens maistres à leur retour qui ne les seurent empescher le gué du pas, ny la retraicte honorable qu'ilz firent de iij lieues à la teste des ennemyz qui les poursuivirent tousiours, jusques à un mil de Cavours[2].

Ledict xxe Monsieur partit dudict Cavours et vint coucher à Bricqueiras où il séiourna deux jours pour donner ordre à l'entretennement de la garnison, et considérant que la rigueur de l'iver ne luy permettoit de tenir la campagne davantage de temps pour y pouvoir faire aucun effect, se résoult de retourner en Daulphiné et partit.

Le xxij^e de Bricqueiras à Fenestrelles [en la vallée de Pragela autrement appelé Val-Cluson, à cause de la rivière de Cluson qui descend à travers d'icelle et va passer sous Pignerol].

Le xxiiij^e à Sézanne.

Le xxve à Briançon.

Le xxvj^e à Briançon où il séiourna le xxvij^e.

Le xxviij^e à Puymore et y feist séiour jusques au iiij^e janvier qu'il alla à Lesdiguières et le lendemain v^e audict Puymore.

[1593]

Janvier 1593. Le vij^e janvier, estant requis par Messieurs de la

---

[1] *Aujourd'hui.*

[2] *Consulter sur les évènements qui se passèrent entre la bataille de Pontcharra et la fin de l'année 1592 le brief récit des exploits de guerre de sieur des Diguières entre le duc de Savoie, depuis la fin de septembre 1591, jusqu'au dernier de décembre 1592. On le trouvera publié plus loin. La plus grande partie se trouve reproduite avec quelques variantes dans le journal des guerres de Lesdiguières.*

court de Parlement de s'acheminer du costé de Grenoble pour remédier aux courses et ravages que les ennemys faisoient (au moyen de la prise de Moretel naguères à eulx rendu par un cappitaine Monjous de Gap [1]) dans la vallée de Graisivaudan, partit dudict Puymore et alla coucher à Saint-André, ou il séiourna le viije.

Le ixe aux Corriardes.

Le xe au Monestier de Clermont.

Le xje à Grenoble.

Durant le reste de ce mois, jusques au xxiije, il fut faict une course en Savoye, une dépesche à la cour par Aymon & proveu à plusieurs affaires pour la seureté de ceste frontière.

Le xxiije janvier de Grenoble à Lesdiguières et le lendemain à Grenoble.

FÉVRIER 1593. Le iije febvrier estant très nécessaire à Monsieur de s'acheminer à Puymore pour ses affaires particulières [2] partit de Grenoble et alla coucher à la Mure.

De la Mure, le lendemain iiije à Puymore où il feust séiourné deux jours.

Le vije de Puymore aux Diguières.

Le viij à Grenoble.

MARS. 1593. Tout le reste du mois de febvrier et le mois de mars fut employé au règlement [3] des monnoyes avec beaucoup de peine, au règlement des livres, à mander les compagnies pour l'exécution du desseing de Moretel, qui ne feust depuis suyvi à faulte de vivres que le pays ne voulut fournir, à la tenue des Estatz à Vallance où fut envoyé monsieur de Morges pour tenir la place de Monsieur, et à la vériffication des édictz du Roy apportez par monsieur de Sainct-Julian de la court, qui estoient pour la revente du domaine de sa majesté desia aliéné, la traitte de iije muydz de sel et aultres moyens pour la guerre de Piedmont.

---

[1] Son surnom est Ollier, fils du vibaillif. Il est lieutenant général du baillif des Montagnes au siège de Gap. *C'est Montjeu et non Montjous qu'il faut lire.*

[2] *Ces affaires particulières étaient principalement la maladie de Claudine de Bérenger, femme de Lesdiguières, qui fut sur le point de mourir à cette époque.*

[3] Retranchement. *Effacé.*

Apvril 1593. Le jeudy 1er apvril, partit de Grenoble après avoir remedyé de tout ce qui se pouvoit à ceste frontière pour empescher les courses des ennemys, et à la seureté du labourage par un traicté faict avecq ceulx de Savoye; il vint coucher à la Mure.

Le vendredy ij^e à Lesdiguières.

Le samedy iij^e à Puymore.

Le ve désirant aller du costé de Serres pour remédier à quelques abbus survenuz en ces quartiers là, à cause du règlement des monnoyes, partit de Piedmore et s'en alla coucher audict Serres où il séiourna jusques au xe dudict mois.

Lequel iour il s'en retourna audict Puymore.

Le vendredy xxiij^e apvril, mondict Seigneur fut disner à Tallard et revint coucher à Puymore avec messieurs du Poët, de Blacons, et aultres gentilzhommes.

Le samedi xxiiij^e apvril, estant pressé par quelques ungs des siens de se transporter en Piedmont pour entendre à certain traitté que le duc de Savoye désiroit faire pour la pacifficcation de son pays, partit de Piedmore assisté desdicts sieurs du Poët, de Blacons et aultres gentilzhommes et vint coucher à Ambrun où il séiourna le xxve dudict mois.

Le lundy xxvj^e à Briançon.

Le mardy xxvij^e à Sézanne.

Le mercredy xviij^e à Fenestrelles.

Le jeudy xxixe à Bricqueras, ou estant arrivé, le lendemain xxxe luy fust envoyé audict lieu par le duc de Savoye le sieur de Tarnavas, son frère bastard, avec le colonel Purpurat, pour luy faire entendre le désir que ledict Duc avoit de parvenir à quelque traitté de paix et de se réunir avec la France, sans toutesfois toucher à aucuns offres de rendre ce qu'il a usurpé sur la corone.

Lesquelz ayans demeuré audict Bricqueras deux jours, et considérant que l'intention de son Altesse ne tendoit à aultre chose qu'à amuser Monsieur, comme il estoit fort aysé à juger par les demandes qu'il faisoit en certains articles escriptz de sa main, et l'assemblée de ses trouppes qu'il avoit mandé de tous costez en dilligence pour se rendre à Vigon, pensant nous enfermer audict Bricqueras, ou exécuter quelque aultre desseing comme il a faict cy après, mondict

sieur, voyant clair dans leurs artifices, partit dudict lieu le lundi iij⁰
may et vint coucher à Fenestrolles ou il séiourna le mardy iiij⁰ pour
entendre des nouvelles de l'ennemy.

May 1593. Auquel jour iiij⁰ may il receut une dépesche de la part
de monseigneur le Connestable par laquelle il le prioit de se vouloir
acheminer jusques à Beaucaire en une certaine assemblée que ledict
sieur y avoit convoquée ou se debvoit trouver monsieur d'Espernon,
monsieur le Colonnel & plusieurs aultres seigneurs et gentilzhommes
du Languedoc, Provence & Daufiné, pour résouldre à ce qui estoit
nécessaire de faire pour le bien des affaires du Roy. A laquelle dépesche
mondict seigneur des Diguières fit responce par le sieur Chollier,
qu'il luy envoya expressément, qu'il se rendroit audict Beaucaire le xvj⁰
de cedict mois.

Le mercredy v⁰ à Sezanne.

Le jeudy vj⁰ may estant adverty par quelques uns du coste d'Exilles
que l'ennemy s'estoit saisy d'une petite église qui se nomme Saint
Collomban au dessus du chasteau dudict Exilles, part en dilligence
de Sezanne et au lieu de s'en aller à Briançon où il avoit desia faict
acheminer tout son équipage, prend la route dudict Exilles et s'en va
droict à ladicte église ou il trouva que les gens du pais l'avoient desia
de tous costez investie avecq quelques soldatz que mondict Seigneur
y avoit envoyés devant, où se trouva monsieur de Prabaud qui à
nostre abord fut blessé d'une mosquetade aux reings de laquelle il
mourut environ environ les......¹ heures du soir. Sachant lesdicts
païsans l'arrivée de mondict Seigneur, commencèrent de forcer ladicte
église avecq ceulx de la suitte de mondict Seigneur et firent si bien
qu'avecq l'ayde de Dieu et quelques aultres moyens, ladicte église fut
emportée, soixante ou quatre vingtz hommes de ceulx qui estoient
dedans tuez, et le reste qui estoit trente, faicts prisonniers. Après
cela nous nous retirames au village d'Exilles, ayant mis garde au
préalable à toutes les advenus de la montagne dessus dudict Exilles
par où les les ennemis pouvoient venir.

Le lendemain vij⁰ mondict Seigneur partit et alla coucher à Briançon, où il eut nouvelles du soir que le desseing de l'ennemy estoit

---

¹ *Lacune dans l'original.*

d'assiéger le chasteau d'Exilles, et pour cest effect dépescha promptement de tous costez pour avoir des forces.

Le IX⁰ estant assuré que l'ennemy avait regaigné Saint Colomban et toutes les barriquades au dessus d'Exilles par le plus hault de la montaigne, & qu'il s'estoit logé audict lieu où il se barriquoit, craignant qu'il ne voulut passer plus oultre, faict partir dudict Briançon ce qu'il avoit peu ramasser en halte et les fit aller prendre quartier à Oulx.

Le x⁰ mondict Seigneur partit de Briançon et alla coucher audict Oulx pour voir l'estat du logis et y faire barriquer son infanterie.

Le lendemain xj⁰ fut de retour à Briançon. Depuis ledict jour jusques au xv⁰ il feit une recharge à tous ceulx qu'il avoit mandez, mesme dépescha à monseigneur le Connestable le sieur de Lauges pour avoir des trouppes. Cependant l'ennemy fit venir son canon audict Exilles et l'ayant fermé de tous costez le sieur de Blacons accompaigné de quelques autres gentilzhommes cappitaines, & d'un bon nombre de soldatz; voyant que le Duc avoit desia gaigné toutes les avenues dudict chasteau et qu'il n'en pouvoit partir sans l'hasarder et sa personne aussi, s'enferma dedans.

Ledict jour xv⁰ may à Oulx auquel jour on commença de battre ledict chasteau de quatre canons et deux jours après de huict.

Le xv⁰ mondict sieur visita le lieu par où l'on pouvait voir le champ des ennemis. Ce jour luy arriva plusieurs compaignies de gens de cheval et de pied.

Le lundy xvij⁰ il fit entrer un secours dans ledict chasteau de xxx soldatz, qui portaient force drogues [1], estant icelluy muni de toutes aultres choses nécessaires tant pour la guerre que pour la nourriture desdicts assiégez pour plus de v mois.

Le xviij⁰ fut encores veoir l'ennemy comme aussi le xix⁰, auquel jour monsieur d'Auriac fit faire un fort par ceulx de Pragela à une montaigne nommée Crevasse au dessus dudict chasteau.

Le xx⁰ mondict Seigneur feust encores voir l'armée des ennemys, l'assiete de leur logis et le moien par où l'on y pourroit entreprendre quelque effect. Ce mesme jour feust donné trois assaulx à ladicte place

---

[1] *Pour les ambulances.*

qui furent soustenuz par les nostres avec peu de pertes et beaucoup de dommages de ceulx de l'ennemy.

Le xxj^e à une heure du matin feust encores donné un assault par les ennemys mais bien repoussez avec grande perte; sur le soir ils en vousirent donner un aultre. Quelques compagnies de gens de pied des nostres logées en veue de la bresche firent si bien qu'il ne fut pas permis aux ennemys d'en approcher et s'en retournèrent sans rien faire. Les assiégez après ces effortz soustenuz avec beaucoup de domage, et considérant la perte de quelques hommes de commandement et de blessez à force que leur estoient inutiles, d'ailleurs estant travaillez extremement du canon qui à toute heure en tuoist et blessoit, se résolurent de capituler avec le Duc, estimans aussi ne pouvoir estre secouruz d'aucune part, et pour cest effect fut envoyé un trompette à son Altesse, ou en mesme instant feust résolu de bailler des ostages de part & d'aultres, ce qui feut faict. Ce iour mesme, nouvelles arrivèrent du logis que les Savoyards avaient prins en la Terrace distant de troys lieues de Grenoble. [C'estait pour faire diversion].

Le lendemain xxij^e la capitulation fut résolue comme il s'ensuit :

Sçavoir que les nostres sortiroient la vye sauve avecq les armes, hardes & bagages, enseigne desploiée, tambour battant, mesche allumée, balle en bouche. L'artillerie, munitions de guerre et aultres de bouche, meubles du chasteau et les blessez seroient conduictz en lieu de seureté : somme, la capitulation feust faicte telle que monsieur de Blacons qui estoit dans ledict chasteau le désiroit et en sortirent après avoir assuré toutes choses par ostages d'un costé & d'aultres, le jour suivant xxiij^e may après avoir enduré troys mil deux cens soixante canonnades.

Depuis ce jour la jusques au sixiesme juing le temps fut emploié [par monsieur des Diguières] à fermer les passages du mont Genevre et à faire un fort dans la vallée d'Oulx pour arrester les courses des ennemis.

Juing 1593. Le septiesme juing les ennemys estant encores campés au devant d'Exilles, Don Rodrigo de Tollède, général des trouppes du roy d'Espaigne en l'armée du duc de Savoye, accompaigné de quinze cens hommes de pieds Espaignols, Napolitains et Millanoys, print envye de s'avancer près des barriquades d'Oulx ou Monsieur estoit logé, soit ou pour recognoistre, ou bien [avec] intention de saisir le logis aussi tost que mondict Seigneur l'auroit quicté, car desja le bruict commun avoit esté qu'il devoit partir de là. Mais s'y trouvant encore pour le malheur des Espagnols et Italiens qui suivoient Don Rodrigue, il leur alla au devant; ayant recogneu qu'jlz s'estoient beaucoup trop avancez par deça le village de Sallebertran, il leur envoya son infanterie en teste attaquer l'escarmouche, parce que le chemin estoit sur le pendant de la montaigne et difficille en toutes sortes pour la cavallerye. Mais pourtant elle ne luy feust pas inutile car il luy fist prendre son chemin par la plaine qui est entre les deux montaignes au long de la rivière de Doire et au dessoubz du grand chemin où estoient les ennemys, qu'ils coustoyoient et laissoient à main gauche, faisans dilligence de leur aller gagner le devant, et les enclore entre eulx et leur infanterie. Ceste forme de procedder estonna merveilleusement Don Rodrigo et ses cappitaines, estant incertains du party qu'ilz devoient prendre ; car de se résouldre à faire ferme c'estait perdre toute espérance de retraicte, attendu qu'ilz laissoient occuper le passage à ceste cavallerie, aussi de se retirer ils ne le pouvoient faire que bien lentement s'ilz vouloient garder leur ordre contre l'infanterie qui les pressoit. Se trouvant doncques entrepris et ne pouvant tant avancer chemin que la cavallerie, se mirent à faire retraicte, du commencement avecq ordre, faisans devoir d'harquebuser, et leur plus grande résistance feust dedans le vilage de Salebertran. Mais estans poussez vivement de l'infanterie françoise, on augmenta encore l'effort sur eulx par quelques gens de cheval, qui se débandèrent des escouadrons à ces fins là, et feust la charge si vigoureuse que les ennemys furent rompus et perdirent dès lors toute volonté de resister, cherchèrent leur salut en la fuite, quittans leurs armes pour y estre plus prompts. Ce feust alors que commença la tuerie, car ces gens de pied françois, qui tousiours les avoient tenuz fort serrez, suivirent la victoire de si prez qu'ilz estoient presque meslez parmy eulx, et il y eut des gens de cheval qui en allèrent tuer à cent pas près de leur logis. Le nombre des mortz est de cinq à six cens, entre lesquelz est Dom Rodrigo mesme, ayant esté bien recogneu par les prisonniers que l'on tient et par des lettres qu'il venoit fraischement de recepvoir du duc de Savoye qui furent trouvez sur luy. Des prisonniers, il y en a environ cent, nommément Dom Guarcia de

Mieres, maistre de camp général des Espagnols, et sont la pluspart des cappitaines et plus mauvais garsons qui estoient à la retraicte, en ce nombre des mortz ou prisonniers. Des nostres y en est mort trois ou quatre et nul de marque; quelques blessez et des chevaulx tuez. Voilà donc le roy d'Espaigne qui sera en peine pour la troisième fois d'envoier un chef en ces quartiers. Le premier feust deffaict à Pontcharra[1]; le second a esté deffaict & tué, et Dieu qui a tousiours favorisé le party de France continuera à la ruyne de tous les aultres.

Sur le poinct que les nostres eurent achevé ce combat, messieurs le comte de la Roche et de la Baume d'Authun arrivèrent sur le champ avecq quelques gens de cheval ayant laissé leurs compagnies à Briançon.

Le lendemain mardy feust employé à rompre noz barricades d'Oulx.

Le mercredy ixᵉ ayant advis que les ennemis commençoient de quicter Exilles et se retirer en Piedmont, mondit Seigneur print résolution de partir dudict Oulx avec ses trouppes; et de faict il vint coucher à Sezanne.

Le xᵉ il receut des lettres de monsieur du Poët par lesquelles il luy donnait advis qu'il se pouvoit faire quelque exploict sur sept ou huict cornettes de cavallerie de l'ennemy logées à Burias, Massel et aultres lieux, aux environs de Pinerol. Et sur cette nouvelle il part de Sezanne avec tout sa cavallerye et quelques gens de pied et alla coucher à Fenestrelles, ou il fut adverty que ladicte cavalerye s'estoit acheminée du costé d'Exilles pour asseurer ce qui y estoit de reste des ennemys, qui avoient tellement l'allarme de ce combat, qu'ilz furent sur le poinct de quitter leur canon et leurs barriquades.

Le xjᵉ fusmes coucher à Pragela.

Le xijᵉ à Sézanne.

Le xiijᵉ monsieur de Sainct Vincent feust commandé de s'avancer jusques à Salebertran avec sa compagnie pour prendre langue. Il trouva à son rencontre une vingtaine d'Espagnols ou Napolitains qu'il tua une partie et le reste furent faict prisonniers.

Le xiiijᵉ s'estans les ennemys du tout retirez d'Exilles avecq leur canon, il feust arresté de nostre costé de se retirer aussi, et vint mon-

[1] Le général espagnol battu à Pontcharra se nommait Olivera.

ict Seigneur coucher à Briançon, laissant presque toute son infanterie au mont Genevre et sur les passaiges pour les garder.

Une heure après son arrivée monsieur de Blacons, demeuré à Sezanne, donna advis que l'ennemy se préparoit vers Suze pour venir droict à nous avec de grands appareilz qu'il faisoit, dont incontinent ust envoié à nostre cavallerye qui prenoit le chemin de Grenoble d'arrester.

Le quinziesme sachans par divers advis que l'ennemy ravageoit entièrement la vallée du Graysivaudan à l'embouchure de laquelle ils s'estoient barriquez et retranchez fort et ferme, il feust résolu de tourner la teste de ce costé-là, ce qui fut faict, et incontinant mandé à noz trouppes de prendre la routte du bourg d'Oysans et mondict Seigneur ce mesme jour à Ambrun.

Le xvj^e à Puymore.

Le xvij^e à Lesdiguières.

Le xviij^e à la Mure.

Le xixe à Grenoble.

Le xxe à la Terrace.

Le xxj^e à la Buissière auprès duquel lieu et vis à vis d'iceluy, nous trouvasmes les ennemis bien retranchez et de longue main, fortiffiés de cavallerie et d'infanterie; de sorte qu'ayans séiourné là les xxij, xxiij et xxiiij^e après les avoir agacez plusieurs fois de tous costez, ne vouloient sortir de leur retranchement, ains se tenoient tousiours prest pour se rendre du costé où nostre cavallerie faisoit semblant de les vouloir attaquer[1].

Le xxve voiant qu'il estoit impossible de les forcer ni de les attirer au combat, bien qu'ilz fussent plus fortz que nous et de cavallerie & d'infanterie, fust arresté de se retirer pour raffraischir noz trouppes travaillées depuis deux mois; partant nostre armée vint coucher au Touvet.

Le xxvj^e sachant que la foudre avait mis le feu dans la tour de Moretel le iour précédent, ou tout le magasin des poudres de ladicte garnison estoit, et qu'il avoit emporté toute la tour et la pluspart des

---

[1] *Le marquis de Treffort, qui commandait l'armée Savoyarde prétendit avoir battu complètement Lesdiguières dans cette rencontre. A vrai dire Lesdiguières ne put forcer les retranchement des ennemis, qui, quoique plus forts en nombre, refusèrent toujours la bataille à l'abri de leur canon.*

rempars & pallissades de la fortification, emporté aussi presque toutes les armes des soldatz et tué la pluspart d'iceulx, on estima qu'il s'y pourroit faire quelque chose et à la mesme heure on résolut de prendre ceste route, et passa notre infanterie le mesme jour la rivière de l'Ysère pour prendre quartier à Gonselin et nous à Domeyne[1].

Le xxvij^e à Moretel ou, après avoir séiourné le xxviij^e, il fut sceu qu'il avoit si bien esté pourveu à ladicte place & d'hommes & de pouldres, qu'il estoit impossible d'y pouvoir rien avancer, dont il fut conclud de se retirer, ce qui fut faict le lendemain que nous vinsmes coucher à Domeyne.

Le xxixe à Grenoble ou les trouppes sont esté congédyées pour s'aler raffraischir.

JUILLET 1593. — Le lundy v^e juillet Monsieur est party de Grenoble et venu coucher à la Mure& mo nsieur le Colonnel à Romans.

Le vj^e de la Mure à Lesdiguières. Ce jour monsieur de Sainct Jullien partit pour son voiage de la Cour.

Le vij^e séiourné.

Le viij^e à Saint Bonnet ou nous avons faict séiour le ixe.

Le xe à Puymore où l'on a séiourné les xj^e, xij^e, xiij^e et xiiij^e.

Le xve ayant donné assignation à monsieur le Colonnel de se rendre à Grenoble le xxe pour prendre résolution avec ses trouppes d'aller joindre iiij^m v^c Suisses auprès de Geneve où ils se debvoient rendre en mesme temps [monsieur des Diguières] part de Piémore et vient coucher à Saint André de Beauchaine.

Le xvie à Clelles.

Le xvij^e à Grenoble.

Tout le séiour faict audict Grenoble jusques au xxve feust employé à faire les préparatifs nécessaires pour le susdict voiage.

Ledict iour xxve partismes de Grenoble & vinsmes coucher à Voyron.

Le xxvj^e l'entreprinse sur Saint Genys [petite ville en Savoye] feust exécutée par le sieur Pellisson, et [le chasteau de] Mondragon réduict à l'obeissance du Roy, où nous vinsmes coucher le mesme jour.

---

[1] *Lesdiguières fut accusé, mais sans preuves, d'avoir fait mettre le feu aux poudres par trahison.*

Le soir suivant feust emporté à coups de pétard un chasteau nommé Mure, scitué sur le bord du Rhosne du costé de Bresse, qui est du tout important pour la faveur qui peult donner au paissage de ladicte riviere; et dès le lendemain construict un fort du costé deça ladicte rivière, vis à vis du chasteau, pour garder le passage, ou fust posée une traille [1] pour la commodité d'icelluy.

Aoust 1593. — Le vj^e aoust feust faicte une course par monsieur de Saint Vincens accompaigné d'un bon nombre de cavalerie & infanterie qui furent jusques à Belley ou le marquis de Tresfort s'estoit rendu depuis quelques jours, ayant laissé le pont d'Arve [près Genève] qu'il avoit assiégé et le battoit de quatre canons, en laquelle course ne feust rencontré aucune chose.

Le viij^e ayant heu nouvelles quelques jours auparavant que les Suisses n'estoient encores prestz et considérans que d'attendre la fin de ce mois pour les rencontrer auprès de Genève où ils se devoient rendre ce seroit ruyner noz forces sans rien avancer, fut conclud de raser le susdict chasteau de Murs et le fort susmentionné, pour garder que l'ennemy ne s'en saisit, et donner congé aux trouppes pour faire rafraischir quelques jours en attendant la fin de cedict mois, pour se rendre de tant plus disposez à faire ledict voiage et joindre lesdictz Suisses.

Le lendemain ixe l'armée du Roy partit du Pont de Beauvoisin et de Saint Genys, et se retira monsieur le Colonnel avec ses forces du costé de Moras, et Monsieur à Chirenc.

Le lendemain x^e à Grenoble où fust donné quartier à noz trouppes pour viij jours.

Le xxe fut résolu de s'aboucher avec monsieur le Colonnel pour adviser ce qui seroit de faire. Ainsi Monsieur partit de Grenoble ledict jour et s'en alla par eau coucher à la Motte Connyn où il vit monsieur le Colonnel, et lendemain matin fut arresté entre eulx qu'il estoit beaucoup plus nécessaire de prendre la routte de Piedmont, veu le danger que Cavours couroit de se perdre à faulte d'eau, ayant soustenu le

---

[1] Traille c'est une corde bandée en l'œr, sur les deux bords d'une rivière pour faire passer un bac, à *Trajiciendo*.

siège un mois durant, que de retourner vers les Suisses, de la levée desquelz on estoit du tout incertain : ceste résolution prinse nous partisme le lendemain xxj^e et vinsmes coucher à Grenoble.

Le xxvj^e sachant que les trouppes promises par monsieur le Colonnel pour le secours de Piedmont s'estoient desja rendues aux environs de Grenoble en partismes & vinsmes coucher à la Mure.

Le xxvij^e à Puymore.

Le xxixe ayant nouvelles asseurées de l'arrivée de quatre compaignies d'infanterye à Veynes, venant de Languedoc, et sachant que toutes les trouppes dont Monsieur pouvait faire estat estoient aux environs de Gap, partit de Puymore et vint coucher à Ambrun [1].

Septembre 1593. — Le premier de septembre d'Ambrun à Guillestre où estant arrivez les sieurs d'Auriac, baron de Jons, et du Villars depputez par Monsieur par traitter sur le faict de la trève et suivirent que monsieur de Savoye l'avoit acceptée comme s'ensuit [2].

....

Ayant reçu ledit traité de trève, feust commandé par tous les quartiers ou nostre armée estoit logée de fayre ferme & ne bouger jusques au premier mandement.

Le second septembre de Guillestre au chasteau de Queyras, où il fut séjourné le iij^e.

Le iij^e à Ristolas.

Le ve au Villar de Bobi.

Le vj^e à Bricqueras où nous fismes séiour jusques au vingt sixiesme. Pendant ce temps et durant ce séiour, mondit Seigneur remit les garnisons du Roy en bon estat; rafraischit les compagnies qui y estoient si miserables que de douze ou quinze compagnies de gens de pied ou à Cavours ou à Bricqueras ne se trouva pas troys cens hommes, tant la misère y avoit esté grande et les pauvres soldatz réduicts en nécessité; fit travailler aux réparations du chasteau de Cavours, les murailles & rempars duquel avaient esté abbattuz & rasez par le canon de sorte qu'il ne pouvoit loger à couvert douze hommes en-

---

[1] Consulter relativement aux évènements précédents les lettres de Lesdiguières au roi, du 16 août 1593 (vol. 1, p. 184 à 192), et du 1er septembre (p. 196 à 199).

[2] A la suite est le traité de trève entre Lesdiguières et le duc de Savoie déjà imprimé dans notre premier volume à la p. 192. Ce traité est daté, non du 1er septembre, mais du 31 août. Peut-être rédigé le 31 août ne fut-il signé que le lendemain.

semble et furent les articles de la susdicte trève bien expliqués par le menu & de nouveau traitté, que tous les arrérages des impositions faictes durant cette guerre seront limitez à quarante et tant de mil escus qui ont depuis bien servi au paiement desdictes garnisons et aux fortiffications & réparations d'icelles places. Ce fut en ce temps mesmes que le remuement de Lyon commença et la prinse de monsieur de Nemours s'ensuivit [1].

Le ....[2] dudict mois la trève fut prolongée jusques à la fin du mois de janvier prochain 1594 [3]. Voilà comme ce seiour ne fut infructueux ny inutile ayant ia porté autant de bien et de service aux affaires du Roy que si l'armée eust achevé de passer les montz.

Ce xxvij[e] septembre la résolution fust de partir dudict Bricqueras où toutes choses avaient esté remises en bon estat pour la conservation desdictes garnisons & venir coucher à Fenestrelles.

Le xxviij[e] à Briançon ou fust séiourné le xxixe.

OCTOBRE 1593. — Le premier octobre à Puymore ou fust séiourné jusques au septiesme. Il fut requis par messieurs de la Cour & du pays de venir à Grenoble ou monsieur le Colonnel se debvoit trouver pour remédier aux affaires de la province ou soulagement du pays.

Ledict iour septiesme mondict Seigneur alla coucher à Lesdiguières.

Le ixe à la Mure.

Le xe à Grenoble ou monsieur le Colonnel se rendit dans deux jours après, et sur le xxve monsieur de Saint Julian partit pour aller en court et Marchand le xxvij[e] [4].

Les nouvelles des remuements de Provence survinrent sur ce mesme temps et fust baillé quelques gens de cheval à monsieur de Tournes pour les y conduire [5].

NOVEMBRE 1593. — Le quatriesme novembre fut faict une despeche en Court par le lacquais monsieur de Morges, et le reste dudict mois fut employé à la diette de mondict Seigneur.

---

[1] *Le duc de Nemours qui était maître absolu dans Lyon, mécontenta à tel point les bourgeois de cette ville, que d'accord avec d'Espinac, leur archevêque, le 18 septembre ils s'emparèrent de lui et l'enfermèrent à Pierre Encise, sans toutefois reconnaitre pour cela Henri IV.*

[2] *Lacune dans l'original.*

[3] *Voir l'explication de ce traité dans notre premier volume p. 199 à 201.*

[4] *Ledict Marchand est un courrier.*

[5] *Voir le billet de Lesdiguières et Henri IV, à la noblesse de Provence, vol. 1, p. 203.*

Décembre 1593. — Le cinquiesme décembre ayant donné assignation à monsieur le Colonnel pour se rendre à Tullins et conférer sur les événements dudict remuement de Provence ensemble, partit de Grenoble et vint coucher à Voiron.

Le vi^e à Tullins où la résolution fut prise de faire un dépesche à monsieur le Connestable pour le supplier d'attendre le commandement ou la volonté du Roy avant que de favoriser monsieur d'Espernon, ny les Provensaulx.

Le vij^e dudict Tullins à Grenoble ou après avoir demouré quelques jours, en partismes pour aller du costé de Serres d'où nous fusmes de retour incontinant.

[1594]

Janvier 1594. Le...... [1] Monsieur partit de Grenoble sur la résolution qui fut prise de s'aboucher avecq monsieur le Colonel pour prendre quelque expédient sur ce qui estoit de faire en ce nouveau remuement de Provence ou mondict Seigneur estoit convié d'aller par la noblesse et ceux qui s'estoient nouvellement réduictz en l'obéissance du Roy[1] : et de faict fut conclud, estant arrivez tous à la Coste Saint André, que pour augmenter le couraige de ces gens et les garentir des oppressions de monsieur d'Espernon qui les pressoit, encores qu'il fust certain de leur nouvelle réduction, Monsieur s'y achemineroit avecq ses forces, puis qu'on l'en sollicitoit avec tant d'instance, et quelques trouppes que monsieur le Colonnel luy bailleroit. Cela faict nous partismes dudict lieu le........... [2] et vinsmes à Voreppe.

Février 1594. De Voreppe le........... [2] à Grenoble où nous fusmes jusques au mardy viij^e mars que nous en partismes pour aller coucher à la Mure et de là aux Diguières qui fut le xie.

Mars 1594. Le xe à Puymore, ou estans arrivez Monsieur manda toutes ses trouppes, tant de cheval que de pied, leur donnant rendez-

---

[1] *Les ligueurs qui avaient reconnu Henri IV.* [2] *Lacunes dans l'original.*

vous aux environs de Serres au xxiiij⁹ dudict mois qui ne manquèrent pas de s'y trouver. ¹.

Plusieurs de ceulx qui ont ouy parler des remuemens depuis six mois advenuz en Provence, ont eu cognoissance des justes occasions qui ont meu la plus grand partie de la noblesse & du peuple à avoir en horreur & detestation l'auctorité que pied à pied ledict sieur d'Espernon y avoit prise, soubz le prétexte du service du Roy ; ce qui a esté fort amplement représenté à sa Majesté par aucuns gentilzhommes de ladicte province vers elle depputez pour cest effect. Peu de temps après ces mouvementz inopinés, ceux qui avoient secoué ce joug joinctz avec le sieur comte de Carces et aultres de la noblesse et des villes qui avoient auparavant tenu le party de la ligue et depuis faict ouverte déclaration de leur conversion et affection au service de sa Majesté, envoyèrent vers le sieur de Lesdiguières pour l'advertir de leur dévotion et de la fidélité qu'ilz vouloient rendre tous ensemble à sa Majesté, la suppliant de les maintenir en ce bon propos par son assistance, laquelle ils recognoissoient leur estre nécessaire pour résister audict sieur d'Espernon, qui s'apprestoit à faire effort pour les assubjectir à luy. Ce qu'ilz abhorroient sur toutes les choses du monde, protestant tous unanimement qu'ilz abandonneroient plustost la province, leurs familles et biens que de ployer jamais soubz son gouvernement pour les raisons qu'ilz avoient faict déclairer à sa Majesté. Ledict sieur de Lesdiguières loua l'intention que ces anciens & nouveaux serviteurs du Roy avoient de rendre fidel service à sa Majesté, les pria et exhorta suivant son debvoir d'y persévérer et d'en produire les fruictz, offrant en ce faisant les maintenir et garder de toute violence lors qu'il en auroit les commandemens de sa Majesté et recogneu si elle agrééroit son entremise en ces occurences. Cependant, sa Majesté advertie de ces remuemens dépescha promptement le sieur de la Fin vers monsieur le Connestable, auquel elle donna charge d'apporter l'aucthorité qu'il avoit pour accomoder toutes choses par la doulceur, prenant sur ce l'advis du sieur d'Ornano, de Lesdiguières & aultres ses serviteurs, dont luy-mesme feroit le choix selon la cognoissance qu'il avoit des affections, et que pour y parvenir

---

¹ *Voir sur cette expédition de Provence toute une série de documents intéressants, vol. 1,* pp. 205 à 236. *Les pages suivantes sont probablement tirées d'un rapport au roi.*

il moyenast une suspension d'armes pendant laquelle sa Majesté vouloit que ledict sieur d'Espernon l'allast trouver pour entendre plus à plain le fonds des différens survenuz en ladicte province. En ce mesme temps, sa Majesté, qui a accoustumée de recepvoir & embrasser ceulx qui se convertissent à elle, donna son commandement audict sieur de Lesdiguières d'assister ses serviteurs de Provence, dont la dévotion luy avoit esté représentée, au cas qu'ilz fussent contre son intention traictez autrement que par douceur pendant la négociation du sieur de la Fin, qui séiourna plus longtemps en Languedoc qu'il n'estoit à désirer. Ledict sieur d'Espernon tenoit la campagne avecq armes & canon, faisant de jour en jour quelque progrèz qui apportoit espouvantement aux moins résoluz, lesquelz se repentoient quasi d'avoir faict si ouverte déclaration de leur affection au service du Roy puisque leur condition en estoit plustost empirée que bonniffiée, estans tourmentez en toutes façons par ceulx qui se disoient poussez de mesme affection. La noblessse qui estoit sur la deffensive pressoit par fréquentes lettres et depputez le sieur de Lesdiguières d'accourir à leur secours, suivans la volonté du Roy dont elle avoit eu cognoissance, puisqu'elle mesme l'avoit recherchée; protestans contre luy de la ruyne des serviteurs de sa Majesté par une révolte géneralle plustost suggérée par un désespoir que par faulte d'affection. Ledict sieur Les Diguières ne manquoit pas d'affection ny de volonté à l'exécution des commandemens du Roy, mais il retardoit tant qu'il pouvoit l'effect de la force pour faire place à la doulceur qu'il attendoit par la négociation du sieur de la Fin, et entremise de monsieur le Connestable. Enfin, voiant que les choses alloyent de mal en pis, ne recongnoissant aucun advancement en ladicte négociation, craignant que son retardement et la terreur des effortz de monsieur d'Espernon n'affaiblist les résolutions des plus résoluz et changeast leur affection au préjudice du service de sa Majesté voulust courir au secours de ses serviteurs, espérant par sa présence, assistée d'une armée qui esgallast en force & gaillardise, celle dudict sieur d'Espernon, arrester le cours de ses desseings et tenir les choses en tel estat qu'il feust contrainct de se conformer aux volontez du Roy, de quoi il avoit jusques alors faict fort peu de compte, ayant au préiudice d'icelles produict les effets d'un couraige offensé. Et de faict ledict sieur de Lesdiguières après avoir auparavant adverty monsieur le Connestable des commandemens qu'il avoit de sa Majesté, partit de Puymore le xviijᵉ dudict mois pour aller coucher à Serres et de là se rendit à Ribiers, frontière de Provence, le xxvijᵉ avecq son armée, preste à y entrer. De quoy ledict sieur de la Fin, qui le vint trouver le mesme jour le voullust dessuader soubs l'espérance qu'il avoit que le sieur d'Espernon se conformeroit à la volonté du Roy, ce que ne peut croire ledict sieur de Lesdiguières qui avoit quelque cognoissance des humeurs dudict sieur d'Espernon par ce qui luy en avoit esté représenté, et que pour se fortiffier et authoriser davantaige en ladicte province, il avoit faict une assemblée à Riez où à la vérité s'estoient trouvez quelques gentilzhommes, plustost esmeuz de crainte que poussez de bonne volonté, comme ilz le cognoistroit & par le temps & par les résolutions qui y avoient esté prises. L'armée du Roy deslogea dudict Ribiers le xxixᵉ dudict mois et alla prendre quartier à Saint Esteve de Cruys ; de là, le xxxᵉ à Manne, là où l'on faist séiour le xxxjᵉ.

Apvril 1594. Le lendemain premier apvril à Sainte Tulle et arriva le second à Pertuys. Le mesme jour ledict sieur de la Fin faict instance qu'on séiourne quelque peu de temps sans passer la rivière de Durance, affin de n'altérer aucune chose en sa négociation dont il espéroit bon succès ayant trouvé le sieur d'Espernon disposé à recevoir les adviz de monsieur le Connestable conformes aux commandemens de sa Majesté. C'estoit en apparence, comme il s'est depuis cogneu par les infructueuses allées et venues dudict sieur de la Fin, auquel on a remarqué tousjours de l'affection, qui touteffois n'avoit encores produict aucun effect, tant il trouvait les humeurs contraires à ce qui estoit de l'intention de sa Majesté.

Le sieur d'Espernon pendant ce séiour, qui fut huict jours, profitoit le temps, l'emploioit à bastir des intelligences sur les places qui n'estoient à sa dévotion, à avitailler le fort d'Aix où il croioit qu'on voullust faire effort, pour augmenter la bonne volonté des bons serviteurs du Roy, sur lesquelz ce joug avoit esté mis pour les amener au debvoir où ils estoient venuz, & se préparoit pour combattre ledict sieur de Lesdiguières à son passaige de ladicte rivière ; s'estant pour cest effect logé à Peyrolle, distant de Pertuys d'une demie lieue sur l'autre bord. Avant ces huict jours expirés, ledict sieur de Lesdiguières se trouva assailli d'une fiebvre continue de laquelle il feust mallade jusques au xxiiij⁰ dudict mois d'apvril ; durant ce temps, l'armée feust escartée pour avoir moien de vivre plus commodement, et cependant ledict sieur de la Fin eust le loisir de continuer sa négociation faisant plusieurs allées & venues vers monsieur le Connestable & vers monsieur d'Espernon qui se rendoit aussi retif à l'obéissance des commandemens du Roy qu'il avoit faict auparavant, ne tendant ses intentions qu'à la vengeance de l'injure qu'il disoit avoir receue des Provençaux sans considérer que sa Majesté, qui avoit esté tant offensée de la pluspart de ses sugets, les recepvoit à grace à mesure qu'elle luy estoit demandée. Ces voiages donc estans aussi inutiles que les précédens, ledict sieur de la Fin se trouvoit estonné, pour recognoistre en effect inexorable celuy qu'il avoit en apparence jugé si traictable, n'accusant pour ce regard que sa propre fortune.

Ledict jour xxiiij⁰ ledict sieur de Lesdiguières se voiant quasi guéri de sa malladie et ayant faict approcher son armée ainsi écartée, se mit en lictière et partit de Pertuys tirant vers Ourgon où il arriva après avoir passé la Durance sans perte ny incommodité le xxvj⁰. Ce mesme jour après le passaige de ladicte rivière, le sieur d'Espernon qui avoit tousjours costoyé l'armée conduicte par ledict sieur de Lesdiguières logea la sienne à Senas, à Lambesc, à Mallemort et aultres lieux faisant tousiours contenance de venir à un combat plus tost que d'entrer en quelque voye de doulceur dont il avoit esté tant solicité et recherché par ledict sieur de la Fin et instigué par monsieur le Connestable jusques à la menace de tourner les armes contre luy faisant en cela et l'un et l'autre office de vrays François qui ne voloient permettre que deux armées composées de François, serviteurs de leur Roy, se ruinassent pour apporter avantaige à l'Espagnol insatiable de nostre sang.

Il y eust ledict jour une légère escarmouche entre quelques trouppes qui s'estoient advancées, en laquelle le sieur de Bezaudun demeura engaigé sous un cheval feust pris par ses propres patriotes et puis mené au sieur d'Espernon qui après luy avoir usé de plusieurs rigoureuses paroles se rassasia de son sang le faisant misérablement tuer en sa présence longtemps après sa prise et de sang froid, acte que luy-mesme a advoué, encores qu'indigne d'un grand, dont le propre est de pardonner aux vaincus, faisant en cela paroistre la générosité de son couraige.

En ceste mesme escarmouche fust tué le sieur du Vaiche & un de la compaignie de monsieur de Morges ; le cappitaine Pierre André avecq un cheval léger de la compagnie de monsieur du Poët faictz prisonniers.

Au partir de là après avoir demeuré sur le champ de bataille jusques à trois heures du soir ou nous joignismes monsieur le comte de Carces et toutes ses trouppes. Nous allasmes prendre logis à Ourgon laissant audit champ toute nostre infanterie avec monsieur d'Auriac pour la garder. Toutes nos trouppes pouvoient faire ceste heure là mil maistres et environ III mil harquebuziers. Cependant nostre canon passoit au port d'Ourgon accompaigné de quelque infanterie qui se rendit le mesme jour à nostre logis, résoluz de partir le lendemain matin, de prendre le chemin d'Aix et combattre tout ce qui se pourroit opposer à nostre passage. Quoy apperçu par monsieur de la Fin, il dépescha toute la nuict à monsieur le Connestable qui estoit pour lors à Beaucaire, pour l'advertir de ceste résolution. Et à mesure que nous voulions partir, arriva un gentilhomme de la part de monsieur le Connestable pour deffendre à Monsieur de ne bouger d'Ourgon, en attendant les depputez qui devoient arriver à ce jour là. Le mesme en fut-il faict à monsieur d'Espernon, qui tous les deux obeyrent.

Le lendemain xxvij^e fust apportée la volonté résolue de monsieur le Connestable que le fort seroit mis entre les mains dudit sieur de la Fin comme non suspect, et que la garnison en sortirait pour faire place à celle qu'il y vouldroit mectre en son choix pour conserver le fort au Roy en attendant sur ce sa volonté.

Ledict sieur d'Espernon a enfin déclaré qu'il obéiroit à ladite ordonnance de monsieur le Connestable, à quoi il ne se fust jamais disposé si la riviere eust toujours esté entre ceulx qu'il craignoit et luy. Ce comencement donna lieu aux intentions du Roy.

Quelques jours auparavant les lieux de Saint Pol, Trets et Miribel furent réduitz.

May 1594. — En exécution des ordonnances de monsieur le Connestable, monsieur de la Fin entra dans le fort le xj^e mai avecq IIIJ^c harquebuziers de Languedoc, non suspects et la garnison qui y estoit en sortit.

Le lendemain xij^e may, Monsieur partit avecq quelques compagnies de cavallerie ayant congédyé la plus part de son armée pour se retirer en Daulfiné en suitte des intentions & commandemens de monsieur le Connestable et s'en alla droict contre Aix où il estoit desiré par tous les bons subjectz et fidelles serviteurs du Roy qui l'en sollicitoient tous les jours, nos trouppes rangez en ordre de bataille pour le bruict qu'en faisoit monsieur d'Espernon qui vouloit empescher nostre passaige. Ou estant arrivez nous trouvasmes bien près de deux mil harquebuziers enfans de la ville en bataille à un demy quart de lieue qui vindrent au devant de mondict Seigneur pour le saluer et l'accompaigner à son entrée où il se rendit plus de six mil personnes qui necessoient de crier : Vive le Roy! et se resiouyr de ceste bonne marque très certaine de leur franche dévotion au service du Roy.

Ce mesme jour Monsieur fit une dépesche au Roy pour l'advertir de son arrivée à Aix.

Le xvj^e une autre par monsieur Cholier, rendant compte à sa Majesté de tout ce que dessus, et pour la supplier d'envoyer ses lettres-patentes pour la démolition du fort & réunion de la Cour [de parlement transféré pour lors à Manosque], qui depuis, à la persuasion des bons serviteurs de sa Majesté, s'est unye à celle d'Aix, considérant que son séiour à Manosque n'apporteroit que beaucoup de préjudice au bien des affaires du Roy et repos du publicq.

Juing 1594. — Le xiiij^e juing fut faict une aultre dépesche à sa Majesté pour la supplier de faire expédier les provisions pour le razement du fort.

Le xxiij^e juing monsieur de la Fin feust faict prisonnier par monsieur d'Espernon, à son retour d'un voiage qu'il avait faict au chasteau d'If pour essayer de sonder les volontez de ceulx de Marseille, et entrer en quelque traitté avecq eulx pour les ramener au debvoir, ou toutesfois il ne sceut rien proffiter à cause des praticques & menées que monsieur d'Espernon avoit avecq eulx pour les divertir de tout son pouvoir de l'affection qu'ils pouvoient avoir au service du Roy et les attirer plus tost à soy, leur promettant d'espouser leur party & renoncer à l'obeissance deüe à sa Majesté pour se joindre à eulx et tenir le party de la Ligue. Cest arrest ne fut pas sans beaucoup d'indignitez qui furent faictes audict sieur de la Fin, par ceulx de monsieur d'Espernon jusques à luy donner des coups de poing, de platz d'espées, tout malade qu'il estoit d'une fiebvre qui l'avoit tenu depuis huict jours. Le lendemain de sa prise feust conduict à un chasteau et de là à monsieur d'Espernon qui le fit garder quelques jours et depuis congédier se couvrant là dessus par une dépesche qu'il a faict au Roy que ledict sieur de la Fin luy avoit demandé un passeport pour son passaige duquel estant adverty pour plus de seureté de sa personne il avait envoyé escorte qui a son desceu l'avoit faict un peu escarter hors de son chemin, mais qu'on ne l'avoit pas destourné d'une heure.

En ce mesme temps vint la nouvelle de la réduction de la Tour de Toulon, Fréjus & Cannes ville et chasteau qui secouèrent le joug de monsieur d'Espernon et chassèrent de leurs villes les Gascons.

Juillet 1594. — Le viij^e estant advertis que monsieur d'Espernon avoit rompu tout à faict la trève, soubz prétexte de quelques uns des siens que monseigneur avoit faict arrester à saint Pol et ailleurs, pour avoir monsieur de Saint Bonnet détenu par ledict sieur d'Espernon depuis quatre mois, et ayant donné sur les trouppes du Roy logées aux environs d'Aix où il y en eut de mortz et beaucoup de prisonniers; d'ailleurs estant bien advertys qu'il avoit de grands desseins sur le fort[1] pretz à exécuter pour le peu de résistance qu'il sçavoit qu'on luy pouvoit faire, n'y ayant qu'environ deux cens soldats mal équippés et qui mouroient de faim, ou il y en eust fallu plus de quinze cens pour le bien garder, feust résolu pour prévenir ce coup, d'y mectre deux ou trois cens hommes de la ville pour ayder à faire la garde.

Et de faict ledit jour, sur l'après disnée, Monsieur s'y achemina avec lesdicts soldatz commandez par monsieur de Crosse, premier consul, ou estant arrivés et après avoir sommé le cappitaine Jehan qui commandait la dedans, en l'absence de monsieur de la Fin, et tous les aultres cappitaines de recepvoir ce renfort, le refusèrent tout à faict; si bien que pour éviter le malheur qui en pouvoit arriver mesme le soir prochain ou l'on avoit advis que monsieur d'Espernon debvoit venir, on les contraignit à recepvoir ledict de Crosse et les siens, qui estans entrez ne fut pas possible des l'heure mesmes les pouvoir garder de travailler à la démolition dudict fort ou plus de iij^m personnes de la ville accoururent avec pioches et palles pour en

---

[1] *Le fort d'Aix.*

faire de mesme. Ce travail ne fut pas continué deux jours qu'il n'y demeura quasi aucune marque de fortiffication, non plus que si jamais n'y en eust point eu. Là dessus il fut faict un arrest par la Court en attendant la volonté du Roy à qui l'on dépescha deux jours après pour le supplier d'agréer ces procédures [1].

Le xve juillet, après que Monsieur eust donné ordre à la plus part de ce qui estoit nécessaire pour le service du Roy et affaires du public, estans [2] beaucoup des partialitez qui estoient entre la noblesse, uny la Cour et tiré promesse des trois ordres pour se conserver en unyon, ne sachant qu'il y en eust plus aucun subiet qui le peust arrester là, et considérant les fréquentes dépesches que la Court de parlement et ceulx du païs de Daufiné luy faisaient, par où l'on le pressait de se trouver aux Estatz assignez à Grenoble, où il ne se pouvoit rien conclure qu'en sa présence, se résoult de partir ledict jour ayant assemblé ses trouppes qu'il avoit de reste autour d'Aix, et vint coucher à Pertuys.

De là sachant qu'à Reillane avoient refusé l'entrée aux trouppes du Roy qu'on y avoit voulu loger, pour ayder à la foule du pays, fist conduire deux canons, l'un de Cadenet et l'autre de Pertuys, jusqu'à deux lieues près dudict Reillane pour l'aller attaquer. Mais comme il fust en chemin, le lendemain xvj^e, il trouva les consulz dudict lieu qui luy apportoient les clefs et protester qu'ilz estoient bons serviteurs de sa Majesté qui fust la cause que nous y allasmes coucher ce soir mesmes, et y séiournasmes le xvij^e.

Le xviij^e vinsmes à Séderon.

Le xixe à Serres.

Le xxe à Puymore où séiournasmes le xxij^e.

Le xxiij^e à Lesdiguières.

Le xxiiij^e à la Mure.

Le xxve à Grenoble.

Le xxviij^e nouvelles assurées arrivèrent de l'évasion de monsieur de Nemours.

Le............. [3] l'assemblée des Estatz fust ouverte qui a duré............ [3] jours.

---

[1] *Voir dans notre premier volume les documents pp. 232, 233 et 235 relatifs à ces événements.*

[2] *Probablement il faut lire:* estain.

[3] *Lacune dans l'original.*

Aoust 1594. Le xvıj^e aoust ayant monsieur le Colonnel donné assignation à mondict Seigneur de se trouver à la Coste pour conférer ensemblement, tant des expédiens qu'ils pourroient prendre sur la résolution desdicts Estaz au soulagement du peuple, que de certaines aultres affaires concernant le bien de la province, où lesdicts Seigneurs séiournèrent le jeudy xvııj^e, et le xxe nous fusmes de retour audict Grenoble.

Le xxıj^e, Marchant partit pour aller en court, tant sur le suget des affaires de Provence que du Daulfiné.

Le xxııj^e, estant mondict Seigneur fort incommodé d'une sciatique se résolust d'aller aux bains de la Motte où il se rendist le mesme jour et y séiourna jusques au lundy xxıx^e aoust qu'il se rendit à Grenoble.

Septembre 1594. Le mardy vj^e septembre estant mondict Seigneur résolu de se préparer pour l'exécution d'un desseing qu'il avoit en Piedmont, partit de Grenoble et alla coucher aux Diguières où il séiourna le lendemain et le vııj^e se rendit à Puymore ou estant arrivé, manda toutes ses trouppes pour se trouver sans faillir le xxve aux environs de Briançon.

Le lundy xıj^e partit de Piedmore et vint coucher à Ambrun où il séiourna sept jours pendant lesquelz Monsieur envoya monsieur Brunel en court.

Le xıx^e partit dudict Ambrun et vint accompaigner Madame jusques à Piedmore où le lendemain xxe il eust nouvelles que monsieur de Savoye avoit assiégé Bricqueras le xvııj^e dudict mois. Auquel jour xxe partit dudict Piedmore et vint coucher à Ambrun après avoir faict une bien ample dépesche au Roy et à monsieur de Bellièvre sur ledict siège.

Le xxj^e dépescha encores au Roy sur ledict siège pour estre secouru.

Le xxvj^e à Briançon pour faire loger les trouppes desia arrivées autour dudict Briançon.

Le xxvıj^e à Ambrun, ou estant arrivez, mondict Seigneur dépescha au Roy encores sur le peu d'espérance qu'il avoit de Bricqueras, s'il n'estoit secouru promptement.

Le dernier jour de septembre, Bricqueras estant pressé, mondict Seigneur partit d'Ambrun et vint coucher à Briançon où il fist des dépesches de tous costez vers ses amys pour estre secouru, et de mesme à monsieur de Chambaud [gentilhomme de Vivaretz].

Octobre 1594. Le vendredy premier jour d'octobre estant Bricqueras battu de xxij canons, et ayant enduré un assault de deux heures, la ville basse fut emportée avecq beaucoup de perte du costé des ennemys, ayant les nostres rendu un grand combat et faict beaucoup de résistance avecq fort peu de perte, le mesme jour Monseigneur vint coucher à Guillestre d'où monsieur de Saint-Jeurs partit avec [le capitaine] La Couronne, conduisans quelques gens de pied en intention de les getter dans Bricqueras.

Ce mesme jour, Monsieur fist une dépesche au Roy et à monsieur de Belièvre.

Le deuxième de Guillestre à Ambrun.

Le dimanche iije après avoir dépesché monsieur Perrinet au rencontre de monsieur le marquis d'Oraizon, vint coucher à Briançon où il fist une dépesche au Roy et à monsieur de Belièvre.

Le lundy iiije ayant nouvelles par monsieur d'Auriac de l'effroy que les vallées avoient prins, sachant la prise de ladicte ville, partit des l'aube du jour de Briançon et vint coucher à Fenestrelles.

Le ve à la Pérouse ou nous eusmes nouvelles que nos compagnies logées audict lieu avoient deffaict la compagnie du comte Roger, Milanoys, cinquante chevaulx gaignez avecq des mulletz et beaucoup d'hardes, quelques ungs tuez et d'aultres faictz prisonniers, ayant ce butin estimé à iiijm escus.

Le vie Monseigneur vit Bricqueras d'Angroigne, et le mesme jour retourna coucher à la Pérouse ayant noz assiégés quitté la Ville-vieille le ve, et ceulx de Provence que monsieur le marquis [d'Oraizon] amenoit attaquez par monsieur d'Espernon à la Bastie, près de Serres, ou il en y eust trente maistre qui perdirent leurs chevaulx et tout leur train.

Le vije du matin, Monseigneur dépescha à Grenoble, à Lyon, à monsieur le marquis [d'Oraison], à monsieur de Saint-Vincent, à messieurs de Blacons & du Poët, pour se hatter, sur la nouvelle que nous eusmes que noz assiégez estoient extrêmement pressez.

Ledict jour vije, Monseigneur vint coucher à Fenestrelles.

Le viije à Sezanne et le ixe à Briançon.

Le xe sachant l'arrivée dudit sieur marquis [d'Oraison] à Ambrun s'y en alla coucher pour le recepvoir et le lendemain xi fut de retour à Briançon.

Le xje monsieur de Gouvernet avecq septante maistres arriva au Monestier de Briançon ou mondict seigneur le feust veoir.

Le xiije résolut de secourir Bricqueras avecq ce qu'il pouvoit avoir de forces sans rien plus attendre; et à cest effect passant par la vallée de Quéras, s'en alla prendre quartier à Arvieu [village de ladite vallée situé au deça de la montagne appelée le Col de la Croix].

Et le xiiie à Bobi où il séjourna le xve et xvie.

Le xvije à Bubiane ou estant arrivez ayant recogneu le logis des ennemis et leurs retranchements fust jugé qu'il estoit impossible de forcer les ennemis ny moings secourir Bricqueras qu'on battait fort rèdement ¹.

Le xixe pour essaier de divertir les ennemis de leurs desseing mondict seigneur feust à Baignol et Barges.

Et le xxe à Cavours ou il print au retour d'iceluy le chasteau de Champillon et fit donner par quelques uns des siens, le xxje, jusques aux portes de Bricqueras où il fut tué quelques Espargnols sur le bord du fossé et les sentinelles assises sur un cousteau près de notre logis tuées.

Le xxije voyant qu'il ne se pouvait rien avancer de ce costé, feust résolu d'aller du costé de Pignerol pour essayer de coupper les vivres; et à cest effect partismes dudict Bubianne et allasmes coucher à Dublon.

Ce mesme jour estans noz assiégez extrêmement pressez des ennemys et n'ayant plus que iic hommes dont ilz peussent faire estat pour deffendre la place, et encores tant harrassez qu'ils n'avoient ny force ny le courage de soustenir un assault, après touttefois en avoir enduré un ce jour ou les ennemis firent une très grande perte, ayant aussi enduré huict mil coups de canon qui avaient faict cinq brèches ou l'on pouvait monter à cheval, d'ailleurs estans du tout

---

¹ *Voir dans notre premier volume les lettres au roi et à Calignon, pp. 242 à 251, sur le siège de Briquéras.*

incommodez de la pluye pour n'avoir ou se loger à couvert, se résolurent de capituler considérant qu'il n'estoit plus à leur pouvoir de garder la place. Et de faict en sortirent le lendemain xxiij^e dudict mois leurs vies sauves avec hardes, armes et bagaiges, l'enseigne desploiée, tambours battant, la mesche allumée par les deux boutz, balle en bouche, ayant laissé leurs canons et les munitions tant de guerre que de bouche, pour estre le tout paié à la discrétion du dict Seigneur Duc à la forme qu'il s'en est obligé par ladicte capitulation, ayant baillé pour l'asseurance d'iceluy paiement quatre gentilzhommes pour ostages [1].

Le xxvj^e mondict Seigneur estant résolu de s'efforcer à conserver le passage et le tenir ouvert et n'y ayant rien qu'un fort sur un coustault entre Pignerol et la Pérouse qui le tienne fermé [2], se délibéra de l'attaquer et de faict y fit traîner une coulevrine qui commença de la battre le xxvij^e ou noz gens d'abord gaignèrent le pied de la muraille et se perdit quelques ungs et six sept ou blessez.

Le xxviij^e continuant la batterie, au matin les assiégez voulsirent parlementer et fust la capitulation résolue, assavoir qu'ilz sortiroient la vie sauve, armes, ardes & bagaige, enseigne desploiée, tambour battant, mèche allumée et balle en bouche. Ce qui fust effectué en même temps.

Le xxixe voiant qu'après avoir recherché tous moiens et tenté toutes occasion qui se pouvoient pour attirer les ennemis au combat sans les y avoir peu faire résouldre, feust délibéré au conseil tenu par les chefz de l'armée de congédier les trouppes de Provence et la compagnie de monsieur de Gouvernet qui partirent le mesme jour pour aller coucher à Fenestrelles & en Pragela.

Le mesme jour feust résolu avecq les députez des vallées [3] assemblez à Dublon qu'ilz retireroient quelques compagnies de gens de pied pour leur conservation, et qui seroient entretenues par le Roy en attendant que sa Majesté y eust pourveu.

Après que monsieur de Savoye eust réduict Bricqueras en son

---

[1] *Les articles de cette capitulation ont été imprimés dans notre premier volume, p. 248, en note.*

[2] *Ce fort était celui de Saint-Benoit, comme nous l'apprend la lettre de Lesdiguières au roi, vol. I, p. 250.*

[3] *Ce sont les vallées de Pérouse en Grogne, Saint-Martin, Bobi, sujettes au duc de Savoye et celles de Pragela, autrement appelée Vaucluson, sujette au Roi, toutes lesquelles sont habitées par les anciens Vaudois.*

pouvoir il feist quelque séiour en ses retranchemens, et de la voiant qu'il ne pouvoit rien plus avancer ni endurer davantaige les incommoditez des vivres & du temps se vint loger près de Pignerol avec toutes ses trouppes pour les raffraischir, et Monseigneur considérant ne pouvoir pour se coup rapporter davantaige d'utilité au service du Roy de ce costé et la misère & extrême pauvreté ou les pauvres vallées se voieyent desia reduictes par la foulle & despence que le séiour de l'armée du Roy leur avoit apporté n'y s'y trouvant plus de quoy vivre, fust résolu partir de Dublon et estendre ladicte armée depuis ledict lieu jusques à Gap pour pouvoir vivre avecq plus de commodité et secourir ceste frontière en cas qu'elle feust mollestée par lesdicts ennemis. Ce qui fut faict le dernier d'octobre que nous vinsmes coucher à Fenestrelles.

Novembre 1594. — Le premier novembre à Sézanne et le ij^e à Briançon d'où nous partismes le iiij^e pour Ambrun et le vj^e à Puimore.

Durant le séiour que nous avons faict audict lieu mondict Seigneur s'exerça aux préparatifs qui estoient nécessaires pour l'exécution d'un desseing qu'il avoit sur Exilles pour lequel il avoit faict venir en mesme temps de Serres quatre canons avec des pouldres. Mais depuis sachant que le desseing estoit tellement evanté qu'il n'y avoit moien de quelque temps d'en venir à l'effect sans que les ennemis y fussent préparez, en estant desia advertys, superceda [1] ceste exécution à une aultre fois et s'en alla du costé de Digne où il estoit appellé par les habitans pour quelque rumeur qui estoit survenue entre monsieur de Saint Vincens & eulx, qui depuis feust assoupie par l'entremise de mondict Seigneur à Selonnet, ou les principaulx de ladicte ville se trouvèrent avecq le frère dudict seigneur. Et pour cest effect s'en alla coucher à Romolon le xviij^e et le xixe audict Silonnet.

Le xxe y séiourna et le xxj^e fust de retour à Chorges et le lendemain à Puymore.

Le dernier novembre ayant divers advis de monsieur de Baratier, commandant à Cavours, des nécessitez que la garnison avoit de plusieurs choses et entre aultres de munitions de bouches & d'habitz,

---

[1] *Retarda.*

partit de Puimore faisant conduire vingt cinq muletz chargez de ce que dessus et alla coucher à Ambrun avec ij^c maistres.

Décembre 1594. — Le premier décembre à Briançon ; le second séiourne.

Le iij^e à Sézanne.

Le iiij^e, le tout alla repaistre à Mentoules, et de la partismes à la minuit et allasmes passer à port d'harquebuze de Pignerol en plain jour sans que les ennemis fissent contenance de sortir hors de leurs murailles, se contentans seulement de nous voir de la courtine, et tiré quelques canonnades sans touteffois offenser aucun des nostres desquelz il se desbanda une vingtaine qui donnèrent jusques aux portes dudict Pignerol et prindrent quelques prisonniers: de la à Cavours ou après avoir laissé lesdictes victuailles nous en retournasmes le mesme iour v^e coucher à la Pérouse ou nous seiournasmes le vj^e sans qu'à nostre retour lesdits ennemys fissent non plus de contenance de s'opposer à notre paissaige qu'à l'allée.

Le vij^e à Fenestrelles,

Le viij^e à Sézanne,

Le ixe à Briançon,

Le xe à Ambrun,

Le xj^e à Puymore où nous séiournasmes jusques au xxj^e que mondict Seigneur feust à Lesdiguières se promener et le xxiij^e fust de retour.

Le xxixe le bruit d'Exilles estant entièrement assoupi et perseverant à ce desseing et aussi pour destourner & interrompre le passage des trouppes du roy d'Espaigne qui alloient tous les jours en Savoye, se résolut, ayant auparavant mandé quérir toutes les trouppes, de partir dudict Puymore ce jour mesme et faire rouler son canon, et alla coucher à Ambrun et tout ce qu'il avait pu ramasser aux environs.

Le xxxe à Briançon,

Le xxxj^e à Sézanne ou estans arrivé il se prépara pour aller veoir ledict chasteau.

[1595]

Janvier 1595. — Et le lendemain premier jour de l'an 1595 y estant arrivé et estant adverty du peu de gens qui y avoit dedans & des moiens et belles commoditez qu'il avoit d'emporter bien tost ceste place se résolut de commencer à se loger entre Chaumont et ledict chasteau sur le bord d'un ruisseau qui ferme le passaige d'entre le Piedmont et le Daulphiné par le moien d'un pont qu'il y a. Et incontinant après manda à toute la vallée de s'assembler et venir pour fermer le passaige des montaignes. Ce qui feust faict et y accourut gens de tous costez pour assister à ce siege en telle sorte que dès le mesme jour ledict chasteau fust bloqué [1].

Les ij^e, iij^e, iiij^e & jours suivans se renforçant d'heure à aultres fortiffia ses barricades attendant la venue du canon.

Le duc de Savoye d'aultre costé estant adverty de ceste nouvelle, assembla toutes ses forces avec résolution de secourir ceste place, et à cest effect se vint loger à Suze le vj et mondict Seigneur camper à Exilles le xij^e.

Le xiiie le duc de Savoye [vint à Chaumont] où il lui arriva 30 enseignes de Napolitains conduit par le prieur d'Hongrie.

Le xiiie deux couleuvrines de nostres commencèrent d'arriver avec une bastarde qu'on commença à l'instant de monter à force de bras sur un petit cousteau au dessus dudict chasteau qui voyoit presque dans la moitié d'iceluy.

Les nuicts des xve, xvie et xvij^e furent employées à monter lesdictes couleuvrines et bastarde, ne les pouvant monter de jour pour estre le chemin en veue et fort près dudict chasteau et presque précipisse en tous les endroictz d'iceluy.

Le xviij^e lesdictes colevrines commencèrent de battre et les iij gros canons de batterie arrivèrent, en mesme temps le Duc parut avec un gros et s'aprocha si prez de noz barricades qu'une grande escarmouche s'ensuivit & dura presque la moitié du jour ou l'ennemy fit beaucoup de perte et se retira audict Chaumont sans pouvoir rien avancer.

Le xixe lesdictes colevrines battirent tout le jour les flancs d'un bastion dudict chasteau et le xxe les iij gros canons estans en batterie commencèrent à jouer avecq les aultres du coustau.

Ce fust au mesme jour qu'estans monsieur de Savoye fortiflié de beaucoup de trouppes et ayant son armée composée de viij^m hommes

---

[1] *Voir dans notre premier volume la lettre au roi sur ce sujet*, p. 254.

de pied et vj⁰ chevaulx commença de donner sur tous les quartiers de noz barricades, qui duroient bien deux lieues, gardées de deux mil hommes de pied des nostres, la plus part de la milice du pays. Et notamment fit attaqner la montaigne de la Crevasse et le Humbornay où ils furent repoussez avecq tant de violence qu'ilz perdirent envye d'y retourner plus, ayant laissé de leurs mortz de tous costez et amené beaucoup de blessez mesmes des principaux.

Le xxj^e ayant lesdicts ennemis faict venir à deux cens pas de noz retranchemens quatre colevrines ou bastardes les fist battre tout le jour contre les logis de noz soldatz, et sur les 4 heures du soir commença de donner du costé du pont qui estoit le plus faible jusques à poser des eschelles et des ays sur la rivière au bord de laquelle noz gens estoient logez. L'attacque fut grande & dura beaucoup de temps où il se tira bien dix mille harquebuzades sans que personne des nostres fust offencé. Les ennemis perdirent à ce coup plus de troys cens hommes qu'ilz furent contrainctz de laisser la plus part, et ne pouvant rien gaigner la que des coups, se retirèrent deux heures de nuict & leur canon avecq tant d'effroy qu'ilz laissèrent plus de cent bailes [1] d'icelluy et tout plain d'armes que nosdict soldatz trouvèrent le lendemain. L'occasion qui les avoient poussez à ceste présomption précipitée estoit que noz canons avoient cessé de battre tout ce jour à cause du grand brouillas, qui fit entrer en appréhension lesdicts ennemys que les assiégez n'eussent consenty à quelque capitulation.

Le dymanche xxij^e nostre batterye commença plus fort que devant et continua jusque sur les troys heures du soir que les nostres firent contenance d'approcher la bresche seulement pour la recognoistre, et comme ilz en furent prèz, les assiégez commencèrent d'entrer en apréhension que ce ne fust pour donner un assault, & craignant d'estre emportez par ladicte bresche, qui n'estoit encores raisonnable et ou il eust fallu donner plus de 300 coups de canon pour y pouvoir monter deux hommes de front & encores bien difficilement, commencèrent à se montrer et entrer en capitulation, et dès le jour mesme tout fut arresté et conclud et par eulx baillé deux ostages [2].

---

[1] *Boulets.*
[2] *Voir dans notre premier volume la lettre au roi sur le siège d'Exilles et les combats livrés autour de la place, p. 256 et celle aux syndics de Genève sur le même sujet, p. 260.*

Le lendemain xxiije à dix heures du matin sortirent lesdicts assiégez conduictz et commandés par Carles Gazin, la vie sauve, estans en nombre sept vingtz hommes encores sains avecq leurs armes, hardes & bagages, la mesche allumée, tambour battant, enseigne desploiée, balle en bouche, et furent conduictz jusques auprès de Chaumont ou le Duc estoit encores.

Ceste place ne fust pas plus tost abandonnée des ennemis qu'on y getta les compagnies des gardes de mondict Seigneur, où ilz trouvèrent deux gros canons & un colevrine françois, de ceux qui furent prins à Carmaignole & une colevrine de Savoye et quatre ou cinq pièces de campaigne, force pouldres, deux ou trois mille balles petites ou grosses, du pain cuit, des farines, du blé & aultres vivres en grande quantité.

Le mardy xxiiije suivant, l'ennemy voiant la place rendue, se résolut après avoir perdu six cens hommes des siens et faict tant d'aultres pertes, de se retirer à Suze, ne pouvant rien gaigner sur les François.

Le lendemain xxve ne pouvant nostre dicte armée de rien plus servir ausdicts retranchemens, pour s'estre lesdicts ennemis retirez, que de despense au pays, fust résolu de se retirer à Oulx et aux environs, ce que fust faict après avoir laissé le sieur d'Ize dans ladicte place [d'Essilles] pour y commander, et iijc hommes bien munys de toutes choses, fors que d'ustensiles, que la vallée leur a fourny depuis, suivant les règlemens qui en ont esté faictz les xxvj et xxvije dudict mois audict Oulx.

Le xxviije ayant préparé ce qui estoit nécessaire pour un second avitaillement de Cavours, la garnison duquel avoit faulte de pain et aultres choses, partit d'Oulx et vint à Sézanne, d'où il partit à la minuicte avecq trois cens quintaulx de blé ou farine et alla repaistre 4 heures à Mentoule le xxixe et de là à Cavours où lesdicts vivres arrivèrent le xxxe conduictz par monsieur de Saint Jeurs avec CL maistres sans presque donner l'allarme aux ennemis qui, estans advertis de cette bravade, s'assemblèrent environ quatre cens maistres pour attendre les nostres au retour au mesme lieu ou ilz avoient passé; mais ilz furent courts, car les nostres se trouvèrent en mesme temps de retour par un aultre chemin du costé de Luzerne et vindrent descendre par Angroigne à Saint-Germain ou Monseigneur les attendoit qui partist en mesme temps et s'en alla coucher encores audict Mentoule.

Le dernier janvier à Sézanne.

Février 1595. Le premier febvrier à Briançon.

Le deuxiesme à Ambrun.

Le troisiesme à Puymore ou mondict Seigneur séiourna jusques au xxij^e pendant lequel temps Selon [en Provenee] fut prins par monsieur le comte de Carces qui en advertit incontinant mondict Seigneur et le supplia d'accourir à ceste occasion pour l'assister à la prise du chasteau qui tenoit encores pour la Ligue et à résister contre les effortz de monsieur d'Espernon, qui commençoit de se présenter en intention de favoriser le sieur de Saint Romain [qui tenoit le chasteau] et empescher d'achever son dessain.

D'aultre part ayant nouvelles asseurées du peu de moien que ceulx du chasteau de Cavours avoient de résister s'ilz n'estoient secouruz de vivres, fust résolu de prendre le chemin de Lyon pour communiquer à monsieur de Belièvre toutes ces nécessitez et le persuader d'y apporter le remède que le debvoir de sa charge le luy convoyoyt.

Et pour cest effect mondict Seigneur partit ledict jour xxie febvrier de Puymore et alla coucher aux Diguières.

Le xxiij^e à la Mure.

Et le xxiiij^e à Grenoble ou il feust séiourné jusques au septiesme mars que mondict Seigneur eust encores nouvelles par homme expres de monsieur de Carces que monsieur d'Espernon commençoit de le presser bien fort, suppliant mondict Seigneur d'accourir à son secours.

Ledict jour vij^e mars de Grenoble à la Coste.

Le viij^e à Eyrieu d'ou il feust party le lendemain matin pour aller à Saint-Pris ou messieurs de Bellieuve et le Colonel se devoyent trouver; ce qu'ilz firent, et après avoir demeuré un long tempe ensemblement enfermez, assistant à ce conseil, monsieur d'Yllins et monsieur le chancelier de Navarre, fust résolu, ayant sur ce l'advis de monsieur le Connestable, qu'il seroit envoyé à monsieur d'Espernon un gentil-homme bien capable pour le solliciter de se départir de son entreprise & ne presser point les serviteurs du Roy qui estoient dans ladicte ville de Sellon, autrement que mondict Seigneur s'y en iroit avec toutes ses forces pour le contraindre d'abandonner. Cela faict, chacun se retira, et mondict Seigneur vint coucher à Bourgoin le lendemain x^e dudict mois où il séiourna le xj^e.

Le xij^e à Voreppe.

Le xiij^e à Grenoble ou fut séiourné le xiiij^e.

Le xve à Lesdiguières.

Et le xvj^e à Puymore ou estans arrivez, mondict Seigneur trouva un dépesche venant de la part de monsieur de Carces qui se sentoit extrêmement pressé, pour supplier mondict Seigneur d'acourir promptement à son secours s'il ne vouloit voir la province désolée et les affaires du Roy ruinez de ce costé. D'autre part, Cavours n'en pouvoit plus pour l'extremité ou la garnison estoit réduicte comme ilz mandoient par homme expres.

Sur quoy mondict Seigneur ne voulant perdre l'un & ne pouvant secourir encores l'autre, se délibéra d'attendre ce qui réussiroit de la négociation du gentilhomme envoyé par monsieur le Connestable à monsieur d'Espernon et de séiourner à Puymore le reste du moys qu'il emploia au mariage d'entre monsieur de Créquy et sa fille.

Le xxx ledict mariage achevé, mondict Seigneur eust nouvelles en mesme temps que monsieur d'Espernon battoit Sellon de cinq pièces de canon et qu'il pressoit extrêmement les serviteurs du Roy qui estoient dedans, sans vouloir avoir esgard aux propositions de monsieur le Connestable luy avoit faictes, résolu, s'y disoit-il, de mourir ou d'en venir à bout. Mondict Seigneur partit de Piedmore voyant le danger ou estoit monsieur de Carces et toute la noblesse de Provence desià lassez et travaillez et ayans faulte de vivres pour avoir soustenu si longuement le siège, et alla coucher à Serres, ayant donné rendez-vous ce jour mesme à toutes ses trouppes la aux environs, et encores qu'il feust extrêmement pressé de Cavours qui estoit presque aux extrémitez de vivres, où il avoit desja envoyé trois cappitaines pour les asseurer que s'ilz avoient patience jusques au xxve apvril qu'il pourroit avoir achevé ledict voiage, que sans faillir ilz seroient secouruz quoy qu'il en peut arriver,

Le dernier mars à Orpierre ou il eut nouvelles certaines du despart de monsieur d'Espernon de devant Sellon, sachant sa venue au vray.

Apvril 1595. Le premier apvril à Sault.

Le ij^e à Apt où l'on séiourna le iij^e.

Le iiij^e à Ourgon ou estant arrivez sans avoir aucunes nouvelles de l'empeschement que monsieur d'Espernon debvoit donner au passage de la rivière, vint un messager qui dict que pour certain monsieur du Passaige passoit à ung petit demy quart de lieue de là et qu'il y auroit beau moien de l'attaquer. Incontinant l'advant garde conduicte par monsieur du Poët s'avança sur le chemin ou il ne faisoit que passer, prenant la route du costé d'Eyguières.

Ceste occasion faillye l'armée se retira audict Ourgon et à quelques villages voisins; et sachant que ledict du Passaige ne passoit plus oultre ce soir là que dudict Eiguières, y fust envoyé cinquante maistre et iij^c harquebuziers avecques deux petardz qu'on fist jouer au fauxbourg ou il fist ouverture et tua quelques-uns et amena deux ou troys chevaulx légers prisonniers avecq quelques chevaulx, n'ayans eu le moien d'attrapper ledict du Passaige qui estoit logé dans la ville avec monsieur le comte de Suze.

Depuis ledict jour jusques an ixe l'armée feust contraincte de seiourner pour n'estre l'avitaillement de Sallon encores prest.

Le xe toutes choses préparées l'armée partit d'Ourgon et s'alla mectre en bataille auprès d'Oreille à un petit fonds qu'il y a dans un vallon et commença de filler au milieu de la pleine de la Crau en l'ordre qui s'ensuit [1] . . . .

En cest estat l'armée s'aprocha à la veue de monsieur d'Espernon qui estoit à Eiguieres avec iiij^c maistres sans oser s'avancer jusques au bord de la pleine seullement qui n'est pas à iiij^c pas dudict Eiguieres; et estans arrivez audict Sallon et faict descharger ledict avitaillement de iij^c charges de blé, nous retirasmes ayans au préallable veu toute la place et faict sommer monsieur de Saint Romain, qui ne voulust entendre à aucune capitulation, pour le peu de temps que nous avions à demeurer là, joinct aussi l'espérance qu'il avoit d'estre secouru par le moien de deux eglises que monsieur d'Espernon avoit faict retrancher dans le fauxbourg. Cela ne feust pas si tost achevé que la nuict nous surprit et au milieu de la Crau, ou caustant le désordre qui arrivoit aux escouadrons ne se voiant pas conduire à cause

---

[1] *Lacune dans l'original.*

de la grande obscurité qu'il faisoit ceste nuict la et considérant le mal qui en eust peu arriver estant l'ennemi si proche, fust résolu & conclud entre les chefs d'y coucher, n'y ayans rien que de pierres non pas seulement un arbre pour se mettre à couvert.

Le lendemain sur les huict heures du matin sachant que monsieur d'Espernon s'estoit faict ouyr qu'il alloit attendre Monseigneur à la pleine de Senas, l'armée du Roy partit prenant son chemin droict dans ladicte pleine où elle passa tout au travers à quatre cens pas de la porte de Senas, sans que jamais elle trouvast rencontre, ny que personne s'aprochast à ce passaige non plus que le jour précédent.

Estant arrivez à Ourgon ce jour mesme, unziesme dudict mois, tous les chefs de l'armée s'assemblèrent pour prendre quelque résolution, sur ce qui estoit bon de faire : enfin la délibération fut telle qu'estant Cavour extrêmement pressé et qu'il n'y avoit plus de remède de le secourir, si promptement on n'y accouroit, que l'armée du Roy debvoit prendre son chemin de ce costé en dilligence pour essayer de garantir ceste place du péril éminent ou elle se voioit desià réduicte. Et pour cest effect l'armée partit d'Ourgon le xij^e pour aller à Lormarin et lieux voisins.

Le xiij^e à Pertuys.

Le xiiij^e séiourné.

Le xve à Sainte-Tulle.

Le xvj^e au Mées, où il fallut repasser la rivière [de Durance] du costé que monsieur d'Espernon estoit, et où son armée s'estoit avancé fort près de là, costoyant d'un costé ladicte rivière, & nous de l'autre, sans faire aucun semblant de s'opposer à cela, non plus que devant.

Le xvij^e à Digne.

Le xviij^e à Seyne, n'ayant pas mesme voulu se destourner de troys lieues pour passer à sa maison [1].

Le xixe à Ambrun où l'on fit séiour le xxe et xxie.

Le xxij^e à Briançon, où les nouvelles vindrent que le Duc s'estoit allé loger en personne, dans ses tranchées à Cavours, résolu d'attendre l'armée du Roy et d'y mourir ou d'emporter la place.

Séiourné le xxiij^e pour attendre quelques troupes de monsieur le Colonnel, en nombre de 50 maistre et iiij^c harquebuziers à pied.

---

[1] *De Puymaure, près de Gap.*

Le xxiij^e à Sézanne.

Le xxve à la Souchière en Pragéla, où la nouvelle vint que le sieur de Baratier commençoit de traicter avec monsieur de Savoye.

Le xxvj^e à Pérouze, où il séiourna pour la commodité de toute l'armée, et pour attendre encores monsieur de Cujy, et les trouppes susmentionnées qu'il conduisoit le xxvij^e.

Le xxviij^e séiourna aussi pour résouldre le chemin qu'on debvoit tenir et le moien de secourir la place et combattre l'ennemy.

Le xxixe il partit à la diane avec l'armée du Roy, composée de vj^{c}L maistres ou d'environ vij^c, et de xv à xviij^c harquebuziers, et print le chemin de Frussasc qui est un grand bourg en Piémont, environné de bonnes murailles, et de xxv en xxv pas, de bonnes tours quarrées et d'un chasteau, distant de Pignerol d'une bonne lieue et de Cavours de trois. A l'abord on entra dans ledict bourg, et, après quelque résistance, dans le chasteau, qui fut rendu à composition et vye sauve.

Le xxxe ceste petite armée partit en résolution de présenter le combat au duc de Savoye qui estoit en personne au Suze avec cinq ou six mil hommes de pied, composez d'Espagnolz, de Suisses et de milice; et de mil à douze cens maistres, dont quatre ou cinq jours auparavant il en avoit retenu quatre cens qui venoient de l'estat de Milan et alloient trouver le connestable de Castelle. A l'abord, on poussa les gardes jusques dans son armée, laquelle il avoit retranchée avecq tout le circuit de la montaigne et dont de tout ce jour il ne voulut sortir, encores qu'on s'en approchast de cinq cens pas et qu'il feust de beaucoup supérieur en forces, de façon que tout ce jour se passa en escarmouches et à recognoistre les retranchemens, lesquels il avoit eu temps & loisir de bien accomoder & garnir de petites pièces, comme il avoit faict ensemble de toute son infanterie, ce qui feust cause qu'on campa à demye lieue de là, encores qu'il n'y eust vivres ni fourrage aucun ny es environs. Délibéré le lendemain de se présenter d'un aultre costé et l'amener, s'il estoit possible, à un combat ou secourir la place.

May 1595. Le lendemain premier may, sur les huict heures du matin, on prist le chemin du costé de l'Abbaye, qui est une grande esplanade, où il n'y a ny arbre, ny fossé, ny buisson qui empesche de combattre ; lieu fort propre pour mectre en bataille beaucoup plus de forces qu'il n'y en avoit à l'une ny à l'autre armée. Mais au lieu de venir à ceste action, le duc de Savoye se contenta de se monstrer à la faveur de ses retranchemens et de quelques pièces de campaigne qu'il fist tirer dans les escouadrons de l'armée du Roy, de sorte que, voyant l'impossibilité de faire plus après luy avoir tout ce jour présenté la bataille, on se retira avecq un très bon ordre pour prendre le mesme logis dont on estoit party. Et sur la retraicte, on fist une embuscade estimant que l'ennemy suyvant l'armée, on luy pourroit donner quelque attaque. Ce qui succéda en façon qu'on fist une charge à quelques lanciers [du duc de Savoye] et à de l'infanterye qui les suivoit, dont il en demeura sur la place quatre vingtz ou cent et une vingtaine que de morts que de prisonniers ou blessez de lanciers ; et du costé [du Roy], le sieur de Saint Vincent, cappitaine d'une compagnie de chevaulx legiers, fut tué et deux ou troys aultres aussi ou prisonniers.

Le deuxiesme may on reprist le chemin de Frussasc, et en passant le lieu de Burias, fust bruslé à cause de la désobéissance du chasteau.

C'est ce qui s'est passé en Piedmont jusques à ce jourd'huy iij^e may que le lieu de Cavours tient encores. Mais, sans doute, il ne peut éviter sa perte, ayant les assiégés renduz tant de devoir & de fidélité au service du Roy, qu'il ne se peult dire davantage, jusques à estre réduictz à telle extrémité que de manger les chevaulx et les ratz, & n'attendre aultre secours que de Dieu. La perte en a esté prédicte à Sa Majesté depuis deux ans et ce plus de vingt cinq fois, et n'y ayant peu pourvoir, elle ne peut estre que grandement déplorée par ses bons serviteurs, à cause de son importance. Reste que si l'on donne moien audict sieur des Diguières de subscister par deçà, le chemin y est encores tout ouvert et le pied aussi ferme que jamais par le moien de ce lieu de Frussasc et d'autres qui se pourront bien accommoder ; mais il faut mectre la main à bon essient et promptement assister aux nécessitez, sinon n'attendre du tout qu'une entière ruyne ; estans certain que le lieu de Cavours estant perdu, monsieur des Diguières n'ayant la pluspart que de forces empruntées qui se vouldront retirer, il ne pourra subcister par deçà, et estant contrainct de s'en aller, les vallées, qui est le seul pied qui reste au Roy, se perdront et entendront aux belles offres du Duc ; de manière que pour éviter ce dernier inconvénient, et en partye avecq honneur conserver à sa Majesté lesdictes vallées, comme dict est, on ne pourra de moins que d'accepter, soubs le bon plaisir d'icelle, la trève pour un an, que ledict ennemy recherche, chose à quoy on n'a voulu, ny on ne vouldra entendre qu'à la dernière extrémité [1].

Depuis, les assiégez se voians hors de toute espérance de salut, ont entendu à une composition et se sont renduz, vyes et bagues sauves, la mesche allumée et balle en bouche, laquelle leur a esté fidellement observée. Ceste perte donna telle allarme que les soldatz des vallées, sans dire adieu, quictaient l'armée du Roy, et encores passarent à traicter avec le duc de Savoye. De manière que craignant cela et que le paissaige des vallées feust fermé, il feust advisé pour éviter cest inconvénient de se retirer en Daufiné, comme l'on fist le vj^e may et comme l'infanterye qui montoit la montaigne entre Fussasc et la Pérouse feust un peu avancée, le Duc s'estant venu loger à Pignerol, débanda près de mil harquebusiers de son armée qui viendrent après les nostres et les pressairent un peu, non touteffois que cela feust cause d'aucun désordre, car les nostres se retirarent fort bien et ne laissarent que une vingtaine d'hommes à une grande escarmouche qui feust dressée. Du costé de l'ennemy, il y en mourut aussi, mais non guères davantaige.

Le vij^e de may de la Pérouse à la Souchière en Pragela.

Le viij^e à Briançon, où il feust séiourné le ixe.

Le xe à Ambrun & feust aussi séiourné le xj^e.

Le xij^e estant adverty du danger où se trouvait la ville de Seine en Provence pour estre la garnison de ceste place pratiquée [par monsieur d'Espernon], de divers endroicts, fust résolu de donner un coup d'esperon jusque là pour y restablir toutes choses, et l'assurer au service du Roy ; ce qui feust faict, et dès ce jour mesme, mondict Seigneur s'y en alla, où il séiourna le lendemain xiij^e, pour changer la garnison & y establir un nouveau gouverneur qui est le sieur de Saint Jeurs, à la place du feu sieur de Saint Vincent, qui avoit esté pourveu dudict gouvernement, luy ayant donné la compagnye de chevaulx légiers.

---

[1] Ce qui précède faisait évidemment partie d'un rapport au roi comme l'indique le ton du récit. Ce fait justifie une fois de plus ce que nous écrivions dans la note qui sert d'introduction à ce journal, sur la manière dont il a été composé.

Le xiiij^e dudict mois à Puymore, ou après avoir faict trois ou quatre despesches au Roy de tout ce que dessus, en partismes le jeudy xviij^e et allasmes aux Diguières.

Le xixe à la Mure.

Le xxe à Grenoble.

Le mardy xxiij^e, ayant appris par messagier exprès de monsieur du Fresne [Forget] son retour de Provence et qu'il venoit passer à Saint Marcellin, expressément pour veoir mondict Seigneur, il partit de Grenoble et s'en alla par eaue à Izeron [près Saint Marcellin], où il demeura presque le reste du jour avec luy et le lendemain de matin jusques à midy, que nous partismes pour retourner à Grenoble.

Le xxviij^e monsieur de Franc partit de ladicte ville pour faire un voiage en cour sur le subject des affaires de Piedmont, Provence et autres affaires importans au particulier de mondict Seigneur.

Pendant ledict séiour à Grenoble, on eust nouvelles diverses fois que le duc de Savoye debvoit assiéger, comme de faict il s'en vint camper au devant de Mirebouc, et le serra de si prez que la garnison ne pouvoit recouvrer aucune commodité du dehors, non pas mesmes des nouvelles du sieur Perdeyer, qui s'estoit venu présenter plusieurs fois en veüe, à quoy estant très nécessaire de prouvoir pour ne perdre la place, fust résolu de partir de Grenoble le xvj^e juing pour venir à Lesdiguières.

Juin 1595. Le xvij^e à Piedmore, ou estant arrivez mondict Seigneur receut une dépesche du Roy que monsieur de Sancy luy envoyoit, par laquelle Sa Majesté désiroit qu'il s'abouchast avec luy auprès de Lyon pour traitter d'affaires d'importance qui ne se pouvoient mettre par escript ; en mesme temps de nouveau arriva un messager exprès de Mirebouc, qui annonça la perte toute certaine de la place, sy on n'accouroit promptement au secours. Ces deux propositions mises en considération, il feust résolu, après y avoir bien pensé, que monsieur d'Auriac s'en iroit au secours de Mirebouc, cependant que mondict Seigneur feroit ledict voiage vers Lyon. Et de faict, le mardy xxe juing ledict sieur d'Auriac print la routte du costé de Queyras avecq cinquante maistres et trois cens harquebuziers, et mondict Seigneur alla coucher aux Diguières.

Le mercredy xxj^e à Grenoble ou il séiourna le lendemain.

Le vendredy xxiij^e à Lens.

Le xxiiij^e à Eyrieu ou il trouva ledict sieur de Sancy et furent ensemble jusques à la nuict et le lendemain jusques à midy. De là, nous vinsmes coucher à Briançon.

Le xxvj^e à Voyron.

Le xxvij^e à Grenoble où estant arrivé il sceut que Mirebouc avoit esté secouru & avitaillé, sans rien perdre, s'estant l'ennemy retiré d'abord. Feust supplyé de la part de messieurs de la Court, de Parlement et du pays, de se vouloir disposer au siège de Mirebel ; ce qu'il fist, et à mesme temps commença de faire les préparatifs, et manda quérir toute l'infanterie qu'il peult ramasser aux garnisons et fist une levée de légionnaires qui feust le tout prest le............ [1] de juillet.

Juillet 1595. Le cinquiesme dudict mois, monsieur de Morges partit dudict Grenoble avecq quelques compagnies qu'il tira de la garnison et les enfants de la ville qui, volontairement, se disposèrent à cella et s'en alla investir ladicte place de Mirebel ; cependant, le canon sortit de ladicte ville et se rendit dans deux jours en l'armée où mondict Seigneur s'en alla le samedi viij^e juillet.

Le ixe au soir, il fist loger son canon.

Le lundy x^e, on commença de battre ladicte place de quatre gros canons et une bastarde, et parce que les plateformes n'estoient encores bien accommodées et que la pouldre manquait et les balles, la batterie fut fort lente et n'y eust mesme que deux canons qui battirent continuellement.

Le xj^e à faulte de pouldre et de balles la batterie cessa tout le jour, mondict Seigneur eut nouvelles de la venue de monsieur le Colonnel à Bourgoin, avec son armée qu'il avait ramené de Forest, et trois colevrines.

Le xij^e la batterie recommença plus forte que auparavant, à l'aube du jour, et dura jusques environ une heure après midy qu'il y eust quelques compagnies commandées pour faire les approches, et se loger près de la bresche estant arrivé et y ayant un peu séiourné. Ce pendant que les canons les favorisoit commencèrent de monter au-

---
[1] *Lacune dans l'original.*

dessus, mais les ennemis se défendirent avecq tant de résolution, qu'encores que le canon les desespérast et en tuast quelques uns, ils ne laissèrent par tant de repousser ceste première poincte, et en blesser beaucoup des nostres, qui ne perdirent pas couraige pour tout cela : au contraire, eschauffez plus que devant, recommencèrent de s'avancer sur la bresche et s'y oppiniastrèrent de telle sorte, qu'en fin ils firent abandonner le bas bastion aux ennemis et l'emportèrent de vive force; où il fut tué trois ou quatre desdicts ennemis, qui n'eurent pas loisir de se retirer. Il est vray que ce fust pas sans perdre un bon nombre des nostres, et beaucoup de blessez surtout des cappitaines et aultres gens de commandement qui s'estoient advancez les premiers. Cest assault dura environ quatre heures, et toute la perte de nostre costé feust d'une vingtaine de mortz, et trente ou quarante de blessez. Lesdicts ennemis se voiant ainsi pressez et ayant perdu une partie de leur place, de laquelle ils faisoient le plus d'estat pour leur conservation, se retranchèrent dans une basse court qui leur restoit un peu élevée par dessus le bastion gaigné, lequel les nostres, commencèrent d'accommoder et se retrancher contr'eulx, qui se voyans enfin vaincuz de résolution et extrêmement travaillez de la fatigue qu'ils avoient souffert ce jour-là, commencèrent le lendemain matin de se résoudre à capituler et envoiarent pour cest effect un tambour à Monseigneur; et du depuis sortit du chasteau un de ceulx qui y avoient du commandement, nommé Saint Jean, auquel ayant dit ce qui estoit de son intention, s'en retourna vers ses compagnons qui ne voulsirent accepter l'offre qu'on leur faisoit, se roidissans fort et ferme, sur une capitulation qu'eux-mesmes avoient proposée qui estoit de remettre la place moyennant leurs vyes sauves, armes, hardes, chevaulx et bagaige, tambours battans : laquelle leur feust accordée à la seconde demande qu'ilz en firent, et outre cela mondict Seigneur leur accorda de grace espécialle et sans qu'il luy fust demandé la mesche allumée, balle en bouche, enseigne déployé et estre conduictz en lieu de seureté, ce qui leur feust depuis très bien effectué, et furent accompagnés jusques aux Eschelles. Ce jour mesme monsieur le Colonnel prit Saint Genis [en Savoye], sans coup frapper, n'y ayant trouvé en garnison qu'une trentaine d'hommes [1].

---

[1] *Le commandant du château se nommait le Bègue, les articles de la capitulation sont du 13 juillet. Voir dans notre premier volume les documents imprimés aux pp. 264 à 266*

Le xiiij^e mondict Seigneur s'abouscha avec monsieur le Colonnel pour prendre quelque résolution sur la rupture de la tresve qui auroit este faicte par la prise de Saint Genys [en Savoye], sur quoy feust déliberé d'envoyer le sieur du Mottet à Chambéry pour sçavoir à quoy on en debvroit estre. Le mesme jour, il partit pour faire ce voiage avecq charge expresse aussi de proposer aux officiers de monsieur de Savoye audict Chambéry, s'ilz vouldroient accepter le rasement des Eschelles pour celuy de Saint Genis et le rasement de Miribel pour celuy de Moretel [1].

Le xve la pluspart de l'armée qui estoient des légionnaires furent congédiez.

Le xve fust faict une dépesche au Roy sur les affaires de Provence et de la prise dudict Mirebel, et le xvij^e le sieur de Rocheblave qui la porta partit dudict lieu. Ce mesme jour la tresve géneralle fust conclue et résolue soubz le bon plaisir du Roy par les depputez du Daufiné et ceulx de Savoye au lieu de Barraux s'estandant ladicte trève par tous les estats du Roy [où ledict sieur des Diguières avoit pouvoir] et ceulx de son Altesse jusques à la fin d'aoust prochain.

Le xviij^e mondict Seigneur fist sommer le gouverneur des Eschelles de remettre la place en l'obéissance du Roy, qui fist response que la tresve estoit renouée et qu'il ne s'attendoit d'estre assiégé à ceste occasion.

Le xixe messeigneurs le Collonnel, d'Yllins, de Saint André, Audeyer et monsieur du Mottet se rendirent à Mirebeau ou mondict Seigneur estoit encores; en ceste assemblée furent représentez les articles de la susdicte treve qui fust en mesme instant approuvée et confirmée par lesdicts deux lieutenans génerauLx et icelle confirmation et ratiffication envoyée à ceulx du Sénat de Savoye, et le mesme jour les susnommez se retirèrent chacun en son quartier.

Le xxe le canon partit de Mirebel et arriva à Grenoble le xxij^e.

Le dimanche xxiij^e se fit une assemblée à Saint Geoire, où se trouvarent mondict Seigneur, messieurs le Collonnel, d'Yllins, Audeyer,

---

[1] C'est-à-dire que les Savoysiens rasassent les Eschelles, ville de Savoye, par eux tenue qui incommodait le Daufiné et les Dauphinois raseront ladicte ville de Saint-Genis, en Savoye, prinse de nouveau par eulx.

Et que lesdits Savoysiens rasassent Moretel qu'ils tenoient en Dauphiné, et nous raserions Mirebel en Dauphiné, qui incommodoit la Savoye.

du Mottet et aultres pour prendre quelque résolution sur la tresve, laquelle n'avoit encores esté approuvée de monsieur de Savoye, à quoy ne se fit rien du tout, en ceste assemblée.

Le xxiiij^e la mesme assemblée fust convoquée à Chirenc : mais pour ce que monsieur le Collonnel ne se trouva, elle fut remise au lendemain à Montferrat, ou tous se trouverent ledict jour xxve. La résolution y fust prise qu'en attendant que le duc de Savoye eust envoyé l'approbation de la trève et la response sur la proposition qui luy avoit esté faicte du rasement de Mirebel pour Moretel, on yroit assiéger les Eschelles, ce qui fust en mesme temps exécuté et dès le mesme jour mondict Seigneur s'alla loger à Villette, et le lendemain xxvj^e avec monsieur le Colonnel auprès des Eschelles, ou il ne feust pas si tost arrivé que l'ennemy se présenta à la Crotte avecq trois cens harquebusiers, la moictié desquelz on vouloit getter dans la place avecq quelques charges de mesches, pouldre et de plomb, s'estant pour cest effect avancez jusques au village plus proche d'icelle ou ils furent receuz par les nostres qui s'i estoient logés une heure auparavant et repoussez de telle sorte qu'ils feurent contrainctz de reprendre bien avant le chemin de ladite Crotte d'ou ilz estoient venuz, non touteffois qu'ils n'eussent bien le loisir de saccager une partie dudict village avant que se retirer, à laquelle retraitte ilz perdirent demy douzaine des leurs et une partie de leurs pouldres et meche. Avant qu'il tust nuict close, chacun eut loisir de s'accommoder mesme sur le passage ou entrée de ladicte Crotte, où l'on fit barricquer un roc pour la flanquer, et les ennemiz s'estans arrestez à deux ou trois cens pas dans icelle, en furent chassez par quelques ungs des nostres qui estoient montez au dessus du roc. La nuict estant venue on estima que malaisement lesdicts ennemis estans travaillez comme ils estoient, se retireroient dans Chambéry ce soir là, et feust jugé à propos d'envoyer après eulx cent harquebuziers pour essayer de les attraper. Ce qui feust incontinant faict, et partit ledict sieur de Saint Bonnet, l'un des cappitaines des gardes de mondict Seigneur, et s'en alla avec les deux compaignies desdicts gardes sur le grand chemin de Chambéry par ladite Crotte, où il rencontra une vingtaine desdicts ennemis qui feurent la plus grande partie taillez en pièces, et le reste amené prisonniers.

Le lendemain xxvij^e, le canon feust de retour de Grenoble aux

Eschelles, et feust employez ledict jour à accoustrer la plate-forme et mettre le canon en batterye.

Le xxvij^e sur les huict heures du matin après avoir faict tirer quatre volées de canon commencèrent à parlementer et feust la capitulation résolue une heure après : à sçavoir qu'ilz sortiroient avec leurs armes, hardes et bagages, enseigne desploiée, tambour battant, mesche allumée et balle en bouche. En mesme instant ils sortirent et ne feurent pas à un quart de lieue de là qu'ayant remply non-seulement leurs fourniements de pouldre mais leurs habits, le feu s'y mit de telle sorte qu'il n'y eust pas un d'eux qui se peut dire exempt de la feste, ne laissant touteffois de poursuivre leur chemin tous rostis qu'ilz estoient.

Le samedi xxixe la résolution feust prise à la solicitation de messieurs de la Cour qui avoient envoyé un conseiller au camp pour cest effect, d'assiéger Moretel, dont à l'instant on commença de descamper, et de faire rouler le canon après avoir mis pour commander dans ladicte place des Eschelles le cappitaine Blanc.

Le dimanche mondict Seigneur se rendit à Grenoble.

Le lundy dernier toutes les troupes partirent du lieu et monsieur le Colonnel aussi qui vint coucher à Grenoble.

Aoust 1595. — Le mardy premier aoust, monsieur l'ambassadeur [1] arriva à ladicte ville et mondiet seigneur le Colonnel en partit pour se rendre au camp, qui estoit desja posé audict Moretel des le jour précédent, que monsieur de Morges l'avoit faict investir.

Le ij^e mondit Seigneur partit pour s'y rendre aussi.

Les iij, iiij, et v^e, la tresve feust conclue, résolue & renouée par messieurs d'Yllins et de Sillery, ambassadeur pour le Roy en Suisse, et les depputez de Savoye; par lequel traicté il fut dict que Moretel serait effectuellement remis au Roy ou à ses lieutenans généraulx qui étoient devant, dans vendredy prochain vj^e dudict mois; et incontinant après démoli & razé; et jusques que cella feust, mondict seigneur le Colonnel bailleroit ostage pour l'asseurance de ce que dessus, tel qu'il seroit agréé par les officiers de son Altesse,

---

[1] *Brulart de Sillery, ambassadeur en Suisse, envoyé par Henri IV pour conclure la trève avec le duc de Savoie.*

après en avoir retiré les canons, armes, vivres et toutes aultres sortes de munitions tant de guerre que de bouche, qui y sont à présent, lesquelles avecq le sieur baron de Chomuray, cappitaines, membres, & compagnie et soldats sortans dudict fort seront conduictz en lieu de seureté ; et à ceste fin luy sera baillé escorte telle qu'il saura désirer & demander.

Le jeudy x^e, les ostaiges envoyez par le comte Martinengue, arrivèrent sur le soir. Cedict jour là, sur le matin, monsieur de Morges se logea sur la contre escarpe du bastion du fort, qui est du costé de Gonselin, et le canon avança jusques à une petite harquebusade dudict fort.

Le samedy xij^e sortit dudict fort le baron de Chomuray avec sa garnison, son canon, toutes sortes de meubles, hardes, armes & munitions, et tout ce qui luy avait esté promis cy dessus et feust conduict jusques à Bayard.

xiiie. Mort de monsieur de Nemours.

Le lundy suivant l'armée se retira et mondict Seigneur, passant par Theys pour voir ses terres, se retira à Grenoble et du lendemain xve, on commença de travailler à la démolition qui fust commise à monsieur de Marcieu.

Le xixe monsieur le Colonnel est party de Grenoble ou durant quatre ou cinq jours qu'il y a séiourné il s'est faict une imposition sur la province pour donner quelque contentement aux gens de guerre de cheval & de pied, qui ont servi le pays en ces deux occasions sy importantes.

Tout le reste du mois feust employé à se préparer pour le voiage de Lyon, où le Roy arriva le ...... [1] d'iceluy.

Septembre 1595. Le second jour du mois de septembre mondict Seigneur après avoir ramassé le meilleur nombre de ses amis qu'il peut, partit de Grenoble et alla coucher à Voreppe.

Le lendemain iij^e à la coste Saint André.

Le iiij^e à Virieu. Ce mesme jour le Roy fist son entrée à Lyon et mondict Seigneur le lendemain v^e accompaigné de quatre-vingts ou cent gentilzhommes. Où estant arrivé après plusieurs allées & venües

---

[1] *Lacune dans l'original.*

que monsieur le Chancellier de Navarre fist vers sa Majesté mondict Seigneur s'en allant droit au logis d'icelle, la rencontra sur le bord de la rivière de Saône, qui le receut avecq autant de caresses qu'il fist à gentilhomme de son royaume jusques à luy dire qu'il estoit celuy de ses serviteurs qu'il avoit le plus d'envye de voir. Cela faict & ayant receu fort gracieusement tous ceulx qui accompagnaient mondict Seigneur, il le print par la main et le mena à un grand jardin fort proche de là [en un quartier de la ville de Lyon et nommé Ayné] ou il le tint au promenoir plus d'une heure & demye, avec force caresses et beaucoup de démonstration de bonne volonté. Sur le soir, après soupper mondict Seigneur feust voir sa Majesté et continua tout le temps qu'il demeura à Lyon d'estre la plus part près de sa personne.

Le......[1] mondict Seigneur fist son appoinctement avec monsieur le Connestable.

Le........[2] dudict mois mondict Seigneur feust receu au conseil d'Éstat, ou il presta le serment de fidélité et le......[2] il eut le don de la lieutenance génneralle de Provence[3] et le brevet aussi tost après.

Le xxiiij^e dudict mois le Roy partit de Lyon sur la nouvelle qu'il eust du danger où estoit Cambray de se perdre, l'ayant les Espagnolz serré de fort près. Et feust sa Majesté accompagnée de tous les seigneurs et gentilzhommes de sa cour jusques à Rouanne et de là s'en retourna mondict Seigneur et les siens à Lyon où il séiourna encores deux jours pour achever ses affaires et en partit le xxvij^e qu'il vint coucher à Bourgoin.

Le xxixe à Voyron.

Le xxxe à Grenoble où il a séiourné quelque temps pour se préparer au voiage de Provence suivant l'intention du Roy, et le commandement qu'il luy en avoit donné, ayant pour cest effect faict une levée de iii^m hommes de pied à ses despens, cependant que monsieur de Guyse faisoit aussi ses préparatifs à Lyon pour le mesme voiage.

OCTOBRE 1595. Le xxvij^e octobre toutes choses bien disposées Monseigneur part de Grenoble & vint coucher à la Mure.

---

[1] *Lacune dans l'original. Lesdiguières était en froid avec le connétable de Montmorency-Damville depuis sa campagne en Provence contre Épernon, que Montmorency protégeait.*

[2] *Lacunes dans l'original.*

[3] *Il n'en prit jamais possession.*

Le xxvıɪje à Lesdiguières ou il séiourna.

Le xxıxe à Puymore.

Pendant le séiour qu'il fist à Puymore qui fust d'environ quinze ou xvɪɪɪ jours, il luy survint une nouvelle de Grenoble que messieurs du Parlement & ceux du pays se raidissoient fort contre les emprunctz qu'on faisoit pour l'entretenement des garnisons, tellement que mondict Seigneur fust contrainct d'y faire un voiage pour y remédier. Ce qu'il fist et feust de retour audict Puymore dans quatre jours ; ou après estre arrivé il acheva de mettre en campagne son armée, infanterye & cavallerie, et se résolut de commencer à la faire filler du costé de la Provence. Et d'autant qu'il avoit une entreprise sur Sisteron, il ne la voulut pas mespriser, ny les commoditez qui s'offroient lors pour en venir à l'exécution.

Novembre 1595. Il partit donc dudict Puymore le xve novembre ayant donné à son armée les quartiers qui luy estoient nécessaires et vint coucher à Serres avecq une partie des trouppes & monsieur d'Auriac avecq l'autre à Tallard.

Le xvje chacun part de son logis les ungs d'un costé et les aultres de l'autre et vindrent droict attaquer la Baume de Sisteron à scavoir mondict Seigneur d'un côté, et monsieur d'Auriac [de l'autre, à scavoir] du côté de Valerne. On fist jouer les pétards de ça & de là, et parce que celuy de deça se trouva trop petit et faible il n'eust pas la force d'emporter la porte ou il joua, par le moien de laquelle on pouvoit entrer dans ladicte place. Cela ne laissa pas pourtant d'attirer tous les gens de guerre qui estoient la dedans de ce costé la, pour la deffendre, ce pendant ledict sieur d'Auriac entra de l'autre costé sans beaucoup de résistance, et commençant d'assaillir & tuer les ennemis, les contraignit de luy faire place, ce qu'ilz firent : et de deux cens qu'ilz estoient il y en eust une trentaine de mortz, soixante ou ɪɪɪje noyez qui voulurent essayer de se sauver à la nage, et quelques aultres prisonniers, le reste s'estoient sauvé à la ville, estant demeuré à noz gens une vingtaine de chevaulx qu'ilz trouvarent dans la place.

Le xvɪje n'estant arrivé monsieur de Guyse sur le lieu comme il se debvoit rendre, il luy fust dépesché homme expres pour se haster, estant mondict Seigneur à Ribiers [1].

---

[1] *Où il s'en retourna ledict jour n'ayant rien pu faire de son costé. Effacé.*

Le mesme jour feust envoyé ung trompette à monsieur de Ramefort[1] pour le sommer de venir à quelque traicté, mais ayant encores le service de monsieur d'Espernon dans l'ame, il ne s'y voulust résouldre.

Le xviij® novembre monsieur de Bricquemault feust encore dépesché vers monsieur de Guise avec mémoires bien amples sur les événemens du siége que mondict Seigneur avait posé devant Sisteron le jour précédent, avec si peu de gens qu'il avoit, pour le disposer à s'avancer de ce costé, et les depputez dudict Sisteron le vindrent trouver à Ribiers pour luy protester qu'ilz vouloient vivre & mourir avec toute la ville soubz l'obeissance du Roy, et que monsieur de Ramefort s'y disposoit fort et d'obéyr à monsieur de Guyze, les commandemens duquel il vouloit recevoir & non d'aultre.

Le xix® on commença fort d'approcher la ville et de loger nos gens.

Le xx® une grande escarmouche se dressa du costé du chasteau qui dura trois heures ou il demeura des mortz d'un costé & d'aultre et force blessez, mesmement du costé des ennemis, qui y firent une signalée perte surtout de gens de commandement.

Ce mesme jour ayant mondict Seigneur mandé à monsieur de Mesplés de se rendre à Pépin & demeurer là pour fermer ceste advenue. Mais ledict Mesplés se jetta le soir dans la ville avec 200 hommes de pied pour oster audict sieur des Diguières l'honneur de ceste prise[2]. Ce fut une menée de monsieur de Guyze faitte avec ceux de la ville pour empescher que monsieur des Disguières n'en eut le gouvernement, à qui le Roy l'avoit donné par brevet.

Le xxj® [ledict sieur des Diguières] se voyant aussi trompé par ledict sieur de Mespléz prend la plus part de son infanterye et la va loger à la Ladrerie, et au pont de Gebron[3] pour fermer tout à faict Sisteron, sans que rien n'y peust aborder de ce costé ; ayant nouvelles asseurées que monsieur d'Espernon y envoioit cent maistre et iij® harquebusiers qui s'en retournèrent le lendemain pour ne pouvoir passer.

Le xxij® il feust accordé et résolu que monsieur de Ramefort, qui

---

[1] *Gouverneur de Sisteron.*

[2] *Ramefort rendit Sisteron à Mesplés, pour le compte du duc de Guise, quoique Lesdiguières* eût le commandement des troupes assiégeantes.

[3] *Nommé maintenant les Bons-Enfants, à 6 kil. de Sisteron.*

commandoit dans le chasteau de Sisteron [pour monsieur d'Espernon, y demeureroit] en attendant la volonté de monsieur de Guyze et que la ville demeureroit en l'estat qu'elle estoit. Que tous ceulx qui en vouldroient sortir le pourroient faire librement.

Le xxiij⁰ ceulx qui affectionnaient le party de monsieur d'Espernon en nombre de iiij⁰ maistres et iij⁰ harquebuziers en sortirent avec leurs armes, hardes et bagaige et furent conduitz jusques à Vinon par monsieur d'Hercules.

Ainsi s'estant ledict de Ramefort résolu d'embrasser le party du Roy, pour se voir du tout hors d'espérance de secours, s'aida d'une lettre que monsieur de Guyse luy avoit envoiée par le moien dudict Mespléz par laquelle il l'exortoit & prioit instamment que venant à se déclarer serviteur de sa Majesté, comme il vouloit croire qu'il feust, il se gardast sur toutes choses d'entrer en aucun traitté avecq mondict seigneur [des Diguières], ny avecq aultre que luy ; luy promettant toutes choses à son souhait. Et dès lors fut faicte la trêve et tous exploictz d'armes cessèrent ; tellement que ledict seigneur de Guise [estant venu] à Sisteron dans deux jours après, il laissa ladicte place à Ramefort en la mesme façon qu'il estoit, et ne la voulut accorder à mondict Seigneur, quelque instance qu'il luy en sceut faire ; cela estant procedé d'une caballe descouverte entre le marquis d'Oraizon, Buons, Mespléz et quelques aultres, qui le veulent empescher de prendre pied dans la province, et se bandent tout à fait contre luy pour l'empescher de ne rien advancer, ou pour le despiter tout a faict [1].

Le dernier novembre mondict Seigneur alla loger dans Sisteron ou ledict seigneur de Guize et tous les aultres séiournèrent six jours.

Décembre 1595. Le sixiesme décembre mondict Seigneur faisant l'advant-garde partit et alla loger aux Mees.

Le vij⁰ à Vallensolles.

Le viij⁰ à Ryez, où il feust séiourné quelques jours pour essayer

---

[1] *Lesdiguières voulait faire donner le gauvernement de Sisteron à Auriac mais sans succès. Pour se consoler il ne voulut pas rendre le faubourg de la Beaume dont il s'était emparé, sans avoir reçu préalablement une promesse de vingt mille écus.*

d'entrer en quelque traicté avec monsieur de Peyroles, qui commande [pour monsieur d'Espernon] dans la citadelle. Mais il ne se peult résouldre avecq luy que une treve pour quelques jours.

Le xiij^e estant pressé d'aller à Aix, partit dudict Riez et alla coucher à la Verdiere.

Le xiiij^e à Aix.

Estant arrivé là, il fut question de remédier aux affaires de la province ; et pour cest effet assembla les Estatz, ce qui feust faict, et feust dict que cependant mondict Seigneur s'en yroit attaquer Vinon, assiégé de toute l'infanterie daulfinoise ; mais le païs n'eust pas de quoy y faire conduire une colevrine seulement ; si bien que cela demeura là.

Le xxij^e décembre ayant une entreprise sur Auriol, part d'Aix avecq sa compaignie et ses gardes et fit attaquer ledict lieu où il y avoit deux compaignies de chevaulx légiers, et deux de carabins, commandées par le sieur du Chastellier, gascon. Il y eust de tué une vingtaisne d'hommes, autant de prisonniers et cent cinquante chevaulx gaignez. Ledict sieur du Chastellier prins prisonnier, et le reste se sauva au chasteau.

Le lendemain xxiij^e, ne pouvant rien faire davantaige audict lieu, sans infanterie, fut résolu de s'en retourner : et de faict nous nous en vinsmes coucher à Aix.

Dans quelques jours après il feust question de se résoudre à l'exécution de Marseille, où les fuitifs d'icelle avoient un desseing ; mais les affaires y furent si mal disposez que tous ces beaux préparatifs revindrent à Riez [1] et s'en retourna l'armée le xxxe décembre y estant allé le xxixe.

[1596]

Janvier 1596. Le ve janvier 1596, estant mondict Seigneur réduict à une extrême peyne, pour voir son infanterie morir de faim et ruyné sa cavallerie, sans faire aucun service au Roy, ny au pays, se résolut de partir d'Aix et s'en venir essayer Vinon et Puymoisson, avecq une colevrine qu'il fit partir de Pertuys, estant pour cest effect venu cou-

---

[1] *Lisez : a rien.*

cher à Saint-Pol, où il eust nouvelles que monsieur d'Auriac avoit déjà traicté avecq le cappitaine Bonnefoy, qui commandait à Vinon, et par conséquent rendu la place.

Le vj^e de Saint-Pol à Riez où estant arrivé mondict Seigneur fist cerner la place de Puymoisson par son infanterie et logea sa cavallerye aux lieux circonvoisins.

Le xvij^e dudict mois, un canon qu'on avoit mandé quérir à Sisteron arriva audict Puymoisson.

Le xviij^e on accomoda la plate-forme et commença on de tirer quelques volées de colevrine, et sur le soir du canon. Sur les quatre heures du soir, les assiégez se voiant pressez commencèrent de faire la capitulation suivante :

Assavoir qu'ilz sortiroient de la place et la rendroient entre les mains de mondict Seigneur, ne demandant rien que la vye sauve, pour se voir perduz : ce néantmoings mondict Seigneur leur donna de grace espéciale leurs armes et bagaiges.

Et sortirent le xixe dudict mois environ cinquante hommes et furent conduitz à Barjoux par un trompette. Ce mesme jour, l'infanterie du Daufiné, ou la plus part fut congédiée pour n'avoir voulu le pays de Provence pourvoir à son entreterement.

Le xxiij^e après avoir pourveu à ladicte place du sieur de Serez, du Monteilaymard, pour y commander avecq sa compagnie de gens de pied, mondict Seigneur se résolut de partir de Riez avec le reste de ses trouppes et s'en alla droict à Norante, ayant pris ceste route là pour faire obéyr, Senez, Blioux, Saint-André et aultres lieux qui avoient refusé l'entrée aux trouppes de cheval de mondict Seigneur que monsieur de Guize y avoit logées pour se rafraischir.

Le xxvj^e une coleuvrine que mondict Seigneur faisoit traîner, estant arrivée audict Norante, tous les susditz lieux vindrent rendre obéissance et feust résolu d'aller coucher à Senez, ce que mondict Seigneur fist, et après avoir logé toutes ses compagnies de gens de cheval, chacune en son quartier, suivant les mandemens de monseigneur de Guize, se délibera de prendre la route du costé de Daufiné à cause de la mauvaise volonté du peuple [de Daufiné], qui s'estoit essayé de faire retrancher les garnisons des places que mondict Seigneur a en Daufiné, assistez de la persuasion d'aucuns gentilzhommes à la dernière tenue des Estatz assemblez à Saint Marcelin ; et pour cest effect, partit dudict Senez le xxix janvier et alla coucher à Digne.

Le xxx⁰ à Volonne.

Le dernier à Vantavon.

Febvrier 1596. Le premier febvrier à Puymore ou après avoir séiourné jusques au samedy x⁰ qu'il alla coucher aux Diguières,

Le dimanche xj⁰ à Grenoble.

MÉMOIRES DE CE QUI S'EST PASSÉ JOUR PAR JOUR EN L'ARMÉE DU ROY CONDUICTE PAR LE SEIGNEUR DES DIGUIÈRES DEPUIS SON ENTRÉE EN SAVOYE [EN 1597].

Le Roy voyant que le duc de Savoye ne vouloit venir, parmy tous ses traictés, à aucune raison pour le regard de ce qu'il luy avoit empiété durant les plus grandes confusions et désordres de la France, se résoult enfin de luy faire la guerre à bon escient convié par tout ce qui peult estre légitime, cause d'une guerre, la justice, l'honneur et l'utilité.

Pour la conduite d'icelle, sa Majesté n'eust sceu faire meilleur choix que de la personne du seigneur des Diguières, tant pour la cognoissance des lieux, que le voisinage et les expéditions précédentes luy avoient acquis, que pour estre un des plus accomplis cappitaines de ce temps. Sa Majesté doncques luy bailla cette charge avec celle du gouvernement de Piedmont et Savoye.

Desquelles, pour s'acquitter, ledict Seigneur estant revenu de la Cour en Daufiné[1] ne se trouva pas en petite perplexité, n'y ayant aucuns moyens prestz pour faire aucune levée d'hommes, et traversé de ceulx qui sont plus envieux de sa fortune qu'imitateurs de sa vertu[2].

Juin 1597. Neantmoings, entendant que le roy d'Espagne dressoit

---

[1] *Lesdiguières passa le 29 mars à Lyon, revenant de la Cour. Voir notre premier volume, pp. 281 et 283.*

[2] *C'est surtout le connétable de Montmorency-Damville que le rédacteur de ce mémoire a envue dans cette phrase.*

une armée au Milanois pour envoyer en Picardie, mesmes estoit ja sur le point de marcher, estima qu'il falloit employer la créance qu'il s'estoit acquise parmy ceulx qui font profession des armes pour en dresser aussi une de son costé, avec laquelle il alla couper le passage à l'autre, ou la combattre si elle s'y vouloit opiniastrer.

Il donne donques les commissions sans argent pour faire...... [1] régimentz soubs la conduicte du sieur de Créquy et............ [1] cornette de cavalerie, et en six sepmaines se trouvèrent pretz bien six mille hommes de pied et cinq centz chevaulx, auxquelz il donna le rendez-vous autour de Grenoble le vendredy vingtiesme juing 1597 [2]. Et le xxj^e dudict juing, ledict Seigneur alla à Vouray pour y voir le mareschal d'Ornano, suivant l'assignation qui y avoit esté donnée en suitte du commandement que le Roy en avoit faict à tous deux pour faire cesser les faux bruictz que les ennemis du repos public semoient ouvertement de la discorde et division de cesdicts deux Seigneurs. Le mareschal touteffois ne s'y trouva, ains s'excusa par lettres [3].

Ce mesme jour le sieur des Diguières estant de retour à Grenoble vit passer une partie de son infanterie, et le xxij^e il partit et vint coucher avec toute l'armée à Vaujani, qui est en la vallée d'Oysans, distans de Grenoble sept lieues, non sans une extrême peine et incommodité aux passages des eaues qu'il fallut gayer et des montaignes les plus rudes qu'il est possible de croire. Neantmoins estant le dessein du seigneur des Diguières de fermer le passage aux forces qui viennent de Milan en Picardie, Pays bas, il ne pouvoit le faire mieux à propos qu'en prenant cette routte, et se iettant en la comté de Morienne, venir jusques au Mont Cenis et petit Mont Saint Bernard, qui sont les deux seulz passages par ou ilz peuvent se glisser. Et desia on avoit advis que ces troupes milanoises estoient autour de Suze et que son Altesse s'y debvoit rendre dans deux jours : ce qui faisoit croire qu'ilz viendroient défendre ce pas.

Le xxiij^e le seigneur des Diguières, suivant son dessein & menant l'armée à travers les Alpes, entra en la Savoye, qui est divisée du Daufiné par la montaigne d'entre Vauiani et Saint Jean [de Morienne] ; mais il n'eust guères avancé qu'il n'aperceust au plus hault de toutes

---

[1] *Lacune dans l'original.*
[2] *Sur cette période qui précéda la guerre voir notre premier volume des pp. 283 à 288.*
[3] *Voir sur ce dissentiment très réel la lettre du 28 mai 1597 dans notre premier volume et surtout la note qui l'accompagne.*

ces plus haultes montaignes une barricade gardée de deux ou trois centz paisans des environs, lesquelz se mirent en fuitte dès qu'ilz virent qu'on faisoit contenance de les vouloir attaquer, encor que le lieu fut fort avantageux pour estre extrêmement rude, et si hault qu'il estoit encor tout chargé de neige & de glace. C'est le col de l'Oule. La retraicte de ces gens donnant passage à l'armée, elle s'avança jusqu'à Saint Jean de Morienne, qui fust si estonné de ceste si soudaine arrivée que sans aucune résistance elle la receut dedans ses portes avecq viij^c hommes de pied et deux centz chevaulx [1]. Ce mesme jour qui estoit la veille de la Saint Jehan, auquel Dom Salines [Espagnol], s'y debvoit rendre, mais il n'y fut assez à temps, ains demeura à Saint Julian. La ville de Saint Jehan, siège épiscopal, est la capitale de ceste comté [de Morienne], distante de cinq lieues du Bourg d'Oisans, située en la vallée qui s'estant en une assez belle planure ou aboutissent trois vallons, l'un desquelz et qui est entrecoupé de très haultes montaignes mene à la vallée d'Oysans, l'autre au Mont Cenis et le troisiesme à Conflans et Montmélian. Ces deux dernières servent de canal à la rivière d'Ar, torrent impétueux qui, sortant du Mont Cenis, va mesler ses ondes avec celles de l'Isère, à Conflans [en Sayoye], deux lieues au dessus de Montmelian.

Le xxiiij^e Domp Salines voians qu'il estoit arrivé trop tard fit incontinent rompre le pont de Villar Clément qui est à un bon quart de lieue de la ville et se barriqua à ce bout qui est du costé de Saint Julien, avec 300 hommes, estimant de couper le pas à nostre armée; mais le sieur de Créquy ayant pris une partie de l'infanterie et passé sur le pont d'Hermillon, au dessoubs de Saint Jehan, venoit les prendre par derrière, lorsqu'estant aperceu tout au long du costaut, ils se retirèrent en diligence à Saint Julian, une lieue de Saint Jehan.

Le lendemain xxve, après avoir refaict le pont de Villar Clement, on donna encores jusques à Saint Julian pour en desloger l'ennemy et le mettre en route; mais les nostres ne furent pas plustost dans le village que l'ennemy ne deslogeast bien viste de l'autre costé, et en ce tumulte des ungs entrans furieusement et des aultres sortans confusément, le feu se mit en quelques maisons qui furent bruslées. Salines, se retirant du costé du Mont Cenis, laissa le capitaine Jacques [Carretto],

---

[1] *Voir sur la surprise de Saint-Jean-de-Maurienne notre premier volume, p. 289.*

avec sa compagnie, dans le chasteau de Saint Michel. Ceulx du bourg, étonnés de cette retraitte, vindrent ce mesme jour prester obeissance & demander sauvegarde ponr éviter le ravage de l'armée.

Le xxvje le seigneur des Diguières ayant laissé la ville de Saint Jehan en la garde du sieur de Pasquiers, avec son régiment, en partist avec toute l'armée et vint loger à Saint Michel, à deux lieues de Saint Jehan. Le chasteau sembloit assez bon pour la main, aussi n'avoit on poinct amené de canon, d'aultant qu'il eust esté impossible de le conduire par les lieux ou l'armée avoit passé, et celuy qui commandoit dedans fist quelque contenance de le vouloir défendre, ayant mis le feu d'abord en une maison entre luy et le bourg. Aussi, le seigneur des Diguières, pour suivre en diligence Salines et venir au rencontre des Milanois, avoit résolu de ne s'y amuser, ains d'y laisser seulement quelques compagnies, lesquelles, dès le soir, il fit loger tout autour et fort près, commandant à sa troupe de passer oultre : ce qui estonna tellement Caretto, que commencerent à parlementer avec les sieurs de Verdun & cappitaine Pierre André qui estoit logé des plus pres, le demain matin.

Le lendemain matin xxvıje on apporta au seigneur des Diguières les articles de leur composition qu'il signa, et suivant icelles sortirent incontinent avec armes et bagage. Et l'après disnée le sieur des Diguières, suivant sa route vint à Saint André ou le pont se trouva si mauvais pour estre presque tout ou pourry ou rompu, que cela retarda beaucoup l'armée qui ne pouvoit passer qu'à la file, ce qui fut cause d'y laisser le sieur du Serre avec deux centz hommes pour le faire refaire : néantmoins le gros de l'armée vint coucher à Modane, qui est un bon bourg divisé en deux par la rivière d'Ar, et l'avantgarde à Auriens, village proche de celluy d'Ocelz, ou s'estoit barriqué et accommodé Salines, sur un roc plein de précipices, qui s'estendant d'un costé et d'aultre vers les montaignes qui serrent ce vallon, le traversoit et couppoit, en sorte qu'il sembloit bien difficile de pouvoir passer oultre. Salines touteffois voiant noz gens logez si prez de luy, faict reluire la nuict à force de feuz pour couvrir la fuite qu'il méditoit de faire, car ayant desia envoié son bagage devant, dès la minuict, il se mit à le suivre le plus coyement qu'il peult ².

---

¹ *Sans bruit.*
² *Sur la retraite de Salinas. Voir notre premier volume, p. 291.*

Le matin xxviij^e s'estant aperceu de son despart, le sieur des Diguières se met à la suivre avec toute la diligence qui se pouvoit faire parmy ces montaignes, torrentz et pontz rompus, et donna jusques à l'Annebourg, qui est au pied du Mont Cenis, et trouva on une partie des armes de l'ennemy et de leurs pouldres qu'ils avoient quicté pour passer le mont plus légèrement. Leur effroy fut tel que sans s'arrester à Suze, ilz passèrent jusques aux plaines de Turin la où ils eurent loisir de reprendre haleine.

Ce pendant que le sieur des Diguières voiant qu'il estoit arrivé trop tard et que desia les Milanois, en nombre de douze ou quinze centz piétons seulement avoient passé le petit Mont Saint Bernard, revint coucher à Bramant, l'avantgarde logée à Termignon.

Le xxixe et xxxe furent emploiés à recognoistre si on pourroit bastir ung fort sur le Mont Cenis, suivant le dessein qui avoit esté pris. Mais ayant esté jugé impossible, à cause de la haulteur de ce mont, qui est presque tousiours couvert de neige et desgarnis de terre et de bois, on résolut de rebrousser chemin par où on estoit venu et donner à l'autre costé de ceste vallée qui tourne contre Monmélian et prendre là le canon qu'on faisoit venir de Grenoble afin de la remettre entièrement à l'obeissance du Roy.

Juillet 1597. Parquoy le mardy premier juillet, le seigneur des Diguières vint coucher à Saint Michel ou il pourveut à la fortification et munition du chasteau, lequel il donna en garde au cappitaine Grenetier, un des asseurez soldatz de l'armée.

Le deuxièsme, ce faict il vint à Saint Jehan [de Morienne] où il trouva les sieurs du Pouet et de la Baume avec leurs compagnies de gens d'armes et celle du vicomte de Chamois conduitte par son lieutenant, avec deux régiments de Languedoc conduictz par Bimar et Fontcouverte.

Le troisiesme, ce jour le sieur des Diguières pourveut à la fortiffication de Saint Jean de Morienne par le moien de quatre fortz qu'on dessigna autour, et de la deffence des deux pontz de Villar Clément & d'Hermillon ; puis fit partir l'avantgarde qui vint coucher au pont à Mefroy.

Le quatriesme, après avoir faict les ordonnances militaires qu'il vouloit estre observées tant entre les soldatz qu'envers les habitants de ja Savoye, il vint coucher à la Chambre, et l'avant garde au bourg Sainte Catherine d'Aiguebelle.

Ce jour là, le duc de Savoie ayant passé les montz vint, à Montmélian par la Tarentaise, et voiant que le sieur des Diguières, qu'il estimoit estre venu seulement pour combattre l'armée espagnole, ne s'en retournoit point, mais taschoit de faire plus de progrès en ses estaz, il mande aux troupes milanoises qui estoient ja à Saint Claude, ayant coulé par Villeneuve, auprès de Genève, de retourner; mais après que leur colonel fut venu à Romilly, pensant y trouver le Duc, comme il luy avoit mandé, et ne s'y estant touteffois rendu, elles continuerent leur chemin vers le cardinal d'Austriche.

Le cinquiesme le sieur des Diguières, partant de grand matin de la Chambre, vint recognoistre Eguebelle puis retourna à Argentine [qui prent son nom de la rivière d'Ar. Là se tire le meilleur fer qu'il est possible].

Le vj^e on refit les pontz d'Argentine et d'Eguebelle que l'ennemi avoit rompus, puis le sieur de Créqui se logea dans la ville d'Eguebelle avec toute son infanterye. L'ennemy sans y rendre aucun combat se retira d'abord au chasteau qui est assez prez de la ville, sur un costeau de fort difficile accès, eslognié du costé d'Occident des montaignes plus haultes & qui y peuvent commander, de la portée d'un mousquet. Les aultres montaignes qui sont du costé d'Orient n'y scauroient commander. [En l'une d'icelles il y a un fort nommé la Tour Charbonnière.]

Le sieur de Rosan prit le chasteau nommé Sainte Hélène situé.... [1]

Le vij^e la cavallerie alla à la guerre jusques à la Rochette, et ne descouvrit autre chose que quelques salades de l'ennemy, au dessous de Chamous, maison appartenant à la marquise de la Chambre, qui avoit obtenu sauvegarde, qui se retirèrent en diligence.

En plein midy le cappitaine Triadons porta le pétard à Chamousset, entre Miolans et Chamous, mais après l'avoir appliqué, sur le point d'y mectre le feu, il fut attainct d'un coup de mousquet à la teste, qui le porta mort par terre. Plusieurs furent blessez, et entre aultres le sieur de la Murette d'un coup de mousquet au péricarde, dont il mourut le

---

[1] *Lacune dans l'original*

lendemain. Cette salutation fut si rude qu'elle fit perdre l'envye aux nostres d'y entrer, pour ce coup.

Le vııje, ce jour son Altesse vint à Conflans pour y dresser le gros de son armée et celluy-ci avec les suivants, le ıxe et xe fut encor emploié à battre la strade jusques à la Rochette, dont le chasteau saluoit les nosrtes à coups de petites pièces, et à faire les approches autour du chasteau d'Éguebelle.

Le xje ayant sceu que le sieur d'Oriac estoit arrivé à Allevart, avecq son régiment de gentz de pied et trois cornettes de cavallerie, avec quelques munitions, le sieur des Diguieres alla auprès de la Rochette pour le voir et faire escorte à la munition.

Le xıje. Ce jour furent exécutez à Grenoble un chartreux et un nommé Vallier, traistres.

Le xııje et xıııje. Tous ces jours furent emploiés comme les précécédens sans avoir trouvé chose digne de mémoire ; mais, le xve, le sieur des Diguières ayant nouvelles que son canon, assavoir trois grosses pièces de batterie qu'il avoit faict venir de Grenoble, estoient arrivées, en Allevart, ou estoit le sieur d'Oriac, il prent douze cents fantassins avec toute sa cavallerie et ayant laissé le sieur de Créquy au siége d'Éguebelle avec le reste de l'infanterie, très bien retranché, il vint recepvoir le sieur d'Oriac et attaquer la Rochette. Et d'abord la ville fut emportée par force par le moien d'un pétart qui fut appliqué à la muraille auprès de la porte sur les quatre heures après midy ; et nonobstant que les habitans fussent très bien barriqués dedans et presque de pas en pas, si furent-ilz enfoncez et chassez jusques au chasteau, sans perte des nostres.

Le xvje [ledict chasteau de la Rochette] faisant contenance de vouloir tenir bon, ayant arboré deux enseignes rouges, le sieur des Diguieres fit avancer en diligence un canon qu'il fit loger sans plate forme au bout de la pleine qui est au-dessus de la ville du costé de septentrion, pour battre une escuirie du chasteau. Le premier coup de canon fut tiré sur les trois du soir au dessoubz d'une croisée d'un gallerie, d'un grand corps de logis, dans laquelle il tua trois hommes ; ce qui n'effroia pas peu ceulx qui estoient dedans. On tira encores deux coups contre ladicte escurie, après lesquelz l'essieu du canon rompit, qui fut la cause qu'on commença à ouyr ceulx de dedans, qui avoient ja demandé dès le premier coup de parlementer ; et le reste de ce jour se passa ou à capituler ou à refaire l'essieu et la plate forme du canon, ou à faire avancer les aultres. La nuict venue le sieur des Diguières monte à cheval avec toute la cavallerie et quatre cens harquebusiers de Fontcouverte, et donna jusques au pont de Montmélian qu'il fit rompre bien quarante pas de long.

Le xxvijᵉ estant de retour le matin, il acheve la capitulation avec le sieur du Poipon, qui commandait dedans, qui fut telle que les soldatz qui estoient en nombre de 25 ou 30, auront la vye sauve, sans armes ny bagage, & seront conduitz en lieu de seureté, et pour le regard dudict sieur de Poipon et de cinq aultres cappitaines, leur seroit permis de sortir chacun sur un bidet, avec l'espée & la dague. Quant aux habitans ils auront aussi la vie sauve & leurs familles, et demeureront si bon leur semble dans leurs maisons, en la ville de la Rochette. Ceste ville estoit au marquis de la Chambre, lequel sentant venir le siége, s'estoit retiré à l'Eugli, au dessus de la Rochette sur une montagne très haulte.

Le xviijᵉ on fit avancer le canon pour le mener à Éguebelle, et eust-on advis que le Duc debvoit passer l'Isère au dessoubz de Miolans, et feust loger à Chamousset pour empescher de joindre le sieur des Diguières avec le sieur de Créquy.

Le xixᵉ le seigneur des Diguières ayant laissé la Rochette en la garde du sieur de Bardonenche, partist avec le canon et vint à Chamous, là où ayant mis ses gentz en bataille, tire contre Chamousset; son dessein estoit d'y mener le canon, affin d'avoir mieux raison d'eux, estantz advancez sur le coustau, au bas duquel il y a une plaine semée en quelques endroitz d'un bois taillé et bordée par l'Isère. Le sieur du Poët, qui conduisoit l'avantgarde, aperceut quelques troupes de l'ennemy, tant de pied que de cheval, sur le bord de la riviere, et vit qu'on travailloit diligemment à porter des fascines, ce qui fist juger qu'il batissoit un fort. Parquoy s'estant advancé et l'avoir recogneu de plus prés et trouvé qu'il estoit ja à la haulteur d'une picque, depuis le fond du fossé, on faict attaquer l'escarmouche, laquelle fut très-chaulde, et cependant on manda faire approcher ung canon affin de les forcer plus aisément. Mais la cavallerie de l'ennemy voyant renforcer les nostres et qu'ilz n'estoient assez fortz pour les soustenir hors du fort, comme tous n'eussent sceu demeurer dedans, prit party de repasser l'eaue et se retirer, laissantz deux cents hommes des plus asseurez pour le défendre. En ces entrefaictes le canon estant arrivé et ayant tiré trois coups, sans aucun effect, touteffois demye heure avant la nuict, le sieur de Verdun avec trois compagnies donna avec une telle résolution parmy une gresle d'harquebuzades, mousquetades et coups de canon qui le couvroit tout de feu et de fumée que s'estant jecté dans le fossé pour monter par une ouverture qui servoit à porter la terre et les fascines, ceulx de dedans désespérés de leur salut sur la terre, se mirent à le chercher au travers des ondes, taschant de gaigner une isle au delà de laquelle passoit le gros de l'eaue, pour se couvrir du bois qui y estoit. Il en demeura une quinzaine dans le fort qui furent taillez en pieces excepté le colonnel Just, piedmontois, et quelques cappitaines qui furent pris prisonniers. Le baron de Chau_virey, gouverneur du fort Sainte Catherine, auprès de Genève fut recogneu entre les mortz. De ceulx qui s'essayèrent à passer l'eaue il ne s'en sauva que vingt, de ceux ou qui sçavoient nager, ou qu'on vint quérir en ceste isle, avecq un ais attaché sur deux barils. Et dict on que dom Philippin, frère bastard du Duc, qui s'estoit jeté dans l'eau des premiers, ayant changé son habit contre celuy d'un simple soldat, fut retiré de cette sorte. Les autres furent ou harquebuzés comme canardz, ou noiés. Bref il y mourut des plus braves et des plus grandz du Duc, ce qui arriva à sa veüe et de toute son armée, qui estoit en bataille à l'autre bord de la rivière, avec cinq coulevrines qui flanquoient d'un costé dudict fort, et à forces mousquetaires de l'autre, et estant ouvert du costé de la riviere, il estoit impossible de demeurer dedans. Le dessein du Duc estoit d'agrandir ce fort, lorsque son armée auroit passé.

Des nostres il y eut une vingtaine mortz et bien soixante blessez, entre lesquelz y avoit quelques lieutenantz & enseignes. Le sieur des Diguieres y receut une mousquetade au chappeau qui luy frisa les cheveulx.

Le xxe ce fort estant pris, on commenca à le démolir et ceulx du chasteau de Chamousset tesmoings de ce spectacle, voiantz d'ailleurs les canons braqués à poinct de les foudroyer, se rendent la vie sauve. Ilz estoient une quinzaine qui furent faictz prisonniers de guerre et arrestés jusqu'à ce qu'ilz eussent paié mille escuz pour les blessez. Le Grand de Montmélian, [gouverneur de Chamousset] fut relasché, et le cappitaine Pierre André estably en sa place.

L'après disnée le seigneur des Diguieres ayant faict approcher son canon d'Éguebelle vint reprendre son logis d'Argentine.

Le xxj^e le canon est mené au bord de l'eau à Éguebelle.

Le cappitaine Sicard, commandant dans les Allos, ayant une entreprise sur le Tranchet laquelle se jouoit doublement au deceuz des traistes, fut repoussé y ayant laissé trente six des siens mortz des principaulx et plus mauvais garçons.

Le xxij^e comme le premier canon fut au plus fort de l'eau pour passer, les cordes rompent et eust on beaucoup de la peine à la retourner et à ratacher les cordes.

Le xxiij^e le sieur d'Oriac avec quelques cornettes de cavallerie va à la guerre au dessoubz de Chamousset pour voir si l'ennemy vouldroit repasser. Il paroist en bataille au dessoubz de Miolans et son infanterie n'est jugé que de deux à trois mille hommes et ceulx qui se sont renduz à nous de l'ennemy n'en comptent pas davantage.

Le xxiiij^e on tire après beaucoup de peine le canon hors de l'eaue et on le faict passer aux aultres.

Et le lendemain xxve à la veüe des assiégez qui ne cessoient de tirer on en met un en batterye sur le costeau qui regarde la plus haulte tour du chasteau du costé d'Occident, et tire xij coups contre quelques garittes, palissade et aultres défences affin qu'on ne peult offenser ceulx qui conduiroient les autres lesquelz on faisoit avancer. Ilz[1] demanderent des la nuict des ostages et offrent d'en bailler afin de capituler, ce qu'on fit, mais pour les conditions desraisonnables qu'ilz demandoient on leur rendit leur ostage.

On retourne à parlementer et la capitulation fut conclue qu'ilz sortiroient le lendemain à huict heures du matin avec armes et bagage, mesche allumée, tambour battant ; et de deux enseignes qu'ilz avoient l'une rouge et l'autre bleue, celle cy fut accordée en don à un cappitaine pour l'affection qu'il nous monstra à la vouloir rapporter.

Le xxvij^e ils sortent à l'heure dite et furent conduictz en lieu de seureté estantz en nombre de cent cinquante[2].

Le sieur d'Arces y fut estably dedans avec deux centz hommes, et ledict jour avec le suivant, le xxviij^e, furent employés à pourveoir à la

---

[1] *Les ennemis.*
[2] *Sur tous les événements qui s'écoulèrent* depuis la prise de Saint-Jean-de-Maurienne, *voy. notre premier volume*, pp. 292 à 297.

fortification et munition de la place ; et commença-on à mener le canon du costé de l'Éguille.

Le xxixe l'infanterie avec quelques trouppes de cavallerie logés autour de Chamousset.

Le xxxe le sieur des Diguières ayant eu advis que l'ennemy debvoit passer l'eau au droict de Conflans, se résoult de leur dresser une ambuscade, et ayant mis son infanterie à Chamousset, il monta à cheval l'après souppee et vint se tenir toute la nuict à Eyton ; mais soit que leur desseing ne fut pas de passer, ou que la pluye qu'il fit cette nuict très grande les empeschast, il se contenta de monstrer plusieurs feuz toute la nuict depuis Miolans jusques à Conflans.

Le xxxj[e] l'armée vint loger autour de Villarsale, demeurant le seigneur des Diguieres avec sa compagnie d'hommes d'armes tant seulement à son logis d'Argentine pour assuerer le chemin aux munitions qu'on apportait de Saint Jehan à Éguebelle. [En ayant desia esté apporté une bonne partie [1], il part].

Aoust 1597. Le premier d'aoust, et ayant recogneu les advantages ou désavantages des lieux depuis Chamousset jusques à une lieue près de Montmélian, tant pour un champ de bataille que logis d'armes, d'aultant que l'ennemy menassoit tousjours du passage, il vint loger à la Rochette ou arriva le régiment de La Couronne. Après avoir tenu le conseil, on envoya convier ceulx de Grenoble et aux environs de venir à la bataille qui se debvoit donner le dimanche 3 ou lundy 4 prochain, d'aultant que par lettres que le Duc envoyoit au fort de l'Eugli et qui furent surprises on apprist qu'il debvoit passer et les secourir dedans ce temps la. Pourquoy le deuxiesme ledict Seigneur vint choisir son champ de bataille à Chamousset & vint loger avec le gros de l'armée, laissant l'avantgarde, conduicte par le sieur du Poet, à Villarsale, & aux villages tirant à Chamous.

Le troisième le canon, après avoir esté mené non sans grande peine à L'Eugli, est mis en batterie et tire soixante dix ou quatre vingtz coups sans faire bresche, touteffois, d'aultant que la muraille se trouva meilleure qu'on ne pensoit, et pleine de terre par le dedans. Cette place de toute ancienneté appartient au marquis de la Chambre et est

---

[1] *Des munitions.*

scituée sur la crouppe d'une fort haulte montaigne au dessus de la Rochette, ayant entre l'enceinte des murailles qui sont très espesses et bien flanquées, un rampart très bon et un double fossé, en sorte qu'on peult dire que c'est une des meilleures places de Savoye.

Il passa quelques deux cents harquebusiers et cent maistres au pont de Montmélian qui demeurèrent au bout du pont.

Le quatrième, on continue la batterie à l'Esguille, mais on n'eust pas tiré trente coups que la pouldre commençant à faillir le seigneur des Diguières fist cesser la batterie, délibérant de depescher à Grenoble pour en envoyer quérir. Mais son bonheur voulut que ceux de dedans peu résolus demandèrent à mesme instant de parlementer, ce qui fut accepté de fort bon cœur. La capitulation doncques s'ensuit en cette sorte, que les assiégez sortiroient avec armes & bagage, le lendemain matin, et seroient conduictz à seureté ainsi que fut faict [1].

Le cinquième le sieur des Diguières les estant venuz voir, sortit après avoir disné de bon matin et y ayant estably le cappitaine Blanc avec cent hommes ; il se trouva dedans à force canon, mais pour estre vieux de fer et non montés on ne s'en pouvoit servir.

Ce jour mit fin à la conqueste de tout ce qui est deça l'Isere, depuis le Mont Cenis jusques à Montmélian, ayant esté faicte en l'espace de 44 jours.

Cedict jour le Duc ayant receu deux mille Suisses et douze cents Milannais ou Napolitains, met toute son armée en bataille au dessoubz de Miolans laquelle fut jugée estre de six à sept mille fantassins et de huict à neuf cens chevaulx, laquelle vint loger autour de Montmélian ou on dressa ung pont de batteaux outre celuy qui y est, avant qu'on s'en fut aperceu.

Le lendemain vj^e le sieur des Diguières estant allé le long de la rivière, recongnoistre la route de l'armée ennemie et les lieux pour choisir un champ de bataille, si d'aventure il se hasardoit de passer comme il en faisoit le semblant.

Le vij^e [monsieur des Diguières] ayant jugé les Molettes estre le plus propre advantage soit pour le combat soit pour empescher que l'ennemy ne se vint loger à Pontcharra, affin d'empescher le passage

---

[1] Celuy qui commandait dedans par le duc se nomme Bay. *Sur la prise de l'Éville voir notre premier volume, p. 298.*

du Dauphiné, il y mena ce jour toute son armée, prenant son quartier aux Essodz, l'infanterie aux Molettes et la cavallerye à la Chappelle Blanche. L'ennemy commençoit aussi de se loger à Sainte Hélène au deça de la riviere, qui y surprindrent quelques uns de nos picqueurs. Et d'aultant que les Mollettes et Sainte Hélène furent le logis des deux armées en voici la description. Ce sont deux costeaux au deça de l'Isère, à une cannonade l'un de l'autre, dont les Mollettes sont esloguees de Montmélian une petite lieue. Saint Hélène en approche de plus près pour estre plus septentrional. Entre deux à main droicte des Molettes est un fort large maretz lequel se vient resserrant au devant dudict lieu des Mollettes pour faire place à une grande piece contenant environ mille arpens nommée Praguin, entre laquelle et ce maretz coule un ruisseau dans un fossé fort creux et large de six pieds. A l'opposite elle est bordée de l'Isère à main gauche dans un assez grand bois de haultes fustayes nommé le bois de Coise et à droitte de quelques aultres petitz bois & prés, ou commence à s'eslever le costeau de Sainte Hélène au dessus duquel est le chasteau.

Par là doncques, l'ennemy descendist en bataille dedans ce grand pré, le 8e. et s'y trouva rangé sur l'heure de midy que les nostres n'avoient point encores pris les armes pour ne s'estre aperceus de leur arrivée. De sorte que si le Duc eust donné vivement jusques en nostre camp, il l'eust fort aisément défaict et mis en route; mais soit qu'il ne s'aperceut pas en quel ordre nous estions, d'aultant que les hayes et arbres qui bordent ce pré nous couvroient, ou que les Suisses (à ce qu'on dit) ne voulussent combattre dans le Dauphiné, duquel est la moitié de ce pré, se contentans d'estre venus au secours du Duc pour le défendre en ses terres, et non pour assaillir en celles du Roy, soit aussi que ce ruisseau avec quelques harquebusiers et gens de cheval qui y accourent des premiers, retardaient ceulx qui s'y avançoient pour passer, les notres eurent loisirs de se mettre en quelque ordre et de venir border ledict ruisseau ou se dressa incontinant une bien chaude escarmouche qui dura l'espace de quatre ou cinq heures, ou demeurèrent environ deux cents hommes de l'ennemy et aultant de blessez. Des nostres une trentaine de mortz et septante ou quatre vingtz de blessez. L'ennemy avoit trois bataillons d'infanterie asçavoir d'Espagnols, Suisses, et de Savoyards ou Piedmontois qui ne furent jugés à plus de cinq mille hommes et cinq escadrons de cavalerie montant à huict cens ou neuf cens chevaulx.

Les ixe et x^e le sieur des Diguières, pour retrancher son camp, fit border ce ruisseau de gasons, y faict faire des pontz, flanquez par le dehors de ravelins, et ces jours se passèrent sans aucun effect de guerre, et ne se donna que quelque pistollade par les gardes, essaiants de se pousser l'une, l'autre.

Le xj^e Domp Philippin envoya deffier, par un trompette, le sieur de Créquy, lequel se trouva incontinent sur les rangs. Mais Dom Philippin ne s'y osa trouver, encor que par trois fois on envoya un trompette le sommer et rapporter le debvoir ou s'estoit mis celluy qu'il avoit faict appeller.

Le xij^e aultre deffy fut donné entre les sieurs de Saint-Jeurs et Tournavas, mais cestuy ne s'y trouva non plus comme fit celluy là.

Le xiij^e une dizaine de cavalliers de l'armée du Roy desirans de s'esprouver contre quelques autres de l'ennemy se mirent sur les rangs, ou estans agassés par une vingtaine qui voltigeaient à l'entour, ilz leur font une charge, et en ayant tué un ou deux à coups de pistolletz, furent contrainctz de se retirer voiantz leurs ennemys grossis; y faisantz touteffois prisonniers le sieur de Guerre, aprez que son cheval luy fut tué dessoubz.

Le xiiij^e le duc de Savoye s'estant mis en bataille dedans ce grand pré faict attaquer noz retranchementz en deux endroitz, à sçavoir des deux pontz dessus ce ruisseau, ayant faict approcher quatre canons dont il en plaça deux colevrines auprès du pont qui est joignant le boys de Coyse. Les autres deux un peu moindres plus hault contre le pont du chemin de Montmelian. Et ayant faict tirer, pour signal de donner, une bastarde au quartier des Suisses sur le petit costaut qui couvre le village de Saint-Hélène, l'escarmouche commença sur les trois heures après midy, si furieuse, qu'on eust jugé que l'ennemy s'estoit résolu de forcer noz retranchements ou de mourir. A mesme temps, il fit passer au dessuz du maretz environ trois ou quatre cens harquebuziers conduictz par le colonnel Ambroise qui vindrent donner au quartier du sieur de Créquy où estoit en garde le cappitaine Pierre André lequel n'estoit barriqué à cause du grand maretz dont il estoit couvert. Par ainsi estans assaillis de trois costez chacun pensoit à bien faire son debvoir et n'oyoit on autre chose que coups de canon, mousquetade et harquebusades, par lesquelles furent portés beaucoup des plus eschauffés par terre. Le seigneur des Diguières oyant la scopeterie qui se faisoit à......[1] y accourut soudainement avec sa cornette de cavallerie et d'abord mit en route toute ceste infanterie qui s'enfuit partie dans les vignes, partie dans le bois et partie dans les maretz ou plusieurs furent tués à coup d'espées. Enfin la nuict survenant fit retirer et les uns et les autres, l'ennemy y ayant faict perte de quatre ou cinq centz hommes dont il laissa la plus part sur le champ de bataille ; il n'en eust pas moins de blessés. La perte des nostres fut fort petite d'aultant qu'ilz estoient couvertz de leurs retranchemens, et n'y eut que cinq ou six de tuez entre lesquelz fut le sieur de Nardotz d'un coup de fauconneau. Le sieur de Créquy y fut blessé d'une mousquetade au bras droit[2].

A la vérité ce fut une extrême témérité au Duc de venir donner de la teste contre de si bons retranchementz mis le long d'un ruisseau qui ne se pouvoit gayer, et estans gardés par une armée quoyque moindre en nombre, plus grande en vertu que la sienne. On estimoit qu'il auroit en opinion que nous estions esbranlez pour faire un deslogement secret & nous retirer en Daufiné; mesmes auparavant on avoit surpris des lettres que le sieur de Jacob luy escripvoit par lesquelles il luy donnoit un tel advis, et doultant que le sieur du Pouet le jour précédent avoit changé de logis à Pontcharra, ou ilz avoient peu veoir conduire à force bagage, cela luy pouvoit bien imprimer davantage cette opinion; parquoy il estimoit que nous estans ainsi esbranlés, il seroit aisé avec un grand effort de nous emporter. Mais il fut bien deçeu, car le dessein du seigneur des Diguières estoit de ne bouger de son logis et de matter par son séjour l'armée du Duc qui pour estre logée fort à l'estroit commençoit d'avoir faulte de toutes choses, mais principalement du foin pour les chevaulx.

Et à toutes fins il dépescha ce jourd'huy par tout le Dauphiné pour convier tous gentilzhommes à contraindre tous ceulx qui estoient propres à porter armes de se rendre en l'armée du Roy le 25 du présent, afin de faire puis après un effort sur l'armée du Duc qui estoit logée fort advantageusement.

---

[1] Lacune dans l'original.

[2] Sur le combat des Molettes voir notre premier volume, pp. 300 à 302.

Le xvᵉ les armées se tindrent en bataille chacune en son logis sans rien entreprendre ayant pris l'alarme l'une de l'autre.

Le xvjᵉ l'ennemy encore estonné de sa perte dernière et s'appercevant peut estre de nostre délibération, se delibere de descamper, et dès la minuict fit avancer le bagage avec le canon et sur le poinct du jour faict battre aux champs et fait suivre à toute son armée, laquelle ayant passé sur le pont de Montmelian, print la route de la vallée de Gresivodan. Les nostres suivant ceux qui faisoient la retraicte à Sainte-Helene, y mettent le feu d'abord tant au chasteau qu'au village, ce qui occasionna peut-estre le Duc d'en faire aultant le lendemain.

Le xvıjᵉ en la vallée de Gresivodan qu'on vit toute pleine de feus.

Le xvıııjᵉ depesche à la Court.

Le xıxᵉ le sieur des Diguières ayant descouvert ung gué en l'Isere, au droict de Praguin, y faict passer de bon matin cinquante ou soixante chevaulx, qui ayant tué une trentaine de l'ennemy qui alloient à l'armée, et entre aultres, le sieur de la Tour, marchant d'Argentine riche de cent mille escuz, se retirèrent sans aucune perte chargés de butin, et avec quelques prisonniers, entre lesquelz estoient le sieur Bay qui commandoit autrefois à l'Eugli.

Le xxᵉ le seigneur des Diguieres vint loger à Bayard et le Duc fit loger deux colevrines au coustaut qui est au dessus du port de la Gache dont il tira dix ou douze coups au quartier du sieur de Pasquiers sans aucun effect.

Le xxjᵉ le seigneur des Diguieres fit amener ses deux petitz canons audict quartier.

Le xxıjᵉ le sieur des Diguières eust advis de quelques desseings et entreprise des mauvais serviteurs du Roy sur Romans [1].

Le xxııjᵉ depesche à la Cour qui partit le.....[2]

Le xxıııjᵉ jour de Saint-Barthelemy, auquel le Duc commence de bastir un fort à cinq bastions au lieu de Barraux.

Le xxvᵉ et le xxvjᵉ le sieur des Diguieres va coucher à Grenoble et retourne le.......[2]

---

[1] Il s'agit de la conspiration ourdie par Balthazard Flotte pour livrer la ville de Romans, dont il était gouverneur, au duc de Savoie; elle éclata à la fin d'octobre seulement.

[2] Lacune dans l'original.

Le xxviij⁰ un courrier surpris en Tarantaise allant de Turin au Duc portant à force lettres, par le moien desquelles on descouvrit beaucoup de desseins du Duc et de la Duchesse tant en Pragela qu'au bas Daufiné.

Le xxix⁰ et xxx⁰ la peste s'estant prise aux meilleures maisons de Grenoble, chacun abandonne la ville et quelques jours après la chambre de vaccations s'establit à Romans.

Le xxxj⁰ dépesche à la Court par monsieur de Luz.

[1597]

SEPTEMBRE. Le premier, ij⁰ iij⁰ le duc de Savoye ayant eu les nouvelles que le colonnel Ponte estoit entré en Pragela en faict faire des feux de joye par toute son armée......

Et le iiij⁰ faict descendre jusques au port de la Gasche quelques batteaux de Montmelian : et eust on advis qu'il faisoit dresser ung pont pour jecter sur lesdicts batteaux. Parquoy le sieur des Diguieres faict faire un retranchement joignant la riviere au quartier du sieur de Pasquier pour empescher que son régiment n'y fut surpris.

Le cinquiesme un gentilhomme arrive à Bayard de la part du comte d'Aiguemont pour le mariage de luy avec mademoiselle de Saut.

Le vj⁰ vij⁰ et viij⁰ deffaicte de la cavallerie du Duc....[1]

---

[1] *On trouvera dans notre premier volume, pp. 303 à 308, plusieurs lettres de Lesdiguières relatives aux événements qui suivirent le combat des Molettes.*

MÉMOIRES

DE CE QUI S'EST PASSÉ EN DAUPHINÉ

ET DE LA

DÉSUNION DU PARTI PROTESTANT DANS CETTE PROVINCE

AU MOIS DE JUIN ET JUILLET 1581

ADRESSÉS AU ROI DE NAVARRE.[1]

Pour faire entandre au roy de Navarre la suite des progrès des affaires du Daulphiné, l'armée de monsieur le duc du Mayne audict pais et l'estat presant des eglises refformées d'icelluy, Biard suppliera très humblement sa Majesté se vouloir resouvenir du contenu en la derniere depesche qu'elle à receu du sieur des Diguieres par l'advocat Buolc que luy fut exprès envoyé pour l'informer de ce que se passoyt audit pais. Par laquelle depesche ladicte Majesté fut advertie comme en l'assamblée tenue en la ville de Mens par les depputés desdictes

---

[1] Ce mémoire, conservé en copie du temps dans les mss. français de la Bibl. nation. (vol. 4047, p. 106), est des plus importants; il a été rédigé certainement par ordre de Lesdiguières, ainsi que le témoigne le nom du porteur Biard, qui était son secrétaire. Il a été adressé au roi de Navarre pour le mettre au courant des agissements du parti des *désunis*, qui préféraient se soumettre au duc de Mayenne, alors chargé d'une mission militaire en Dauphiné, que de reconnaitre l'autorité de Lesdiguières. Il existe peu de documents sur cette période de l'histoire des guerres religieuses dans notre province, aussi celui-ci, qui est inédit et absolument authentique, est-il des plus précieux. Les événements qui y sont racontés se sont passés depuis les mois de juin jusqu'au mois de septembre 1581; en effet, il y est question, au commencement, de l'assemblée de Mens, tenue du 4 au 17 juin 1581 (voir notre deuxième volume, p. 464 à 485), et à la fin, de l'entrée de Mayenne à Gap, qui eut lieu le 17 septembre de la même année.

eglises commis à la poursuite de la paix, il fut résollu d'offrir à la cour de Parlement dudict pais l'entiere exécution de l'édict de pacification selon sa forme et teneur, voire mesmes la démolition du fort de Gap et restitution de Livron, si le Roy l'ordonnoit après avoir ouy les remonstrances de ceulx de la relligion dudict pais, et que pour seureté de ce que dessus lesdicts de la religion donneroient suffisans hostaiges en attendant de savoir le bon plaisir de sa Majesté par le retour des députés qu'ils envoieroient à ces fins à la Court, requerans que leur fut permis de ce faire. Et d'aultant que ces offres si justes feurent rejetées par ladict court de Parlement, ceux de ladicte religion prindrent occasion par la de se plaindre au Roy par leur député Marquet et d'en escrire, comme ils fairent, à Monseigneur son frere [et] audict seigneur roy de Navarre. Ces plaintes feurent si vivement representées à sa Majesté tant par le sieur de Clervant et de Chassincourt, que par les députés desdicts de la religion, qu'ils estoient en espérance d'obtenir partie de leurs requisitions sans la précipitation de laquelle l'on usa cependant en Daulphiné par les trames et artifices de quelques uns.

Car environ le temps de ladicte conférence de Mens, le sieur de Cugye, négociateur ordinaire des désunis de ladicte province, estoyt allé à Lyon soubz prétexte de parler au sieur de la Fin qui n'y estoyt pas, et après avoir seiourné quelques jours audict lieu, parlant souvant au sieur de Mandelot, s'en revint et passa par Vienne ou il fut vers le sieur de Maugiron, lieutenant du roy en Daulphiné. Ledict sieur de Cugye ne fut si tost de retour qu'il convocqua une assamblée desdicts gentilshommes désunis au lieu de Bourdeaux [1], en laquele il fut resolu par ceulx la mesme d'entre ceulx qui avoient assisté à l'assamblée et conferance de Mens et contre les resolutions prinses en icelle, que lesdicts désunis offriroient pour leur reguard audict sieur duc du Maine l'exécution entiere de la paix sans avoir esgard à la demande faicte du fort de Gap et ville de Livron, encores que la commutation desdictes deux places au lieu de Serres et Nions eust esté requise par seureté par l'advis et consantement général de toutes les eglises de

---

[1] Un résumé de cette assemblée existe à la Bibl. nation., mss. Brienne, vol. 208, p. 47. Il est daté du 21 juin 1581, et est conforme à l'analyse qu'en donne l'auteur de notre mémoire. Une autre assemblée des mêmes personnages, dans un même but et au même endroit, eut encore lieu le 19 juillet suivant; on en trouve le résumé aux mss. de Brienne, vol. 208, p. 51.

France en l'assamblée de Montauban ; et pour porter ces offres et requisitions audict seigneur duc de Mayne fut commis et depputé ledict sieur de Cugie.

Cependant ledict sieur des Diguieres sentant l'armée du Roy qui s'approchoyt, de laquelle il avoit eu advis par ceulx que ledict Biard nommera au Roy de Navarre, après avoir pourveu à Gap, s'en alla dedans Livron avec le sieur de Gouvernet pour y jetter des pouldres, comme il fit ; et d'aultant que la garnison de ladicte place n'estoyt suffisante pour attandre ung siége, ledict sieur des Diguieres despescha le cappitaine Puy avec argent en Languedoc pour fere une levée d'hommes, afin de renforcer ladicte garnison, laquelle leur fut faicte jusques au nombre de trois cens harquebuziers et environ trente hommes de cheval qui vindrent assez à temps pour faire quelque bon effect si on ne se fut précipité.

D'aultre costé fut despéché un nommé Raphaël aux eglises du bas Languedoc pour leur faire entandre comme les choses passoient en Daulphiné et leur demander secours, attandu l'estat dudict pais, affoibli par les divisions et la fraieur toute apparante qui commançoit à glisser parmy les peuples. De laquelle despeche il ne réussit aultre chose sinon que des exhortations à ne rien quicter avecque des promesses d'un secours en l'air duquel ledict sieur des Diguieres fut adverty qu'il ne falloit faire estat, en ayant eu l'advis par ung personnage que ledict Biard nommera. En ces difficultés il fut advisé de supplier monseigneur le Prince de reprandre la route de Daulphiné, comme la Huguerie, son secretaire, en avoit donné quelque espérance [1], afin que par l'authorité dudict seigneur Prince les divisions feussent assopies et toutes choses remises en meilleur train ; mais ledict seigneur Prince estoit par trop eslongné et les affaires ne pouvoient souffrir délay.

Il fut aussi proposé par ledict sieur des Diguieres de fère ung fond promptement pour tirer service d'Alemaigne et fut faicte un ouverture d'ung prest de quelque bonne somme si on s'en vouloyt obliger à deux marchans de Genève, mais il ne se trouva jamais homme qui voulut prester ny entrer en obligation recepte d'eux.

---

[1] La Huguerie, dans ses mémoires (Édition de la Société de l'histoire de France), raconte tout au long le passage du prince de Condé en Dauphiné et les pourparlers qui eurent lieu entre son maitre et les gentilshommes de cette province.

Durant que ces choses se faisoient, le sieur de Cugye s'estoit deja randu à Vienne pourtant avecque soy la résolution de l'assemblée de Bourdeaulx et la requeste des désunis, laquelle il presanta audict seigneur duc du Mayne, arrivé peu de jours auparavant en ladicte ville de Vienne, ayant laissé son armée aux portes de Lyon preste à entrer en Daulphiné. Le contenu de ladicte requeste n'estoit aultre chose que une représentation de l'obéissance que lesdicts désunis randoient voluntairement au Roy et audict seigneur duc du Maine, en considération de laquelle ils requeroient aussi qu'on les fict jouir effectuellement de la paix. La responce à ladicte requeste ne fut telle qu'on la devoyt desirer, car au lieu d'accorder l'exécution de l'ecdit selon sa forme et teneur il fut simplement respondu par ung décrét mis au bas de la requeste que ledict seigneur duc du Mayne mettoyt les supplians en la protection et sauvegarde du Roy à qualité qu'ils se departiroyent de Lesdiguieres et ses adherans et qu'ils feroient pour le service du Roy ce que bons et loyaulx subiectz devoient faire. Or soyt que ceste responce fut agreable aux négociateurs ou non, tant y à que les eglises qui dependent d'eux se treuverent bien fort descheues de leur esperance et feirent démonstration du mescontantement qu'elles avoyent de se voyr, pour le sallaire de leur obeissance, paier d'une simple sauvegarde au lieu de la jouissance entière de la paix dont leurs conducteurs leur avoient faict feste. Mesmes quant il leur fut déclairé par ledict sieur de Cugye que ledict seigneur Duc entandoyt que, s'il assiégeoyt Livron, lesdictes eglises désunies, qui sont toutes circonvoisines dudict Livron, logeassent les gens de guerre du Roy dedans leurs bourgs si besoing estoyt, y receussent et feissent pancer les blessés et que les gentilshommes désunis, au son de l'arrière ban, se randissent en l'armée catholiques et que ledict seigneur Duc appelloyt sela le debvoyr des bons et fidelles subiectz du Roy.

Durant tout le temps que ledict sieur de Cugye estoyt à Vienne et quelques jours auparavant depuis l'assemblée de Bourdeaulx, les désunis ne cessérent de solliciter les eglises unies, mesmes la ville de Dye, de se séparer de l'unyon générale et signer la résolution de Bourdeaux ; calomniant le sieur de des Diguieres comme seul obstacle de la paix, en publiant partout l'intention du Roy et dudict seigneur Duc n'estre aultre que d'exécuter l'édict de pacification et que ledict seigneur des Diguieres tout seul empeschoit ce grand bénéfice à faulte de vouloir consantir à la demolytion du fort de Gap. Quoy voyant ledict sieur des Diguieres, et que d'un cousté l'armée de l'ennemy s'advancoyt et renforcoyt, d'aultre cousté la division, fraieur et mauvaise intelligence s'augmentoyt avecque ung dégoustement universel de ceux de ladicte relligion, le tout par les menées et artifices que chascun sayt, convocqua derechef une assamblée génerallle au bourg de Veynes [1] afin de prendre une finalle résolution sur le faict de la paix ou de la guerre.

En ladicte assamblée ledict sieur des Diguieres protesta qu'il ne tenoyt poinct en luy que la paix ne se fit, comme ses ennemys en faisoient courir le bruict ; que s'il persèveroyt à requérir pour seureté le fort de Gap, ce n'estoit poinct pour son particulier, ains pour l'asseurance génerallle des eglises ; que la demande qu'on en faisoyt n'estoit pas procédée de luy, ains de la résolution de plusieurs des diverses assamblées de ladicte province ; que la mesme demande avoit esté résolue en l'assamblée de Montauban ; que les cahiers de monsieur de Clervant en avoient esté chargés et que les eglises de Daulphiné avoient envoyé deux députés en Court exprès pour ce faict. Ce n'estoyt pas doncques le sieur des Diguieres qui empeschoyt la démolition dudict lieu et par consequant l'establissement de la paix ; et pour faire paroistre qu'il n'affectionnoyt la conservation dudict fort que pour le bien des eglises il protesta que, comme jamais il ne l'avoyt faict construire qu'en qualité de général et pour la défance d'icelles et non pour son particulier, aussi estoyt il prest d'en faire tout ce que lesdictes eglises ordonneroient, voire consantir à la démolitton d'icelluy si on jugeyt qu'il empecha ung si grand bien que celui de la paix ; les exhortant néantmoins de ne se résouldre témérairement au reiglement de ladicte place qui estoyt l'une des fortes de la France, et au moins attandre le retour de leurs députés pour scavoir la volunté du Roy sur ce faict. Oultre ce ledict sieur des Diguieres les admonesta de panser tellement aux moyens de parvenir à la paix, que cepandant on se prépara en toute diligence pour recevoyr l'ennemy et se deffandre en tous événemens si on ne pouvoyt obtenir la paix. Sur quoy fut discouru par ledict sieur des ouvertures et moyens de la conservation desdictes

---

[1] Cette assemblée eut lieu le 12 juillet 1581 comme le prouve un document inséré dans notre deuxième volume (p. 52). L'auteur de notre mémoire en donne un résumé très exact.

eglises auxquelles il offre sa personne et ses biens, priant les aultres gentilshommes de faire de mesme.

Nonobstant ce que dessus il fut résolu de rechercher la paix sans fere aulcuns préparatifs ny semblans de se deffandre, et mesmes que ledict fort de Gap seroit rasé s'il apparoissoyt que la volunté du Roy fut telle, voyre sans que sa Majesté eust ouie les depputés desdictes eglises.

Cela ne fust si tost arresté que l'avis en fut donné par le sieur de Vescoyran au sieur de Cugie son beau frere, qui pour lors estoyt à Vienne, négociant pour les Désunis, par les praticques et trames desquels ladicte assemblée de Veynes fut entièrement conduicte. On ne scayt si ledict sieur de Cugye déclaira ceste résolution audict seigneur duc de Mayne, tant y a que peu de jours après la rupture de ladicte assemblée ledict seigneur Duc despecha ung gentilhomme nommé le sieur de Sainct Julien audict sieur des Diguieres et ses compaignons pour leur faire voyr une déclaration du Roy par laquelle il ordonnoyt que ledict fort de Gap fut razé, leur commandant d'y obeyr, ensemble à tout ce qui estoyt porté par l'ecdit, surtout de rendre et restituer lesdites places par eulx debtenues à sadicte Majesté, laquelle à faulte de ce faire les declairoyt rebelles et criminels de lèze Majesté, permettant en ce cas audict seigneur du Mayne d'employer ses forces contre eulx [1]. Ledict sieur des Diguieres, qui jusques alors avoyt tiré les affaires en longueur attendant de jour à aultre si le sieur de Clervant obtiendroit quelque chose à la Court dont il avoyt esperance par les advis de Marquet et du Mas, deputés des eglises de Daulphiné, voiant la précipitation de laquelle lesdictes eglises usoient, qui crioient tout hault qu'elles aymoient mieulx la persécution que la guerre, se voyant aussi tellement habandonné que manifestement il couroyt fortune, voyre parmy les siens propres [2], fut contrainct de céder à la nécessité et se laisser emporter à l'oraige des voluntés du peuple.

Si en cet endroict ledict seigneur Roy de Navarre s'enquiert de l'intention dudict sieur des Diguieres et si l'establissement de la paix ne

---

[1] Nous n'avons pas retrouvé les instructions portées à Lesdiguières par Saint-Jullin, mais nous avons publié dans notre premier volume, p. 56, la réponse qu'il y fit de concert avec les autres chefs réformés qui suivaient ses inspirations.

[2] Allusion à plusieurs tentatives d'assassinat qui furent dirigées à cette époque contre Lesdiguières.

luy estoit pas agréable, ledict Biard suppliera très humblement sa Majesté de croire qu'il jugera l'exécution d'icelle paix estre non seullement utile mais aussi du tout nécessaire aux eglises, et surtout à luy mesme en particulier, afin de se dellivrer des envies et calumnies de ses hayneux et du danger emminent ou il se voyoyt exposé plus que nul aultre, cognoissant auprès de soy bien peu de personnes résolues, mais il y auroyt deux raisons qui le faisoyent differer ; l'une qu'il s'attandoit à la commutation des places de seureté pour le moins de celle de Gap, suivant les advis qu'il en avoit de la Court ; l'aultre raison luy sera desduicte par ledict Biard.

Toutesfoys ces considerations n'ayant poinct de lieu entre personnes saisies de fraude ou prémunies de passion, ledict sieur des Diguieres et les députés commis au traicté de la paix par l'assemblée de Veynes dépéscherent les sieurs de Morges, de Blacons, Furméyer, le Villar et Calignon par devers ledict seigneur duc du Mayne, qui pour lors estoyt en son armée auprès de Vienne, pour luy faire entendre que puis qu'il apparoissoit à ceulx de la relligion de la volunté du Roy sur le faict des villes de seureté et qu'ils n'en pouvoient espérer aultre chose, ils estoient prests à recepvoir et effectuer l'ecdict de pacification selon sa forme et teneur et sans y adjouster, diminuer ou l'alterer : ce qui leur fut accordé par ledict seigneur Duc comme il appert par les actes.

En vertu de ce traicté ledict seigneur duc du Mayne donne commission de faire démolir le fort de Gap au sieur de Saint Julien, lequel avec ledict sieur de Morges et les aultres deputés reprand le chemin des montaignes et faict en huict jours razer le fort.

Passés lesdicts huict jours Calignon et Ségur feurent renvoyés à Romans par devers ledict seigneur du Mayne cela pour suytte de l'establissement de la paix, suyvant ce qui auroyt esté convenu à Vienne mais avant que de respondre à leur cahier ledict seigneur voulut entrer dedans Livron lequel il fict demanteller. Lesdicts Calignon et Ségur avec les habitans de la ville s'opposérent au demantellement selon l'ecdict ; mais il leur fut respondu qu'il estoit au pouvoir de l'évesque de Valence, seigneur dudict Livron, de rebastir sur les ruynes du chasteau de ladicte ville appartenant à luy, à quoy ledict seigneur Duc consantiroyt suyvant l'ecdict si ceulx de Livron ne consantoient à la démolition de leurs murailles. Cela considéré par les habitans de

Livron ils aymerent mieux voyr abattre leurs murailhes que rebastir ledict chasteau qui les eust tenus en perpetuelle servitude ; pourtant ils supplièrent ledict seigneur non pas estre desmantellés, mais estre traictés selon l'ecdict, ce qui fut pris par un consentement et lesdictes murailles abattues; en recompence desquelles on donna ausdicts habitans quelques exemptions et immunités.

Au retour de Livron le cahier desdicts de la religion consernant la demande de l'exécution de quelques poincts de l'ecdict préallables aux aultres fut respondu par ledict seigneur duc du Mayne de la ville de Valence ou lesdicts Calignon et Ségur eurent leur congé. Entre aultres poincts de leur despeche ils rapporterent ung saufconduict dudict seigneur du Mayne avec une lettre audict sieur des Diguières, par laquelle il le prioyt très instement pour le service du Roy, bien et repos de la province de le venir trouver à un certain jour dans le lieu de Tullins, qui est sur le chemin de Vallence à Grenoble, ou ledict seigneur s'acheminoyt pour la publication de la paix. Ceste despeche fut cause que les plus asseurés entroient en ombrage, considerans qu'après la perte des forts de Gap et de Livron, les deux plus importantes forteresses des pais, il sambloyt ne rester autre chose pour la ruyne des eglises que de perdre le chef d'icelles. Ce qui fut cause aussi que la pluspart de ceulx de ladicte religion pensoient à la retraicte ; et de faict plusieurs troussaient bagages pour se retirer aux terres de monsieur de Savoye et tous génerallement dissuadoyent ce voiage audict sieur des Diguieres. D'ailleurs le sieur de Cugye faict deux despeches de créance au sieur des Diguieres : l'une par le sieur d'Alières, et l'aultre par un nommé Lambert, par lesquelles il tasche de luy faire croire que ledict seigneur du Mayne avoyt charge du Roy de se saisir de sa personne et de l'envoyer à Paris, le priant de faire son prouffict dudict advis, lequel il disoyt tenir de ceulx qui avoient la principale authorité auprès ledict seigneur Duc, et qu'encores qu'il fut du nombre des Désunis, si avoit-il voulu faire ce bon office audict sieur des Diguieres que de l'advertir de chose ou il alloyt de sa vye.

Si d'un costé ledict sieur des Diguieres estoyt perplexe pour l'aprehension du danger qui sembloyt se présanter, d'aultre costé les plus clersvoyans consideroient avecques luy que s'il ne se presantoyt audict seigneur Duc, il prandroyt couverture par la d'un residu de deffiance et sinistre volunté au cueur dudict sieur des Diguieres, et que sur ceste occasion les catholicques passionnés tascheroient de luy persuader d'accabler entiérement ce party pour trancher audict sieur des Diguieres toute espérance de jamais se pouvoir relever et avoir par ce moyen une paix perpetuelle par la ruyne des eglises. Joinct que ledict seigneur Duc du Mayne avoyt déclairé son intention estre telle d'aller luy mesmes en personne establir l'ecdict par toutes les villes de la relligion ; tellement que ledict sieur des Diguieres ne pouvoyt éviter de le veoyr sinon en abandonnant la province. Or il est certain que s'il eust faict seulement semblant de se retirer, la pluspart de la noblesse de la relligion en eust faict de mesmes et ne se fut trouvé un seul homme qui se fut osé présanter après son deppart pour demander establissement de la chambre [1], l'exercice de la relligion et aultres poincts dependans de l'exécution de l'ecdict.

A ceste cause ledict sieur des Diguieres se résolut enfin, par le conseil de quelques uns, que pour animer ceux de ladicte religion et leur fère reprandre cœur il y estoyt en tout nécessaire qu'il alla baiser les mains audict seigneur Duc, pourveu qu'il luy voulent donner nouvelles asseurances et telles comme elles seroient minutées par le sieur Gentillet, président de la chambre tripartie.

Suivant ceste résolution ledict sieur des Diguieres, ayant receu nouveau passeport pour luy et plusieurs aultres gentilshommes qui lui feirent cet honneur de l'accompaigner, s'en alla trouver ledict seigneur Duc à Tullins et l'accompaigna jusques à Grenoble, ou il assista à la publication de la paix en Parlement, puis se retira en sa maison n'ayant receu durant tout ce voiage que tous bons traitemens et grand accueil dudict seigneur, et sur ce point Biard estendra la créance de cest article selon l'instruction que luy en a esté donnée de bouche.

---

[1] De la chambre de l'édit au parlement de Grenoble.

[2] Le duc de Mayenne arriva à Gap le 17 septembre 1581 et en partit le 20 pour Tallard où il passa la journée du 21 ; il y fut harangué par le capitaine Pons de Gentil, dont le discours fut imprimé sous le titre de *Harangue et remontrances faictes à M⁰ˢ le duc de Mayenne...*, par noble Pons de Gentil, natif dudict Tallard, docteur ès-droit et advocat en la cour de Parlement de Grenoble. (Lyon, Benoit Rigaud, 1583.) Mayenne arriva à Embrun le 22. Il était accompagné de cent gentilshommes, de trente pages portant ses couleurs, de deux compagnies d'ordonnance à cheval, de douze compagnies d'infanterie et d'artilleurs Suisses. La réception de Mayenne à Embrun organisée par l'archevêque de cette ville fut vraiment royale (Voy. *Cinq ans de l'histoire d'Embrun, 1580-1585*, par J. Roman, Gap 1878).

Après la publication de la paix ledict seigneur du Mayne s'achemina à Gap ou il establit garnison de ses suisses et pour gouverneur de la ville le sieur de Sainct Julien, catholique des moins passionnés de ladicte province, et ne peult-on nyer que ladicte garnison n'y fut establie par le consantement de ceulx de la religion mesme de la ville, qui se trouvans en moindre nombre que les catholiques, pansoient avoir juste occasion de craindre un massacre tel que cellui qu'ils avoient esprouvé aultrefois, sans la protection de ladicte garnison, laquelle fut composée de Suisses de Souleures, canton allié de cellui de Berne, soubz la charge d'un cappitaine que l'on dit estre bien modéré.

Quant au faict de la relligion, les catholiques de ladicte ville présantèrent requeste pour faire abollir le presche en icelle, mais ledict seigneur Duc n'y voulut toucher, layssant toutesfoys en liberté les parties de se pourveoyr devant le Roy. Durant son sesjour audict lieu de Gap fut convocqué par sa permission en ladicte ville une assemblée des églises pour traicter des affaires de la chambre et des villes de seureté et aultres poincts de l'ecdict. En laquelle assemblée n'assista ledict sieur des Diguieres ny mesmes un seul gentilhomme de ceux qui sont demeurés unys avecques luy, seulement ils donnèrent charge à ung depputé d'y faire pour eulx, afin que les Désunis n'eussent occasion de se plaindre, comme ils ont accoustumé de faire, que la presence dudict sieur des Diguieres altera la liberté des oppinions. Les Désunis aussi de leur cousté n'y assistérent poinct, encore qu'ils y eussent esté deuement appellés comme il appert par leurs responces par lesquelles ils approuvent ladicte assemblée en ce, disent-ils, qu'elle résouldra pour le bien des églises, se voulant par ce moyen attribuer la censure et jugement des résolutions de ladicte assemblée pour en décider et donner rapport. Nonobstans laquelle responce ladicte assemblée sur le faict de la chambre approuve les officiers d'icelle qui ont esté nommés par cy devant par le roy de Navarre et pourveus par le Roy, et quant aux villes de seureté confirme pareillement pour commander ausdictes places les sieurs des Diguieres et de Gouvernet, qui sur la nomination dudict seigneur roy de Navarre avoient obtenu despuis deux ou troys ans leurs provisions du Roy, en vertu desquelles ils ont presté, après ladicte assemblée, le serment porté par l'ecdict, entre les mains du seigneur de Maugiron, lieutenant du Roy audict pais.

Incontinant après ladicte assemblée de Gap, les résolutions de laquelle n'avoient succédé au gré des Désunis, ils convocquerent une assamblée contraire au lieu de Saillans, de laquelle on ne scait encores les conclusions sinon qu'on est bien adverti qu'ils taschent de faire déposer des gouvernements de Serres et de Nions, villes de seureté, lesdicts sieurs des Diguieres et de Gouvernet, de la suffisance et capacité desquels en ceste charge ledict seigneur roy de Navarre jugera, s'il luy plaict, selon la cognoissance qu'il a de leurs actions passées, de leur affection et fidélité à ce party, et surtout de la dévotion particuliere qu'ils ont tousjours monstrée au service de sa Majesté.

Lesdicts Désunis taschent aussi de s'opposer à la réception de deux personnaiges en ladicte chambre dont l'un et le sieur Gentillet, esleu président par toutes les assamblées des églises, confirmé par le roy de Navarre, pourveu par le Roy et despuis appelé de Genève, ou il estoyt, par lesdictes églises pour accomplir ladicte charge, homme de grande piété et d'érudition singulière, comme ses escris le tesmoignent mesmes une appologie chrestienne dedyée au roy de Navarre. L'aultre c'est le sieur Calignon, serviteur domesticque et très affectionné dudict seigneur roy de Navarre, éleu pareillement par toutes les assamblées des églises de Daulphiné pour estre conseiller premièrement en la chambre mi-partie et depuis en la tri-partie, nommé au Roy par monseigneur son frère en l'année 1576 et depuis, à la paix suivante, par le roy de Navarre, deux foys examiné au privé conseil du Roy et deux foys rescu, personnaige, au reste, de la preud'hommie, zelle et affection que ledict seigneur roy de Navarre scayt.

Sur quoy ledict sieur des Diguieres supplie très humblement sa Majesté de croire qu'il est du tout necessaire pour le bien des églises de Daulphiné qu'elle déclaire ne voulloir fére aultres nominations desdicts officiers de la chambre que celle que par cy devant il luy a pleu fere, aultrement ledict sieur des Diguieres l'asseure sur son honneur et conscience et à peyne de n'estre jamais tenu pour homme affectionné au bien et avancement des églises qu'il en adviendra de deux choses l'une; ou que sur la diversité des nominations, si sadicte Majesté en faict une nouvelle, ceulx de la religion prandront occasion de se particulariser et les catholicques de supprimer ladicte chambre soubz pretexte qu'on n'en sera pas d'accord, ou bien que pour accorder lesdicts de la relligion on leur en baillera une telle que celle qui fut érigée pour les Razats et Carcistes en Provence, c'est-à-dire qu'on les frustrera de l'ecdict. D'aultant aussi que le sieur de Frize nommé par cy devant par sadicte Majesté est mort, sadicte Majesté pourra nommer, si bon luy semble, le premier des troys personnages en faveur desquels ledict Biard porte une attestation de monsieur de Béze, et à faulte que le premier ne le volut estre, le second, et à faculte du second le tiers, à quoy si sadicte Majesté se résolut, comme elle est suppliée très humblement de fere, sera nécessaire qu'en confirmant l'ancienne nomination des sieurs Loys du Vache et Pierre Marcel pour conseillers, et nommant de nouveau l'un des trois dont ledict sieur de Béze escript en la forme que cy dessus, sadicte Majesté casse par mesme moyen toutes aultres nominations qu'elle pourroit avoyr faict, comme obtenues par surprinse.

Aussi sadicte Majesté est suppliée très humblement qu'il luy plaise octroier une commission en blanc pour la reddition des comptes de ceux qui ont administré les finances des églises durant les troubles, despuis la Saint Barthelemy en ça, ainsi qu'il a esté résolu en ladicte assemblée de Gap.

Finalement ledict Biard représentera bien au long au roy de Navarre l'extreme regret et depplaisir que les sieurs des Diguières et de Gouvernet ont porté et portent encores de n'avoir eu jusques à présent le moien d'aller baiser les mains de sa Majesté, la remerciant de tant d'honneurs, faveurs et bénéfices qu'il lui a pleu leur deppartir, et luy randre compte ensamble des charges dont ils ont esté honorés par elle ; l'asseurant que la seule nécessité des affaires et le service de sadicte Majesté les a retenus encores en ladicte province, laquelle ils ne pouvoient abandonner si tost sans achever de perdre tout. Luy dira en oultre ledit Biard que sans la prochaine assignation des Estats qui se doibvent tenir audict pais le quinziesme du mois d'octobre, ils seroient desja en chemin pour se randre aux pieds de sadicte Majesté ; que le bien et repos des églises requiert de toute nécessité que lesdicts sieurs se trouvent auxdicts, aultrement en leur absance plusieurs choses se pourroient déterminer par les catholiques au prèjudice desdicts églises et que passé la tenue desdicts Estats lesdicts sieurs des Diguières et de Gouvernet s'achemineront infailliblement avec bon nombre de gentilhommes vers sadicte Majesté, ce qui pourra estre environ la feste de Noel.

MÉMOIRE

DE CE QUI S'EST PASSÉ EN DAUPHINÉ

DEPUIS LE MOIS D'AVRIL JUSQU'AU VINGTIÈME DE DÉCEMBRE 1587 [1]

Après le siege de Corges [2], dont sa Majesté a su les particularités,

---

[1] Cet intéressant mémoire a été déjà imprimé dans les *Mémoires de la Ligue,* par Goulart et Gouget (vol. II, p. 200 et suiv.), comme étant un fragment des mémoires historiques de Jacques Pape, sieur de Saint-Auban, sur les événements de son temps; cet ouvrage est malheureusement perdu presque en entier, il n'en subsiste plus que trois fragments: deux insérés dans la *Généalogie de l'illustre maison de Coligny* et le troisième que nous rééditons aujourd'hui.

Malgré l'affirmation des savants éditeurs des *Mémoires de la Ligue*, il nous parait difficile d'admettre que ce dernier fragment soit bien en effet l'œuvre de Saint-Auban; il ne nous parait présenter aucun des caractères distinctifs d'un récit historique, et nous semble n'être autre chose qu'un rapport adressé par Lesdiguières et le parti qui le reconnaissait pour chef, au roi de Navarre, sur les évènements écoulés pendant une partie de l'année 1587. Il est en effet conçu de la même façon que les documents du même genre émanés positivement de Lesdiguières; on peut lui comparer, par exemple, le discours relatif aux événements de l'année 1581, qui est imprimé dans ce volume immédiatement avant. Le prétendu extrait des mémoires de Saint-Auban est adressé au roi de Navarre, ce n'est pas douteux, la première phrase le prouve : *Après le siège de Chorges,* y lisons-nous, *dont sa Majesté a su les particularités....* Il est certain, en outre, que ce document n'était pas destiné à être répandu dans le public pour le mettre au courant des évènements survenus, mais que c'était simplement une note secrète écrite dans le but de rendre compte des actions du parti protestant en Dauphiné et de prendre des ordres pour l'avenir ; il suffit pour s'en convaincre de lire la dernière page dans laquelle le rédacteur s'adressant directement au roi de Navarre l'assure qu'on ne prétend faire aucun traité avec les catholiques sans son approbation, que les pourparlers sont encore pendants, qu'aucun article n'a été adopté définitivement, et que, du reste, ses droits au trône seront avant tout formellement reconnus. Ce n'est point là le ton d'un récit historique, et en particulier ce n'est pas le ton des fragments des mémoires de Saint-Auban insérés dans la *Généalogie de la maison de Coligny.* Que Saint-Auban ait été le rédacteur de ce mémoire, c'est possible, puisqu'il était en 1587 retiré en Dauphiné; qu'il ait été chargé par le parti protestant de le porter au roi de Navarre, c'est encore admissible; c'est probablement en lisant son nom inscrit avec une de ces qualités sur le manuscrit qui leur a servi à donner leur édition que Goulart et Gouget ont cru ce rapport, qui est un tout complet, un fragment des célèbres mémoires de Saint-Auban, aujourd'hui perdus. Nous croyons qu'il faut renoncer à cette attribution et considérer simplement ce document comme des instructions confiées à un porteur par le parti protestant dauphinois et envoyées au roi de Navarre dans le but de lui faire connaître les évènements survenus en 1587 et de lui demander ses ordres pour l'avenir.

[2] Chorges fut assiégé par La Valette et Épernon à la tête d'une armée considérable pendant les mois de novembre et de décembre 1585. Dé-

le sieur des Diguieres emploia les trois premiers mois de l'année, tant à refaire l'État, qu'à visiter la province, munir les places, et réparer les ruines que les deux armées y avoient apportées, s'attendant sur le printemps une nouvelle armée ; ce qui n'est toutefois advenu.

Sur le commencement d'avril, le sieur des Diguieres prit le château de Champs, à deux lieues près de Grenoble, par le moien d'un pétard qu'il appliqua et fit jouer deux fois [1].

Deux jours après, la cour de Parlement de Grenoble fit ouverture d'une trêve [2], de la quelle on est encore en traité, comme sa Majesté entendra ci-après ; ce qui n'a toutefois retardé les exploits de la guerre; d'autant qu'en même temps le dit sieur des Diguières, fit conduire trois pièces de batterie à Nyons, pour battre Venterol, ville et chateau ; mais ils se rendirent audit sieur des Diguieres, avant que d'avoir vu le canon.

Le septième de mai, la compagnie d'hommes d'armes dudit sieur des Diguières, conduite par le sieur de Poligni, son lieutenant, et celle du sieur de Rosset, gentilhomme papiste, conduite par lui-même, attirèrent à l'escarmouche la garnison de Sault, tuèrent six vingts hommes de pied sur la place, entre lesquels y en avoit une vingtaine de commandement [3], en prirent six prisonniers, et peu s'en fallut qu'ils n'entrassent pêle-mêle dans la ville. Cette exécution fut faite sans perte que d'un seul homme de la religion.

Le dernier jour du même mois, le pont de Coignet (surpris quelques jours auparavant par monsieur de la Valette) fut rendu à discrétion audit sieur des Diguieres, aïant été assiégé et pétardé en plein jour, par un soldat qui porta le pétard sur le haut d'une échelle de six toises de longueur et le fit jouer à la porte dudit fort, à laquelle il n'y avoit accès que par la même échelle, laquelle le dit soldat y posa.

---

fendu avec une grande bravoure par Saint-Jean, Charance, Le Pin et d'autres parmi les meilleurs capitaines de Lesdiguières, il fut contraint de se rendre, mais après avoir vu tomber devant ses murailles près de la moitié de l'armée assaillante.

[1] Ce château fut pris le 31 mars 1587; Aymar Chevalier, seigneur du Pin, en fut nommé gouverneur.

[2] Les pourparlers pour une trêve commencèrent le 3 avril ; mais n'ayant pas reçu l'approbation de La Valette, ils furent abandonnés.

[3] Officiers.

Le huitième de juin, le château du sieur du Monestier [1], très bon à la main, et situé à La Mure à laquelle il avoit été rebâti aux dépens du païs (pour tenir les habitans de la religion en servitude), fut rendu par composition et rasé selon icelle, aïant été assiégé quatorze jours par le sieur des Diguieres, assisté des sieurs de Morges, Briquemault et autres.

Le quinzieme, Mérindol fut investi par le sieur de Gouvernet, et peu après ledit sieur des Diguieres, assisté des sieurs du Poët, de Blacons, de Montbrun, de Vachéres, Briquemault le jeune, et toutes les troupes de la province, y fit conduire trois pièces de batterie, à l'arrivée et vue desquelles la ville se rendit, bagues sauves, et le chateau à discrétion.

Le dix-huitieme, Benivay fut aussi rendu, comme semblablement le dix-neuvieme Pierre-longue et Esgalieres.

Le vingt-unieme, Jonquières, ville de la principauté [2], fut investie et rendue le même jour, après avoir enduré une vingtaine de canonades. Gigondas aussi se rendit à la nouvelle de cette prise.

Le vingt-troisieme, le Poët de Laval fut assiégé, et, après avoir enduré cent cinquante coups de deux piéces de campagne, fut enfin rendu par composition le vingt-neuvieme, encore que la brèche ne fut raisonnable, et que les assiégeans aïant planté l'échelle contre icelle se fussent retirés sans donner.

Le treizieme de juillet, monsieur de la Valette reprit Pierre-longue par composition, après l'avoir canoné de deux moïennes, et tiré six vingts coups de canon. Les assiégés sortirent avec leurs armes, bagues sauves, enseigne déployée, tambour battant et la mèche allumée.

Le dix-huitieme, le sieur des Diguieres vint à Oste [3], ville demantelée, et emploia tout le surplus du mois à fortifier la place, où il emploïa le sieur de Vachéres, pour faire la guerre à la ville de Crest [4], voisine d'un quart de lieue de là.

Le premier jour d'août, le sieur de Chastillon passa le Rhône avec

---

[1] On lit dans l'édition des *Mém. de la Ligue*, le *château de Menestrier*, c'est *du Monestier* qu'il faut lire. En effet, ce château situé dans le bourg même de la Mure, appartenait à Balthazard de Comboursier, sieur du Monètier, gentilhomme catholique, ancien gouverneur de Gap.

[2] D'Orange.

[3] Il ne s'agit pas d'Aoste (Isère), mais d'Aost (Drôme), près de Crest.

[4] Dans l'édition des *Mém. de la Ligue* ont lit : *Cerf*.

ses troupes, et séjourna vingt-cinq jours en Dauphiné, à cause de l'opposition que lui fit le sieur de la Valette [1]. La cause en était imputée à son séjour en Languedoc, où il fut contraint de demeurer jusqu'à la fin de juillet, encore qu'il eut résolu et projetté son passage plus tot. Toutes les troupes de la religion du païs de Dauphiné, l'attendirent le long du Rhône, environ douze ou treize jours.

Le sieur de la Valette cependant se prépara et disposa tellement ses affaires, qu'il se trouva sur le bord du Draq et l'Isère pour empêcher le passage du dit sieur de Chastillon, avec six cens chevaux et environ quinze cens arquebusiers, et combattit les Suisses [2].

Le dimanche seizieme sur le matin, la ville de Montélimart fut surprise par les papistes, sauf le chateau lequel demeura, sans pouvoir être surpris, à ceux de la religion. Le lendemain, à neuf heures du matin, le sieur des Diguières reçut la nouvelle de cette prise, encore qu'il fut à vingt lieues de là avec ledit sieur de Chastillon. Ce qui lui donna occasion de dépêcher promptement les sieurs de Poët, de Blacons, de Salles et de Soubreroche [3], avec leurs troupes. Ils prirent en chemin le sieur de Vachéres et quelques compagnies. A leur arrivée, ils trouvèrent que le chateau avait déjà été secouru par la diligence de ceux de Vivarets et dudit sieur de Vachéres, et aiant mis en délibération ce qui étoit de faire, se résolurent promptement de donner sur la ville. Ce qu'ils firent le mercredi dix-neuvieme à sept heures du matin, s'étant ralliés environ deux cens cuirassiers et mille arquebusiers. Ce qui leur succéda, de sorte qu'aiant faussé les barricades de l'ennemi, taillérent en pieces plus de deux mille hommes, entre lesquels furent le comte de Suze, les sieurs d'Ancone et de Logiéres, du Teil le fils, et Dupuy Saint-Martin le jeune [4], avec un grand nombre d'autres seigneurs, gentilshommes, capitaines et soldats de marque. Les prisonniers de renom furent : le fils aîné du comte de Suze, le ba-

---

[1] L'intention de Chatillon était de passer en Bourgogne par la Savoie, et de se joindre à la grande armée des reitres et des Suisses, qui entrait en France pour soutenir les réformés. La Valette, avec une grande habileté, quoique inférieur en nombre, rendit tous ces desseins inutiles.

[2] Voir plus loin des détails sur la défaite des Suisses au bord du Drac.

[3] Dans l'édition des Mém. de la Ligue on lit Sousbrochet ; il s'agit de Jacques de Chypre, sieur de Soubreroche, capitaine protestant dauphinois, bien connu.

[4] Les Mém. de la Ligue ajoutent en note : surnommé Portes. Il s'agit ici de Louis d'Urre, seigneur du Puy-Saint-Martin, Portes, Marsanne et autres lieux, lieutenant du roi en Provence, gouverneur de Crest, qui mourut en 1592.

ron de la Garde, Chenilac, gouverneur de Vivarets, l'Étrange, du Theil le père, Pracontal [1], Ramefort, le jeune Cossans, le jeune Vanterol [2], Belathy, chef et auteurs de l'entreprise et plusieurs autres. Outre ce que dessus, il y en eut un fort grand nombre de blessés, entre les quels furent Ancosne et Saint-Ferreol qui commandoit à Castillon. De ceux de la religion il n'en mourut gueres plus d'une vingtaine, entre les quelles fut le sieur de Tessières, et cent ou six vingts blessés [3].

Mais d'autant que sa Majesté pourra plus particulierement entendre le succes de cette affaire par le discours qui en a été publié, il suffira pour le présent de lui rendre témoignage, que véritablement ce fut une œuvre de Dieu ; et toutefois ne peut être denié, à la valeur, diligence, et sage conduite du sieur du Poët, gouverneur de ladite place (comme à l'instrument principal), cet heureux exploit, aiant avec si petit nombre de gens de guerre (à savoir environ douze cens hommes) forcé plus de trois mille hommes de combat, préparés et logés avantageusement dedans leurs barricades, flanquées et défendues en front par trois pièces de canon. semblablement aussi la valeur des sieurs de Blacons et de Vachéres, de Mirebel et d'Allart, gentilshomme de Vivarets, y fut remarquable.

Quant aux Suisses, desquels la défaite fut le même jour de la reprise de Montelimar, ils étoient en nombre de deux mille piques seiches, cinq cens corselets, trois cens arquebusiers, deux cens mousquetaires, outre deux compagnies de François ramassés sur la frontiere de Suisse, chacune de deux cens hommes, la plupart arquebusiers & mousquetaires Et toutefois cela fut rompu par moins de quatre cens arquebusiers et achevé de defaire par quatre compagnies de cavalerie en lieu très favorable à l'infanterie, et où l'ennemi n'eut su aller que pour les reconnoitre. Dieu, fait comme il lui plait, valoir le nombre et les armes [4].

---

[1] D'après les *Mém. de la Ligue*, de Thou nomme ce personnage *Prémontral*, mais il se trompe, car il s'agit de Jean de Pracontal, seigneur d'Anconne, capitaine catholique bien connu du Dauphiné.

[2] On lit dans les *Mém. de la Ligue* : *Vauterel*, mais il s'agit de Georges d'Urre, seigneur de Venterol, Novizan et autres lieux, commandant pour le pape au Comtat Venaissin.

[3] Voir sur cet événement la *Prinse et reprinse célèbres de Montelimart*, dont il existe plusieurs éditions, entre autres une dans les *Mém. de la Ligue*, à la suite du mémoire que nous rééditons.

[4] Douze compagnies de Suisses et de Français, formant 4,500 hommes, et une compagnie de cavalerie voulurent entrer en Dauphiné pour rejoindre Chatillon. Attaqués au bord du Drac, près de Vizille, par des troupes catholiques en nombre très inférieur, ils perdirent 1,700 morts, un

Le trente unieme de ce mois, le fils ainé du comte de Grignan [1], à la sollicitation du sieur des Diguieres, prit le parti du roi de Navarre, et se saisit de Clansayes [2] et Montségur, ville de très belle assiette, au comté de Grignan, où ledit sieur de la Valette avoit mis garnison peu de jours auparavant.

Environ ce même temps, ledit sieur de Blacons prit la ville de Suze, laquelle, après avoir été pillée, fut quittée n'aiant pu le chateau être forcé.

Le premier de septembre, le sieur des Diguieres accompagné des sieurs de Gouvernet de Briqmaut, et le jeune Morges [3], assiegea Guillestre, et le battit de quatre moiennes et deux petites pièces de campagne ; de sorte que l'ennemi, après avoir enduré deux cens canonades, et vu la brèche raisonnable, quitta la ville, et se retira au chateau, lequel aussi aprés quelques volées, se rendit le cinquieme septembre par composition ; par laquelle les Gascons [4] se retirérent avec le bâton blanc, et ceux du pais demeurèrent à discrétion [5].

Le dixieme d'octobre, le chateau de Queyras (assiégé depuis le vingt cinq de septembre) se rendit au sieur des Diguieres, assisté des sieurs de Briqmault et de Morges, où il ne passa rien de plus remarquable, que la hauteur et difficulté des chemins par lesquels le canon passa contre l'attente et espérance de tous les papistes de la province, vu l'impossibilité qu'on estimait y être, aiant demeuré ledit canon dix jours entiers à faire quatre lieues, encore qu'il y eut plus de six cens soldats, et quinze cens pionniers, à le trainer et conduire sans intermission.

En ce même temps ledit sieur des Diguieres, sachant que l'ennemi fortifiait un temple au bourg de Saint-Pierre, lieu du Marquisat [6], y envoia ledit sieur de Briqmaut avec quelques troupes qui forcèrent la place en plein midi, le douzieme dudit mois, prirent le capitaine,

---

grand nombre de prisonniers et très peu purent s'échapper. Ce fut un ds plus sanglants combats de nos guerres religieuses, il se passa à la vue de Lesdiguières et Chatillon, qui ne purent y prendre part. séparés qu'ils en étaient par la rivière de la Romanche.

[1] On lit dans les *Mém. de la Ligue* : *Brignan*, erreur corrigée du reste dans une note.

[2] On lit *Clausures* et *Clausére* dans les *Mém. de la Ligue*.

[3] Son père avait été tué onze jours auparavant sur les bords de la Romanche par un coup de canon, lors de la défaite des Suisses.

[4] La Valette avait mis à Guillestre une garnison de soldats gascons sous les ordres du capitaine Belmont.

[5] Cinq furent pendus comme voleurs.

[6] De Saluces.

et taillerent en pièces tout le reste, et cet exploit a été le premier qui ait été fait delà les monts.

Le huitieme jour de novembre, les sieurs de Ramefort, Mouschant [1], Esgaravacques [2] et Signac, étant entrés par intelligence dedans Jonquières, et aïant saisi toute la ville, excepté une tour, la nouvelle en fut apportée à Oranges au sieur de Blacons, lequel, trois heures après la prise, parut avec trente chevaux devant la ville, ce qui effraia de telle sorte les gens de pied qui etoient dedans (par la souvenance qu'ils eurent du traitement du Montlimart), qu'ils quittèrent la place, sans qu'il fut au pouvoir du chef de les retenir, encore qu'ils fussent au nombre de quatre cens; et sans la cavalerie de l'ennemi (qui n'était encore entrée, et qui pouvoit être en nombre d'environ six vingts chevaux) le dit sieur de Blascons (pour certain) les eut défait; mais il se contenta pour lors, de rentrer dedans la place, et chatier les traitres qui l'avoient livrée.

Quant au fait de la tréve, dont il est parlé ci-dessus, ce propos a trainé depuis le mois d'avril; il n'y en a encore un seul article résolu (afin qu'il ne soit ajouté foi à ce que, par l'artifice de ceux de la Ligue, ou autres nos ennemis, pourroit être dit au contraire pour quelque mauvaise fin) ni ne sera que sous le bon plaisir de sa Majesté.

Le peuple est très assurément persuadé que sadite Majesté, et ceux qui dependent de ses commandemens par-deçà, ne désirent rien plus que le bien et le repos, tant du général, que de la province; et que les chefs du contraire parti ont empesché jusqu'à présent les effets de cette bonne volonté.

Les propositions de la trêve ont été: que par États provinciaux, protestation soit faite de l'obéissance qu'on doit au Roi et aux enfans mâles qu'il plaira à Dieu de lui donner, à faute desquels, le roi de Navarre soit reconnu chef des princes du sang, et premier successeur de cette couronne, et après lui, les autres princes, selon la prérogative de leur degré, avec détestation expresse des manifestes et autres libelles de la Ligue, par lesquels on auroit voulu preposterer[3] cette succession.

---

[1] En note dans les *Mém. de la Ligue* : c'est de Montaut.

[2] Nommé dans les *Mém. de la Ligue* : Esgarnaques, et dans de Thou : *d'Escaravagnes*. Nous rétablissons son nom d'après des signatures authentiques.

[3] Intervertir.

Le second chef a été que la religion réformée soit reçue par toute la province indifferemment; et moiennant cela, nous avons promis de n'empêcher la romaine, et que les ecclesiastiques ne rentrent en leurs biens. Nous avons aussi promis de reconnoistre la cour de Parlement, obéir au sieur de Maugiron, et que quelque mutation d'État qui puisse survenir, le roi de Navarre emploiera son autorité future et présente, pour l'observation de ce traité, notamment en ce qui concerne la dignité de la Cour et du lieutenant du Roi, ensemble les biens ecclesiastiques.

Le troisieme point de la proposition a été, qu'en attendant une paix plus ample, chacun gardera ce qu'il tient, retranchant néanmoins les garnisons le plus que faire se pourra.

Il ne se pourroit au reste aisément dire combien tous les ordres de cette province sans distinction, ont de dévotion et de volonté à la majesté du roi de Navarre; assurés qu'il est fidèle au Roi, aime le bien et la fleur du royaume, comme vrai prince du sang de France, prince véritable, et gardant sa parole, sans l'avoir jamais altérée à l'endroit de qui que ce soit, et duquel la singulière valeur, douceur et humanité (quand il n'y auroit autre chose) doit assez émouvoir les peuples à l'honorer et reconnoitre selon le rang et degré qu'il tient en ce royaume. C'est le langage ordinaire de tous, tant d'une que d'autre religion.

MÉMOIRE

DE TOUT CE QUI EST ADVENU EN LA GUERRE DE SAVOYE

TANT CONTRE LE DAUPHINÉ QUE CONTRE GENÈVE

DEPUIS LE MOIS DE FEBVRIER EN L'AN 1589

QUE SON ALTESSE REPASSA EN PIEDMONT[1]

SERENISSIMIS ET INVICTISSIMIS CAROLO EMMANUELI, ET CATHARINE AUSTRIACÆ, INFANTI HISPANIÆ, SABAUDIÆ DUCIBUS, DIVIS SUIS TUTELARIBUS, JOHANNES FRANCISCUS BERLIETUS.

>
> Quis tot sufficiens vestros sit dicere lauros,
> Quos neque, iam cedens, Gallia ferre potest.
>   Aliud :
> Cur insurgentes non undique spernimus hostes,?
> Carole, tanta! parant certa trophœa tibi.

MONSEIGNEUR,

Par la lecture de ce brief memoire, il sera facile de cognoistre qui doibt estre iugée plus grande ou la bonté de vostre Altesse Serenissime ou ma témérité. Ma témérité, di-je, pour avoir osé entreprendre de tirer en un iour de mes tablétes confuses, ce mémoire, si mal limé pour le présenter à ses doctes, et iudicieuses oreilles. La bonté de

---

[1] Ce discours, dont l'original est conservé dans les archives de la Cour de Turin (*Storia della real casa*, catég. III, *mazzo II, n° 18*), a été composé par le conseiller Berlier, qui fut successivement surintendant des vivres à l'armée du duc de Savoie, conseiller et référendaire, puis président au parlement de Chambéry. Il s'étend du mois d'avril 1589 au mois de janvier 1594, comme

vostre Altesse Serenessime pour s'estre daignée d'avoir pour agréable, non seulement le service effectuel que ie luy ay faict en ceste guerre pendant son absence, mais aussi ce discours simple (véritable toutesfois) que ie luy présente. Véritable peux-ie dire, parce que i'ay eu cest honneur, pour la charge que ie tiens de vostre Altesse de superintendant général des vivres de son armée, d'avoir assisté en toutes les expéditions de guerre, pour débile instrument, et oculaire tesmoing. Recognoissant doncques pour supérieure, comme en toutes autres choses, la bonté de votre Altesse, elle m'obligera de continuer ce mien service, non pas avec plus de fidelité et volunté, mais de diligence et expérience, et ce discours non pas avec plus, de candeur, et vérite, mais avec plus de lustre et de lime, quand le loisir le permettra, pour, ayant representé à vostre Altesse ses propres lauriers, les ioindre ensuyte à tant d'autres de ses Serenissimes prédécesseurs, non pour les enfermer en ses archives, mais les mander à la posterité. Cependant ie prieray Dieu les vouloir augmenter et accroistre de iour à autre à la confusion des ennemis et donner à vostre Altesse, Monseigneur, trés longue et trés heureuse vie. De Turin ce xxe de Janvier 1594.

De vostre Altesse Serenissime, trés humble, et trés obeissant serviteur et subiect.

J. BERLIET.

l'auteur nous l'apprend lui-même au commencement et à la fin de son récit. L'exactitude des faits racontés dans ce mémoire ne saurait être contestée; il suffit de remarquer, pour en être convaincu, qu'il est en parfait accord quant aux dates avec le *Journal des guerres de Lesdiguières*; ces deux documents se confirment et se complètent l'un l'autre. Il en est tout différemment quant aux appréciations auxquelles l'auteur se livre relativement aux événements qu'il raconte et dont il a été généralement témoin oculaire. Il faut, pour porter un jugement impartial sur cette partie de son œuvre, se placer au point de vue même de celui qui l'a composée. Il y aurait, croyons-nous, injustice à exiger d'une créature du duc de Savoie, dans un ouvrage dédié à ce prince, une impartialité absolue à l'égard de Lesdiguières et des armes françaises. L'auteur n'a pas altéré la substance des faits, c'est déjà beaucoup, et on ne peut lui en demander davantage. Qu'il considère la bataille de Pontcharra comme une échauffourée sans importance, dans laquelle le hazard a eu plus de part que les combinaisons stratégiques de Lesdiguières, et dont le mauvais succès est dû uniquement à la fâcheuse attitude d'un général espagnol; qu'à ses yeux le marquis de Treffort ait été un héros et Lesdiguières un petit chef de *bigarras* dauphinois et un médiocre général; qu'il pense que les Savoisiens ont été presque toujours victorieux et que la mauvaise fortune et la trahison seuls ont été cause de leurs échecs, cela a peu d'importance et il est facile de démêler la vérité au milieu de ces exagérations. C'est affaire à l'historien qui se servira un jour de ce document, des lettres et des rapports de Lesdiguières, de faire parmi eux un choix judicieux et de rejeter ce qui sent le panégyrique et l'exagération.

En l'année 1589 au mois d'Avril la guerre fut commencée en Savoye contre son Altesse, par les habitants de Genéve, assistez des Cantons suisses protestans et de l'armée d'Henry de Vallois, soubz la conduicte du sieur de Sancy, estant lors son Altesse passé en Savoye avec sa maison tant seullement, laquelle incontinent meit sur pied une puissante armée.

Et apres avoir heureusement repoulsé ses ennemis, contraint Sancy se retirer en France, et depuis vaincu les Bernois en la iournée de saint Maurix, aupres de Collonges, regaigné tout ce qu'ilz avoyent usurpé sur ses estats, dressé les forts de Saincte Catherine au bailliage de Jernier, de Versoy et de Gex, distants environ d'une lieue de Genéve, establi bonne garnison en toutes ses frontiéres, et asseuré tous ses présides [1], repassà en Piedmont en l'année 1590 au commencement de febvrier, laissant le seigneur Dom Amedéo de Savoye, son frere bastard, lieutennant général pour commander en l'armée de Savoye.

Incontinent apres son despart, des Diguières commandant aux hérétiques, et bigarras [2] du Daulphiné pour le roy de Navarre, qui se disoit roy de France par le décez d'Henry de Vallois, gayat de la rivière d'Ysère au dessus de Grenoble, en la vallée du Grysivaudan, basse lors à cause des froidures des montaignes, et prit Montbonod petit fort distant d'une lieue de Grenoble, pour travailler la ville qui lors tenoit le party de l'Union, fortifia ledict Montbonod, et y laissa grosse garnison soubz la charge du sieur de Beaumont, son parent, puis ayant arrançonné toute la vallée tournà en ses montaignes [3].

D'autre part l'ennemy de Genéve sortit en campagne assiegea le chasteau de la Bastie en la terre de Gex, lequel après quelques vollées de canon se rendit par composition.

Dellà l'ennemy tirà contre la ville de Gex, qu'il batit aussi et emportat par composition.

Monsieur le marquis de Tresfort fut envoyé au secours de Gex, avec les trouppes de sa Majesté Catholique et les siennes, accompaigné de

---

[1] Ses possessions.
[2] Ce mot avait été employé pour qualifier les protestants de Provence.
[3] Dans le courant d'octobre 1589, Lesdiguières prit Cornillon et Montbonot, près Grenoble. Cette dernière place était commandée par Saint-Mury; elle résista quatre jours au canon.

la noblesse de Bresse; mais le secours arrivà apres la prise de sorte qu'il s'en retournà sans rien faire.

Estant retiré le marquis de Tresfort, l'ennemy de Genéve sortit derechef en campaigne, et prit de nouveau le chasteau de Pierre en la terre de Gex et acheva de le brusler. Puis passant oultre par dellà le village de Collonge sur le destroict du Roosne vis à vis de la Petite Cluse, commenceast à bastir un petit fort, dans lequel il logea deux pieces, desquelles il batit premierement la Petite Cluse, laquelle, estant toute descouverte à la batterie de l'ennemy, et sans aucunes pièces pour faire contrebaterie, il feit habandonner à la garnison, qui se retirà au dessus de la montagne. Puis se meit à battre la Grand Cluze, et ayant gaigné le dessus de la montagne à l'endroict dudict fort, faisoit rooller grosses pieces de roche, et gettoit grande quantité de feuz artificiels dedans, et l'emportast enfin par composition.

Le secours y fut envoyé par le sieur Dom Amedéo conduict par le sieur Centono, maistre de camp du regiment nouveau des Espagnols, et le sieur de Sonnax, qui menoit les trouppes savoisiennes, mais si lentement qu'ils arrivèrent après la prise, et s'en tournarent sans aucun effect.

Son Altesse estant en Piemont, advertie de ce désordre commandast tres expressement au sieur Dom Amedéo faire tous ses esforts de reprendre la Grand Cluse, en mesme instant monsieur d'Albigny, commandant à Grenoble pour la Ligue, ayant reprins le fort de Gières[1] prez de ladicte ville feit entreprise de assieger Montbonot pour se desassieger, et demanda ayde au sieur Dom Amedéo, tant de gens que d'artillerie.

Lequel pour ne perdre si bonne occasion de desgaiger de la main de l'ennemy une ville lors amye, tant importante à la Ligue, et particulièrement au service son Altesse, envoyast audict siége le sieur de Sonnax pour assister au sieur d'Albigny avec quelque nombre de cavallerie et infanterie savoisienne, et quatre pièces, avec leur monitions de guerre, et cela fut le commencement de l'ouverture de la guerre contre des Diguieres, lequel descendit de ses montagnes pour secourir Montbonot, et se présentà sur le bord de la rivière, mais ne

---

[1] Ce fort pris et détruit par Lesdiguières en janvier 1588, fut reconstruit par lui peu de temps après. Albigny à la tête de 500 hommes l'attaqua en novembre 1589 et s'en empara. La garnison de 60 hommes était commandée par le capitaine d'Aspres.

l'ayant treuvée gueyable à cause des neiges des montagnes qui fondaient fut contrainct se retirer.

Montbonod apres avoir esté batu de deux costez, n'estant toutesfois la bresche encores raisonnable, les savoisiens baillèrent un assault si furieusement, qu'encores qu'ilz fussent repoulsez avec perte de quelques cappitaines, gentilzhommes de marque, et personnes signalées, toutesfois le sieur de Beaumont, à ce premier abbord ayant recogneu leur valeur, n'osa plus tenter fortune, et désespéré du secours du lendemain rendit la place, dans laquelle le sieur de Sonnax mit garnison au nom de son Altesse et y laissa pour gouverneur monsieur de Chapot, gentilhomme savoysien [1].

En mesme temps que se partit le sieur de Sonnax pour le siége de Montbonod, le sieur Dom Amedéo menà le reste de ses trouppes savoisiennes, et quelques compaignies françoyses, accompaigné des forces de sa Majesté Catholique pour la reprise de la Grand Cluse; et d'abordée ayant faict sortir deux canons du fort Saincte Catherine, les logeast au dessus de la Petite Cluse, dont il feit battre si furieusement le fort de la Grand Cluse (qui estoit lors fort estroict), qu'il foudroyà en telle façon que l'ennemy fut contrainct sortir dehors, après avoir faict quelques mines, qui iouarent si à propos, qu'elles renverçearent toute le fortification, et se retirà à la montagne, qu'il garda encores, et le fort qu'il avoit basty vis à vis de la Petite Cluse.

Lors monsieur le marquis de Tresfort, qui estoit venu audict siège avec la noblesse de Bresse, et bon nombre de cavallerie et infanterie, à son arrivée bailla à la montagne, laquelle il feit quitter aux ennemis, et passant soudainement le destroit d'icelle, leur baillà tel effroy qu'incontinent ils abandonarent leur fort, et s'enfuyrent tous en route iusques à Genéve trainant apres eulx leurs pièces, desquelles en gettarent une dans le Roosne, laissant en proye au Marquis les balles et poudres, et toutes leurs munitions, tant de guerre que vivres, et partie de leur bagaige, et encores deux grands mosquets montez sur chevallets.

Par ce moyen estant regaignée la Grand Cluse, le sieur Dom

---

[1] Montbonot fut attaqué par Albigny et Sonas au commencement d'avril 1590 avec 5,000 hommes de pied, 600 chevaux et quatre ou six canons. Beaumont n'avait que 200 hommes de garnison; il se défendit vaillamment pendant quelques jours, au bout desquels il rendit la place faute de secours.

Amedéo se meit à la rebastir plus grande et plus forte qu'auparavant, et pour ce faire l'armée seiourna à Vauchy, Ballon, et autres lieux circonvoisins environ deux mois.

Estant rebastie la Grand Cluse le sieur Dom Amedéo la laissà en garde au sieur Ambrosio Bindy, gentilhomme italien, qui avoit faict plusieurs preuves de sa valleur en ceste guerre, puis passà en la terre de Gex pour y faire le guast, et empecher la prise à l'ennemy, et se logea au village de Toiry. Du lendemain ayant faict deliberation d'aller recognoistre la ville de Genéve, l'ennemy en fut adverty par une double espie, et feit sortir toute son infanterie et cavallerie, qu'il logea sur un petit costeau pres d'une grange appelé la Chastellanie, à la vollée du canon de la ville et au devant dressa une forte ambuscade en un bois, pensant par ce moyen d'envellopper et prendre prisonnier le sieur Dom Amedéo et tailler en piece sa suyte.

Monsieur de Bussy qui marchoit devant, avec les avancoureurs baillà dans l'embuscade, et y receut un coup de musquet à la teste (duquel toutesfois il guérit). Lors le sieur Dom Amedéo la fit attaquer vivement et la tailla en pieces, et poulsant sa poincte feit donner sur la cavallerie de l'ennemy, laquelle fut chargée par la compaignie du baron de Ballançon et autres savoysiennes, si furieusement qu'ilz luy feirent tourner teste, et la tallonérent iusques au rasteau de Genéve, ayant abandoné et laissé en proye leur infanterie, laquelle soudain fut investie par toute la cavallerie, et infanterie du sieur Dom Amedéo, lequel, baillant le premier dedans, porta par terre un des ennemys d'un coup de lance, et bien suyvy des siens meit en pieces plus de sept cens hommes, la pluspart citoyens de Genéve, qu'a esté la plus grand route que ladicte ville ayt receu pendant ces troubles.

Des lors l'ennemy ne feit plus contenance de sortir hors des murailles de la ville, de maniere que l'armée feit le guast à sa commodité, et les soldats butinarent toute la campagnie iusques au bord du fossé. Puis ayant mis le feu en la ville de Gex, et en tous les villages de la province iusques aux portes de Genéve, l'armée se retirà en garnison, environ la fin du moi d'aoust.

Pendant ce temps l'aisnè Pellisson qui au commencement de la guerre avoit porté les armes pour son Altesse, ayant changé party et s'estant rendu à l'ennemy du Daulphiné, avec quelques gens par luy ramasséz, se saisit du Pont de Beauvoisin, et en dechassa le regiment du collonel Jean Louys, et emmena les cappitaines prisonniers, se saisit aussi des chasteaux de Belmont et Jullin, saccageant tout aux environs, et faisant plusieurs courses par les villages, par forme plus de vollerie que de guerre. Et fut le premier soldat de des Diguieres, qui entrast sur le estats de Savoye[1].

Pendant que l'armée du sieur Dom Amedéo estoit contre la grand Cluse, des Diguiéres print le chasteau d'Eschilles en Daulphiné sur la frontiere de Piedmont, contre lequel fut mandé le sieur de Sonnax avec quelques trouppes savoysiennes de cavallerie, et infanterie, lequel arrivé à Suze, aprés quelques escarmouches attaquées aux barricades de l'ennemy mal à propos, se retirà laissant ledict chasteau au pouvoir des Diguieres[2].

Quelques iours aprés Sancy vint à Genéve avec une armée, print la ville d'Evian, qu'il saccagea, et le chasteau se rendit à composition ; contre lequel le sieur Dom Amedéo envoya en Faucigny les troupes de sa Majesté Catholique, pour garder les destroicts des vallées d'Aux et d'Abondance, et empécher l'entrée de la province à l'ennemy ; lequel aprés avoir rodè quelques iours par le Chablais aux environs des Allinges, luy defaillant les vivres et argent, se retirà sans faire autre exploict, et son armée s'en allà en fumée.

Environ Noël suivant des Diguieres faignant tenir les estats de son party à Voiron proche de Grenoble, surprint de nuict le fauboug Saint Laurens, puis assiégea la ville, laquelle il battit avec quelques pieces plus d'un mois. Monsieur le marquis de Sainct Sorlin vint à Chambery, avec les forces de Lyon et d'Auvergne, se ioindre au sieur Dom Amedéo, pour ensemblement aller au secours de Grenoble, mais ayant passé l'Ysère au pont de Montmélian rencontra auprés de Goncelin monsieur d'Albigny, qui ia avoit rendu le ville par composition. Ce voyant le marquis de Sainct-Sorlin se retirà avec ses trouppes a Lion, les nostres tournarent en leurs garnisons[3].

Des Diguières ayant mis ordre aux affaires de Grenoble, mesmes à la fortifier et dresser une citadelle, y laissa bonne garnison soubz la

---

[1] L'auteur se trompe; voy. plus haut en tête de la page 191.

[2] La capitulation du château d'Exilles eut lieu le 28 septembre 1590 (voy. notre vol. II, p. 494); le duc de Savoie était depuis quelque temps en pourparlers avec le gouverneur pour joindre Exilles à ses états.

[3] La surprise du faubourg Saint-Laurent de Grenoble eut lieu dans la nuit du 24 au 25 novembre 1590. Le traité de reddition de Grenoble fut conclu le 20 et signé le 22 décembre. Voir sur ces événements notre vol. I, pp. 143 à 154.

charge du sieur de Morges, et après avoir rappellé les conseillers du Parlement qui tenoyent leur siége pour son party à Romans, en sortit avec deux pieces, et vint assieger les Eschelles en Savoye sur la frontière du Daulphiné, à quatre lieues de Chambery, pour dellà atédier, et travailler la ville.

Nostre armée se ressemblà pour venir au secours, et ayant passé le destroict de la Crotte attaqua quelques legières escharmouches avec l'ennemy; et neantmoins estant en veue du chasteau, à la vollée seulement de trois ou quatre coups de canon sans aucune bresche, le capitaine Corbeau le rendit, au grand desavantaige du service de son Altesse et particulierement de la ville de Chambery, tellement que nostre armée fut contraincte de se retirer en ses garnisons accoustumées [1].

L'ennemy de Genéve print le pont de Buringe, et la ville de la Roche qu'il saccagea, puis la quitta, et ruyna ledict fort de Buringe. Noz trouppes s'y acheminarent, refirent le fort dudict ponct, et y mirent garnison et en la ville de la Roche soubz la charge du sieur de Cornillion.

Quelque temps apres Sancy ayant faict butin pres de Balle de quelques escus qui passoyent en Flandres pour sa Majesté Catolique, redressà une armée, revint à Genéve, et ayant faict plusieurs courses au bas Faucigny, feit contenance de vouloir assieger la ville de Bonne, nostre armée s'y achemina, à la venue de laquelle l'ennemy se retirà près de Monthou, et suivi par les nostres, aprés quelques escarmouches heureusement attaquées dans le bois leur feit quicter la place, et reculer l'infanterie de Sancy avec quelque perte de gens. Lors le sieur de Sonnax qui conduisoit nostre cavalerie s'avancea mal à propos parmy des ruisseaux et fossez, de sorte qu'estant chargé nostre cavalerie tourna teste, et fut poursuivie par l'ennemy, iusques au gros de nostre armée, qui le soustint vaillamment sans s'esbranler. En ceste derniere charge mourut le sieur de Sonnax, et environ trente des nostres.

Nostre armée irritee de ce faict du lendemain poursuivit Sancy qui

---

[1] Lesdiguières prit les Échelles le 5 mars 1591; il avait 200 cavaliers, autant de fantassins et deux canons. Galles de Bélier succéda à Corbeau comme gouverneur. Voir le journal des guerres de Lesdiguières à cette date; les articles de la capitulation y sont insérés *in extenso*.

se deslogea, et passant par Genéve du costé de Gex se retirà en France, quittant la place au seigneur Dom Amedéo.

Le marquis de Tresfort en estant adverty partit de Bresse avec quelques trouppes, suivit Sancy au comté de Bourgongne, et ayant attainct l'ariére garde, la deffict et print prisonnier le comte Porte, qui depuis se sauva de la ville de Bourg. Et au retour le baron d'Eyria et sieur de Bouans trouvarent au port de Toirete le baron d'Aubonne et son filz qui suyvoyent Sancy, lesquelz ilz feirent prisonniers.

Le mareschal d'Aumont descendit en Bresse avec une armée, et courut iusques aux portes de Bourg. Le marquis de Tresfort luy feit teste, avec quelques trouppes romaines que lui envoya le sieur Dom Amedéo, et bailla sur quelque quartier de l'armée du Mareschal qu'il desfit.

Enfin le Mareschal sans avoir rien gaigné en Bresse, se partit, et tira en Auvergne, pensant mieux faire ses affaires contre monseigneur le duc de Nemours, ayant laissé le cappitaine Grenoble avec cinq enseignes à Romaney.

Le marquis de Tresfort accompagné du baron de Tiange, gouverneur de Mascon, après son depart assigea Romaney, lequel promptement il investit.

Le cappitaine Grenoble voyant le canon se rendit à la discrétion du Marquis, fut amené prisonnier à Bourg en Bresse, et les enseignes envoyées à son Altesse. Par mesme moyen fut nettoyé tout le voisinage des garnisons du mareschal d'Aumont, se contentant le marquis de Tresfort laisser tous lesdicts lieux soubz l'obéissance de la Ligue.

Puis s'en alla le Marquis en Auvergne au secours de monseigneur de Nemours contre le mareschal d'Aumont, qui à sa venue se départit du siege de Saint Porcin, et retira son armée contre Molins, qui se discipast et desfeit de soy-mesme.

L'aisné Pellisson, que nous avons dict cy dessus avoir occupé le Pont de Beauvoisin, aprés avoir faict plusieurs courses et pilleries, et couru iusques au rasteau de Chambery, ayant eu quelque vent que nostre armée le devoit aller visiter pour refréner son insolence et réasseurer celle frontiere, commençea à parlamenter par interposite personne, et rendit la place et tout ce qu'il tenoit et se remit de nostre party, moyennant cinq cens escuz et une compagnie de cavallerie que luy fut baillée : et depuis y attira deux de ses fréres, au second desquels fut accordé sa lieutenance, et après la cornéte de la compagnie des gardes du sieur Dom Amedéo, et au troisiesme une compagnie d'infanterie de son regiment.

Cella faict le sieur Dom Amedéo feit entreprinse d'aller assièger les Eschelles, et feit avancer son armée iusques à Saint Genis, avec quatre pieces d'artillerie; mais ayant seiourné environ deux mois audict lieu sur les disputes et difficultez que les trouppes de sa Majesté faisoyent de passer outre, des Diguières eut loisir de revenir de Provence [1], et ayant ioinct ses forces avec celles du sieur Alfonse Cors, se presenta et feit teste à nostre armée, laquelle peu après se retira en ses garnisons accoustumées ayant laissé bonne garde à Saint Genis [2].

Des Diguières eut loisir de retourner en Provence [3] sans que nostre armée se remuast de ses garnisons, soubz pretexte que les trouppes de sa Majesté disoyent n'avoir ordre que de deffendre les estats de son Altesse et regaigner ce qui serait perdu, non pas d'assaillir, n'y conquerre.

Quelque temps après des Diguieres estant revenu de Provence [4] reveilla noz trouppes, s'estant reioint avec Alfonse Cors, et ayant sorty quatre pieces d'artillerie de Grenoble, vint planter le siège devant la ville de Sainct Genis. Le sieur Dom Amedéo, avec les trouppes de sa Majesté Catholicque l'allà secourir, feit lever le siège, et retirer, les ennemis avec leur artillerie [5].

Des Diguieres tourna en Provence; lors le seigneur Olivero s'emancipa de la longueur d'une lieue de l'ordre qu'il disait avoir de ne rien assaillir, et entra avec les trouppes de sa Majesté Catholicque en la vallée de Graisivaudan en Daulphine, lesquelles il logea à Barraux et Chapareillan, et butinast toute la moisson de la vallée deça l'Ysère du costé de Chambery.

---

[1] Le voyage de Lesdiguières en Provence eut lieu du 30 mars au 3 mai 1591.

[2] Les Savoisiens se retirèrent devant Lesdiguières qui marchait droit à eux les 4, 5 et 6 juin.

[3] Il partit pour ce deuxième voyage le 24 août.

[4] Le 6 septembre Lesdiguières rentra en Dauphiné.

[5] Le rédacteur de ce récit commet ici une erreur: il fait aller trois fois Lesdiguières en Provence durant le cours de l'année 1591, tandis qu'il y alla deux fois seulement. Ce fut au mois de juin (le 6) qu'une attaque fut dirigée contre Saint-Genis.

En ce mesme temps passant par Savoie une armée de sa Saincteté pour aller en Flandres, ledict sieur Olivero print intention de veoir la vallée de l'autre costé d'Ysère, et à l'instante priére et solicitation du sieur Dom Amedéo et du conseil de son Altesse, se laissa induire à entreprendre le siege de Morestel [1]. L'armée de son Altesse à cest effect passa le pont de Montmellian et logea à Pontcharra et Avallon, avec l'armée romaine, buttinant la vallée de ce costé. Mais Olivero reprenant ses premieres brisées sur l'ordre qu'il disoit avoir de ne rien assaillir, entretint les affaires par négociation de corriers qu'il envoyoit de iour à autre au duc de Terreneufve à Millan, pour prendre l'ordre et commandement de luy. De sorte que nostre artillerie feit sortie par deux fois, et par autres deux fois retirée au chasteau de Montmellian, et dura ceste conteste plus de six sepmaines pendant lequel temps les trouppes estrangéres commirent plusieurs cruaultéz et viollences en ladicte vallée.

Desquelles esmeue la ville de Grenoble et toute la noblesse du Daulphiné, s'assemblarent, et ayant rappellé Lesdiguieres feirent coller [2] leurs forces à Goncellin, distant d'une petite lieue de Morestel, en intention seulement de getter gens et vivres dedans, et y faire entrer deux petites piéces pour asseurer la place. Mais s'estant avancez pour reconoistre nostre armée, ayant icelle treuvé dispersée par les quartiers, sans estre en ordonnance ny bataille rengée, estimant le sieur Olivero que l'ennemy venoit seulement pour une course, donnerent dedans, avec leur gros d'infanterie et cavallerie, si à propos que les nostres n'ayant loisir se renger en bataille furent contraincts prendre la fuite sans aucune résistance, avec une telle confusion qu'avec petit nombre l'ennemy en tailla en pieces plus de douze cens, et gaigna treize enseignes de sa Majesté Catholique qu'il envoya au roy de Navarre, son maistre [3].

---

[1] L'armée conduite par dom Amédée et Olivero se composait de plus de quatorze mille hommes de vieilles troupes. Lesdiguières rassembla à grand peine une armée de moitié inférieure en nombre. Dans sa lettre à Vulson, imprimée plus loin, Lesdiguières dit que l'ennemi avait sept mille arquebusiers et sept cents maitres seulement, et lui deux mille sept cents arquebusiers et trois cents maitres.

[2] Couller.

[3] La bataille de Pontcharra eut lieu le 18 septembre. Le rédacteur de ce mémoire cherche autant qu'il le peut à affaiblir la gravité de cet échec, à le rejeter sur les troupes espagnoles, à le faire considérer comme l'effet d'un pur hazard. Rien n'est moins exact. Lesdiguières prépara et dirigea avec la plus grande habileté ce combat qui est resté l'un de ses plus beaux titres de gloire.

Le sieur Olivero, et les autres chefz de sa Majesté se sauvérent à Aiguebelle, dellà à Montmeillan ou tous les fuyards furent recueilliz. L'armée rasseurée et conduicte à Chambery, elle s'y fortifia attendant l'ennemy, lequel toutesfois ne feit autre progrès, ains s'en retourna en Provence.

L'armée estant raccommodée et refraichie, monsieur le duc de Nemours la demanda pour luy ayder au siege de Vienne, ou elle fut conduicte par sus le Roosne pour éviter la foulle du passage par terre de l'invention et industrie du président de la Chambre, ayant charge des munitions de l'armée, qui feit dresser des ponts et planchiers sur les batteaux, pour loger les soldatz.

A leur arrivée Vienne se rendit à monsieur le duc de Nemours, lors les deux armées iointes vindrent planter le siege devant les Eschelles, pour lequel le sieur Dom Amedéo envoya quatre pièces qui furent descendues par la Crotte, et depuis ramenées par le mont du Chat par l'admirable industrie du sieur de Jacob, grand maistre de l'artillerie.

Les nostres de plaine arrivée se logerent dans la ville des Eschelles, et parce que toutes les maisons estoient couvertes de bois, l'ennemy s'estant retiré au chasteau en un instant la bruslà par feux artificielz.

Nostre artillerie feit quelque bresche, mais sans s'attendre à ce les nostres assaillirent un esperon que l'ennemy avoit faict au dehors du chasteau, montarent furieusement au dessus sans eschelles, et l'emportarent d'assault, taillans en pieces environ deux cens hommes qui le gardoient.

Puis fut baillé un assault du costé de la bresche ou les nostres furent repoulsez avec pertes de quelques braves soldats.

Ce neantmoins l'ennemy ayant recogneu leur valeur, et se voyant sans espoir d'aucun secours, rendit la place à son Altesse, en laquelle le sieur Dom Amedéo meit bonne garnison et y establit pour gouverneur le sieur Carlo de Manton, gentilhomme Piemontois.

Apres ce l'armée print le chasteau de Miribel en Daulphiné qui fut remis soubz la garde de monsieur d'Albigny par le moyen duquel il s'est rendu contribuable grande estendue du Dauphiné [1].

---

[1] Voir sur tous ces exploits du duc de Nemours, en Viennois, la lettre de Lesdiguières à Henri IV du 12 août 1592 (vol. 1, p. 170).

Ce faict nostre armée seiourna longuement ausdicts lieux sans faire autre desseing ny progrez, tellement, que des Diguieres eut de rechef temps de revenir de Provence [1]. Et s'estant ioinct avec Alphonce Cors, se présenta à notre armée avec bon nombre cavallerie et infanterie.

Les deux armées demeurarent assez proches l'une de l'autre par quelques iours, la nostre estant logée à Saint-Genis, et aux environs, et celle de l'ennemy au Pont de Beauvoisin, et la feirent quelques légieres escarmouches, puis des Diguières se despartit d'avec Alphonse Cors, qu'il laissa avec bien peu de forces, et passa en Piemont ou il print Briqueras, qu'il fortifia, et depuis Cavours [2].

Allors monsieur de Nemours solicita nostre armée pour le siége de Stéme, prés de Vienne, tenu par Alphonse Cors; et s'estant acheminées les trouppes, celles de sa Majesté Catholique furent rappellées.

Et incontinent après partit le sieur Dom Amedéo, pour assister à son Altesse en la guerre de Piemont, et en sa place fut faict lieutenant général pour son Altesse en Savoye, le marquis de Tresfort.

Lequel à son arrivée se voyant destitué des forces auxilliaires, meit sur pied quelque nombre de infanterie, et ayant faict assembler la noblesse du pays, dressa son armée du costé de Saint Genis, faignant d'aller assieger Voiron dans le Daulphiné.

Cependant par l'industrie et diligence du président de la Chambre ayant faict dextrement préparer à Seissel tout ce qu'estoit nécessaire pour le siége de Morestel, et à l'instant l'ayant faict conduire par le Roosne et le lac du Bourget, de là à Montmellian, après avoir fait quelques courses iusques aux portes de Voiron et pris quelques prisonniers, faisant couler d'une nuit son armée par les Eschelles et Chambéry, passa au point du iour au pont de Montmellian et investit Morestel avant que l'ennemy se fut aperçeu de sa venue. La garnison dudict fort se treuva lors seulement d'environ soixante soldats, ayant esté levé le surplus par des Diguiéres, comme aussi la pluspart des meilleurs soldats de ses autres présides pour engrossir son armée de Piemont.

---

[1] Il rentra en Dauphiné le 18 juillet 1592.
[2] Lesdiguières quitta Ornano le 6 septembre, passa le Mont-Genèvre le 25, prit Briquéras le 10 octobre et le fortifia avec grand soin, et Cavours le 6 décembre.

Ceux de Grenoble advertis du siege envoyerent incontinent gens pour entrer dedans, mais estant toutes les advenues bien estroictement gardées par les nostres, ilz furent repoulséz, de manière que le capitaine dudict fort se voyant sans espoir de secours, et nostre canon arrivé, à faulte de gens rendit la place par composition.

Le Marquis y meit bonne garnison soubz la charge du sieur de Bonvillars et le fortifia, meit aussi garnison en ladicte vallée en Avallon et Allaval et la rendit de ce costé toute tributaire de son Altesse iusques aux portes de Grenoble. Puis repassant la rivière de l'autre part de la vallée du costé de Chambéry, meit aussi garnison à Bellecombette et la rendit aussi tributaire [1].

La ville de Grenoble estonnée de ce progréz, solicita longuement Alphonce Cors pour son secours, des Diguieres estant occuppé en Piemont; lequel enfin s'y accorda, et à cest effect estant venu à Grenoble meit garnisons aux chasteaux du Fayet et de Berlioz, distants environ d'une lieue de Bellecombette pour empecher la conqueste des nostres.

Le marquis de Tresfort s'y achemina avec son armée; à son arrivée, l'ennemy habandonna le Fayet et s'opiniastrà au chasteau de Berlioz. Mais les nostres l'ayant investy, soudain à qui mieux entrerent au iardin par sus les murailles, de là à la basse court, et se logearent au pied du chasteau tous à descouvert, sans craincte des arquebousades ny mousquetades qu'ilz tiroyent incessamment, et en blessoyent plusieurs. Il s'en treuvà qui chargeoyent leurs compaignons blessés sur les espaules pour les emporter dehors, puis tournoyent plus furieusement qu'auparavant. Autres qui gaignoyent de la main la canoniere [2] de l'ennemy, et luy tiroyent au dedans du chasteau. Enfin commenceant à sapper la muraille et mettre le feu aux portes, l'ennemy sans attendre le canon se rendit la vie sauve; ce qui leur fut courtoisement accordé par le Marquis, pour sauver plusieurs damoiselles de la vallée qui s'estoyent retirées audict chasteau, combien que fussent esté blessés audict siége environ cent des nostres, pour s'estre par trop avancez contre le vouloir du Marquis, qui faisoit descendre deux sacres [2] de Montmélian pour le battre.

---

[1] Ces événements eurent lieu en mai et juin 1593. Les troupes savoisiennes donnèrent jusque dans le faubourg Saint-Laurent de Grenoble.
[2] Pièces de canon.

Berlioz pris, le marquis de Tresfort fit une course iusques aux portes de Grenoble, attaqua une barricade près la porte si furieusement qu'il la feit habandonner à l'ennemy, qui fut contrainct virer le canon de la ville contre la barricade pour en sortir les nostres. A cest effroy la garnison qui estoit au fauxbourg Saint-Laurens le quittà, et passant le pont se retirà dans la ville, de sorte que si le Marquis eut esté lors suivy de son gros il pouvoit gaigner ledict fauxbourg.

Cela faict, il se retira en son poste de Barraux et Chaparrillan, ou il se retranchea et fortifia, conduisant avec soy six petites pièces de campagne pour fortifier son camp. Son armée sans aucun empéchement eut tout le butin des moissons de ladicte vallée.

Pour porter les vivres au camp du Marquis qui se mandoyent tous les iours de Montmeillan, le président de la Chambre feit descendre de Seyssel six longz basteaux qu'ilz appellent pennelles, iusques au lac du Bourget; dellà les feit porter par charriots iusques à Montmeillan. Chasque pennelle pourtoit en une heure iusque au camp deux mille pains, et les pouvoyent conduire deux batteliers qu'il avoit faict venir exprès dudict Seyssel.

Alphonce Cors à la grande instance de la ville de Grenoble ayant assemblé toutes ses forces et la noblesse du Daulphiné, vint pour l'en desloger, mais ayant esté vivement repoulsé se retirà avec grand perte de ses gens. Ceux de Grenoble mandarent rappeller des Diguieres qui estoit en Piemont ; lequel voyant la ville esbranlée, incontinent ramena ses forces pour leur secours, et s'estant ioint avec Alphonce Cors, tous deux ensemble conduisirent leur armée contre le marquis de Tresfort : mais il se trouva avoir si bien pourveu à l'assiete de son camp, qu'il les repoulsa plus furieusement que devant.

L'ennemy tournant à la charge feit mettre pied à terre à bon nombre de cuirasses pour enfoncer nostre infanterie, mais incontinent le marquis de Tresfort meit la main à la pique le premier, et suyvy de toute la noblesse repoulsarent vaillament lesdictes cuirasses, et leur feirent tourner teste.

D'autre part la compagnie du baron de Ballançon baillà sus une troupe de cavallerie de l'ennemy, et en deffit quelque nombre.

Cependant noz petites pièces iouoyent si à propos qu'elles endommagearent grandement leur cavallèrie, et se trouva le cheval des Diguières blessé d'un esclat de l'un des coups, si que enfin après grand perte de leurs gens, et de quelques seigneurs de marque, ilz furent contraints se retirer honteusement, et laisser le marquis de Tresfort paisible possesseur de toute la vallée, tant deça que dellà la rivière [1]. Lequel quelque temps après ayant capitulé avec les habitants de payer tribut à son Altesse, à raison de trois escuz d'or sol pour chasque feu tous les mois, leva son armée, et laissant le Dauphiné volta [2] ses desseings contre Genéve, et allà assieger le fort d'Arve près de la ville et à la portée du canon, en intention de fère le guast des moissons aux environs de ladicte ville.

A son arrivée, ayant faict quelques escarmouches avec l'ennemy, toutes à son advantage, et pris plusieurs prisonniers, les nostres se présentoyent iusques au bord du fossé. Lors le Marquis feit sortir du fort Sainte-Catherine l'artillerie, pour battre ledict fort. De quoy ceux de Genéve se trouvarent fort effrayéz, parce que lors ilz n'avoyent pour leur garde que bien peu de gens de ville, sans espoir d'avoir secours qui puisse arriver à temps.

Des Diguieres pour divertir le Marquis de son entreprise, qu'il iugeoit estre de grand préiudice aux affaires de son maistre, pratica les frères Pellisson, qui s'estoyent renduz pour la seconde foys au party de son Altesse, comme cy devant a esté dict, lesquelz s'estans retirez à Saint Genis avec toute leur famille sans aucune soupçon, et ayants tiré aupres d'eux quelques cuirasses, soubz prétexte que le comte de Groslée avoit accordé sa cornette au second des Pellisson, sortirent armez de leur maison suiviz de leurs cuirasses à l'impourveue, surprindrent le corps de garde de l'une des portes de la ville, lequel ilz chassarent, et s'en estans rendus maistres mirent l'ennemy dedans, qui s'estoit avancé pour cest effect.

Par mesme moyen, le cadet des Pellissons s'adressa au chasteau de Montdragon avec quelques soldats faignant d'estre chassé par l'ennemy, et lui estant en confiance ouverte la porte pour sa retraicte, il s'en rendit le maistre, et le livrà a l'ennemy [3].

---

[1] Ce fut les 25 et 26 du mois de juin que Lesdiguières et Ornano attaquèrent vainement les retranchements du marquis de Treffort; quoique supérieur en nombre, il ne voulut jamais accepter un combat en rase campagne et se contenta de repousser de son camp l'effort des français.

[2] Tourna.

[3] La prise de Saint-Genis et Montragon eurent lieu le 26 juillet 1593.

Des Diguieres vint en personne à Saint-Genis avec ses forces, passà le Roosne, print le chasteau de Murs, ou il mit garnison [1], et envoyà Pellisson pour surprendre le fort du port de Pierre Chastel, mais il fut repoussé comme aussi du chasteau de Périeu.

Lors des Diguieres feit contenance de vouloir fortifier le chasteau de Murs, et bastir un fort sur le Roosne pour asseurer son passage, puis assiéger la cité de Belley qu'il manda recognoistre, pour se rendre maistre du bailliage de Beugey, et faire son chemin libre iusques à Genéve.

Le marquis de Tresfort à ceste nouvelle fut contrainct de quicter le siége du Pont d'Arve et rebrousser son armée contre l'ennemy, pour empecher ses pernicieux desseings, et ayant faict grande levée de gens par toutes les provinces, et soudain avancé son infanterie, qu'il logea partie à Belley, partie à Gerbex, et la cavallerie en Chautagne.

L'ennemy voyant les forces qui se preparoyent se retira, ayant premièrement habandonné le chasteau de Murs auquel le Marquis mit incontinent bonne garnison. Puis aussi quitta le fort qu'il avoit commencé sur le Roosne, et perdit les cordages qu'il y avoit porté pour faire un pont que la garnison de Meribel taillà en pièces [2].

Le marquis de Tresfort envoyà gens pour gaigner le chasteau de Montdragon, mais l'ennemy en estant adverty le quita ; lors les Pellissons que des Diguieres avoit laissé au gouvernement de Saint-Genis, craignans la venue du Marquis, et d'estre chastiés de leur trahisson comme ilz méritoyent, se résolurent de desmanteller la ville et l'habandonner, leur ayant esté envoyez des maçons de Grenoble à cest effect. Mais de l'effroy qu'on leur bailla de la venue de nostre armée, ilz n'eurent loisir de faire sinon quelques petites ouvertures à la muraille, et se sauvarent en Daulphiné, fuyants avec leurs gens à grand route, leur bagaige fut pris par la garnison de Miribel.

Le Marquis aprés avoir mis ordre à reparer les bresches faictes par les Pellissons à Saint-Genis, et estant des Diguières repassé en Piemont, avec toutes ses forces pour secourir Cavours que son Altesse assiégeoit, fut appellé en Piemont, lequel conduisant grand nombre

---

[1] La prise de Murs eut lieu dans la soirée du 27 juillet.

[2] Le château de Murs fut rasé par les Français.

Lesdiguières n'en avait plus besoin ayant atteint son but, qui était de faire abandonner au marquis de Treffort le siège de Genève.

de la noblesse de Savoie, et partie de sa cavallerie et infanterie, arrivà avec ses forces en Maurienne, ou il receut nouvelles de la trefve faicte entre son Altesse et des Diguieres en suitte de la trefve générale de France [1].

A ceste cause il renvoyà ses troupes, lesquelles il despartit en leurs garnisons, et avec partie de la noblesse passà à Turin, pour baiser les mains à leurs Altesses, lesquelles, après plusieurs caresses, et grands dons faicts à toute ladicte noblesse, les renvoyarent très contents en Savoye.

Depuis la trefve a esté continuée pour tout le mois de janvier et dure encores à présent, et Dieu veuille qu'elle nous rameine une bonne paix au contentement de son Altesse et soulagement de son pauvre peuple [2].

---

[1] Ce traité de trève, imprimé dans notre premier volume, date du 31 août 1593.

[2] A la suite de ce récit est un mémoire, adressé à la duchesse de Savoie, et relatif aux finances et aux impôts de son état. Nous ne le reproduisons pas, car il ne présente aucun intérêt pour l'histoire de Lesdiguières et du Dauphiné.

RÉCIT

DE CE QUI S'EST PASSÉ EN DAULPHINÉ

DEPUIS LE MOIS DE MAI DERNIER

PAR LE SIEUR DES DIGUIÈRES CONTRE LE DUC DE SAVOIE [1]

Le sieur des Diguières ayant reçu commandement du Roy par deux dépêches de sa Majesté de faire la guerre au duc de Savoye, estima ne devoir plus différer l'exécution de ses volontéz, même après la réception de la premiere depeche qui fut sur la fin de mai. Il n'avoit retardé jusques alors que par les empéchemens qu'il avoit dans la province, assaillie en divers endroits par les ligueurs de Savoye, Lyonnais & Dauphiné. Cette délibération fut encore sursise par le secours qu'il fut contraint de donner en personne au seigneur de la Valette pendant les mois de juin et juillet, qui furent presqu'employés aux affaires de Provence, ou les choses succèdérent de sorte que l'ennemi, après avoir refusé le combat et perdu le campagne, quitta pour marque de sa lacheté les villes et chateaux de Peruys, Puimichel, Val-

---

[1] Ce récit a été imprimé plusieurs fois, entre autres à Tours, chez Mettayer (1590, in-8°, 24 pp.), dans le recueil A-Z (vol. N., p. 48), et dans les mémoires de Duplessis-Mornay (T. IV, pp. 453 à 462). Il est précieux en ce qu'il comble une partie de la lacune de quinze mois que nous avons constatée de 1589 à 1591, dans le journal des guerres de Lesdiguières. Il est très probable du reste que ce récit émane de Lesdiguières, qui lui-même, comme il le faisait parfois, le fit composer, imprimer et répandre dans le public.

lansole, Montagnac, Solliers, Pignans & Lorgis, réduites les unes par force & les autres par composition sous l'obéissance de sa Majesté [1].

Pendant cette absence le capitaine la Cazette, sujet de sa Majesté, mais Savoisien d'affection, tramoit avec le Duc la prise de villes & chateaux de Briançon & Essilles tenus par la Ligne & la saisie du Mont Genévre et vallée de Sézaine, ayant à ces fins reçu comission pour lever des gens de guerre, en attendant la levée de vingt-quatre enseignes italiennes que le Duc lui envoyoit, pour à la faveur d'icelui & de la conformité du même parti, faciliter son entreprise. Le sieur des Diguieres informé de longue main de ces menées & prévoyant l'importance de cette perte, qui fermoit l'ancien passage des armées & artilleries françoises & ne lui laissoit aucune ouverture pour pénétrer en Piemont, pratiqua si à propos les plus gens de bien de la vallée qu'à la faveur d'iceux la maison de la Cazette fut pétardée & lui tué le 15 juillet, demeurant par ce moyen le Duc hors d'espérance de ses prétentions. Cette nouvelle rapportée au sieur des Diguieres le fit rebrousser en Dauphiné & s'acheminer à grandes journées en la ville d'Ambrun, ou il fut rencontré par les deputez de cette ville [2] qui, après avoir vérifié les trahisons de la Cazette par les papiers qui furent pris en sa maison, prêterent le serment de fidélité au Roy et furent renvoyez pour disposer de plus en plus les peuples qui les avoient délégués à l'obéissance de sa Majesté. Cependant le sieur des Diguieres averti de l'ébranlement que rapportoit cette mort & la réduction volontaire de ces peuples, à la ville de Briançon qui ne pouvoit subsister sans eux; scachant aussi que le party du Roy, que ledit sieur avoit formé dans la ville, commençoit à prendre courage, fit atteller & conduire quatre canons devant la place, lesquels etant placez et ses approches faites, l'ennemi parlementa & finablement la ville & château rendus le 6 août par Clavaison, qui en avoit le gouvernement de monsieur de Mayenne [3].

De la ledit sieur des Diguieres passa le Mont Genévre esperant de

---

[1] Ce voyage de Lesdiguières en Provence eut lieu du 15 juin au 18 juillet 1590 (voy. notre vol I, pp. 128 à 132, et la lettre au roi, p. 138).

[2] C'est de cette *vallée* qu'il faut lire. En effet, Lesdiguières appela près de lui les consuls de la vallée d'Oulx pendant son séjour à Embrun et leur prouva la trahison de la Cazette, ainsi qu'il résulte de la lettre imprimée à la p. 132 de notre vol. I.

[3] Les articles de la capitulation de Briançon ont été imprimés dans notre vol. I, à la p. 135.

réduire Essilles par un traité qu'il avoit de longue main avec le gouverneur; mais voyant que cette négociation s'en alloit en paroles, qu'il n'étoit assez préparé pour forcer le lieu & que le seigneur de la Valette le sollicitoit pour le secours de Saint Maximain assiégé par Martinango, il se contenta pour lors de prendre le serment de tous ces peuples qui se montroient affectionnez au service de sa Majesté, puis reprit le chemin de Provence.

Et se trouvant logé le 15 aoust à trois lieues de Barcellonne, Sallines, vieux capitaine espagnol, qui a longuement commandé des chevaux légers en Piedmont du temps des guerres royales, partit de Barcellonne ou il commandoit pour le Duc & donna sur un quartier ou la compagnie d'infanterie de Boysset & une d'hommes d'armes de Briquemaut étoient logez, qui le reçurent de sorte, à l'aide de deux enseignes de gens de pied qui accoururent au bruit, que ledit Sallines y laissa, vingt morts & trente espagnols prisonniers & se sauva lui sixieme. La Vollure, capitaine des gardes du Duc, fut aussi pris et blessé, dont il mourut, prévenant par son décès le supplice qu'il avoit mérité pour avoir vendu au feu duc de Savoye, après la mort du maréchal de Bellegarde la ville & chateau de Carmagnolle, ou lui & son père commandoient pour le service du feu Roy [1].

Le lendemain 16 aoust ledit sieur prit par composition le chateau de Rissoles appartenant au Duc, ou il avoit deux enseignes de gens de pied, qui sortirent avec les armes, laissant seulement les drapeaux.

Après cet exploit, continuant son chemin, il entra en Provence si à propos pour ceux de Saint Maximain, que Martinango, sentant cette venue & son armée harassée, leva le siège, et ledit sieur des Diguieres se trouvant porté dans le pays, pour y laisser quelques marques de sa venue fit trainer trois canons devant la ville de Barles, l'investit & après un siège de huit jours la prit à discrétion le dernier jour d'aoust.

Pendant ce voyage, le duc de Savoye, accompagné d'environ trois mille hommes de pied & trois cens chevaux, vint assiéger & battre

---

[1] On trouve dans les mss. franç. de la Bibl. nation. (vol. 4111), un mémoire autographe de Calignon, des plus remarquables, sur les intrigues de Bellegarde dans le marquisat de Saluces, sur sa mort malheureuse, et sur la fin misérable de tous ceux qui avaient été attachés à sa fortune et l'avaient aidé dans ces ambitieux desseins. Cette pièce, encore inédite, mériterait de trouver un éditeur.

de trois canons une eglise nommée Saint Paul que le sieur des Diguieres avoit légèrement fortifiée sur les terres du Duc à quatre ou cinq lieues d'Ambrung & emporta cette place par composition, dont la garnison sortit avec les armes, enseignes & tambours battant, en gens de guerre, le même jour que Barles fut pris.

Ce même jour aussi le sieur des Diguieres ayant avis du siège de Saint Paul, partit en diligence pour le secourir & en intention de combattre le Duc, usant à ces fins de telle célérité que le troisieme septembre il se trouva logé à Vars, à trois lieues de l'armée de son Altesse, qui prit la peine sur le soir de retirer sa personne de la montagne de l'Arche et s'en alla toute la nuit aux flambeaux, étant suivi le lendemain de son armée, dont quelques uns furent pris sur la queue & entre autres Pietro de Verges, espagnol, alfier[1] des gardes de l'Infante.

Le jour suivant qui fut le 5 septembre le sieur des Diguieres se résolut de forcer Saint Paul, & encore qu'il n'eut son canon il ne laissa de l'investir, força le ravelin à coups de mains & à l'aide de quelques grenades & pétards, enfonça la porte en plein jour & fit tailler en pièces deux cens hommes de guerre qui etoient dedans, ne demeurant prisonniers que le capitaine Strata, gouverneur du lieu, & son alfier nommé Hercole Cauta, Milanois. Cette place ne demeura que quatre jours entre les mains de l'ennemi & fut reprise par un combat de main qui dura trois heures, sans qu'il y ait été perdu du coté du Roy qu'un capitaine nommé Bellevue & quelques soldats blessez encore que le lieu fut flanqué et fossoyé [2].

En même temps que le Duc battoit Saint Paul, il avoit fait entrer Sonnas avec partie des forces de Savoye & la milice piedmontoise dans la vallée d'Essilles, estimant avec ses troupes, qui pouvoient être de trois à quatre mille hommes de pied et trois cens chevaux, fourrager le Briançonnois, puis joignant le tout à soi, battre Guillestre & courir l'Ambrunois. A quoi désirant le sieur des Diguieres remédier, soudain, après la prise Saint Paul qu'il fit raser, il prit le chemin de Briançon, & scachant que l'ennemi s'etoit logé à Chaulmont, s'apprestoit pour forcer le pas de Celles gardé et barriqués par les habitants

---

[1] Lieutenant.

[2] Tous ces événements sont racontés par Lesdiguières lui-même dans une longue lettre au roi, imprimée dans notre premier volume (pp. 138 à 141), et datée d'Oulx le 14 septembre.

des vallées, il y dépêcha par avance le sieur de Morges, son neveu, avec sa compagnie de vingt quatre sallades & deux enseignes de gens de pied, lequel y arrivant sur le point du combat, mit pied à terre avec les siens, & ralliant à soi l'infanterie redoubla de telle sorte le courage de tous, que l'ennemi, qui avoit attaqué la barriquade par trois endroits avec quinze cens hommes de pied & quatre vingt ou cent armez, fut repoussé & laissa six vingt hommes morts sur la place, ce qui advint le 9 septembre.

Le 13 le sieur des Diguieres arriva au lieu d'Oulcz à deux lienes d'Essilles, ou il reçut des nouvelles que le Duc ayant envoyé partie de ses forces au sieur de Sonnas s'etoit acheminé à Nice, ce qui lui fit juger que Sonnas se voyant renforcé de nouveau secours hazarderoit le combat. A quoi ledit sieur désirant l'attirer se résolut de battre Essilles, & à ces fins tira quatre canons d'Embrun, qu'il fit passer les monts & mettre en vue de la place, ne laissant pour cela de paroitre de jour à autre devant Chaumont où ledit Sonnas etoit; lequel faché de ses importunitéz quitta ledit Chaumont & se retira à Seuze, ou le sieur des Diguières s'acheminant le vingt de septembre pour connoitre la place & la contenance de l'ennemi, rencontra fortuitement auprès de Salasses, à demie lieue de Seuze, ledit sieur de Sonnas accompagné de quinze cens arquebusiers & cinq cornettes de cavalerie, lequel il attira si à propos à l'entrée de la plaine, qu'etans chargéz par cent soixante sallades, il fut défait & mis en route laissant quatre cens hommes morts sur la place, entre lesquels fut Chapot l'ainé, sergent de bataille, & les sieurs de Montaigne & de Valliéres. Il y eut dix sept capitaines en chef morts ou prisonniers, & entre les prisonniers Chapot le puiné, maréchal de camp, qui mourut deux jours après, Lacras, lieutenant de la compagnie des gendarmes du marquis de Traffort, gouverneur de Bresse, le capitaine Trois Selves, savoisien, le capitaine la Rauvière & le capitaine Saint Honos, & sans la retraite prochaine, il n'en fut réchapé un seul. Quant à Sonnas il se perdit de telle sorte que les siens le tinrent pour mort jusques environ la minuit qu'il se trouva à la porte de Suze.

Le jour précédent qui fut le 25, sur avis que l'ennemi avoit fait une course à Prajalla, le sieur de Briquemaut y fut envoyé, & arrivant sur le lieu avec sa compagnie de gens de cheval trouva l'ennemi sur sa retraite, dont il en atrapa une douzaine.

Le 27 le sieur des Diguières se voyant renforcé par l'armée des sieurs du Pouet & de Blacons, qui lui amenèrent environ deux cens sallades, tant de leur troupes que de celles des sieurs de Gouvernet & de Saint Sauveur, & deux ou trois cens arquebusiers, tourna entièrement ses desseins contre Essilles qui commença des lors à parlementer plus ouvertement. Le surplus de ce mois se passa au siège d'Essilles dont le gouverneur nommé Ponsonnas, ainé de celui qui est au duc de Mayenne, voyant le mauvais succès des affaires du duc de Savoie, le canon pret à placer, le sieur des Diguières accru de nouvelles forces, tous les peuples bandez contre lui, & nulle apparence de secours, rendit finablement la place & en sortit, armes & bagages [1] sauves, le dernier de septembre, demeurant par ce moyen le passage dela les monts au pouvoir de sa Majesté & le Dauphiné borné de ses anciennes limites, fortifié par les rois du temps des guerres italiennes [2].

Le lendemain de cette reddition le sieur des Diguieres ayant seu que le sieur de Morges, son neveu, avoit pris le jour précédent assignation avec le sieur de Sonnas pour combattre ce jour la, mena son neveu sur le champ de bataille, ou il demeura depuis son arrivée qui fut sur neuf heures du matin jusques à trois heures après midi, sans que l'ennemi y comparut que par une trompette qui finablement appporta une lettre de Sonnas contenant que sur la résolution qu'il avoit pris d'être de la partie il en avoit demandé permission & n'en avoit pas encore réponse.

Ce même jour qui fut le premier octobre, le sieur des Diguieres, qui durant l'attente de Sonnas avoit reconnu un passage près de Tallon ou l'ennemi s'etoit retranché & avoit logé huit compagnies d'infanterie commandées par le général Venuste, voyant par la réponse dudit Sonnas qu'il n'y avoit plus d'espérance de duel, se résolut d'employer le surplus du jour à forcer ledit lieu relevé sur le pendant de la montagne entre Seuze et Novallaise ; et ayant trouvé façon de loger cent mousquetaires qui battoient en courtine l'ennemi, fit attaquer si vivement ses retranchemens qu'en une heure ils furent forcez, quatre vingt hommes tués dedans & le surplus se sauva par les précipices. Venuste et le capitaine Cassart & Chaburd demeurèrent sur la place.

---

[1] C'est *bagues* qu'il faut lire sans doute.

[2] Le traité de reddition d'Exilles eut lieu non le 30 septembre, mais le 28, si la copie de ce traité que nous avons fait imprimer dans notre vol. II (p. 494) est exacte. Il est possible du reste que, signé le 28, il n'ait été exécuté que le 30.

Le capitaine Villars et quelques autres furent prisonniers, & quatre compagnies de Genton, mestre de camp, se débandèrent sans être ralliez depuis.

De la le sieur des Diguières revint à Essilles & ramena l'artillerie à Ambruug, faisant en même temps trainer deux canons de Gap à Barcellonne, ville du Duc en Terre Neuve, dépendant du comté de Nice, laquelle etant investie par les troupes qu'il y avoit dépêchées par avance; & lui finablement arrivé avec le canon, la ville fut battue le samedi 13 octobre, et le même jour la brèche étant faite, l'ennemi parlementa & se rendit vies sauves, laissant les armes, enseignes, chevaux & bagages, sauf les capitaines qui sortirent avec l'épée sur un bidet. Aux habitans fut accordée la jouissance de leurs biens en vivant sous l'obéissance du Roy & selon ses ordonnances comme les autres sujets de sa Majesté & à la charge de payer la somme de six mille escus pour les frais de l'armée & voiture de l'artillerie. Le gouverneur nommé Carlo Rocre, gentilhomme Astelsan [1], sortit le 14 avec environ trois cens soldats étrangers & autant de ceux de la ville & circonvoisins qui se retirèrent en leurs maisons sous la sauve garde de sa Majesté. Le 14 ledit sieur fit tourner le canon contre le chateau de Méolans qui fut battu le 15 & sur le tard, seulement de quelques volées pour reconnoitre la contenance de l'ennemi, lequel apprehendant la batterie du lendemain, se sauva la nuit sauf trente deux qui demeurèrent prisonniers de ceux qui etoient en garde [2].

Voila le sommaire de ce qui s'est passé en ce commencement de guerre ou le sieur des Diguières n'a jamais eu plus de trois cens chevaux & douze cens arquebuziers, n'ayant trouvé ennemi plus rude parmi ses labeurs que la hauteur des montagnes ou il a fallu trainer le canon & surtout au voyage de Barcellonne; mais le soin & diligence a surmonté ces difficultés. Dont la gloire soit à Dieu.

---

[1] Ou *Castillan* suivant quelques éditions.
[2] Lesdiguières était encore dans la vallée de Barcelonnette le 29 octobre, comme il résulte de sa lettre au roi imprimée à la p. 142 de notre vol. I.

DISCOURS DE LA VICTOIRE D'ESPARRON [1]

Estant venu monsieur des Diguieres assister des affaires du Roy en Provence et ayant joinct ses forces avec celles de monseigneur de la Vallette, ils prindrent résolution de nettoier ce qui estoit de la frontiere du Dauphiné et Provence; et estant sur le poinct d'attacquer Digne, ils eurent advis par celuy qui commandoit à Berre, place très importante tant pour la forteresse que pour les selz qui y sont, qu'elle s'allait perdre sy dans huict jours il n'estoit secouru de vivre, ayant les ennemis construict plusieurs forts tout autour, depuis cinq mois en ça pour réduire cette place en extremité. Ce qui fit resouldre lesdicts seigneurs de donner droict audict Berre avec toutes leurs forces.

Et à ces fins prindrent leur chemin droict ou ils sceurent que le gros de l'ennemy estoit et le jeudy de la semaine saincte prindrent le logis de Vinon, qui est passage de rivière ou il y avoit ung chasteau que l'ennemy tenoit, lequel apres avoir veu deux pieces en batterie se rendit [2].

De la l'on renvoya le canon, à cause du mauvais pais que leur armée avoit à faire, et que aussi ils desiroient faire diligence pour aller audict secours, et lesdicts sieurs de la Valette & des Diguières, prenant

---

[1] Ce discours existe en copie ancienne aux mss. franç. de la Bibl. nation., vol. 6550, p. 281. Dans la lettre par laquelle Lesdiguières annonce à son cousin Gaspard de Bonne, sieur de Prabaud, la victoire d'Esparron (vol. I, p. 161), il lui dit : « Je fais dresser un discours bien ample sur ce sujet que je vous envoierai. » Nous pensons que c'est ce discours encore inédit que nous avons retrouvé.

[2] La prise de Vinon eut lieu le 13 avril 1591 samedi saint.

leur chemin le lundy de Pasques droict à ung village qui s'appelle Sparron de Pallières, ou ils trouvèrent les ennemis, et en deux autres lieux voisins de la d'une demie lieue, ledict Sparron estant au milieu de deux autres villages, lesdits ennemis y estant venus pour incommoder leur logis et passage.

Lesquels comme ils verrent parroistre les trouppes desdicts seigneurs de la Valette & des Diguieres marchans d'une sy asseurée résolution droict audict Sparron, ceux qui estoient auxdicts deux vilages de Saint Martin et Rians se délibérérent de venir joindre audict Sparron leurs compaignons, ainsy que ceulx qui estoient audict Sainct Martin firent. Et s'apercevant monsieur de la Vallette que ceulx de Rians qui estoient conduicts par le conte de Martinengo, lieutenant du duc de Savoie en ceste Provence, qui estoient en nombre de quatre ou cinq cens chevaulx et sept à huict cens harquebuziers, en vouloient faire de mesme, mondict seigneur tourne de ce costé et droict audict Conte pour empescher de s'assembler & le combattre. Quoy voyant ledict Conte se jette à quartier[1] pour prendre ung autre chemin par derrière une grande montaigne qui le conduisoit audict Sparron et estoit ung très mauvais pais pour aller à la charge.

Pendant cela monsieur des Diguieres avoit la teste tournée droict au village d'Esparron, que lesdicts seigneurs avoient desia faict attacquer par leurs gens de pied, lesquels s'apperceurent du chemin que tenoit ledict Conte, prindrent ensemble advis que monsieur de la Vallette donneroit au bas du village avec ses trouppes et le seigneur des Diguieres prendroit le hault du village avec les siennes pour, de tous costés, investir les ennemis qui estoient dedans.

Et ainsy s'en partit ledict seigneur des Diguieres, qui se fortiffia d'un regiment de gens de pied et d'une compaignie de chevaulx légiers du sieur de la Valette, et prenant ung très mauvais sentier pour monter la montaigne. Au dessus de laquelle arrivant partie de la cavallerie des ennemis qui estoient dedans, voulsist prendre sa retraicte, mais ils feurent sy vivement poursuivis par le sieur du Poët, qui menoit la teste dudict seigneur des Diguieres, que la pluspart demeurèrent mortz ou prisonniers; et continuant ceste poursuitte ils donnèrent en teste du gros du conte Martinengue qui se venoit joindre à

[1] De coté.

ceulx dudict village d'Esparron, lequel du bon rambarre lesdicts coureurs jusques au gros qui les soustenoit, conduicts par les sieurs de Mures, Vallavoire, Bricquemaud et de Polligny. Mais arrivant lesdicts courreurs prés de leurdict gros ils tournerent sy à propos sur l'ennemy qu'ils le rompirent et mirent en fuitte et poussant plus outre rompirent le gros dudict Comte sans que celluy qui estoit conduict par lesdicts de Mures, Vallavoire, Bricquemault & Polligny se mélasse, n'ayant l'ennemy depuis plus paru, lequel se retira en tel desordre que ledict conte Martinengue demeuré avec six ou sept des siens seullement par le campaigne jusques à minuict, quoy qu'il print sa retraicte à une petite lieue d'ou se feit le combat; et s'y commencea sa retraicte à cinq heures du soir.

De ceste fuitte est demeuré de l'ennemy cent cinquante maistres à cheval morts ou prisonniers et deux cornettes; celles de la compaignie de la comtesse de Sault et celle dudict conte Martinengue, et j'estime que peu en feust resté la nuict n'eust esté prochaine et sy lesdicts seigneurs de la Vallette & des Diguieres eussent quicté l'atacque qu'ils avoient faicte dudict village par plusieurs endroicts, ou ils y avoient emploié la pluspart de leurs forces.

Car dans ledict village y estoient demeurés trois cens maistres à cheval, mil ou douze cens harquebuziers, lesquels feurent fort vivement attaqués par les gens de cheval que lesdicts seigneurs firent mettre pied à terre et conduire par le sieur de Saint Andiol, Provencal, guidon de la compaignie du sieur de la Vallette, et par le sieur du Pouy, Gascon, guydon de celle du sieur de Montaud, qui donnerent jusques au milieu du village. Mais ils trouvèrent l'ennemy si fort et si bien barricqué de rue en rue qu'ils furent contraincts de s'en retourner; joinct que la nuict desia comparessoit.

Et feust advisé entre lesdicts seigneurs de la Vallette & des Diguières de camper autour dudict village laissant ledict lieu bien investy, et le lendemain reprindrent leur premier erre[1] et recommencérent à les attacquer; de sorte qu'après avoir assez combattu ils gangnérent une église, ung colombier & ung moulin, qui servoient de flang aux ennemis, avec quatre enseignes qu'ils trouverent dedans, et gangnérent aussi les maisons jusques au millieu du village, ce qui convia les

---

[1] Leur premier projet.

ennemis à parlementer & composer de leurs vies. Avec lesquels usant de sa misericorde accoutumée la leur accorda de l'avis dudict seigneur des Diguieres, qui se contentérent ensemble des chevaux, armes & équipages desdicts ennemys, qui furent departies en leur présence egallement aux campaignies de cheval & de pied de ladicte armée, demeurant tous lesdits ennemis prisonniers & desvallizés avec qnatorze enseignes. Les cornettes de la cavallerie qui estoit dans ce village ne se trouvérent point par ce qu'ils les avoient bruslées.

Les principaux chefs desdits prisonniers sont le seigneur Alexandre Vittely, Itallien; Saint Laurent, du Languedoc; Cucuron, Castellet et Déaux, Prouvencaulx, de facon que l'ennemy en ceste bonne rencontre n'a pas sy peu perdu qu'il ne se trouve incommodé de près de quatre cens chevaulx et quinze cens harquebuziers dont il y en peult avoir environ quatre ou cinq cens de morts, les aultres sont prisonniers et desvallisés.

De la lesdits sieurs de la Vallette & Lesdiguieres continuérent leur projet du secours & evictuallement de Berre, qu'ils ont muny si heureusement qu'ils ont faict razer les forts qui estoient autour, et remettre les lieux de Marignanne & Vitrolles, voisins dudict Berre, soubs l'obéissance du Roy, forcé de plain jour ung autre petit village appelé Gians et tué tout ce qui estoit dedans.

Voila ce qui est succéddé en ce pais durant les trois dernieres sepmaines du mois d'avril dernier [1].

---

[1] La première attaque d'Esparron et la défaite de la cavalerie du comte de Martinengo eurent lieu le 15 avril, le 16 eut lieu la seconde attaque d'Esparron, et le 17 les ennemis se rendirent à discrétion. Le 24 Marignane se rendit, le 25 Gians fut pris. Lesdiguières n'alla pas lui-même à Berre, laissant à La Valette le soin de le secourir.

LETTRE DE LESDIGUIÈRES A M. VULSON

SUR LES ÉVÉNEMENTS QUI PRÉCÉDÈRENT LA BATAILLE DE PONTCHARRA [1]

Monsieur Vulson, je me sers de cette commodité pour vous faire entendre ce qui s'est passé en ces quartiers depuis vostre partement affin que vous en donniez advis au Roy. En mesme temps que je receus vostre lettre escripte à Vienne xvie juillet je m'en allay à Exiles [2] pour asseurer ceste place sur laquelle le duc de Savoye avoit entreprinse qui fut rompue par ma venue. Elle estoit double [3] et ne s'en falut guerre que je n'atrapasse les compagnons ; mais pour quelque incommodité ils retardèrent l'exécution qui avoit esté resolue au xxiiie juillet, jour que je me trouvay sur le lieu. De la sans m'arrester ung seul jour je me rendis à Grenoble menassé de siége au passage de l'armée papalle pour empescher les courses des Espagnols et Napolitains commandés par don Olivera qui s'estoit logé et retranché à la Buissière, Chaparillan et Barraux, exerçant les plus grandes méchancetés du monde, comme vous savez qu'ils ont de coustume. Me sentant approcher il se recula, logeant toujours à son avantage, puis deslogea lorsque ladite armée se présentoit pour passer. Après avoir assuré le costé de la vallée je passay de della l'Isère et prins logis à Gonssellin

---

[1] Une copie ancienne de cette lettre existe à la Bibl. nation., mss. Fr. 20784, p. 338. Elle donne une foule de détails circonstanciés sur les événements qui précédèrent la bataille de Pontcharra et paraît se composer de deux parties écrites à des époques très différentes, ou de deux lettres distinctes, mal à propos juxtaposées par le copiste. La première partie, jusqu'au passage commençant ainsi : *par ladicte dépesche...*, est écrite du 20 au 23 août sur le chemin de Provence, ou Lesdiguières allait pour secourir Berre : *je mis en chemin pour le secours de Berre*, écrit-il. La seconde est écrite du camp même de Pontcharra, la veille de cette bataille, c'est-à-dire le 17 septembre 1591.

[2] Le 23 juillet.

[3] C'est-à-dire que son auteur même l'avait révélée à Lesdiguières.

et autres villages à demye lieue de Montmellian ou l'armée debvoit passer le jour de devant. Je fus veoir le fort dudict Montmellian ou maulgré l'infanterie qui en estoit sortie et les canonades qu'on nous tiroit, nous rompismes une vingtaine de toises du pont et tuasmes ou fismes noier douze soldats de l'ennemy. Ceste armée enfin a passé en .... car estant seul et foible je ne les en eusse peu empescher. Ce n'est pas tout ce qu'on disoit : il n'a passé par le Mont Cenis que quinze cents chevaulx, que maistres que vallets, faisans envyron de six à sept cents maistres au plus, et trois mil infantassins italiens. Quant aux Suisses qui peuvent faire environ trois mil, ils ont prins leur chemin par le mont Sainct Bernard.

Le travail de la fortification de Grenoble continue sans intermission, estimant pour beaucoup de raisons qu'on faict en cella ung très grand service au Roy. Je suis en chemin[1] pour le secours de Berre blocquée de fors et retranchemens par le duc de Savoye qui y est en personne avec huict ou neuf cens maistres et trois mil arquebusiers. Tout s'assemble pour l'aller veoyr, car s'il prenoit ceste place il mettroit ung pied en Provance par lequel il a communication en Espagne et en Italie, et par le moyen des salins feroit la guerre sans y mettre rien du sien. Il ne peult éviter un grand combat s'il ne veult perdre sa créance envers les Provanceaux en quictant ceste entreprise qui est le seul trophée de ses labeurs depuis qu'il est en Provance. L'issue en sera certaine dedans le premier ou second du prochain ; le sejour nous tiendra quelque temps. J'espère après d'assieger Barcellonne quy nous incommode en l'Embrunois ; cela faict l'hiver s'aproche qui sera cause qu'il ne se peult faire chose de grande importance en Piedmont jusques au printemps, car quand bien j'aurois atacqué et prins, le temps ne me permettroit de fortiffier, tellement que je serois forcé desloger. Si les moiens m'eussent esté baillés à temps j'eusse faict quelque exécution ; je ramasse petit à petit nos pieces ; j'en ay emploié sur ce bruict de siége, une bonne partie pour la fortification de la Bastille de Grenoble qui a esté mise en deffence en douze jours, et pour les nouvelles crues de l'infanterie, car je saurois bien qu'à la nécessité je n'eusse rien eu, vous savez qu'on a mis sur son estat les compagnies et m'a-on affeublé d'aultant. Cela s'est faict à desseing, à

---

[1] Lesdiguières se mit en route le 20 et apprit le 23 la prise de Berre.

la persuasion des gens que vous savez qui veullent ruyner les affaires de la relligion par notre séparation [1].

J'ay une entreprinse sur quelques places en Piedmont que j'essayeray d'exécuter lorsque l'occasion s'en présentera. Si Dieu bénissoit ce desseing, j'y serois logé d'ung pied sy ferme qu'à grand peine m'en osteroit-on. J'ay ci-devant mandé à messieurs de Genève que si à l'aide de leurs amis des Ligues ils pouvoyent..... chose facile à faire et importante au service de sa Majesté par la closture du passage et l'ouverture de celluy de Dauphiné en Suisse et Allemagne. Sy ceste entreprinse agreoyt au Roy il fault qu'il en escripve promptement, car il mérite dilligence et veult estre exécuté au plus tost.

Je ne veulx pas oublier de vous dire que la caballe s'augmente de jour en jour ; ils [le] possedent et le transforment comme ils veullent; ils ne taschent qu'à nous mettre en mauvais mesnage, sy je n'eusse paré les coups nous estoient portés. Je vous laisse à penser sy ces désordres aporteroient la ruyne des affaires du Roy. Ils ont prins leur prétexte sur une certaine levée de pioniers qui a esté faicte en paiant pour la dilligence de la fortification et quand on pansoit avoir quelques magazins pour l'avituailler. C'est chose qui a esté faicte de l'authorité de [messieurs du Parlement] lesquels je prends pour tesmoings de mes actions envers sa Majesté. Je sais que ma ruyne est le but des desseings de ces gens la jusques à advertir les ennemis de nos entreprinses s'ils les peuvent savoyr. Il sera mal aisé que je puisse souffrir longuement leurs déportements, touteffois je me contraindray tant que le service du Roy me le commandera, suppliant sa Majesté considérer la peyne ou j'en suis et y donner les remèdes les plus propres.

Je vous recommande nos affaires et particulliérement le remboursement de ce qui m'est deu ; il fauldra parler à la veuve de monsieur de Vicose. Quant au faict de Venise il est nécessaire que le Roi en escripve à son embassadeur lequel fera plus par une sienne lettre que par toutes aultres sollicitations. Fault aussy que ce faict se traicte par devant ledict sieur de Vicose. Envoyez moy à la première commodité les depesches de Biscaudon et aussi les pieces du faict de Fages car j'en ay affaire en ung procès que j'ay devant la court de Parlement.

---

[1] Ce passage et quelques autres de cette lettre font sans doute allusion à la désunion qui commençait déjà à se faire jour entre Lesdiguières et Ornano.

Souvenez vous aussy de la commission de l'alliénation du temporel de l'église; sy le Roy veult faire vendre la plus vallue de son domaine en ce païs sellon l'instruction que vous en avez, fauldra vous ....

Par madicte depesche je vous donnais avis de mon acheminement [pour faire lever le siége] de Bere; je prenois mon chemin par Sisteron en espérance de me joindre avec messieurs de la Vallette et Alphonse qui estoient du costé de Tarascon avecques quelques forces de monsieur de Montmorancy, ou il s'est trouvé depuis emprisonné, et estant audict Sisteron j'eus advis certain de la reddition de la place en l'obéissance du duc de Savoye, qui sachant les aprests de secours y feit ung effort de quinze canons du costé de la mer, où il rasa cent canes de murailles; tellement que le sieur de Mesplés qui commandoit dedans, se voiant pressé et destitué de gens, et n'ayant moien de deffendre la bréche, se rendit, la vie, armes et bagues sauves, le xxiie aougst, et le rendez vous que monsieur de la Vallette avoit donné à ses amis estant à la fin dudict moys, me voiant privé de servir le Roy en ceste occasion, je m'advisay d'aller assieger Lux avecq le peu de forces que j'avois. Et de faict ceste entreprinse me succéda si bien qu'après y avoir tiré treize cents coups de canon la ville et le chasteau se rendirent en l'obéissance de sa Majesté le iie de ce mois [1] ....

Je prenois mon chemin à Digne, mais j'en feus empesché par la nouvelle que l'on m'aporta que les Savoyars avoient assiegé Morestel ou il m'a falu acourir et laisser toute autre besogne, par ce que la place n'estoit en l'estat que je desiroys et que l'ennemy avoit desja sorty son canon de Montmellian.

Nous sommes à ceste heure logés à ung quart de lieue l'ung de l'aultre, et pense que nous ne nous séparerons pas sans eschec d'ung costé ou d'aultre. L'ennemy a sept cents maistres et sept mille arquebouziers et moy trois cents maistres et deux mil sept cents arquebouziers. Hier au matin nous leur levasmes ung échec ou feut défaict une compagnie de cavalerie, vingt sept bons chevaulx gagnés, trente hommes morts ou prisonniers, force casaques rouges, lances et banderolles prinses. Cela fut faict le matin à la diane et le jour mesme au soir nous desfismes leur garde de cheval et feut menée battant jusques sur leur gros. Il y feut tué une dizaine d'hommes et gaigné

---

[1] Du mois de septembre.

quelques chevaulx[1]. Ces commencements nous font croire que si nous les trouvons en lieu marchant, nous en aurons assez bon compte, s'il plaist à Dieu.

Je croy que monsieur de la Valette aura fet entendre au Roy ce qui s'est fet au vigariat de Tarascon contre l'ennemy; voila quant à nos nouvelles de ce pais. J'ay receu le duplicata de la lettre que le Roy escript à monsieur de Maisses; je ne scay ce qu'elle contient sinon ce que m'en escripvez sommayrement parce qu'elle est soubs un chiffre que je ne cognois poinct; je la luy ay envoyée par homme seur et confidant et en attens bientost responce, dont je vous advertiray.

Il fault bien vous enquérir que c'est du don de LX mil livres que le Roy avoit fet à monsieur de la Guiche sur le sel de Pequais, et lequel sa Majesté veult, comme vous m'escripvez, revocquer pour m'en faire paiement de ce qui m'est deu. Vous savez les difficultés que monsieur de Montmorancy faict de laisser prendre ung seul grain et les oppositions que formera le sieur Storbe, fermier général du sel; je vous en ay escript ce mot en passant afin que vous y preniez garde et que vous le faciez considérer au Roy, si l'on vous veult bailler cela en payement. Quant au fet du temporel, fault poursuyvre vivement l'expédition des commissions pour la vente de L mil livres et une commission particulière pour le clergé du baillage de Graisivodan et Viennois pour leur part des C mil livres entières, parce qu'ils n'estoient comprises à la première commission, et pour l'advenir il fauldra comprendre tout le Dauphiné. Et en ce qui regarde les desymes, sur la difficulté que vous dictes qu'en faict monsieur Forget pour la considération seule 142[2] j'ai bien sceu qu'il a esté assigné pour son payement de quinze cents ou deux mil escus de rente que le feu Roy luy donna sur [les] desymes du Languedocq et Daulphiné, laquelle assignation vous supplierez sa Majesté de jetter entierement sur le Languedocq, trop plus que suffisant, et ordonner que celles de Dauphiné seroit emploiée entierement..... et à la guerre de Savoye; et ou cela ne se pourroit obtenir, vous demanderiez au Roy que, lesdictes XV^c livres ou la moictyé d'iceulx ostées, le surplus montant quinze mil et tant d'escus par an soit destiné à la guerre.

---

[1] Ces escarmouches eurent lieu le 16 septembre.

[2] Ce chiffre signifie probablement *monsieur de Montmorancy*.

Je vous prie dire à sa Majesté que tous ceulx qui blameront les actions dudict sieur de Ch... ne sont point tant affranchis à son service que luy et que je l'asseure de cela pour en avoyr heu preuve en beaulcoup d'ocasions depuis que j'ay heu sa cognoyssance; qu'il ne peult se servir d'ung homme plus assuré ni affectionné et que je désireroys que tous ceulx qui luy doibvent service s'en acquitassent aveq aultant de fidellité que luy. Je vous prie d'avoir memoyre de ce faire sur tout autre et me mander ce que le Roy vous en aura dict. Voila le contenu ausdictes despesches ; marqués bien tous les points qui vous peuvent servir.

Fault obtenir une commission pour le sieur de Saint Maurice de commissaire extraordinaire des guerres que je luy ay promis. Il y a longtemps en l'armée de Piedmont que le Roy a desja pourveu à ceulx qu'il veult estre auprès de moy en ladicte guerre avecq monsieur le président de Calignon, affin que je soye hors des importunités ordinayres, et luy mandez ce qu'il peult escripre de son estat et y faictes tout ce que vous pourrez. Faictes resouvenir monsieur de Reau d'envoyer les provisions de ceste armée, s'il veult qu'on jouisse du revenu des biens du marquis de Chaussin en la forme de vos mémoyres et non aultrement; obtenez aussi du Roy un commandement bien exprès à monsieur Constant et aultres officiers de la vicomté d'Aressert et baronnye de Mernys affin que j'en puisse jouir du revenu, car jusques ycy lesdicts officiers ont tout despandu sans que j'en aye rien seu avoir. Je vous envoye vos mémoyres à vostre chiffre; après que vous l'aurez deschiffré bailles le à Chalyer qui le rendra au Roy à quy je l'adresse. Je désire qu'il soit despesché au plus tost par son retour et que par luy j'aye de vos nouvelles bien au long, qui est d'un maistre des requestes savant que vous en eussiez parlé au Roy.

MÉMOIRES

A MONSIEUR VULSON DÉPUTÉ PAR LESDIGUIÈRES PRÈS DU ROI

DE CE QUI SE PASSA EN DAUPHINÉ, PROVENCE ET TERRES NEUFVES DE SAVOYE

DEPUIS SEPTEMBRE JUSQUES EN NOVEMBRE MIL CINQ CENS QUATRE VINGT UNZE[1]

Le sieur de Lesdiguieres s'estant de longtemps préparé au siege de Barcellonne, ville des Terres Neufves de duc de Savoie à douze lieues de Nice, et pour cette mesme occazion faict accomoder les chemins pour les rendre de plus facile accès au canon, avoit faict mener au Lauzet, place prinse sur ledict Duc, trois canons qui y demeurérent longtemps à cause des autres occupations survenues audict sieur de Lesdiguieres, qui y aiant mis fin se delibéra apres la déffaicte de Pontcharra d'atacquer ledict Barcelonne; et par ce que ceulx qui étoient dedans avoient fait remparer et dedans et dehors, il feit encore sortir de Puymore deux canons, lesquels ayant faict conduyre avecq les autres leur feit prandre à tous cinq le chemin de Barcellonne où ils arrivarent le sabmedy dix neuviesme octobre 1591.

La nuit ensuyvant, le canon feut mis en baterye, deux couleuvrines sur le coutault qui commande la ville, affin de battre la courtine, et la trois canons dela la ryvière proche de la ville. Le dimanche xxe on

---

[1] Ce récit existe en copie du XVIe siècle à la B. N. mss. Fr. 20784, p. 340. Il est en parfaite concordance avec le récit du Journal des guerres de Lesdiguières que nous avons imprimé plus haut. Il a été probablement rédigé par ordre de Lesdiguières lui-même et envoyé au conseiller Vulson qui était alors à la Cour en mission auprès du roi.

tira quelques canonnades, et par ce que la batterye se trouva ung peu trop loing on emploia le reste de ce jour à la changer, et la mict-on au mesme coutaud ung peu plus bas que les couleuvrines, de sorte qu'ils battoyent ung coing de la muraille et tenaille, avecq deliberation de saper la tour dudict coing et la faire gaigner afin de desloger ceulx de dedans de leurs retranchemens.

Le soir de ce mesme jour sur l'entrée de la nuict un secours de trois cens harquebouziers bien recongneus se présente dela la rivyere pour se jeter dedans la ville, de quoy ils furent empeschés par l'armée qui feit incontinant au camp. Ledict sieur des Diguieres ayant faict poser des gardes, s'en retourna à son quartier, ou sur les neuf heures du soir luy feut raporté que le sieur du Sauze, commandant audict Barcellonne, demandoit à parler au sieur de Poligny, lieutenant de la compagnie dudict sieur de Lesdiguieres, lequel permit qu'ils parlassent, à quoy cette nuict se passa.

Ceulx de dedans demandoyent une aultant honorable composition que s'ils eussent esté dedans la cytadelle de Millan; mais après plusieurs allées et venues, ils ne peurent obtenir que la vie et encores de grace spécialle, ce sont les mots portés par la capitulation. De sorte que le lundy XXIe dudict mois au matin ledict sieur du Sauze et quatre cents soldats sortirent desarmés et sans bagages, feurent conduicts en lieu de seureté tirant au chemin de Piedmont, soubs les promesses par eux faites de ne se retirer à Demont, ancien domaine du Marquisat, à Allos en Terre Neufve, ni à Digne en Provence, pour [ne] porter les armes durant trois mois. Voila l'issue de ce siége et la résolution dudict sieur de Lesdiguieres est de faire desmanteller ceste place pour ne se pouvoir fortiffier, à cause de sa maulvaise assiette.

Durant ceste expugnation quelques forces de Piedmont, composées bien de II^m arquebusiers, s'avancent jusques à Rochependant, quatorze lieues de Barcellonne; mais ils n'ont servi que d'escorte aux vaincus sans s'aprocher davantage.

Cela faict ledict sieur de Lesdiguières alla assister monsieur de la Vallette pour le siége de Digne ou ils se trouvérent le vingt-huitiesme dudict mois. Ce labeur n'a point esté inutile car la réduction de ceste place s'en est insuyvye; tellement qu'aprés quelques cannonades elle a été mise en l'obeyssance du Roy, qui par ce moyen a receu ung signalé service, d'aultant que les montagnes de Provence en sont fort éloignées et du tout affranchies de la Ligue. Car en finissant cest exploict les forces desdicts sieurs de la Vallette et de Lesdiguières toutes ensemble, faisant de sept à huict cents chevaulx et deux mil cinq cens arquebusiers, partent pour le secours du Puëch, distant de la ville d'Aix de deulx lieues, despuis sept sepmaines assiégé par le duc de Savoye qui y avoit desja faict tirer deux mil quatre cents cannonnades.

Estant adverty ledict Duc de la venue de ce secours il leva son siège, retira ses neuf canons et ne voullut attendre. On assure qu'il s'en retourne en Piédmont et qu'il laisse en sa place le conte de Carces pour lieutenant général. Aultres disent qu'il y envoyera le sieur Amedéo, son frère bastard ; mais il n'y a rien de certain. Quoy que ce soit il perd beaulcoup de son crédit envers les Provenseaulx ou [pour] n'avoir pas faict tant qu'il avoit promis, ou pour manquer les fruicts des terres dont ils se faisoit au commencement sy grande largesse[1]. Il est survenu quelque changement entre ses partisans et mesme en madame la contesse de Sault ; mais on estime que monsieur de la Vallette en aura donné advis au Roy. C'est pourquoy il ne s'est dict rien ycy.

---

[1] C'est-à-dire que les succès de l'armée royale n'a pas permis au duc de Savoie de recueillir les impots et les revenus du domaine de l'État dont il faisait auparavant largesse à ses partisans.

DISCOURS

DU VOYAGE FAICT PAR MONSIEUR DE LESDIGUIÈRES EN PROVENCE

Commencé le XXVIIIe apvril 1592 et fini le XIIe juillet ansuivant [1]

Le sieur de Lesdiguières s'estant de longue main appresté, suivant la charge qu'il a pleu au Roy luy donner, pour entrer dedans les estats du duc de Savoye et y faire la guerre, auroit (pour donner quelque commencement à l'exécution de ses desseings) faict levée de sept cens chevaulx et de quatre mil arquebusiers francoys, nombre trop petit pour une si grande entreprinse. Aussi n'estoit-il destiné que pour la conqueste et garde de quelques places, sur lesquelles il avoyt intelligence, en attendant que sa Majesté luy donnast les moyens de se mettre en campaigne et de plus entreprendre.

Or, pandant que ceste levée s'apprestoit, messieurs de la cour du Parlement de Provence luy faisoyent instances d'entrer audict pays avecq ses forces, estans destitués de chef par le décès du sieur de la Valette [2], craignans que le duc de Savoye se voulust prévaloir du

---

[1] Ce discours encore inédit est conservé à trois exemplaires dans les mss franç. de la Bibl. nat., vol. 23195 (anc. missions étrangères, 304), 3982, p. 3, et 20784, p. 341. Il complète le Journal des guerres de Lesdiguières en ce qui concerne cette campagne de Provence. Il a probablement été composé par ordre de Lesdiguières, qui l'adressa au roi, comme le prouve une des dernières phrases.

[2] La Valette avait été tué d'un coup de canon le mardi 10 février 1592 au siège de Roquebrune.

temps sur le point de ce désastre. Ledict sieur de Lesdiguieres leur promit, ou d'y entrer avec ses forces nouvelles, ou de faire diversion de celles dudict Duc par le moyen de l'exécution de sesdictes entreprinses.

Et de faict des le vingt huitiesme jour d'apvril 1592 il se trouva à Ambrun avec sesdictes trouppes en délibération de passer plus oultre tirant vers le Piedmont; ou estant, il eut advis que les choses de dela n'estoyent pas bien disposées pour l'exécution, et d'ailleurs qu'il estoit survenu quelque refroidissement aux amis. Ayant ceste armée sur les bras il s'en voulust servir pour la Provence, estimant ne pouvoir faire un plus grand service à sa Majesté de secourir les affaires en ce pays la, y estant appelé.

Le dernier jour d'apvril il partit dudict Ambrun, passa la rivière de Durance et en deux jours se rendit au Brusquet près de Digne. Estant la il donne de se nouvelles ausdicts sieurs de la cour du Parlement et demande advis tant à eulx que au sieur marquis d'Oraizon, de Buons et aultres gentilhommes de la Provence, sur ce qui estoit de faire. La résolution fut d'attaquer Beines petite ville et chasteau sur un roc quasi inaccessible, par deux fois assiégée et battue par ledict feu sieur de la Vallette sans l'avoyr peu prendre, et depuis par luy bloquée de quatre forts, quictté par ledict sieur après sa mort, et ainsi ceste ville delivrée est demeurée en la puissance des ennemis, qui par ce moyen faisoyent beaucoup de ravaiges par toutes les montaignes de Provence et aux frontières du Daulfiné.

Ceste resolution prinse, ledict sieur marquis d'Oraizon faict sortir de Manosque quatre canons avecq quelques munitions, et parcequ'il y avoit trop peu de pouldres pour la batterye, ledict sieur de Lesdiguieres en fit venir une bonne quantite de Daulfiné. Le canon ne pouvoit si tost venir à cause de la longueur et difficulté des chemins; et pour ne perdre temps il alla le VIIIe jour de may recognoistre une aultre petite place appelée Bauduen qui apportoit beaucoup d'incommodité à la ville de Riés pour en estre proche de douze lieues. Le lendemain il fit sortir dudict Riéz une petite pièce pour battre les deffenses dudict Bauduen et puis après venir à la sappe; ce qui fut faict, et par ce moyen fut prinse la ville et incontinent après le chasteau randu et le sieur de Sillans, qui y commandoit, avecq le reste de ses soldats congédiés la vye, armes & bagages sauves.

Durant ce temps ceux d'Aix intimidés par la venue dudict sieur de Lesdiguieres envoyent leurs depputés pour demander trefve ; à quoy l'on ne voulut point entendre, mais bien à une paix pour la province, s'ils vouloient en recognoistre l'authorité du Roy et lui rendre obeissance. Ils retournent à Aix et pour la seconde foys renvoyent encore leurs depputés sans pouvoir avancer aucune chose.

Cependant Beines estoit investi de toute l'infanterie hormis ung regiment qui avoit servy à l'expugnation de Bauduen. Le canon y estant arrivé le XIIIIe jour dudict moys, l'on le monte en plein jour au veu des assiégés qui estoient tenus de si près qu"ils n'eussent peu sortir, ne donnant empeschement que par quelques coups de mousquet tirés à la courtine. Lesdicts assiégés pensoient que l'on deust faire la batterye par le mesme endroict que ledict feu sieur de la Valette l'avoyt faict faire par deux foys, et pour mieux resister avoyent fort accommodé cest endroict par retranchements casematés, de telle façon qu'il estoit impossible d'y rien gaigner. Mais voyant que l'on l'avoit mis en lieu auquel ils pansoient estre impossible de le monter, que la batterye se préparoit contre le chasteau leur dernier reffuge et en lieu qui ne se pouvoit retrancher ni deffandre à l'assault, pour estre aussi advantageux aux assaillans que aux deffandans, les assiégés demanderent composition. Il leur fut octroyé la vye, les armes & le bagage. L'on les pouvoit avoyr à meilleur marché mais il falloit gaigner le temps et espargner les munitions pour les employer aux aultres occasions [1].

Et d'aultre part le duc de Savoye prenoit Antibes, ville & port de mer de très grande conséquence, et desia s'estoit saisi de la ville et y tenoit douze cens Espaignols ou Napolitains, en attendant ses préparatifs pour assieger le fort ou estoit le sieur du Bar, lequel se voyant ainsi pressé fit une sortye qui luy fut si favorable qu'il prist prisonnier le sieur marquis de Pescaire et peu de temps aprés par accord faict entre le Duc et le sieur du Bar, moyenant la delivrance dudict sieur Marquis, la ville demeura libre par la sortie des Espaignols, estant le Duc asseuré de la volonté des habitants à son endroict.

---

[1] Le chevalier de Moryes, qui commandait à Beines, vendit la place pour 5,000 écus. Voir le Journal des guerres (15 mai).

Durant le siege de Beines le sieur de Biosc qui commandoit pour la Ligue en la ville de Saint-Pol-sur-Durance se declara serviteur du Roy et mit ladicte ville en son obeissance ; le commandement luy fut continué sous l'authorite de sa Majesté, à laquelle il faict de jour en jour ouverte démonstration de sa fidelité.

Le xviie jour dudict moys de mai l'armée partit de Mézel et aultres logis qu'elle avoit faicts durant ledict siège de Beines, tirant le droict chemin vers Antibes; et parce qu'il y avoyt plusieurs places entre deux qui tenoyent pour l'ennemy, il fallust mener le canon, encores que les chemins soyent entremement difficiles.

Le second jour d'après la ville d'Aups qui jusques alors tenoit pour l'ennemy fut réduicte en l'obeissance du Roy, les habitans promirent et de bouche et par escrit de vivre de la en avant en bons serviteurs de sa Majesté, renoncerent à toutes ligues et associations tant domesticques que estrangières.

La ville et chasteau de Bairoulx en fit de mesmes, Cotignac, Baregnon, Casplanes, Montjou, Fayence, Draguignan, Calles, Chasteauneuf, Mogins, Movans, Caigues, Vallaurye, Peyrolles, Joucques, Genistous, et Ryans apportérent leurs clefs auparadvant que voir le canon, lequel on laissa à Faux, pour n'y avoyr plus rien qui tint pour l'ennemy que Grace, Biot et Saint-Pol-de-Vance, villes qu'on esperoyt avoyr par le canon preparé à Antibes [1].

Après toutes ces réductions faictes et une partye des places asseurées, les aultres demantelées, l'armée arriva à Antibes le xxviiie dudict moys et en environs. Il s'y trouva troys colevrines montées et point de canon de baterye.

Le landemain ledict sieur de Lesdiguieres dépesche par mer au sieur de Montault commandant à Fréjus et au sieur Desgarravagues, gouverneur de Toulon, affin d'avoyr troys gros canons, des pouldres et des balles, et les faire venir par la mer à la faveur de huict galliotes turquesques qui quelque temps avoyent battu ceste coste pour nuyre aux ennemis du Roy. Mais le malheur fust tel que ces galliotes ne se trouvent point, par ce qu'elles avoyent tiré en haulte mer, ainsi il fut impossible d'avoyr ny canons, ny munitions de ce costé la pour estre l'ennemy le plus fort sur mer par le moyen d'une gallére

---

[1] Toutes ces réductions de places eurent lieu du 17 au 27 mai 1592.

armée qui est à Nice, deux galliotes et quatre tartanes qui sont à Bregançon.

Estant par ce deffault hors de moyen d'attaquer aucune place de consequence, il fallut employer le temps à courir du costé de Nice. Pendant que l'on faisoit le desseing de la fortiffication d'Antibes, le duc de Savoye et l'Infant estoient audict Nice spectateurs de la prospérité des affaires du Roy sans y pouvoir donner empeschement.

Il y avoit sur le bord du Var, riviere venant des montaignes qui séparent la Provence d'avecq le comté de Nice, cinq ou six cens soldats espaignols dispersés en troys forts pour garder le passage de ladicte riviere, l'on les alla voyr souvent sans la passer, affin de les asseurer davantage et leur donner oppinion qu'elle ne se pouvoit gayer, et à la vérité c'estoit chose fort difficile tant à cause de la grande quantité d'eaue que pour le mauvays fonds qui y est.

Le quatriesme jour de juin suivant ledict sieur de Lesdiguieres fit marcher une bonne partye de sa cavallerye et harquebusiers à cheval à l'aultre bord de ladicte rivière, et ayant séparé ceste trouppe en deux, la trouppe qui estoyt destinée à passer le plus près de la mer, ou estoit ledict sieur, y passa avec beaucoup de peine. L'ennemy cognoissant que la résolution estoit de les attaquer à bon essiens faict son salut d'harquebusades et sans rendre aultre combat quitte les forts et se retire en quelques maisons fortes entre Nice et ladicte riviere. La trouppe trouva tant de difficulté à passer que plus d'une heure après elle ne parust point de l'aultre costé de la rivière ; quelques soldats de l'ennemy furent tués pour n'avoyr peu gaigner lesdictes maisons fortes.

Il sortit de Nice environ cent chevaulx tenans tousiours le gravier de la mer, flanqués et favorisés de huict gallères d'Espaigne, qui voyagent terre à terre pour mieux faire jouer le canon si les nostres fussent approchés ce qui ne se pouvoit faire par ce que ladicte cavalerye estoit dedans un retranchement gardé par quelque infanterye. Ces gallères venoyent d'accompaigner le vice roy de Cicille et ramenoyent celuy qui sortoit de charge. Au retour, avant que repasser la rivière l'on mit le feu dedans les forts affin que l'ennemy ne s'en peust plus servir.

Retournés à Antibes ledict sieur de Lesdiguieres pourvoit au travail de la fortiffication et à la garde de la place et pour ce faire y laisse six vingts maistres et six compaignyes de gens de pied.

Le xe jour dudict moys il partit d'Antibes et arriva à Draguignan le douziesme, ou estant, à l'instance du sieur de Montault, des consuls de Fréjus et de Draguignan, fut conclud d'assieger le Muy. C'est une petite ville assez en pleyne que l'ennemy avoit de longue main préparée pour resister à un siège, bien retranchée par dedans, ceinte d'une bonne muraille et d'un grand fossé revestu par dehors, et le bord si relevé qu'il cache la moityé de la muraille. Le duc de Savoye avoyt tant de fiance en la bonté de ceste place qu'il y avoit laissé en seureté troys de ses canons.

Suyvant ceste résolution on envoye quérir les quatre canons qui estoyent demeurés à Faux; le sieur Montault en fit aussi sortir deux de Fréjus. Pandant que ceste diligence se fesoit, on recognoit la place laquelle fut incontinant investye par l'infanterye; ceux de dedans tiroyent quelques canonnades, qui ne pouvoyent offenser personne par ce qu'ils n'avoyent lieu propre pour s'aider de leur canon.

Le xxiiie jour dudict moys de juin à la pointe du jour il se presenta un secours de sept vingts harquebusiers conduicts par le cappitaine Esprit; il fut descouvert assez près de la ville, chargé et desfaict, ledict cappitaine Esprit y fut blessé et touteffoys ne laissa d'entrer dedans luy sixiesme seulement. Il y estoit envoyé par le duc de Savoye pour un soldat très assuré, aussi le fit-il paroistre en tout le succès de ce siège.

Le xxiiie jour dudict moys le canon arriva; la nuict ensuivant fut mis en batterye en lieu ou l'ennemy ne pensoit point, car c'estoit contre le temple qui de ce costé la ferme la ville. L'on l'avoit amuzé par une gabionade que l'on avoit mise de l'aultre costé. Le lendemain la batterye commença au point du jour et continua jusques à midy. Un tiers de ce temple fut mis par terre, la muraille proche d'icelluy tirant à main gauche abatue de la longueur de deux toises et demye et les deffances rompues, et y fut tiré troys cens soixante coups de canon. Cela faict, la bresche fut recogneue et avant que de la pouvoyr aborder il falust dessendre dedans le fossé par une eschelle. Toute la deffance des assiégés n'estoit que à coups de pierres jettées du dessus de la voute toute descouverte par le canon, lequel cependant tiroit sans cesse à ceux qui estoyent sur ladicte voulte, affin de favoriser les nostres qui essayoyent de gaigner ledict temple, ce qui ne se peult faire, mays il eust une des canonades qui fit tumber du hault de la voulte ledict cappitaine Esprit lequel donnoit beaucoup d'asseurance à tout le reste des assiégés.

Sitost que cest homme fut randu inutille les assiégés demandérent à parler. Ce mesme jour la composition fut faicte, la ville randue et ceulx qui estoyent dedans sortirent vyes, armes & bagages sauves. Deux des canons de Savoye furent donnés par ledict sieur de Lesdiguieres à la ville de Fréjus et un à Sainct Tropez et la ville du Muy remise au sieur de Montault pour estre demantelée [1].

Toute l'armée partit de ce siège le vingt septiesme jour dudict juin tirant vers Brignolles & Toulon et deux jours après arriva à Crues. Estant la il conclud par l'advis du sieur marquis d'Oraison, de Buons, de Solliers, Desgarravagues et aultres de nettoyer les places contraires au service du Roy entre Toulon, Marseille et Aix, et que du premier abord il falloit attacquer la Cadière.

Ceste place fust recogneue et bloquée en attendant le canon qui sortit dudict Toulon et y arriva le troysiesme jour de juillet. Le lendemain la batterye se fit de troys canons affin de prendre le bourg; ceux du dedans se voyant pressés et hors d'esperance de secours tant du costé de Nice que d'Aix, demandent composition qui leur fut octroyée et aussi à ceux du Cartellet, Cireste, Cassis, Signe et Roquefort [2]. Et quant à ceux de la Ciotat ils employerent la faveur de ceux de Marseille qui envoyérent leurs depputés vers le sieur de Lesdiguières affin d'obtenir gracieux traittement, en consideration de ce que lesdicts de Marseille avoyent renoncé à toute ligue estrangere et n'avoyent rien tant en horreur que la domination espaignolle. Ceste requestre de leur fut reffusée et par ce moyen la Ciotat mise en l'obeissance du Roy.

Au partir de la, sur la délibération prinse d'aller autour d'Aix pour incommoder la recolte desia commencée et par ce moyen les amener au devoyr, ledict sieur de Lesdiguières estant à Pourrieres [3] distant de quatre lieues d'Aix, eust nouvelle de la prinse de Vienne

---

[1] La reddition du Muy eut lieu le 26 juin.
[2] Voir sur le siége de la Cadière et des petites places environnantes les documents insérés dans notre vol. I, pp. 167 à 170.
[3] Le 13 juillet.

faicte par le sieur de Nemours et des intelligences qu'il avoit sur les meilleures places du Daulphiné et mesmes sur Grenoble. Ces mauvaises nouvelles luy firent quicter tout le reste de ses desseings de Provence au regret de la cour du Parlement et de la noblesse du pays.

Ce voyage a esté heureux pour y avoyr l'ennemy beaucoup perdu et le Roy fort peu. Le plus grand dommage qu'il ayt receu c'est en la mort du sieur de Polligny, lieutenant de la compagnie du sieur de Lesdiguieres, de Cabassoles, maistre de camp d'un regiment, des cappitaines La Rivière, Lollivier, Lazegast et Anthoine et environ cens soldats morts de blessure ou de maladye. Ledict sieur de Lesdiguieres est maintenant à Grenoble [1] ou il pourvoit aux choses nécessaires pour empescher les progrès du sieur de Nemours qui va assieger les Eschelles, place conquise sur les Savoisiens il y a près de deux ans, et entreprend ce siège à l'instance d'Olivera et aultres forces du duc de Savoye qui sont avecq luy. Sa Majesté sera informée de tout ce qui succedera en ces occurrance.

Les forces du sieur de Nemours sont de mil chevaulx de combat et de cinq a six mil harquebusiers et attend encores quinze cens suisses.

[1] Il y arriva le 24 juillet.

INSTRUCTIONS

DE MONSIEUR D'ÉPERNON AU ROY

SUR LES AFFAIRES DE PROVENCE

CONTRE M. DE LESDIGUIÈRES AUDICTES CIRCONSTANCES[1]

Pour représenter au Roy l'estat des affaires de Provence Balliech commencera par le discours de tout ce qui s'y est passé depuis la mort de feu monsieur de La Vallette, mon frère, qui est qu'estant mondit feu frère blessé, du consantement de tous, pour parachever le siége de Roquebrune, et garder que les ennemys ne se prévalussent de cest accident pour l'esbandement de l'armée, la charge en fut remise aux sieurs marquis d'Oraison et de Montault, ainsi que sa Majesté a peu entendre par le sieur de Mesplés, et comme on print jour pour se trouver tous à Sisteron pour, avec messieurs de la Cour, prandre quelque bonne résolution sur l'ordre que l'on avoit à tenir pour conserver les affaires en estat jusques à ce que l'on eut l'intention de ladicte Majesté.

---

[1] Ce mémoire d'Épernon au roi est conservé dans le vol. 23195 des mss. franç. de la Bibl. nat. (anc. missions étrangères, 304); c'est l'original lui-même envoyé au roi et porté par Balliech, secrétaire d'Épernon. Il est intéressant en ce qu'il est le contre-pied du mémoire de Lesdiguières, sur les mêmes événements imprimé dans les pages précédentes. Épernon mécontent de voir Lesdiguières prendre à son préjudice la direction des affaires de Provence, en conçut contre lui une vive irritation qui aboutit en dernière analyse à une lutte à main armée et à la nomination du duc de Guise comme gouverneur de Provence, en 1595. Nous n'avons reproduit que la première partie de ce mémoire, la fin n'a aucun rapport à Lesdiguières.

Estans lesdicts sieurs à Sisteron pour ceste assemblée, messieurs de la Cour les dépouillant de leurs charges, et leur donnant par ce moyen quelque mescontantement, prindrent à eulx l'auctorité; et fut des lors proposé d'envoyer prier monsieur des Diguieres de s'acheminer en la province, quoy que la pluspart remonstrassent le peu de besoing qu'il en estoit; que n'estant nullement pressés, ce ne seroit que consumer les commodités en saison mal propre et oster le moyen à celluy qui y seroit envoyé par de Roy d'y servir; joint que le duc de Savoye estant du costé d'Arles comme enfermé et mal du tout, tant avec ceux dudict Arles que la ville d'Aix, ne pouvoit rien entreprendre, estant desnué de forces & en peine de s'en retourner comme il ne pouvoit faire que par mer sans l'accident de mondict frére.

Nonobstant ces raisons le président de Saint André ferma la bouche à tous et fut depputé devers ledict sieur des Diguieres qui mit les affaires en longueur pour des conditions qui ne se pouvoient accorder.

La dessus le duc de Savoye ayant failly Arles et voyant les trouppes séparées aux garnisons, prit sa retraicte et se rendit à Nice en grande dilligence, sans, durant son voyage, entrer en aucun lieu fermé tant il avoit craincte de recevoir affront.

Messieurs de la Cour changeant presque tout l'ordre qui avoit esté estably par mondict frére, ung moys auparavant sa mort, pour l'entretenement des gens de guerre, quoy qu'il semblast que pour le moings devoyent-ils laisser courre le quartier, y pourveurent de facon que nul ne s'en tenoit pour contant, qu'il apporta beaucoup de prejudice au service du Roy et au pays; car la désobeissance et le mespris de leur ordonnance fut toute cogneue parmy les gens de guerre, voyant leur peu de prévoyance et longueur à leur administrer ce qui estoit necessaire; ce qui se ressentit principallement aux forts de Beynes qui furent habandonnés des cappitaines & soldats faulte de moyens de façon que au lieu qu'ils estoyent à l'extremité et avoient deja composé de la redition moyennant deux mil escus ils s'estendirent, se baricquèrent à Baudoyn et surprindrent Bras, qui depuis fut reprins par aucuns gens d'armes de la compaignie de son mondict frére estans en garnison à Riez.

En ce temps le conte de Carces revenant d'accompaigner le duc de Savoye sort trois petites piéces que ledict Duc avoit laissée à

Fayance entrant dans la province, et pour ne les sentir assurées les mène au Muy, loge gens de pied prés Brignolle et s'en va au prouche trouver à une assemblée qu'ils y avoyent convocqué.

Le chevallier d'Aiglun qui commandoit lesdicts gens de pied, qui estoient de douze à quinze cens hommes et la cornette des gens de cheval à Saint Roman, désirant prandre le logis de Pignans pour vivre ou attendre la pour quelques desseings sur Brignolle, Toulon ou Fréjus, fut accommodé de deux petites piéces par le frére du feu sieur de Vins, pour forcer vingt cinq hommes que le sieur Desgarravacques avoit dans un couvan audict Pignans; don estant le sieur de Castillon[1] adverty, mande audict sieur Desgarravacques pour avoir sa compaignie de gens de cheval et ce qu'il pourroit de gens de pied et luy donne randez-vous près des ennemys. Des qu'on les vit, ledit sieur de Castillon[2] s'approche avec environ soixante dix maistres qu'il assemble, tant de la compaignie de feu mon frére que du sieur de Valavoyre et deux cens arquebusiers, avec lesquels trouvant l'ennemy qui ramenoit lesdictes piéces, il les chargea et les deffaict en demeurant cinq ou six cents sur la place et presque aultant prisonniers et douze drappeaux.

Peu de jours apres le Duc ayant logé de ses trouppes dans Antiboul et faisant semblant de voulloir attaquer le fort, le voyage du sieur des Diguières en Provence fut remis. Ledict sieur s'en excusa sur d'aultres desseings, ramassant néanmoings ses trouppes, asseurant ceulx de Provence que dans le cinquiesme may il donneroit de la besoingne audict Duc qui le feroit penser à aultre chose qu'a l'aproche d'Antiboul. De facon que l'on ne l'attendoit nullement en Provence, joinct que au bout de quelques jours on fut asseuré comme le fort d'Antiboul ou le sieur du Bar y commandoit, avoit faict tresve avec ledict Duc moyennant la redition de quelques prisonniers et promis de n'entreprandre de six moys aucune chose contre luy et que il quicta encores la ville d'Antiboul

Le mescontantement des gens de guerre contynuant pour raison de leur entretenement, mesme aux cappitaines de Sisteron à qui on

---

[1] Qui commandait dans Pignans.

[2] Une phrase de la fin de ce mémoire explique qu'il s'agit bien ici de M. de Castillon qui, d'après d'Épernon, après avoir remporté une victoire signalée sur les ennemis en fut si mal récompensé par Lesdiguières qu'il pensa être tué par son ordre.

l'avoit donné à l'aultre bout de la province encore sur les villes occuppées, avec desseing comme il estoit apparant de dissiper par ce moyen, les compaignies [1]; scachant lesdicts cappitaines qu'il y avoit quelques deniers entre les mains du receveur de l'impost audict Sisteron les demandarent à messieurs de la Court pour entretenir la compaignie et remettre les assignations dont ils ne pouvoyent se servir. Et leur ayant esté reffusé les voullurent prandre estimant que puisque le moyen en estoit nay au lieu ou ils servoyent, les aultres leur mancquant, il estoit raisonnable qu'ils s'en aydassent. Mays, pour ne rien altérer quoy qu'ils eussent la raison de leur costé, il ne fut poinct passé oultre, rendant ce respect ausdicts seigneurs qui les prindrent et en disposerent comme bon leur sembla, se pourvoyant lesdicts cappitaines d'ailleurs de leurs moyens particuliers comme ils peurent.

Ledict sieur des Diguieres aiant assemblé ses trouppes & faict de grands préparatifs pour Piedmont, ou il avoit desja, disoit-on, son avant garde, prenant ce chemin vers Ambrun, torna court par la montaigne et se jeta en Provence. Ceste entrée inoppinée et contre ce qu'il avoit dict aux depputés & escript à plusieurs personnes mit en ombrage beaucoup de ceulx qui servoyent le Roy & avoyent charge en Provence; avec ce que l'on leur faisoit cognoistre tant par plusieurs demonstrations que par langage que l'on se deffiait d'eulx, plustost comme l'on estime pour les provocquer à estre aultres qu'ils n'estoyent que aultrement [2].

Sur ces remeuemens arryva le sieur de Vicose avec les lettres & l'intention de sa Majesté, nonobstant lesquelles on ne laissa de continuer. Le président de Saint André disant à tous que particullièrement, quoyque le Roy escripvit sur la dépesche du seigneur Alfonce, qu'il avoit par créance l'intention de sa Majesté, tant par le sieur de Vicose que par le service dudict sieur des Diguiéres, et que sans s'arrester au contenu de ladicte dépesche, ny à ce qu'avoit dict le chevallier de Buonx il falloit passer oultre à ce qui avoit été commancé.

Descendant ledict sieur des Diguieres de la montaigne vint loger son

---

[1] On avait donné à ces capitaines des bons ou assignations sur des villes situées fort loin d'eux et occupées par l'ennemi, de manière qu'ils ne pouvaient toucher leur solde.

[2] Plutôt pour les rendre ennemis du roi et prendre ce prétexte pour les dépouiller de leurs charges.

avance à Vallensolle prés de Ries, qui fut cause que ceulx de Baudoyn quictarent Aups, Barjoux, Cottignac, Varague; le chasteau de Vins, Rians et Joucques vindrent à l'offrande[1], moyennant laquelle ils furent exempts de passage de l'armée et tous de garnison, fors que Barjoux ou fut laissé une compaignie au chasteau.

Sur ces entrefaicts le sieur de Buosc, gouverneur de Saint Pol, lequel avoit des longtemps faict démonstration de voulloir servir le Roy, ayant mesme pris les commissions de feu mon frére, se déclara ouvertement pour le service de sa Majesté.

Cependant ledict sieur des Diguieres faict tirer quatre canons que mon trére avoit faict préparer à Manosque pour assiéger Apt & les faict conduire du costé de Beynes, qui n'avoit peu recevoir grandes commodités tant pour ce qu'il estoit du tout esloigné des aultres lieux qui tenoyent pour l'ennemy, que pour estre lesdicts lieux voisins tous mangés par le sesjour des armées. Ce qui fut cause que sans attendre le canon celluy qui estait dedans rendit la place, moyennant cinq mil escus, avec promesse que ledict sieur des Diguieres fit de la faire raser pour estre inutile, ce qu'il n'a depuis faict, mais la détient encore.

L'entrée inoppinée dudict sieur des Diguieres sans en advertir aucun de ceux qui avoient charge au pays & la façon de laquelle on se portoit à leur endroict avec les langages que l'on tenoit publicquement contre les Gascons[2], fut cause qu'ils ne voullurent se joindre à lui, attendu mesmes qu'ils voyoient que la procédure que l'on tenoit leur paroissoit toute contraire à ce qu'ils voyoient estre de l'intention du Roy. Touteffois ne voullans devenir inutiles au bien de son service, pour n'estre pas leur coustume, ny d'y broncher comme l'on les y voulloit poulser, le sieur de Montault estant à Fréjus ou il s'estoit rendu pour favoriser les affaires d'Antiboul avec ce peu qu'il avoit assemblé de sa nation & de ses amys, tira quelques pieces de canon de Fréjus, assiega, batit & print Bagnols qui est un petit lieu scitué du coste d'Antiboul, et de la passant plus oultre, luy furent rendues plusieurs aultres comme Montouroux, Cailhan, Saint Sézary, Fayance, ou il trouva encore des munitions du Duc, Sailhans, Clains, Calas, Figances

---

[1] Payèrent une contribution. Épernon entend probablement par là que Lesdiguières les exempta, moyennant finances, des charges imposées par le passage de son armée.

[2] La plupart des officiers des troupes commandées par La Valette et Épernon étaient, comme eux, originaires de Gascogne et étaient venus à leur suite en Provence.

et après Draguignan, auprès duquel le sieur des Diguieres se rendit quazy au mesme temps et se voulut picquer contre ledict sieur de Montault de ce qu'il luy avoit gaigné le devant. Touttefoys s'estans veuz et ayans parlé ensemble ils furent edifiés l'un de l'aultre, luy faisant ledict sieur de Montault cognoistre en luy donnant l'entrée audict lieu quelle estoit son intention, quoy qu'il en eust peu user aultrement, puis qu'il ne luy apparaissoit que ledict sieur des Diguieres fut auctorisé de sa Majesté.

Dudict Draguignan ledict sieur des Diguières passa vers Antiboul, d'ou après avoir faict quelques courses jusques auprès de Nice il tira quelques pieces et attacqua deux petits lieux, l'ung après l'aultre, scavoir Vance & la Bras, ou fut tiré quelques coups de canon sans touteffoys prandre ny l'ung ny l'aultre pour n'avoir ce qui luy estoit nécessère, resolut néanmoings pour la seureté d'Antiboul de fortiffier la ville; laquelle pour cest effect fournit dix mil escus constans.

Mais la dessus ayant advis de ma dépesche[1] il y laissa quelques compaignies de gens de pied et sans faire aultre chose à la fortiffication s'en retourna du costé de Fréjus ou ledict sieur de Montault le receut, et trouvant les préparatifs pour le Muy tous prets avec le canon de Fréjus et ceulx qu'il avoit, l'attacqua & emporta dans trois ou quatre jours par composition, retirant ledict sieur de Montault deux desdictes piéces qui y estoient & ceulx de Saint Tropez, qui estoient entrés en la despense, l'aultre.

Nonobstant toutes ces démonstrations que faisoient ceulx de Gascongne de leurs intentions on ne laissoit pas de leur en voulloir touiours, mesme au pauvre sieur de Castillon, qui venoit de faire un service, lequel avoit osté moyen aux ennemys de faire ce qu'ils eussent peu ayant leur infanterie, laquelle il avoit toute deffaicte, ou du moings le meilleur, auprès de Pignans, pour revanche de quoy on avoit praticqué quelques uns de Brignolle qui estoient près de luy lesquels luy mirent en une cave de son logis une socisse de deux quintaulx de pouldre de l'effect de laquelle il fut miraculeusement garanti et aucuns des coulpables prins et encor vivans, lesquels chargent le sieur de la Tournes qui estoit et est encores prés dudict sieur des Diguieres & plusieurs aultres.

---

[1] Probablement une dépêche qu'Épernon avait écrite au roi pour se plaindre des actions de Lesdiguières.

Aprés la redition de Muy ledict sieur des Diguieres s'achemina du costé de Toulon & passa près Forcalquier, chasteau assez fort appartenant au feu sieur de Vins qu'il avoit promis d'attaquer; mais l'ayant recongneu il passa oultre audict Thoulon d'ou il fut tirer quelques piéces avec lesquelles il assiegea & batit un petit lieu nommé la Cadiere, qui composa incontinant moyennant quelque argent, comme fit aussy la Cioutat à vingt mil escus, le Castellet, Cassis, Aubagne & plusieurs aultres petits villages de la aux environs encores frais [1], d'ou fut tiré environ soixante mil escus argent comptant et moyennant ce laissés sans garnisons et en leur estat, fors la Cadiére.

Tous ces lieux ayans ainsy contribué il fut pressé par ceulx de Toulon de leur oster Cuers, lieu d'assez difficile advenue, qu'il attacqua, & y fut tiré deux à trois cens coups de canon inutillement car la dessus vint tout à propos la nouvelle de la prinse de Vienne qui donna subiect audict sieur des Diguieres de partir incontinant pour se rendre en Daulphine, laissant à Saint Maximin les quatre canons qu'il avoit faict tirer de Manosque.

Il n'est pas hors de la province que tous les susdicts lieux furent révoltés comme auparavant [2].

[1] Encore non pillés par les gens de guerre.

[2] Cette campagne de Lesdiguières dura du 3 mai au 18 juillet 1592.

BRIEF RÉCIT

DES EXPLOITS DE GUERRE DU SIEUR DES DIGUIÈRES,

COMMANDANT EN L'ARMÉE DU ROI CONTRE LE DUC DE SAVOIE,

DEPUIS LA JOURNÉE DE PONTCHARRA, SUR LA FIN DE SEPTEMBRE 1591, JUSQU'AU DERNIER DE DÉCEMBRE 1592[1].

Le reste de l'année mil cinq cent quatre vingt onze, apres la journée de Pontcharra, décrite au volume précédent, fut emploié par le sieur des Diguieres à faire fortifier Grenoble, et à laisser rafraichir ses troupes, qui n'avoient fait tant de voiages, et tant de grands et beaux exploits en ce même an, sans avoir beaucoup souffert.

---

[1] Ce récit est extrait des *Mém. de la Ligue*, par Goulart et Gouget (vol. V, p. 775); ces éditeurs n'indiquent pas la source à laquelle ils l'ont puisé, mais ce n'est probablement pas la reproduction d'une brochure imprimée dont on ne connaîtrait plus ajourd'hui d'exemplaires, car les éditeurs des *Mém. de la Ligue* ne manquent pas généralement de donner dans ce cas le titre exact, la date de l'impression et le nom de l'imprimeur. Ils ont donc vraisemblablement reproduit ce récit d'après un manuscrit. Il n'est probablement pas l'œuvre de Lesdiguières, ni composé par son ordre ; il n'est en effet pour la plus grande partie que la paraphrase d'un rapport adressé par Lesdiguières lui-même au roi, et dont l'original existe à la Bibl. nat. (mss. fr. 3609, p. 43) ; rapport qui a été inséré presque textuellement dans le *Journal des querres de Lesdiguières*. Une autre partie du *Brief récit* qui fait suite à ce qui est emprunté à ce rapport est également reproduite presque *in extenso* dans ce même journal. Une des raisons qui nous font penser que cette nouvelle rédaction du *Journal des guerres* n'a pas été faite par ordre de Lesdiguières, c'est qu'on y trouve ça et là d'assez grands éloges d'Épernon, que Lesdiguières n'aimait guère, et avec lequel il avait déjà été en lutte au sujet des affaires de Provence. Ce récit, quel que soit du reste son auteur, n'a pas une grande valeur, puisque tous les faits qui y sont relatés nous sont déjà connus par deux documents originaux bien plus importants, le *Journal des querres* et le rapport au roi du mss. franç. 3609.

Il n'avoit guéres joui d'un tel quel repos qu'il eut nouvelles de la mort de monsieur de la Valette devant Roquebrune, d'un coup d'arquebusade qui lui donna par la tête. Cette mort l'affligea merveilleusement, tant pour l'amitie singulière et bonne correspondance qu'ils avoient toujours eu par ensemble, que principalement pour la grande perte qu'avoit faite toute la France en général et la Provence en particulier, en un chef si prudent et valeureux, et affectionné au service du Roi.

Pour empêcher donc que le duc de Savoie ne se prévalut par trop (comme il y avoit apparence qu'il feroit) de cette mort, et que les villes et forteresses qui étoient sous l'obéissance du Roi ne fussent ébranlées par un si sinistre accident, il s'achemina encore une fois en Provence pour joindre ses troupes avec celles du sieur de Montaut, cousin germain dudit sieur de la Valette (à qui les autres gentilshommes et capitaines avoient déféré le commandement), et ce pour maintenir toujours les affaires de la dite province en bon état, attendant que le Roi y donnat ordre, et la pourvut d'un gouverneur.

Le sieur des Diguières ne résista seulement cette derniere fois aux efforts de l'ennemi, mais il le contraignit de se mettre sur la défensive, prit de rechef Draguignan que ledit ennemi avoit regagné [1], prit Dignes et cinq ou six bonnes places; et passant plus outre, donna jusque près de Nice, où le Duc se ressera. Antibe et beaucoup d'autres places, qui sont sur cette frontiere, portent bon témoignage des beaux exploits qu'il y fit pour lors, tout durant le printemps et l'esté de l'an mil cinq cent quatre vingt douze [2].

Cependant les ennemis ne dormoient pas de leur côté; ils tachoient encore de faire une nouvelle révulsion [3] des forces dudit sieur des Diguieres qui pressoit par trop le Duc en Provence. Pour cet effet, on fit un gros de six ou sept mille hommes en Savoie près du lac du Bourget. Leur délibération du commencement était de rebâtir des forts, tant à Versoi qu'ailleurs, pour boucler la ville de Genève; c'était le conseil mêmement de dom Olivares. Mais le duc de Nemours qui avait à cœur l'entreprise de Vienne, que le sieur de Maugeron (contre son devoir et fidélité promise, et qu'il devoit à son Roi, aiant même

---

[1] Épernon, dans le document qui précède celui-ci, attribue ce fait d'armes à Montaut.
[2] Les deux documents imprimés avant celui-ci sont relatifs à cette campagne et la racontent en détail.
[3] De faire revenir en Dauphiné.

oublié tant de bon accueil qu'il avoit peu auparavant reçu de sa Majesté) lui devoit vendre et livrer, rompit ce coup, et fit tant que ladite armée prit la brisée de Vienne, pour s'y trouver le jour assigné de l'exécution. Ce fut là que ladite armée se joignit avec les forces dudit duc de Nemours avec lesquelles ils faisoient leur compte de subjuguer le Dauphiné, qu'ils prenoient à l'impourvu.

Vienne aiant été vendue et livrée au dit duc de Nemours, comme dessus, et après qu'il eut pourvu à la sureté de cette ville, il partit avec toute cette armée, qui pouvoit être composée d'environ dix mille hommes de pied et de mille ou douze cens maîtres, pour faire progrès plus avant en Dauphiné; prit d'abord Saint Marcellin par composition, s'approcha bien près de Grenoble, et donna un très grand épouvantement à toute cette province, qui s'étoit degarnie des gens de guerre, à cause des trèves qu'elle avoit un peu auparavant faites avec le Lyonnais et ville de Lyon, et qui avoient été jurées de part et d'autre solennellement.

Les gouverneurs pourtant des villes et places plus importantes tinrent ferme, et eurent en telle horreur un tel acte, que leur bonne volonté au service du Roi en fut raffermie et leur courage de beaucoup accru, délibérés de se bien défendre s'ils étoient attaqués.

Le duc de Nemours voiant que rien n'ébranloit comme il avoit projetté, s'étant quelque temps promené par le Dauphiné sans autre grand effort, enfin pour contenter l'armée de Savoie, qui lui avoit fait escorte en sadite entreprise de Vienne, vint attaquer les Échelles que le sieur des Diguieres avoit auparavant prises sur l'ennemi (comme il a été dit) pour avoir un passage à Chambéri. Cette place fut assiegée; mais elle leur couta bon avant que l'emporter : car outre qu'elle se défendit longtemps et jusqu'à l'extrémité, ils y perdirent beaucoup d'hommes et des meilleurs. Elle se rendit enfin par composition.

Sur la nouvelle de la prise de Vienne et entrée du duc de Nemours en Dauphiné, le sieur des Diguieres, qui étoit au fin fond de la Provence, aiant pourvu aux affaires de cette province, prit en toute diligence avec ses troupes la route de Dauphiné, pour s'opposer de son côté aux forces du duc de Nemours.

Pendant le siège desdites Échelles, les sieurs colonel Alphonse et des Diguieres eurent loisir de ramasser leur forces et se joindre avec icelles au devant de Saint Marcellin, qu'ils emportèrent d'abord par composition [1]. Ils pensoient inciter par là le duc de Nemours à quelque secours et à quitter le Pont de Beauvoisin pour les venir voir ; ce que n'etant pas arrivé ils marcherent à lui, et prirent le logis de la Cote Saint André. Monsieur de Nemours au contraire, reculant de combattre, laissa le Daulphiné, et alla prendre pour logis Saint Genis, et les retranchement que dom Olivares y avoit faits l'année précédente en trois semaines qu'il y séjourna, pendant lequel temps toutes ses troupes avoient remué force terre.

Alphonse et des Diguières voiant la difficulté qu'il y avoit de venir à un combat, vu le lieu où l'ennemi s'étoit retiré, et l'incommodité que c'étoit de tenir si grandes troupes ensemble et les nourrir, sans espérance de les emploier, prirent pour conseil de se séparer ; le sieur Alphonse pour faire gros à Moras et le fortifier, comme il fit aussi Beaurepaire et Setème ; des Diguières pour se retirer aux garnisons.

En attendant quelque temps audit Saint-Genis sans bouger, enfin elle fit semblant de prendre le chemin de Setème, comme si elle eut voulu assieger cette place [2]. Mais tot après cette grande armée se débanda et ruina d'elle même sans autre effet, et le duc de Nemours se retira à Lyon.

En ce même temps le duc d'Épernon, qui fut pourvu par le Roi du gouvernement de Provence, y arriva avec de très belles forces qu'il amena de Gascogne. A son arrivée, il gratifia et embrassa très étroitement tous les bons sujets et fideles serviteurs du Roi ; traita rigoureusement les ligueurs et les François espagnolisés selon leur mérites ; fortifia la foiblesse des uns, assura la pusillanimité des autres ; eut recours tantot à la force, et tantot à la douceur, et bref trouva (aussitot qu'il eut déploié le pouvoir que lui avoit donné sa Majesté) une si grande inclination, affection et obéissance en la noblesse, gens de justice, et de tout le peuple en général, qu'il faut esperer que cette province sera du tout réunie avec la France comme auparavant.

Nous le laissons, selon sa prudence, donner bon ordre à toutes les affaires de son gouvernement, pour revenir au sieur des Diguières, qui (comme nous avons dit) à son départ d'avec le colonel Alphonse

---

[1] Le 29 août 1592.
[2] Il y a ici un passage omis, *elle* se rapporte à l'armée du duc de Nemours qui d'abord se cantonna à Saint-Genis, puis retourna à Lyon.

s'etoit retiré avec ses troupes aux garnisons. Mais ce ne fut pour y être longtemps oisif, car il avoit donné assignation à sesdites troupes de se trouver trois semaines après à Briançon, pour l'exécution d'une entreprise si haute et si difficile, que chacun jugera qu'elle excédoit la portée de tout gentilhomme. Ce ne fut aussi qu'il n'y eut bien pensé, voire de longue main, et qu'il ne l'apprehendat beaucoup, pour une infinité de grandes considérations ; principalement, d'autant qu'il savoit assez sa Majesté être enveloppée et couverte de tant d'affaires et necessités ailleurs, qu'il ne s'en osoit promettre sitot l'assistance et secours qu'il en eut tiré en quelqu'autre saison. Neanmoins la justice de la cause, l'utilité qu'il prévoioit en redonder[1] à toute la France, et surtout l'espérance qu'il avoit en Dieu, lui firent passer par dessus toutes ces difficultés.

L'armée donc du Roi, sous la charge et conduite dudit sieur des Diguieres, son lieutenant général en icelle, passa le mont Genèvre le 26 septembre[2], et se mit en gros à Sezanne, et autres lieux circonvoisins. Le même jour[3], sur le matin, cette armée se sépara en deux, dont une partie prit le chemin à main droite vers Pragela, tirant à la Pérousse et à Pignerol, pour faire entreprise sur ces deux places ; l'autre vers Suze, où il y avoit espérance de faire quelque service au Roi.

De ces trois entreprises, l'une seule succeda qui fut celle de la Pérouse, car la ville fut prise la nuit d'entre le samedi 26 et le dimanche 27 dudit mois, environ une heure après minuit ; et quant à Pignerol, l'escalade fut présentée au chateau, et de quatre échelles, n'en furent dressées que deux, dont l'une se trouva courte et l'autre fut renversée et rompue. Les fauxbourgs de Suze furent pris, mais la garde d'iceux apportoit si peu de commodité au service du Roi, qu'ils furent quittés, et les troupes qui y étoient, joignirent le reste de l'armée en la ville de Pérouse, le dernier jour de septembre, afin de s'attacher à bon escient à l'expugnation du chateau de la Pérouse, qui tenoit encore depuis la prise de la ville.

Pendant ce siège fut faite une course jusqu'à Ausasq, qui est un bourg en la plaine, ou il y a château, une lieue au dessus de Pignerol, qui fut pris et garnison y établie. Ce même jour le capitaine Fran-

---

[1] En devoir provenir.
[2] Le *Journal des guerres* dit le 25.
[3] Ce passage a été transcrit textuellement dans le journal des guerres de Lesdiguières.

cisque Cacherano, qui commandoit au château de la Pérouse, voiant le canon pret en batterie, rendit la place, et en sortit vie et bagues sauves le lendemain. Et après avoir pourvu à la garde et sureté de la place, l'armée partit de la Pérouse le 3 d'octobre, et fit logis à Briquerats, et autres lieux proches en la plaine de Piémont.

A l'abord de cette armée, et des le premier jour d'octobre, la tour de Luzerne se rendit à l'obeissance du Roi, par le moien de la troupe envoiée entre vallée de Luzerne, qui effraia ceux qui etoient dedans ce fort. Le lendemain, à la pointe du jour, quelque infanterie s'avança jusqu'au fort de Mirebouc, faisant semblant de présenter le pétard, ce que ceux de dedans ne voulurent attendre, mais se rendirent la vie, armes et bagues sauves. Ces deux forts de Luzerne et Mirebouc, donnent libre le passage du Dauphiné, par la vallée de Queiras, jusqu'à la plaine de Piedmont, et la ville et chasteau de la Pérouse, est un tres beau chemin, et de bonne conséquence pour le charroi du canon, en quelque temps que ce soit.

Or étant ladite armée audit Briqueras, le troisième jour d'octobre, le sieur des Diguieres, eut avis que l'ennemy faisoit un gros à Vignon, et qu'il y pouvoit deja avoir treize cens infantassins barriqués audit lieu, ou etoit encore attendu le regiment de Purpurat et autres forces, tant de cheval que de pié.

Dès le lendemain quatrieme, ledit sieur marche droit audit Vignon, avec environ trois cens maîtres et six cens arquebusiers, tant à cheval qu'à pié, arriva audit lieu environ les neuf heures du matin, et avec la cavalerie fit environner le lieu; cependant l'infanterie venue gagna d'abord les premieres barricades, réduisant les ennemis dedans la place, où ils mettoient toute leur assurance, et à la vérité ils s'y etoient très bien accomodés. Le combat de main à main dura l'espace de deux heures; mais enfin, quelque résistance que les ennemis pussent faire, lesdites barricades furent forcées, et eux taillés en pièces, sauf quelques hommes de commandement, qui sont demeurés prisonniers : leur résistance fut grande, parce qu'ils eurent loisir de se resoudre.

Cette troupe étoit commandée par le colonel Branqueti, qui y est mort; dix drapeaux y furent gagnés, que le sieur des Diguieres envoia depuis au Roi par le baron de Jous. Des François, il y eut seulement six capitaines ou hommes de commandement blessés, deux chevaux légers, et une douzaine de soldats morts [1]. Cette defaite apporta grande terreur à tout le Piemont. Beaucoup de lieux si éloignés, qu'on n'en pouveit espérer assistance, venoient de jour en jour s'offrir : vivres et commodités abondoient de tous côtés; et les affaires prospererent de sorte pour le commencement, qu'on s'en promit dès lors une heureuse fin. Ce ne fut peu de gagner d'abord les passages inaccessibles desdites vallées de Lucerne, Angrongue et la Pérouse, et lesquelles toutes prêtent le serment de fidélité en corps, et ceux des trois ordres en particulier, comme d'un peuple et pais nouvellement conquis, à la charge que sa Majesté confirmeroit leurs privileges, qui avoient été alterés en mainte sorte.

Le Duc se trouva étonné à ce premier abord, et non sans cause, tant parce que le Piemont étoit dégarni de forces, qu'il avoit fait descendre quelques temps auparavant en Provence sous la conduite du comte de Martinengo, qui y devoit commander en son absence, que pour se voir attaqué dans sa propre maison, au lieu qu'auparavant il assailloit celle d'autrui. Cela fut cause qu'il fit naître dextrement quelque apparence de traité, par l'entremise du comte Moret, offrant de remettre Berre, Grace, Sallon de Craux, Antibes, et ce qu'il tenoit en Provence. On jugea soudain que c'étoit seulement pour gagner un peu de temps, et prendre le logis de Saluces, de quoi on l'eut bien prevenu, si on n'eut résolu de fortifier Briqueras, l'assiette duquel étoit belle, en la plaine et meilleur lieu de Piemont, joint qu'on ne vouloit pas entreprendre tant de besogne à la fois, ledit sieur des Diguieres aiant cela pour maxime, qu'il veut voir clair, et marcher pié à pié aux affaires.

Cette fortification de Briqueras [2] fut continuée avec une diligence incroiable, et telle, que la place fut mise en defense tôt après. Nul n'étoit aussi exempt du travail, les chefs montroient l'exemple à porter les gasons, et l'infanterie, au lieu d'autres vicieuses occupations, y travailloit incesamment, et comme par émulation l'un de l'autre. Les pionniers des vallées de Lucerne, d'Angrongne, Ours, Pragela, et la

---

[1] Ici ce termine le passage transcrit dans le *Journal des guerres*.

[2] Le passage suivant a été transcrit textuellement d'un rapport au roi, dont l'original existe à la Bibl. nation. (mss. franç., 3609, p. 43). Il a de plus été inséré dans le *Journal des guerres de Lesdiguières*. L'alinéa qui précède immédiatement celui-ci est mis à la suite dans ces deux documents. On remarque cependant quelques variantes entre ces trois reproductions du même récit; le lecteur s'en rendra compte en les comparant.

Pérouse, y accourent d'une allegresse incroiable, tant ils aspirent après la liberté françoise ; cette forteresse aussi devoit les couvrir pour l'avenir, et servir de boulevart et défense. Bref dans moins de trois semaines ou un mois, cette place fut revêtue de six ou sept bastions, grands et forts, pour résister à une grande armée ; et on ne peut nier que ce ne soit une grande hardiesse, et gloire audit sieur des Diguieres, qu'avec quatre ou cinq cens chevaux, et trois mille hommes de pié françois, il ait entrepris un si grand ouvrage, à la vue d'un si grand prince qu'est le duc de Savoie, assisté d'un si grand monarque que le roi d'Espagne, son beau-père, et ce dans le cœur de son païs.

Voilà à quoi on emploia le temps depuis le vingt sixième septembre qu'on commença d'entrer, jusqu'environ le dixieme de novembre ; pendant le temps de ladite fortification, la cavalerie françoise alla souvent à la guerre bien avant dans le pais, mais ce fut sans obstacle, et sans trouver à qui parler.

Le Duc cependant faisoit son gros à Saluces, aiant appelé ses forces de toutes parts. Le Milanois arma soudain ; une partie des troupes de Provence repassa le col de Tende pour le joindre, comme firent aussi toutes les forces qu'il avoit deça les monts, que Dom Olivarès et autres chefs lui amenerent en toute diligence. Dom Amédée même y alla en personne, et en son lieu le marquis de Treffort fut pourvu du gouvernement de Savoie.

Tandis que le Duc appretoit ces forces, ceux de l'armée du Roi faisoient toujours quelques courses sur le pais de l'ennemi. Et même aiant eu avis que ceux de d'Ormesan se barriquoient, et vouloient discontinuer de paier leur contribution, advint que le onzième dudit mois de novembre, le sieur du Poët y fut envoié avec deux cens chevaux. Le régiment de Bernin [1], arrière fils du feu capitaine Bayard, et six compagnies de Languedoc. Aussitôt qu'il y fut arrivé, il les envoia sommer, avant que d'attaquer les barricades, pour n'exposer ce pauvre peuple au pillage. Comme ils se virent investis par les troupes, prêtes à donner, ils mirent les armes bas et se rendirent à discrétion, qui fut telle que pour éviter le désordre et les excès que les soldats eussent pu commettre, il fit battre aux champs, après les avoir laissés repaître deux heures seulement. Les soldats étrangers qui étoient

---

[1] Il y a *Bearnon* dans l'édition des *Mémoires de la Ligue*. Ce Bernin n'étoit pas l'arrière fils de Bayard, qui ne laissa pas de fils, mais son arrière neveu.

dans le bourg se retirèrent à Rivalte, à un mille de là, sans qu'on leur fit aucun dommage.

Le sieur des Diguières, ne voulant demeurer en un si beau chemin, avoit donné ordre de faire venir de l'artillerie, que jadis longtemps il avoit mise à Exilles[1], ancienne frontière de la France du côté du Pas de Suze, place qu'il avoit prise quelques années auparavant, afin qu'avec les ouvertures qu'il feroit avec si fortes clés, il put porter plus avant le nom et les armes de sa Majesté.

La conduite dudit canon est chose remarquable, aiant été transporté à force de bras par le chemin de la Pérouse, et à mesure qu'il arrivoit dans une vallée ou paroisse, tout le peuple y accouroit d'un grand courage, pour le traîner jusqu'à la prochaine, et se décharger de la dépense de l'escorte. Ceux de la vallée ou paroisse voisine, dès qu'ils oioient le bruit de la descente du canon, l'alloient recevoir sur leurs limites, avec une diligence extrême, le convoioient sur leurs voisins et ainsi de main en main acheva de passer les monts, le 13 de novembre. Ledit sieur l'alla recevoir avec toute l'armée, au-dessus de Pignerol. Il fut dans une abbaie, prochaine d'une harquebusade de ladite ville; il y prit la collation, avec quelque noblesse qui l'accompagnoit, sans que les moines, ni en leurs personnes, ni en leurs biens, reçussent nul dommage par ses troupes.

Le même jour 13, ledit canon arriva dans Briqueras, ce qui donna une extreme allegresse à toute l'armée, de voir encore un coup les fleurs de lis en bronze de là les monts. On fit tirer la volée à toutes ces pieces, qui étoient trois canons et deux coulevrines, calibre de roi : le bruit en put etre entendu jusques dans Turin et autres lieux bien éloignés, donnant terreur aux uns, et en rejouissant beaucoup ceux qui ont encore le cœur françois.

Le même jour on eut avis que le Duc s'étoit venu loger, avec son armée, à Villefranche. En même instant on reçut nouvelles aussi que les sieurs de Gouvernet et de Buons avoient passé le mont Genèvre, ledit sieur de Gouvernet conduisant deux cens maîtres et cent arquebusiers à cheval, que le sieur colonel Alphonse envoioit du Dauphiné, et le sieur de Buons deux cens maîtres, cinquante carabins et quatre cens arquebusiers à cheval, que le duc d'Espernon envoioit aussi de

---

[1] Il y a *aux Eschilles* dans l'édition des *Mémoires de la Ligue*.

Provence, pour renfort audit sieur des Diguieres, désireux de continuer (pour le service du Roi) la même intelligence et correspondance qu'avoit feu monsieur de la Valette, son frère, avec lui, au lieu qu'ils avoient porté les armes autrefois l'un contre l'autre pour le fait de la religion, reconnoissant bien qu'il y alloit maintenant de l'État, et qu'on ne le pouvoit soutenir que par la ferme union des cœurs, et des volontés de l'un et l'autre parti.

Le seize du même mois le sieur des Diguieres étant monté à cheval, avec partie de l'armée, alla reconnoitre le logis de Cavours, qu'il délibéroit prendre le lendemain; c'est une petite villete, close de murailles de brique, au pié d'une petite montagne, laquelle il semble que nature ait voulu planter tout au milieu de la plaine de Piemont, pour servir comme de guerre[1], ou de citadelle, à tout le pais des environs. Sur le haut du rocher il y a un château presque inaccessible, dans lequel ceux de la maison de Raconis (à un puiné de laquelle maison ledit Cavours était échu en partage) souloient tenir leurs titres et ce qu'ils avoient de plus précieux, pour l'assurance qu'ils avoient en cette place, où de tout temps y avoit une paie morte de dix ou douze soldats. La ville est située au bas de ladite montagnette, fermée de muraille de brique, et ou y peut avoir environ trois cens maisons. On peut faire le tour, tant de ladite montagnette que de la ville, en une petite heure, en se promenant et allant le pas : voila sa grandeur ; sa hauteur est d'environ demi mille. La ville regarde la descente des Alpes, droit à Briqueras, qui est situé au pied d'icelles, et en est distant d'environ quatre milles, qui font deux petites heures ; distant aussi de Pignerol de quatre milles, trois milles d'Ausasq, autant de Barge et de Lucerne, qui est plus avant que Briqueras dans la vallée d'Angrongne, et n'approche Cavours ladite montagne de plus près que de deux milles, qui est à l'endroit de Bubiano. Cette lieue de plaine est garnie d'utins, prairies et terres labourables, des plus fertiles de tout le pais. De l'autre côté, tirant vers le Pô et la grande plaine de Piemont, est Vigon et Villefranche tout joignant le Pô, où nous avons dit le Duc avoit logé avec son armée, étant éloignée ladite ville de Villefranche de Cavours d'environ quatre milles [2].

---

[1] C'est probablement *de guérite* qu'il faut lire.
[2] Toute cette description de Cavours ne se trouve ni dans le *Journal des guerres* ni dans le mss. 3609.

Au départ de Briqueras qui fut le 17, on résolut de marcher en bataille, si d'avanture le Duc vouloit venir aux mains, comme il y avoit apparence à cause du voisinage du logis qu'on alloit occuper, et importance d'icelui, si d'avanture il étoit forcé ; joint que son armée surmontoit en nombre d'infanterie et cavalerie celle du Roi. L'ordre de l'armée du Roi fut donc tel : c'est que l'on feroit quatre escadrons de cavalerie, et deux bataillons de gens de pié. Les sieurs de Gouvernet et de Buons étaient à l'avant garde, aiant chacun un escadron de deux cens chevaux et plus, et un bataillon de gens de pié au milieu, composé des régimens de la Vilette, de Montmorin et de six compagnies de Languedoc, lequel bataillon étoit commandé par monsieur d'Auriac, qui disposeroit les enfans perdus selon l'occasion et assiette des lieux. A la bataille marchoit ledit sieur des Diguières, avec la cornette blanche, sa compagnie de gensdarmes, qui étoit grande et forte, et celle des sieurs de Morges et Mures. Le sieur du Poët à la main gauche, et dans son escadron, sa compagnie, celles du baron de Briquemaut, de Blagnieu, de la Buisse et trois autres. Entre les deux escadrons, un gros bataillon de gens de pié, garni de grande quantité de piques et mousquetaires, commandé par le sieur de Prabault[1]. L'armée en telle ordonnance, approchant dudit Cavours, eut avis que le Duc s'avançoit avec ses forces. Il n'est pas croiable combien cette nouvelle haussa le cœur, et accrut l'ardeur de combattre à chacun.

On logea tard audit Cavours, car on demeura longtemps en la place de bataille sur les fausses alarmes que l'on eut. On attendoit aussi le retour du lieutenant du sieur de Poët, qu'on avoit envoié prendre langue jusqu'aux portes de Villefranche, dont le Duc partit ce jour même pour aller droit à Vigon.

Le dix huit fut emploié à reconnoitre la place de plus près : surtout on jugea que ce seroit un grand avantage de se loger sur une croupe de roc opposé à une tour qui défend ledit chateau, bien qu'elle en soit séparé de cent ou six vingt pas. Ce logis fut gagné avec une très grande difficulté, et fallut apporter (par un chemin très âpre et très rude) grande quantité de sacs pleins de terre et de fumier, sur ladite croupe de roc : à quoi furent taxés par billets, tant les gens de cheval que de

---

[1] Il y a *Pravault* dans l'édition des *Mémoires de la Ligue*.

pied, qui tous firent si grande diligence, et s'y emploierent de si bon courage, que l'exécution fut presque aussi prompte que le commandement.

L'artillerie arriva dudit Briqueras le dix neuf; ce même jour on eut divers avis comme le Duc se remuoit pour ne laisser perdre cette place à sa vue.

Le vingt on mit, non sans très grande difficultés, lesquelles néanmoins on surmonta à la fin, le canon en batterie contre ladite tour, nommée Bramefan, que ceux du païs disent avoir été construite pour occuper un endroit qui se trouve seul le long de la crête de ladite montagne, dont on peut regarder le château à droite ligne, le reste n'etant que roc taillé en forme de croissant. Après beaucoup de coups perdus, on effleura seulement les marchecoulis de ladite tour, et pour ne rien perdre, à faute de n'entreprendre, on essaia à l'entrée de la nuit de s'y loger, mais on trouva qu'il n'étoit encore temps.

Le vingt un, on eut certain avis que le Duc devoit paroître pour secourir les assiegés, comme à vrai dire, la batterie du jour précédent sembloit l'y avoir convié. De faict le sieur des Diguieres y voiant beaucoup d'apparence, assembla dès le matin les chefs de l'armée, pour aviser si on devait continuer le siége, ou aller au devant de l'ennemi pour le combattre. Cette question, qui n'etoit petite, fut néanmoins bientot vuidée par une rencontre d'opinions de continuer l'un, et ne laisser échapper l'autre; et pour cet effet chacun prit sa tâche, qui à choisir la place de bataille, qui à faire clorre les avenues de palissades, qui à la batterie : bref la journée fut si bien employée, qu'après avoir battu ladite tour, depuis les deux heures du matin jusqu'à cinq heures du soir, on l'emporta de bravade, nonobstant le voisinage du château. Le vingt deux à cinq heures du matin, les sentinelles qui etoient en garde sur le haut du rocher (d'où l'on peut voir à clair le fort de Briqueras) rapporterent d'avoir oui une grande salve d'arquebusades de ce côté-là, c'étoit le Duc qui étant parti de Vigon à l'entrée de la nuit, y étoit allé donner une camisade, et sans flatter il tint à peu qu'il n'emporta la place : car ses gens avoient déja rompu les palissades, et etoient montés jusques sur la pointe d'un des bastions, dont ils furent chassés et renversés à coups de main, de crosse d'arquebuses, à coups de pierres, et contraints de laisser les morts en grand nombre, et les échelles dans le fossé.

Sur cet avis, ledit sieur des Diguières monta à cheval avec sa cavalerie, qui alla prendre sa place de bataille à deux arquebusades de ladite ville de Cavours, sur le chemin de Briqueras. Incertain de ce qu'on rapporteroit dudit Briqueras, il s'avança, et ledit sieur du Poët quant et lui, au devant de ceux qu'on y avoit envoiés à toute bride. Et dès qu'on sut la faillite, ledit sieur des Diguieres jugea que les ennemis se retirant, après cette defaveur, pourroient faire beau jeu. Il se mit donc à les suivre le grand pas sur le chemin de leur retraite, avec sadite cavalerie et environ trois cens arquebusiers à cheval, laissant monsieur d'Auriac pour commander le reste de l'armée qui étoit demeurée au siège. On aborda les ennemis sur les neufs heures du matin à un village nommé Greziliane, dans un pais si couvert d'utins qu'il étoit tres malaisé d'y dresser les escadrons. Et c'est la principale raison qui empêcha de cueillir le fruit que l'occasion avoit apreté.

Les ennemis se trouvèrent dans ledit village aiant un ruisseau devant eux, une chaussée, et à l'une et à l'autre main des jardins et chemins couverts et très propres pour eux qui avoient de l'infanterie et au contraire le sieur des Diguières n'avoit que trente ou quarante carabins et environ deux ou trois cens arquebusiers à cheval. Ceux de l'avant garde se hâtent, se pressent, portés de l'ardeur de combattre; on fait des charges, on reçoit celles des ennemis, qui donnerent jusque sur le bord du ruisseau. Et en même temps ledit sieur du Poët s'avançant avec son escadron, se mêla parmi leurs lances, et fit une belle exécution; le chevalier de la Mante qui menoit la troupe des ennemis, y fut pris et quelques morts demeurèrent sur le champ. Le sieur du Poët retourna en sa place, n'aiant commandement de passer outre, ce qui montre comme le chef est heureusement obei.

Ceux de nos arquebusiers à cheval qui s'étoient avancés, aiant mis pied à terre, furent commandés diversement, et à vrai dire, un peu chaudement, car au lieu de les faire loger à mesure qu'ils entroient dans le village, ils coururent à travers champs après les ennemis, cuidant que toute la cavalerie suivit: mais l'ordre de l'avant garde n'était pas entierement disposé, cela provoqua les ennemis à faire encore une autre demie charge, pour toujours donner temps à leur infanterie de tirer pais. Ledit sieur des Diguieres se trouva lors de ladite charge sur le bord du ruisseau, où il fit une tourne bien à temps et à propos, avec fort peu de gens qui le suivoient. Comme il alloit départant les commandemens de lieu à autre, on ramena les ennemis d'où ils étoient venus, et en chemin faisant, ledit sieur des Diguières fit placer quelques arquebusiers dans les clôtures des jardins du village, que les ennemis abondonnèrent du tout sans oser donner la bataille ; il y eut bon nombre de morts abandonnés aussi. Après que ledit sieur des Diguières eut séjourné quelque temps dans le village, et considéré la contenance des ennemis, qui se retiroient par un pais avantageux pour leur infanterie, il s'en retourna audit lieu de Cavours pour continuer son siège.

Les assiégés avoient pu aisément voir une partie du combat et jugeant, par la contenance du retour des assiégeans, quelle en avait été l'issue, firent quelque demonstration de vouloir parlementer ; on y envoia un trompette qui les trouva assez ploiables, mais divisés entre eux, de sorte qu'ils remirent à faire reponse le lendemain [1].

Depuis le vingt-trois novembre, les ennemis s'étant rassurés, rompirent le parlement du jour précédent ; on se tint clos et couvert, mais de telle sorte qu'on fit revivre à ce siège l'ancienne forme des Romains. Car chaque maître de camp, chaque capitaine, et presque chaque soldat, ne palissa seulement les avenues des chemins, mais toutes les clôtures des jardins, afin que son Altesse connut qu'on ne voulait pas démordre qu'à bonnes enseignes. Ce mesme jour on continua à battre une partie du corps de logis du château qui regarde vers la ville.

Le vingt-six, on entreprend de mettre sur le plus haut de la montagne deux canons, pour faire la sommation de plus près. Quiconque verra le lieu, le trouvera incroiable : aussi y a-t-il fallu beaucoup de façon. Les soldats les tirèrent à force de bras depuis le pied de la montagne, jusqu'autant qu'il se trouva de terre pour affermir leurs pas. Ce fut là première stance. On alla après asseoir sur le roc vif, à demi montagne, deux arques [2] ou autrement deux tours, avec lesquelles on tira avec deux cables les deux canons l'un après l'autre avec leurs affûts. Mais la difficulté se trouva à les placer à cette moitié de chemin, attendant que les arques fussent remués à la sommité

---

[1] Là finit la partie copiée sur le rapport au roi, mss. franç., 3609. La suite est encore reproduite dans le *Journal des guerres*.

[2] Il y a *Argus* dans l'édition des *Memoires de la Ligue*.

du roc pour leur faire faire le saut entier, et qu'on eut dressé les appants comme des rabats de jeu de paulme, pour suppléer à l'inégalité du rocher dentelé et creusé en maints endroits, par ou le canon devoit passer, lequel se fut indubitablement caverné et accroché en chemin, sans ce remède.

On s'emploia depuis ledit jour vingt-six novembre, jusqu'au premier décembre, à mettre les pièces en batterie sur le haut de ladite montagne, dont on battit à plomb une terrasse qui couvre l'entrée dudit château, et effleura-t-on quelques tours, sans autrement faire brèche qui fut suffisante.

Le mercredi deuxieme décembre, au poinct du jour, le Duc essaia de jeter environ cent cinquante hommes de secours dans le château, portans chacun un sachet de douze à quinze livres de farine. Le commencement et le milieu de l'entreprise lui succeda; car il faut confesser qu'avec une résolution bien grande, ledit secours fut conduit jusques dans le milieu de l'armée du Roy, monta une partie du rocher; mais ils crièrent trop tot : « Vive Espagne ». Les corps de garde françois s'étant étendus et entresecourus l'un l'autre, les rencontrèrent comme ils passoient une pointe de roc. Il en demeura de morts sur la place soixante six et vingt deux de prisonniers, entr'autres deux capitaines, l'un Aragonois et l'autre Milanois; le reste s'en retourna, ou s'il y en entrerent quelques uns, ils furent blessés, et quittèrent ce qu'ils portoient, jusques même à leurs armes; de sorte que ce furent autant de gens inutiles.

Hierome de Versel, maître de camp qui commandait dans ladite place, demanda à parlementer ce jour même, tandis qu'on continuoit la batterie, montrant n'avoir faute d'assurance et de courage, mais appréhendant sur tout le reproche, et le rigoureux châtiment de son maître. Enfin, la nécessité où il se vit réduit, et la difficulté d'être secouru, lui firent passer par dessus ces considérations.

Le jeudi troisième [1] décembre, ils firent faire une chamade pour retirer leurs morts, auxquels on voulut rendre ce charitable office de leur donner sépulture. C'étoient la plupart soldats d'élite, tirés cinq pour compagnie de toute leur infanterie, savoir cinquante Espagnols, cinquante Milanois et cinquante Neapolitains, lesquels le Duc

---

[1] Il y a par erreur *le lundi 2 décembre* dans l'édition des *Mémoires de la Ligue*.

et Dom Olivares conduisirent environ deux milles par deçà Vigon, sur le chemin de Ravel, comme les prisonniers l'assurèrent.

Le vendredi quatrième, les ennemis se sentant obligés du soin qu'on avoit voulu avoir de leurs morts, envoierent un alfier espagnol pour en remercier le sieur des Diguières, et le prier de plus, de permettre audit alfier de faire faire les cérémonies funèbres à ses compagnons, même à un capitaine espagnol qui conduisoit leur secours; ce que ledit sieur octroia volontiers, et reconnut-on deux choses qu'ils étoient proches de leur fin, et que Hierome de Versel et le comte de Luserne, qui commandoient dedans ledit château, étoient bien aises de faire jetter la première planche du parlement à un espagnol.

Le samedi cinq au matin, ils envoierent leur capitulation par écrit, qu'on leur accorda avec toutes les cérémonies qu'ils requirent.

Le dimanche six ladite capitulation fut accomplie. Le comte Emanuel de Lucerne et Hiérome de Versel sortirent avec quatre à cinq cens hommes de guerre, aiant enduré six cens cinquante et tant de coups de canon. Ils passèrent tous à travers l'infanterie du Roi, laquelle étoit en bataille, sans qu'ils reçussent discourtoisie aucune, et furent conduits par les sieurs de Villars et d'Hercules avec la compagnie du sieur des Diguières, jusques sur le chemin de Vigon où étoit le Duc, qui vit perdre cette place à sa vue, n'y aiant que deux lieues françoise.

Cette place [1], très forte d'elle-même, après avoir soutenu vingt jours de siége, fut enfin remise en l'obéissance du Roi.

Le duc d'Épernon ne dormoit pas de son côté, car il mit, environ le vingt novembre, une armée en campagne, composée d'environ huit mille hommes de pied, huit cens chevaux et dix ou douze canons, avec laquelle il marcha droit à la frontière vers Antibe, où il fit de beaux exploits, aiant regagné beaucoup de places, et fermé par ce moien les passages au Duc de ce côté là.

Environ ce même temps, le marquis de Tresfort (qui fut après le départ de Dom Amédée, pourvu du gouvernement de Savoie) aiant assemblé ses forces, et étant bien informé de la mauvaise garde que faisoient ceux de Morestel, surprit cette place, cuidant par ce

---

[1] Là s'arrête la partie de ce récit que l'on trouve également dans le *Journal des guerres*.

moien servir de quelque revulsion, et attirer les forces du sieur des Diguières, qui pourtant ne s'en etonna beaucoup, ains donna ordre à tout ce qui fut expedient, tant pour la garde dudit Cavours, que des autres places qu'il avoit prises dans le Piemont. Et voiant qu'il ne pourroit attirer le Duc à un combat, vu qu'il en avoit laissé échapper de si bonnes occasions, qui sembloient l'y convier en toute sorte, il retira son armée aux hivers de Bricqueras, Cavours, et de six ou sept autres petites places. Il distribua en outre cinquante compagnies de gens de pied sur la frontière du Dauphiné et du Piémont. Quoi fait, il repassa en Dauphiné avec partie de sa cavalerie, pour la laisser rafraîchir, et pour préparer ses desseins pour le printemps. Le Duc même sépara son armée (qui de jour en jour s'amoindrissoit) aux garnisons, se disposant aussi pour le printemps, de sa part, de faire quelque grand effort, même du côté de la Savoie.

SOMMAIRE RÉCIT

DES PROGRÈS DE L'ARMÉE DU ROI EN SAVOIE

ET DE LA PRISE DES PLACES

ET VICTOIRES OBTENUES EN ICELLES[1]

Il n'y a rien qui rende les armes plus heureuses, et les effets d'icelles plus favorisés de Dieu, que la justice de leur cause : pour ce, prosperent en Savoie les armes des François, et sont favorisées de Dieu les entreprises de ceux qui y commandent, comme l'expérience le témoigne, et les heureux succès d'icelles en tout foi, ainsi qu'il apperra par le présent et sommaire récit dressé sur les avis qui en ont été donnés par personnes de foi et dignes de croire.

L'armée donc du Roi, commandée par monsieur des Diguières, lieutenant général pour sa Majesté en icelle, partit de la ville de Grenoble, siége du parlement de Dauphiné, et voisine de la Savoie, au commencement du mois de juillet[2] dernier mil cinq cens nonante

---

[1] Ce récit a été imprimé en 1597, d'abord chez Duchesne, à Paris, puis chez Ancelin à Lyon (in-8°, 19 pp.). Il a été réimprimé depuis dans les *Mémoires de la Ligue*, par Goulart et Goujet (vol. VI, p. 489). Il n'émane très probablement pas de Lesdiguières, car il contient quelques erreurs de dates, ce qui est facile à constater en le comparant au *Journal des guerres* où on lit les mêmes événements plus en abrégé. Ces sortes d'erreurs ne se trouvent jamais dans les documents émanés de Lesdiguières lui-même, qui faisait tenir avec grand soin les éphémérides de toutes ses campagnes.

[2] Lesdiguières entra en Maurienne par le col de Vaujany le 23 juin 1597.

sept, composée de quatre à cinq mille hommes de pied, et de cinq à six cents chevaux, et s'achemina vers la Morienne, païs des dépendances et appartenances du duché de Savoie, grand chemin de Piémont et d'Italie. Laquelle après avoir (non sans grand travail) surmonté les difficultés des chemins et précipices des montagnes et rochers, enfin gagna le dessus de la montagne, où elle trouva un corps de garde de cinq cens hommes barriquadés à l'avantage, lequel nonobstant tout le précédent travail, fut assailli vivement, et si furieusement, que ne pouvant l'ennemi soutenir l'effort des François, fut contraint de quitter la place. Dont aussitôt l'armée se rendit à Saint Jean de Morienne, principale ville dudit pais, et en même temps se saisit de toute ladite vallée, jusques au mont Senis, et donna la chasse au comte de Salines, qui y commandoit pour le duc de Savoie; lequel après avoir quitté le château de Saint Michel, et abandonné quelque villages près de là où il s'était barriqué, et aiant rendu quelque peu de combat, se retira par le mont Senis en Piemont, si à la hate, que la plupart de ses soldats laissèrent leurs armes par les chemins, comme aussi quantité de munitions de guerre, qui demeurèrent à la dévotion des poursuivans.

Ainsi, monsieur des Diguières se rendit maître paisible de toute la Morienne, fortifia Saint Jean et le château Saint Michel, et se saisit de tous les forts qui pouvoient servir pour la sureté dudit païs.

Peu après le duc de Savoie passa deçà les monts, par le Val d'Oste, avec trois mille Italiens, et bon nombre de cavalerie (chemin que tint Jules Cesar pour empêcher le passage aux Suisses), et se rendit vers Chambéri et la Tarantaise, où étoit son armée, composée de six mille hommes de pied, et huit cens chevaux commandés par le comte de Martinanges.

Nonobstant ce, l'armée du Roi ne laissa de poursuivre ses conquêtes, se saisit d'Aiguebelle, place forte, commode pour les vivres et fourrages, et qui fermoit le passage de Savoie en la Morienne. De là pour rendre les chemins plus assurés de Grenoble en l'armée, et pour avoir les commodités des vivres et munitions de guerre, et autres requises en une armée, qui se pouvoient tirer du Dauphiné, monsieur des Diguières partit le seizieme de juillet [1], avec bon nombre de cavalerie,

---

[1] Lesdiguières vint attaquer la Rochette le 15 juillet et prit la ville ce même jour, et le lendemain 16 le château. La garnison en sortit le 17.

et les regimens d'Oriac et de Fonte-Couverte, tant pour aller à la Rochette, bourg et château, où il arriva ce jour même, que pour joindre son artillerie et les sieurs de Crotes, du Rival, et de Velouzes.

Sur le soir, il fit donner au bourg de ladite Rochette, qui fut aussitôt emporté, et l'ennemi contraint de se retirer au château, qui le lendemain à la vue du canon, se rendit vie sauve ; les soldats furent conduits ce même jour en lieu de sureté.

Le dix huitieme dudit mois, on ne fut occupé à autre chose, qu'à dresser le chemin pour le canon.

Le vingt[1] l'armée s'achemina vers Chamoux, et en chemin se saisit du château de Villars-Salet, maison des comtes de Montmajour ; elle arriva à Chamoux sur le midi, de la la cavalerie prit le chemin du coté de Chamousset, tant pour investir ledit Chamousset, que pour voir la contenance des ennemis, qui étoient logés près de là à Miolans, et à Saint Pierre d'Albigni, qui est vis-à-vis dudit Chamousset.

Là, monsieur Des Diguieres eut avis que le duc de Savoie faisoit un fort sur l'Isère de l'autre côté de la rivière, pour faciliter et assurer le passage d'icelle à son armée, et pour prendre logis audit Chamousset, lieu fort avantageux pour lui, et qui eut grandement incommodé l'armée du Roi, et le passage du Dauphiné à icelle. Ce fort avoit été dressé en forme triangulaire, sur le bord de la rivière, et à force de pionniers, mis en défense, et relevé de la hauteur d'une pique en une nuit. Le seigneur Des Diguières l'aiant reconnu, mit le fait en délibération, et suivant la conclusion et avis du conseil qui étoit près de lui, se résolut de l'attaquer par deux cotés, et à l'instant fit avancer deux mille arquebusiers, commandés par monsieur de Créqui, avec un canon, duquel furent tirés six ou sept coups, et tout aussitot l'infanterie, soutenue de la cavalerie, donna dedans, si vivement et si furieusement, que ledit fort fut emporté, quelque résistance que fit l'ennemi, qui étoit en nombre de six cens soldats, choisis sur toute l'armée du duc de Savoie, accompagnés de plusieurs gentilshommes de sa cour ; et nonobstant quatre bâtardes, logées de l'autre côté de la riviere, qui tiroient incessamment du long des flancs dudit fort,

---

[1] Le 19 d'après le *Journal des guerres*.

mondit sieur Des Diguieres le fit forcer par la pointe, ou le canon avoit fait ouverture.

En cette prise, l'ennemi y perdit plus de quatre cens hommes, tant tués que noiés, et plusieurs gentilshommes de sa cour à sa vue, lui étant avec son armée de l'autre côté de la rivière. Le baron de Chauvirieu, Comtois, y fut tué, et le colonel Just fait prisonnier; la nuit suivante le fort démoli, et le chateau de Chamousset quant et quant rendu.

Le lendemain[1] l'armée du Roi s'achemina avec le canon à Aiguebelle, pour achever le siège de la tour de Charbonnière, place forte d'assiette, et qui couvre Aiguebelle, où il y avoit trois compagnies : laquelle se rendit, après quelques volées de canon, par composition, y aiant été tué le chef qui commandait et dix capitaines au premier abord.

L'on tient que ladite place se rendra aussi forte que le château de Montmeillan. Des lors, monsieur Des Diguieres donna ordre de la mettre en meilleur état qu'elle n'étoit, et cependant pour ne perdre temps, alla assieger le chateau de l'Éguille place non moins forte d'assiette que de fortification, étant posée sur la croupe d'une montagne, qui rend d'un coté, l'avenue inaccessible, et de l'autre coté aiant un double fossé, avec un rempart fort épais entre deux; néanmoins après y avoir été tiré deux cens coups de canon, la place fut emportée ; l'on tient qu'avec peu, elle se peut fortifier pour endurer six mille coups de canon[2]. Cette prise a assuré à sa Majesté toute la Morienne, et tout ce qui est delà l'Isère, depuis le mont Senis jusqu'à Montmelian.

Cependant le duc de Savoie, étant renforcé de deux mille cinq cens Suisses, et autant de Neapolitains et Espagnols, se vint loger autour de Montmelian ; de quoi monsieur Des Diguieres averti, et aiant eu avis que ledit Duc ainsi fortifié, faisoit état de le venir voir, pour lui accourcir son chemin, fit marcher l'armée celle part, et se vint loger aux Molettes, à demi lieue françoises du susdit Montmelian, la riviere de l'Isère entre deux.

Peu après le duc de Savoie fit passer ladite riviere de l'Isère à son

---

[1] Le 20 juillet, Lesdiguières parut devant Aiguebelle, qui capitula seulement le 26 et la garnison en sortit le 27.

[2] Le fort de l'Éville capitula le 4 août et la garnison en sortit le lendemain.

armée, sur un pont de bateaux qu'il avoit fait dresser près celui de Montmelian, et se vint loger à Sainte Hélène, qui est vis-à-vis des Molettes, lieux un peu élevés, et non distant l'un de l'autre, plus d'une canonade, un grand pré et un petit marais entre deux. Le jour se passa en escarmouches [1].

Le lendemain le duc de Savoie fit paraître toute son armée, qui étoit de quinze mille hommes de pied, et quinze cens chevaux, en bataille, dans un grand pré, au devant du coteau où il étoit logé, et mondit sieur Des Diguieres en fit le semblable de son côté. L'escarmouche s'attaqua fort chaude, qui dura cinq heures, où demeurerent de l'ennemi environ cinq cens, tant morts que blessés, et de ceux du Roi, environ quarante de morts, et soixante de blessés, et n'eut été un fossé qui se trouva entre deux, de largeur de six pieds, et fort profond et plein d'eau, le combat eut été beaucoup plus général, et plus grand [2].

Voilà ce qui se passa jusqu'au douzieme d'août [3]. Le quatorzieme, le duc de Savoie (pensant forcer l'armée du Roi) fit couler dès les huit heures du matin, trois mille arquebusiers derriere un grand bois tout près des retranchemens de l'armée du Roi, et d'un autre coté logea ses Suisses, avec un autre gros d'infanterie dans un pré. Quand tout fut ainsi logé et sa cavalerie où il étoit, dans un vallon, il fit tirer sur les deux heures un coup de canon et à l'instant de tous cotés s'attaqua l'escarmouche du tout grande, laquelle fut bien reçue, car la cavalerie et infanterie françoise, s'etoit à ce bien résolue et appretée; la cavalerie soutint toujours l'infanterie, sans que les canonades en fissent branler aucuns pour déloger, combien qu'elles tirassent incessamment. L'ennemi y laissa sur la place plus de douze cens hommes tant morts que blessés; c'étoit une entreprise où il y avoit plus de passion et de rage que de conseil. Ils y furent tirés plus de cinquante mille arquebusades; on ne voioit que mort et sang par la campagne; l'attaque dura cinq heures.

Outre plus, sur les six heures du soir, le colonel Ambroise avec cinq cens Espagnols naturels, traversa les marais pour forcer un corps de

---

[1] Le 7 août eut lieu la première escarmouche, qui fut sans gravité.

[2] Cette escarmouche eut lieu le 8 août.

[3] Le 13 il y eut encore une escarmouche de cavalerie.

garde qui étoit de ce côté là ; mais au bruit y accoururent monsieur de la Beaume et monsieur du Pouet, avec leurs escadrons qui les chargerent si rudement, qu'ils en firent demeurer cent cinquante sur place, et prirent plusieurs prisonniers ; le reste se sauva sans armes par les marais. Cela fut fait le jeudi quatorzieme d'août.

Le samedi seize dudit mois, le duc de Savoie quitta le champ de bataille, et sur l'aube du jour se retira par delà la rivière, quitta son logis, et passa vers Montmelian ; et de la s'en alla loger aux Barraux à l'entrée de la vallée de Graisivaudan, qui va répondre à Grenoble.

Pendant le peu de séjour que firent les armées aux Molettes, et à Sainte Hélene, il y eut plusieurs défits, mais point de combat, car quand ce venoit au fait, l'ennemi ne comparoissoit point, s'excusant sur le commandement de son général.

L'armée du Duc s'étant logée aux Barraux, celle du Roi vint prendre logis de l'autre coté de la rivière, en un lieu appelé le Pont charra, à demi lieue de celle de l'ennemi, la riviere de l'Isère entre deux.

Depuis sont avenues deux choses mémorables et fort préjudiciables au duc de Savoie : l'une, que la duchesse de Savoie avoit envoié nombre de soldats, tant des garnisons, que de la milice de Piemont, en la vallée de Pragelas, pour entrer de ce côté en Briançonnois, et fermer le passage d'Échilles[1], en cas qu'il fut assiégé; elle y fit perte de quatorze cens hommes, partie tués, partie noiés, et partie précipités des rochers. L'autre echec plus grand beaucoup, et plus remarquable, c'est que le huit septembre, les seigneurs de la Baume et de Saint Just par le commandement de monsieur Des Diguieres (qui ne laisse perdre aucune occasion) partirent après minuit de l'armée, avec deux cens maîtres, et cent carabins, et s'écoulerent au long de l'Isère environ demie lieue ; où ils passerent deux heures avant le jour, dedans une isle qui étoit au milieu de la riviere, non sans grande difficulté et danger, l'eau leur passant jusques par dessus les selles des chevaux, et là se mirent en embuscade. Sur l'aube du jour passerent à leur vue neuf cornettes de la cavalerie ennemie, faisant en nombre cinq cens maîtres bien couverts en deux troupes, qui alloient à la guerre vers Grenoble, commandées par Dom Cencho de Salines, général de la

---

[1] Exilles.

cavalerie legère du duc de Savoie. Icelles aiant outrepassé environ demi lieue, le seigneur de la Baume sort de son embuscade, et traverse un autre bras de l'Isère, qu'il falloit encore passer pour aller à eux, où l'eau ne venoit que jusqu'aux selles des chevaux, et gagna la plaine à la vue du gros de l'armée ennemie, enfile après Salines, lequel une petite heure après il rencontre au dessous de la Frette.

Le seigneur de la Baume avoit dressé ses troupes en cette sorte. Ses avant-coureurs étoient conduits par le sieur de Saint Just, neveu de monsieur Des Diguières, qui marchoit devant avec quarante maîtres et dix carabins à main droite, autant à gauche ; il étoit suivi du seigneur d'Aramont, avec vingt maîtres ; monsieur de la Baume étoit à leur queue, avec quatre vingts maîtres, vingt carabins à main droite, et autant à gauche.

Tout aussitôt qu'ils furent proches de l'ennemi, le seigneur de Saint Just fut commandé de charger vivement les premieres troupes, auxquelles commandoit Salines, ce qu'il fit bravement, et à l'instant fut secondé par le seigneur de la Baume, si ferme, qu'elles furent aussitot defaites ; de la ils chargerent l'autre troupe, commandée par Dom Évangéliste, qui ne rendit pas tant de combat que la premiere.

Plus de deux cens demeurerent sur la place, qui ne furent ni fouillés, ni désarmés ; car le seigneur de la Baume avoit fait commandement à ses troupes, de ne descendre de cheval, sur peine de la vie, et n'avoient méné aucuns valets. Plus de cent ont été faits prisonniers, deux cens chevaux de service pris et plusieurs tués pour terrasser les maîtres. Tous les chefs desdites neuf compagnies y sont demeurés morts, ou prisonniers. Dom Salines leur général a été fait prisonnier, comme aussi Dom Parménion, Dom Jean Toc, le comte de Gatinari, le lieutenant de Salines. Sont morts sur la place : Dom Jean de Sequaliste, premier capitaine de la cavalerie, le seigneur Évangeliste, Dom Rario, Dom Probio, capitaines de cavalerie. La défaite a été grande de l'ennemi. Du coté des françois, la perte a été comme nulle, car ils n'y sont point demeurés plus de six hommes. Monsieur Des Diguieres a envoié les principaux prisonniers en sa maison de Piemore, pour être bien traités [1].

---

[1] Ce combat est raconté dans le *Discours de la deffaite de neuf cornettes de cavalerie du duc de Savoie*, que nous réimprimons plus loin.

L'armée du duc de Savoie est encore logée aux Barraux, comme a été dit, auquel lieu fait faire un fort à bastillons pour couvrir son païs, et l'armée du Roi vis-à-vis le Pontcharra, la riviere de l'Isère entre deux. La plus grande guerre que fasse le duc de Savoie, c'est à coups de canon : toutefois en cinq cens coups, ils n'ont pas tué trois hommes ; on tient que son fort étant parachevé, il changera de logis, pour être court de vivres et de fourrages. Dieu veuille toujours féliciter les armes des françois, au bien et soulagement de cet état, et à son honneur et gloire. Amen.

LETTRES

DE MONSIEUR DE CÈVE AU PRÉSIDENT DE CALIGNON

Sur la campagne de Lesdiguières contre le duc de Savoie en 1597 [1]

Monsieur, vous demandez de moy par la vostre du 29 du passé les particularités de ce qui se faict de deça en l'armée du Roy et du costé des ennemys ; je le feray, mais comme commandé, ce qui me sera pour excuse si je ne m'en acquitte à vostre contantement, bien que je me puisse assez honnestement desvelopper [2] de ce reproche sur les lettres de monseigneur de Lesdiguières et celles de monsieur le Trésorier, vostre frère, lequel vous avez present icy en cette armée. Je ne doute point que beaucoup de gentz qui ne sont poinct assez instruictz du jour à la journée de l'estat des affaires de deça, n'ayent creu trop

---

[1] Ces trois lettres, adressées par M. de Sève au président de Calignon, font partie du vol. 4111 des mss. franç. de la Bibl. nation. Elles ont servi à l'historien de Thou pour son histoire universelle. Elles commencent à la p. 74 et suivent immédiatement le *Journal des guerres de Lesdiguières* que nous avons publié plus haut. Écrites par un témoin oculaire, au cours de la campagne qu'elles racontent, elles offrent, en ce qui concerne les faits, tous les caractères de la fidélité et de la plus scrupuleuse exactitude historique. L'auteur, issu d'une famille lyonnaise, commandait, comme il nous l'apprend lui-même, dans l'armée de Lesdiguières, une compagnie de carabins, *armés*, dit-il, *de la cuirasse, du morion et d'une longue harquebuse*. Il était donc parfaitement à même de connaître les événements, de les juger, et les jugements qu'il porte ne sont pas aussi empreints d'exagération qu'on aurait le droit de le craindre de la part d'une personne qui y prit une part active.

Ces trois lettres sont pour ainsi dire confondues avec le *Journal des guerres de Lesdiguières*, dans le mss. 4111 de la Bibl. nation., cependant elles sont absolument distinctes par le ton du récit et la profusion des détails. Nous avons cru devoir, à raison de ces différences si notables, leur donner une place à part à leur ordre de date.

[2] Excuser.

de longueur et de doute en mondict seigneur sur l'entreprise de ceste guerre, après le commandement qu'il en avoit apporté du Roy et peut estre quelque autre dessein, emportez, comme il est aisé, par la violance des calomnies de ses envieux, ausquelz il ne manque pas ny artifice ni couleur ; mais vous croirez que depuis qu'il arriva de la court il n'a pas esté sans exercice ny sans peyne.

Car comme tous les gentz de guerre de ces premiers de deca l'attendoient avec grandissime esperance de la guerre contre la Savoye et se venoient offrir à luy à bandes, aussi s'est-il veu d'un costé bien empesché que leur bailler pour faire les advances des levées, n'ayant apporté que du papier, encores mal asseuré, et d'argent pas un denier ; et de l'autre costé comment il les feroit stenter [1] jusques à ce qu'il soit temps de les emploier. Le francois prins à la chaude tient pour argent comptant les esperances ; si vous luy baillez temps, il devient plus froid que glace. Mais la nécessité de l'année présente, et la fin de la saison et les montagnes encores fort chargées de neige, luy faisoient désirer, tant que les troupes du roy d'Espagne ne presseroient point leur passage, de pousser le temps de l'espaule jusques à la récolte et que les montagnes fussent plus descouvertes et les torrentz plus petitz affin de mieulx faciliter son entreprise.

Avec tout cela vous scavez les doutes et les difficultez qu'il a eues des assignations qui lui avoient esté baillées. J'adjousteray qu'à l'assignation mesme du Daufiné, la plus asseurée qu'il eût eu, il a fallu du temps et de la peine avant qu'elle passast en la Chambre des Comptes et avec le pais. Quand aux levées et quartiers qui devoient estre en Languedoc, Lyonnois et Provence suivant l'intention de sa Majesté il y a fallu aussi du temps pour en traicter ; toutesfois tout en vain, s'estant ces provinces roidies au contraire tout à faict. Tellement qu'il a fallu que le pauvre Daufiné ayt porté la despence de toutes ces levées avec les foulles des passages.

Nonobstant cela il n'estoit pas encores bien asseuré de l'assignation de Daulfiné qu'il a commencé à délivrer à forces commissions. Beaucoup les ont refusées qui s'estoient du commencement offert, & dont ilz avoient faict estat, s'excusantz sur leur peu de moiens pour faire les avances. Il y en a eu d'aultres qui ont prins leurs places. Il ne bailloit

---

[1] Attendre.

que du papier aux cappitaines, la monnoye qu'il avoit receue luy-mesme : encores assignations mal liquides et le tiers seulement payable au mois de juin passé, l'autre tiers en septembre, le reste à Noel. La créance et le pouvoir qu'il a eu sur ses amis et serviteurs leur a faict faire cest effort pour rendre aujourd'huy un bon service au Roy ; ceulx qui ont faict leurs affaires par le passé l'ont peu et deu justement faire, mais il y en a d'aultres qui ont tout mis ce qu'ilz avoyoient. Je suis de ceulx là, ayant prins charge d'une compaignie de carrabins armez de cuirasse, morrion et d'une longue arquebuse dont il m'a voulu honorer, et asseurer aussi qu'elle seroit seule en ceste armée. J'ay tousiours mis jusques à présent le mien[1] pour le service de sa Majesté comme vous pouvez avoir veu ; j'achève aujourd'huy le reste. Peut estre qu'en cela je seray plus loué de mon zèle et de mon affection que non pas de bon mesnage. C'est tout un[2] ; j'ay resolu de crever plustost que de demeurer en chemin et ne m'en repentiray jamais s'il réussist au Roy le service que j'espère de ceste entreprinse et que j'ay tousiours espéré, et à mondict sieur l'honneur qu'il aura d'avoir faict un signalé service à sa Majesté, et pourra estre qu'une bonne heure me fera sentir la récompense de mon affection et fidélité.

Mondict sieur se mist aussitost des l'entrée à pourvoir aux munitions tant de guerre que de bouche ; faire remonter les canons qu'il avoit en son pouvoir et les mettre en estat ; en prendre sur son crédit ; faire acheptz de grains, et comme j'estime de trois à quatre mil charges, qui n'a pas esté une petite despence, le bled estant venu jusques à 8 et 10 fr. la charge, par la cherté de l'année.

Desia le bruict de tous ces appareilz avoient mis en apprehensions les trouppes du roy d'Espaigne de leur passage par la Savoye, principallement pour ce que mondict sieur de Lesdiguieres se foisoit entendre tout hault que, paix ou tresve avec la Savoye, il avoit commandement de les aller combattre et qu'il se mettroit en devoir de le faire ; et que la tresve de Savoye estant expirée, mondict sieur ayant desia de bonnes forces prestes, il n'avoit rien entreprins sur les estatz du Duc ny permis qu'il y fust couru. Et ainsi nous avons vecu près

---

[1] Mon bien.   [2] Peu m'importe.

de deux mois avec les ennemis et eux avec nous, presque par miracle, sans paix, ny guerre, ny tresve avec eux.

Le Duc avoit aussi l'alarme de ces levées. Les Espagnolz le sollicitoient qu'il leur fist espaule, luy eux qu'ilz arrestassent en ses terres pour les deffendre ; que c'estoit autant et plus de service à leur maistre que le voiage qu'ilz entreprenoient. Cela les a aculez bien six semaines jusques à ce que la response ayt esté apporté d'Espagne sur ce suject ou les uns et les autres avoient despéché. Desia monsieur de Savoye, sur la premiere nouvelle de l'arrivée de mondict sieur de Lesdiguieres en Dauffiné, avoit envoié le comte Martinengue en Savoye, qui y a le commandement, avec troys compagnies de cheval & deux régimentz de pied et commissions pour quatre aultres regimentz. Ledict sieur Comte ayant l'alarme de Chambery, mit aussi tost 12 ou 1500 pionniers après à gazonner et fermer les fauxbourgs dudict Chambery et faire des fortz aux lieux qu'il doutoit le plus, ou il faisoit travailler en dilligence.

La responce receue d'Espagne, aussitost les trouppes espagnolles commencèrent pour leur voiage à enfiler le val d'Aoste & la Tarantaise, leur chemin accoustumé, et celles de Piedmont conduites du sieur de Salines par le mont Cenis & vallée de Moriane. Celles cy faisoit nombre de 10 compagnies de gens de cheval et de 2,000 hommes de pied qui se devoient joindre à Aiguebelle aux trouppes de Savoye qui estoient, oultre les troys compagnies venues avec le comte Martinengue et les deux regiments de pied, quatre regiments levez de nouveau, celuy du nepveu du comte de Martinengue et celuy du baron de Cheneviere et 10 compagnies de gentz de cheval entretenues en Savoye ; en tout 15 compagnies de gens de cheval et huit régimentz.

Au premier advis du passage de ces trouppes, mondict sieur de Lesdiguieres ayant, au xxe du passé, donné rendez-vous à Saint-Robert, à une lieue près de Grenoble pour les trouppes levées aux environs dudict Grenoble et au Viennois et baillage [de] Saint Marcellin, sous couleur d'une revue générale qu'il vouloit faire, sans perdre temps il les fait passer oultre jusques à Vaujani, où elles se rendirent le second jour et se joignirent aux trouppes qui venoient des montaignes, chacun demeurant en suspens de quel costé il vouldroit donner, si ce seroit à Chambery, ou en Piedmont, ou bien s'il ne faisoit point une feinte, pour faire rebrousser arrière ces troupes et les employer en la province contre monsieur le maréchal d'Ornano[1] comme plusieurs avoient opinion.

Le xxiij^e, un dimanche, ayant fait passer les colz de Vauiani et de Saragaren, il arriva à Saint Jehan de Morienne. Il y a cinq ou six grandes lieues de montaigne. Le hault de Saragaren avoit esté retranché et gardé par les habitants du pais ; mais il fust emporté sans beaucoup de dispute ny de meurtre, estant le col assez large et de grand garde[2].

A la cité de Saint Jean les habitants se trouvèrent en armes, touteffois sans beaucoup de moiens de s'opposer à l'entrée de l'armée du Roy, ny de résolution ; aussi, le lieu n'est pas fermé de murailles. A mesure qu'il abordat à Saint Jean il fist avancer le sieur de Saint Jan, avec son régiment, jusques aux ponts d'Armillon, Amafie & Renard, trois pontz de pierre, sur le chemin de la Chambre, affin de s'y loger et les asseurer : il fist avancer aussi sur la main droicte le sieur de Rosans, pour saisir le pont de Villars-Gondran, demye lieue de Saint Michel ; mais les habitans du lieu avecq leurs voisins l'avoient desia rompu pour ce qu'il n'estoit que de bois et s'estoient barriquez sur le bord de della, et sur les pas de leur montagne qui respond à Armillon. Le sieur de Rosans ne pouvant allèr à eux se logea et barriqua à l'autre bord.

Il n'est pas croyable combien furent fatiguées ces troupes au passer de ces montagnes tant elles sont aspres et rudes et ou il y avoit bien encores de la neige, sans qu'il se trouvast par tout par là aucun rafraischissement. La grande chaleur aussi qu'il faisoit les harassa merveilleusement. La grand pluye du lendemain xxiiij^e et jour suivant et le travail du jour précédent, fist que ces jours la l'on ne bougea point du logis.

Le jour que l'armée du Roy arriva à la cité de Saint Jean, arrivoit de l'autre costé à Lanebourg et aux environs le sieur de Salines avec les trouppes de Piedmont, et à Moustier les trouppes espagnoles. Ledict sieur de Salines fist diligence de fortifier ceulx du Villars-Gondran d'une partie de son infanterie et de s'avancer luy mesme vers eulx avec

---

[1] Les querelles continuelles entre Ornano, lieutenant général en Dauphiné, et Lesdiguières, qui sans en avoir le titre en avait tout le pouvoir, sont connues. On peut en trouver les traces dans les notes jointes aux lettres de Lesdiguières CCVI et CCLXIX.

[2] De garde difficile.

le reste, estant venu prendre son logis à Saint Michel, deux lieues de la cité de Saint Jean.

Le xxvj^e monsieur de Créqui ayant passé au pont Armillon avec 2,500 hommes de pied, alla forcer les ennemis par le plus hault de la barricade, jusqu'à ce qu'il eust gaigné celle du pont du Villars-Gondran avec meurtre de 14 ou 15 des leurs finalement et la fuitte des aultres. Le sieur de Salines qui avoit peu voir tout ce jeu se retira en haste et deslogea de Saint Michel sur les trois heures après midy, marchant toute [la] nuict jusques à tant qu'il eust gaigné le logis d'Ossoc, et rompant les pontz après luy, qui sont en nombre et nécessaires, ayant aussi laissé garnison dans le chasteau de Saint Michel de 60 piedmontois, et tiré ceux du pais qui estoient dedans.

Le jour suivant fut emploié à faire refaire les pontz qui avoient esté rompuz, à quoy mondict sieur emploia les charpentiers & massons qu'il avoit faict marcher de Daufiné en l'armée ; ceulx du pays s'y aydèrent aussi.

Le vendredi xxvnj^e mondict sieur alla prendre son logis à Saint Michel ; investist à mesmes temps le chasteau ayant laissé à la cité de Saint Jehan le sieur de Pasquiers avec son régiment et le sieur de Saint Jan à la garde des pontz susmentionnez. Le chasteau vint le lendemain à composition, s'estans ceulx de dedans effroyez d'avoir veu les nostres desja logez à leur pied. La place toutesfois est bonne pour la main, assise sur le roc avec bonnes murailles et hors d'escalade, toutesfois sans fossé ; au reste de beaucoup d'importance pour toute la vallée.

Ce mesme jour ayant marché l'armée du Roy cinq grosses lieues avec un très facheux temps de pluye pour aller aux ennemis, et monsieur de Créqui estant avancé avec 5 régiments pour loger à un quart de lieue de leurs barricades à Aurien, les ennemis sur le brun de la nuict s'en allèrent d'Ouye sans sonner tambour ny trompette et à tire d'ailes gaignèrent et passèrent le Mont Cenis toute [la] nuict avec fort grande espouvante. Avec le nombre qu'ilz estoient et de pied & de cheval ilz pouvoient mieulx deffendre leurs barricades qui estoient bonnes et avec difficiles advenues, estantz aussi tous les pontz rompuz qui menoient à eulx. Mais ilz entrèrent en considération que les troupes qu'ilz voioient de l'autre costé de la riviere ne leur gagnassent le derriere.

Le jour après l'armée suivit dès le grand matin jusques à Lannebourg et Mont Cenis, ou la violence & la durée des pluyes la retint au logis jusques au premier de juillet, sans pouvoir aller ny avant, ny arrière, ny entreprendre aucune chose.

C'estoit tout le desir de mondict sieur de Lesdiguieres d'aller droict à ces trouppes milanoises en la Tarantaise pour les combattre ; il y avoit de la gloire beaucoup pour luy, il y avoit un grand butin pour les soldatz. Mais le droict de la guerre ne vouloit pas qu'il laissast en crouppe dans la Morienne Salines. Cependant qu'il va à luy, ceste suitte luy emporta du temps d'un costé ; de l'autre l'empeschement des extremes pluyes qu'il a faict des l'entrée, luy en ont faict perdre beaucoup et le débordement des rivières, que ces trouppes d'Espagne profiterent salutairement pour gaigner pais. Touteffois mondict sieur se consoloit de les pouvoir encore aborder par la mesme espérance que les gens du duc de Savoye avoient de les retenir de deca, à quoy le comte Martinengue et les aultres ministres du Duc n'oblioient ny prières ny raisons, ny lettres mesme du Duc leur maistre.

Le dessein de monsieur de Lesdiguières entrant en la Morienne, pouvoit bien avoir esté de s'en saisir, et percer de là, sans perdre de temps, en la Tarantaise par le col des Encombres ou de la Columbe, pour fermer ces deux passaiges à tout ce qui voudroit venir de Piedmont, qui estoit à la vérité mettre en échec ce que le Duc tient de deça et partager avec luy ses estatz ; aussi il n'y avoit rien que les ennemys appréhendassent tant que cela, et desia le comte de Martinengue, tenant la Tarantaise perdue, avoit depesché à ceulx de Valley pour mendier le passage par leurs terres comme vous aurez peu voir par ses lettres interpretées au Duc.

Mais il fut de besoing à mondict sieur d'aler droict à Salines, qui estoit ja en la Morienne, et les grandes pluyes qu'il a faict, avecq le débordement des rivières, ont apporté beaucoup de retardement à ce dessein & d'empeschement, car il tumboit neige sur le hault des montaignes, ce qui a donné loisir et moien à ceux de Tarantaise de mieux garder leurs passages et aux ennemis d'y jetter des forces dans la vallée, aux habitants de la val d'Aoste aussi d'y accourir pour la deffendre comme le ravelin de leur porte. Touteffois ce qui est différé en ce dessein n'est pas perdu.

Le premier de juillet, l'armée rebroussant chemin, mondict sieur print conseil de s'ouvrir un passage plus aisé & plus commode, tant pour la commodité des trouppes qui estoient encores à arriver, que pour la conduicte des vivres et autres munitions nécessaires, sçavoir par Aiguebelle, Chamous, la Rochette, Allevars, qui est du Daufiné, ou bien Pontcharra et de la à Grenoble qui est un pais fermé de la rivière de l'Isère et qui ferme le Dauffiné.

Il s'achemine pour ceste raison droict à Aiguebelle, ayant mis dans le chasteau de Saint-Michel le cappitaine Grenetier avec sa compagnie de IIII^{xx} et dix hommes et pourveu à la faire accommoder au mieux, et laisser aussi le sieur de Pasquier à la cité de Saint-Jehan avec son régiment pour y bastir ung fort et munir de tours les pontz de Villars-Gondran, Armillon Amafie, et Renard, ne s'estant rien trouvé dans la vallée propre pour fortiffier que ce ne fust avec une grande longueur et excessive despence.

Le comte Martinengue en ces entrefaictes avoit envoié un gentilhomme à Monsieur le priant de luy envoyer quelqu'un des siens qui fust affidé à mondict sieur pour ce qu'il avoit à luy faire sçavoir des choses d'importance ; il luy envoia le sieur de Brunnel encore qu'il jugeast bien qu'il ne vouloit que l'amuser.

Cependant il s'avance tousjours vers Aiguebelle ou il arriva un samedy cinquiesme de juillet. Il y a là une vieille tour appellée Charbonnière avec une enceinte de muraille située sur un roc détaché de la montagne plus proche et qui commande fort ce bourg. Monsieur de Savoye l'avoit faict garder depuis huit ou dix ans et accommoder. Depuis quelques mois elle se gardoit encores avec plus de soin et se fortifioit aussi, ayant eu les ennemys avis que mondict sieur de Lesdiguières y faisoit dessein principalement, et sur le lieu de Conflans, et y avoient les ennemis jetté dedans 250 hommes de guerre, la pluspart estrangiers, et rompu le pont d'Aiguebelle. Il fut refaict aussitost à la mercy des harquebusades et mousquetades.

Ceste place est située sur l'embouchure des montagnes qui font la vallée qui va au Cenis, relevée sur un roc battu par le pied de la rivière d'Ar et taillé de tous costez, avec de très mauvaises avenues, commandant fort le pont d'Aiguebelle et le bourg même, qui est un grand et beau logis d'un costé & d'autre de la riviere, joinct par un pont de bois. Ce roc a un peu de plain au-dessus, mourant en deux pointes l'une plus mousse (1) que l'autre, et de la longueur environ de 150 pas. La largeur n'est pas plus du tiers. C'est ce qu'ilz avoient barriqué et accommodé, ou la nature du lieu les favorisoit beaucoup et le reste d'une muraille antique. Proche de l'un des boutz du costé de bize est la tour Charbonnière qui leur sert comme de dongeon. Ce lieu la a la montagne, qui est du mesme costé de la riviere, sçavoir de Chamoux, laquelle faict en cest endroit un peu d'avance et luy commande de la portée du mousquet; la montagne de l'autre costé de la riviere est plus esloignée. Monsieur sachant bien que sans canon il n'en viendroit à bout, avoit donné ordre par avance de faire sortir trois canons de Grenoble pour les faire conduire par la Rochette jusques la, et monsieur d'Auriac qui estoit encores demeuré en Daulfiné eust charge de se venir loger à Gonselin pour leur escorte avec trois compagnies de gens de cheval et trois de pied.

Ce mesme jour, cinquiesme de juillet, arriva à Montmellian monsieur de Savoye avec huit chevaulx de poste. L'estat de ses affaires requéroit fort sa présence, tout estant plain de deça parmy les siens d'effroy et de confusion.

Cependant que le canon se haste lentement à son pas, il ne se perdit point de temps devant Charbonniere pour serrer la place de près. Mais il y falloit aller bien sagement et de logis en logis, car le lieu est pendant et si précipiteux qu'aultrement ceux de dedans endommageroient fort les nostres et sur tout à coups de grands quartiers de rochers.

Le Duc avoit logé ses trouppes et assemblé le long de la riviere depuis Conflans jusques à Miolans et Saint-Pierre-d'Albigny, à deux et trois lieues de nous, mais il n'y avoit moien d'aller à luy pour ce que, d'un costé, il avoit coupé et rompu les pontz, et de l'autre le desbordement des rivieres nous avoit osté tous les gués.

Le 15 de juillet, le canon estant desja à Allevars, monsieur de Lesdiguières, ayant laissé à Aiguebelle monsieur de Créqui pour continuer le siége, partit pour aller recepvoir ledit canon avec ce qu'il avoit de cavallerie et le régiment du sieur de Fontcouverte et trois compagnies de celuy de monsieur d'Auriac, faisant environ 1,000 hommes de pied et campa devant la Rochette qui faisoit la guerre. C'est une villete

---

1 Moins aigue.

fermée avec ung beau chasteau, maison du marquis de la Chambre. Le seigneur y avoit jetté 60 hommes de son régiment qui faisoient plus opiniastrer les habitans, oultre le mauvaise volonté qu'ilz ont eu de tousjours comme gentz de frontiére. Nostre infanterie emporta d'abord les faulxbourgs, et la ville puis après par le pétard; nous y eusmes deux des nostres de mortz et quelques blessez. Ceux de dedans y en perdirent six ou sept; les aultres se sauvèrent au chasteau qui se rendirent au bout de deux jours après trois coups de canon, avec la vie sauve seulement. Mais mondict sieur leur octroya depuis la liberté de leurs hardes et bagages, après qu'ilz eurent promis de paier 800 escus dans un mois pour la récompense des blessez et chevaulx tuez.

Le sieur de Bardonenche fut ordonné avec les troys compagnies pour la garde de ce lieu.

Le vendredy fut emploié à faire accommoder les chemins que le canon avait à faire par un pais assez aquatique et marescageux.

Le samedi xixe de juillet mondict sieur marchant dès la poincte du jour avec les canons, creu de cinq compagnies de cheval, sçavoir celle des sieurs d'Auriac, des Crottes, de Saint-Jeurs, du Rival et de Valouse, et de cinq de pied, trois du régiment dudict sieur d'Auriac et deux de celuy du sieur de Pasquier, comme il fust arrivé à Chamoux, maison de la marquise doirière de la Chambre, seur de monsieur le comte de Tavane, il faict avancer la cavallerie au devant de Chamousset.

C'est un petit chasteau relevé sur une petite motte hors du chemin à un bon quart de lieue et sur la gauche. Le duc de Savoye y avoit jetté quelques soldatz dedans. Il y avait ja quelques jours que le sieur de la Murette y avoit esté tué, lieutenant du sieur d'Arces, premier cappitaine au régiment de monsieur de Créqui, et un cappitaine Triadon, pétardier, comme ilz y estoient allé pour y présenter un pétard.

Nostre cavallerie venue là, l'on vist au bas contre la riviere d'Isère à un bon quart de lieue, force gentz des ennemis travaillant avec diligence après un fort qu'ilz avoient commencé le soir auparavant, ou estoit un port. Mondict sieur ayant pris résolution sans plus attendre de le forcer, envoya aussitost à monsieur de Créqui, qui s'estoit avancé jusques à la Croix d'Aiguebelle avec 2,500 hommes de pied au rencontre des canons, de marcher en diligence de ce costé la; ce qu'il fist et logea si à propos et si près les mousquetaires dessoubz et dessus le fort, que le bateau ne passoit plus. Mais les ennemis, de la rive de dela, faisoient bon debvoir de deffendre le fort avec cinq bastardes et forces mousquetaires qui blessoient à force des nostres. C'estoit leur meilleure deffence combien que ceulx de dedans n'oublioyent rien de leur costé.

Mondict sieur ayant aussi faict torner un canon de ce costé là, retint la pointe de nostre infanterie jusques à ce qu'il fust emmené la, qui ne fut qu'à soleil couché, le marais qu'il avoit à passer et un orage de temps qui se leva à ces premiers abordz, luy ayant rendu le chemin plus long. Aprez quatre coups de canon tirez contre le parapet du fort qui apportèrent plus d'effroy la dedans que de dommages, il fist donner par nostre infanterie qui y alla bien et sans marchander, et emporta brusquement et bravement ceux de dedans quelque deffance qu'ils fissent.

Le sieur de Verdun avec son régiment eut la pointe. Il y avait 500 hommes dedans ou gentz de guerre ou pionniers. Les soldatz s'y sont pour la pluspart perduz ou noiez ou tuez. Le collonel Just qui y commandoit y a esté prins un peu blessé, deux de ses cappitaines tuez et le baron de Charriere et aultres personnes de commandement. Nous y perdismes quatre ou cinq soldatz et eusmes bien trente blessez et beaucoup de leurs pièces.

Domp Filippin, frère bastard du Duc, se trouva aussi la, par curiosité, dict on, de veoir ce fort. Il se jetta desguisé en un isle fort espesse d'un taillis, que la rivière faict au dessoubz de ce port, d'ou par aprés le retirerent les batteaux des ennemis, lesquels à la faveur de l'obscurité de la nuict alloyent cherchant le long de ceste isle ceulx qui s'estoient sauvez là de la furie de noz soldatz et de la rivière. Le nombre en a esté petit. Cela fust faict à la veue du Duc qui estoit de l'autre costé de la riviere avec toutes ses trouppes cavallerie et infanterie. Il pouvoit avoir de 5 à 6,000 hommes de pied et environ 1,200 chevaulx avec quelques harquebuziers à cheval.

Ce fort estoit petit, mais il estoit desia à la haulteur d'une pique avec son fossé autour, combien qu'il n'eust esté commencé que le soir de devant. Le dessein du Duc estoit de faire la un bon fort et plus grand, comme le signor Hercules son ingénieur l'avoit tracé quelque heure avant qu'il fust emporté, et à la faveur d'iceluy bastir un pont à batteaux pour faire passer son armée et la jetter à Chamousset qui n'en est qu'à un quart de lieue, & une lieue & demye d'Aiguebelle, afin d'incommoder l'armée du Roy et le chemin de noz vivres et munitions, prenant ce logis qui est fort et avantageux. Il eust en cela plus de courage que de loisir.

Et je ne scay si de conseil j'avois oublié de remarquer que cependant que l'on attendoit le canon devant la Rochette, un mercredi xvie, mondict sieur s'estant approché sur la nuict des pontz de Montmellian avec la cavallerie et 500 hommes de pied affin d'incommoder autant le Duc, il en fit jetter à vau l'eau trois traitz et mettre le feu aux pilliers et ruyner un fort qu'il avoit faict de renouveau au devant du pont. Il y fust tiré du chasteau quelques canonnades et de la ville aussi quelques mousquetades, mais sans aucun dommage des nostres. Ce fust de la besoigne à ceulx de Montmellian pour deux ou trois jours à r'abiller leur pont.

Le dimanche xxe le chasteau de Chamousset se rendit avec la vie sauve de ceux de dedans, qui sont demeurez prisonniers de guerre en nombre de 40 ou 50, entre lesquelz est le seigneur du lieu et son frère.

Le chasteau de Villar Sellet, maison des comtes de Montmaiour, s'estoit aussi rendu le jour paravant à la veue du canon.

Ce mesme dimanche mondict sieur ayant logé dans Chamousset 40 soldatz des siens, reprint, sans perdre temps, la route d'Aiguebelle avec ces canons. On a travaillé tous ces jours à les monter sur le cousteau qui commande ceste place et à retirer un de la furie de ce torrent desbordé ou il a esté noyé deux jours, ce qui n'a pas esté sans peine.

Il y a desia la pluspart de la besoigne faicte en cela, avec espérance d'avoir bien nostre raison dans deux jours des assiégez. Après quoy il nous reste encores le chasteau de l'Eugli de deça à attaquer. Il est à demye lieue de deça la Rochette, sur la main gauche en y allant d'icy et sur la montagne. L'on fait beaucoup de cas en Savoye de ceste place pour estre forte, mais elle est petite. Quoy que soit, elle accommode fort et serre ce pais.

Aujourd'huy, ainsi logez comme nous sommes, monsieur de Lesdiguieres tient en eschec Suze, Chambery et la Tarantaise. Le Duc est logé en la vallée de Miolans. Le débordement des rivieres, nous empesche bien d'aller droict à luy. J'estimerois que le meilleur seroit de le sortir de la Savoye et entreprendre quelque chose en Piedmont à la faveur du canon qui est à Essilles et à Ambrun. Nous sommes icy comme au milieu de la table pour pescher dessus ou dessoubz.

Le sieur d'Yse du costé d'Eschilles court tous les jours jusques aux portes de Suze. Il y a trois compagnies nouvelles de ce costé-là, oultre la garnison et la milice du pais que vous avez veue aultrefois. Il y a 13 jours qu'il força par le hault les barricades de Jaillons ou il y avoit deux compagnies du Duc, mit à terre leurs barricades avec meurtre de septante ou quatre vingtz des leurs.

Il y a aujourd'hui huict jours que les ennemis du costé de Piedmont, pour faire divertir, essaierent ceux de Prajalla par la barricade du col de la Fenestre, celle du bas, et par le col qui vient du val Saint Martin et tous à mesme heure. Le fort de la Fenestre et la barricade fust emporté par le gouverneur de Suze. Mais le cappitaine Balsac s'y estant porté, avec sept centz harquebusiers ou mousquetaires qu'il avoit rallié du pays, le regagna et poussa les ennemis une lieue par delà où ilz eurent des leurs de mortz & de blessez assez. A la barricade du bas, le colonnel Ponte s'opiniastra fort durant sept heures, toutesfois ilz y furent bien soustenuz et y eurent des mortz et des blessez beaucoup. Du costé du val Saint Martin, 40 de ceux de Prageala, qui avoient gaignez les premiers le pas, mirent ceulx qui donnoyent de ce costé la tous cul dessus teste.

Aujourd'huy encores le colonnel Ponte, qui se mord les doigtz de son entreprinse, pour avoir promis à l'Infante de luy réduire ces vallées en deux jours, s'opiniastre à y retourner et faict estat de 3,000 hommes & d'avoir un canon & et une colevrine pour battre les barricades. Il est à la Pérouse; ceulx de Pragella se promettent de les gaigner au Roy s'ilz sont un peu aidez de gentz de guerre. Le sieur d'Astres y est allé et le sieur d'Ise y a envoyé 200 hommes, et monsieur de Lesdiguières s'est résolu d'y envoier encores gentz de cheval et de pied, en espérance qu'il s'y pourra faire là quelque bon effect.

Il a pourveu aussy du costé de Barcelonne ou les ennemis faisoient contenance de vouloir donner et y a envoyé le sieur de la Vilette, de Veine, avec une forte compagnie de gentz de pied.

C'est une belle et gaillarde armée que ceste ci et ou y a une très bonne infanterie. La cavallerie est de mêmes. Il y a des bons chefz et force braves et galandz cappitaines. Quand monsieur de Lesdiguières entra dans le pais il n'avoit que 40 enseignes de gentz de pied et 5 compagnies de gens de cheval ; sa compagnie, celle de monsieur de Créqui et celles des sieurs de Morges et de la Buisse avec celle des carrabins et deux compagnies de ses gardes harquebusiers à cheval. Depuis revenant de la suitte de Salines il a tousiours grossi ; les compagnies de pied sont fortes de 80 hommes, 4 vingtz et dix, cent, & davantaige. Je vous envoye l'estat et ce que j'ay peu attendre des forces de l'ennemy. Le régiment des sieurs de Fontcouverte et Bruniers ont esté faictz en Languedoc et quelques compagnies des aultres régiments, mais peu, celuy du sieur de Pierreronde du costé de Cisteron. Les aultres ont esté toutz dressez en Dauffiné. Ceux qui s'attendent des sieurs de la Coronne & Maseran sont aussi de Vivarez et Languedoc.

Voilà, Monsieur, comme j'estime ce que vous avez demandé de moy. Je suis bien fasché que je n'ay peu vous le dire en moings de motz. Je vous en bailleray la seconde peine. Il me fasche fort que je n'ay peu vous contenter de ceste la comme je désirerois. Je vous suppliray me faire cest honneur de croire qu'il n'y aura jamais manque en moy d'affection pour vous rendre le service et l'honneur qui est du à vostre mérite comme je suis de longtemps dedié & voué, Monsieur,

Vostre plus humble & plus affectionné serviteur,

Cève.

Au camp d'Aiguebelle ce samedy xxvie de juillet 1597.

Le Duc n'a point eu de raisons assez fermes pour faire retourner les Milanois qui avoient passé ; il y a cinq ou six jours qu'ils estoient vers Orgellet. Ilz ne y sont pas plus 2,500 hommes à compter au plus, très pauvres gentz si ce ne sont les capitaines & membres qui sont fort lestes.

J'ay oublié de vous dire qu'à l'attaquement du fort de la rivière monsieur de Lesdiguières eut une mousquetade favorable qui luy persa le chappeau et luy passa à travers le poil joignant la peau.

Estat de l'Infanterie qui est de présent en l'armée du Roy qui est en Savoye soubz la conduicte de monsieur de Lesdiguières.

Régiment de monsieur de Créqui	10 compagnies.
Monsieur d'Auriac	6 compagnies.
Monsieur de Bone	9 compagnies.
Monsieur de Pasquiers	10 compagnies.
Monsieur de Verdun	5 compagnies.
Monsieur de Bardonnenche	4 compagnies.
Monsieur de Rosans................	6 compagnies.
Monsieur de Fontcouverte..........	8 compagnies.
Monsieur de Bimar	5 compagnies.
Monsieur de Montmaurin	3 compagnies.
Monsieur de Saint-Jean............	4 compagnies.
Monsieur de la Roche	4 compagnies.
Monsieur de Pierre André.........	4 compagnies.
Capitaine Saint Laurens..........	2 compagnies.
	80 compagnies.

Estat de la cavallerie comme elle est réduicte en escadrons.

Soubz l'escadron que conduict monsieur du Poët, maistre de camp des chevaulx légiers :

Sa compagnie.
Monsieur de la Buisse.
Monsieur de Saint Jurs.
Monsieur du Rival.
Monsieur de Vallouse.
La compagnie de carabins de Cève.

Escadron que conduict monsieur des Crottes :
Sa compagnie.
Celle de monsieur de Créqui.
Celle de monsieur de Morges.

Escadron que conduict monsieur d'Auriac :
  La cornette blanche.
  La compagnie de monsieur de Lesdiguières.
  La compagnie dudit sieur d'Auriac.

Escadron que conduict monsieur de la Baume :
  Sa compagnie.
  Celle de monsieur du Passage, commandée par le sieur de la Frette.
  Celle de monsieur de Saint Jullian, commandée par le sieur de Grammont.
  Celle de monsieur le vicomte de Chamois, commandée par le sieur du Buisson.

Il y a oultre les deux compagnies des gardes harquebusiers à cheval. L'on attend encore pour la cavallerie les compagnies de
  Monsieur de Cugi.
  Monsieur de Montbrun.
  Monsieur de Charpé.
  Monsieur le baron de Briquemault.
  Monsieur de Chandieu.
  Monsieur de Saint Germain.
  Dachon le filz.

Et pour l'infanterie le régiment
  Du sieur de la Coronne.................... 4 comp.
  Et celluy du sieur de Masceran............ 6 comp.

Les forces de monsieur de Savoye sont premièrement ce qui s'est trouvé en Savoye et presque tout entretenu sur l'estat même de Savoye.

Pour la cavallerie :
    La compagnie du comte Martinengue.
    Celle de son nepveu.
    Le chevalier de la Mante.
    Le comte de Montmajour.
    Monsieur de Brandis son frère.
    Monsieur de Bonnans.
    Monsieur de Bonvillars.
    Le baron de Loissay.

Le comte de Groulet.
Monsieur de Bussy.
Le baron de la Perrière.
Le marquis d'Aix.
Cappitaine des Bordes.

Pour l'infanterie le régiment d'un nepveu du comte de Martinengue.
Le marquis de la Chambre.
Monsieur de la Forest.
Monsieur de la Barme.
Monsieur le baron de la Sarra.
Et celluy du colonnel Just.
Et un aultre: venus ces deux de Piedmont.

Ce qui est de l'estat de Piedmont et qui a passé en Savoye.

Pour la cavallerye:
Salines.
Evangelista.
Permenuto.
Dom Joan Tocco.
Negri.
Udonrotto.
Signor Dom Amedéo.
Monsieur de Ternavas.
Comte de Gatinara.
Scarnafiz.

Pour l'infanterie, il y a quelques régimentz piedmontois, environ 2,000 hommes (800 de la Val d'Aoste).

Le Duc faict estat de recouvrer 1,500 Espagnolz des garnisons de Milan et les attend, c'est à dire sept ou 800, et 13 enseignes de Suysses. Il y a encore deux compagnies de chevaulx légiers de ses gardes.

Il faict aussi estat d'avoir jusques à 30 compagnies de gentz de cheval qui sont de 40 ou 50 maistres la chacune. Celle du conte Martinengue est de 130.

Ils mettent les 4 régimentz de Savoye à 2,000 hommes. Je n'estime pas qu'il y ait plus de 1,500, celuy de Juet et l'autre ne font pas ensemble 5 ou 600 hommes tout au plus. Celuy des Italiens est de

6 à 700 hommes. Tout assemblé les ennemys font estat de 10 à 12,000 hommes de pied & 2,000 chevaulx.

Il a tout tiré de deça et n'a presque rien laissé en Bresse.

Monsieur le baron de Lus a beau jeu.

Monsieur,

Je vous ay rendu conte de ce qui s'est passé de deça entre les deux armées jusques aux Xe. Le lundi et le mardy il s'est tiré quelques coups d'espée et quelques coups de pistollet dans le pré que je vous ay marqué cy devant entre les gardes des deux armées qui estoient toutes deux à chacun bout de pré. Mais les nostres les allant rechercher tousjours fort proches de leurs gardes et en moindre nombre, les aultres y venantz plus fortz et touteffois avec désavantage de ennemis, Dieu merci, à chaque fois y laissants des hommes et des chevaulx.

Le signor Dom Philippin avait envoyé appeler monsieur de Créqui pour se battre entre les deux armées; monsieur de Créqui s'estant porté sur la place, Dom Philippin envoya excuse que le Duc l'avoit fort tansé & ne luy avoit voulu permettre le combat. Monsieur de Saint Jeurs appela de mesmes Ternavas. Il envoya par un trompette qu'il viendroit. Mais il fist la mesme excuse à par apres[1]. Le conte de Brandis, frère du conte de Montmajour, par un mémoire qu'il bailla depuis à un de noz trompettes s'offroit de seconder Dom Philippin et de combattre monsieur de Lesdiguieres à pied, avec un espée et un poignard ou à cheval avec la lance. Il luy fut respondu par un billet de monsieur de Créqui, qu'il bailla à un de leurs trompettes, que pour le combat de Dom Philippin, il estoit accordé avec les armes qu'il vouldroit, et quand à du sieur de Brandis qui appeloit monsieur de Lesdiguieres, il luy estoit respondu qu'il estoit un sot et s'il vouloit dire le contraire qu'il en avoit menti.

---

[1] Ce duel de Dom Philippin de Savoie contre Créqui, longtemps retardé, finit par avoir lieu et Dom Philippin y fut tué. Ce duel a été raconté dans une brochure contemporaine. On trouve également un récit de ce duel dans les mss. de Brienne, de la Bibl. nation., vol. 272, pp. 218 à 274.

Le mercredy l'on s'escarmoucha fort d'un camp à l'aultre à coups de pièces. Hier jeudy xiiij^e, le Duc nous fit une boutade avec plus de courage que de conseil, je ne sçay sur quelle opinion, ou sur quelz avis, ou avec quelque esperance. Il y a des prisonniers qui nous disent que l'on tenoit vers luy que la pluspart de notre cavallerie fust allée à la guerre.

Environ les deux heures après midy, ayant faict couler en bataille cavallerie et infanterie et faict avancer à la main droicte les régimentz des Espagnolz avec les Italiens et quelques Savoyards le long du bord qui bordait le pré que je vous ay remarqué, depuis l'Isère jusques au ruisseau, soustenu de trois fortz escadrons de cavallerie; et de mesme ayant faict avancer les Suisses & Piémontois de l'autre main du pré, dans le grand chemain de Montmellian qui vient au pont de pierre que nous gardons, qui est un chemin fort couvert, il fit attaquer noz tranchées de cul et de teste de tous costez, qui estoit le long du ruisseau commençant un peu dessus ce pont & venantz jusques au bois, de la longueur de deux mousquetades. Tout cela se trouva si bien garni et les bataillons logez à couvert plus arrière pour rafraîchir l'escopeterie, que il sembla ceste entreprise bien téméraire ou un grand mespris au Duc de ses ennemis.

Les nostres receurent leur abord si froidement et avec une telle responce de mousquetades et d'harquebuzades, que nous estimons qu'il n'y a pas eu moings 1,000 ou 1,200 des leurs de mortz ou de blessez. Il avoit faict passer 5 ou 600 hommes de pied plus hault, deça le marais, pensant avoir par là apporté quelque désordre à ce combat, mais il y avoit esté si bien pourveu par mondict sieur de Lesdiguieres, que sans rien demembrer, il se trouva gentz assez qui recogneurent de dela le marais ceulx-cy, avec meurtre d'environ 150, et sans les vignes et les bois qui sont par la tout y demeuroit.

Nous n'avons pas eu plus de quatre ou cinq mortz en toute ceste escopeterie qui a esté plus grande que l'autre & une quinzaine de blessez au plus. Monsieur de Créqui y a une eu mousquetade au bras, cependant qu'il portoit sa présence de tous costez ou le besoing faisoit et n'abandonna pas pour cela le combat.

Les ennemys baissèrent leurs pieces dans la prairie, mais elles ne firent point d'effect. Nous avions deux pièces de campagne en noz tranchées qui donnoient fort dans leurs bataillons. L'attaque commença sur les trois heures et finist sur la nuict, sans que monsieur de Lesdiguières eust peu prendre le temps de faire passer de della le ruisseau par les pontz qu'il avoit faict faire pour achever un plus grand combat. Voilla toutes les particularitez de ce qui se passa hier.

Monsieur de Lesdiguiere ne veult point laisser passer ceste occasion. Il a envoyé de tous costez aux volontaires du Daulfiné; il a envoyé aussi à Lyon à monsieur de la Guiche pour la compagnie qu'il lui a présentée et pour avoir aussi quelque gentz s'il se peult. Chacun a bonnes barricades. Il y a du sang à qui voudra attaquer; mais nous espérons quelque choses de bon de notre attaque.

L'on dict que les Espagnolz pressent le Duc pour s'en aller; nous croyons qu'ilz seront plus gentz de bien et qu'ilz vouldront se trouver au combat, si hier ils n'ont esté trop rebutez. Ils sont neuf enseignes mais la plus part nouveau soldatz. Il faict estat d'avoir bientost le marquis de Trevic avec 20 enseignes et quelques troupes du Conté[1]. Monsieur de Lesdiguières attend le sieur de Materan avec six compagnies et trois ou quatre aultres compagnies qui sont encores derriere, et si les volontaires ont si bonne volonté encores qu'à Pontcharra, nous aurons 12 ou 1,500 hommes oultre l'ayde des voisins. Il ne les gardera guères sans les employer à la chaulde.

Je vous baise les mains très humblement et suis,
  Monsieur,
    Vostre plus humble & plus fidelle serviteur
          Ceve.

Au camp des Molettes ce xve aoust 1597.

Monsieur de Savoye ne scauroit mieulx faire noz affaires qu'entreprenant ce qu'il faict. Il perd les meilleurs de ses hommes sans effect et à butte des nostres[2] & donne de l'asseurance tant plus grande aux nostres & du courage de patienter davantage. A la vérité nostre infanterie s'écoule fort; il ne s'y peult faire aultre[3]. Ils ont la munition petite, mais il y a prou peyne pour y fournir. Ilz ont un jour du pain

---

[1] De Nice.
[2] Et les expose aux coups des Français comme un but.
[3] Autrement.

& l'aultre six blancz d'argent. Qui les chastiera sur le Daulfiné les fera passer à l'ennemy comme il en est passé quelques ungs, mais peu. Il nous en vient aussi des ennemis & des Espagnolz mesmes qui ne sont gueres mieulx nourris que nos soldatz.

L'ennemy est fort bien accomodé de retranchementz, de logis & de pièces par son devant. Le derrière est assez ouvert entre le chemin du pont de Montmellian & eux. Il fault que monsieur de Lesdiguieres se fortiffie encores de quelques troupes pour cest effect. Nous y avons une grande espérance. Le Duc a mis tout sur le tablier[1]; c'est ce qui nous fait plus ouvrir les yeulx. Au 25, nous attendons tout ce qui a esté envoyé quérir. Ca sera le jour bien heureux si Dieu plaist et dont j'espère vous donner quelque bonne nouvelle.

Monsieur,

Que j'adjouste ceste cy à ma précédente affin que vous vous plaigniez plustost de ma superflue diligence que de ma trop languissante paresse. Depuis la prinse du fort d'Aiguebelle, nous avons faict le siége de Luille ou de l'Aiguille, nostre armée logeant depuis la croix d'Aiguebelle jusques à la Rochette le long de ceste costiere[2], ainsi estandue pour chercher la commodité des couvertz de toute l'armée, et donner moien d'accomoder ce fort prins de nouveau, et jetter à nostre derriere le chasteau de l'Aiguille, que monsieur d'Auriac avec son régiment avoit charge de cerner, mais principallement pour se prendre garde à la contenance du Duc qui estoit encore en la vallée de Miolans, assemblant des batteaux pour un pont, et promettant solennellement par des billetz surprins, secours à ceux de l'Aiguille avec toute son armée.

Ceste place est sur le haut d'une grande montagne, l'on eust prou peyne à y faire monter le canon quatre jours durant. Le vendredy premier d'aoust un canon ayant esté placé l'on leur abattit quelques garittes et aultres deffences.

Le dimanche l'on leur fit plus forte batterie avec les 3 canons jus-

---

[1] A mis toutes ses troupes en avant.   [2] Chaine de collines.

ques à midy que les assiégez commencèrent à parlementer et le lendemain sortirent[1] avec armes et bagages, tambour battant, mèche allumée, balle en bouche, en nombre de 39. S'il y eust des gentz davantage nous n'en eussions pas eu si bon marché, car la place est bonne et se peult rendre des meilleures en y dépendant seullement 4 ou 5,000 escus. Elle est fort importante pour asseurer le passage depuis Allevars jusques à la Morienne, par les deux chemins de Chamoux et de la montagne du Coucheron, mais principallement par cestuy cy, couvrant ce vallon qui part de la montagne de Coucheron, en laquelle tombe sur Espierre, deux lieues plus hault qu'Aiguebelle. Je n'ay point veu le dedans de ceste place depuis qu'elle est rendue. Voila pourquoy je ne vous en rends pas conte.

Le mardy cinquiesme d'aoust, le Duc ayant receu les Suisses et les Espagnols après s'estre mis en bataille une bonne partie du jour à son champ de bataille accoustumé, au dessoubz de Miolans, où nous luy avons veu faire souvent le semblable, pesle mesle, la rivière entre deux. Il partit de là sur le tard pour aller camper aux environs de Montmellian.

Le mercredy il fist travailler après son pont à batteaux. Il est à croire qu'il aye voulu adjouster ce pont pour plus d'asseurance du passage de la cavallerie et de son artillerie. Cela donna opinion qu'il avoit envye de se venir loger à Avallon et Pontcharra, logis très fort et qui coupoit nos vivres. Monsieur de Lesdiguières pour l'en empescher et luy oster cette gloire d'estre venu loger dans le Dauffiné à la barbe de l'armée du Roy, vint jeudy VIIe d'aoust prendre le logis des Molettes, demye lieue de Montmellian & autant de Pontcharra.

Depuis le bas d'Allevars ou commence la Savoye, jusques à Montmellian il y a environ deux bonnes lieues de traverse de longueur; 4 lieues jusques au droict d'Aiguebelle. En ce peu de pays les montagnes et les cousteaux font trois vallons regardantz le levant tous fort fertilles et les coustaulx aussy & remplis de bons villages. Le premier est celuy de l'Eugli ayant d'un costé le revers des montagnes du Daulphiné et de l'autre la montagne de l'Eugli au pied de laquelle est la Rochette et dure jusques à Aiguebelle, fermé ce vallon par la montagne du Coucheron qui joint les deux montagnes du costé du levant

---

[1] Ils sortirent le 5 août; la convention était de la veille.

qui confine à la Morienne. L'autre est celuy de Chamoux qui est à l'autre costière de la montagne de l'Eville et regarde la montagne de Montmaiour qui n'est pas si haulte ni si longue, commençant au droict de Pontcharra et allant jusques au droict de Chamousset. Le dernier vallon est celuy que fait ceste mesme montaigne avec un plus bas coutault qui commence proche de Montmellian et va jusques à Chamousset. Les Molettes sont une maison & un petit village fermé appartenant à monsieur de Marsieu, estant sur le bas d'un des pendantz de ceste montagne de Montmaiour, à costé de l'envers qui regarde Montmellian, de deux mousquetades ou trois plus dessoubz que ce lieu, à la main gauche. Le vallon vient mouiller dans Isère et faict un bois fort espois de la largeur de 5 ou 600 pas.

A une petite lieue au dessus des Molettes, sur la droicte se faict un petit marais, arrivant au pied de l'un et l'autre coustault, mais au droict des Molettes il commence à se sécher se vuidant par un ruisseau qui faict canal au milieu et à huict pieds de large & donnant quelques prairies d'un costé & d'aultre jusques au bois susnommé, celles de dela, fort sèches, et celles de deça encore marescageuses.

Monsieur de Savoye fist dilligence à son pont, et à la faveur de la place de Montmellian, passa dès le vendredy matin. Il se mit en bataille sur le coustault de Sainte-Hélene cavallerie & infanterie. Monsieur de Lesdiguières ne pouvoit prendre ce logis, pour cause que le chasteau de Montmellian y commande fort, ou il y a quantité de canons au Duc. Il estoit fort favorable pour ceste raison et commode à cause des couvertz qu'il y a là ; ainsi d'une armée à l'autre n'y a qu'un peu de prairie & le marais, au milieu duquel est ce canal, le tout de la largeur d'une canonade.

L'armée ennemye nous ayant faict monstre quelque heure de leurs bataillons & escadrons, prend le pendant[1] comme pour loger.

Le premier jour que l'armée du Roy fust aux Molettes, l'on jetta quelques légères gardes à un pont qui est sur ce ruisseau & à un aultre passage du marais. La nuict du jeudy les ennemys avoient envoyé quelques ungs pour les sentir, et recognoistre: ils prinrent opinion de pouvoir emporter ceste garde ou pour le moings de nous faire monstre qu'ils avoient envie d'une bataille. S'ils eussent faict le

---

[1] La hauteur.

premier ils nous eussent faict du dommage, pour ce que de la ils tomboient à l'improviste sur le logis de nostre infanterie : pour le second ilz avoient recogneuz que s'ils prenoient les premiers le champ de bataille à une belle grande prairie descouverte qui estoit dessoubz eux à leur main droicte, de la longueur de deux bonnes mousquetades et de largeur presque autant, nous ne pourrions que demeurer deça le ruisseau sans faire faulte ny passer à eux, sinon en désordre et à la file le long d'une petite chaussée qui suit le marais au partir du pont; car pour les gués il n'y en avoit que deux fâcheux pour le vase, et pour aller l'un après l'aultre et qui ne pouvoient encores servir qu'aux gens de cheval. Ils pouvoient aussi estimer que quand bien nous serions passéz, que du hault de leur coutault, par le moien de leurs pieces ils nous feroient bien déplacer nos bataillons à leur plaisir. Pour eulx descendant de leur coustault ils se trouvoient en l'ordre qu'ilz vouloient et en bataille, où ilz venoient à couvert des grandz peupliers qui sont en ces prairies plus proches d'eux.

Cella qui leur donna courage, et ce qu'il ne recogneurent point que nous bougeassions pour nous mettre en bataille, de venir en leur ordre droict à ce pont, et en la prairie au lieu d'aller loger [1]. A la vérité la garde de ce costé la avoit esté renforcée dés le matin de deux bonnes compagnies de pied et adjousté quelque petite barricade. Touteffois l'attaque y fust chaulde, et l'allarme à tous les régiments pour descendre et se mettre en bataille deca nostre ruisseau, que monsieur de Créqui fust diligent de border d'arquebusiers contre lez ennemys qui vouloient les premiers gaigner le bord.

L'escopeterie fut grande d'une part et d'aultre et j'estime qu'il s'y tira plus de 30 mil harquebusades ou mousquetades fort près après, à la largeur du ruisseau quelquefois, et le plus à quatre vingtz ou cent pas, tant que les ennemys commencèrent à se retirer, ce qu'ilz firent à leur aise leur logis estant proche et fort incommode à nous de passer à eux. Pour le nombre des harquebusades qui furent tirées, il y a peu de mortz et de blessez. Nous y en avons eu de 100 à six vingtz; des ennemys nous n'en savons encore rien au seur ; toutesfois l'on estime bien qu'ilz en ont eu plus de 300 et que le maistre de camp des Espagnolz y soit mort & ung capitaine napolitain. Ce petit ruisseau em-

---

[1] Cette escarmouche eut lieu le 8 août.

pescha un plus grand combat, de quoy toute l'armée est désireuse esperant la [volonté] de Dieu sur la juste querelle du Roy à l'acquisition du Piedmont et de la Savoye.

Par une journée, samedy IXe, les deux armées furent logées à se regarder les ungs les aultres, et ne se fist rien, sinon que leurs gardes d'un costé furent poussés.

Le dimanche fust de mesme, s'employant les uns les aultres à s'accommoder en leurs logementz, et se retrancher : mais le marais et la pluye incommode fort nostre infanterie en son logis et en ses gardes.

Voilà où nous en sommes, si le Duc veut nous donnerons bataille, car monsieur de Lesdiguières sera toujours prest pour couvrir le momon [1] quand il luy présentera. S'il ne veult, l'on ne luy pourra pas contraindre que desadvantageusement. Nous avons belle et bonne infanterie et qui fera bien; il est de mesme de nostre cavalerie. L'ennemy a une belle cavallerie; je tiens qu'il ayt de 1,000 ou 1,200 au moings. Pour son infanterie il peult avoir de 17 ou 1,800 suisses : ilz disont 2,500 et 500 espagnolz ; le reste ne scauroit faire 3,500 ou 4,000 hommes de pied tout au plus, mais la pluspart encore soldatille [2] Excusez je vous supplie, Monsieur, mes [faultes] & mon mal escrire et que cella ne m'empesche point l'honneur de voz bonnes graces, que je désire mériter par mon humble service, comme je me sens dedié pour estre toute ma vye, Monsieur,

Vostre plus humble et plus affectionné serviteur,

CÈVE.

Monsieur, j'adiouste ce petit billet pour vous servir en vostre particulier & vous advertir de l'estat de nostre armée. Elle est encore gaillarde. Nous avons icy 73 compagnies de pied. Ce qui est sain faict plus de 5,500 hommes de pied, mais c'est bonne infanterie; mais la picorrée [3] nous en a faict aller; quelques-uns des aultres se sont jettés à l'ennemy, mais rien, pas en nombre ; la pluspart estoient de Provence. Nous avons 700 chevaux bons. Il n'est venu aultre compagnie en l'armée que celles qui estoient lorsque je vous escripvis. Il faut une monstre en ceste armée ; monsieur de Lesdiguières l'attend par

---

[1] Défi que porte un joueur à un autre au jeu de dés.
[2] Recrues.
[3] Le pillage.

le moien d'Auvergne [1] ; monsieur de Lorme y faict merveilles. S'il ne venoit rien de là, mondit sieur se résolvroit à faire argent d'ailleurs.

Je n'ai regret qu'à tant de désordres qui sont parmy nous, contre tant de belles ordonnances qui ont esté publiées & republiées. Il nous manque ici un peu de sévérité : la guerre la demande surtout. Il fault voir ce que dira ce Duc. Nous sommes attachez par honneur les uns & les aultres. Monsieur de Lesdiguières couvrira le momon s'il luy présente bataille : nous avons plus à gaigner que le Duc & moins à perdre, et avons de quoy parler à luy, Dieu mercy. Si nous ne pouvons venir là, il fault tirer le Duc de ceste Savoye, car d'aller à Chambery il se gardera bien avec son armée.

Monsieur de Lesdiguiéres a dessein sur le siége de Suze : c'est appeler le Duc en Piedmont. Il aura bien en cela le chemin plus long que nous, car il luy fault passer par la Tarantaise & par la Val d'Oste, de la nous pouvons estre aussi tost en Savoye.

Le Duc a envoyé le conte Martinengue en Piedmont depuis 4 jours; les Suisses sur la lisière du Daufiné ne voulurent pas prendre champ de bataille, il les fallut loger riére[2] ce qui estoit de Savoye.

---

[1] Par le moyen de sommes qu'il doit toucher dans la province d'Auvergne.

[2] Il les fallut placer derrière les soldats de Savoie; en effet, ils refusèrent de porter les armes contre la France, disant qu'on ne les avait pas engagés pour cela.

LA DESFAICTE DES TOUPES DU DUC DE SAVOYE

PAR MONSIEUR DES DIGUIÈRES

Lieutenant général pour le Roy ès armées de Piedmont & Savoye le 14 d'aoust 1597 [1].

Le quatorziesme iour d'aoust sur les trois heures du soir le duc de Savoye cuidant surpendre les trouppes du Roy, s'estant mis en bataille sans battre le tambour ny sonner trompette, se iecta sur les trenchées des François avec une telle furie & desespoir si grand qu'il n'est possible de plus. Enfin le combat a esté furieux s'il en fut iamais l'espace de trois heures, ou les ennemis ont esté trés bien battus, ayans perdu pour le moins mil hommes ou morts ou blessez. Et cependant que ce combat se faisoit ils avoient faict passer par derriére mil ou douze cens hommes par le milieu du marais, lesquels ont esté mis en route & y en est demeuré plus de deux cens. Ce n'est pas du tout le gaing de la bataille, mais c'est un bon eschantillon.

Puisque la rage porte ce prince, les bons François espèrent bientost en avoir la raison & que Dieu bénira leurs desseins contre luy dans peu de iours. Il court une grande fortune, luy, son armée, son artillerie & son estat.

Monsieur de Créqui, fils de madame la comtesse de Sault & gendre dudict sieur des Diguières, a esté blessé, mais la blessure n'est grande car elle ne l'a pas gardé de retourner au combat aussi tost qu'il a esté pensé.

---

[1] Ce récit d'un des engagements qui signalèrent la campagne de 1597 a été imprimé chez Jamet Mettayer et Pierre l'Huillier, imprimeurs et libraires du roi (Paris, MDXCVII, in-8°, 6 pp.)

Le Roy n'a perdu que cinq hommes seulement en ceste charge, entre lesquels n'y a qu'un lieutenant de marque. Dieu nous monstre par là qu'il ne veut cesser à faire des miracles pour la France contre ses ennemis ; si nous le recognoissons comme nous devons & chascun sert le Roy avec franche dévotion il faut esperer encores de grans coups de sa main contre l'Espagnol.

Escript du camp des Mollettes le 14 d'aoust 1597.

LE VRAY DISCOURS

DE LA

DEFFAICTE DE NEUF COMPAGNIES DE CAVALLERIE DU DUC DE SAVOYE

Par l'armée du Roy, commandée par le sieur des Diguières,
le 8 septembre 1597.

ENVOYÉ DU CAMP DE PONTCHARRAT ET DE BAYARD [1]

Dieu dés le commencement de la nouvelle guerre faite par l'armée du Roy au duc de Savoye ayant tesmoigné sa faveur en la iuste cause de sa Majesté contre les entreprinses du Duc par les déffaictes naguères publiées, & encores nouvellement en la vallée de Prajalla ou les garnisons d'Exilles, de Briançon & quelques gens du pais ont deffait quinze cens Piedmontois & Néapolitains qui vouloient prendre pied en Daulphiné, a fait voir le 8 de ce mois que, comme le Duc cède aux troupes de sa Majesté en bonne infanterie, bien qu'il en ait beaucoup, il est aussi emporté par la cavallerie françoise, ores qu'il se fist croire que la sienne la surmonterait en bonté comme elle la passoit en nombre. Mais l'espreuve a été faite de l'une comme de l'autre.

Car sur l'advertissement que le sieur des Diguières eust le septiesme du mois sur le soir, que neuf compagnies de chevaux légers estoient partis de l'armée du duc de Savoye soubz la conduicte de Dom Salines, colonnel de cavalerie légère de son armée, en intention d'aller vers Grenoble, tant pour favoriser les fourrageurs que pour chercher quelque passage dedans la rivière de l'Izère, afin d'enlever un des logis de l'armée du Roy, ledit sieur des Diguières le lendemain matin avant le iour fit passer ladite rivière aux sieurs de la Baume d'Autun & de Saint-Jeurs, nepveu dudit sieur des Diguières, avec

---

[1] Ce récit, de la même époque que le précédent, a, comme lui, été imprimé à Paris (Jamet Mettayer et Pierre l'Huillier, imprimeurs et libraires ordinaires du Roy, 1597, in-8°, 8 pp.).

deux cens chevaux & cent carabins; lesquels ont demeuré en embuscade une heure seulement & estans sortis ils n'ont pas faict plus de mil pas qu'ils se sont trouvez pesle mesle dedans les ennemis qui avoient des moyens et assez de champ pour faire cognoistre s'ils avoient de la valleur. Mais cela ne les a pas empesché d'estre entièrement rompus & deffaicts, si bien qu'il en est demeuré deux cens sur la place & à la poursuite qui a esté d'une lieue fort grande, depuis le lieu de la Terrasse ou a esté le premier attaquement, iusques au Touvet, il s'est faict environ soixante prisonniers, beaucoup de chevaux **gaignez** & plus de morts, parce qu'il les falloit tuer pour abattre les hommes qui estoient des mieux armés.

Ils ont d'abord faict contenance de vouloir faire ferme, ce qu'ils n'ont fait voyant la résolution des coureurs de l'armée du Roy, conduits par le sieur de Saint Jeurs, & d'un gros dont il estoit suivy de près sous la conduite du sieur de la Baulme.

Entre les prisonniers de marque l'on a prins Salines; Dom Joan Torq, son beau frère, capitaine de chevaux legers; Dom Parmenion, de mesme grade. Le sieur Evangeliste qui etoit en réputation d'un des meilleurs capitaines de l'armée du duc de Savoye, avoit esté **prins**, mais ses blessures l'ont fait mourir entre les mains de ceux de l'armée de sa Majesté. Le conte Gastinar a esté tué sur le champ & ne pense-on pas qu'il se soit sauvé trois capitaines de toutes les neuf compaignies. L'on a tué aussi environ quatre vingts hommes de pied, la pluspart Espagnols & Suisses, qui s'estoient escartez pour aller à la picorée.

Cest eschec fera croire au duc de Savoye le contraire de ce qu'il avoit pensé de sa cavallerie & de celle du Roy. Que si les Espagnols ne recognoissent le jugement du ciel qui condamne leurs usurpations, les bons françois doivent espérer que le Dieu des armées, nous monstrant parce qu'il fait contre le Savoyard qu'il a pris la querelle du Roy, préservera sa Majesté & son royaume des barbares mains des infidéles marrans & rendra sa Majesté victorieuse contre tous ses ennemis, benissant ses armes en Picardie. De quoy tous gens de bien doivent supplier la bénignité divine pour avoir d'elle ce qui ne se peut obtenir que de la main de Dieu.

ADVIS DE LA DEFFAITE DE L'ARRIÈRE GARDE DU DUC DE SAVOYE PAR L'ARMÉE DU ROY, A BARRAUX.

Extrait d'une lettre escripte par le seigneur des Diguières, lieutenant général de sa Majesté, du camp de Pontcharrat, le 6 octobre 1597 [1].

Comme les puissantes mains de Dieu ont assisté le Roy ces iours passez & chassé les Espagnols d'Amiens, il a tesmoigné d'ailleurs qu'il est le vray protecteur de ceste couronne ; car continuant les faveurs qu'il avoit monstré à l'armée de sa Maiesté aux deffaictes de plusieurs troupes du duc de Savoye, de nouveau le seigneur des Diguières, lieutenant général de sa Maiesté en l'armée contre ledit Duc, ayant de longue main recognu que l'ennemy en prenant le logis de Barraux, avoit logé entre luy et Montmelian le regiment de la Forest & deux autres regimens d'Italiens et Piemontois avec une partie de sa garde & toute la cavallerie de Savoye iusques au nombre de quatre cens maistres, il fit dessein de donner aux deux ou trois endroicts ou ces trouppes la estoient logées, dont il auroit voulu tenter l'exécution des douze ou quinze iours auparavant, de quoy il fut empesché par un temps pluvieux qui survint lorsque toute la cavallerie estoit preste pour cest effect à passer la rivière de l'Izère.

Mais la nuit précédente le sixiesme d'octobre ledit sieur des Diguières a bien voulu passer tout outre à ce dessein, auquel Dieu a tellement favorisé les trouppes du Roy que le lundy devant ledit sixiesme d'octobre, ayant passé l'eau à la pointe du iour, la compagnie des chevaux legers dudict Duc fut deffaicte, & bien que les ennemys

---

[1] Imprimé, comme les précédents, par Jamet Mettayer et Pierre l'Huillier, imprimeurs et libraires ordinaires du Roy. Paris, 1597, in 8°, 5. pp.

fussent en alarme & préparez pour avoir esté advertis par quelques traistres, toutesfois leur logis de l'arrière garde fut enlevé ou estoit toute la cavallerie de Savoye qui fut mise en route, une grande quantité de prisonniers et des morts, leur bagage pris et beaucoup de chevaux gaignez. Ils furent trouvez à cheval, qui fut cause qu'il s'en sauva une partie, mais leur équipage & leur logis fut tout pillé.

Les trouppes du Roy demeurèrent deux heures dela la rivière, & sur le poinct de leur retraicte pour repasser l'eau, l'ennemy venant de son camp les voulant presser avec infanterie & cavallerie, le sieur de Créquy, gendre dudit seigneur des Diguières, fit la charge ou la cavellerie ennemye fut fort battue & chassée, & plus de cent espagnols naturels de l'infanterie de Savoye, tuez sur la place. La perte est grande pour l'ennemy qui receut aussi un très grand affront de s'estre laissé battre iusques à une mousquetade près de son camp, ayant laissé retirer les serviteurs du Roy sans perte, que d'un gentilhomme de la compagnie de monsieur de la Guiche qui est prisonnier & un autre de la mesme compagnie qui est noyé et quatre blessez. On força aussi un fort que les ennemis avoient faict à un pont, ou il y avoit un regiment de gens de pied qui y sont demeurez ou morts ou prisonniers, & sans l'advertissement desdis traitres, encore incogneuz, lesdicts serviteurs du Roy venoient à bout de ce qu'ils avoient entrepris.

Dieu fera recognoistre les traistres, s'il luy plaist, afin qu'à l'advenir ils n'empeschent l'exécution des bonnes entreprises que sa bonté divine permettra estre exécutées, en favorisant comme elle a faict toute ceste année les iustes armes du Roy. On n'a pas encore recogneu particulierement les noms des morts et prisonniers ennemys, mais l'on en envoyera cy après advis particulier. Cependant tous bons françois doivent rendre graces à Dieu pour la prospérité des affaires de la France, qui continuera de plus en plus si nous recognoissons que cest estat est conservé de tous costez par la singuliére faveur de Dieu qui nous a maintenu en chassant noz ennemys.

ADVIS DE LA DESFAICTE DE PARTIE DES TROUPPES DU DUC DE SAVOYE PAR L'ARMÉE DU ROY AU PORT DE LA GASCHE

DEPUIS LA DESCONFITURE DE L'ARRIÈRE GARDE DUDIT DUC.

Extrait d'une lettre escripte par le seigneur des Diguières, lieutenant général de sa Maiesté en ladite armée, du 17 octobre 1597 [1].

Dieu nous ayant faict paroistre depuis huict ans qu'il a establi le Roy pour la restauration & conservation de cest estat, il n'y a point d'action de graces entre toutes les paroles des hommes assez digne pour recognoistre sa bonté, mesmes pour les félicitez qu'il a donné à sa Maiesté contre les espagnols en remettant Amiens entre ses mains & chassant honteusement le cardinal d'Autriche, félicitez qui méritent une grande recognoissance pour estre marques de la bénignité céleste envers les françois. Mais d'ailleurs les nouvelles bénédictions repandues continuellement du costé de Daulphiné & de Savoye sont des tesmoignages évidens que le ciel combat pour nous, qui désirent une nouvelle gratitude. Car comme la force divine a touché l'espagnol par la main du Roy, elle frape d'autre costé le duc de Savoye de iour en iour, ce que l'on a peu voir par la deffaicte de l'arrière garde dudit Duc nouvellement publiée. Mais se peut d'abondant remarquer par le bon succez d'un nouveau dessein depuis exécuté dont y a advis du 17 de ce mois.

Le iour auparavant le seigneur des Diguières, lieutenant général de sa Maiesté en l'armée contre ledit Duc, ayant faict dessein de passer

---

[1] Imprimé également par Jamet Mettayer et Pierre l'Huillier, imprimeurs et libraires ordinaires du roy, Paris, MDXCVII, in-8°, 7 pp.

la riviere de l'Izère, il lui a succédé si heureusement que sur les dix heures, comme les sieurs de Créquy & de Morges eurent passé l'eau vis à vis de l'armée ennemie & à deux mille pas d'icelle, avec six vingts maistres & autant d'arquebusiers à cheval, ils donnerent sur le logis du pont de Gasche ou estoient les batteaux des ennemis gardez par le colonel Escolengue avec son regiment, qui a esté emporté de vive force encores qu'il fust bien barriqué. Un des batteaux qui se trouva sur l'eau fut pris & les autres en estans pleins ou sur le gravier demeurèrent. Tout ce qui se trouva dans ce logis fut tué ou bruslé dans les maisons ou cabanes après avoir bien mené les mains.

La retraicte a été accompagnée d'autant d'heur que tout le reste, car les nostres se retirérent sans aucune perte ny incommodité bien que ce fust fort près des ennemis qui estoient desia assemblez en gros. L'on ne scait encores le nombre des morts ; bien peut on asseurer qu'il ne s'est pas faict un prisonnier.

C'est un bonheur que Dieu a donné aux bons serviteurs du Roy & de l'Estat pour combler ses premiers bienfaits par nouvelles graces dont chacun le doit remercier & le prier de punir les traistes qui ont des desseins particuliers & qui bastissent des grandeurs imaginaires sur les affections du royaume pendant que les bons françois travaillent contre les estrangers. Ce qu'il faut esperer de sa justice, & en l'attendant les gens de bien doivent admirer et publier les effects de la puissance divine & de la souveraine prudence et valeur incomparable dont elle a armé le Roy, & heureuses exécutions des bons desseins des vrais françois. Que si ceux qui tiennent le bon chemin perseverent en leur dévotion & les esgarés se remettent en la droicte voye de leur devoir pour assister sa Maiesté aux derniers coups qu'il faudra donner à ce qui reste d'ennemis, mesmement devers la Bretaigne, nous aurons de l'heur nouveau qui nous arrivera d'heure en heure par la main de Dieu.

BRIEF DISCOURS

DE LA

REPRINSE FAICTE PAR MONSIEUR DE LESDIGUIÈRES

DU FORT QUE LE DUC DE SAVOYE AVOIT FAICT FAIRE A BARRAULX EN L'ANNÉE M V^c IIII^{xx} XVII.[1]

Le duc de Savoye pour divertir l'effect des armées que le Roy avoit justement jecttées en ses estatz soubz la conduicte de monsieur de Lesdiguieres vers la fin du mois de juing en v^c III^{xx} xvii, et affin de couvrir sesdictz estatz du costé de Montmeillan et Chambery fit faire un fort sur la frontière du Daulphiné, environ un quart de lieue dedans les estats du Roy, tirant vers Grenoble, sur ung coustaut relevé au dessus du village de Barraulx. Et par ce que la place fut en estat de deffence le xxiiiie d'aoust en ladicte année il la fist nommer du nom de Saint Barthelemy, duquel on a accoustumé de faire mémoire ce mesme jour.

Ce fut avec beaucoup de parade, feux de joye par toute son armée force coups de canon et une grande escoupeterie, reprise à plusieurs fois et suivye avec long ordre qui ne se pouvoit que beaucoup estimer, et pour faire de tout plus paroistre ceste action, elle fut faicte sur l'entrée de la nuict. Beaucoup des serviteurs les plus affectionnez à ce Prince, trouverent ceste entreprinse inutile, pour estre la place si pro-

---

[1] Ce récit très circonstancié de la prise du fort Barraux, par les soldats de Lesdiguières, est conservé en copie du temps à la Bibl. nation. mss. (Fr. 3564, p. 59). Il paraît avoir été rédigé par les ordres de Lesdiguières et a été imprimé chez Thibaud Ancelin, imprimeur du roi à Lyon, dans les *Mémoires de la Ligue* (t. VI. p. 572), et enfin dans l'*Album du Dauphiné* (t. IV, p. 134) avec un préambule et une conclusion complètement étrangers au sujet et que nous ne réimprimons pas.

che et voisine d'une bien petite lieue de Montmeillan, principalle forteresse de Savoye, d'ou il pouvoit aussi commodément bastir des desseins sur la ville de Grenoble, qui n'en est qu'a six lieues, que de ce nouveau fort qui ne l'avoisine que d'une petite lieue; aussi ne pouvoit-on attribuer ceste entreprise qu'à une pure vanité accompaignée du désir que le duc de Savoye a tousiours eu d'enjamber sur les estatz du Roy, lesquelz il devore par espérance, comme si ce n'estoit qu'un poinct en la circonference de son ambition.

Tant que le travail de ceste fortifficacion dura il le favorisa avec tout le corps de son armée, cependant que celle du Roy estoit campée à une canonade de luy, la riviere de l'Izère entre deulx. Et quelque temps après qu'il jugea que la place estoit hors de danger de surprise, il y establit gouverneur le sieur de Bellegarde, gentilhomme de Savoye, avec sept compaignies de gens de pied, y mit de l'artillerie et des munitions de guerre et de bouche, et en somme l'ayant laissée bien pourveue, desloge sadicte armée pour la faire rafreschir par les garnisons.

Ceste nouvelle place mit en nouvelle jalousie monsieur de Lesdiguieres, et les serviteurs du Roy quy en sont voisins en une nouvelle aprehention, spéciallement ceulx de Grenoble, siège de la court de Parlement et autres officiers tant de la justice que des finances de sa Majesté, et n'y avoit celluy qui ne désirait avoir ceste espine hors du pied, craignant qu'elle engendrast une aposthume qui enfin causast leur perte avec celle de la ville de Grenoble; considerant mesme que le duc de Savoie faisoit tant d'estat de la place que la fortifficacion en continuoit de jour en jour avec une incroyable dilligence.

Cependant ledict sieur des Diguieres retiré à Grenoble, ayant dispersé l'armée du Roy pour la faire vivre, en attendant le temps et les moiens de luy faire randre nouveau service, batissoit des entreprinses & intelligences sur ce fort de Saint Barthelome. Plusieurs soldatz qui en sortoient luy rapportoient de temps en temps l'estat de la place & l'estat de la garnison; aujourd'huy formoit ung dessain, demain l'autre, puis se resolvoit de l'attacquer par siège, ce qu'il eust faict s'il eust aultant eu de moyens que de necessité, qui a tousiours accompaigné les affaires que le Roy luy a commises depuis dix mois en ça que l'armée de sa Majesté est sur pied. Mais si ceste entreprinse se monstroit facile l'exécucion s'esloignoit beaucoup de ceste facillité à cause du manquement de toutes les choses qui y estoient nécessaires.

En ceste extremité, sollicité de son debvoir, esmeu de la misère des subiectz du Roy assubiectis par ceste nouvelle tiranie, et pressé des justes prieres des principaulx officiers tant de la justice que de la police du Daulphiné, mesmes du commandement que à leur instance sa Majesté luy avoit faict, d'aviser aux moyens d'assieger ceste place, il l'envoya par plusieurs fois recognoistre à la faveur de la nuict.

Ceulx qu'il commist à cest effect rapporterent que la place se pouvoit emporter par escallade à l'endroict d'une tenaille qui en faict le coing sur la main droicte, en y allant de Grenoble, & que depuis ceste tenaille jusques au bout dudict fort, à la face qui regarde l'Isère il y avoit mesme facillité pour n'estre le terrain que deux thoises et demy de hauteur partout, mais que pour entrer dedans le fossé il falloit passer fort prés dudict coing, parce qu'il y avoit une bresche à la contrescarpe pour donner commodité aux pionniers d'en sortir la terre, et que c'estoit par la qu'il falloit passer plus aisement, d'aultant mesmes que cest endroict estoit couvert d'un pan de muraille qui avoisinoit ladicte contrescarpe et que derrière ceste muraille on pouvoit estre à couvert et reprendre alleine après avoir remonté le coustault ou ledict fort est assis.

La chose ainsi recongnue & rapportée par ceulx mesmes qui avoient touché le terrain de ceste tenaille & à peu près recongneut la hauteur, ledict sieur des Diguieres faict aprocher de luy les trouppes de cheval et de pied qui estoient les plus voisines de Grenoble, les faict passer sur le pont de l'Izère par dedans la ville, feignant que tout le reste feroit le mesme passaige pour aller vers la Morianne ou estoit le duc de Savoye avec son armée et cependant fut faict fort secretement et diligemment trante eschelles de la force et auteur qu'il les falloit.

Estant toutes choses disposées, la veille des Rameaulx, qui estoit le samedy xiiiie mars 1598, il faict mettre les eschelles dedans ung batteau et remonter la rivière avec quelques pétars qu'il jugea nécessaires pour ceste execucion, & dont on se servit comme il sera cy après dict. Il donna en mesme temps ordre de faire repasser les trouppes sur des basteaulx qui estoient preparez pour cest effect, à quoy la nuict d'entre le samedy & le dimanche feust employée, pour oster la congnoissance à ceulx du fort que ses trouppes feussent de leur costé, ce qui les eust tenu en eveille & peult estre demandé des soldatz de renfort à Chambery ou a Montmelian.

Les choses ainsi disposées, ledict sieur des Diguieres part de Grenoble le dimanche 15e dudict mois à six heures du matin, & estant au villoige de Lombin sur les huict ou neuf heures, joignit tout ce qu'estoit préparé pour ceste execucion faisant environ trois cens chevaulx et mil ou douze cens hommes de pied, & sur le mesme lieu appella les chefz à part pour leur dire la resolution qu'il avoit faicte d'attaquer le fort la nuict ensuivant par escallade, à l'endroit qu'il leur monstroit sur le plan qu'il en avoit faict portraire, et pour favoriser ceste escallade faire donner l'alarme partout, et mesme tirer les pétardz aulx portes affin de donner tant de besongne en ung coup à ceulx qui estoient dedans qu'ilz ne seussent de quel costé entendre. Cela faict il distribua les billetz de ceste execucion ou estoient nommez ceulx qui avoient la charge des eschelles, et de quelle façon ilz debvoient estre accompagnés, ce qu'il est à propoz de sommairement desduire en ce discours.

La trouppe qui devoit faire le premier attacquement portoit huict eschelles. Monsieur de Morges qui la conduisoit en faisoit porter trois, monsieur de la Buisse une, monsieur de Saint Jurs deux, et à chacune eschelle dix hommes choisis sur les compagnies desdicts sieurs, armés de cuirasse & sallade, de pistolletz et d'espée. Les sieurs de Montarquieres & de Saint Bonnet avec chacun vingt arquebusiers de leurs compagnies des gardes, estoient avec ceste trouppe et avoient charge de chacun une eschelle. La seconde trouppe conduicte par monsieur d'Herculles, lieutenant de la compagnie de gendarmes de monsieur des Diguieres, portoit six eschelles, dont ledict sieur d'Herculles avoit charge de trois, monsieur de Monferrier, guidon des chevaulx legers dudict sieur des Diguieres de deulx, & monsieur de Rozans d'une, avec des harquebusiers choisis. La troisième trouppe conduicte par monsieur d'Oriac portoit trois eschelles, monsieur de Beauvenil, lieutenant de monsieur du Passage, en avoit une & monsieur du Buisson, lieutenant de monsieur le vicomte de Chamois, deux. La quatriesme et derniere trouppe conduicte par monsieur de Marnieu, enseigne de la compagnie de monsieur de Saint Jullian, portoit trois eschelles, dont deux soubz la charge dudict sieur de Marnieu, & la troisiesme de monsieur du Serre, premier cappitaine du regiment de monsieur d'Oriac, & toutes ses trois dernieres trouppes accompaignées et armées à la forme de la premiere et chacune sa guide pour lui faire tenir le droit chemin du lieu de l'execution. Le cappitaine Bymar eust charge de faire jouer ung pettard à la faulce porte dudit fort qui regarde à Grenoble, & le cappitaine Saige ung autre à la porte principalle qui est posée vers Montmeillan. Il feust aussi ordonné à une trouppe d'infanterie conduicte par le sieur de Saint Farriol de donner l'alarme par tous les endroictz dudict fort, tant que l'exécucion dureroit, & que cependant tout le reste demeureroit en gros à une mousquettade de la, & quand à la cavallerie la ou la pluspart des membres estoient demeurez, le sieur Bar eust charge de la faire passer oultre au dessus du fort par le village de Barraulx aussitost que l'alarme se commanceroit et la conduire jusques hors du bois de Servettes dedans la plaine de Chapparillan, par ce que l'on avoit eu advis qu'il debvoit venir de ce costé là cent maistres de l'ennemy courir dedans la vallée au mesme chemin que tenoient les trouppes dudict sieur de Lesdiguieres. Les choses ainsi disposées on marcha en l'ordre tel que dessus jusque au lieu ou les eschelles se debvoient randre, mais avant que d'y arriver, il fallut faire halte pour laisser passer une heure ou deux de jour de peur d'arriver de trop bonne heure sur le lieu de l'execucion.

Allentour de la nuict les eschelles & pétards furent distribuez & avant que toutes choses feussent rangées, que les gens de cheval destinés à l'execucion eussent mis pied à terre & que l'infantairie eust passé quelque ruissaulx il feust dix heures. Ce feust à la mesme heure qu'on marcha droit au fort dont on n'estoit que à ung quart de lieue & en l'ordre cy dessus. On arrive aupres du fort justement à unze heures de nuict, favorisé de la lune qui estoit sur son neufiesme jour; tout cest appareil ne pouvoit marcher sans allarmes, ceulx dedans le fort l'avoient aussi prinse plus de deux heures devant pour avoir veu plus de cent feuz que les indiscretz valetz laissez aux chevaulx avoient allumez aussitost que leurs maistres furent partis, & encore que ceulx destinez à l'exécucion vissent & oyssent la rumeur de ceste allarme, ilz ne laissent d'aller la ou ils doibvent planter leurs eschelles, ce qu'ilz firent avec une resollution incroiable; et cependant les pétartz jouarent, l'allarme se donna partout comme il avoit esté ordonné & cela sy à propos que ceulx de dedans ne scavoient de quel costé entendre. Ils renverserent quelques eschelles aussitost redressées, sans que ceulx qui en avoient charge s'emeussent des harquebuzades tirées de dessus les tenailles et des guerittes qui sont sur chacune poincte; sy bien qu'ayant gaigné le dessus du terrain & estant aux mains avec ceulx de dedans il fallut que le faible cédast au fort.

La place est ainsi forcée; les ennemys se voullurent rallier, mais apres quelque faible resistance il en fut tué une centeine & le reste saulta par dessus le terrain & ou il n'y avoit poinct d'allarme.

Voilla comme il a plu à Dieu benir ceste entreprinse; la gloire lui en doibt donc estre randue & l'honneur à tous ses gentilzhommes qui ont si librement exposé leurs vyes. Il ne se est perdu qu'un sergent des gardes, ledict sieur de Buisson blessé d'une harquebuzade au visage vers les machoueres et bien peu d'aultres blessez. Des sept drappeaulx qui estoient dedans il s'en est gaigné cinq qu'on a envoyé au Roy & les deux autres se sont perduz. Le sieur de Bellegarde prisonnier & quelques autres. On y a trouvé neuf pieces d'artillerie montées sur roues dont y en a six de baterye et trois de campaigne deux cens quintaux de poudre, bonne quantité de plomb, beaucoup de mesches & environ cinq cens charges de bled.

Sy le desseing de ceste fortiffication est une fois en sa perfection la place sera meilleure que Montmeillan et donnera beaucoup d'avantaige aux entreprinses que le Roy voudra bastir de ce costé là. Elle couvre Grenoble & luy sert de frontiere comme à tout le reste du pais. Sa Majesté est suppliée d'ordonner de bons, seurs et liquides moyens pour la conserver suivant l'estat qui luy en est envoyé affin qu'elle et ses subiectz jouissent longuement du fruict de ceste conqueste [1].

---

[1] Cette dernière phrase démontre que ce rapport avait été adressé au roi, accompagné d'un devis pour entretenir et augmenter les fortifications de Barraux. Elle ne se trouve pas dans les anciennes éditions.

CE SONT LES PARTICULARITÉS

QUI SE SONT PASSÉES A LA PRISE DE LA VILLE DE MONTMEILLAN

ET DEPUIS JUSQUES AU XVIIe AOUST [1].

Ayant monsieur de Lesdiguières donné rendez vous aux trouppes dont il pouvoit faire estat pour l'exécution d'une entreprise qu'il avoit sur la ville de Montmeillan aux environs de Grenoble, le XIIe d'aoust, part de ladicte ville le lendemain dimenche XIIIe et s'achemine droit au fort de Barraux, ou après s'estre informé des qualités de la place qu'il avoit à exécuter et des moyens pour y parvenir dispose ses affaires à ceste sorte.

Premierement que monsieur de Créquy avec quarante armés et soixante harquebusiers ou picquiers, donneroit à la porte d'Esbin qui est une des quatre dudict Montmeillan du costé de la Tarentaise, ou il feroit jouer le pétard, et monsieur de Morges à la porte de Chambery, accompagné de mesme trouppe, et que pour les unze eschelles destinées à cest exploit, seroyent distribuées, assavoir, deux à deux cens hommes de pied des gardes du Roy et les neuf restans à trois compaignyes du régiment de monsieur de Créquy.

Les choses disposées en ceste façon on commence de marcher avec ordre et estant à un quart de lieue pres du lieu chacun se resoud à ce qu'il avoit à faire, et furent les trouppes séparées pour se rendre tout à un mesme temps, la chacune à l'endroict où il devoit faire son exécution.

---

[1] Ce récit est contenu dans le vol. 4111 des mss. franç. de la Bibl. nation.; il commence à la p. 95 de ce volume; comme tous les documents qui en font partie, il a été rédigé par ordre du chancelier de Calignon pour servir à l'historien de Thou. On n'en connait pas l'auteur, mais il était très probablement témoin oculaire des événements de la campagne de 1600 en Savoie et son récit mérite confiance entière.

Abordez qu'ilz furent de la place [1], après avoir poussé quelques sentinelles trouvées un peu auparadvant sur leur chemin, qui mirent fort en allarme la ville, les uns dressent leurs eschelles, les autres posent leurs pétardz et d'une commune résolution s'oppiniastrent à qui mieux mieux. Celuy de monsieur de Morges joue le premier et n'ayant faict qu'un trou à la porte, avant qu'un autre feust pret et posé il y eust des coups de pierre sans fin et des harquebusades sans nombre : la résistance feust grande de ce costé la, mais elle finit bientost par le commencement de l'effort que monsieur de Créquy faisoit cependant du sien, ayant au premier coup de pétard fait ouverture et luy mesme entré le premier. Tout le rencontre qu'il fist feust de quelque nombre d'harquebuziers qu'il poussa et les contraignit de se retirer au chasteau aussi bien que ceux qui s'oppiniastrayent du costé de monsieur de Morges, qui à l'instant feust dedans après avoir fait ouverture de sa porte du second coup de pétard.

Alors la ville feust entièrement habandonnée des ennemys et par conséquent libre à noz gens qui commencèrent à se barricquer contre le chasteau et establir leur corps de garde où il estoit nécessaire.

Ceste expédition s'acheva avec fort peu de perte d'un costé et d'autre et n'y eust pas trois mortz et guières davantage de blessez [2].

Le quatorziesme jour venu ledict sieur de Lesdiguières se vint loger à Francin distant de mil pas dudict Montmellian et avec luy la compaignie de chevaulx légiers du Roy et trois cens Suisses de ses gardes, commandez par le colonel Gallaty, et envoya une de ses compagnyes de carabins au lieu des Marches qui luy feust rendu par monsieur de Bellegarde après quelque contestation.

Cela faict il se résoud d'aller sur le soir à Chambéry avec lesdicts chevaux légiers et quelque nombre de gentilhommes qu'il avait prés de luy, estimant de trouver aux environs monsieur de Crillon avec la plus grande partie du régiment des gardes, suivant la résolution qui avoit esté prise entre eux quelques jours auparavant. Il entre d'abord dans les fauxbourgs qu'il trouve habandonnez des ennemis et après y avoir séjourné quelque espace de temps et iusques à 7 heures du

---

[1] Lorsqu'ils furent aux abords de la place.
[2] Voir sur la prise de la ville de Montméllian les *Mémoires de Bassompierre* (édition de M. de Chantérac), vol. I p. 81. Son récit est conforme à celui que nous publions.

soir n'ayant aucune nouvelle dudit sieur de Crillon, s'en retourna à son logis [1].

Le xve attendant les commandemens du Roy sur ces nouveaux événemens, il s'en va visiter les lieux propres pour placer le canon aux environs du chasteau dudict Montmellian, et de la descend à la ville pour voir en quel estat elle estoit, affin de pourvoir aux manquemens.

Le xvie suivant ayant nouvelles que le Roy s'approchoit de luy et qu'il avoit couché la nuict passée à Crolles, luy va au devant jusques au fort de Barraux, et de ce conduit sa Majesté aux environs de la place pour la voir et les lieux propres pour la battre.

Le vingt deuxiesme d'aoust [2] mil six cens, aprés que Monseigneur eust ordonné pour le siège de Montmellian tout ce qui estoit nécessaire, voulant profiter le temps cependant, et occuper ses trouppes à quelqu'exploit honorable et advantageux pour le service du Roy, part dudict Montmeillan, et alla à Conflans, où d'abord il fit attaquer quelque légère escarmouche qui feust soustenue par les ennemis quelque quart d'heure. Mais enfin mettant le feu aux fausbourgs dudict Conflans, se retirèrent, estant contraincts à cella par les nostres qui les poussèrent jusques dans les portes de la ville, et aprés se retirèrent et feurent joindre mondit seigneur qui à mesme temps et le mesme jour vint coucher à Saint Pierre d'Albigny.

Le vingt troisiesme ayant eu quelque nouvelle du peu de résolution de celluy qui commandoit pour le Duc dans Miolans, et voyant sa mauvaise contenance le fit sommer; fait quelque reffuz de voulloir entrer en composition, enfin s'y dispose et traitte comme il s'ensuyt :

ARTICLES DE CAPITULATION ACCORDÉS AUDICT [SIEUR DE SERIZIER] POUR LA RÉDUCTION DU CHASTEAU DE MIOLANS EN L'OBEISSANCE DU ROY, [PAR MONSIEUR DES DIGUIÈRES COMMANDANT L'ARMÉE DE SA MAJESTÉ ET SOUBZ LE BON PLAISIR D'ICELLE.

Premièrement ledict sieur de Serizier promet sur sa foy et honneur

---

[1] Crillon attaqua et prit le lendemain les faubourgs de Chambéry et la ville capitula trois jours après.

[2] Ce qui suit est séparé de ce qui précède par plusieurs pages qui contiennent le *Diaire ou journal* qu'on lira à la suite, mais paraît être de la même rédaction et de la même écriture. C'est ce qui nous a engagé à réunir ces deux documents.

de rendre et remettre au pouvoir du Roy, entre les mains dudict sieur des Diguieres ou autre qu'il plaira à sa Majesté, ledict chasteau de Miollans dedans lundy prochain, xxviiie du present moys d'aoust, à l'heure de midy, au cas que entre cy et ledict jour la place ne soit secourue d'une armée; pour l'observation de laquelle promesse ledict sieur de Serizier a présentement donné pour ostage le sieur de Lapallu et son sergent.

Et moyennant ceste reddition, ledict sieur de Serizier et tous ceux qui sont avec luy auront la vye sauve et sortiront de ladicte place, tambour battant, enseigne desployée, la mesche allumée par les deux boutz, et seront seurement conduictz là ou ilz voudront avec leurs armes, bagues, hardes, chevaux, mulletz et autres choses à eux appartenans.

Ils se pourront retirer dedans deux moys en leurs maisons, en prestant le serment de fidellité au Roy, si mieux n'ayment demeurer hors la province et faire service au duc de Savoye.

Les dames et autres femmes qui sont dans ladicte place seront accompagnées et conduittes, en toute asseurance, leur honneur sauve, là ou bon leur semblera.

Ledict sieur des Diguières engaige sa foy et honneur que tout ce que a cy dessus promis sera inviolablement observé, et promet le faire agréer à sa Majesté, et cependant demeure son armée en ladicte paix et trève.

Faict au camp de Miolans le xxiiiie jour d'aoust l'an mil six cens.

Ceste capitulation achevée, et après avoir mis garde suffisante autour de ladicte place, ledict seigneur part dudict Saint Pierre d'Albigny et des environs d'icelle et le mesme jour se rend autour de Conflans avec l'armée du Roy. Le faict vu, faict les approches, et les serre dans l'enclos de leurs murailles, encores qu'ils fussent de huit à neuf cens hommes des plus mauvais garçons que le Duc eust.

Le vingt sixiesme, ayant faict avancer deux canons de calibre qui suyvoyent à la queue de l'armée, les faist monter sur une montaigne qui commandoit le chasteau, par des lieux presque inaccessibles, et pendant qu'on travailloit à cella fait attaquer une maison forte distante de mil pas de la ville appartenant au sieur de Loccatel, où il y avoit quarante soldatz dedans, et après avoir esté disputé quelque temps, les contrainct enfin de se rendre la vye sauve et demeurèrent prisonniers de guerre.

Le lendemain estant le canon en batterie, commença à jouer sur les dix heures du matin et dura jusques à quatre heures après midy que la bresche estant raisonnable, au lieu mesme ou les assiégéz pensoyent faire le plus de deffense, furent enfin contrainctz, voyant noz gens logez sur la bresche et pretz à donner, de demander à capituler, à quoy ilz furent receuz par le Roy qui arriva à l'instant mesme et leur accorda de grace espécialle, à la requeste mesmes dudict seigneur des Diguières, ce qui s'en suit :

Le Roy en recevant à composition le sieur baron de la Valdysere, le cappitaine Jean, piedmontois, leurs soldatz et autres qui estoyent dans ladicte ville et chasteau de Conflans par eux présentement remis en l'obeissance de sa Majesté, leur a accordé la vye et voulu qu'ilz fussent conduictz en toute seureté au chemin qui tire vers la Maurienne, soubz promesse qu'ilz ont faicte sur leur foy et honneur de ne faire la guerre à sa Majeste soit en campaigne ou en aucune place deça les monts pour le duc de Savoye durant douze jours. Faict au camp de Conflans le XXVIIe d'aoust M. VI^c. Signé, Henry.

Le XXVIIIe on establit la dedans pour gouverneur monsieur du Pillon avec six cens hommes, et pourveut on à la place le mieux qu'on put, attendant de la munir de ce qui y estoit nécessaire [1].

Le XXIXe l'armée est partie de là et retournée à Saint Pierre d'Albigny une partie, et le reste conduict par monsieur de Créqui à Charbonnières pour l'investir la nuit.

Le premier septembre ledict seigneur alla prendre son logis aux Bretonnes.

Le deuxiesme le Roy le print à Chamoux et toute l'armée, infanterie et cavalerie, passa l'Isère sur batteaux.

Le douziesme septembre ayant le Roy faict mettre en baterie huict gros canons et trois coleuvrines, contraignit les assiégez de demander à parlementer, après avoir esté battuz depuis le matin, jusques à

---

[1] Comparer avec le présent récit celui, très intéressant, qui se trouve dans les *Mémoires de* *Bassompierre* (vol. I, pp. 84 à 86, édition de M. de Chanlérac.).

deux heures du soir ; leur capitullation feust qu'ilz sortiroient armes et bagaiges sauves, enseigne déployée, tambour battant, mesche allumée et bale en bouche et seroyent conduitz en lieu de seureté. Ainsy la capitulation résolue sortirent le mesme jour.

Cest exploict achevé, il feust resolu au conseil que ledict sieur des Diguieres yroit à la Murianne pour l'expugnation des places qui y restoyent encores, avec l'armée et trois canons, et de fait partit d'auprès de sa Majesté le xiij^e et alla prendre son logis à la Chambre.

Le xiiij^e et xve fist sommer ceux de Saint Jean, qui après avoir envoyé un des leurs, pour voir le canon, se rendirent et quittèrent la place sans aucune composition, aussy ne leur en voulut il point accorder ledict seigneur.

Le xvie alla à Saint Jean ou il establit pour commander audict fort le sieur vicomte de Pasquiers et à mesme temps envoya investir le fort de Saint Michel, le gouverneur duquel suivit la mesme façon de procéder, et quitta la place sans capitulation.

Le dix huictiesme après avoir mis audict lieu garnison, et par conséquent nettoyé toute la Maurienne, fit rebrousser chemin à l'armée qui retorna prendre son logis à la Chambre.

Le dix neufviesme à Aiguebelle.

Le vingtiesme à Conflans.

Le vingt uniesme ayant sceu que les ennemis estoyent logez et barriquez à Briancon en Tharantaise, tourne la teste de ce costé là, force d'abord les barricades de le Bar, fort dudict Briançon qui fermoit le passaige, passe toute l'armée la nuit, ne pouvant passer le jour qu'à la discrétion des ennemis, retirez sur le roc proche d'un trait de pierre du chemin en nombre de soixante ou quatre vingtz hommes, et va prendre son logis à Aigueblanche à une demye lieue de là, ou il trouva monsieur de Créquy avec une partie de son régiment qui avoit desja forcé les barricades des ennemis et s'estoyt logé, y estant venu de la Maurienne par la montaigne de la Chambre le jour précedent.

Le lendemain xxij^e ayant sceu que les ennemys avoyent habanbonné Moustiers, ville capitalle de la province de Tarantaise, s'y vint loger avec toute l'infanterie.

S'estant barriqué et bien accommodé audict lieu, et après avoir faict investir le fort de Briançon, ne jugeant pas de pouvoir venir à bout de ladicte place à coups de main, envoya quérir deux canons qui arrivèrent le six octobre et furent mis en baterye.

Le septiesme commencèrent à battre au matin ; dans deux heures après les assiégez furent tellement pressez des costaux qui estoyent couvertz de mosquetaires et qui voyent de bien prez la dedans, du canon, qu'ilz se retirèrent finallement en effroy dans une tour en un coin du roc. Ceux du Roy leur voyant abandonner la place montent par escallade, trouvent encores le gouverneur à moytié du chemin, blessé d'une mosquetade au talon avec deux des siens, le prennent et vont droict à la tour qui à l'instant se rend, et viennent ceux de dedans crier mercy. Ainsy furent forcez et faictz prisonniers de guerre.

De là le canon prend son chemin droict à Saint Jacome, passe à plain jour à la veue des ennemis à port d'arquebuziers, et la nuit du unziesme fust mis en baterye.

Le lendemain douziesme commence de jouer le matin, abat tout un quartier du chasteau, et sur les trois heures du soir demandent les assiégez à parlementer. On leur accorde la vye seulement et furent faictz trois cens hommes, tant chefs que soldatz, prisonniers de guerre.

Le treiziesme ayant ledict seigneur réduict entièrement tout ledict pays de Tharentaise en l'obeissance du Roy, se résoult de retourner vers Montmeillan, en intention de servir le Roy à l'expugnation de ladicte place, mais il n'y fust pas si tost arrivé et séjourné quelques jours à Chambery qu'ont eust nouvelles certaines du passaige du duc de Savoye avec dix mil hommes de pied et huict cens chevaulx par le Mont Saint Bernard pour le secours de Montmeillan. Cela fust cause que l'armée rebrousse encores par le commandement du Roy en Tarantayse, et à cest effect partit le lundy, neuviesme novembre et alla coucher à Conflans.

Le dixiesme à Aigueblanche.

Le unziesme à Moustiers.

Le douziesme ledict seigneur fust voyr et recognoistre Montgiraud, Villotte, et Ayme fort proche du Mont Saint Bernard, en résolution d'y loger l'armée du Roy le lendemain.

Le treiziesme le temps fust si mauvais qu'il n'y eust moyen de bouger du logis de Moustiers ; les ennemis sur le soir vindrent prendre le leur auxdicts lieux, résolus de passer outre et venir assiéger Saint Jacome.

Pour à quoy obvier ledict seigueur de Lesdiguières envoya saisir et barriquer Montgiraud à deux mil arquebusiers commandez par monsieur de Chambaud, et le pas du Siel à quelques compagnies du régiment de monsieur de Créquy, seuls passaiges par ou l'ennemy pouvoit venir.

Ainsy estant les deux armées à la veue l'une de l'autre et quasy à port de mosquet y ont demeuré et gardé leur logis jusques au dixhuitiesme décembre que l'incommodité des vivres a contrainct les ennemis d'habandonner les premiers, après toutesfoys avoir souffert beaucoup, et perdu, en trois ou quatre foys que ceux du Roy leur ont levé des logis, plus de deux cens hommes.

Ayant les ennemis tout à faict habandonné la Tarantayse, l'armée du Roy s'est aussy retirée du costé de Sainte Catherine et Montmeillan pour prendre les quartiers ordonnés, à chacun régimens et trouppes de cheval.

DIAIRE OU JOURNALIER DE CE QUI S'EST PASSÉ EN LA GUERRE DE SAVOYE [1].

La nuit d'entre le treize et le quatorze d'aoust monsieur des Diguières entre par le pétard dans la ville de Montmeillan : l'escalade y fut donnée, mais les eschelles furent courtes. Il y eut de la résistance de la part de monsieur de Morges [2].

Le quatorziesme le Roy estant dans Grenoble eut ceste nouvelle, et celle de la prise de la ville de Bourg en Bresse, ou monsieur le maréchal de Biron entra aussi par le pétard la nuict d'entre le vendredy xj^e et le samedy xij^e dudict mois d'aoust. Il envoya six enseignes au Roy, prises dans ladicte ville.

Le Roy estoit party de Lyon ledict jour samedy xij^e et vint coucher à la Coste ; le dimanche xiij^e il vint coucher à Grenoble : le xiiij^e il y séjourna, et le xve jour de la my aoust il toucha les malades des escrouelles. L'après disnée du mesme jour il partit de Grenoble sur les cinq heures, et alla coucher à Crolles, distant de deux lieues de Grenoble sur le chemin de Chambery.

Le quatorziesme ledict sieur des Diguières se présenta sur les cinq heures après midy pour forcer le fausbourg de Chambery, mais ne trouvant le sieur de Crillon avec les gardes, qui avoient esté contraints de s'y rendre à la mesme heure pour cet exploit, il se retira vers Montmellian sans rien entreprendre.

Le patriarche de Constantinople arriva le quinziesme à Grenoble au matin pour voir s'il y auroit moyen d'empescher que ceste guerre ne tira en avant ; mais sa Majesté se résolut de passer outre. Roncas, secrétaire du duc de Savoye, venoit trouver sadicte Majesté avec ledit

---

[1] Ce fragment de journal est de la main de Calignon lui-même ; il fait double emploi avec celui qui est imprimé immédiatement auparavant, et il est beaucoup moins complet. Nous le faisons cependant imprimer parce qu'il contient quelques détails qu'on ne trouve pas dans le premier.

[2] Du côté où attaquait M. de Morges.

patriarche, mais ayant sceu en chemin la prise du bourg, il rebroussa et alla trouver son maistre.

Le seiziesme le Roy partit de Crolles et alla coucher aux Marches. Cependant le canon qui estoit party de Grenoble au nombre de huict pieces de batterie s'advança par la vallée de Graysivaudan vers Chambery, ou estant arrivé et la ville assiegée jusques sur les portes, estant les trouppes du Roy logées dans les fausbourgs, ladicte ville se rendit le xxj^e d'aoust; le chasteau se rendit aussi on vertu de ladicte capitulation, mais les gens de guerre n'en sortirent que le samedy xxve d'aoust.

Le mesme jour xxve le Roy, voyant la ville et chasteau réduit en son obeissance, partit de Chambery sur les cinq heures après mydy et alla coucher à quatre lieues de là, à sçavoir à Saint Pierre d'Albigny, sur le chemin de Conflans, lequel Conflans avoit esté cependant assiégé par monsieur des Diguières.

Le dimanche xxvij^e le Roy alla audict siège et fit battre la ville de deux canons qui ne tirèrent que 40 ou 50 canonades, après lesquelles la ville se remit au pouvoir du Roy et en sortit la garnison composée de 800 chevaulx, armes et bagues sauves, mais ilz laissèrent les enseignes au Roy.

Pendant le séjour du Roy à Chambéry, Bellay s'estoit rendu à sa Majesté et Romilly aussy, ayant esté le bain d'Aix habandonné par les habitants.

Ladite place de Conflans importoit au Roy parce qu'elle luy donnoit entrée en la Tarentayse dont elle est la clef et ferme ce passage là.

Le lundy monsieur de Fresne receut lettre du Roy qui luy donnoit advis de ladicte prise et que le Duc estoit dans la Tarantayse avec six mil hommes.

MÉMOIRE[1]

ESCRIT LE 10 NOVEMBRE 1615, PAR M. FAURE

[SUR UN PROJET D'ALLIENCE ENTRE LESDIGUIÈRES, MONTMORENCY ET VENTADOUR CONTRE LES PROTESTANTS.]

Comme monsieur le maréchal des Diguières s'est présenté pour servir en personne sa Majesté & s'accompaignier de ses amis en tell' occurence, aussy a-t-il offert à messeigneurs de Montmorency & de Vantadour de les adisister seur celle de l'hardiesse qu'a prinse l'assemblée géneralle d'entrer dans le Languedoc, pour leur ayder à la contenir dans les édicts de sadicte Majesté & lui rendre le respect & l'obeissance quy lui est deube.

Ceste proposition peult estre estendue & fortifiée des provinces de Lyonnois, Forest, Beaujaulloys & Prouvence, et conjoinctement avec le Languedoc & le Daulphiné faire ung corps d'armée si puissant aux despends desdites provinces & neantmoings seur le crédit desdicts

---

[1] Ce mémoire, écrit, si on en croit le titre qu'il porte, par un nommé Faure, le 10 novembre 1614, est conservé en copie à la Bibl. nation. (mss. franç. 15581, p. 359). En ce qui concerne la date au moins l'erreur est certaine. On parle, en effet, dans ce document, de la coincidence entre la révolte du prince de Condé et le soulèvement probable des protestants; or, ces deux événements eurent lieu à la fin de 1615. Ce fut à cette époque que l'assemblée protestante de Grenoble se retira à Nimes, malgré les ordres du roi, et qu'elle entretint des relations continuelles avec le prince de Condé, qui s'était retiré de la Cour. On peut voir dans notre vol. II (pp. 77 à 95) divers documents sur cette assemblée de Grenoble et les événements qui en furent la suite. Ce mémoire a donc été écrit probablement en novembre 1615, par un Languedocien attaché aux intérêts du jeune duc de Montmorency, fils du connétable, qui était mort en 1614. Il y est question d'une alliance entre lui, Lesdiguières, et quelques autres gouverneurs des provinces voisines contre les protestants et d'une campagne à entreprendre au printemps. On y discute, et c'est la partie vraiment curieuse et qui nous a engagés à la publier, la confiance qu'il faut attacher aux paroles de Lesdiguières. La soumission du prince de Condé (mai 1616) et des protestants rendit ces projets inutiles.

seigneurs et de monsieur d'Alincourt qu'il sera suffisant pour restablir par son passage l'autorité royalle grandement flestrie dans ledict pays de Languedoc, chastyer Nismes de ses insolences & reduire ladicte assemblée au point que leurs Majestés ordonneront.

Faisant chemyn par ledict pays, ou autre quy sera jugé le plus à propos, tousjours en retirera-t-on ce fruict que de l'employer pour remettre en leur debvoir ceux quy se sont eslevés en Guyenne, raccompaigner le retard de sa Majesté & rasseurer, s'il est besoing, ses affaires contre les armes de monsieur le Prince sy les résoulutions en sont prinses à temps.

De Prouvence l'ont peult tirer deux bons regimenets quy seront commandés par les sieurs de Gordes & de Sainct Jurs; de Daulphiné, celluy du sieur comte de Sault, ung autre lequel s'y pourra lever; en Lyonnois, messieurs les marquis de Villeroy & de Sainct Chaulmont; en Vivaraix, les sieurs comte de Roussillon & de Chambaud; au bas Languedoc, messieurs les comtes de la Voulte, marquis de Portes, de Bertichères & de Sainct André; au hault Languedoc, les sieurs marquis de Mirepoix, comte d'Aubijou & vicomte de Polin. Et pour la cavallerie jusqu'à deux mil chevaux, sans les volontaires qui seront en grand nombre; ascavoir les quatre compaignies de gendarmes de messieurs de Montmorency, de Ventadour, des Diguières & d'Alincourt et celles que les sieurs de Créquy, de Chastillon, de la Baulme, de Tournon, de Morges, de Disimieu, comtes de Viriville & de Grignan, de Carman, vicomte de Polignac, de Fiennes, de Lussan, de Palières, de Beous, d'Ambres, d'Antherine, de Cornusson, d'Ornano et de Saint Georges, pourront dresser.

Le fonds pour la levée de l'armée & satisfaire à la solde d'icelle, vivres, artillerie et parties inopinées, sera desparty & se prendra seus lesdites prouvinces, pays d'estats pour la pluspart, ascavoir esguallement seur le Daulphiné, Provence et Lyonnois avec le Forests & Beaujoulois & à double seur le Languedoc, et cependant seur les asseurances que lesdicts seigneurs en dorront, il se treuvera quy en faira les advances. Et peuvent lesdictes trouppes quasy des maintenant estre prestes comm'en sont les armes, & les principaux chefs en estre messieurs le mareschal des Diguières & duc de Montmorency, parce que malaysement pourront en ce cas desemparer lesdictes prouvinces lesdicts sieurs de Vantadour, d'Alincourt & de Créquy, de maniere qu'il ne semble rien à désirer en ce desseing qu'armes, artillerie, & munitions de guerre, que l'on puisse s'asseurer dudict sieur Marechal & que mondict seigneur de Montmorency puisse estre aussy disposé de luy obeyr.

Au premier il est vray que ledict sieur Maréchal recherché par mondict seigneur de Montmorancy, en a renvoyé, s'il estoit commandé, le principal effect au printemps pour des hommes & sans argeant, armes, munitions & artillerie; celuy la debvant & pouvant estre fourny, à ce qu'il a representé, par le Languedoc, la derniere guerre de Piedmont l'ayant espuysé d'armes & l'arcenal de Lyon n'estant fourny (à ce qu'il dict) que pour les prouvinces quy sont de par deça [1].

Pour ce quy peult concerner ledict sieur Marechal en particulier, il y a grand subiect de doubter de la foy d'ung homme de la religion pretendue réformée, quy a tesmoigné de l'affection pour monsieur le Prince; facille à changer en sa caducité & quy a faict paroistre une très grande jalousie en la faveur d'authruy. Mais la parolle dont il a tousiours faict profession, & laquell'on moyennera estre confirmée par escript, semble asseurer le contraire. Les tesmoignages qu'il a rendus es choses solides de ne vouloir entrer aux intérêts dudict seigneur Prince, les changements de bien en mieux quoyque despité & esbranlé, & pour fin les affaires de la Cour ayant prins une nouvelle face, luy en dorront moings de soubcon. Mais la meilleure asseurance qu'on en doibt prendre concist'en la reputation avec laquelle vraysemblablement il doibt desirer de finir ce qu'il luy reste de vie en occassion si importante, & aux forces quy ne deppendront de luy que pour la moindre partie, parce qu'il se pourroit encor faire qu'aultrement il ne voulut s'advantager de tels services, comm' il est, à présumer de sa prudence par l'expérience du passé [2].

Pour ce quy est de monseigneur de Montmorency il offre d'obeyr audict sieur Marechal, excepté dans son gouvernement; non point

---

[1] Lesdiguières, d'après cette phrase amphigourique, promit au printemps 1616 des soldats, mais ni argent, ni munitions. Il ajouta que le Languedoc devait seul supporter la charge de fournir de l'argent et des armes; car, ni le Dauphiné, ni Lyon n'en avaient à donner, le premier étant épuisé et le second très démuni.

[2] Le jugement porté par l'auteur de ce mémoire sur Lesdiguières dans le paragraphe précédent est caractéristique, il montre ce que pensaient de lui ses contemporains.

qu'il ne reçoipve à grand bonheur d'apprendre son mestier soubs ung si grand capitaine, mais parce qu'il craindroit d'avoir faict bresche à l'autorité & prééminence de ceux quy sont pourveus de la mesme charge que luy. Erreur néantmoings soubs sa correction & comme desja il luy a esté represcnté, ou messieurs les marechaulx de France sont pour commander aux armées & dans leurs départements & ou la jeunesse veult faire proufit de l'expérience acquise par une glorieuse vieillesse. Et neantmoings ledict sieur Maréchal a desja tesmoigné n'y vouloir faire de la difficulté, que l'on pourra mesnager d'ailleurs par commandement ou aultres ouvertures qu'on pourra prendre.

Mais la chose estant renvoyée au printemps par ledict sieur Maréchal, il aura cependant le gré desdictes offices seur l'espérance qu'il a d'ung accomodement dans l'hyver; il propose un' entreveue de luy, de mondict seigneur de Montmorency, de mondict seigneur de Vantadour & de monsieur d'Alincour, au Sainct Esprit, laquelle ne seroit possible mal à propos, à celle fin de mettre ses gens en considération & de permettre plus avant dans les intentions dudict sieur Maréchal voire ou l'on a faict esperer de sa part qu'il ne se rendroit difficile (les choses prenant ung aultre train) de fournir d'armes, munitions & possible encore l'artillerie.

LA FUITTE DONNÉE AU RÉGIMENT DU SIEUR DE MONTBRUN

CHEF DES REBELLES EN DAUPHINÉ

PAR MONSIEUR LE MARESCHAL DE LESDIGUIÈRES

Ensemble la prise des principaux de leur caballe; la deffaite & desroutte de quelques compaignies; l'ordre qui est de present tenu en la province par le commandement dudit seigneur Mareschal contre lesdits rebelles [1].

Monsieur le mareschal de Lesdiguières s'estant retiré avec la permission du Roy pour quelque temps à son gouvernement du Dauphiné ou le sieur de Montbrun, chef de rebelles de la province, avoit pendant l'absence dudit seigneur, faict quelques levées de trouppes contre le service du Roy, par le moyen desquelles il avoit faict iusqu'à présent plusieurs desgasts en ladicte province, nonobstant toutes les remonstrances que l'on luy pouvoit avoir faicte à ce sujet, ledict sieur de Montbrun et quelques autres rebelles, estant asseurés de la prochaine venue dudict seigneur Mareschal, en avoient faict advertir ceux de leur caballe & notamment quelques uns qui estoyent du party des entreprises faictes sur la ville de Grenoble, à celle fin qu'ils donnassent ordre secrettement à leurs affaires & qu'ils songeassent promptement à se sauver, de crainte qu'estant pris, leur procés ne leur fut faict par le Parlement de la province comme criminels de lèze majesté. Et des lors les trouppes qui estoyent en campagne se respandirent par ladicte province en quelques villes, pour y attendre et demeurer iusqu'à ce qu'on leur donna nouveaux advis sur les affaires qui se passeroient.

Cependant ledict sieur Mareschal estant arrivé en ladicte province,

---

[1] Ce récit a été imprimé à Paris, chez Isaac Mesnier, rue Saint-Jacques MDCXXI, avec permission, in-8°, 16 pp.

faict faire commandement à tous les habitans des villes de son gouvernement de quelque religion qu'ils fussent, de mettre les armes bas & leur faire deffences sous peine de la vie de se mal faire ny médire & déclare tous contrevenans perturbateurs du repos public, auxquels commandemens & ordonnances les catholiques de ladicte province obeyrent promptement afin que l'on recogneust que ce n'estoient point eux qui vouloyent chercher aucunes divisions ny séditions & pour mettre les rebelles en leur tort. Lesdicts rebelles ne laissent pour tous commandemens & deffences, de continuer leurs meschancetez par les bourgs et villages du pays, à cause de quoy ledict seigneur Mareschal fut contrainct de les faire poursuyvre par les prévost des mareschaux de la province & quelques compagnies de cavallerie qu'il avoit, lesquels voltigeant aux environs des lieux de leurs retraictes, près desquels fut faict quelque légère attacque & légère deffaicte, tant de part que d'autre, ils ne laissèrent pour cela de tenir bon & continuer leurs desseins.

Cela contraignit mondict sieur le mareschal de Lesdiguières de se mettre luy mesme en campagne avec deux mille hommes tant de cheval que de pied, pour les poursuivre, & à quelques rencontres en fut deffait quelques uns & leurs bagages pris & donné aux soldats, & en fut aussi pris quelque trente de prisonniers qui ont esté amenez par le commandement dudict seigneur Mareschal en la ville de Grenoble, la ou l'on estime que le Parlement leur fera leur procéz comme criminels de lèze majesté & perturbateurs du repos public. Le reste voyant la résolution dudict seigneur Mareschal se sont desbandez les uns d'un costé, les autres d'un autre et notamment du costé des montagnes; la plus grande partie prindrent la fuiste avec le sieur de Montbrun vers la ville de Montlimart, en laquelle pensant avoir l'entrée libre, trouvèrent le gouverneur qui s'opposa et les repoussa vivement, bien qu'il fut de la religion pretendue reformée comme eux & que ladicte ville soit l'une de celles qui leur est donnée par le bénéfice de l'édict, et nonobstant cela ledict gouverneur se voulut monstrer en ceste action serviteur de sa Majesté.

De sorte qu'il est aysé de iuger quelles sont les factions des rebelles qui, portez d'ambition et pleins de malice, essayent par leurs forces & courses ordinaires alterer l'armée du Roy qu'ils voudroyent, s'ils pouvoient, comme obliger à demeurer sur pieds en ceste province du

Daulphiné, sans autre pretexte que leur propre meschanseté, laquelle moyennant la grace de Dieu, sera toujours réprimée.

Il est aysé aussi de iuger que l'intention dudit seigneur Mareschal n'a esté autre que de faire cognoistre à un chacun qu'il n'y a eu que le zèle qu'il porte au service du Roy qui luy a fait prendre les armes & non pas l'ambition ny l'avarice, ne plus ne moins que Curius Dentatus, accusé de péculat, lequel apporta devant ses iuges un tonneau de bois, dont il vouloit se servir es sacrifices, iurant n'avoir rapporté chose quelconque du butin des ennemis en sa maison que ce tonneau, combien toutefois que paravant il eust dit en plein Sénat : J'ay tant conquis de terres à labourer que c'eussent esté des deserts si ie n'eusse pris nombre suffisant de personnes pour les cultiver, & ay fait tant de prisonniers qu'ils fussent morts de faim si ie n'eusse subiugué tous ces pays pour les y loger & entretenir. L'on ne dira pas non plus que le faict de la religion ait faict prendre les armes audit seigneur de Lesdiguières; & d'autant qu'auparavant ces remuemens il a escrit audict sieur de Montbrun & sa lettre que l'on voit imprimée & qui se vend publiquement,[1] en est fidel tesmoin & luy sert de descharge pour ce suject.

[1] Cette lettre a été imprimée dans notre vol. II, p. 323; elle est datée du 19 novembre 1621.

LA RÉDUCTION DES VILLES DU POUSIN ET BAY A L'OBEYSSANCE DU ROY

PAR MONSIEUR LE DUC DE LESDIGUIÈRES

APRÈS UN FURIEUX ASSAUT.

Ensemble les articles de la capitulation [1].

Monsieur le duc de Lesdiguières ayant esté renvoyé en Dauphiné dès le siège de Montauban l'an passé, par commandement du Roy, pour y dissiper les troubles qui sembloient s'y vouloir eslever par l'armement du sieur de Montbrun, son gendre [2], & quelques autres de la religion prétendue réformée dudit pays, si tost qu'il y fut arrivé tout le plus grand soing qu'il eut, fut de maintenir cette belle province en son premier repos & divertir les volontés de ceux qui, portez de ie ne scay quelle manie, avoient levé les armes contre le service du Roy, opprimoient les catholiques, surprenoient places & chasteaux & empeschoient la liberté du commerce, principalement celuy de Lyon en Savoye et de Savoye à Lyon.

Soubz les commandemens et commissions qu'il receut de sa Maiesté, il met sus quelques régimens de gens de guerre avec bon nombre de cavallerie, commande aux rebelles qui tenoient la campagne de se retirer chacun chez soy & à ceux qui tenoient les maisons fortes & chasteaux d'en vuider & les restituer à leurs légitimes possesseurs, comme aussi les biens qui se trouveroient en nature, iceux les rendre & restituer aux catholiques ausquels ils avoient esté pris par actes d'hostilité.

---

[1] Imprimé à Paris, chez Joseph Bouillerot, MDCXXII, avec permission, in-8º, 14 pp.

Montbrun n'était pas gendre de Lesdiguières, mais seulement fiancé de sa seconde fille, qu'il n'épousa pas.

Ce commandement fait & publié par le Dauphiné, ceux de la religion prétendue réformée dudit pays demandent licence de se pouvoir assembler en la ville de Die, pour adviser les moyens de contenter le Roy & satisfaire aux commandemens dudit seigneur duc de Lesdiguières & disposer du licenciement des trouppes, de la reddition des places & de la restitution requise. Il ne fut pas malaisé à monsieur de Lesdiguières de faire mettre bas les armes à sondit gendre, ledit sieur de Montbrun; il fut des premiers porté à cette obeyssance, voyant que son beau-père armait puissamment pour faire obeyr le Roy & restablir la paix en Dauphiné & que la résistance ne pourroit estre que foible à un lieutenant-général de la province, auquel tout obeyt & qui commande de par le Roy absolument dans les meilleures places, aussi se résolut-il au désarmement & se retira en l'une de ses maisons, rentrant en son premier devoir. Les autres de la religion prétendue estans devenus foibles par la retraicte dudict sieur de Montbrun, résolurent en leurdite assemblée de Die de rechercher leur seureté & conservation par l'obeissance, se soubmirent aux volontes dudit sieur Duc.

Ainsi la paix restablie par toute la province du Dauphiné par le travail & dextérité dudit sieur Duc, il ne resta aucune rebellion au pays, fors que dans les places & villes du Pousin & de Bay-sur-Bay au pays de Valentinois. Le sieur de Blacon qui s'estoit enfermé la dedans avec d'autres rebelles & qui y vouloient maintenir une faction contraire au service du Roy & repos de ses subiects, endommagèrent grandement le pays, & ne voulans recevoir les commandemens dudit sieur Duc de Lesdiguières; disoient qu'ils ne dépendoient de son gouvernement du Dauphiné, mais plustost du Vivarets & partant du Languedoc & ne rendroient les places que selon la délibération des églises prétendues de Nismes, Montpellier & d'Usez. Monsieur le duc de Lesdiguières irrité de cette insolence, prenant ces termes de leur responce pour suiet de refus, se résolut de les aller assiéger, ioint que tenant par icelle le passage du Rosne, ils empeschoient le commerce de Lyon & de tout le pays.

Il part donc sur la fin du mois de fevrier pour aller mettre le siège devant la ville du Pousin, dedans lequel les ennemis s'estoient grandement retranchez & fortifiez; il y arrive avec six mille hommes de guerre, se fournit de canons & de munitions necessaires dans Valence

& investit la place, en sorte qu'il leur oste le moyen d'estre secourus du Languedoc comme ils esperoient.

La batterie fut promptement dressée sur une colline que ledit sieur Duc gaigna sur les ennemis & laquelle commande grandement à la place. La ville fort furieusement battue par le canon dudit sieur Duc, brêche s'en ensuivit, laquelle fut iugée aucunement raisonnable & capable de donner un assault. Cest assault fut donné, par ordonnance dudit sieur Duc, général ; le sieur de la Grange l'entreprit courageusement & donna tout le premier avec son régiment de gens de pied. Les ennemis furieusement assaillis se deffendent comme gens pour lesquels il n'y alloit que de leur vie & s'opiniastrent de telle sorte à la résistance & avec tant de rage qu'ils repoussent ledit sieur de la Grange avec perte de beaucoup de leurs gens & de quelque nombre des nostres, entre lesquels fut blessé d'une mousquetade ledit sieur de la Grange, ce qui le retint grandement en son courage. L'assault fut continué et soustenu par monsieur le comte de Tallard qui fit certe fort valeureusement en ceste occasion, car il contraignit les ennemis de se retirer & gaigna par trois fois la muraille, suivy qu'il estoit d'un sien brave sergent qui monta trois fois sur la bréche ; il fut finalement tué & ne fut pas possible de passer plus outre pour la grande résistance des assiégés qui retournèrent avec toute furie à la deffence de leur bresche, qui fut cause que l'on se retira, d'autant que la bresche n'estoit assez ouverte pour s'opiniastrer davantage à un nouvel assault.

Enfin la batterie estant preste de iouer de rechef & ledit sieur Duc ayant fait construire un fort, le sieur de Blacon avec les siens demandèrent à rendre la place sous quelques compositions [1]. Après plusieurs sortes de reffus & beaucoup de contestations estant la ville importante & forte, leur a esté accordé ce qui suit :

I. Que ledit sieur de Blacon sortiroit de ladite ville de Pousin armes & bagages sauves et auroit la ville de Bay-sur-Bay en gouvernement.

II. Que les gouverneurs de ladite ville et chasteau dudit Pousin changez par ledit sieur duc de Lesdiguières seroient neanmoins de la religion prétendue reformée.

---

[1] Le Pouzin pouvait résister encore, il se rendit sur l'ordre formel de Rohan qui était à cette époque en pourparlers avec Lesdiguières pou faire sa paix avec le roi.

III. Comme aussi que les garnisons qui seroient establies esdits lieux ne seroient d'autre religion que de la religion pretendue reformée.

IV. Que pour le Bay-sur-Bay pareilles conditions seroient observées en la rédition d'icelle.

V. Et finalement qu'il ne seroit fait aucun tort ny dommage aux habitans desdictes places tant en leurs personnes qu'en leurs biens & familles.

Le Pousin a esté rendu de la sorte le jeudi 17 mars dernier, sous les conditions que dessus, accordées sous le bon plaisir du Roy & rien autrement, & a mis ledit sieur duc de Lesdiguieres pour gouverneur du chasteau dudit Poussin le sieur d'Allons, gouverneur de Serres en Dauphiné, qui est de la religion prétendue réformée, & pour gouverneur de la ville le sieur de la Roche de Grane, aussi de la religion prétendue, avec des garnisons des mesmes, toutefois sous le bon plaisir du Roy, car il n'y en a aucun la dedans desquels ledit sieur Duc ne soit asseuré de leur fidelité. Pour le fort que ledit sieur Duc a fait bastir au Pousin, il est gardé par le régiment de Moncha. Quant au Bay-sur-Bay il a esté rendu à mesme condition que le Pousin; aussi ne pouvoit il pas tenir après la reddition dudit Pousin. Le duc de Lesdiguières, y a mis ledit sieur de Blaçon pour gouverneur mais en toutes les deux y commande absolument ledit sieur Duc pour le Roy et les ennemis ne s'y peuvent plus rebeller [1].

[1] Voyez sur ces événements notre vol. II, pp. 335 à 341.

LES EXPÉDITIONS GUERRIÈRES ET MILITAIRES FAITES EN ITALIE

PAR L'ARMÉE DE FRANCE & CELLE DE SAVOYE

SOUS LA CONDUITE DE MONSEIGNEUR LE CONNESTABLE

AVEC LES VILLES & CHASTEAUX RENDUS A L'OBEISSANCE DE SON ALTESSE & DU SEIGNEUR CONNESTABLE.

Ensemble la prise faite par les galères de son Altesse, vaisseaux & gallions de monseigneur le duc de Guise, de quatre cens mil escus & autres munitions de guerre qui sortoient d'Espagne pour secourir la ville de Gênes [1].

Monseigneur le Connestable partit d'Ast le neufviéme de mars [2], conduisant l'avant garde & se logea avec dix piéces de canon à Aglian & aux environs, & son Altesse le suivit avec trente pièces de canon de batterie que de campagne & trois mil chariots de munition, le jour après, prenant les mesmes logis avec le gros de l'armée, estant l'armée composée de trente mil hommes & trois mil chevaux; en faisant le mesme aussi l'arriére garde jusques à Aquy, ou monseigneur le Connestable s'arrêta, & son Altesse à la ville d'Ales, distant de ladite cité seulement trois mil, la ou, pour le temps de pluye & nège qu'il fit, extrémement mauvais, il falut séjourner quelques jours pour dégager l'artillerie qui estoit tellement enfoncée en ces fanges du Montferrat, qui sont extrémes, qu'il y falut aussi une extreme force et diligence pour les arracher; ce qui fut fait. D'Aquy monseigneur le Connestable prit son quartier à Capriata ou ceux de la ville firent

---

[1] A Paris, de l'imprimerie de Claude Hulpeau, MDCXXV, in-8°, 15 pp.   [2] 1625.

quelque difficulté, ains taschant à faire résistance contre les armes de sa Majesté ny de vouloir loger monseigneur le Connestable; ledit seigneur Connestable fut contraint de faire congnoistre le respect & révérence que l'on doit aux armes de France, & pourtant, menaçant les forcer, s'ils ne luy ouvroient les portes, y entra par force et y logea ses gens & ès environ, & son Altesse à Crémolin & autres villes, ayant fait avancer quelques trouppes des siennes vers Gua; ascavoir le régiment de monsieur de Saint Reiren, qui est composé de quatre mil hommes, pour les faire loger dedans, puisque ladite ville ayant entendu que l'armée de sa Majesté & de son Altesse estoit si proche, apportèrent les clefs de la ville à monseigneur le Connestable en Aquy. Mais à cause qu'en un mesme[1] le sieur Jean-Hierosme Doria, général pour la république de Gênes, s'estoit remis dedans ladite ville pour la defendre, avec le sieur Nicolas Doria & quantité des principaux de Gênes, avec mil hommes & deux piéces de canon, ascavoir dans le chasteau, qui est de quelque considération, ledit régiment du marquis de Saint Reiren, s'approchant de la riviére d'Orbe proche dudit chasteau, furent saluéz de mousquetades & canonades, dont le sieur marquis prist résolution d'advertir son Altesse, comme ladite ville & chasteau s'estoit mis en défense, après s'etre rendue comme dessus est dit à monseigneur le Connestable. Son Altesse commande quant & quant à monsieur le comte de Verrue, un des quatre mareschaux de camp généraux de l'armée de s'avancer vers ladite ville & chasteau avec le régiment des gardes de son Altesse & régiments des sieurs comtes de Druent, Beineti et de la Trinité, ce qu'il fit pour forcer ladite ville & chasteau. Mais aussi tost que ledit sieur comte de Verrue & ses trouppes se firent veoir sur une petite coline proche la ville lesdits sieurs susnommez général Doria, Nicolas Doria, principaux de la ville de Gênes & mil hommes qui estoient dans la ville & chasteau de Gua, sans y attendre d'avantage les trouppes de son Altesse, prirent l'espouvante & délogérent aussi tost, ayant néanmoins laissé les deux canons & vingt-cinq hommes dans le chasteau, commandés par un nommé Martin, capitaine de Corségue[2]; ayant esté menacé d'estre pendu luy & ses gens s'il faisoit résistance il sortit aussi tost, estant desia les trouppes de son Altesse dedans la ville, & quelques mousquetaires

---

[1] Qu'au même moment.   [2] De Corse.

acheminés pour surprendre le chasteau qui demeura à l'obeyssance des trouppes de son Altesse.

Cette place est grandement importante tant pour son assiette forte qui est entre les deux rivières d'Orbe & Stura, comme pour estre très propre à faire les magazins de vivres et munitions de guerre, pour pouvoir puis après passer plus avant.

En ce mesme temps aussi monseigneur le Connestable fit avancer ses trouppes vers Novy, ville des plus grandes & meilleures qui soient de ladite république, mais à peine ils sceurent que lesdites trouppes marchoient qu'ils se rendirent à monseigneur le Connestable, en estant sortis plus de sept à huict cens soldats qui y estoient en garnison. Cela fait & ayant recognu Gavy, les Espagnols se resolurent de le secourir, croyans qu'on les devait attaquer, & à cet effect ils envoyèrent promptement mil napolitains pour s'y jetter dedans. Ce qu'ayant sceu monseigneur le Connestable par un courrier qui fut pris par sa compagnie de chevaux légers qui battoient l'estrade, portant advis du sieur Hyerome Pimontello, gouverneur de la ville de Tortone & général de la cavalerie légère de Milan, & l'advis que ces trouppes marchoient, il se résolut d'envoyer promptement à monsieur le comte d'Alès, qu'avec une partie de la cavalerie qui estoit en un quartier un peu plus avancé que celuy de monseigneur le Connestable, il taschast les empescher d'entrer à Gavy, l'accompagnant d'environ quatre cens mousquetaires, commandés par le sieur marquis d'Ussel.

Cela fut exécuté comme il avoit esté projeté; car ayant ledit sieur comte monté tout aussitost à cheval avec ladite cavalerie & joints à luy les mousquetaires, il alla droit au chemin ou ils devoient passer & les ayant rencontrés dela la riviére, ledit sieur comte se résolut de passer avec ses gens ladicte rivière, qui est dangereuse & rapide, proche de Seraval, ville de l'estat de Milan, par le canon de laquelle ville lesdits mil napolitans estoient favorisez, & si à propos que les chargeant sans marchander, il les défit & en eschappa fort peu qui n'ayent esté tuez ou pris prisonniers.

Du costé de Gua & Crémolin aussi ayant les Génois faits trois forts sur la montagne de Rossillon & gardez d'environ trois mil hommes, en estant chef Nicolas Doria, pour empescher qu'on ne passat par cette vallée la à la marine[1], son Altesse se résolut de les forcer. Le dix septiesme de mars, le temps s'estant remis au beau & ayant fort bien recognu la montagne, les fit attaquer de trois costés; le front fut attaqué par les regimens de Barthomelin, du comte de la Trinité & du regiment de ses gardes & mousquetaires avec la compagnie de carabins de ses mesmes gardes, car le plus grand nombre de cavalerie n'y eust peu servir. A la droite fut envoyé monsieur de Fleury & Chené avec leurs régimens pour en faire de mesme, & à la gauche celui de monsieur de Saint Reiran & de Savines, demeurant le régiment du marquis de Caluse entre ledit sieur de Saint Reiran & les trouppes de son Altesse, pour rafreschir & secourir ou il fut le besoin. Et après un combat qui dura plus de deux heures ils commencérent à perdre leurs postes peu à peu, puis ayant mis le feu à leur munition de poudre qui estoit dans les forts, se mirent en une telle fuite qu'on les chassa & mena battans trois grandes lieues, estans tousiours chargez & suivis par monseigneur le prince de Piémont; de façon qu'ils furent presque tous mis en route.

On se rendit maistre, outre les forts, de deux villes de Roussillon & Campo, qui se rendirent d'effroy, avec le chasteau que sans canon on n'eust peu emporter. L'on a eu quelques prisonniers & par le chemin trouvé un grand nombre de corps morts. Des nostres il n'y en est demeuré aucun; seulement quelques blesséz. Il n'y avait que Mazon qui tenoit au bas de la valée, mais son Altesse l'emporta deux jours après avec le chasteau qui se pouvoit défendre puisqu'ils avoient de la munition & quelques pieces de canon.

Et maintenant son Altesse est maistre jusqu'à la marine, sans qu'on le puisse empescher de son costé, faisant marcher son armée jusques aux portes de Gavy. Monseigneur le Connestable est party pour emporter Gavy & son Altesse avance pour se joindre à luy, car du costé de Tortone les Espagnols font leur gros & Geogirolamo Doria à Otagio, avec d'autres trouppes; toutesfois cela n'empeschera pas qu'on ne prenne cette ville. De plus le regiment de monsieur le comte de Cavoret s'est rendu maistre par force des deux places de Spine & Sassello, par la prise desquelles places ont [été] davantage ouvert les chemins à l'armée de son Altesse [et on] a contraint les Génois de se

---

[1] Au bord de la mer.

tenir dans la ville, ny de s'eslargir de ce coste la. Et pour les nécessiter[1] aussi par mer monseigneur le duc de Guise est sorty avec les vaisseaux & gallions bien équipez joints aux galères de son Altesse, dont lesdicts vaisseaux ont fait prise de quatre vingts quesses de réales qui venoient d'Espagne à Gênes, faisant presque la somme de deux cens mil escus, avec un grand nombre d'armes & autres munitions de guerre. Les galéres de son Altesse quelques jours après firent un pareil butin.

[1] Pour les fatiguer.

RÉCIT VÉRITABLE

DE CE QUI S'EST PASSÉ EN L'ARMÉE DU ROY

CONDUITE PAR MONSIEUR LE CONNESTABLE DELA LES MONTS

Ensemble la prise de Novi, la deffaitte de leur secours & celuy de Gavy[1].

Monsieur le Connestable après avoir séjourné quelque temps avec l'armée du Roy au Montferrat attaqua le samedy quatorziesme mars Novi, ville appartenant à la république de Gênes, laquelle se rendit le lendemain. Le lundi seiziesme le comte d'Alès défit le secours qui leur venoit, qui estoit de huict cents hommes de pieds & de cent chevaux dont il en demeura deux cens soixante sur la place & quantité de prisonniers. Après la prise de Novi & la deffaicte de son secours monsieur le Connestable logea l'armée du Roy aux environs d'une petite ville du Genevois[2] ou il y a un chasteau sur un roc, assez bon lieu ou il semble qu'ils veulent faire leurs premiers efforts pour résister & tenir bon, y ayant envoyé un de la maison de Spinola avec mille hommes, tant Suisses, Corses, que de leur pays. Le samedy vingt deuxiesme de mars, il y entra deux cens hommes envoyez par ceux qui commandent au Milanois.

Le dimanche des rameaux monsieur de Chambillard, lieutenant de la compagnie de chevaux légers de monsieur le Connestable, estant la nuict en garde, prit un courrier venant de Tourtonne envoyé par le seigneur Hierosme Piemantel, portant deux lettres,

---

[1] Imprimé à Lyon, chez Claude Armand, dit Alphonse, à la grande rue de l'Hospital, près l'estoille, MDCXXV, avec permission, in-8°, 11 pp. Une relation différente et plus brève du même événement a été imprimée sous le titre de *Relation véritable de ce qui s'est passé en l'armée du Roy estant en Italie, commandé par monsieur le Connestable, ensemble la furieuse deffaicte des Napolitains envoyez du Milanois pour secourir la seigneurie de Gênes.* Paris, Ramier, 1625, in-8°, 8 pp.

[2] Du pays de Gênes.

l'une adressée à la seigneurie de Gesne, & l'autre à Spinola qui est dans Gavy, par lesquelles il leur mandoit que le régiment de Ludovico Guasqui, destiné pour les secourir ne pouvoit estre de quelques iours à eux, pour n'avoir encor passé le Po; qu'il leur envoyoit cinq compagnies de napolitains de deux cens hommes chacune, des meilleurs soldats qu'il eust en sa garnison, & qu'encore qu'il n'en eust aucune ordre du gouverneur de Milan, il leur avoit ordonné de servir la république & faire tout ce que ledit Spinola leur commanderoit; que le lundy vingt-quatriesme à deux heures de iour ils seroient auprès d'une petite ville nommée Saraval, à deux mille de Gavy, & tiendroient le mesme chemin que les deux cens hommes du iour précédent avoient tenus.

Monsieur le Connestable ayant veu ces lettres sur la minuict envoya commander à monsieur le marquis d'Ussel, logé à Novi, quartier plus proche du lieu ou ils devoient passer, de les aller attendre auprès d'une cassine de l'estat de Gènes qui s'appelle Rethé, avec douze cens hommes des régiments de Sault & de Trémont et les deux compagnies de chevaux legers de monsieur le Connestable & de monsieur le mareschal de Créquy.

Sur les sept heures du matin monsieur le comte d'Alais, commandé par monsieur le Connestable, arriva aussi au mesme lieu avec sa compagnie colonnelle, celles du sieur de Lorières, Lignères, le Coudray, Montpensier, Valancey & des Ruaux. Presque au mesme temps les ennemis parurent au delà d'une rivière très impétueuse nommée Scrivia et croyans qu'elle ne se peust guayer, ils ne laissèrent pas de descendre une colline ou l'on ne les eust peu attaquer sans infanterie. Les nostres les costoyarent, la rivière entre deux iusques à une canonnade de Saraval sans leur tirer. Ceux de Saraval à mesme temps commencèrent à tirer plusieurs canonnades sur les nostres, et les Napolitains prenans courage par la faveur que ce lieu leur donnoit, commencèrent à tirer des mousquetades. Cela incite monsieur le comte d'Alais & monsieur le marquis d'Ussel de hazarder avec toute leur cavalerie cette rivière, qu'ils passèrent avec très grande difficulté, & chargèrent les Napolitains si vivement qu'ils les déffirent & en demeura deux cens sur la place & plus de cinquante prisonniers entre lesquels il y a celuy qui les commandoit & un autre capitaine & plusieurs autres des principaux.

Celuy qui commandoit les Napolitains s'est trouvé chargé d'une commission dudit Piemantel pour aller servir la république de Gênes, laquelle, avec les originaux des lettres que le courrier portoit, ont esté envoyées au Roy pour iustifier que lesdits Napolitains s'alloient ietter dans Gavy & servir les Genevois.

Dieu veuille conserver nostre Roy, le gardant des embusches & attentats de ses ennemis, bénir ses armes iustement prises pour la deffence de ses alliez, prolonger les ans de monsieur le Connestable pour continuer les bons & fidèles services qu'il a rendus à sa Majesté très chrétienne & à sa couronne.

LA GRANDE ET SIGNALÉE VICTOIRE

OBTENUE PAR L'ARMÉE DU ROY

SOUBS LA CONDUITTE DE MONSEIGNEUR LE CONNESTABLE & SON ALTESSE DE SAVOYE

DEVANT LA VILLE D'OTAGIO CONTRE LES ESPAGNOLS & GENOIS.

Avec la liste des noms des seigneurs capitaines & enseignes & du général qui conduisoit l'armée ; ensemble la prise de plusieurs villes, chasteaux & rencontres qui ont esté faictes depuis le 9 avril 1625 jusques à maintenant [1].

Non contans les Espagnols d'avoir perdu ses jours passés mil Napolitains qui alloient au secours de la ville de Gavy, dont ils furent mis en route, une partie tuez & l'autre partie prisonniers, ce qui fut fait par la vigilance de monseigneur le Connestable qui envoya monsieur le comte d'Alais pour les rencontrer & défaire, & après avoir les Génois aussi perdu trois mil hommes qui furent défaits par les trouppes piemontoises & gens de monseigneur le duc de Savoye, lors qu'il gaigna par force les trois forts faits à la campagne devant la ville & chasteau de Rossillon, qui de mesme demeurèrent le mesme jour souz l'obeissance de son Altesse avec la ville & chasteau de Campo, firent les Espagnols & Génois un gros d'armée composé de neuf mil hommes, mil chevaux & huict pieces de canon dans la ville d'Otagio, qui est pour quatre heures de chemin de Gênes : ascavoir de trois mille Génois & de six mil hommes Italiens & Espagnols, envoyez par le gouverneur de Milan soubz le commandement de dom Thomas Caraciolo, maistre de camp général des Espagnols & conseiller au conseil de guerre de sa Majesté catholique, y estant aussi le sieur Louis Guasco, col-

---

[1] Imprimé à Paris, de l'imprimerie de Claude Hulpeau, MDCXXV, in-8°, 15 pp.

lonel de trois mil hommes, pour empescher la prise du chasteau de Gavy, assiegée par monseigneur le Connestable. Dont son Altesse ayant auparavant bien garny de gens de guerre & munitions ladite place de Rossillon, s'alla joindre audit seigneur Conestable, & ayant advisé ensemble d'attaquer ledit gros d'armée, chasteau & places d'armes d'Otagio, demeurant ledit seigneur Connestable au siége de Gavy, son Altesse s'achemina vers Otagio avec six cens chevaux ou environ & avec son regiment de gardes piémontoises & regimens des seigneurs les marquis de Saint Reiran, Peveragne & Fleury & du seigneur de Savines & d'autres, tous commandés par le seigneur de Santena, un des mareschaux de camp généraux de l'armée de son Altesse, laquelle pour une nuict se logea dans le village de Carosio qui n'est qu'à une lieue d'Otagio ; de façon que les unes et les autres armées estoient à la veue l'un de l'autre.

Sur le matin après le neufviesme jour de ce mois d'avril, son Altesse fit advancer son régiment des gardes piemontoises & fit attaquer deux grandes tranchées qui estoient demy quart de lieue de Carosio, gardez par un bon nombre d'Espagnols et Gênois, mais l'escarmouche fut si rude qu'elle dura plus de deux heures. Toutesfois les Piemontois efforcérent sur la fin lesdites tranchées & les emportèrent, estans demeurez morts sur la place plus de deux cents soldats de l'ennemy. Le reste des ennemis prit la fuitte & se jetta dans les deux forts qu'ils avoient faits un peu loin de leurs tranchées ; sur un petit pont estroit qui tenoit le passage d'Otagio, y avoit un gros d'infanterie & cavallerie de l'ennemy. Cependant son Altesse ne perdit point temps pour faire avancer l'avant garde de quelque cavallerie pour soustenir lesdites trouppes piemontoises, lesquelles passèrent outre, fortifiées par les regimens des sieurs marquis de Saint Reiran, de Fleury & d'autres, qui prindrent le haut de la montagne quoyqu'avec difficulté, pour estre prests à combattre l'ennemy en cas que, quittant lesdicts forts, ils eussent pris la fuitte par le meme chemin de la montagne. Ce qui réussit tout à propos, car s'approchant la cavallerie de son Altesse et troupes piemontoises & susdits régimens, audits forts et ponts, par une petite vallée qui faisoit le chemin, rencontrérent le gros de ladite cavallerie, laquelle sur la faveur des forces se mit à combattre & resister aux armes piémontoises. Toutesfois aprés une heure & demie de combat la gendarmerie de son Altesse demeura victorieuse, & prenant la cavallerie ennemie la fuitte du costé du pont, les Piemontois & régimens susdits poursuivirent avec tant de violence & courage, que ceux mesmes du fort quittérent d'effroy leurs postes avec perte de plus de deux cens cinquante hommes qui furent tuez, tant de cavallerie que d'infanterie.

A laquelle victoire les regimens de Savoye qui estoient à la montagne descendirent quant & quant vers la ville d'Otagio pour rafraischir & se joindre aux autres qui avoient combattu & gaigné les forts, & ainsi marchérent tous ensemble, soutenus toujours de la cavallerie de son Altesse, qui estoient en nombre de six cens chevaux. Mais ne furent pas si tost à la portée d'un mousquet ou peu davantage desdicts forts, que l'on descouvrit la cavallerie de l'ennemy en quatre gros, à la faveur du village d'Otagio & du chasteau qui est sur un rocher très haut; néantmoins les gens & cavallerie de son Altesse s'avançant tousjours se mirent en devoir de combattre, & en même temps donnérent si vivement qu'ils emportèreut les postes, ayant la cavallerie ennemie pris la fuite de si bon cœur qu'à peine celle de son Altesse la peut joindre. Une bonne partie des Espagnols & Génois demeurérent morts sur la place, les autres se retirérent par un pont du costé du village qu'un petit ruisseau sépare & la tournérent faire teste, debattant fort oppiniastrement ces postes, & ce combat dura pour le moins deux bonnes heures, ains furent les Espagnols et Génois contraints de céder au courage des gens de son Altesse qui particulierement avoient soin de faire soustenir les combattans avec des trouppes rafraichies. Car ayant à la fin son Altesse envoyé les régimens du sieur marquis de Peveragne & du sieur de Savines par un bout qu'on descouvrit de la vallée, fit attaquer par les flancs lesdits ennemis qui furent défaits, s'abandonnans à une honteuse fuite vers le chasteau. Mais premiérement ils mirent le feu à la ville d'Otagio & firent jouer deux mines qu'ils avoient faites à l'entrée du lieu & du costé de la rivière. Toutesfois le dommage ne fut pas grand à ceux de son Altesse, lesquels poursuivirent courageusement la victoire sans s'arrester en aucune façon. Car les piémontois & monsieur de Flandres, brave & généreux cavallier françois, qui exerçoit la charge de sergent major de bataille, avec quelques troupes du régiment de monsieur de Saint Reiran, qui avoient gaigné le haut de la montagne pour s'approcher du chasteau, cotoyant une montagne qui est quasi à l'opposite du chasteau, voyans que ceux de l'ennemy qui estoient en fuitte devoient passer par la, s'opposans vers eux, les menèrent battans iusques au pied dudit chasteau, la ou faisant semblant de parlementer à ceux de son Altesse pour se rendre, firent iouer une mine qui servit plustost de cercueil à eux mesmes que de dommage aux piemontois, excepté que le sieur de Flandres y demeura, regreté grandement de son Altesse, pour sa valeur & bonne conduite. Ceux du chasteau voyant l'armée de son Altesse, se rendirent à discrétion, suppliant son Altesse de les recevoir en ses bonnes graces & clémence, encore qu'on ne les pouvoit prendre sans faire iouer le canon. Du costé de son Altesse les morts, blessez ou prisonniers, le nombre est, ledit sieur de Flandres qui fut emporté par l'ennemy, des soldats qui ont esté tués ou blessés environ quatre vingts. Des Espagnols et Génois il en est demeuré sur la place plus de douze cents & de prisonniers mil ou environ, entre lesquels il y a : le sieur Dom Thomas Caraciolo, napolitain, général des Espagnols; le sieur colonel Louis Guasco; les sieurs François Viscomte, Scipion Guiciardi, Pompée & Iacques Aresi, cavaliers principaux et camarades du général; le sieur Bartholomé Porro, sergent major; le capitaine Porro son frère; le capitaine Foppa; le comte Jean Baptiste Bertholdi, capitaine des trouppes du duc de Modène; le sieur Cazzola, capitaine des trouppes du duc de Parme; le sieur Mathieu Manfredi, de Crémone, frère du capitaine George; le sieur Hierosme Gili, d'Alexandrie; le sieur Dominique Gagna, enseigne du capitaine Barata; le sieur capitaine Trotto, d'Alexandrie; le sieur Hortensio Guarnase, de Crémone; François Gagineti, de Ravene. Les Génois : les sieurs Stephano Spinola; Gentil Doria; le cavallier Camillo Cataneo, maistre de camp des Génois; le sieur Paulo Antonio Clavezano, camarade du maistre de camp; le cavalier Alexandre Gentil, capitaine des Génois; le sieur Marc Antonio Gentil, commissaire général des vivres; le sieur capitaine Bernard Raveschain; le sieur Iacques Spinola, sergent major; le sieur Jean Barata, capitaine des galères; le sieur Iacinthes Orengo, enseigne de la colonnelle; le capitaine Paul Odon; le capitaine Lampugnan. Dont se voit que le duc de Savoye, après avoir combattu dès le matin iusques au soir le 9 de ce mois d'avril, a emporté la ville & chasteau d'Otagio, gaigné huict pièces de canon, tuez & prisonniers deux mil deux cens hommes, sans les blessez & mis en déroute sept mil hommes de l'ennemy.

Maintenant lesdits sieurs Stéphano & Augustin Spinola & Gentil Doria, prisonniers de son Altesse, disent qu'ils estoient envoyez de la part de la république de Gênes pour traiter avec son Altesse & monseigneur le Connestable quelque accord de contribution aux armes de France et de Savoye & de moyenner en quelque façon qu'ils ne s'approchassent davantage de la ville de Gênes. En outre le sieur Pimentelle, général de la cavallerie du roy d'Espagne, & gouverneur de la ville de Tortone, voyant les heureux progrez des armes de France & de Savoye, & le pire qu'ont eu & ont les Espagnols en ceste guerre, a tasché & tasche de faire le bon françois, s'offrant d'aller dans les armées de France & Savoye & passer le temps avec les officiers d'icelles, & tesmoignant d'avoir désir que les François fassent de mesme & s'en aillent à Tortone à passer le temps en ladite ville, comme particulièrement y a convié monsieur le mareschal de Créquy, & que mondit sieur le mareschal luy permit de le venir voir en la ville de Novy. Ce que veut signifier que n'ayant les Espagnols les forces de braver ladicte armée de France, veulent monstrer d'estre bons amis, comme si les drappeaux espagnolz qui sont entrés dans la ville de Gênes & ceux qui furent pris à la défaicte des mil Napolitains & autres qui ont esté pris par le duc de Savoye en ladicte victoire d'Otagio, ne fussent pas esté envoyez par le gouverneur de Milan [1].

---

[1] Voir dans notre vol II (p. 407, note), une lettre du duc de Savoie au roi de France sur ces évenements.

LA PRISE ET RÉDUCTION DE LA VILLE DE GAVI

PAR MONSEIGNEUR LE CONNESTABLE DE LESDIGUIÈRES.

Avec l'estrange fatalité de la guerre qui se fait ceste présente année contre la republique de Gênes [1].

La ville de Gavy est une place fortifiée par les Gênois & flanquée de quantité de bastions & de forts, comme une des principalles clefs de Gênes & par où l'on peut leur faire arriver toutes sortes de secours. C'est pourquoy les principaux de la république voyans que l'armée de sa Majesté très chrestienne s'advançoit de iour à autre & que monseigneur le Connestable envoyoit de la terreur dans les provinces les plus esloignées, resolurent de la remplir d'une forte garnison & de faire en sorte d'arrester une si puissante armée, cependant qu'ils travailleroient de plus en plus à leurs fortifications. Ils envoyèrent donc il y a environ trois sepmaines ou un mois six à huict cens Neapolitains & Milannois dans ceste ville, résolus de se bien deffendre & de laisser à iamais des marques de leur courage. Or il est à remarquer qu'il y a un assez fort chasteau la dedans qui commande d'un costé à la susditte ville mais qui est commandé de l'autre part des montaignes prochaines, desquels on peut descouvrir tout ce qui s'y fait. La garnison envoyée par les Gênois se meit partie dans ledit chasteau, partie dans la ville, & ne se peut dire les excès & extorsions estranges qu'ils commirent sur les citoyens.

Enfin l'armée s'approchant ils résolurent de faire une sortie & de tenter le hazard d'une rencontre, donnant ordre s'ils estoient repoussés de tenir les portes ouvertes, pour une seure retraitte. Monseigneur le Connestable ayant advis qu'on voyoit paroistre

---

[1] Imprimé à Paris, chez Adrian Bacot, demeurant rue des Carmes, à l'image de saint Jean, 1625, in-8, 15 pp.

quelques trouppes, donne ordre en mesme temps de faire advancer les siens. Le combat fut furieux, car la susdite garnison estant à l'impourveu enveloppée de tous costés par les nostres, peu des leurs se peurent eschapper & reporter les nouvelles de la defaitte aux citoyens de Gavy ; la pluspart demeura sur la place & ne se peust dire combien les trouppes françoises se signalèrent en ce combat, car encor que l'ennemy eust le dessus du vent & tous les advantages qu'il pouvoit désirer, il fut impossible de se sauver, & de tous ceux qui y estoient allez, à peine s'en sauvèrent-ils soixante & dix, tous furent taillez en pièces ou repris prisonniers.

Ceste victoire heureusement emportée par l'armée de monseigneur le Connestable, il fit advancer ses troupes droit à la ville de Gavy. Voilà aussitost les citoyens en alarme, ceux qui estoient fuys se retirèrent dans le chasteau, affin de ne laisser emporter une place si importante. On ne laisse pas d'investir la ville & cependant de desseigner comme la forme d'un siège; on travaille aux tranchées & déjà le canon est braqué contre les murailles. Les citoyens voyans qu'il estoit impossible de résister à une telle puissance & que les Gênois ne songeoient aucunement à leur envoyer secours, délibérèrent entre eux s'ils devoient se rendre ou attendre l'événement du siége & la rigueur de la guerre. Les plus mutins ne vouloient aucunement entendre à ouvrir les portes, bien asseuréz que c'estoit fermer un passage aux Gênois & leur clore les adveneues du secours de ce costé là; les autres mieux sensés, jugeans que c'estoit mettre leurs vies & leur biens au hazard, résolurent de se rendre et donner les portes à monseigneur le Connestable. De ce discord arriva un grand tumulte dans Gavy & peu s'en fallut que toute la ville ne se desfit d'elle mesme & ne se souillast de son propre sang.

D'autre costé le reste de la garnison qui estoit demeurée dans le chasteau, plus asseurée de la forteresse de ses murailles que du nombre de ses soldats, menaçait la ville de tout réduire en poudre s'ils se rendoient & de tirer le canon sur eux; toutesfois ceste grande contestation passa *in mitiorem*. Les principaux de la ville voyant que plus lontemps ils resisteroient à monseigneur le Connestable, plus ils aigriroient leurs affaires, après avoir assemblé les citoyens & appaisé les différens des uns & des autres, ouvrirent les portes & proposèrent la capitulation qui s'ensuit. Premièrement qu'il se rendroient à la charge qu'on ne feroit aucun pillage, extorsion ny violence dans la ville. Que monseigneur le Connestable les conserveroit dans leurs anciens priviléges. Qu'on n'abbattroit point leurs murailles & que la garnison qu'on laisseroit dans la ville ne seroit que de deux cens hommes. Qu'on les deffendroit à l'advenir contre toutes les entreprises des Gênois & qu'on raseroit le chasteau. Ces articles furent examinés; monseigneur le Connestable leur en accorda quelques uns & biffa les autres, leur disant que c'estoit à luy à faire la loi & non à ceux qui viennent avec des prières pour le recevoir[1].

On entra donc dans la ville ou l'armée se rendit la plus forte ; mais ce ne fut pas tout, car la citadelle qui est une assez forte place, comme nous l'avons remarqué, ne se voulut pas rendre, ains à tesmoigner par ses canonnades que la victoire n'estoit pas encore entière. Monseigneur le Connestable voyant ceste révolte fait en mesme temps eslever deux canons sur une montagne, qui commande à ladite ville & les ennemis croyans qu'on ne pouvoit guinder des canons si haut se mocquèrent du commencement des nostres et disoient que pour les épouvanter monseigneur le Connestable avoit fait eslever des pièces de bois sur ceste montagne, faites en forme de canon. Mais ils ont enfin senty l'effect des canons de bois, & ont esprouvé que les balles de fer qu'on a tiré sur eux ne sont pas de chesne ny de haistre. Ils sont maintenant aux extrémités & ne scavent plus de quel bois faire flesches, car on les bat en ruyne & de dedans la ville & de dehors[2].

Voila les dernières nouvelles qui viennent de l'armée de monseigneur le Connestable au bout desquelles i'ay bien voulu vous faire voir une lettre que i'ay rencontrée du mesme lieu[3].

---

[1] Voir notre vol. II, p. 406. La ville se rendit le 16 avril.

[2] Le château se rendit le 22 avril. Voir notre vol. II, p. 411.

[3] Après ce récit est imprimée une lettre de Ribercourt, lieutenant au régiment de Champagne, dans laquelle il raconte que lorsque François Ier, après la bataille de Pavie, traversa en prisonnier la ville de Gênes, il jeta son bonnet au milieu de la populace en disant qu'avant cent ans un autre viendrait le chercher. Cet autre, au dire de l'auteur de la lettre ne peut être que Lesdiguières qui va bientôt s'emparer de Gênes, et il termine par un ingénieux rapprochement entre François de *Bonne* et le *bonnet* de François Ier.

Dans une autre récit imprimé également chez Bacot, et portant le titre de *la Prise de la citadelle et fort de Gavy* (in-8°, 8 pp.), l'auteur anonyme raconte que quelqu'un, pour tâcher d'effrayer Lesdiguières sur l'issue possible du siège mis devant Gavy, lui racontait que jadis Barberousse avait assiégé cette ville sans réussir à la prendre : « Ce que Barberousse n'a pu faire, aurait répondu le Connétable, barbe grise le fera. »

RÉCIT VÉRITABLE

DE TOUT CE QUI S'EST PASSÉ A LA DEFFAICTE DES ESPAGNOLS

& LÈVEMENT DU SIÉGE DEVANT VERRUE

PAR MONSEIGNEUR LE CONNESTABLE & MONSIEUR LE MARESCHAL DE CRÉQUY,

Ou son Altesse eut le contantement de voir la fuitte des Espagnols [1].

Monseigneur le Connestable estant arrivé à Cressantin le dix septiesme novembre, après avoir disné, monsieur le mareschal de Créquy le mena à Verrue pour luy faire voir la place, & les travaux des ennemis & des nostres, & génerallement tout ce qui s'estoit faict, tant dedans que dehors pour sa deffence. Et après les avoir considerez assez exactement, ledit sieur Mareschal luy demanda s'il trouveroit bon que l'on attaquast les ennemys dans la plaine; ce qu'ayant jugé à propos, ledit sieur Mareschal donna l'ordre de les attaquer en la manière que s'ensuit : qui fut que Chappe donneroit à droite soustenu par Uselles, Bourbonne à gauche [2] & Seault au milieu [3], soustenue par Sansy, & que Blacon, Ferrière, la Grange, Villeroy & Sereny seroit en bataille devant les retranchements pour soustenir les nostres en cas qu'ils fussent repoussez, & pour en tirer des hommes selon qu'il

---

[1] Ce récit est imprimé à Paris chez la veuve du Caurroy, 1625, in-8°. On en trouve une copie contemporaine à la bibl. de Carpentras (mss. de Peiresc. LVIII), qui contient de nombreuses différences, nous en avons signalé quelques-unes dans nos notes; elle porte le titre de : *Relation envoyée par monseigneur le Connestable de tout ce qu'il a fait à son arrivée à Verrue, d'où il a fait oster le siege et a chassé les Espagnols, avec le dénombrement des forts des ennemis qui furent forcés et emportés en même temps,* *et les personnes de marque qui y ont esté blessées en servant dignement sa Majesté.* On peut consulter sur le même sujet : *La levée du siège de Verrue.* Paris, Rocolet, 1625, in-8°, 12 pp — *La levée du siège de Verrue.* Paris, Sara, MDCXXV, in-8°, 13 pp. — *Relation au vray particulière et ample de tout ce qui s'est fait iour par iour au siège de Verrue...* Traduit de l'Italien. Lyon, Roussin, 1626, in-8°, 104 pp.

[2] Supprimé dans le mss. de Carpentras.

[3] *Sault à gauche,* mss. de Carpentras.

en seroit de besoin : & que les gardes de monseigneur le Connestable prendroient pas derrière.

Ce qui succéda si heureusement, qu'au premier effort les nostres se rendirent maistres des forts & de toute la plaine, & chassèrent les ennemys qu'ils menérent battans jusques auprès de leurs tentes, les gardes se mettant parmy eux, & en firent demeurer quantité sur la place. Et si toute l'armée[1] ne leur fust tombée sur leurs bras, & quelques uns de nos gens de pied qui estoient advancez, il ne s'en fut pas eschappé un. Alors commença une grande escarmouche qui dura pour le moins trois heures.

Sur ce temps arrivat son Altesse, qui les vid d'assez près pour en avoir le plaisir, & le sieur de Peyrin, fils du feu chancellier de Navarre, et le sieur de la Grange, & de la Aye, aydes de camp, furent grandement occupez. Chacun fit si courageusement ce qu'ils devoit faire, qu'il fut impossible aux ennemis de faire quitter aux nostres un pas de terrain qu'ils avoient prins sur eux, quoyqu'ils fussent en beaucoup plus grand nombre que nous, n'ayant ledit sieur Mareschal alors que les troupes qui luy restoient de la fatigue du siége, combien que monsieur de Vignolles, y fut en personne & quelques-uns de ses capitaines.

La nuit survenant finit le combat, & fit resoudre les ennemis de se servir de son obscurité pour faire leur retraicte ; ce qu'ils firent, cy doucement que nous ne nous en apperçusmes que par quelques fusées qu'ils jetèrent en l'air, qui nous en fit douter, eux estant alors à plus de deux mil de Verrue. Ce qui ne nous empescha de les suivre, quoyque nos troupes fussent extrêmenent fatiguées de ce qui venoit de passer. Ils nous laisserent leurs morts & leurs armes & blessez & de leur bagage.

Et en cette attaque a esté ledit sieur Mareschal, blessé d'une légère mousquetade à la cuisse; monsieur de Chappe d'une à la teste ; la Neufville, son lieutenant, d'une au bras; Lemeny, enseigne de Roque, d'une à la teste ; la Rivière, lieutenant de Sanetaire[2] d'une aux reins, & d'une autre à la jambe; le sieur de Vignolles, sergent de bataille, d'un coup de pierre à la teste. Du régiment de Seault, Victriolle[3]

---

[1] Ajoutez *ennemie*, mss. de Carpentras.
[2] *Saulveterre*, mss. de Carpentras.
[3] *Le baron de Vitrolles*, mss. de Carpentras.

capitaine, blessé à l'espaule; Guichard, aide du sergent majour, d'une au bras & d'une autre à la joue. Du régiment de Villeroy, le capitaine du Moulin a eu les deux moustaches emportées d'une mousquetade, le sieur de Courteuille, sergent majour dudit régiment, & plusieurs autres chefs, blessez. Du régiment d'Usel, Roche, premier capitaine, blessé d'une mousquetade au travers des machoires; Ferron, capitaine, blessé à la cuisse; de Serres, son lieutenant, mort sur la place; Saint Maquere, sergent majour, mort auprés l'aide du sergent majour blessé au mesme endroit. Du régiment de Blacon, Dasse[1], capitaine, blessé d'une mousquetade à la jambe; un lieutenant dont on ne sçait pas encor le nom blessé de trois mousquetades, deux au corps, & une au bras; la Castillière, capitaine des gardes de monsieur le Mareschal, mort sur la place; Lacour, l'un de ses gentilshommes, blessé d'une mousquetade à la cuisse; Medar, lieutenant des gardes de monseigneur le Connestable, blessé d'une mousquetade au bras, & les deux trompettes de la compagnie blessez, chacun d'une mousquetade estant près de mondit seigneur; & de nos soldats environ cent de morts ou blessez, & de l'ennemy cinq cens sur la place, trois cens blessez, & deux cens prisonniers, entre lesquels furent treuvez deux capitaines prins par Monseau, lieutenant au régiment de Chapes.

[1] *D'Aste*, mss. de Carpentras.

COPIE DE LA LETTRE DE SON ALTESSE AU ROY

SUR LA FUITE DES ESPAGNOLS DEVANT VERRUE [1]

Monseigneur, comme i'escrivy à vostre Majesté, monsieur le Connestable partit avant hier de Turin, ne pouvant, pour son aage, tout d'un iour venir à Crescentin, et vint seulement à Chivas, & nous concertames de nous trouver tous aujourd'huy icy, ce qui a esté fait. Mais monsieur le Connestable y vint disner & ie ne peu y arriver que sur le soir, deux heures avant le soleil couchant, mais si à temps que ie me treuvay encore au combat qui se fit dans la plaine de Verrue. Car estant allé monsieur le Connestable voir nos retranchements de ladite place & de la voir toute l'assiéte du camp des ennemis & tous les lieux d'icy à l'entour, monsieur le mareschal de Créquy désira luy faire voir un combat, lequel a esté extrémement glorieux pour les armes de vostre Majesté & pour achever ce siége avec tout l'honneur & réputation du monde, ayant fait emporter d'haute lutte tous les forts que les Espagnols tenoyent en la plaine, mais le plus bravement qu'il se puisse dire, ayant fait tous les régiments qui sont icy de vostre Majesté merveilles en cette occasion la & en particulier le regiment de monsieur de Chappes, lequel a esté blessé à la teste d'une mousquetade, mais assez favorablement. La compagnie des gardes de monsieur le Connestable fit aussi trés bien & emporta le plus grand fort des leurs, donnant bien avant dedans la colline ou estoit l'ennemi. Son lieutenant y fut blessé & son cheval tué & monsieur de la Castilliére,

---

[1] Extrait de la *Relation au vray particulière et ample de tout ce qui s'est fait iour par iour au siège de Verrue...* Traduit de l'italien, imprimé à Turin. Lyon, Roussin, 1626, p. 85.

capitaine des gardes de mondit sieur le Mareschal, qui se treuva volontairement avec eux y mourut aussi d'une mousquetade à la teste. J'arrivay et treuvay monsieur le Connestable, ainsi que l'ennemi s'estant renforcé revint avec infanterie & cavalerie pour regagner ce qu'il avoit perdu. Mais il fut si bien receu & soustenu de monsieur le mareschal de Créquy & des troupes de votre Majesté, ou estoit aussi monsieur de Vignoles, & ie me treuvay en cette bonne compagnie la, qu'ils n'obtindrent rien de ce qu'ils pensoyent faire, ains on a conservé & gardé à leur barbe trois ou quatre forts qui avoyent esté gagnez, & la nuict separa le combat.

Et s'estant retiré monsieur le Connestable ie m'en vins aussi un peu après luy, demeurant au camp monsieur le mareschal de Créqui pour renforcer les gardes & donner les ordres nécessaires afin de conserver ce que l'on avoit si glorieusement acquis, et nous trouvames puis tous chez monsieur le Connestable pour voir ce qu'il faudroit faire pour le lendemain; et il sembloit à mondit sieur le Connestable qu'on ne croistroit les troupes que de deux cents chevaux, que je manday de venir au matin, & conformément à ce que feroit l'ennemi l'on se gouverneroit puisque les troupes que monsieur de Vignoles a conduit estoyent à Livorno, quatre petits milles prés d'icy, qu'en un besoin nous les eussions peu avoir en trois heures; craignant que si on les faisoit venir icy & qu'ils eussent campé deux ou trois de ces nuicts froides & longues, que cela les eut diminuéz grandement.

Et comme ie fus retourné à mon logis, ie voulu envoyer quelqu'un aux tranchées & à Verrue, voir quel motif faisoit l'ennemi & ie me rencontray avec monsieur Arnaudin, lequel i'asseure vostre Majesté s'estre porté en cette occasion autant courageusement & iudicieusement que personne autre qui l'ait servi, & un lieutenant de monsieur de Chappes qui s'appelle la Neufville, que tous disent avoir fait merveilles, & ie les renvoyay aux tranchées afin qu'ils me raportassent ce que faisoit l'ennemi. A peine pouvoyent-ils estre à nos tranchées qu'il m'arriva un gentilhomme que m'envoyoit monsieur de Sainct Reran qui commande à Verrue pour me faire scavoir comme l'ennemi s'enfuyoit. Nous montames à cheval tout aussitost; monsieur le mareschal de Vignoles & moy & arrivames iusques à leurs quartiers & treuvames qu'il estoit ainsi, & si nous eussions eu toutes nos troupes, ie croy qu'en cette retraite on eut peu faire quelque chose de bon.

Pour n'importuner vostre Majesté ie me remettray sur tout à ce que monsieur le Connestable & monsieur le mareschal de Créquy, luy écrivent plus particulierement de toute cette heureuse journée, laquelle à la vérité a esté telle & cette fuyte sans battre tambour ny sonner sourdine, si qu'on ne pouvait rien désirer de plus. A cette heure ayant l'ennemi l'épouvante & leur armée qui estoit à ce siége tellement defaite & ruinée & nos soldats avec tant de courage, que je croy que tout ce que l'on entreprendra se fera. Si ne veux ie laisser, encores que par autre personne expresse je rendray ce devoir à vostre Majesté, de luy baiser par cette cy trés humblement les mains, de tant de graces & de faveurs qu'elle me fait, reconnaissant très bien qu'après Dieu c'est de la seule générosité de vostre Majesté que ie ressens tous ces bienfaits & de m'avoir protégé & conservé ces estats contre la force & violence d'un si grand effort qu'ont icy fait les espagnols contre moy; me reconnaissant non seulement redevable à votre Majesté d'une vie mais de cent mille, si j'en pouvoy tant avoir pour les sacrifier toutes pour son service & luy témoigner que ie suis &...

DOCUMENTS

SUR

LA VIE PRIVÉE, LES CHARGES ET LA MORT

DE LESDIGUIÈRES

CRÉATION ET NOMINATION

FAICTE PAR MONSEIGNEUR DE MONTMORANCY

DU SEIGNEUR DES DIGUIÈRES

POUR ESTRE CHEF DE LA NOBLESSE ET DES ÉGLISES DE DAUFINÉ
LE 5 AVRIL 1577 [1].

Henry de Montmorancy, seigneur de Dampville, maréchal de France, gouverneur et lieutenant général pour le Roy au pais de Languedoc au sieur des Diguières, salut.

---

[1] Ce document existe en original aux archives du château de Vizille, autrefois résidence de Lesdiguières. Il suffit de parcourir le volume V de l'*Histoire du Languedoc*, par dom Vaisette (p. 331 et suiv.), pour connaître les circonstances qui ont poussé Henri de Montmorency-Damville de se mêler des affaires du Dauphiné. Furieux contre la maison de Guise, il se sépara avec éclat du parti catholique ligueur, s'allia avec les protestants et tenta d'organiser dans toutes les provinces du Midi une ligue des catholiques et protestants unis, dont le mot d'ordre serait paix et tolérance. Ce mouvement eut une influence considérable sur la marche des événements dans nos contrées. La nomination de Lesdiguières comme chef de la noblesse des montagnes, démontre que Damville se connaissait en hommes et qu'il avait prévu que son protégé était appelé à une haute destinée.

Chacun cognoist assez par la rupture de l'édit de paciffication[1] et la demonstration ouverte qu'on a faicte en prenant les armes, que l'intention des ennemis du repos [public] est de faire retumber ce pauvre et désolé royaume au goufre de malheurs dont il n'estoit quasi pas sorty, et pour fonder leur insatiable volunté, ruyner et exterminer tous les bons François aymans ceste couronne, spécialement les catholiques associez[2] et ceulx de la relligion réformée, contre lesquels ils se sont entretems bandez tellement, que pour s'opposer à cette pernitieuse volunté, se sont ouvertement déclarez le roy de Navarre, monseigneur le prince de Condé et nous qui avons appellé à notre ayde et secours tous ceulx qui se veullent conserver et maintenir ledit édit, ensemble toutes les provinces, villes et lieux qui veulent vivre suivant icelluy, entre lesquelles la province de Daulphiné est une des principalles, en laquelle il y a un grand et notable nombre de noblesse et personnaiges d'honneur qui veullent exposer leurs vyes et moiens pour un si bon et sainct effect, suivant les preuves qu'ils ont, en tous les troubles passez, faict de leur affection au bien de ce party, lequel ils ont embrassé et augmenté, de manière qu'il est nécessaire, estans desjà eslevez et en armes, faisant journellement infinis exploictz de guerre, de leur donner un gentilhomme d'honneur et de respect qui aye commandement audit pais et ordonne de toutes choses, attendant que entre eulx ilz ayent advisé de requérir un chef général de telle maison, extraction et authorité, qu'il puisse recevoir l'obéissance qui luy sera deue[3]. Et nous ayant par la noblesse des montagnes dudit Daulphiné, des baillaiges de Gapençois, Ambrunois, Briançonnois et Graysivodan esté declairé qu'ilz désirent avoir un chef qui commande es ditz lieux, attendant ledit chef général, lequel ne s'entremète du bas pais du Daulphiné, qui est le Valentinois, Dyois et Baronnyes, les séparant non de cœur et d'affection, mais seulement de commandement, icelle noblesse desdictes montaignes nous auroit faict nomination de vous, lequel ils ont congneu et approuvé, congnoissant tant votre valleur et mérite jointz les services qu'avez faictz audit pais, qu'ilz veullent vous recognoistre et obéyr. Laquelle nomination

---

[1] L'édit dont il est question ici est celui de Beaulieu promulgué le 14 mai 1576.

[2] Les catholiques unis aux réformés dans le désir de la paix et de la destruction de la maison de Guise.

[3] Il est probable que Damville se réservait ce rôle de chef général.

nous aurions très volontiers acceptée comme n'estimant pouvoir estre ceste charge commise à gentilhomme plus digne d'icelle.

A ces causes, pour la parfaicte cognoissance que nous avons de votre affection, fidellité à ce parti, valleur, expérience au faict des armes et toutes les autres vertus et quallitez qui doivent estre en un chef, nous pour ces considérations et autres à ce nous mouvans, vous avons créé, commis et ordonné, créons, commettons et ordonnons par ces présentes, jusques à ce qu'il y ayt un chef général esleu ès tout ledit Daulphiné, pour commander généralement audit pais des Montaignes et es ballaiges cy dessus nommez pour le soustien de ce party, tant la noblesse, gens de guerre, de cheval et de pied, villes, châteaux, forteresses, lieux, habitants d'iceulx et tous ceulx qui y vouldront vivre et demeurer, faire, disposer, ordonner de toutes choses pour la garde et conservation dudit païs, establir officiers, dresser compaignies, mettre garnisons, les modifier, amplifier, faire desmolitions, desmantellemens, fortifications, dresser armée, sortir canons, assiéger villes, et faire tout ce qui déppend de la guerre; oultre ce faire levée de toutes nature et sorte de deniers, introduire péaige, ordonner impositions, commettre receveurs et autres administrateurs et généralement disposer et ordonner en tout et partout tant pour le faict des armes, finances et discipline que de toutes autres choses, tout ainsi qu'il sera par vous, avec le conseil qui vous sera donné, ou par l'assemblée de ladite noblesse, advisé estre propre et nécessaire pour le bien de ce party, faisant généralement en tout et partout pour le bien d'iceluy, ce que nous mesmes y ferions si nous y estions en personne, ou que pourra faire le chef général lorsqu'il sera esleu et institué. Voullans que jusques à ladite institution toutes les ordonnances, mandements, commissions et despèches qui seront par vous faictes soient de telle force et valleur que si nous les avyons expédiées. Mandans à tous gentilshommes, villes, communautez, consuls et tous autres, vous honorer, respecter et obéyr comme à nous mesmes et vous laisser jouyr de toutes prééminences, authoritez et libertez d'un chef et commandant généralement. Et outre ce pour vostre estat et entretenement nous vous avons ordonné la somme de............[1] par chacun mois qui seront payez sur les plus clairs et liquides deniers.

---

[1] Lacune dans l'original.

Voullans que puissiez pugnir et faire pugnir les rebelles et désobeissans à vous et à vos mandemens par toutes rigueurs et peines en la voie établie pour la pugnition des délictz par nostre édict de justice. De tout ce que dessus faire et accomplir nous vous accordons et donnons plain pouvoir, puissance, mandement, authorité et commission expresse par ces présentes, données à Pézénas, le cinquième jour d'avril mil cinq cent soixante dix sept.

MONTMORANCY.

Par monseigneur le Maréchal,

MARION.

RÈGLEMENT SUR LA PACIFICATION DU PAYS DE DAUPHINÉ [1]

Roger, seigneur de Bellegarde, mareschal de France, gouverneur et lieutenant général pour le Roy en ses pays dela les monts, et commandant générallement pour son service et établissement de la paix en ses provinces de Dauphiné, Provence, Lionnois, Forest, Beaujolois, Haut et Bas Auvergne, à tous ceux qui ces présentes verront, salut.

Sçavoir faisons que en procédant à l'exécution de l'arrest et ordonnance de la Royne, mère de sa Maiesté, donnée à Montluel en Bresse le vingtiesme iour du moys d'octobre dernier passé entre les suiets de sa Maiesté, et nous estant à ces fins acheminez en icelle province, avons, avec l'advis et assistance des seigneurs de Maugiron, lieutenant général de sadicte Maiesté au gouvernement dudit pays, d'Autefort et de Pressins, premier et second présidents en la cour de Parlement, de Plouvier, président de la chambre des comptes de Grenoble, présens et assitans, le baron de Saulsac, commis des estats pour la noblesse, le seigneur de Brigodières, procureur desdits estats, le seigneur des Diguières, et plusieurs autres seigneurs gentilshommes faisans profession de la religion réformée, et iceux sur ce deuement ouis en tout ce qu'ils nous auroient voulu dire et remonstrer, avons ordonné et ordonnons ce qui s'ensuit.

Que suyvant ledit arrest ceux des eglises réformées envoyeront promptement ceux d'entre eux qu'ils ont esleus vers le Roy, lui re-

---

[1] Cette ordonnance de Bellegarde, dans laquelle Lesdiguières est reconnu pour chef du parti protestant en Dauphiné, a été publiée plusieurs fois; l'édition originale est une affiche in-folio imprimée sur deux colonnes sans nom de ville ni d'imprimeur. Elle a été réimprimée en dernier lieu dans les mémoires d'Eustache Piémont à la p. 99 de cet ouvrage qui est demeuré inachevé.

presenter leurs supplications et requestes sur ce qu'ils ont à requérir, et leur a esté remis et renvoyé à sa Maiesté par ladite dame Royne, sa mère, afin de parvenir le plustost que faire se pourra à l'entière et réalle exécution de la pacification de ladite province.

Que ceux de la religion, en suyvant leurs promesses contenues audit arrest, cesseront et feront cesser de bonne foy tous actes d'hostilitez, impositions, contributions, péages et toutes autres levées et cueillettes de deniers, vivres et munitions de quelque nature qu'ils soient ensemble toutes courvées et autres charges quelconques.

Que suyvant les promesses faictes par iceux députés à ladite dame, portées par ledit arrest, toutes garnisons seront vuidées des villes, lieux, places et chasteaux estans maintenant au pouvoir de ceux de ladite religion, et iceux mis en plaine liberté comme est ordonné par iceluy édict; excepté les villes et chasteaux de Nions et de Serres, reservés par iceluy édict pour la seureté publique de ceux de la religion, et celles de Gap, la Mure, Livron, Pont en Royans, Pontais et Chasteauneuf de Mazan, iusques autrement qu'il leur soit pourveu sur leur supplication suyvant ledit arrest[1].

Que tous ecclésiastiques et catholiques seront réintégrés et receus dans lesdites villes, lieux et places en leurs maisons, en toute liberté de conscience, de l'administration du service divin, exercice de la religion catholique, apostolique et romaine, iouyssance des biens, offices, dignitez, charges et personats, sans qu'il leur soit fait mal, dommages, oppressions, surcharges ny desplaisir en quelque façon et manière que ce soit, chargeant expressement le sieur des Diguières et autres commandants auxdites villes, et chacun d'eux en droit soy, de respondre sur leurs vies et honneur des dommaiges, desplaisirs et empeschemens qu'ils pourroient recevoir.

Et afin que tant plus seurement et hors de toute desfiance iceux ecclesiastiques et catholiques puissent se restablir, vivre et demeurer parmi lesdits de la religion, seront prins et receus en garde et protection par tous les habitans et chefs des maisons desdites villes généralement et par les gouverneurs, capitaines et gens de guerre

---

[1] On sait que le roi refusa d'accorder aux protestants d'autres villes de sûreté que Serres et Nyons, et le refus des protestants d'obéir à cet ordre royal motiva la venue de Mayenne en Dauphiné en 1580-1581.

d'icelles, que nous chargeons aussi en général et en particulier à peine de leurs vies de respondre de tous les accidents qui en pourroient advenir.

Aussi pour donner occasion ausdits de la religion de rentrer en amitié avec lesdits ecclesiastiques et catholiques, iceux ecclesiastiques et catholiques se comporteront parmy eux modestement sans user respectivement d'aucune inimitié, recherche ny reproches pour les choses passées, sinon tout autant que par ledit édict et par la voye de iustice leur est permis, à peine de la vie et de confiscation des biens contre tous y contrevenans, leurs fauteurs et adhérans, sans espoir de grace ny remission de sa Majesté.

Pour le réciproque de ce que dessus ledit sieur de Maugiron, lieutenant général de sadite Maiesté en icelle province, suyvant le devoir de sa charge, et comme il a promis, fera cesser toutes voyes d'hostilités à tous les suiets de sa Maiesté généralement dépendans de sondit gouvernement, ensemble de toutes charges et impositions, cueillettes, levées de deniers, vivres et munitions de quelque nature qu'ils soyent pour les choses passées sur ceux de ladite religion, et tout ainsy que leur a esté octroyé par ledit édict; en outre, fera réintégrer, restablir et recevoir incontinent au même instant et par mesme moyen que ceux de ladite religion réformée dans leurs maisons et dans toutes et chacunes les villes et lieux de leurs habitations, pour y demeurer en toute la liberté que par ledit édict leur a été octroyé, et iouissance de leurs biens, offices, dignités, personats, faisant cesser tous troubles, vexations et empeschements qui sur ce leur pourraient estre faicts ou donnez, sans longueur ni figure de procès, les tenant sous la protection et sauvegarde du Roy, la nostre et sienne, commandant néantmoins qu'elle leur soit promise, iurée et asseurée comme dessus est dit, par tous officiers du Roy, magistrats, consuls et habitans des villes et lieux dudit gouvernement, sous les mesmes peines cy devant indictes à ceux de la religion pour la protection et conservation des catholiques.

Que les maisons et chasteaux des gentilshommes tant de l'une que de l'autre religion indifferemment, leur seront rendues promptement en liberté sans aucun subterfuge ny délai.

Que les forces, garnisons et étrangers qui seront dans les lieux et places de Meullion, Tullette, Ruinat, Saou et Grane, en vuideront promptement et seront licentiez par ledit sieur de Maugiron et à ce que lesdits lieux et places demeurent libres; à l'effet de quoy iceux chasteaux de Saou et de Grane seront demantelez et la ville de Ruinat pareillement pour ne pouvoir à l'advenir servir de receptacle aux malfaiteurs de l'un ny de l'autre party. Et à mesme instance et par mesme moyen feront lesdits de la religion démanteler et ouvrir tous les chasteaux et lieux qu'ils ont tenuz iusques à présent, exceptés lesdits Chasteauneuf-de-Mazan, Pontais, le Pont en Royans, exceptés aussi les maisons et chasteaux des gentilshommes ausquels, comme dit est, il conviendra les rendre et laisser en toute liberté.

Que le chasteau d'Aix sera vuidé de la garnison des Corses qui y est à présent, et iceluy délivré et fait délivrer par ledit seigneur de Maugiron au pouvoir du baron de la Roche, neveu de la dame d'iceluy pour aucunes considérations spéciales approuvées d'une part et d'autre.

Que avant de pourvoir au démantellement du fort de Meuillon, comme lesdits de la religion l'auroyent requis, sera par nous envoyé un commissaire sur le lieu pour recognoistre l'importance d'iceluy, la commodité ou incommodité qui en peut reuscir au service du Roy, pour, sur son rapport, ordonner comme bon nous semblera, et estre pourveu au démantellement d'iceluy, si faire se doit, par ledit sieur de Maugiron ainsi qu'il a promis de faire, si nous trouvons par ledit rapport qu'il soit raisonnable, d'autant qu'il n'estoit présentement informé de ladite commodité et situation de ladite place.

Pour maintenir tout le commerce libre, toute reconciliation, amitié et intelligence entre les habitans de villes de Gap et de Tallard, ledit sieur de Maugiron réduira et reiglera par son authorité la garnison de la ville et chasteau dudit Tallard à tel nombre d'hommes qu'ils demeurent suffisans pour le regard dudit chasteau et de la porte de la ville de iour, ordonnant aux habitans de la ville d'y vaquer de nuict et de se tenir seulement sur leurs gardes sans entrer en offensives en quelque façon et manière que ce soit, chargeant bien expressement celuy qui commandera ensemble les consuls et habitans de se contenir modestement et de responder pour le respect de tous les accidents et inconvéniens qui y pourroient survenir aux choses sus escrites, tout de meme que le sieur des Diguières en demeure chargé pour le regard de la ville de Gap.

Pour la manutention publique de la police, la iustice aura son cours entre tous les suiets de sa Maiesté indifferemment, sans que toutesfois les magistrats puissent entreprendre la congnoissance et iuridiction qui doit appartenir à la chambre de l'édict. Pour pourvoir sur les voleries et cas prévostables dans les pais cy devant et iusques à maintenant tenuz par ceux de ladite religion et autres endroits de ladite province, le prevost de nostre suite y fera sa résidence avec un greffier, six archers et exécuteur de la haute justice, auxquels les commis et procureurs dudit pays feront payer soixante-six écus deux tiers d'écu pour un mois pour leur entretenement, iusques, à ce que par le Roy y ait autrement esté pourveu et que lesdicts prévost et archier soyent payez de leurs gages et soldes tant du passé que pour l'advenir. Pour le payement de laquelle somme de soixante-six écus deux tiers, ensemble de la somme de 1733 écus un tiers qu'il aurait pleu à la Royne ordonner par sondit arrest auxdits de la religion pour le payement d'un mois des garnisons qu'ils entretiendroient dans lesdites villes et chasteaux de Nyons, Serres, la Mure, Gap, Dye, Pontaix, Livron, Châteauneuf-de-Mazan, Pont-de-Royans, lesdits commis et procureurs du pays feront faire incontinent et sans délay l'imposition de deux écus deux tiers pour feu que cy devant leur a esté promise par le Roy, généralement sur tout ledit pays, et de ladite imposition bailleront par estat la portion de quinze cents feux, de ceux qui ont accoustumé de contribuer ausdits de la religion pour en faire faire la recepte et levée par tel que lesdits de la religion nommeront dans ladite ville de Gap, et en fera la recepte sous le nom de receveur du pais, et lui en demeurera comptable; lequel commis audit Gap payera et fournira des deniers qu'il recevra sur sondit estat, icelle somme de 1733 écus un tiers pour le payement desdites garnisons, pour et durant le présent mois de novembre à celuy ou à ceux et selon que par ledit sieur des Diguières luy sera déclaré. Plus payera pour les frais de voyage desdits députez vers le Roy ce que par nous luy sera ordonné, et ausdits prevost et archers ladite somme de soixante-six écus deux tiers. Desquelles sommes rapportant par luy les quittances des payemens que ainsy en seront par luy faicts, ensemble les déclarations dudit sieur des Diguières et nos ordonnances avec une copie de ces présentes, lui seront passées et allouées et reprises pour deniers contans par ledit receveur du pays, pour luy estre semblablement allouées en la despense de son compte.

Et tout le surplus de ce que par ledit commis sera receu de ladite imposition sur lesdits quinze cents feux; lui demeurera entre les mains en ladite ville de Gap, attendant la volonté du Roy sur le voyage desdits députez et leursdites supplications.

Et sur ce que par lesdits de la religion nous auroit esté requis et remonstré pour la prochaine tenue des états généraux de ladite province dans l'une des villes de Dye ou de Crest, à la discrétion de sa Maiesté, afin d'y pouvoir aller en toute liberté, ils se retireront pour cest effect à sa Maiesté pour en obtenir son bon plaisir ; néantmoins luy en ferons de nostre part très humble requeste, estimant que ce seroit la voye plus asseurée pour réconcilier ses suiets de ladite province par leurs propres inventions et ouvertures sous son obeissance.

Sera procédé promptement et dans le quinzième du présent mois à la réele exécution du contenu de cesdites présentes par les commissaires que par nous seront ordonnez à cest effect pour le party catholique, et par ledit sieur des Diguières que nous commettons pour ce qui dépend de ceux de ladite religion.

Et afin que l'un et l'autre party respectivement demeurent esclaircis d'heure à autre des diligences qui y seront faites et que les commissaires avec intelligence puissent faire leurs exécutions en mesme temps, ils seront réciproquement assistez, assavoir les commissaires catholiques d'un gentilhomme de ladite religion et que ledit sieur des Diguières leur nommera, et ledit sieur des Diguières d'un gentilhomme catholique tel qu'il plaira à monsieur de Maugiron ordonner pour luy assister.

Si mandons et commandons à tous iusticiers et suiects du Roy de quelque estat, religion, qualité et condition qu'ils soyent que au fait de ladite exécution et observation du contenu en cesdites présentes, ils ayent à assister ausdits commissaires, donner toute aide, faveur et obéissance, main forte et autre chose dont ils pourroyent estre requis.

Néantmoins à ce que personne n'en puisse prétendre cause d'ignorance, elles seront enrégistrées en chacun greffe de baillage de ladite province et de maison de ville pour y avoir recours par qui, selon et ainsi qu'il appartiendra.

Donné au Monestier de Clermont le quatriesme iour du moys de novembre mil cinq soixante dix neuf.

     Roger de Bellegarde, Maugiron, Bellièvre, Fléhard, Plouvier.

     Par mondit seigneur le Mareschal :

     Charretier.

Ces présentes ont été leues par commandement de mondit seigneur le Mareschal et ledit sieur de Maugiron en la présence des susdits sieurs et autres, à quoy ils ont respectueusement acquiescé et promis de satisfaire, obeir et d'y faire obeir tous ceux qu'il appartiendra, chacun en son endroit, de poinct en poinct, selon sa forme et teneur. En foy de quoy ils se sont soussignés.

  Saulsac, Chappuis, procureurs des états.

  Des Diguières, Aspremont, Morges, Sainte-Marie, Gouvernet, Allières.

VALLIDATION

DE TOUT CE QUE MONSEIGNEUR DES DIGUIÈRES A FAIT & ORDONNÉ
DURANT LES TROUBLES DE GUERRE
LE 23 SEPTEMBRE 1595 [1].

Henry, par la grâce de Dieu roy de France et de Navarre, daulphin de Viennoys, comte de Vallantinois & Dyois, à tous presents et advenir salut; pour prévenir les desseings de noz ennemys qui taschoyent d'entrer en ce royaulme par divers endroits nous aurions envoyé plusieurs despesches à noste amé & féal Françoys de Bonne, sieur des Diguières, notre lieutenant général es armées de Piedmont et Savoye, conseiller en nostre conseil et cappitaine de cinquante hommes d'armes de nos ordonnances, pour continuer les charge & commission de fère la guerre en vertu des pouvoirs à luy donnés tant en nosdicts pays de Daulphiné & Piedmont, et pour pourvoir en général à ce qui estoit de ladite charge, pour laquelle il luy a convenu faire plusieurs exploits & actes d'hostilité, impositions & levées de deniers, ordonnances, règlements & aultres choses qu'il a jugés nécessaires pour le bien de nostre service jusques à présent, lesquelles il désire par nous estre confirmées et authorisées affin d'en estre deschargé et que luy ne les siens n'en puissent estre recherchés à l'advenir et sur ce supplye très humblement faire expédier nos lettres

---

[1] Cette pièce est conservée en copie aux archives de l'Isère (B, 2916, n° 2); elle rentre dans la catégorie de nombreuses pièces du même genre, qui, pendant et après les guerres de religion furent concédées par les chefs protestants et catholiques aux instruments dont ils se servaient. Le baron des Adrets, par exemple, coupable de tant de violences, fut avoué cependant et approuvé par le prince de Condé dans un acte solennel. Ces chefs inférieurs, de leur côté, prenaient par des lettres du même genre la responsabilité des actes de leurs capitaines et de leurs soldats, on en a vu plusieurs exemples dans la correspondance de Lesdiguières, de sorte que les citoyens brûlés, pillés ou blessés se trouvaient dans l'impossibilité de se faire rendre justice et ils ne rencontraient en face d'eux que des instruments irresponsables.

necessaires : scavoir faisons que pour ces causes & autres justes considérations à ce nous mouvants, et affin de laisser à la postérité tesmoignage honorable des grands & recommandables services que ledict sieur des Diguières nous a fait et à nostre coronne, dheuement certains de sa valleur & du zèle qu'il ha tousiours heu à nostre service, mesme du bon debvoir dont il ha uzé pour rompre les desseins de noz ennemys et du soulagement que nos subiects en ont receu, nous avons de nostre certaine science, grace spécialle, playne puissance et authorité royalle & dalphinalle agréé, vallidé, approuvé & authorisé, agréons, vallidons, approuvons & authorisons, touttes les expéditions & actions de guerre de quelque nature qu'ils soyent que ledict sieur des Diguières a faites tant en ladicte province de Daulphiné que Piedmont pour la conservation & fortiffications desdictes places qui nous recognoissent, establissement des garnisons, ordonnances de lieux, payements, levées de provisions & aultres, concernant la seurté desdictes places de Piedmont & Daulphiné, ensemble toutes les impositions & levées de deniers, distribution d'iceulx, establissement d'estapes, magazins, fonte de boulets & artillerye, confection de pouldre et de salpêtre, commissions données pour faire recepte & dépense de nosdicts deniers et employs d'iceulx, reglement & ordonnances pour la punition des crimes, trefves ou suspensions d'armes accordées, siéges, prises de villes & châteaux, rasement et démolitions d'iceulx, entreprinses, combats, sauvegardes & passeports, adveux & desnombrements et génerallement tout ce qui par luy ha esté fait, exploicté & négotié en vertu desdicts pouvoirs, comme s'ils avoyent par nous esté faicts en personne, ores que le cas requist mandement plus exprès & spécial, avons declaré et declairons le tout avoir été fait par notre commandement pour le bien et utillité de notre service et la conservation de ceste coronne, ne voullons ny entendons que luy & les siens puissent estre recherchés des faits et cas susdits ou pour aulcung d'iceulx, ores ny à l'advenir soubz prétexte quelconque; ains les avons deschargé & deschargeons en tout ce qui aura esté payé par les ordonnances dudict sieur des Diguières, voullons estre passé & alloué aux comptables par luy commis, en procédant à la rédition de leurs comptes, encores qu'il regarde ou dépende de la charge des trésoriers généraulx de l'extraordinaire des guerres ; si donnons en mandement à nos amés & féaux les gens tenants nostre cour de parlement en Dauphiné, chambre de nos comptes et finances audict pays, que nos présentes lettres de déclaration, approbation, confirmation et adveu il les facent publier et registrer en nosdits comptes, et du contenu faire jouir ledict sieur des Diguières playnement & paysiblement, sans souffrir qu'il soyt contrevenu ny donné aulcung trouble ny empeschement, car tel est nostre bon plaisir. Et affin de perpétuelle memoyre pour que ce soyt chose stable, nous avons fait mettre nostre scel à sesdictes presentes. Donné à Lyon le vingt-troysiesme jour de septembre l'an de grace mil cinq cent quatre vingts quinze et de nostre règne le septieme.

Par le roy Dauphin,

FORGET.

NOMINATION DE LESDIGUIÈRES

COMME LIEUTENANT GÉNÉRAL PAR INTÉRIM DANS LA PROVINCE DE DAUPHINÉ

LE 3 FÉVRIER 1597.[1]

Henry &, daulphin &, à tous ceux &, salut : comme nous sommes avertis que nos ennemis font de plus grands préparatifs qu'ils n'ont point encor faict pour nous faire la guerre ce printemps, nous sommes aussy résolus pour nous y opposer, mettre sus les meilleures forces que nous pourrons, et prévoyant bien que les armées estant ainsy fortes & puissantes de part d'aultre, ne s'approcheront point que l'on n'en vienne à quelque grand combat et que nous avons pour cette occasion besoin d'avoir près de nous le plus de chefs & personnes de commandement qu'il sera possible, nous avons advisé à cest effect d'appeller tous les princes de nostre sang & aultres princes, ensemble les officiers de cette couronne pour les avoir près de nous quand nous entrerons en notre armée; outre lesquels ayant particulièrement desiré de nous servir de nostre cousin le sieur d'Ornano, mareschal de France & nostre lieutenant général au gouvernement de nostre pais de Daulphiné, tant pour la qualité qu'il a, qui l'oblige de se rendre principallement près de nous quand nous sommes en personne en nos armées, que pour ce que nous le scavons très digne & très capable de nous y pouvoir servir, et considérant néantmoins que

[1] Ces lettres patentes, conservées dans les mss. de la bibl. nation. (4014 p. 144), étaient rendues nécessaires par l'état permanent d'hostilité qui existait entre Lesdiguières et Ornano; le roi désigna Lesdiguières pour remplacer Ornano quand il serait absent du Dauphiné et en même temps il eut soin d'ordonner à ce dernier de résider hors de cette province.

pour les inconvéniens qui peuvent survenir il n'est pas à propos que ladicte province de Daulphiné demeure destituée de personne qui y aye soubs nous l'authorité & commandement principal, et ayant à cette occasion à faire élection de quelque digne personnage à qui nous en puissions commettre la charge, nous avons estimé ne la pouvoir faire meilleure que de la personne de notre aimé & féal le sieur des Diguières, cappitaine de cinquante hommes d'armes de nos ordonnances et nostre lieutenant général en l'armée que nous prétendons tenir dela les monts, tant pour avoir toutes les bonnes quallités à ce requises & nécessaires que pour la grande cognoissance qu'il a des longtemps de l'estat & affaires de ladicte province, et ayant jà le commandement d'une armée qui sera toujours proche de cette frontiere, qu'il peult mieux que nul autre conserver & maintenir en repos ledit pais. A ces causes scavoir faisons que nous avons ledict sieur des Diguières commis & ordonné, commettons & ordonnons pour, après que nostredict cousin le mareschal d'Ornano sera parti pour nous venir trouver ou servir ailleurs ou nous luy aurons ordonné, avoir l'aucthorité & commandement en ladicte province avec les mesmes pouvoirs, aucthorités, rang, scéance & prééminance que les ont & ont accoustumé d'avoir nos lieutenans généraux au gouvernement en icelle, et ce tant qu'il nous plaira. Si donnons en mandement à nos amés et féaux les gens tenans nostre cour de Parlement de Daulphiné qu'ils ayent à enrégistrer ces présentes & d'icelles souffrir & laisser jouir & user plainement & paisiblement ledict sieur des Diguières et de tout le contenu cy dessus en la forme & manière susdicte, et à luy obeir & entendre de tous ceux & ainsi qu'il appartiendra ès choses touchans & concernant icelle charge, sans permettre ne souffrir luy estre faict, mis ou donné aucun trouble, destourbier ou empeschement; au contraire, mandons à tous baillifs, sénéchaux, prévosts, et tous aultres juges dudict gouvernement, cappitaines & conducteurs de nos gens de guerre tant de pied que de cheval, d'obeir & entendre audict sieur des Diguières, et ausdicts baillifs, sénéchaux & juges faire aussy publier & enregistrer nosdictes patentes és registres des bailliages, sénéchaussées & siéges dudict gouvernement & partout ailleurs que besoin sera. Voulons en outre ce qui sera par nous ordonné pour son estat & appointement pour le temps qu'il tiendra ladicte charge, estre passé & alloué en la despense de ceux de nos receveurs comptables qui l'auront payé & rabattu de leur recept par nos gens de nos Comptes, auxquels mandons ainsy le faire sans difficulté. Car tel est nostre plaisir. En tesmoin &. Donné à Rouen le IIIe jour de febvrier l'an de grace MV^cIIII ˣˣ XVII & de notre regne le huictiesme.

HENRY.

Par le roy,

FORGET.

(*Sceau.*)

François de Bourbon, prince de Conty, gouverneur & lieutenant général pour le Roy en Daulphiné, à tous ceux que ces présentes lettres verront, salut: scavoir faisons que sur la requeste présentée à la Cour de Parlement dudict pais par ledict sieur de Diguières aux fins de la veriffication des lettres cy dessus & : la Cour les deux chambres assemblées ou estoient les gens des Comptes en enthérinant ladicte requeste, a veriffié lesdictes lettres pour en jouir par ledict suppliant selon leur forme et teneur; est ordonné le tout estre enregistré tant au greffe de ladicte Cour qu'en la Chambre des comptes. En foy & tesmoin de quoy nous avons faict mettre le scel royal delphinal à ces présentes. Donné à Grenoble en Parlement le XIIe jour d'aoust MV^cIIII ˣˣ XVII.

Par la cour,

LOUVAT.

VALIDATION PAR LE ROI

DES ARTICLES DE TRÊVE

CONCLUS ENTRE LE SIEUR DES DIGUIÈRES ET LE DUC DE SAVOIE

LE 20 JUILLET 1598 [1].

Henry &, daulphin &, à tous ceux qui ces présentes lettres verront, salut : scavoir faisons que nous ayant entendu par la lecture qui nous a esté faicte de mot à autre, la teneur des articles cy attachés soubs nostre contre scel, accordés en la conférence tenue à Grenoble entre les depputés de nostre païs et ceux de nostre tres cher & tres amé frère le duc de Savoye, sur l'exercice du traicté de paix arresté entre nous en ce qui touche le relaschement des prisonniers de guerre de part & d'aultre, réparations des contraventions prétendues avoir été faictes depuis la suspension d'armes, comme aussy pour le regard des places qui doivent demeurer en l'estat & le réglement des impositions pour l'entreténement des garnisons desdictes places de part & d'autre à la forme dudict traicté de paix, lesdicts articles signés par nosdicts depputés, à la charge pour la plus grande vallidité de rapporter sur iceux nostre ratiffication ; après les avoir meurement & et particulièrement considérés en nostre conseil, nous avons lesdicts articles loués, approuvés & ratiffiés & de notre certaine science plaine puissance & aucthorité

---

[1] Ces lettres patentes existent en copie dans les mss. de la Bibl. nation. (4014, p. 191). On trouvera dans notre premier volume (p. 338) les instructions données par Lesdiguières au sieur du Motet pour traiter avec le duc de Savoie de la conclusion de cette trêve qui finit par aboutir à la paix de courte durée.

royalle delphinalle, approuvons, agréons, ratiffions & aucthorisons par ces présentes signées de nostre main; voulons, entendons & nous plait qu'ils soient gardés & entretenus selon leur forme & teneur; jurons & promettons en parolle de Roy y satisfère, les faire observer & executter de nostre part, mesmement pour l'accomplissement de ce qui est remis à nostre intention & déclaration sans y contrevenir ny souffrir qu'il y soit contrevenu. Et à ce que notre intention demeure ferme envers tous pour y avoir recours, mandons à nos amés et féaux conseillers, les gens tenans nostre cour de Parlement &, et si besoin est, faire registrer en icelle nostredicte ratiffication avec lesdicts articles pour tesmoignage de notre scencerité. Car &. En tesmoing &. Donné à Paris le XXe jour du mois du mois de juillet 1598 de nostre reigne le neufviesme.

HENRY.

NOMINATION DE LESDIGUIÈRES

COMME LIEUTENANT GÉNÉRAL AU GOUVERNEMENT DE DAUPHINÉ

LE 12 SEPTEMBRE 1598.[1]

Henry, par la grâce de Dieu roy de France et de Navarre, dauphin de Viennois, comte de Valentinois et Dyois, à tous ceulx que ces présentes lettres verront, sallut : ayant pourveu nostre cher et bien aymé cousin le sieur d'Ornano, mareschal de France, de la charge de nostre lieutenant général au gouvernement de Guyenne, de laquelle despuis le desceds advenu de nostre couzin le feu sieur Matignon, aussy mareschal de France, nous n'avions encores disposé, et ayans maintenant à pourveoir à la charge de nostre lieutenant général au gouvernement de nostre pais de Dauphiné que tenoit nostredit couzin le mareschal d'Ornano, ne pouvans pour telle charge faire meilheure élection que de nostre cher et bien aymé François de Bonne, sieur des Diguières, cappitaine de cent hommes d'armes de nos ordonnances, en qui outre la longue expérience qu'il a des affaires de nostre pais de Dauphiné, se treuvent toutes les bonnes et louables qualités nécessaires et qui se peuvent désirer pour bien administrer ladite charge ; scavoir faisons que nous, pour ces causes et autres bonnes considérations à ce nous mouvans, avons ledit sieur des Diguières faict, créé, constitué, ordonné et estably, faisons, créons, constituons, ordonnons et establissons par ces présentes, nostre lieutenant général au gouvernement de nostredit

---

[1] Ces lettres patentes conservées en copie aux archives départementales de la Drôme (C. 230), sont le corollaire de celles du 3 février 1597. Dès que Ornano eut consenti à accepter le gouvernement de la Guyenne on nomma Lesdiguières à la place qu'il occupait en Dauphiné.

pais de Dauphiné en l'absence de nostre tres cher et tres amé cousin le prince de Conty, de laquelle charge et estat nous luy avons donné et octroyé, donnons et octroyons pour l'avoir, tenir [et] doresnavant exercer, aux honneurs, auctorités, prérogatives, préhéminences, franchizes, libertés, estats, pentions, droicts, proffictz, revenus et esmoluments acoustumés et qui y appartiennent, tels et semblables que les avoit et prenoit nostre dit cousin le mareschal d'Ornano, avec plain pouvoir, auctorité, commission et mandement spécial de contenir nos subgectz manans et habitants des villes et plats pais en l'obeyssance qu'ils nous doibvent, les faire vivre ensemble en amityé, union et concorde, et en cas qu'entre eux survint aulcunes querelles, débats et noizes, pourvoir par luy promptement à la pacifification d'iceulx, et faire punir par nos juges les coulpables et auteurs desdites querelles; et pareillement à ceulx qui contreviendront à nos édicts [les] faire observer et garder inviolablement; mander, convoquer et assembler pardevant luy toutes fois que bon luy semblera et que besoing le requera les gens d'esglize et de la noblesse, officiers, consuls, maires, eschevins, bourjois, manants et habitants des villes dudit gouvernement, pour leur faire entendre, ordonner et enjoindre ce qu'ils auront à faire pour notre service; à leur conservation adviser et pourvoir aux ocurents d'icelle; ouyr les plaintes de nostre peuple du pais et sur icelles leur pourvoir et faire administrer justice; avoir l'œuil sur les officiers de nostre justice et tous autres, pour voir le debvoir qu'il feront en leur charge, et s'ils ne le font bien nous en advertir pour y pourvoir comme verrons estre requis; aussy pour pourvoir à la seurté des villes, ponts, places et forteresses dudit gouvernement, à ce qu'il ne fasse aulcune esmotion ou entreprinse contre l'obeyssance qui nous y est deue, et pour cest effect commander à nos officiers, maires, eschevins et consuls, manans et habitans desdites villes, cappitaines de nos ordonnances, chevaux légiers, ban et arrière-ban, gens de pied, légionnaires et tous nos aultres gens de guerre estans et qui seront cy apprés pour nostre secours audit pais, de quelque qualité, condition et nation qu'ils soient, ce qu'ils auroient affaire pour notre service; envoyer lesdits cappitaines et soldalts en telle ville et place desdits lieux et pais qu'il verra estre requis pour la conservation d'icelles, et derechef les assembler pour les mettre en esquipaige ou faire telle entreprinse qu'il verra estre affaire pour combatre nos ennemis; assiéger villes et chasteaux occupées pour eulx, prandre pour cest effect telles pieces d'artillerie, poudres et munitions qui se trouveront es villes dont il aura besoing auxdites entreprinses, et pour cest effect commander à tels habitans dudit pais ou de partie d'icelui qu'il verra, les moyens et foulles que plus commodement et promptement le pourront faire, nous en ayant préalablement donné advis pour par nous estre ordonné, et non autrement, de la levée qu'il conviendroit faire des charouans, pionniers et aultres choses nécessaires ; assaillir et forcer lesdites places ou les prandre en telle composition et condition qu'il verra estre plus à propos pour nostre service et le bien de nos subjects ; commander aux bénéficiers et gentilshommes et aultres nos subjects ayans maisons et chasteaux forts de tenir gens de guerre à la garde d'icelles et à leur deffaud et négligences y pourvoir et y mettre telles forces et garnisons qui par nous seront ordonnés pour estre entretenus aux despans et revenus desdites places ; faire [a]battre telles villes et chasteaux dudit pais que besoing sera, soient qu'elles soient [nostres] ou à nosdits subjects, quand il verra l'éminent péril et que aultrement il ne se pourra esviter et dont nosdits ennemis se pourront saisir et prévaloir ; faire ausdits gens de guerre qui ainsy seront employés par ledit sieur des Diguières, et aussy à ceulx qui passeront pas les terres du segond gouverneur, administrer logis et vivres soict par estappes ou autrement, à la moindre folle et oppression de nostre peuple que faire se pourra, et pour ce faire depputer et commettre tels commissaires qu'il advizera ; advenant la mort des cappitaines des chasteaux, villes, ponts et places et des gens de pied estant audit pais pour nostre service, en depputer d'aultres jusques ad ce que y ayons pourveu ; faire vivre tous les gens de guerre tant séjournans, passans, allans et venants, en bonne police et dissipliné selon les ordonnances et reglements millitaires sur ce par nous et nos prédécesseurs faicts, sans souffrir qu'ils fassent aulcun tort, pilherie, exaction ou excés aux habitans desdites villes et pais, et si aulcun faisoit le contraire en faire faire la correction et justice par les prévots provinciaulx ou aultres nos officiers dudict pais, de sorte que les aultres y prennent exemple ; et au cas qu'il soit requis de plus grandes forces, faire assambler et convoquer le ban et arriere ban des lieux de son gouvernement, les communes et perroisses par le son de tocsin pour faire adcister lesdits prévosts et aultres nos bons subjects ; [lorsque] selon que le cas le requéra.

nous ordonnerons la convoquation de nostredit ban et arriere ban, que ne se commette aulcun habus, en faire faire les monstres et reveues ; se faire présanter les rolles et assiettes de deniers qui se léveront pour nos affaires et donner ordre qu'il ne soit employé a aultre uzaige ; avoir l'œil et regard sur le prévost des maréchaux, leurs lieutenants, greffiers, archiers et aultres officiers des maréchaussées estant en sondict gouvernement et leur ordonner qu'ils auront affaire pour nostre service, mesmes pour tenir le pais, chemins et nos subjects en toute seureté et reppos, commettre ausdicts chemins, passaiges et destroys telle garde qu'il advizera pour avoir la cognoissance de ceulx qui y passent, faire arrester et retenir ceulx qui seront suspects, s'ils voyent que bon soict, jusques ad ce qu'il aict cogneu de leur qualité, preudhomye et innocence ; faire faire les monstres et reveues esdicts gens de guerre, et pour ce commettre tels commissaires et contreroleurs extraordinaires de nos guerres que besoing sera ; ordonner des deniers qui par nous seront destinés au paiement desdits gens de guerre selon les estats qui en seront par nous expediés, ensemble de ceulx qui seront destinés à estre employés aux fortiffications desdictes villes, ponts et places et pour l'artillerie et munitions estans en icelles, et de tout en expédier les notiffications, ordonnances, mandements, estats, cayiers et acquits servant à la descharge des trézoreries ordinaires et extraordinaires de nos guerres, artillerie et réparations respectivement lesquelles des à présent comme pour lors, nous avons auctorizés et validés, auctorizons et validons par cesdites présentes ; et ou aulcunes rebellions, deshobeyssances et insolences et aultres accidens interviendroient à l'estendue de sondict gouvernement, en faire faire pareilhement la justice et punition sellon l'occurance du faict qui sera commis ; faire tenir les chemins, ponts, ports et passaiges de sondict gouvernement bien et deuement entretenus, et avoir esgard que les deniers que pour ce seront destinés soient bien et fidellement employés, et esgallement faire et ordonner [en] ladite charge de notre lieutenant général tout ce qu'il verra bon estre pour le bien de nostre service, conservation et manutention de nostre estat et du publicq, comme nous mesme ferions ou faire pourions si en propre personne y estions, jacoit que ce cas requist mandement plus spécial qui n'est porté et contenu en ces présentes, tant qu'il nous plaira. Si donnons en mandement à mes amés et féaux les gens tenans notre cour de Parlement de

Dauphiné et à tous nos autres justiciers et officiers qu'il appartiendra que ledict sieur des Diguières, duquel nous nous rezervons prendre le serment en tel cas requis et accoustumé quand la commodité de nos affaires permettra de le faire venir par devers nous, et dont nous l'avons quant à present dispensé, ils ayent à faire et souffrir et laisser jouyr et uzer plainement et paisiblement de ladicte charge et de tout le contenu cy dessus en la forme et maniere susdite, ensemble des honneurs, auctorités, prerogatifves et préhéminances, franchizes, libertés, immunités, estats, gaiges, pentions, droicts, proffictz et revenus appartenant à ladicte charge et estat, et à luy obeyr et entandre de tous ceulx et ainsy qu'il appartiendra es chozes touchans et concernans icelle charge et estat de nostre lieutenant général susdict, sans permettre ne souffrir luy estre fet, mis ou donné aulcun trouble, destourbier ou empeschement à ce contraire; mesme à tous nos balifs, séneschaux, prévots et autres juges dudict gouvernement, cappitaines et conducteurs de nos gens de guerre tant de pied que de cheval, d'obeyr et entendre audict sieur des Desguières dans ledict gouvernement. Voulons pareilhement, mandons et enjoignons par ces présentes, icelles faire publier et enregistrer es registres de notredicte court de Parlement, baillages, sénéchaussées et siéges dudict gouvernement et partout ailheurs où besoing sera. Mandons en outre à nos amés et féaulx les trézoriers de notre espargne presents et advenir, qu'ils ayent doresnavant, à commancer du jour dacte des présentes, à faire paier et deslivrer comptant audict sieur des Diguières par chascun an aux termes et en la maniere accoustumée lesdicts estats, appoinctements et pentions, et rapportans le vidimus des présentes deuement collationnées pour une fois seullement avec quittance dudit sieur des Diguières sur ce suffizante, nous voullons et ordonnons ce que payé et deslivré aura esté à ceste occasion, estre passé et alloué en la despance de leurs comptes respectivement et rabbatu de la recepte d'iceulx par nos amés et féaulx les gens de nos comptes ausquels mandons ainsy le faire sans difficulté, car tel est nostre plaisir ; en tesmoing de quoy nous avons faict mettre nostre scel à ces présentes. Donné à Fontainebleau le XIIe jour de septembre l'an de grace 1598 et de nostre regne le dixiesme.

HENRY.

Par le roy dauphin,
FORGET.

LETTRES PATENTES

AUTORISANT FRANÇOISE ET CATHERINE DE BONNE

FILLES ADULTÉRINES DE LESDIGUIÈRES

A SUCCÉDER AU NOM, AUX ARMES ET A CENT MILLE LIVRES DES BIENS DE LEUR PÈRE

.. JANVIER 1610.[1]

Henry, par la grace de Dieu, roy de France et de Navarre, daulphin de Viennois, comte de Valentinois et Dioys, à tous présents et advenir, salut: nos chères et bien amées Françoise et Catherine de Bonne nous ont faict dire et remonstrer qu'elles sont yssues par copulation illicite et adultérine de nostre tres cher et féal cousin messire François de Bonne, sieur des Diguières, mareschal de France, nostre lieutenant général au gouvernement de Dauphiné, et de Marie de Vignon, dame de Moyrenc, femme néantmoings séparée de corps et de biens d'avec son mary, qui n'estoyent solus[2], ains mariés l'un à l'autre, et bien que au vice de leur naissance elles n'ayent contribué chose quelconque, sy est ce que leur infortune est telle que par les lois civiles et constitutions ecclesiastiques, elles sont incappables de recevoir aucun advantage de leurdict père, veu mesmement qu'il a de son mariage légitime une fille laquelle a plusieurs enfans, encores que nostredict

---

[1] Ces lettres patentes sont conservées en copie à la Bibl. de Grenoble (mss. papiers du Cte de Sault). Nous avons parlé dans notre introduction historique des relations de Lesdiguières avec Marie Vignon et des enfants qui en naquirent. Françoise et Catherine de Bonne épousèrent toutes les deux des Créqui, l'une son beaufrère, l'autre son neveu, mais elles moururent sans enfants. D'autres lettres de légitimation plus amples et que nous n'avons pas retrouvées leur furent données en novembre 1615.

[2] Désunis.

cousin aye moyen de leur faire du bien s'il luy estoit permis, pour empescher qu'après son décès elles ne demeurent déspourveues, qui est cause que se trouvans en cette anxietté sans l'avoir merité, elles sont forcées recourir à nous pour avoir nos lettres nécessaires, humblement requérant icelles. A ces causes désirant leur subvenir en cest endroict et veu qu'elles sont advouées par nostredict cousin pour ses filles, et ne permettre qu'encor qu'elles portent son nom et armes, soyent destituées de commodité pour se pouvoir subvenir; de nos certaine science, plaine puissance, propre mouvement et authorité royalle delphinalle, avons par ces présentes signées de nostre main donné et donnons pouvoir et permission à nostredict cousin le mareschal des Diguières donner à chacune d'icelles soit par testament, donnation entre vifs ou autrement, jusques à la somme de cent mille livres seulement, et à elles donné pouvoir de la recepvoir vallablement et d'en jouyr et user comme de leur propre bien et héritage, et d'icelle somme et autre qu'elles pourront acquérir disposer en faveur de qui bon leur semblera, sans que au moyen de nos ordonnances faictes contre les enfans engendrés en illégitime copulation l'on puisse les troubler ou les inquietter directement ou indirectement en la jouyssance d'iceux, et pour ce avons imposé et imposons silence perpétuelle à nos procureurs généraulx présents et advenir leurs substituts, les enfants légitimes de nostredict cousin et tous autres, et permettons porter les noms et armes de nostredict cousin avec la distinction du lembeau[1] seulement, et en tous autres actes jouyr des mesmes, droicts et privilèges que ceux qui sont engendrés légitimement, excepté qu'elles ne pourront succéder à nostredict cousin ny à leur mère au préiudice de leurs susdicts enfants légitimes si ce n'est ausdicts cent mil livres chascune seulement. Sy donnons en mandement à nos amés et féaux les gens tenans nostre cour de Parlement, Chambre de nos comptes et trésoriers généraulx de France à Grenoble et à tous noz autres justiciers officiers et à chascun en droict soy, ainsy qu'il appartiendra, que de ces présentes noz lettres et de tout le contenu cy dessus, ils fassent souffrir et laissent lesdites exposantes jouyr et user plainement, paysiblement et perpetuellement sans en ce leur faire mettre ou donner, ny permettre estre faict, mis ou donné aucun trouble ou

---

[1] Lambel.

empeschement contraire, lequel sy faict, mis ou donné leur estoit, voulons estre par eux mis incontinant et sans deslay à pleine et entiere deslivrance et au premier estat, nonobstant la rigueur de tous édicts, ordonnances, dispositions de lois civilles et constitutions canoniques que ne voulons leur nuire ne preiudicier, ains en tant que de besoing est ou seroit de noz grace specialle, pleine puissance et authorité royalle que dessus, les en avons relevé et dispencé, relevons et dispençons par ces présentes, car tel est nostre plaisir. Et afin que ce soit chose ferme et estable à tousiours, nous avons faict mettre nostre scel à lesdictes présentes, saufz en autre chose nostre droict & de l'autruy en toutes. Donné à Paris au mois de janvier l'an de grace mil six cents dix et de nostre regne le vingt uniesme :

Henri.
Par le Roy dauphin :
Pottier.

Sur la requeste presentée à la Cour par demoiselles Françoise et Catherine de Bonne tendant à vérification des lettres patentes par elles obtenues de sa Majesté au mois de janvier dernier, par lesquelles sadicte Majesté leur permet de porter le nom et armes avec lambeau de messire François de Bonne, seigneur des Diguières, mareschal de France et lieutenant général pour le Roy en Dauphiné, qui les a advoué pour ses filles, et que ledict seigneur Mareschal puisse donner à chascune d'icelles la somme de cent mil livres & à luy succéder jusques à ladicte somme tant seulement : la Cour après avoir conféré avec les autres chambres et les gens des Comptes, en intérinant ladicte requeste, a vériffié lesdictes lettres, ordonné qu'elles seront enregistrées tant au greffe de céans qu'en la Chambre des comptes pour jouyr par les impétrantes du contenu d'icelles, selon leur forme et teneur. Fait à Grenoble en Parlement le trentiesme de mai mil six cents dix.

LETTRES PATENTES

DÉCLARANT FRANÇOISE ET CATHERINE DE BONNE

FILLES ADULTÉRINES DE LESDIGUIÈRES

INHABILES A SUCCÉDER A LEUR PÈRE

(1640).[1]

Louis, par la grace de Dieu, Roy de France et de Navarre, dauphin de Viennois, comte de Valentinois et Dyois, à tous présens et advenir, salut : encores que nous ne soyons pas obligés et soubzmis à l'authorité des loix, nous avons néantmoins accoustumé de regler nos volontés suivant leurs dispositions, où s'il arrive quelquefois que les graces que nous départons à noz subjects, s'en trouvent esloignées, cela procéde du déguisement qui nous est faict de la vérité des choses, au moyen de quoy ceux qui nous surprénent doivent sçavoir que nostre intention n'a esté de leur octroyer nos graces, sinon telles que nous leur aurions accordées s'ils nous eussent descouvert et faict

---

[1] Ces lettres qui sont la contre-partie de celles qui sont imprimées immédiatement avant, avaient pour but d'empêcher aucune portion considérable de l'immense fortune de Lesdiguières de sortir de la famille de Créqui. Charles de Créqui avait épousé en premières noces Madeleine, fille légitime du Connétable, et en secondes Françoise, sa fille naturelle. Il eut un fils de la première, mais point d'enfant de la seconde qui vécut au moins jusqu'en 1645. Catherine, autre fille naturelle et adultérine du Connétable, épousa à son tour son neveu François de Créqui et mourut sans enfants. Françoise, dernière survivante, élevait, comme héritière de sa sœur et de son père, des prétentions sur la succession paternelle. C'est pour parer à cette occurence que les Créqui sollicitèrent ces lettres qui déclarèrent de nouveau adultérines et inhabiles à succéder à leur père, les deux filles de Marie Vignon. Les enfants de Madeleine de Bonne étaient ainsi sûrs de recueillir la presque totalité de la succession du Connétable, mais on voit au prix de quel scandale. Ce document existe en copie aux archives de Chambéry.

entendre les choses qui auroient peu nous mouvoir à leur reffuser ou accorder en autre forme que celle qu'ils auroient, par suppression des circonstances importantes, obtenues de nous, et toutes fois et quantes que la vérité vient à nous estre cogneue, nous ne faisons aucune difficulté de déclarer quelles ont esté noz volontés en l'octroi de noz graces. Suivant quoy nostre très cher et bien amé cousin le sieur duc de Lesdigières, petit fils et héritier universel de feu nostre très cher et amé cousin le sieur duc de Lesdiguières, connestable de France, son ayeul, nous ayant faict cognoistre que par les lettres de légitimation de nous obtenues au mois de novembre mil six cent quinze, pour damoiselle Françoise de Bonne, née en double adultère, et Catherine de Bonne, sa sœur, a esté obmise une circonstance telle que sy nous l'eussions seue, nous n'aurions jamais octroyé lesdites lettres de légitimation, sçavoir est que ledict feu sieur connestable de Lesdiguières, pendant la vie de feu dame Claude de Béranger, son épouse, et dame Marie Vignon, pendant la vie de feu Ennemond Martel, marchand de la ville de Grenoble, son mary, se sont promis mariage au cas que ladite dame de Béranger, espouse dudict sieur Connestable et ledict Martel, mary de ladite Vignon, vinssent à déceder ; comme aussy n'a pas esté exprimé par lesdites lettres de légitimation de l'an mil six cent quinze, que par autres lettres précédentes obtenues du feu Roy, nostre très honnoré père et seigneur, au mois de janvier mil six cent dix, et par autres de nous du mois de decembre audict an, nous aurions expressement déclaré que lesdites Françoise et Catherine de Bonne ne pourront succéder audict sieur Connestable au préjudice de ses enfants légitimes, et qu'elles ne pourront recevoir de ses libéralités sinon chacune d'elle la somme de cent mil livres seulement; joint que par lesdites lettres de légitimation de l'année mil six cent quinze, nous avons lesdites Françoise et Catherine de Bonne légitimées en termes généraulx sans la clause particulière de succeder et sans dérogation auxdites lettres précédentes, portant prohibition de leur donner plus que la somme de cent mil livres à chacune et de succéder au préjudice des enfants légitimes.

A ces causes et autres bonnes considérations à ce nous mouvans après avoir veu lesdites lettres de légitimation du mois janvier et décembre mil six cent dix et du mois de novembre mil six cent quinze, et les bulles de nostre Sainct Père le pape des. . . . . . mil six cent quinze et . . . . mil six cent seize, dans lesquelles ladite promesse de mariage a esté confessée, nous de nostre propre mouvement, certaine science, pleine puissance et authorité royalle delphinalle, avons par ces présentes, signées de notre main, déclaré et déclarons que par les lettres de légitimation desdites damoiselles Françoise et Catherine de Bonne données à Bourdeaux au mois de novembre mil six cent quinze, nous n'avons pas entendu & n'entendons pas habiliter lesdites damoiselles pour succéder ab intestat ou par testament à nostre feu cousin le connestable de Lesdiguières, ni les rendre capables contre les loix du païs, noz ordonnances et arrest de toutes nos cours de Parlement, de recevoir en propriété aucune chose de ses biens pour quelque cause que ce soit, mesme en faveur de mariage, fort ladite somme de cent mil livres pour laquelle et jusqu'à la concurrence d'icelle nostredit defunt seigneur & père les a légitimées et habilitées par ses lettres données en nostre bonne ville de Paris au mois de janvier mil six cent dix, avec déclaration qu'elles ne pourront succéder à nostredit cousin le Connestable au préjudice de ses enfans légitimes.

Cy donnons en mandement à nos améz et féaux conseillers les gens tenant notre cour de Parlement, Chambre de nos comptes & trésoriers de France à Grenoble et à tous nos autres justiciers et officiers, et à chacun d'eux en droict soy ainsy qu'il appartiendra, que de ces présentes nos lettres et déclarations et du contenu en icelles, ils fassent, souffrent & laissent nostredit cousin le duc de Lesdiguières jouir et user plainement et perpétuellement, sans lui en faire, mettre ou donner ny permettre estre faict, mis ou donné aucun trouble et empeschement, lequel sy faict, mis ou donné lui estoit, voulons estre par eux incontinent et sans délay osté et levé, car tel est notre plaisir nonobstant lesdites lettres du mois de novembre mil six cent quinze et ce qui s'en est ensuivy, que ne voulons lui nuire ny préjudicier, ains en tant que besoing seroit, de nostre propre mouvement, grace spécialle, puissance & authorité que dessus, l'en avons relevés et relevons par ces présentes ausquelles, en tesmoing de ce, nous avons faict mettre nostre scel, sauf en austre chose nostre droict & l'autruy en toutes.

Donné à Paris au mois de . . . . l'an de grace mil six cent quarante et de nostre regne le vingt uniesme.

Louis.

LETTRES PATENTES

DÉCLARANT FRANÇOISE ET CATHERINE DE BONNE

FILLES ADULTÉRINES DE LESDIGUIÈRES

ET INHABILES A LUI SUCCÉDER[1]

Louis, par la grace de Dieu, Roy de France et de Navarre, Dauphin de Viennois, comte de Valentinois et Dyois, à tous présants et advenir salut : comme les graces que nous octroyons à nos subjects selon l'exigence des cas les dispensant de la sévérité des lois et de nos ordonnances, procédant de nostre pure libéralité, leur remettant ce qui peut estre de nos interestz, nous n'entendons pas que les favorables traitements desquels nous usons envers eux ou par nostre seule bénignité ou par la considération des services qu'ilz nous rendent et à notre Estat, ausquel la naissance et submission qu'ils nous doivent les obligent, facent aucun préjudice et apportent aucun dommage, pertes et diminution aux droicts d'autruy, n'estant pas juste ny selon nostre intention, que de la grace par nous libéralement distribuée aux uns naisse l'injustice qui seroit faicte aux autres. Et d'autant plus que les cas sur lesquelz nous dispensons sont attroces et blessent plus griefvement la discipline publique ou l'authorité des loix, nos graces et dispences en sont d'autant plus grandes et plus favorables, et se doivent en ces cas renfermer dans la déclaration des choses exprimées, recevoir leur interprétation trés estroite, sans aucune extention, tenant pour obmis volontairement et de nostre certaine

---

[1] Ces lettres sont probablement postérieures aux précédentes, car elles sont plus complètes et le préambule est plus développé ; elles sont conservées également aux archives de Chambéry.

science tout ce qui n'y est pas expressement escrit dans ces mesmes pensées. Nous avons ci-devant à la priére et requeste de feu nostre tres cher et amé cousin le duc de Lesdiguières, connestable de France, octroyé nos lettres du mois de novembre mil six cent quinze, par lesquelles nous avons déclaré légitimes damoiselles Françoise et Catherine de Bonne, ses filles naturelles et adultérines, issues de sa copulation illicite avec dame Marie Vignon, lors femme de feu Enemond Martel, marchand de la ville de Grenoble, l'une desquelles, scavoir ladite Catherine, est depuis décédée sans enfant, et ladite Françoise née en double adultére, a survescu nostredit cousin le Connestable, laquelle voudroit, soubz pretexte de nosdites lettres de légitimation, prétendre les mesmes droictz et advantages en la succession de nostredict feu cousin, qu'y auroyent peu avoir les filles nées de légitime mariage, et non seulement de concerver l'excessive dotte de sept cent mil livres qui lui avoit esté constituée par nostredict cousin le Connestable, mais aussy partager esgallement les biens par luy délaissés, avec l'héritier du sang et de la nature, nostre tres cher et amé cousin François de Bonne, comte de Sault, duc de Lesdiguières, son petit fils, soubs prétexte de ce que par le dernier testament de nostredict cousin le Connestable elle a par luy esté instituée héritière universelle avec nostre dict cousin le duc de Lesdiguières, lequel touteffois demeure seul vray héritier de nostredict cousin le Connestable au moyen de l'incapacité de ladite Françoise de Bonne, les prétentions de laquelle ne peuvent avoir aucun valable fondement dans la teneur de nosdites lettres, attendu qu'elles ne portent aucune habilitation expresse desdites damoiselles pour pouvoir recevoir des biens de nostredit cousin le Connestable, ny luy succeder soit par testament ou ab intestat et ne contiennent en la sanction d'icelles aucunes déclarations especifiques pour le regard des biens, ains seulement une légitimation en termes généraux et ordinaires, par lesquelz nous avons voulus qu'elles soyent censées tenues et reputées légitimes en jugement et dehors, abolissant et effaçant les tache et macule de leur naissance, et les avons dispensées et habilitées pour, en tous les cas échéants, jouir du droict et bénéfice de ladite légitimation avec les mesmes droicts, faveurs et priviléges que peuvent avoir les enfants conceus et issus de vray et loyal mariage, sans avoir faict aucune mention particuliere de succéder ny pouvoir prendre et recevoir des biens, laquelle touteffois, attendu la naissance desdites filles en double adultère, seroit absolument nécessaire sy nostre intention avoit esté de rendre lesdittes filles habiles à succeder par testament ou ab intestat audict feu nostre cousin le Connestable, ou à recevoir de luy des dons & libéralités de ses biens; ou sy telle clause avoit esté incérée esdites lettres, ce qui n'est pas, nous aurions esté surpris, estant sans exemple contre les bonnes mœurs, droicts divins et humains, de faire de si grands advantages à des enfans nés en double adultère, et les appeller, concurremment avec les enfans issus de légitime mariage, à la succession de feu notredit cousin le Connestable, que les loix désirent et veulent estre conservées aux légitimes à l'exclusion des adulterins, qu'elles jugent indignes de la propriété de tous biens paternels, la disposition canonique leur ayant seulement par pitié et compassion reservé des alimans, desquels la rigueur des loix civiles les déclaroit incapables. Ce que n'ayant pas ignoré nous n'avons pas voulu et entendu par lesdites lettres esgaler aux faicts de la succession de nostre dict feu cousin le Connestable, ou de la participation en ses biens par dons et libéralités, la naissance honteuse desdites filles adultérines aux droicts acquis par les loix aux enfans légitimes.

A ces causes et autres bonnes considérations à ce nous mouvans, après avoir veu lesdites lettres de légitimation du mois de novembre mil six cens quinze et les précédentes octroyées en faveur desdites damoiselles Françoise et Catherine de Bonne, tant par le feu Roy nostre tres honnoré seigneur et père, que par nous ez mois de janvier et decembre mil six cens dix, nous, de nostre propre mouvemant, certaine science, plaine puissance et authorité royalle delphinalle, avons par ces présantes signées de nostre main déclaré et déclarons que par lesdites lettres de légitimation desdites damoiselles Françoise et Catherine de Bonne, données à Bourdeaux au mois de novembre mil six cens quinze, nous n'avons pas entendu et n'entendons pas habiliter lesdites damoiselles pour succeder par testament ou ab intestat à nostredit feu cousin le connestable de Lesdiguieres, ni les rendre capables, contre l'honnesteté publique, les bonnes mœurs et les loix civiles et constitutions canoniques, de recevoir en proprieté à quelque tiltre que ce soit, aucuns de ses biens, fors la somme de cens mil livres, pour laquelle tant seulement et jusqu'à la concurrence d'icelle; nostre deffunt seigneur et père les a légitimées et habilitées par ses lettres données en notre bonne ville de Paris au mois de janvier mil six cens dix et celles que nous avons octroyées en confirmation d'icelle au mois de décembre suivant, sortant leur plain et entier effect selon leur forme et teneur. Cy donnons en mandement à nos améz et féaux conseillers les gens tenant nostre cour de Parlement ou Chambres de comptes et trésoriers généraux de France à Grenoble, et tous noz autres justiciers et officiers, et chacuns d'eux en droyct soy ainsy qu'il appartiendra, que de ces présentes noz lettres de declaration et du contenu en icelles, ils facent, souffrent et laissent nostredict cousin, le duc de Lesdiguières jouir et user plainement et perpétuellement, sans lui en faire, mettre ou donner ni permettre estre faict, mis ou donné aucun trouble ou empeschement, lequel sy faict, mis ou donné lui estoit, voulons estre par eux incontinent et sans delay osté et levé, car tel est nostre plaisir nonobstant lesdites lettres de légitimation de novembre mil six cens quinze, que ne voulons lui nuire, ni prejudicier, ains en tant que besoin seroit de nostre propre mouvement, grace spécialle, puissance et authorité que dessus, l'en avons relevé et relevons par ces présentes ausquelles en tesmoins de ce, nous avons faict mettre nostre scel sauf en autre chose nostre droict et l'autruy en toutes. Donnée. . . .

ÉRECTION

DE LA TERRE ET SEIGNEURIE DE LESDIGUIÈRES EN DUCHÉ ET PAIRIE

EN FAVEUR DE FRANÇOIS DE BONNE

SEIGNEUR DE LESDIGUIÈRES, MARÉCHAL DE FRANCE [1]

MAI 1611.

Louis, par la grace de Dieu, roy de France et de Navarre, à tous présents et advenir salut : comme nos prédécesseurs, Roys de très recommandable mémoire, considérant combien la rémunération et recognoissance de ceux qui avoient meritté d'eux et du publicq pouvoit profiter au bien, augmentation, grandeur et conservation de leurs estats, eussent de longtemps accoustumé non seulement de leurs libéralites & bienfaits gratifier, mais aussy eslever en plusieurs grands estats, honneurs, tiltres et dignités ceux sur lesquels ils se sont reposés de la conduitte et direction de leurs principaux et plus importants affaires, selon qu'ils ont recognu par la grandeur de leurs services mieux le méritter, cognoissant que telle retribution d'honneur pouvoit non seulement inciter leurs serviteurs de faire de bien en mieux, mais aussy apeller les autres grands et vertueux personnages à faire le semblable; ayant mis en considération les grands et recommandables services rendus au feu roy Henry le grand, nostre très honoré seigneur & père, que Dieu absolve, tant au commandement de nos armées dedans et dehors le royaume en Savoye, Piedmont et principauté d'Orange, gouvernement desdicts pays et de nostre

---

[1] Ce document est conservé en copie à la Bibl. nation. (Mss. Fr. 4586 p. 85). On remarquera que le parlement de Paris ne consentit à enregistrer ces lettres patentes que neuf ans après leur promulgation.

lieutenance génuéralle en Provence, Dauphiné et marquisat de Saluces, qu'en plusieurs importantes charges, troys ambassades et négotiations de tréves ou de paix ou exécutions de traittés qui en avoient esté faits deça ou dela les monts, tant au faict des guerres qu'en plusieurs importantes charges, voyages et négotiations dedans et dehors le royaume, comme aussy en la direction de nos affaires, les services que nous recevons journellement de nostre très cher & bien amé cousin Francois de Bonne, seigneur de Lesdiguières, marquis de Vizille et Treffort, vicomte de Villemur, baron de Comps et la Mure, conseiller en nostre conseil d'estat, capitaine de cent hommes d'armes de nos ordonnances, nostre lieutenant général en Dauphiné, mareschal de France, désirant tesmoigner à la postérité par accroissement d'honneur et biensfaits que lesdicts services nous sont autant agréables qu'ils ont esté approuvés utiles au bien de cet estat, c'est pourquoi ayant esté bien et deuement advertis que la terre et seigneurie des Diguières avec le Champsaur, appartenances et deppandances desdittes terres, dont nostredict cousin est seigneur, mouvant de nous comme Dauphin de Viennois, est assez seigneurialle, renommée et de bon revenu pour estre eslevée en tiltre et prééminance de Duché et Pairrie et pour en soutenir la dignité et la despence, désirant à l'exemple des Roys nos prédécesseurs conserver les grandes et illustres familles esquelles la vertu, la valleur et la générosité se trouvent conioinctes à l'extraction d'une haute noblesse, et faire ressentir à nostredict cousin le sieur des Diguières le contentement qui nous demeure de ses fidelles et laborieux services, par le moyen duquel il a bien meritté de nous et de nostre royaume; scavoir faisons que nous, par l'advis de la Reyne regente, nostre très honorée dame et mère, d'aucuns des Princes de nostre sang et des seigneurs plus nottables personnages de nostre conseil estant près de nous, avons par ces présentes signées de nostre main créé & erigé, créons & érigeons en tiltre, nom et dignité de Duché & Pairrie de France la terre dessus dicte des Diguières avec le Champsaur, appartenances & deppendances desdittes terres, pour en jouir par nostredict cousin de son vivant, et après son décéds par Charles, sire de Créqui, d'Agoust, de Vesc, de Montauban, de Montlor et Bouliére, prince de Poix, viscomte de Doullans, comte de Sault, baron de la Tour d'Aigues, Chasteauregnard, Lurmarin, Carrou, Gonnault, seigneur de Canaples, conseiller en nostre conseil d'estat, capitaine de cent hommes d'armes et maistre de camp du régiment de nos gardes, gendre de nostredict cousin, et à deffaut dudit sieur de Créqui et après luy, ses hoirs masles aussy issus de luy en loyal mariage et de dame Magdelaine de Bonne, perpétuellement tant que la ligne masculine dudit mariage durera, et ce tousjours en qualité de Duc et Pair de France avec les honneurs, prérogatives, privilèges, prééminances qui y appartiennent et tout ainsy que les autres Ducs & Pairs en jouissent tant en justice, juridiction que autrement. Voulons et nous plaist que touttes les causes civiles et criminelles, personnelles, mixtes et réelles qui concernent tant nostredict cousin que le droit dudict duché, soient jugées en nostredicte cour de Parlement de Paris en première instance, et que les causes & procès d'entre les sujets & justiciables dudit duché ressortissent nuement par appel du juge d'iceluy en nostre Parlement de Grenoble, exemptant laditte terre de tous austres juges et de tous cas, fors et excepté des cas royaux dont la cognoissance apartiendra à nos juges pardevant lesquels ils auront accoustumé de ressortir avant notre création ; voulans nostredict cousin et sesdicts successeurs masles seigneurs desdits lieux estre dits, nommés, censés et réputés ducs des Diguières et Pairs de France, qu'ils tiennent ladicte terre & appartenances y jointes, en tiltre de Duché à foy et pairrie de nous à cause de nostre grosse Tour du Louvre ; de laquelle pairie nostredict cousin a fait des à present, ainsy qu'il est accoustumé, le serment de fidelité auquel nous l'avons receu, et que les adveus, desnombremens et autres actes qui leur seront doresnavant faites à cause d'icelle terre soient en laditte qualité de ducs & pairs, à la charge toutefois que à défaut d'hoirs masles dudict seigneur de Créqui et de ladicte dame Magdelaine de Bonne, cette qualité de Duc et Pair demeurera suprimée et esteinte et retournera la chose en son premier estat et deub, tout ainsy qu'elle estoit auparavant ladicte érection pour estre héritage propre des enfants & héritiers de nostredict cousin, dudit sieur de Créqui et de laditte dame Magdelaine de Bonne et des ayans cause d'eux, sans que par le moyen des édicts de l'an 1566, 1579 et autres précédans et subséquens, mesmes les declarations de décembre 1581 et mars 1582 sur les créations des duchés, marquisats et comtés, laditte terre des Diguieres et ses appartenances puissent estre dites et censées aucunement jointes et réunies à nostre couronne et domaine, d'autant que autrement iceluy nostredit cousin n'eust voulu accepter ny admettre le don et faveur de ceste nostre érection. Si donnons en mandement à nos conseillers les gens tenans nostre cour du Parlement de Paris que lesdites présentes ils veriffient et facent enregistrer, et du contenu en icelles jouir & user nostredit cousin François de Bonne, ledit sieur de Créqui, ses successeurs et ayans cause, nais toutesfois de ladite dame Magdelaine de Bonne, sans souffrir ou permettre qu'il y soit autrement [derogé] en aucune manière; car tel est nostre plaisir nonobstant les édits et declarations, deffences & lettres à ce contraires, auxquelles nous avons pour ce regard seulement et sans tirer à conséquence desrogé et desrogeons et à la dérogatoire de la dérogatoire d'icelle de nostre plaine puissance et authorité royale. Et afin que ce soit chose ferme et stable à toujours, nous avons fait mettre nostre scel à lesdittes présentes sauf en autres choses nostre droit & l'autruy en touttes. Donné à Paris au mois de may l'an de grace 1611 et de nostre regne le deuxieme :

LOUIS.

Par le Roy, la Reine régente, sa mère, présente.

DE LOMENIE.

Leues publiées et registrées ouy et consantant le procureur général du Roy et l'impetrant receu duc et pair de France, fait le serment accoustumé, juré fidelité au Roy à la charge de la récompense à cause de la diminution de l'érection et sans aucune distraction de ressort sinon des causes concernant les droits de la Pairie. A Paris en Parlement le 6e febvrier 1620 :

DU TILLET.

PREMIER TESTAMENT DE LESDIGUIÈRES

DU 31 JUILLET 1613

(JULLIEN NOTAIRE A GRENOBLE)[1]

Au nom de Dieu vivent, à tous présentz et advenir soit notoyre que l'an mil six centz treize et le dernier jour du moys de juillet apprès mydy, par devant moy notaire royal dalphinal soubsigné et les tesmoingz soubznommés, establi personnellement hault et puissant seigneur messire Francoys de Bonne, seigneur des Diguières, duc de Champsaur, marquis de Treffort, vicomte de Villemur, baron de Coppet, seigneur d'Oysens, la Mure, Claix, Theys, Serres, Sainct Jehan d'Emborney, vallée de Beauchenne & plusieurs aultres places, conselher du Roy en ses conselhs privé et d'Estat, cappitaine de cent hommes d'armes de ses ordonnances, mareschal de France, lieutenant général et administrateur pour le Roy au gouvernement du Dauphiné, lequel enssuyte de la liberté qu'est donnée à ung chascun tant par loix divines que humaines de disposer de ses biens, et porté d'une juste curiosité de recognoistre ceulx de qui il a tiré service, et de choysir pour successeurs particulliers et universelz ceulx ausquels le droit de charité naturelle l'oblige et l'affection & la force de l'amitié, pour ceste cause ce voyant en ceste vie transitoyre, ingnorant l'heure de la mort, sain de ses sens et entendement par la grace de Dieu, plain

---

[1] La minute originale de ce testament est contenue dans un registre ou protocole de maître Jean Jullien, de Ventavon, notaire ordinaire de Lesdiguières. Ce volume fait partie de la collection de manuscrits dauphinois de M. Eugène Chaper, ancien député de l'Isère.

de belle & heureuse memoyre, quoyque dettenu au lict par quelque maladie corporelle, a vollu de son bon gré & franche volonté ordonner et disposer de ses biens, affin que par si apprès entre ses enffens, parantz et amis ne puysse arriver aucun procès ne contention, a fait et ordonné son vray & dernier testament nuncupatif & sa dernière volonté nuncupatifve à la forme et magnière que s'ensuyct :

Et premièrement faisant comme ung bon [chrestien] est actenu de fére, a humblement et devottement recommandé son âme à nostre grand Dieu et père tout puyssant, créateur du ciel et de la terre, en le suppliant luy pardonner ses faultes & peschés, luy despartir de sa grace & miséricorde & par les mérites de notre sauveur et rédempteur Jesus-Christ recepvoyr son ame au nombre des bienheureuses en son paradis apprès qu'elle sera séparée du corpz, lequel du lieu ou il aura pleu à Dieu l'appeler sera porté au chasteau des Diguières pour estre ensepulturé au dedans le tumbeau de la chappelle qu'il seigneur testateur a faict ediffier dans ledit chasteau[1]; lequel tumbeau en cas qu'il ne soit entièrement edifié lhors de sondit deccès, ses exequteurs feront parachever honorablement[2], et que ses obséques ce feront avec tel respect et honneur qu'il n'y aye manquement, pompe ni superfluité.

Veult aussi et ordonne ledit seigneur testateur que ses héritiers ou exéquteurs en payent & mettent des deniers de son hoirie la somme de troys mille deux centz livres en pention au denier seize en lieu asseuré et solvable, pour estre ladite pention, laquelle reviendra à deux centz livres pour chacune année, employée et payée annuellement à l'église de la religion refformée de Sainct Bonnet, pour l'entretenement de leur pasteur à la charge que ledit pasteur sera astreint de venir au château de Lesdiguières, y fera la fonction de sa charge toutes foys et quantes qu'il en sera requis, et ainssi tous les ans perpetuellement ladite pention sera deslivrée et employée pour l'entretenement dudit pasteur.

---

[1] Cette chapelle, dédiée à saint François après la conversion de son fondateur au catholicisme, est située dans l'un des angles de la cour principale du château des Diguières. La voûte est tombée il y a peu d'années, elle est du reste d'un style plus que médiocre.

[2] Ce tombeau, sculpté par Jacob Richier, de Saint-Michel en Lorraine, a été transporté à Gap longtemps avant la ruine de la chapelle qui le renfermait : il est placé aujourd'hui dans la salle du conseil général.

A légué et lègue ledit seigneur testateur à noble Ennemond de Marches, advocat en la souveraine cour de Parlement de ce pays, pour aucunement la rescompenser des services qu'il en a receu, la somme de neufz cents livres qu'il veult luy estre payées incontinent apprès son deccès.

A noble Philippe de Gilles, son maistre d'hostel, a légué et donné la somme de deux cents livres de rente en pention annuelle, commençant à payer ung an apprès le deccès dudit seigneur testateur, en apprès continuellement tant que ledit sieur Gilles vivra tant seulement.

A noble Noel Brémond, conseiller du Roy et controoleur provincial des guerres, son secrétaire, et noble Melchior de Gilles, son aultre secrétaire; à Benoist Belue, crédentier[1] de sa maison, et à Franchisque Pater, son argentier, et à moy Jehan Jullien, bachelier en droitz, notaire royal dalphinal recepvant, soubsigné, son agent et surintendant de ses recongnoissances, droitz & debvoyrs seigneuriaulx, au chacun la somme de tréze cents livres qui seront payées à chacun incontinent apprès le deccès dudit seigneur testateur.

Au sieur Ierosme Mathieu, concierge de sa maison & son recepveur général; au sieur Françoys Sarrazin, son homme de chambre; Jehan Sigaud, son valet de garde-robe, et à chacun d'eux a donné et légué la somme de six centz livres payables aussi à chacun incontinent apprès son deccès.

A Arnoux Girard, de Dévoluy, et à Pierre Mugner, ses deux laquais, leur a donné et lègué à chacun la somme de troys cents livres payables comme dessus.

A damoyselle Honorade Davine, a donné et lègue les biens situés au lieu d'Orpierre et aux environs, comprins aux biens et droitz que feue damoyzelle Marguerite de Bonne, tante en son vivant de mondit seigneur, lui avait donné; en apprès d'elle ordonne soyent rendus à Pierre Payan dict La Forge.

Item donne lègue par droit de légat et institution particulière à damoyselle Catherine de Créqui, fille naturelle et légitime de hault et puyssant seigneur messire Charles, sire de Créqui et de puyssante dame Magdeleine de Bonne, fille naturelle et légitisme de mondit

---

[1] Économe.

seigneur testateur, la somme de cent mille livres qui lui seront payées le jour de ces nopces; et où elle décéderoit avant qu'estre mariée, ledit légat demeure caduc et pour non faict. Et si elle mouroit apprès ledit mariage sans enffans, veult ledit seigneur testateur qu'icelle somme reviegne à son héritier soubznommé.

Et d'aultant que puys le précédant testament par mondit seigneur faict il a marié damoyselle Françoise de Bonne, sa fille et de dame Marie Vignon, marquise de Treffort, à laquelle il a constitué et payé ses dotte, robes et meublemens, ledit seigneur veult et ordonne qu'icelle soit contante desdits choses & constitutions esquelles mondit seigneur l'a instituée et institue son héritière particulière, comme semblablement il a institué et institue son aultre héritière aussi particulière damoyselle Catherine de Bonne, son aultre fille et de ladite dame Marquise, en la somme de cent mille livres de l'édit qu'il veult et ordonne luy estre payées incontinent apprès son décès des deniers que noble Jehan Le Blanc, cappitaine de ses gardes, a en garde de mondit seigneur; moyennant ce veult mondit seigneur ycelle damoyselle, estre contante des biens de mondit seigneur, lequel ordonne aussi ladite somme estre incontinent mise à proffit pour ladite damoyselle. Et en cas que ladite se treuva constituée et payée à ladite damoyselle, ou donnée par quelque aultre contrats entre vifz avant le deccès dudit seigneur testateur, lesdites constitution & donation tiendront lieu de la susdite institution.

Et enssuyte de l'affection que ledit seigneur testateur a tousjours portée & continue à messire Jehan Allemand du Puy, seigneur de Montbrun, il luy a donné, légué et lègue les terres de Treffort et Pont-d'Ain et la maison forte de Firet avec toutes leurs appartenances & deppendances quelles qu'elles soyent et en quoy qu'elles consistent et qui sont comprinses aux baux à fermes qu'il en a faitz et fera, et selon et en l'estat qu'elles seront au tempz du deccès dudit seigneur, apprès lequel incontinent mondit seigneur veult que ledit sieur de Montbrun en puysse prendre et apréhender la possession et jouyssance sans aucune tradition ni deslivrance de l'héritier de mondit seigneur, ni d'aultre ni mesmes de la justice, ains y entrer et là jouyr de sa propre authorité tout de mesme que le fait mondit seigneur testateur, qui l'a ainssins vollu & ordonné pour en fere jouyr et disposer par ledit sieur de Montbrun, ainssin que luy plairra; luy en faisant des à présents mondit seigneur comme pour l'hors plaine et entière tradition et transport.

Pareillemement donne, lègue ledit seigneur à ladite dame Marquise[1] tout ce que ledit seigneur a en la maison qu'il a acquise en ceste ville des hoirs de feu sieur de Laforge, maistre Morel et aultres, située dans la ville de Grenoble à la place de Bon-Conseil, confronts : les hoirs de feu Pierre de Gap, du levant; le sieur Gatien, du mydy; le sieur Guérin, garde de la monoye de ladite ville, du couchant, et la [rue] tendant de ladite place au palais, de bize ; et après le deccès de ladite dame viendra ausdites damoyselles Françoyse et Catherine de Bonne et à leurs enffants, à celle toutesfoys ou à ceulx que plairra à ladite dame de choysir et selon les partz et portions qu'elle treuvera bon leur en fère, de quoy ledit seigneur luy en a donné plain et entier pouvoyr. Et venant l'une desdites damoyselles à décéder sans enffans naturels et légitismes, soit qu'elle soit mariée ou non, luy substitue la survivante et les sciens[2] en tout ce que la prémorante aura heu de mondit seigneur et de ses biens ; veult et ordonne ledit seigneur testateur ladite dame leur mère estre tutrice de ladite damoyselle Catherine de Bonne, leur fille, et ou elle ne le sera, veult et prie noble Gaspard de Perrinet, seigneur de Barsa, Arzaliés & Laraigne, conseiller du Roy, maître auditeur en sa court des Comptes du Dauphiné, de le vouloyr estre.

Item ledit seigneur testateur donne, lègue par droit de légat et institution particulière à ladite dame Magdelaine de Bonne, dame de Créqui, sa très chère et bien aymée fille naturelle & légitisme, oultre et par dessus ce que luy a donné en son contract de mariage, la somme de troys mille livres payables apprès le deccès dudit seigneur testateur, et ou ladite dame décéderoit vivant ledit seigneur, il lègue et par droit d'institution particulière délaisse à noble Charles de Créqui et à chacun enffans d'icelle dame et nepveuz dudit seigneur qui seroyent alors en vie, ausquels il n'a sceu donné ni legué entre vifz, soyent masles ou femmes même somme de troys mille livres pour toutz les droitz qu'ilz pourroyent prétendre et demander en sesditz biens et hoirie. Et ou ladite dame de Créqui survivra ledit seigneur testateur, par ce mesme droit et institution particulière et oultre ce que dessus,

---

[1] Marie Vignon, marquise de Treffort.   [2] Les siens.

il a délaissé à ladite dame sa fille les fruytz et usurfruytz de toutz ses biens et hoirie pour en jouyr aux qualités et conditions cy apprès déclairées; scavoyr que desdictz fruytz délaissés à ladite dame de Créqui elle fornira à sondit héritier universel pour l'entretènement d'iceluy annuellement la somme de dix mille **livres** jusques à ce qu'il aura ataint l'âge de vingt ans. Déclaire aussi veult et ordonne que dès ledit temps que son héritier aura attaint l'âge desditz vingt ans que ledit usurfruyt donné à ladite dame de Créqui cessera, et lequel il seigneur testateur a revoqué dès à présent comme pour l'hors, et sondit héritier estant parvenu audit âge de vingt ans veult et ordonne que sondit héritier jouysse de ses biens et hoirie dès l'hors en toute propriété et ususfruyt sans que lesdits seigneur et dame de Créqui y puyssent prendre ne percepvoyr aucune chose, ce que ledit seigneur testateur a très expressement prohibé & deffendu, sauf et reservé qu'en ce cas ledit seigneur testateur a ordonné que sondit héritier fornira et payera annuellement à ladite dame de Créqui tant qu'elle vivra la somme de dix mille livres. Et moyennant ce entend ledit seigneur que ladite dame laisse jouyr paisiblement noble Noel Brémond, son secrétaire, du bien de Varce, appartenant pour ung tiers à ladite dame comme héritier de feu madame des Diguières; et ou elle ne le vouldroit ledit seigneur veult que ledit Brémond soit satisfait de toutes ses despens, domaiges et interestz sur les fruytz et sommes données à ladite dame. Prohibe aussy & deffend ledit seigneur à ladite dame, moyennant ce que dessus a elle legué, qu'elle ne puysse aucune chose demander en ladite qualité d'héritier de feu madame des Diguières des droictz à elle appartenant sur la maison du Gua, d'aultant que ledit seigneur la [laissée] et quitée au sieur moderne du Gua, au contrat de son mariage avec la damoyselle d'Aragon, ce qu'il veult estre observé, maintenu et garanti audit sieur du Gua, par ladite dame de Créqui, si elle veult jouyr de ce que par ledit seigneur testateur luy a esté donné et légué pour tous droits qu'icelle devra pouvoir prétendre es biens de mondit seigneur, soit comme sa filhe ou du costé de madame des Diguières sa mère, et à deffaut de ce par son héritier si apprès nommé.

Pareillement donne, lègue à Claude Brignon, son somellier, & à Anthoyne Girard, son aultre somellier de Vizile, à ung chacun cent cinquante livres payables présentement apprès son deccès.

Et parceque l'institution d'héritier est la partie principalle d'ung testament et qui le fait susister, à ceste cause ledit seigneur testateur a institué et institue, et de sa propre scavoyr nomme et surnomme son héritier universel & particulier en tout & chacun ses aultres biens, meubles, immeubles, droitz, créances & actions, présents & advenir queconques, scavoyr : noble Françoys de Créqui, appellé à présent comte de Sault, filz aisné de ladite dame Magdelaine de Bonne, sa fille, et dudit messire Charles de Créqui, à la charge & condition qu'il signera et effectuera ou acomplira entièrement & sans défault, forme ni figure de procès, tout ce que par mondit seigneur a esté disposé & ordonné de ses biens.

Item qu'il portera le nom, surnom et armes pures dudit seigneur testateur, délaissera & quittera celuy et celles de Créqui et se fera nommer perpétuellement et ses enfans masles de celuy de Bonne & du tittre & qualité de seigneur des Diguières ; qu'il quittera aussi et ce despartira de toutz les droitz et actions qu'il a ou peult et pourroit avoyr ez biens & maison de Créqui et de sondit père, soit qu'il y prétendit par substitutions contractuelles ou testamentaires ou par aultres dispositions et tittres quelconques des prédécesseurs de sondit père, soit aussi par droit de légitismes........des........ou aultrement, en quelle façon ou par quel droit que ce soit, et que de ce il en fera & sera attenu faire toutes déclarations aux formes et lieux nécessaires et pour les rendre plus valables, à celuy ou à ceux de ses frères qu'il plairra à sondit père choysir & nommer pour héritier ou héritiers & qui debvront succéder en tout ou partie ausditz biens à cause desdites quitations, n'entendant ledit seigneur testateur faire sa disposition pour advantaiger les filles dudit sieur de Créqui ne les masles d'icelluy au préjudice dudit François de Créqui son héritier et des descendantz masles d'iceluy et aultre substituants, défaillant la ligne masculine de ses frères, qui au moyen de ceste institution et desdites quitations aurayent recueilli l'héritaige de la maison de Créqui ; n'estant non plus son intention de comprandre aux quitations susordonnées les biens et héritaiges de feue madame la comtesse de Sault, le cas d'isceulx cheyans audit François de Créqui ; et pareillement sondit héritier ne pourra rien demander à sondit père ou frères des sommes par ledit seigneur testateur employées à l'acquitement des debtes dudit seigneur de Créqui, lesquelles sommes ledit seigneur testateur veult qu'elles soyent, demeurent et appartiennent à celuy que le seigneur de Créqui fera son héritier des aultres enffans procréés desdits seigneur & dame de Créqui, fille dudit seigneur testateur, auquel par mesme dons et institution particulière il seigneur testateur les laisse pour toutz droitz qu'ils pourroyent prétendre en ses biens & hoirie, et ce à la charge finallement que ledit sieur comte de Sault, son héritier, fera profession de la religion refformée comme le seigneur testateur, lequel au cas que pour jouyr des biens esquels sondit héritier ce tienne substitué par feu madame la comtesse de Sault, son ayeule, il soit obligé de porter les noms et armes de Sault, a permis & permet à sondit héritier de porter l'ung et l'aultre de Bonne & d'Agoud et les armes miparties ou celles de mondit seigneur tiendront la première partie ou cartiers.

Mais ou ledit seigneur comte sondict héritier ne vouldroit laisser les noms et tiltres de Créqui, praindre ceulx de Bonne et des Diguières avec les armes pures et simples & sans aultre meslange que les suspermis, ne quiter & soy despartir des biens & choses que dessus, au proffit de ses frères ou de celuy qui plairra à sondict père, & ne satisfére franchement et sans plaid ni figure de procès à tout le contenu au présent testament, volonté et disposition dudit seigneur testateur, audit cas dès à présent comme pour lhors & des lhors comme dès à présent, ledit seigneur testateur a revocqué & révocque ladite institution par luy faicte dudict noble Françoys dict comte de Sault et a institué et institue et de sa propre bouche, véritablement nommé et surnommé son héritier universel ledit noble Charles de Créqui dict sieur de Canaples, segond fils desdits seigneur & dame de Créqui, soubz les mêmes charges et conditions et d'y satisfere par ledict sieur de Canaples, soubz mesme privation, ademption et révocation de ladite institution que ledit seigneur fait & transfère audict cas, en sa faucte, au proffit du troysieme masle desditz seigneur & dame de Créqui, et à son deffault & qu'il ne vollut aussi satisfer à tout ce que dessus au proffit de noble Marc-Anthoyne de Castelane, seigneur de Saint Jurs qu'il nomme et institue audit cas et deffault soubz les mêmes qualités et conditions, peynes et privations de ladite institution.

Au cas qu'il sieur de Saint Jurs n'y satisfit aussi, le cas eschéant et arrivant en sa personne, veult aussi et ordonne ledict seigneur testateur qu'apprès sondit héritier lesditz biens & hoiries soyent rendus et parviennent de plain droit aux masles d'iceluy sondit héritier, préférant tousjours l'aisné au cadet, les appelantz les ungz apprès les aultres par l'ordre de primogéniture, tant que la branche de l'aisné durera avant que venir à la branche descendance des masles du segond.

Et venant à décéder sondit héritier sans masles ou ses masles sans aultres masles, le seigneur testateur institue et substitue le segond ou troysieme masle dudit seigneur de Créqui & de sadite fille et les masles d'iceluy segond ou troysième par les mesmes ordres et ligne de primogéniture et aux charges et conditions sus exprimées qu'il veult estre entendues et tenues pour reppétées en touts les chefs précédentz et subséquentz desdites institutions et substitutions.

Et apprès ledit troysième et les masles d'iceluy ledit seigneur testateur a substitué le quatrième fils dudit seigneur de Créqui & de sadite fille et les masles dudit quatrième, par l'ordre & aux qualités & conditions que dessus & ainssin des aultres séquentz de degré en degré.

Et défaillants les masles comme dessus appellés, il seigneur testateur a substitué et institué ladite dame Marguerite de Bonne, sa fille ; et en apprès ladite dame de Créqui, attendu l'espérance que le seigneur testateur a que ledit seigneur de Créqui ce fera de la religion refformée, et à ceste charge et condition pour l'amitié qu'il luy porte et pour ses vertus, bonnes & louables qualités, il l'institue et substitue audit cas en toutz sesdits biens et hoirie.

Ledit seigneur testateur a prohibé à toutz sesditz héritiers institués et substitués, toutes détrations de légetisme et trébellianne, vollans et ordonnans qu'ils ce contentent des légatz institutions et substitutions que dessus, sans faire ni prétendre aultre détration.

Veult et ordonne que incontinent apprès son deccès ses debtes, obligations & aultres papiers et contes, desquels sont chargés les sieurs Tonard et aultres ses recepveurs & domestiques, et touts les deniers qui ce treuveront apprès son deccès en ses coffres & hoirie, don le bordereau signé de sa main et par les sieurs Tonard, Saint Gilles et Ierosme Mathieu ou aultres, seront joints dans ceste disposition, fors et excepté ce qu'il sera prins & retiré par son héritier ou institués ou substitués de ce que dessus ou sur les autres biens &

droits les plus claires & liquides dudit héritage, pour le payement des légats & charges héréditaires contenus au présent testament, et tout le surplus s'il y en a, seront mis en rente constituée à raison de cinq pour cent en mains seures à la desligence et poursuite des exéquuteurs testamentaires si apprès nommés, sans pouvoir estre divertis et autrement usaigés, pour faire fonds en son hoirie et estre conservés à son héritier ou héritiers dessus nommés, les ungs apprès les autres sans distinction, declairant que le revenu et pension qui en proviendront ne seront comprins au légat des fruycts si dessus faits à ladite dame de Créqui, ainsi sera conservé à son héritier ou héritiers sans que lesdicts seigneur ou dame de Créqui y puissent participer ny prandre aucune chose du vivant des sesdits héritiers ou substitués avant eux.

Sera pareilhement apprès sondit deccès fait invantaire de tous ses biens, meubles, tapisseries, bagues, joyaux, argenterie & veysselle d'argent & aultres ustencilles & meubles de quelle nature qu'ils soyent pour estre conservés au corps de ladite hoirie à son héritier ou héritiers comme dessus, qui les rendront avec tout ledict héritaige du premier au segond et consécutifvement des ungs aux aultres par l'ordre que dessus, sans detraction, et la ou detraction y écherroit, ce qu'il ne croit puysqu'il ne le veult, il ordonne que telle qu'elle elle echerrat sera prinse premierement sur les obligations qui ce treuveront en nature et finallement sur les deniers qui ce treuveront en ses coffres, sans toucher à l'immeuble, meubles, bagues, joyaulx et argenterie qui seront conservés en antier à ses héritiers ou substitués d'ung à l'aultre comme dessus.

Prie et ordonne ledict seigneur testateur au sieur de Montalquier, cappitaine Moreau, gouverneurs de ses chateaux de Puymore & de Serres et aultres [commandant] dans ses maisons, ne permettre qu'il soit prins ni enlevé par sesdicts héritiers ou aultres aucuns deniers, obligations ou meubles de quelle nature qu'ils soyent qu'il n'aye esté satisfait à ce que dessus, de quoy il charge leur honneur et conscience.

Prie aussi ledict seigneur testateur, le sieur Basset, conseiller du Roy en la cour de Parlement du Dauphiné, le susdit sieur du Barsa, le sieur de Montalquier et le sieur Tonard, d'acepter la charge et prandre le soin de l'éxéqution de sadite présente disposition, et comme curateurs et deffensseurs d'icelle la faire exéquter selon sa forme et teneur, faire cesser par justice les empeschements que y pourroyent estre faits et donner et luy continuer en ceste action la mesme volonté & affection qu'il a tousjours cogneu à eulx ; cassant, revoquant et annullant par la teneur du présent tous aultres testaments, codicilles, donations à cause de mort, toute & aultre disposition de dernière volonté qu'il pourroit avoyr faicts, volant le présent testament estre le seul et dernier testament de sa dernière volonté nuncupatifve, & s'il ne vault par droit de testament qu'il valhe par droit de codicille & par tout aultre droit de dernière volonté à la mesme forme que fère ce peult et se doibt.

Fait à Grenoble dans l'hostel de mondict seigneur aux présence de monsieur maistre Felix Basset, conseiller du Roy, garde des sceaux en sa chancellerie du Dauphiné, monsieur maistre André Basset, conseiller du Roy en la court de Parlement, noble Jehan Le Blanc, cappitaine de ses gardes, monsieur maistre Enemond Marchier, et monsieur maistre Loys Marchier, docteur en droit, son fils, Martin Colaud, apothicaire, sieur Denis Maureau, de Vinsobres, & maistre Felicien Boffin, docteur & avocat du Parlement, les sachant escripre soubssignés.

LESDIGUIÈRES,   Fel. BASSET, présent,   André, BASSET,

LEBLANC,   MARCHIER,   Fe. BOFFIN, présent,

L. MARCHIER, présent,   Martin COULLAUD, présent,

et de moy Jehan JULLIEN, bachelier en droit, notaire royal dalphinal de Ventavon, soubssigné, & de MAUREAU ne sachant escripre.

JULLIEN, notaire.

LETTRE MONSIEUR DE LA COLOMBIÈRE

A MONSIEUR DUPLESSIS-MORNAY[1]

(1er JANVIER 1614.)

Monsieur, je feus honoré en ung mesme jour de deux de vos lettres du 6 septembre et du 3 octobre, je n'aurais pas tant tardé de respondre n'eust esté que j'aie esté malade, et que j'attendois la résoleution que prendroit le colloque de Graisivodan sur l'affaire de monsieur le mareschal des Diguières, pour vous en donner advis. Le synode dernier de ceste province, tenu en ceste ville, voyant que toutes les exortations générales et particulières, faictes audict seigneur, ne lui avoient poinct pu faire renoncer et donner congé à la femme[2], et qu'il pourroit arriver du blame à nos Eglises, si on ne tâchoit par tous moyens possibles d'estouffer ce scandale, deputa[3] certains pasteurs et anciens de son corps par devers lui, pour continuer les remonstrances qui lui avoient esté faictes l'année précédente par cinq pasteurs délégués par le synode précédent, desquels j'estois l'ung, et pour certains aultres affaires, et leur donna charge, au cas qu'ils ne pussent fleschir ledict

---

[1] Cette lettre qui contient des détails intimes sur la vie privée de Lesdiguières et sur l'honorable attitude des ministres protestants à son égard, émane de Jean Vulson de la Colombière, pasteur successivement à Die, la Mure, Gap et Montélimar où il mourut. Elle a été imprimée, avec beaucoup de fautes que nous avons cherché à corriger, dans la correspondance de Duplessis-Mornay (Paris, Treuttel, 1824, T. XII, p. 483, n° CCXXXI).

[2] Cette femme était Marie Vignon, sa maîtresse dont nous avons eu occasion de parler à plusieurs reprises. Ce qu'il y avait de plus odieux dans cette liaison, qui donna naissance à deux filles, c'est que Lesdiguières avait souscrit à sa maîtresse une promesse de mariage pour le cas où ils deviendraient libres l'un et l'autre, et un crime, dont Lesdiguières fut peut-être le complice, ne tarda pas à débarrasser Marie Vignon d'un époux gênant.

[3] Il y a dans l'édition des mémoires de Duplessis : *qui desplut à certains pasteurs*. C'est une erreur évidente.

seigneur,[1] de donner advis de tout ce qu'ils auroient faict au colloque de Graisivodan, duquel despend l'église de Grenoble, afin qu'il poursuivist ceste poincte vivement, et s'il le trouvoit à propos indist ung jeusne par toute les Eglises de la province, s'adjoignant pour y procéder tant plus murement, trois ou quatre pasteurs des colloques les plus voisins : chargea encore ledict synode[2], ses députés au national de proposer ceste affaire comme de grande importance au général de nos Eglises, afin que ledict synode pesant toutes choses, et esvitant d'ung costé le jugement de Dieu, et de l'aultre la persécution qui pourroit arriver à tout le corps, en ordonne ce qu'il verra estre expédiant[3] pour le salut de ce seigneur, et pour l'esdification de l'Eglise. Monsieur le mareschal ayant eu advis de nostre ordonnance et apprépendant surtout ce jeusne, lequel il jugeoit estre ung avantcoureur de l'excommunication, à laquelle on l'avoit menacé qu'on seroit contrainct de procéder, s'il ne repurgeoit sa maison de ceste ordure, en fut[4] extraordinairement esmu, et ne pouvait s'empescher d'entrer parfois en des discours de menaces et sentant le fiel; si on le vouloit traicter comme cela, que ceste procédure estoit bonne contre Férier, mais qu'il estoit d'aultre qualité que lui, et qu'on le jetteroit aulx extrémités. Ledict colloque s'assembla dernièrement ayant espié le temps que mondict sieur le Mareschal seroit à Grenoble, et travailla en ceste affaire avec prières et censure. Ledict sieur feit, selon sa coutume, ung fort gracieux accueil à ceulx qui lui furent envoyés et tesmoigna d'avoir esté touché en son cœur de la pryère par laquelle on commencera l'action, et ouït particulierement leurs remonstrances; leurs feist une response autant douce qu'ils la pouvoient désirer, leur protesta du désir qu'il avait de mettre sa conscience en repos, et de participer avec les aultres fidelles au sainct sacrement de la cène, et promît que si l'affaire est traictée à fonds au synode national, il acquiescera aulx ordonnances d'icelui. C'est sommairement ce qui s'i est passé. Ledict colloque ne jugea poinct à propos d'indire[5] le jeusne. Les excuses sur lesquels se fonde ledict sieur, sont qu'il tient ceste dame pour sa femme : que le magistrat l'a sesparée d'avec son mari,

---

[1] *Lesdits seigneurs* dans les mémoires de Duplessis.

[2] *Charger encore lesdicts synodes*, dans les mémoires de Duplessis.

[3] *Ce qu'il voudra estre expédié*, dans les mémoires de Duplessis.

[4] *En fin extraordinairement ému*, dans les mémoires de Duplessis.

[5] *D'en dire*, dans les mémoires de Duplessis.

qu'il ne lui manque que la solennité de l'Eglise ; qu'il ne tient qu'à nous que cela ne se fasse avec les abjurations et réparations nécessaires, etc. J'ai esté pryé de donner mon advis par escrit, ce que je ferai dans peu de jours, s'il plaist au Seigneur, et l'aurais faict, si j'avois veu les termes de la sentence et arrest de sesparation, ce que mondict sieur m'a promis aultrefois de me faire voir, demandant à monsieur Chamier et à moi conseil et consolation. La question sera traictée au synode national, auquel sont deputés deux forts galans personnages, à savoir messieurs Guyon et Noute, pasteurs des églises de Dieu de Grenoble[1], et deux anciens, l'ung de l'église de Montélimart, nommé monsieur Du Lalo, gentilhomme et docteur en droicts, mais qui ne faict poinct profession de la jurisprudence, et monsieur de la Combe, de Sainct Marcellin, lequel vous visitera, Monsieur, au retour du synode national de Sainct Maximin. Je vous ai récité l'histoire de ce qui s'est faict en l'affaire de monsieur le mareschal des Diguières, parce que j'ai recogneu par vostre lettre, Monsieur, que vous désiriés de l'apprendre. S'il s'i passe quelque aultre chose, ou s'il arrive par deçà quelques affaires importantes, je tascherai de vous en tenir adverti, puisque vous me faictes l'honneur d'agréer mes lettres et mon humble affection à vostre service[2]. J'ai esté merveilleusement resjoui des nouvelles dont il vous a pleu me faire part, de vostre entrevue, réunion et bonne intelligence avec monsieur de Rohan : Dieu unisse comme cela à jamais les cœurs de tous nos grands pour la gloire et édification de son Eglise. Monsieur Ferari, nostre professeur d'hébreu, a receu vostre lettre, et s'en glorifie ; aussi nous est ce gloire d'estre comme cela honorés par vous. Je vous remercie très-humblement des excellents tesmoignages que vous rendés de moi, et de l'amitié dont vous m'honorés par ladicte lettre, ils sont capables de me donner de la vanité ; je les emploierai plustost selon vostre bien, ainsi que je les interpreste pour des aiguillons à mon debvoir, etc.

Du 1er janvier 1614.

---

[1] Il faut lire probablement : *des églises de Dieu-le-Fit et de Grenoble*. Paul Guyon était en effet pasteur de Dieu-le-Fit.

[2] Il résulte de cette lettre que Lesdiguières voulait épouser Marie Vignon du vivant de son mari et qu'elle consentait à se faire protestante si les ministres vouhaient la marier, mais ils crurent, avec raison, contraire à leur conscience de le faire. Marie Vignon ne pardonna jamais cette insulte aux protestants, elle se maria avec Lesdiguières à l'église catholique et fut l'agent le plus actif de sa tardive conversion.

POUVOIR DE LIEUTENANT GÉNÉRAL

DONNÉ A LESDIGUIÈRES

EN UNE ARMÉE DE DAUPHINÉ[1]

(17 NOVEMBRE 1621)

Louis, etc., à tous ceux, etc., salut : ayant résolu pour le bien de nostre service de dresser et metre sur pied en nostre province de Dauphiné une armée pour opposer aux desseins que ceux qui se sont soulevez contre nostre authorité et repousser leur rebellion, et estant nécessaire d'en donner la conduitte à quelque notable et expérimenté personnage dont la fidélité et affection nous soit connue et qui aye les qualités convenables pour la commander et exploiter avec avantage, ainsi qu'il est requis pour la dignité et réputation de nos armées, nous avons estimé ne pouvoir pour ce sujet faire plus digne choix que de la personne de nostre très cher et bien amé cousin le duc de Lesdiguières, pair et mareschal de France, mareschal de nos camps et armées et nostre lieutenant général audict pays de Dauphiné, tant pour la connaissance que nous avons du zelle et dévotion qu'il porte au bien de nos affaires et service, et de la créance et authorité qu'il a dans la province que des [services] signallés qu'il a rendus en toutes occasions et de sa valeur, générosité, expérience, prudence et bonne conduitte. Scavoir faisons que nous, pour ces causes et autres bonnes et grandes considérations à ce nous mouvans, icelui nostredict cousin le duc de Lesdiguières, [avons] fait, establi et ordonné, faisons establissons et ordonnons par ces présentes signées de nostre main nostredict lieutenant général en ladicte armée, et ladicte charge, luy avons donnée et octroyée avec tout pouvoir, commandement et authorité sur tous et chacun les gens de guerre soit de cheval, soit de

---

[1] Ce document est conservé aux archives nationales (O¹ 4, fol. 123, copie). Ce pouvoir fut donné à Lesdiguières au moment du soulèvement des protestants sous la conduite du duc de Rohan. Ceux de Dauphiné s'agitaient également et obéissaient à Montbrun.

pied, dont ladicte armée sera composée, pour iceux employer et exploiter ensemble ou séparément tant en notredit pays de Dauphiné que sur les frontières d'iceluy et autres lieux des environs ou le bien de nostre service le requerra, faire [vivre] en bon ordre et police lesdicts gens de guerre et faire les monstres.......... suivant les estats qui en seront par nous expédiés; commander pour l'effect de nos intentions aux cappitaines, chefs des compagnies de gens d'armes, chevaux légers, carabiniers et gens de pied, et aux officiers de nos villes, de l'artillerie et autres de ladicte armée tout ce qu'ils auront à faire pour nostre bien et service ; luy donnant aussi pouvoir avec les forces de nostre armée d'assiéger et faire battre les villes, places et châteaux qui se trouveront à nous rebelles et désobeissants et ou se retirent ceux qui entreprennent contre nostre service et authorité, donner assauts et les prendre à composition ou autrement, livrer batailles, rencontres et escarmouches, et faire tous actes et exploits de guerre que besoin sera; faire punir et chastier les transgressemens de nos ordonnances par la vigueur d'icelle; ordonner du payement desdicts gens de guerre et des dépenses de ladite armée des deniers qui seront mis es mains des tresoriers généraux de l'extraordinaire de nos guerres, cavallerie et artillerie, suivant nosdits estats, et en expédier toutes les ordonnances nécessaires, lesquelles nous avons dés à présent comme pour lors vallidées et authorisées, validons et authorisons, et généralement faire par nostre cousin en ladicte charge de nostre lieutenant en ladicte armée, circonstance et dépendance, tout ce que nous mesme ferions et faire pourrions sy présens en personne y estions, jaçoit que le cas requist mandement plus spécial qu'il n'est porté par cesdictes présentes. Si donnons en mandement à tous collonels, mareschaux et maistres de camp, grand maistre et lieutenant de nostre artillerie, chefs et conducteurs de nos gens de guerre tant de cheval que de pied, gouverneurs de nos villes et places et autres nos officiers et sujets qu'il appartiendra, que pour l'estat de ce que dessus ils ayent à reconnaitre nostredit cousin le duc de Lesdiguières comme nostre personne propre et à luy obéyr et entendre sans difficulté, car tel est notre plaisir. En témoin de quoy nous avons fait mettre nostre scel à cesdictes présentes. Donné à Thoulouse le XVII jour de novembre 1621.

AVIS A M. DE LESDIGUIÈRES

POUR LE DÉTOURNER A SE FAIRE CATHOLIC [1]

Monsieur,

Vous me demandez advis sy vous devés accepter le brévet de provisions de la charge de conestable que l'on vous offre à condition d'aller à la messe. Vous recoignessés que c'est la plus grande faveur qu'ung subject puisse espérer de son Roy, qu'elle ne se peut refuser sans offenser et irriter sa Majesté à laquelle vous devés obeyr en toutes choses, sauf l'honneur de la conscience. Ce sont les termes de la proposition, laquelle se pouvoit résouldre par vous seul, qui avés adjousté l'expérience de quatre vingts ans à la cognoissance parfaite de toutes choses grandes. Aussi votre cabinet est aujourd'huy le temple dans lequel vous produisés les oracles sacrés qui règlent les plus importants affaires de l'Europe, et partant vous n'avés besoing de conseils en celle-cy.

Ceste considération m'a fait croire d'abord que vous n'exigiés pas mon sentiment pour vous esmouvoir ou confirmer en la résolution que vous aves prinse, aings pour espreuver ma dévotion envers Dieu

---

[1] Cette pièce est contenue dans un manuscrit de la bibliothèque de Carpentras intitulé : *Mémoires pour servir à l'histoire de France*, elle porte le n° 510.
Le nom de l'auteur de ce discours n'est pas connu et mériterait de l'être, car son œuvre n'est pas sans mérite. Au milieu de l'immense quantité de factums axquels donna occasion la conversion de Lesdiguières, nous avons choisi pour le publier, celui-ci qui a l'avantage d'être inédit. L'auteur suppose que Lesdiguières lui a demandé son avis et que cette lettre est une réponse, mais ce n'est probablement qu'un artifice littéraire, car le futur connétable n'avait besoin de consulter personne pour prendre une décision.

ou ma fidelité à vostre service. Despuis j'ay rejeté ceste crainte comme ne pouvant avoir lieu qu'envers ceux qui sans semonce et par témérité en oseroient bégayer devant vous, et au contraire j'encourrois impiété et mescognoissance de mon debvoir, si je me taisois estant convié de parler. Je le feray donc avec autant de liberté que d'affection, selon que sur le champ je puis déliberer des choses très sérieuses et importantes, m'assurant que comme vous seul résolvés promptement et solidement les affaires d'autruy, aussy consulterés lentement et meurement avec vos vrays amis et serviteurs, la résolution que vous prendrés en celles qui vous touchent de sy près que ceste proposition, laquelle je me persuade n'avoir recu aucun autre préjugé de vous, sinon que vous l'admettés pour problématique; ce que néantmoins j'estime de grand poids à ung esprit fort et consommé comme le votre, les yeux duquel ne se laissent esblouir à l'esclat et lustre apparent de ceste grande magistrature, le comble de tous honneurs et dignités que les plus méritants et favorisés subjects, voire les plus grands héros puissent espérer du ciel et de leur prince.

Mais vous, Monsieur, qui par votre seule vertu avés ouvert et parcouru tous les sentiers et grades d'honneur par lesquels on peut parvenir à cestuy-ci; qui en avez souvent et depuis longtemps exercé les fonctions soubs le tiltre de général d'armée ou de maréchal de France, dans le royaulme, dans l'Italie, à la vue du Pape, contre le roy d'Espagne, qui doutera que vous ne sachiés bien le poids de ceste charge, pour vous contenter que le Roy, qui est le plus clairvoyant de son royaulme, vous en recognoisse plus digne qu'aucun autre, et l'offrit à votre mérite sans vous obliger à l'accepter soubs ceste dure loy de l'achepter au prix de vostre conscience, au préjudice de vostre honneur et réputation, au détriment du service du Roy et contre le bien de son estat.

Je laisseray les raisons de théologiens à ceulx qui en font plus expresse profession, ou plustots à vous-mesme qui les ayant empruntées dès vostre tendre jeunesse, les avés soigneusement cultivées, et ayant cet objet devant les yeux, comme au cœur, avés acquis aux églises de ceste province [1], la liberté de servir Dieu selon sa parole dans tous les balliages et principales villes et bourgs de ceste contrée, les ayant

---

[1] Ce passage fait connaitre que l'auteur de cet avis était du Dauphiné.

tirés des mains des ligueurs pour les remettre en l'obeyssance du Roy et pour asile et seureté à ceux de la religion. En ces conquestes vous avés porté sy courageusement vostre vie aux périls et y avés sy heureusement employé la vie et le sang de tant de milliers d'hommes, qu'aucun ne peut douter que vous ne soyés bien asseuré de marcher en la voye de salut.

On cognoist bien qu'il n'est pas besoing de vous instruire en ce grand aage que vous avés atteint. On ne remarque pas aussy que vous soyés entré en aulcun doubte, en quelque dispute ou conférence de théologiens, ains plutost de certaines personnes du monde, autant ou plus soigneuses du temporel que du spirituel, et néantmoins ils se promettent de vous esbranler, vous porter de primsaut d'une extremité à l'autre, vous pousser dans le précipice sans vous en laisser cognoistre la profondeur, en laquelle vous ne trouverés que le dur repentir d'avoir acquiescé à sy mauvais conseil.

Là vous ne pourrés estre suivy par vos anciens amis et serviteurs qui ont sy fidèlement accompagné vos armes dans les autres dangers dont vous estes sorti couvert de lauriers, lorsque le zèle de vostre religion et la constante et invariable affection envers les vostres, possédoit vostre ame et guydoit vos entreprises : sy quelqu'un de ceux-là survivoit après vostre prétendu changement en la religion, il croiroit sans doute que ceste première source en laquelle vous avez puisé tant de graces et bénédictions de Dieu seroit tarie pour vous, ou plutost que ses eaux douces seroient changées en amertume, et que la mesme facilité qui vous auroit fait papiste pour estre conestable, vous rendroit bigot pour vous y maintenir, voire vous porteroit en la mesme animosité, rancune et maltalent, qui se rencontrent ordinairement en ceux qui tombent en la révolte, et ceste aprehension les esloignant de vous comme d'un danger éminent changeroit l'affection en méfiance; que le lien commun à mesme Dieu et religion se trouveroit rompu entre vous et eulx ; qu'on verroit les serments d'union sy solennellement jurés par vous en assemblées générales et provinciales estre violés; on fermeroit l'oreille à vos conseils et commandements, le crédit absolu que vous avez sur ceux de la religion se perdroit, et quelque autre d'aage plus vigoureux que le vostre, prendroit vostre place et la raviroit à vos descendants auxquels elle est deube et destinée après vous. Dieu se serviroit de cest autre pour défendre et protéger nos églises de la désolation et ruyne entière qui sembleroit leur estre inévitable après la vostre. Celui-là tascheroit de marcher sur les pas de vostre première conduite, s'efforçant d'atteindre vostre valeur, mais s'estudieroit principalement à vous surmonter en constance et fermeté et à finir de toute autre sorte que vous, pour vous faire perdre crédit de toutes parts [1].

Ceste méfiance passeroit insensiblement de ceux-ci aux catholiques, lesquels encore qu'imbus d'autre sentiment que le votre en la religion, ayant toujours expérimenté une grande sincérité en vous, ont vescu en repos sous vos armes, sur la créance qu'ils ont prinse en la fermeté de vos paroles, approuvées et esprouvées par un siècle presque entier sans altération ou interposition d'aulcun acte contraire, ce qu'estant fort esloigné de l'instabilité et inconstance des autres hommes de ce temps, chascun a reçu cette persévérance recognue en vous plus qu'humaine procéder de Dieu, auquel seul la vraye constance et immutabilité est propre, ceste estant la plus grande vertu de toutes et qui approche les hommes plus près de Dieu, de n'estre point esbranlé ni esmu, ny du bien ny du mal. Or il est bien certain que si quelque mouvement de fortune nous ravit et emporte violentement jusqu'au divorce avec Dieu, le changement de religion altère quant à soy pareille mutation aux aultres qualités qui sont en nous.

Que sy quelqu'un ne vouloit sy mal augurer, de vous voir inutile en effet ou en réputation, pour desrober plusieurs grands exploits de vostre valeur et prudence, que la nécessité du temps et des affaires de la chrestienté ne peuvent espérer d'autre que de vous, seul capable de les produire par l'insigne vertu et longue expérience que vous avez acquise en toutes choses, et à cela les gens de bien croyent que Dieu vous réserve, accompagnant vostre vieillesse d'une miraculeuse vigueur de corps et d'esprit.

Il est facheux aux mauvais François que vos ans se comptent par siècles et qu'au crépuscule du soir de vos jours, ils paroissent clairs et sereins comme en leur midy; que votre splendeur tienne les lampes en leur obscurité. Ils souhaiteroient bien de vous faire chercher

---

[1] Ce passage renferme probablement une allusion à la fermeté du duc de Rohan et à l'autorité qu'il prenait de plus en plus sur le parti protestant.

le repos dans l'oisiveté, et l'oisiveté partout vous esloigne des grands affaires pour les modérer à leurs postes; mais vous dormés quiétement dans les armes, vostre esprit s'esgaye et délecte au travail, en quoy vous possédés plus grande plénitude de graces du ciel que ceux qui ne tiennent tranquillité qu'en la solitude, aussi la debvés vous mieulx recognoistre, comme ceux qui ont evité le danger de la mer en conduisant des marchandises précieuses sont plus obligés à Neptune que les simples voituriers ou ceulx qui n'ont rien à perdre au naufrage.

Les hommes illustres comme vous, Monsieur, ayant atteint la perfection autant que nous la pouvons approcher en ce monde, ne sentent point quand l'adverse ou prospère fortune leur peut oster ou adjouster quelque chose, mais demeurant en mesme assiette, au rencontre de tous les mouvements qui se présentent, consistant au-dessus de tous les biens et honneurs qu'on luy offre, et en la perte d'iceulx demeurant entiers et sans diminution en eulx mêmes. Au contraire les foibles se forment tous les jours nouveau régime de vivre et contre toute bienséance estant proches de leur fin concoivent de nouvelles espérances. La vraye grandeur consiste à estre uniforme, et nul autre que le sage ne demeure ferme et immutable en sa bonne résolution; chacun doibt exiger de soy de se maintenir et conserver jusques à la mort tel qu'il a voulu estre et paroistre en sa vie, c'est à dire, sy faire se peut, digne d'honneur et de louanges, et pour le moins demeurer cognu, non comme celuy qui ne parut qu'hier, duquel on se peut enquérir demandant quel il est, ce qui se peut aussi bien appliquer à ceulx qui font quelque notable changement en leur manière de vivre, comme ceulx qui ne font que venir au monde, et ne furent jamais cognus.

Il importe grandement à vostre réputation, Monsieur, et à la grandeur de tous ceulx qui porteront vostre nom et armes, que l'histoire de vos gestes glorieux, laquelle doibt passer à travers tous les siècles à venir avec tant d'honneur que d'homme du monde, où vous serés placé en parallèle avec les plus grands capitaines et les plus sages de l'antiquité, estant illustre de tant de rares actions précédentes, n'échouer au port par rencontre du changement extraordinaire qu'on vous propose, lequel tous les peuples vivants et ceulx que nostre postérité doibt produire ne sauroient excuser d'inconstance. Retenez plutost entière et impollue la vertu contraire par laquelle vous estes parvenu au faîte des plus grands honneurs, et laquelle vous ayant fait mériter la dignité suprême, la vous fait glorieusement refuser et préférer ceste privation à la jouyssance qui vous en seroit honteuse. Ainsy non seulement conserverés l'affection que ceulx de la religion vous portent, transmissible à vos nepveux jusqu'à l'infini, mais l'accroistrés grandement pour le plus signalé tesmoignage que les hommes peuvent rendre de leur zèle envers Dieu.

Portés encore et souffrés généreusement ceste dernière espreuve, d'avoir rejeté les plus hautes dignités de ce grand empire, pour posséder vostre ame en repos, comme vous l'avez bien et heureusement advancée. Ainsy vous esloignerés de vous ce reproche cuisant aux oreilles et trés sensible au cœur vrayment chrestien et magnanime, d'avoir entendu à une négociation sy sordide, voulu achepter sy chèrement ce que vous avés merité et que vous possedés en effect. Que l'ambition et l'avarice ne vous ayent regenté si avant que vous eussies acquis en vain ce tiltre d'honneur au dernier denier qui vous reste, c'est-à-dire au prix de vostre conscience, après la perte de laquelle Jesus-Christ nous enseigne que rien ne profite à l'homme, quand il auroit acquis tout le monde.

Maintenés vostre crédit envers les hommes en vous confirmant en la foy qu'avés toujours eue en Dieu, ceste tentation n'ayant pu esbranler vostre ame, vous establira l'arbitre de la paix de ceste monarchie menacée de sa subversion par la renaissance des guerres civiles. Ceulx de la religion redoublant la créance qu'ils avoient en vous, commettront en vous-mesme tous leurs intérets, et sy quelqu'un d'entre eulx s'est tiré de l'ordre par l'appréhension qu'on leur donne, vostre conseil le ramenera en l'obeyssance de sa Majesté, et par cette voye en sa grace, les armes tomberont des mains de leurs adversaires, et le doux repos dont nous jouissons par l'édit de Nantes, se perpétuera, rendant l'Estat florissant en la domination de nostre Roy plus heureux que d'aulcun de ses ancêtres.

Quant à vous, Monsieur, ne douptés point que fondant la cause du refus que vous faites d'accepter ceste charge sur ce que vous ne voulés offenser votre conscience, ceste excuse comme très légitime ne soit admise par sa Majesté, goustée et approuvée en son conseil, voire par tous les sages hommes qui vivent, et rehausse dans nos annales par-dessus tous les aultres monuments de vostre memoire, audelà de toutes vos autres actions militaires et civiles, de la gloire qui a survescu, tous ceux qui ont jamais porté l'espée du Roy depuis Pharamond. Et si l'Estat est bien conduit et le Roy bien conseillé, ce refus luy fera mieux cognoistre le mérite qui est en vous, lever ceste condition honteuse et vous déférer l'honneur entier, lequel n'est point incompatible avec vostre religion.

Ainsi par les vœux et souhaits, plutost que de vous mesme, sa Majesté adjoustera aux qualités de pair et mareschal de France que vous possédés maintenant, celle de connestable, laquelle regarde vous seul parmy tant de grands hommes que ce puissant estat a nourris et eslevés, et laquelle seule vous pouvés regarder, pour ce qu'en iceluy en effect comme en mérite vous seul les possedés toutes.

PROVISIONS DU CONNÉTABLE DE LESDIGUIÈRES

ET DISPENSE DE SERMENT[1]

(6 ET 14 JUILLET 1622.)

Aujourd'huy vi^e de juillet MVI^c vingt deux le Roi estant à Chastelnau-d'Arri, mettant en considération les grandz, signalez et recommandables services que messire François de Bonnes, duc de Lesdiguières, pair et mareschal de France et mareschal général de ses camps et armées, a faictz aux Roys prédécesseurs de sa Majesté depuis soixante ans, tant en diverses occasions, conduictes d'armées, combatz, sièges de villes et places et batailles, qu'en plusieurs autres actions dignes de son courage et prudence, ausquelles il s'est si valeureusement comporté qu'il s'est acquis une grande expérience et suffisance, non seullement au faict de la guerre, mais aux autres plus importans affaires de cest estat : sa Majesté se promettant encores sur les ocurrances présentes et celles de l'advenir d'en estre utillement servie, elle luy a donné et octroyé l'estat et office de connestable de France, pour en jouir par luy, aux honneurs, auctoritez, prérogatives, prééminances, gages, estatz et appoinctemens qui y appartiennent. En tesmoin de quoy sadicte Majesté m'a commandé luy en expédier toutes lettres et provisions nécessaires, et cependant le présent brevet qu'elle a pour ce voulu signer de sa main et faict contresigner par moy conseiller et secrétaire d'Estat et de ses commandemens et finances.

Louis.   Brulart.

Louis, par la grâce de Dieu, roy de France et de Navarre, à tous ceux qui ses presentes lettres verront, salut : les Roys noz prédéces-

---

[1] Ce brevet de connétable est conservé en copie à la Bibl. nation. (Mss. Dupuy, vol. 487, p. 37.)

seurs de glorieuse mémoyre ayant tousjours eu en singulier soing et recommandation de rémunérer la vertu et les mérites des grandz personnages lesquelz par une longue suitte de fidellité et expérience ont esté jugez capables des plus haultz degrez d'honneur et de dignitez dans ce royaume, affin d'en estre serviz et secouruz, comme ilz l'ont esté heureusement selon les occasions; et ainsy que nostre très cher et amé cousin, messire François de Bonnes, duc de Lesdiguières, pair et mareschal de France et mareschal général de noz camps et armées, ait depuis soixante ans servy sans discontinuation cest estat, tant durant les guerres civiles qui y ont eu cours, que contre les princes voisins qui y ont osé entreprendre; ayant pour cest effect commandé plusieurs armées, assiégé places, donné batailles, et tousjours vaincu, et non seullement conservé les pays que luy ont esté baillez en gouvernement, mais reconquis ceux qui avoient esté perduz, en quoy il s'est si prudemment et courageusement comporté qu'il s'est acquis une grande expérience et suffisance, tant au faict des armes qu'aux autres plus importans affaires de nostre royaume.

Au moyen de quoy et pour telles et si grandes parties et qualitez qui se retrouvent en sa personne, nous l'avons jugé digne d'estre pourveu de l'estat et office de connestable de France, asseurez qu'il continuera sy fidellement, soigneusement et valleureusement à nous servir, que le public de nostre estat en recevra grand avantage et nous d'un si digne choix un singulier contentement.

À ces causes et aultres grandes considérations à ce nous mouvans et par l'advis et délibération des princes de nostre sang, autres princes, ducz, officiers de nostre couronnes et autres grandz et notables personnages de nostre conseil, avons à nostredit cousin le duc de Lesdiguières donné et octroyé, donnons et octroyons par ces présentes signées de nostre main, ledict estat et office de connestable de France, pour icelluy avoir, tenir en hommage de nous et doresnavant exercer, aux honneurs, auctoritez, prérogatives, prééminances et esmolumens accoustumez et qui y appartiennent, et aux gages de vingt quatre mil livres tournois que nous luy avons pour ce ordonnée et ordonnons par ces présentes, oultre et par dessus les aultres gages et pentions qu'il a et pourra avoir de nous cy après, lesquelz gages et pentions luy seront doresnavant payez par chacun an par les trésoriers de l'espargne, chacun en l'année de leur exercice, suivant les estatz que nous en ferons expédier. Voulons qu'en tous lieux et endroictz où il se trouvera en nostre absence, tant dedans que dehors nostre royaume, il soit nostre lieutenant général, représentant nostre personne. Et en ce faisant luy avons donné et donnons plains pouvoirs, puissance et auctorité par cesdictes présentes de faire vivre nosdictz gens de guerre en bon ordre et police, au bien et soulagement de nosdictz subjectz; de taxer et mettre prix aux vivres; de punir et faire punir les transgresseurs, délinquans et malfaiteurs; de donner leurs amandes et confiscations, ou leur remettre et pardonner les crimes qui seront par eulx commis; de commettre et appretter à par nous un ou plusieurs commissaires pour faire les monstres et reveues desdictz gens de guerre, les faire mener et conduire de lieu à aultre, selon que verra estre nécessaire; ordonner des taxations desdictz commissaires, relever les absens et deffaillans èsdictes monstres et reveues desdictz gens de guerre, et génerallement faire cesdictes choses susdictes, circonstances et deppendances, tout ce que nous ferions et faire pourrions, si présens en personne y estions, encores que la chose requist mandement plus spécial.

Si donnons en mandement à noz amez et féaux conseillers les gens tenans noz cours de Parlement, chambre de noz Comptes et autres noz justiciers et officiers qu'il appartiendra, que ces présentes ilz facent lire, publier, enregistrer, entretenir et observer de point en point, selon leur forme et teneur, et nostredit cousin le duc de Lesdiguières, duquel nous nous sommes reservé de prendre et recevoir le serment et hommage en tel cas requis et accoustumé, ilz facent, souffrent et laissent jouir et user plainement et paisiblement et à luy obéir et entendre de tous ceux et ainsy qu'il appartiendra ès choses touchant et concernant ledict estat de connestable de France.

Mandons en oultre à tous noz lieutenans généraux, mareschaux de France, mareschaux et mestres de camp, cappitaines, lieutenans, chefz et conducteurs de noz gens de guerre, tant de cheval que de pied, qu'ilz recognoissent nostredit cousin et luy obeissent aux choses touchans et concernans ledit estat et office.

Mandons aussy aux trésoriers de nostre espargne, de l'ordinaire et extraordinaire de noz guerres, présens et advenir, et autres noz officiers comptables qu'il appartiendra, de paier et dellivrer comptant les susdictz gages, estatz et appoinctemens attribuez audit estat et office de connestable de France. Et rapportant coppie de ces présentes deuement collationnées avec les quittances de nostredit cousin sur ce suffisantes, nous voulons tout ce que payé et dellivré luy aura esté à l'occasion susdicte estre passé et alloué en la despence de leurs comptes par nosdictz gens des comptes, ausquelz enjoignons ainsy le faire sans difficulté : car tel est nostre plaisir.

En tesmoin de quoy nous avons faict mettre nostre scel à cesdictes présentes, données au camp de Chastelnau-d'Arry le vie juillet, l'an de grâce mil six cens vingt et de nostre regne le treziesme.

LOUIS.

Par le Roy,
BRULART.

Louis, par la grace de Dieu, roy de France et de Navarre, à nostre cher et bien amé cousin le duc de Lesdiguières, pair et connestable de France et nostre lieutenant général en nostre pais de Daulphiné salut : Vous ayant puis naguères pourveu dudit estat et office de connestable de France, il est besoing que vous en faciez le serment en noz mains, pour entrer en possession de ladicte charge, ainsy qu'il est porté par voz lettres de procuration ; mais, d'autant que les choses qui vous ont esté par nous commandées ne vous peuvent permettre de nous venir trouver pour faire ledit serment, et qu'il est besoing néantmoins pour le bien de nostre service que vous preniez dès à présent le tiltre et quallité de connestable de France et en faciez les fonctions : A ces causes, nous vous avons dispensé et dispensons par ces présentes signées de nostre main dudit serment à nous deub à cause de ladicte charge de connestable de France ; lequel vous ferez en noz mains lorsque noz affaires et les occasions le vous permettront. Et cependant nous vous avons permis, octroyé et ordonné, permettons, octroyons et ordonnons par cesdites présentes, de prendre dès à présent la quallité de connestable de France, en vertu de vosdictes lettres de provision, et exercer ladicte charge tout ainsy que si vous aviez faict et presté ledit serment en noz mains. De ce faire vous avons donné et donnons plain pouvoir, puissance, auctorité, commission et mandement spécial. Mandons et commandons à tous noz lieutenans généraux, mareschaux et mestres de camp, cappitaines, chefz et conducteurs de nos gens de guerre, tant de cheval que de pied, et de tous autres qu'il appartiendra de vous recognoistre et obeir dès à présent en ladicte charge de connestable de France, comme si vous en aviez faict et presté le serment. Car tel est nostre plaisir. Donné à Carcassonne, le xiiii[e] jour de juillet, l'an de grace mvi[c] vingt-deux et de nostre regne le treiziesme.

Louis.

Par le Roy,

BRULART.

NOMINATION DE LESDIGUIÈRES

COMME CHEVALIER DU SAINT ESPRIT [1]

(14 juillet 1622.)

Le jeudi 14 juillet 1622 au chapistre du Saint Esprit tenu à Carcassonne en la présence du Roy, chef souverain et grand maitre dudict ordre, sur la proposition faicte par monsieur le Chancellier que pour l'advancement de la religion et autres considérations particulières importantes au service du Roy que sa Maiesté ne vouloit estre alleguées, elle avoit trouvé à propos de confier son ordre à monsieur le duc des Diguières, priant la compagnie, qu'encores que ce fut chose extraordinaire et contre les formes et status, qu'elle voulut improuver la résolution qu'elle auroit prise, et de faire avec elle le choix des chevaliers qu'elle commetoit pour cela.

Sur quoy il auroit esté résolu par sa Maiesté, de l'advis des commandeurs, chevaliers et officiers estant audict chapistre, que ledict ordre seroit envoyé par sa Maiesté et porté par le sieur de Loménie, prévost et maistre des cérémonies d'iceluy, à monsieur François de Bonne, duc des Diguières, pair et connestable de France, que les commissions nécessaires seroient disposées, scavoir au sieur d'Alincourt et de Saint Chaumont pour faire l'information de noblesse dudict sieur des Diguières, dattée dudict jour et an, une autre au sieur archevesque d'Ambrun pour informer de sa religion, dattée dudict jour et

---

[1] Ce document existe à la Bibliothèque nationale, mss. Dupuy, vol. 542, p. 135.

an et une autre aux sieurs de Créquy et de Saint Chaumont pour donner l'ordre, avec ledict prévost qui en sera porteur.

Il a esté aussi arresté que le prévost de l'ordre sera porteur des commissions et du collier dudict ordre de la part de sa Maiesté et de ladicte compagnie. Sur la remonstrance que le sieur Dumesnil Morau, grand trésorier dudict ordre, auroit faict au chapistre que la commission de porter le collier appartenoit à sa charge, il fut resolu qu'il luy seroit donné acte de sa remonstrance et que l'envoy dudict prévost de l'ordre ne luy pourroit nuire ny préiudicier.

LETTRES PATENTES DU ROI

A MM. D'ALLINCOURT ET DE SAINT-CHAUMONT

POUR INFORMER SUR LA NOBLESSE DE LESDIGUIÈRES [1]

(14 juillet 1622.)

Louis, par la grace de Dieu roy de France et de Navarre, chef et souverain grand maistre de l'ordre du benoist Saint Esprit, à nos chers & bien amés les sieurs d'Allincourt, conseiller en nostre conseil d'Estat, cappitaine d'une compagnie de nos ordonnances, cappitaine et gouverneur de nostre ville de Lyon, gouverneur & nostre lieutenant général en nostre pays de Lyonnois, Forest & Beaujollois, et de Saint Chaumont, aussy conseiller en nostredict conseil, cappitaine d'une compagnie de nos ordonnances, commandeur dudict ordre du Saint Esprit, salut :

Comme au chapitre et assemblée des princes, cardinaux, prelats, commandeurs & officiers de nostredict ordre, nostre cher & bien amé cousin François de Bonne, duc de Lesdiguières, pair et connestable de France, nostre lieutenant général au gouvernement du Dauphiné, ayt esté par nous nommé & choisy pour estre associé audict ordre, en satisfaisant par luy aux preuves requises & nécessaires, tant pour la noblesse et extraction de sa maison, que pour sa religion, vie, mœurs et aage : nous à ceste cause, de l'advis des princes, cardinaux, prélats,

---

[1] Ce document existe à la Bibliothèque nationale, mss. Dupuy, vol. 542, p. 140.

commandeurs & officiers estant audict chapitre vous avons commis, ordonnés & depputtés, commettons, ordonnons & depputtons par nos présentes pour veoir, visitter et examiner bien exactement & fidellement les contracts de mariage ou partages, testamens, donations, transactions, adveus, dénombremens, hommages ou extraicts de fondations des père, ayeul & bisayeul de nostredict cousin, informer dilligemment par tesmoings que vous choisirez vous même & par actes authenticques s'il est gentilhomme de nom et d'armes & de trois races paternelles pour le moins, sy le surnom & les armes qu'il porte ont esté portées par ses père, ayeul & bisayeul, et de quelle terre et seigneurie ils ont jouy & pris le tiltre, et sy le contenu aux preuves à vous exhibées est véritable et d'advantage s'il n'est poinct attainct et convaincu de cas & crimes contrevenans à noblesse, le tout selon & en suivant les statuts et ordonnances de nostredict ordre.

Voullons que de tout ce que dessus vous fassiez bon & ample procès verbal que vous envoierez cloz & scellé & affirmé soubs vostre foy & honneur comme aussy tous les tiltres et contracts qui auront esté mis entre vos mains par nostredict cousin ès mains de nostre cher & féal Chancellier de nostre ordre, pour nous estre par luy représenté, ouvert & leu au prochain chapitre et assemblée que nous tiendrons d'icelluy.

Voullons & vous mandons aussy que vous ayez à faire entendre à nostredict cousin qu'il ait à vous apporter & exhiber tesmoignages bons & vallables des charges & grades desquels il a jusques à present esté honoré, et attestations des lieux esquels il nous a servy en nos camps et armées, icelles attestations signées de noz lieutenans généraux desdictes armées auprès desquels il nous aura servy, s'ils sont encore vivans, sinon des principaux seigneurs & chevalliers qui y auront esté présens, ne voullans que lesdictes attestations soient par vous receues sy elles ne sont signées de quatre, troys ou deux des principaux seigneurs & chevalliers pour le moins, pour estre le tout aussy envoyé avecq vostredict procès verbal ès mains de nostredict Chancellier.

De ce faire vous avons donné & donnons plain pouvoir, puissance, auctorité, commission & mandement spécial par ces présentes; mandons & commandons à tous nos justiciers, officiers & subjects qu'à vous en ce faisant soit obey, et à tous huissiers, sergeans de faire tous les exploits & commandements que seront pour ce nécessaires sans y faire aucune difficulté ny demander place, visa ne pareatis ; car tel est nostre plaisir.

Donné à Carcassonne le xiiiie jour de juillet l'an de grace mil six cens vingt & deux et de nostre regne le douziesme.

Louis.

Par le Roy chef et souverain grand maistre de l'ordre du benoist Saint Esprit.

Cotignon.

RÉCIT VÉRITABLE

DE TOUTES LES CÉRÉMONIES OBSERVÉES DANS LA VILLE DE GRENOBLE

A LA PROTESTATION DE FOY DE MONSEIGNEUR LE DUC DE LESDIGUIÈRES

Ensemble les cérémonies de sa réception à l'estat de connestable de France et à celles de l'ordre du Sainct-Esprit, avec les magnificences & célébrités faites tant à Grenoble que par tout le Dauphiné sur ce subject [1].

(24 ET 25 JUILLET 1622.)

Après que l'on nous a fait veoir cy devant [2] les divines inspirations du ciel qui ont touché le cœur de monseigneur le duc de Lesdiguières pour se reconcilier avec Dieu & se jetter entre les bras de l'église catholique, & que suyvant ces divins mouvemens il a pris en son ame une ferme & constante résolution de quitter l'obscurité des erreurs & suivre la lumière de la vérité catholique, a voulu en faire paroistre les effets à la gloire de Dieu, au contentement de ses plus chers & intimes amis & pour l'acquit & soulagement de son ame.

Le iour en fut pris le dimanche 24 juillet dernier, auquel iour l'acte de sa protestation de foy & de l'abjuration des erreurs se devoit faire en l'église de Sainct André de Grenoble, pour la célébrité de quoy & autres cérémonies suyvantes, s'estoient rendus audit Grenoble messieurs l'archevêque d'Ambrun, l'evesque de Grenoble & autres prestres du pays,

---

[1] Imprimé à Paris, chez Joseph Bouillerot, rue Vieille-Bouclerie, à l'escu du Bretagne, MDCXXII, avec permission, in-8°, 16 pp.

[2] Ces premiers mots font probablement allusion à la brochure suivante : *La conversion de monseigneur le duc des Diguières à la religion catholique....., ensemble le brévet de l'estat de connestable de France à lui envoyé par sa Majesté le septiesme de ce mois de juillet 1622.* Paris, Rocolet, 1622. En effet, la brochure que nous réimprimons, quoique imprimée chez Bouillerot, porte dans son permis d'imprimer le nom du même libraire Rocolet.

en bon nombre, monsieur le mareschal de Créqui, sieur d'Alincourt, monsieur de Saint Chaulmont, monsieur de Loménie, secrétaire des commandemens, monsieur de Bullion, conseiller d'estat, grand nombre d'autres seigneurs & noblesse, qui tous se rendirent ledit iour 24 iuillet à l'hostel dudit seigneur Duc pour l'accompagner & assister à la solemnité desdits actes. L'eglise de Saint André fut préparée magnifiquement pour ce subject.

Cedit iour venu tout le parlement de Grenoble se rendit en corps avec leurs robbes d'escarlatte rouge. Monsieur l'archevesque d'Ambrun ayant fait assembler tout le clergé de la ville, assisté de plusieurs prélats, allèrent prendre ledit seigneur en son hostel pour le conduire à l'église.

Une chose est à remarquer sur ceste circonstance, que ledit seigneur Duc estant sur le poinct de s'en aller à l'église faire la susdite protestation de foy, se présentèrent en son hostel les ministres de la religion prétendue réformée qui l'avoient entretenu à l'erreur & le servoient d'ordinaire, comme s'ils eussent voulu l'empescher par quelque remonstrance d'accomplir sa sainte & louable résolution ; sitot qu'il les apperceut ployer le genouil pour luy parler, les prévenant, leur dit de grand courage & d'un cœur tout rempli d'allegresse : « Messieurs, me voici, par la grace du ciel, comme « un homme qui ay fait profession de servir Dieu & le Roy le reste de « ma vie, instruction autre que celle que vous m'avez donnée. Si vous « venez icy pour m'imiter & faire la mesme chose, ie suis prest pour « vous ouyr, mais si c'est pour me parler d'autre chose, ie ne vous « veux entendre. » Cela dit les ministres se retirent rougissans de honte & pure concession[1].

Ledict seigneur Duc fut conduict en l'église par le corps du clergé en la compagnie d'une belle quantité de noblesse & à la veue de plus de dix mille personnes, rendans graces à Dieu de la résolution qu'il luy avoit fait prendre ; il est receu en l'église par le corps du Parlement, au milieu des trompettes & fanfares tant de la ville que de sa maison, & la mené devant le grand autel & présenté

---

[1] Cette scène est sinon de pure invention, au moins très exagérée ; les ministres n'auraient pas choisi pour faire leurs remonstrances à Lesdiguières un moment si inopportun et il leur eût fait sans doute une plus courtoise réponse.

devant l'archevesque d'Ambrun, revestu de ses habits pontificaux, fait entre ses mains l'abjuration de l'hérésie & la protestation de foy. Cela fait, ledit sieur Archevesque célébra la messe, laquelle il ouyt avec grande dévotion, ce qui rendoit toute l'assistance merveilleusement admirée.

La messe dite ledit seigneur Duc fut reconduit en son hostel ou estant monté en une grande sale haute se présenta à luy monsieur le mareschal de Créquy, qui, de la part du Roy, luy présenta les depesches de l'estat de connestable de France, lesquelles ledit seigneur accepta très bénignement, remerciant humblement sa Maiesté de l'affection signalée qu'il tesmoignoit luy porter. Mondit seigneur le mareschal de Créqui luy fit une harangue autant belle et éloquente qu'il est possible sur le subject desdictes dépesches & de la charge qu'il avoit receue du Roy de la luy présenter, puis demanda audit seigneur Duc s'il n'avoit pas agréable que lecture publique en fut faite, ce qu'il accorda très volontiers ; & ayant esté lesdictes dépesches ainsi hautement leues & remises entre les mains dudit seigneur Duc, monsieur le mareschal de Créquy luy présenta autres lettres de sa Maiesté portant dispense du serment pour ledit estat de connestable iusqu'à ce qu'il fust auprès de sadite Maiesté. Pandant quoy, toutesfois ledit sieur mareschal luy dit que sa Maiesté très asseurée de ses fidelitez à son service, vouloit néantmoins, attendant l'acte dudit serment reservé à sa personne, qu'il exercat ladicte charge de connestable ; dont il remercia encore sadicte Majesté. Et à l'instant toute la gendarmerie qui estoit ès places & divers endroits de la ville, commenca à faire une escoppeterie telle, meslée du bruit foudroyant des canons que vous eussiez dit que tout s'alloit renverser tant le bruit esclattoit fort, addoucy toutesfois par le son des trompettes & tabours, avec les cloches. Le *Te Deum* aux eglises, les feux de joyes, les dances & les aclamations du peuple de Grenoble, terminèrent la célérité desdicts actes pour ce iour la.

Le lendemain 25 juillet l'eglise cathédralle de Nostre-Dame de Grenoble fut préparée magnifiquement pour la solemnité de la réception de l'ordre du Saint Esprit, dont la cérémonie commença cedit iour en laditte église à vespres, ou assista ledit seigneur Duc avec toute la noblesse & prélats que dessus. L'ordre y fut présenté de la part du Roy par monsieur de Loménie, secrétaire des commandemens & grand prévost dudit ordre ; ledit seigneur Duc en presta le serment accoustumé selon les statuts dudit ordre, tout vestu de satin blanc, en habit de chevalier, lesdits sieurs mareschal de Créquy, d'Halincourt, de Saint Chaumont, avec leurs grands colliers de l'ordre.

Le lendemain mardy ledit seigneur Duc avec les susdits seigneurs se rendirent de rechef à ladicte église avec leurs colliers, ou monsieur l'archevesque d'Ambrun célébra la messe, à la fin de laquelle il communia ledit seigneur Duc & lesdits seigneurs de son assistance.

C'est un acte qui a frappé d'un grand estonnement non seulement le corps de ceux de la religion prétendue réformée, mais aussi toute la France, car qui eust iamais creu qu'un personnage nourry & eslevé dans l'erreur & y ayant vescu l'espace de plus de septante années eust ainsi avec tant d'ardeur & de courage & en une si généreuse résolution, quitté l'hérésie, abjuré, détesté l'erreur & devenir bon catholique ? Le peu d'estime qu'il faisoit des ministres & la favorable attention qu'il prenoit aux prélats & de plusieurs bons religieux de l'ordre de Sainct François & autres, estoient conjectures assez fortes pour faire croire que ce grand capitaine avoit de grands desseins en l'ame et qu'il ne mourroit pas en cette proffession ; l'effect l'a fait cognoistre, & par cecy mesme les ministres peuvent voir qu'autres sont les pensées de Dieu & autres celles des hommes ; qu'il faict des œuvres icy bas parmy nous pour en tirer sa gloire & en la saison & au temps que moins on y pense, voire sur les choses desquelles on a moins d'espérance qu'il se serve pour manifester l'excellence de sa toute puissance.

De ceste heureuse résolution de monseigneur le connestable toute la province du Dauphiné a pris un raisonnable subjet d'en célébrer l'action & d'en rendre graces très amples à Dieu, principalement toutes les villes et places catholiques de ladicte province. Chacune en son particulier a fait les feux de ioye parmy une rejouyssance extraordinaire, tiré quantité de pièces de canon, mais singulierement les villes de Grenoble, Valence, Ambrun, Gap, Die & autres principales places du pays, toutes ont fait devoir de tesmoigner le contantement général des catholiques de ceste action mémorable qui a mis les ministres de tout le Dauphiné en desespoir, la Rochelle en grand alarme, les rebelles en frayeur & tout le corps de la religion prétendue réformée en grand trouble. Les ministres ont véritablement suject d'en avoir desplaisir, car par ce moyen aucuns d'eux se trouvent désapointés[1] & desmontés, décheus de toute espérance de pouvoir iamais relever leur fortune à la suitte & près de la personne dudit seigneur Duc.

Pour les rebelles cecy les met en crainte, car si estant un des chefs principaux du corps de laditte religion pretendue réformée, il les a tousjours sévèrement repris de leurs entreprises insolentes & furieuses résolutions, maintenant qu'il a pleu au Roy l'honorer de la charge de connestable, il les chastiera par les armes de sa Majesté qu'il conduira sans doute contre tous rebelles opiniastres qui ne se rendront de bonne heure au devoir, les ayant mis diverses fois en leur tort, & scaura bien se resouvenir en l'exercice de ceste grande charge, de ceux qui pour troubler l'estat & pour maintenir leurs révoltes auront mesprisé ses conseils & mis ses bons avis en compromis [2].

---

[1] Privés d'appointements.

[2] Voir sur la conversion de Lesdiguières notre volume II de la p. 370 à la p. 373 et principalement les documents imprimés en note. Voir aussi le mémoire au roi, même volume, p. 363. La duchesse de Rohan écrivait, le 20 décembre 1622, à Duplessis-Mornay : « On m'avait desjà mandé quelque chose des changements du Dauphiné, lesquels aucuns ne pouvoient croire, mais pour moy je croy & crains tout en telle matière. Je ne trouve plus aussi rien d'estrange en changements de religion, seulement je prye Dieu de tout mon cœur que je n'en puisse jamais voir faire autant à aucun de ceux qui sont sortis de moy. » (Collection Charavay.)

LETTRE DU PAPE A LESDIGUIÈRES

SUR SA CONVERSION [1]

(3 décembre 1622.)

Duci Des Diguières regni Franciæ Connestabili.

Dilecte fili, nobilis vir, salutem. Urbes hostium expugnatæ & arces perduellium demptæ, vix tantam catholicæ religioni securitatem in Gallia peperisse dicuntur, quantum nuperum hoc consilium nobilitatis tuæ, quæ magnorum exercituum animos atque vires gerit. Solatio plane nos cumulavit nuntius ille exoptatissimus, qui te divino numine instinctum, ex impiorum sinagoga ad Romanæ ecclesiæ castra transisse prædicabat. Nunc autem rem ex te ipso cognoscere jucundissimum nobis fuit, qui clarissimo duci catholici nominis dignitatem & apostolicæ sedis benevolentiam jandiu prænunciavimus. Excruciabamur antea plane non mediocriter, cum fortitudinem tuam suspicere, religionem vero damnare cogeremur. Quis enim ingemiscens non exclamasset, utqui perditio hæc! Ut militiæ decora & tantæ instrumenta virtutis in hæreticorum dogmatum defensione consumi! Sed non obliviscitur misereri Deus, cui tandem ex armamentario cœli arma lucis ad te detulit, teque in ecclesia catholica militare voluit, stipendia merentem fœlicitatis æternæ. Nunc autem operam da, dilecte fili, ut fortitudo tua pietatis propugnaculum & templorum tutela habeatur. Neque enim illustriores tituli illi habendi sunt quibus expugnator urbium atque inimicorum profligator hactenus appellatus es, quam ii quibus ortho-

---

[1] Extrait du *Recueil des briefs envoyez par nostre S. Père le pape Grégoire XV à Monseigneur et dame la connestable de Lesdiguières touchant sa conversion au giron de la saincte église....* Paris, Hérosme Blageart, 1623, pp. 10 à 14.

doxæ fidei vindex & ecclesiastici ordinis defensor vocitaberis. His cognomentis augeri cupimus nobilitatem tuam, quam sane dum ad altissimum militaris imperii gradum nuper christianissimæ majestatis beneficentia provexit, regalis prudentiæ laudem meruit, cum ad eam dignitatem aditum nobilitati tuæ non gratia sed virtus patefecit ad quam oppugnandis hostibus, exercitibusque ducendis per iter, gloria ac periculis plenum pervenisti. Complectimur te paterna charitate, dilecte fili, ad pedes apostolicos accedentem atque in adoptionem transcriptum filiorum Dei. Quam gratæ autem nobis fuerint litteræ nobilitatis tuæ & adventus dilecti filii abbatis Sancti Ramberti, ipse in Galliam rediens luculenter testari poterit. Ab eo quem libentissime audivimus, pontificia benevolentia prosequimur, accipiet nobilitas tua quam propensa voluntate tuis laudibus & rationibus faveamus & quam in tua pietate & fortitudine spem constituerimus catholicæ religionis in isto regno amplificandæ. Agnosce miserentis Dei beneficium eoque sapienter utere, dilecte fili, & cum in clarissima militaris gloria possessione verseris, enitere ut violenter rapias regnum cœlorum, quod vim patitur, ab iisque facile expugnatur qui gladium charitatis distringentes & fidei lorica induti sunt, diabolo terribiles & apostolici imperii ditionem propagant. Tantam nobilitati tuæ fœlicitatem exoptantes, apostolicam tibi benedictionem impartimur.

Datum Romæ apud Sanctum Petrum die 3 decembris 1622; Pontificatus secundo [1].

---

[1] On trouvera dans notre vol. II, p. 371, une lettre de Lesdiguières au Pape auquel celle-ci sert de réponse. Nous ferons remarquer que nous avons fait une erreur dans la date de cette lettre de Lesdiguières et probablement aussi dans celle de la marquise de Treffort qui la suit. Comme nous les avons reproduites d'après une copie non datée, nous pensions qu'elles devaient avoir été écrites immédiatement après sa conversion, c'est-à-dire à la fin de juillet. C'était à tort, la lettre de Lesdiguières est du 10 octobre, du moins elle porte cette date dans l'ouvrage duquel nous avons extrait la réponse du Pape.

LETTRES PATENTES DU ROI

A M. L'ARCHEVÊQUE D'EMBRUN

POUR INFORMER SUR LA RELIGION, VIE ET MŒURS DE LESDIGUIÈRES [1]

(14 juillet 1622.)

Louis, par la grace de Dieu Roy de France et de Navarre, chef et souverain grand maistre de l'ordre du benoist Sainct Esprit, à nostre amé & féal l'archevesque d'Ambrun, salut : ayant par l'advis de nostre cousin le prince de Condé et des cardinaux, prélats, commandeurs & officiers de nostredict ordre, séant au chappitre par nous assemblé ce jourd'huy, nommé et proposé nostre cher & bien amé cousin François de Bonne, duc de Lesdiguières, pair et connestable de France, nostre lieutenant général au gouvernement du Daulphiné, pour entrer et estre associé audict ordre, en satisfaisant par luy aux preuves requises & nécessaires tant pour la noblesse et extraction de sa maison que pour sa religion, vie, mœurs & âge :

Nous à ces causes de l'advis de nostredict cousin le prince de Condé, cardinaux, prélats, commandeurs et officiers dudict ordre, vous avons commis, ordonné & depputé, commettons, ordonnons & dépputtons pour informer dilligemment & par tesmoings qui seront par vous nommés, de la bonne vie, mœurs & religion catholicque & age de nostredict cousin le duc de Lesdiguières, et ladicte information bien et deument faicte, certiffiée de vos mains, l'envoyer close & scellée & affirmée soubs vostre foy & honneur és mains de nostre cher & féal

---

[1] Ce document existe à la Bibliothèque nationale, mss. Dupuy, vol. 542, p. 137.

Chancellier de nostredict ordre pour nous estre representée & leue au prochain chapitre & assemblée qui se tiendra de nostredict ordre, affin de valloir et servir ainsy que de raison.

De ce faire vous avons donné & donnons plain pouvoir, puissance, auctorité, constitution & mandement spécial par nosdictes présentes, mandons et commandons à tous nos justiciers, officiers & subjects qu'à vous ce faisant soit obey ; car c'est nostre plaisir.

Donné à Carcassonne le xiiiie jour de juillet l'an de grace mil six cens vingt et deux et de nostre regne le douziesme :

Louis.

Par le Roy chef et souverain grand maistre de l'ordre du benoist Saint Esprit.

Cotignon.

ACTE DE RÉCEPTION DE L'ORDRE DU SAINCT-ESPRIT

DE MONSIEUR LE CONNESTABLE DE LESDIGUIÈRES [1]

(26 janvier 1622.)

Ce jourd'huy xxvie juillet 1622, nous Charles, sire de Créqui, mareschal de France, lieutenant général pour le Roy au gouvernement du Dauphiné et commandeur de l'ordre de Saint Esprit, Melchior Mitte de Méolans, marquis de Saint Chaumont, maréchal des camps et armées de sa Maiesté et commandeur dudict ordre, et Charles de Loménie, conseiller de sa Maiesté en son conseil d'estat, secrétaire ordinaire de son cabinet, prévost et maistre des cérémonies dudict ordre : après qu'il nous est appareu de l'information faicte par monsieur l'archevesque d'Ambrun de la religion, vie et mœurs de messire François de Bonne, duc de Lesdiguières, pair et conestable de France, et que nous avons recognu qu'elle est selon et en la forme prescripte par le statut dudict ordre, nous sommes assemblés dans l'hostel dudict seigneur, duquel nous nous sommes avec lui transportés dans l'église Nostre Dame, cathédrale de la ville de Grenoble, et y avons à la fin des vespres donné l'ordre du benoist Saint Esprit audict sieur Connestable avec les cérémonies accoustumées et portées par ledict statut suyvant et conformément à la commission du Roy à nous adressée pour cet effect, donnée à Carcassonne le 14 de ce moys 1622, signé : Louis, et plus bas, Cotignon, et sélée du sceau de l'ordre.

Et du lendemain 27 de juillet, ledict seigneur Connestable, messire Charles de Neufville, marquis de Villeroy, gouverneur et lieutenant général pour sa Maiesté en la ville de Lyon, pays de Lyonnois, Forest

---

[1] Ce document existe en copie à la bibliothèque nationale, mss. Dupuy, vol. 542, p. 138.

et Beauiaulois, commandeur dudict ordre, et nous, sommes d'abondant partis de l'hostel dudict sieur et transportés en ladicte eglise Nostre Dame, ou estant arrivés nous avons devotement ouy la saincte messe qui a esté célébrée par ledict sieur archevesque d'Ambrun et communié de ses mains selon qu'il est accoustumé et conformément audict statut. En foy de quoy nous avons signé ces présentes. A Grenoble le 27 jours de juillet 1622.

Charles DE CRÉQUY, SAINCT CHAMOND, DE LOMÉNIE [1].

---

[1] Les deux lettres suivantes de Saint-Chamond nous donnent quelques détails sur ce qui précéda la réception de Lesdiguières dans l'ordre du Saint-Esprit :

« AU ROY,
« Sire, je me suis treuvé en ceste ville à l'ar-
« rivée de monsieur de Loménie qui a rendu à
« monsieur d'Halincourt et à moy la commission
« qu'il a pleu à vostre Majesté de nous adresser
« pour faire les preuves de noblesse de monsieur
« le Conestable et celle que vostredicte Majesté
« a adressé ensuite à monsieur le mareschal de
« Créquy et à moy pour luy donner l'ordre du
« Saint-Esprit, à quoy nous ne manquerons de
« satisfère dans demain et de rendre conte de
« l'effect à votre Majesté, la remerciant très
« humblement, Sire, de l'honneur qu'il luy a
« pleu de me fère de se servir de moy en ceste
« occasion. Mondict sieur le Conestable a esté
« aujourd'huy entendre la messe de monsieur
« l'archevesque d'Ambrun, accompagné du Par-
« lement, de la chambre des Comptes et de
« quantité de noblesse, et à son retour, mon-
« sieur le mareschal de Créquy luy a donné les
« lettres de Conestable et de dispence de ser-
« ment avec un grand aplaudissement de tous
« les bons serviteurs de vostre Majesté en ceste
« province.....

« SAINCT CHAMOND.

« Grenoble, 24 juillet 1622.

(Orig., Bibl. de l'Institut, Ms. Godefroy, vol. 269, p. 95.)

« AU ROY,
« Nous avons ce matin accompagné monsieur
« le Connestable à la messe de monsieur l'arche-
« vesque d'Ambrun, ce qui s'est passé avec
« beaucoup de solennité et d'aplaudissement :
« nous luy baillerons demain l'ordre du Saint-
« Esprit, suyvant la commission du Roy, laquelle
« estant dressée à monsieur le mareschal de
« Créqui et à moy, et monsieur d'Halincourt
« s'estant renscontré icy, nous l'avons prié tous
« deux d'y prendre la mesme part que nous et
« d'y assister, ce qu'il fera pour rendre la céré-
« monie plus solennelle, de laquelle je vous
« escriray incontinant que nous l'aurons ache-
« vée et m'en iray après chez moy attendre de
« vos nouvelles....

« 24 juillet 1622, Grenoble.
SAINCT CHAMOND.

(Orig., idid., p, 93.)

CONSTRUCTIONS, EMBELLISSEMENTS ET TRAVAUX DE VOIRIE

FAITS PAR LESDIGUIÈRES EN DAUPHINÉ

PAR EXPILLY[1]

Messire Francois de Bonne, sieur des Diguières, duc, pair & marechal de France, lieutenant général pour le Roi au gouvernement de Daufiné, depuis conétable de France, de qui l'ame et le courage ne s'occupe jamais qu'à choses hautes & belles, grand an guerre, grand an paix, & toujours incomparable & parfait, voyant la ville de Grenoble, siége du Parlement, de la Chambre des contes, des finances & sa principale demeure, assise au pié des Alpes, an un lieu reserré & contraint, & que l'affluance des habitans alloit toujours augmantant, an sorte que comme on disoit de Rome, à peine y avoit-il assez de maisons pour comprandre & loger tant de monde qui tous les jours y acouroit de diverses pars, fit come Constantin le Jeune an la ville de Constantinople & come Anthémius après lui; il fit dessein d'étandre & amplifier l'anceinte des murs, l'agrandir de nouvelles rues & batimans, réparer les vieus, démolir les inutiles dont la difformité incommodoit les places publiques & ambellir le dedans & le dehors, afin que

---

[1] Ce morceau intéressant en ce qu'il nous donne des détails circonstanciés sur les travaux publics faits en Dauphiné par l'ordre de Lesdiguières, est inséré dans les *Plaidoyez de Maitre Claude Expilly* (Lyon, Laurant Durand, 1636, p. 686 et suiv.) Il est peu connu, car les plaidoyers d'Expilly sont l'un de ces livres qui n'ont plus aujourd'hui de lecteurs. Il fut composé au plus tard en 1619, date de la dédicace du livre au chancelier de Sillery. Expilly, comme on le remarquera, avait adopté une orthographe spéciale qui n'a pas même le mérite d'être logique; s'il écrit certains mots comme ils se prononcent, il a conservé dans bien d'autres, nous ne savons pourquoi, l'orthographe vulgaire.

comme sa présance & prudance l'avoit illustrée y faisant aborder & abonder toutes choses, il peût aussi dire ainsi qu'Auguste de Rome, que l'ayant trouvée de brique il la laissoit de marbre. An l'an 1591 il commança de faire les fortifications de huit gros bastions, de la courtine & terre plains, revestuz avec un profond & large fossé & la contr'escarpe, comprenant les faus-bours du Brueil, des Maisons neuves & de Treclostre, & d'un grand mur tiré par tenailles[1], anferma dedans la montagne & vignoble de Chalemont ; dressa au dessuz le fort de la Bastille pour couvrir & découvrir toute la ville ; releva ce magnifique logis royal apellé la Trésoriere[2], se l'etant randu propre par abbergemant de sa Majesté, alors presque tout ruiné & réduit an masure, le rebatit & restaura, le garnissant d'infinis meubles précieus & d'une excellante bibliothèque[3] ; ajanca tout l'anviron de jardins, écuries, jeu de paume & de palemail ; fit batir le port de l'Isère, laissant une place au devant de la porte pour la commodité du peuple & du charroi ; deus arches du pont & la tour de l'horloge etans cheutes par l'injure des guerres, il les releva plus amples & plus solides an l'an 1598 & 1603. Quelques vieilles maisons plantées comme une isle sur la place du Mal-Conseil[4] la randoient presque inutile pour etre trop resserée ; il eut lettres patantes de sa Majesté an date du 11 de novembre 1606, pour les abatre & démolir, & provision sur ses finances pour recompanser les propriétaires du juste prix. Ainsi fit jadis l'ampereur Alexandre Sévére fournissant des deniers de ses péages & revenuz pour restaurer an plusieurs villes les maisons publiques & privées que la vieillesse ou tramblemans de terre avoient ruinées, allant au devant du scrupule d'Auguste qui fit la place ou l'on devoit tenir les plaids trop petite, pour n'oser prandre les maisons voisines, et suyvant bien loin l'inhumanité de Néron, lequel offansé de la laideur des vieus édifices & de quoy les rues étoient trop étroites & contournées,

---

[1] Ouvrage de fortification construit sur les lignes de défense vis-à-vis et tout proche de la courtine. (Diction. de l'Acad.)

[2] Après avoir été la préfecture de Grenoble, le palais de Lesdiguières en est devenu l'Hôtel de Ville.

[3] Après une série de vicissitudes qu'il serait trop long d'énumérer, la bibliothèque de Lesdiguières, qui était en effet fort remarquable, fut vendue par ses héritiers, au commencement du xviiie siècle, transportée à Toulouse et achetée par les bénédictins de Marmoutiers. De cette maison religieuse elle est passée dans la bibliothèque de Tours dont elle est une des parties les plus précieuses. Voir sur cette bibliothèque deux articles de M. Roman dans le Cabinet historique (1877, janvier et mars.)

[4] Actuellement place aux Herbes.

brula une grande partie de la ville de Rome. Des lors la place fut apellée de Bon-Conseil, ou ancores ledit sieur Mareschal fit construire une fontaine, dérivant d'une source au dehors de la porte de Saint-Laurans.

Il avoit fait tracer des l'an 1602 la rue de Bonne à celle de Treclostre, mais voyant que les maitres des fonds qui se trouvoient le long de la rue ne vouloient ny vandre ny bastir, ou vouloient vandre les places à si haut prix que nul n'y pouvoit antandre, il eut de sa Majesté autres patantes du 6 de mars 1607, députant des commissaires, pour ordonner aus propriétaires de bastir dans six mois, autremant à faute de ce, qu'il seroit loisible de prandre leurs fonds à prix raisonnable & y bastir selon l'ordre qui seroit marqué, avec exantion de toutes tailles à ceus qui ne seroient nobles pour dis ans à conter du jour qu'on antreroit dedans les maisons pour y habiter & que les lods dorénavant se payeront à raison du douziesme denier pour les directes qui se trouveront sur lesdites maisons. L'ampereur Vespasien permit jadis à Rome à qui voudroit de prandre les places & masures & y bastir si les possesseurs ne le vouloient faire. Il an avoit été fait de même longtans auparavant après l'ambrasement des Gaulois ou chacun batit sur le sien & sur la place d'autrui comme bon lui sembla, de manière que la ville fut remise & toute rebatie dans l'an revolu. A Rome c'étoit sans payer, ici c'étoit an payant. Cela fut cause qu'on vit an peu de tams divers fondemans & plusieurs maisons élevées, qui croissoient & se parachevoient tous les jours [1].

Et d'autant que parmi les autres rues il y an avoit de mal baties & désagreables à voir, les mêmes patantes portoient que telles difformitez seroient otées & couvertes en les parant de rustiq au devant et sur les rues. Combien de gloire & d'honneur emporta Q. Lutalius Catulus pour avoir refait & dédié le Capitole & veu son nom inscrit au fête de ce grand ouvrage? L. Silla disoit que l'ayant commancé & ne l'ayant peu achever cela seul defailloit à son bonheur & félicité. C'etoit le soin principal qu'avoient anciennement les gouverneurs de provinces de prandre garde aus réparations des maisons, de contraindre

[1] Ce fut, dit Expilly à la p. 691 de l'ouvrage d'où nous avons extrait ce fragment, un petit artisan nommé Jean Carle qui construisit la première maison dans la rue de Bonne; il y plaça cette inscription : PREMIÈRE MAISON FONDÉE AN LA RUE DE BONNE PAR M. IAN CARLE AN L'AN 1602.

les possesseurs avec connoissance de cause, de les refaire ou racomoder. Pline-le-Jeune, gouverneur de Bithynie, écrivant à Trajan lui demande la permission d'édifier des bains an la ville de Pruse, an une place ou il y avoit auparavant une belle maison mais lors toute gatée & ruinée : Par la, dit-il, il arrivera que sans oster aucun édifice, la face désagreable de la cité sera ambellie & que ce que l'antiquité a demoli sera réparé. Ainsi le roy Théodoric ne vouloit que dans Rome parut aucune masure parmi tant de batimans superbes. L'ampereur Hadrien, antre autres choses, ordonna qu'an nulle cité on n'eut à démolir aucunes maisons pour an transporter les materiaus an une autre ville. Les édiles se firent atribuer le pouvoir d'y metre ordre & de memes aus réparations & conduite des rues. An France c'et au Grand Voyer, charge que monsieur le duc de Sully a remise an son lustre & laquelle n'a pourtant passé en Daufiné, d'autant que le gouverneur de la province & le lieutenant général au gouvernemant s'et conservé céte authorité.

Et suivant nôtre discours, ledict seigneur Mareschal prouveut non seulement au dedans de la ville mais encores pour randre les avenues plus aisées il fit réparer les chemins royaux, memes celui du Vair de Moirans[1] ; an fit un commode à aler de Vizile à Champs an la montée & près de Mézage[2] ; an fit un autre du Port de Clais à Varse le long du Roc ; fit refaire le pont de Cognet & rabiller celui de Pontaut[3] ; trouva moyen de batir ce pont admirable sur le Drac au Port de Clais pour la commodité publique, an l'an 1611, pont qu'on ne peut voir sans l'admirer, haut elevé d'une seule arche & d'un trait si grand et si long que le pont de Rialte à Venise ne veut rien dire au prix de celui-cy[4]. On voit du haut, à qui a les yeus assez asseurez pour regarder si bas, passer dessouz les piez ce torrant insolant ; on le void courir bondissant & mugissant come un furieus taureau, confessant & reconnoissant que, tout ainsi que ce grand Mareschal a peu vaincre & soumetre à

[1] J'ignore ce qu'était cette route maintenant inconnue ; il est probable cependant qu'elle conduisait de Moirans à Tullins.

[2] Cette route montait de Vizille au village de N.-D.-de-Mésages et de là aboutissait à Champs en contournant la montagne.

[3] Ces deux ponts sont à peu de distance de la Mure ; à Ponthaut, le pont construit par ordre de Lesdiguières se voit encore intact sous le pont moderne.

[4] Ce pont remarquable construit en 1611 existe encore, on y avait placé les inscriptions suivantes aujourd'hui disparues : Romanas moles pvdore svffvndo et Vnvs distantia ivngo. Lesdiguières fit encore construire, en 1613, le pont de la Barque sur le Buëch, et le pont de pierre à Grenoble en 1621.

lui tous les annemis de son Roi, qu'il a rancontrez, de même il scait aprandre aus fleuves & torrans plus superbes, qui samblent dedaigner les ponts, à les soufrir & passer dessouz lui.

Mais puisque nous parlons de ses ouvrages & batimans, sans toucher à ceux qu'il a faits à Lesdiguières [1], à Piémore [2] & an tant de divers lieus, arrestons nous & finissons par celui de Vizile [3], lieu qu'il choisit pour ses ébats & pour donner trêve à ses ordinaires fatigues. Ce château spacieus, autant que la commodité du roc le permet; cete galerie ou sont depeintes quelques-unes des victoires signalées du roi Henri-le-Grand & des siennes; ce grand portal au fête duquel il et relevé an bronze tout armé, à cheval, tel qu'il paroit au front des armées quand il donne la peur & la chasse aus annemis du Roy [4]; ce grand Hercule de bronze qui se présante à l'autre porte avec sa massue effroyable [5]; ces dragons & serpans, gardiens du logis & de la fontaine qui arrose ses piez; ce jeu de paume; cete ménagerie; ce parc anclos de longues murailles; ces alées; ce jeu de pale mail; ces forges; ces martinets; ces rampars contre l'impetuosité de la Romanche; ces parterres; ce verger; ces canaux; ces sources d'eau claire & limpide, si bien conduites, coulans si doucemant, jamais anflées ny troublées, imitant les mœurs de leur seigneur, diront un jour & toujours à la postérité qu'après tant de palmes & de lauriers acquis & méritez, le plus vaillant, le plus prudant & le plus sage des mortels de son siecle et leur auteur & les a souvant honorez de sa présance, quand le bien du service du Roy & du public ne l'appelloit ailleurs, & que loin du faste & de l'orgueil que les prosperités volontiers aportent, son esprit tampéré, ne cherchant autre recompanse que celle de la vertu, s'et contanté de ce petit recoin, ou recueillant ses amis & serviteurs, il s'et daigné communiquer à eus avec une privauté si grande que, sans offanser la dignité de son rang, il ne fuyoit rien tant que le trop de

---

[1] Le château de Lesdiguières encore intact au commencement du siècle dernier n'est plus qu'une ruine. Lesdiguières et sa famille y étaient ensevelis.

[2] Ce château construit en 1577 par Lesdiguières, pour brider Gap, fut détruit par ordre de Richelieu. Il n'en reste plus trace, mais il en existe plusieurs gravures.

[3] Le beau château de Vizille passa de Lesdiguières aux Créqui, des Créqui aux Villeroy qui le vendirent au siècle dernier à la famille Perier qui le possède encore.

[4] Ce bas relief en bronze, œuvre peut-être de Jacques Richier, existe encore. Un incendie a détruit presque tous les tableaux des batailles de Lesdiguières, qui du reste étaient médiocres.

[5] Cet Hercule, transporté à Grenoble, est placé sur une promenade publique. Il est probablement aussi l'œuvre de Jacques Richier.

respect des siens, craignant d'etre craint, comme Théodoric-le-Grand, roi des Gots, la douceur pourtant de son visage retenant toujours une attrayante gravité & ne pouvant etre veu sans etre aimé & honoré ; ainsi caressant un chacun, il et suivi & servi de tous. Rien de plus afable que ses domestiques ; sa maison et vraymant une maison de paix, d'honneur & de courtoisie.

Et lui qui par tant de victoires & d'actes mémorables mérite tous les arcs de triomphe, tous les trophées & tous les plus dignes éloges qu'on a jamais donnez aus plus grands capitaines, s'et contanté de metre sur la porte basse de son chasteau cete modeste inscription :

FOELICIBVS AVSPICIIS HENRICI IV
FRANCOR. ET NAVARRAE REGIS INVICTISS.
PACE TERRA MARIQVE PARTA,
FRANCISC. A BONA, LESDIGVERIAE DOMINVS,
DELPHINAT. PROREX, TOT BELLORVM SVPERSTES,
SECESSVM HVNC SIBI SVIS QVE A FVNDAMENT.
EREXIT. ANNO SALVTIS MILLESIMO SEXENTESIMO
SECVNDO. AETAT. SVAE LX.
DEVS NOBIS HAEC OTIA FECIT.

DERNIER TESTAMENT

DE MESSIRE FRANÇOIS DE BONNE, DUC DE LESDIGUIÈRES

PAIR ET CONNESTABLE DE FRANCE[1]

(26 mars 1624.)

Pardevant Estienne Tolleron et Anthoine Vigeon, notaires et garde-notes du Roy, nostre sire, en son chastelet de Paris, soubzsignez, fut present tres hault, illustre et puissant seigneur monseigneur François de Bonne, duc des Diguières, pair et connestable de France, gouverneur et lieutenant général pour le Roy, nostredict sire, en ses provinces de Picardie, Bollonnois, Arthois et Pais reconquis, et lieutenant général au gouvernement de la province de Daulphiné, demeurant à Paris, en son hostel des Diguières, scis rue de la Cerisaye, paroisse Sainct Paul, lequel, sain de corps et d'esprit, ainsi que de ce est suffisamment apparu ausdicts notaires soubzsignez, scachant que la mort est naturelle, nécessaire et innévitable à tous, nostre naissance nous y obligeans et acheminans, desirant avant cella disposer et ordonner de ses biens, aprés avoir faict le signe de la croix, invoqué le nom de Dieu et icelluy supplié d'avoir pitié de luy et luy voulloir pardonner et remettre ses faultes et péchez par les mérites de nostre seigneur Jesus Christ et intercession de la glorieuse Vierge Marie et de tous les habitans de la cour céleste, a ordonné et ordonne que son corps soit apporté du lieu ou il décédera au chasteau des Diguières et la mis

---

[1] Il existe un grand nombre de copies de ce testament, nous avons suivi celle de la Bibliothèque nationale (Mss. Brienne, vol. 141, p. 233), qui est une des meilleures. Une autre copie est conservée dans la bibliothèque de Carpentras, Mss. Peiresc (Reg. XXXVIII, p. 383.)

dans le tombeau qu'il a faict construire et ediffier en la chappelle dudict chasteau, ou il ordonne le service divin estre faict et solennisé ainsi que l'eglise catholique, apostolique et romaine à accoustumé faire en telles occasions, sans pompes toutesfois ny superfluitez aucunes.

Plus veult et ordonne ledict seigneur testateur que les héritiers universelz soubz désignez incontinant son décedz advenu, constituent et establissent une pension de deux cens livres tournois annuelle au cappital de trois mil deux cens livres tournois en lieu bien asseuré pour estre distribués annuellement aux pauvres de l'hospital de Saint Bonnet, par l'ordre de celluy de ses héritiers qui sera aussi institué au biens de Champsault.

Item donne et légue ledict seigneur Connestable testateur à noble homme messire Ennemond Marchux, advocat au parlement dudict Daulphiné, à honorable homme Martin Collaud, son appoticaire, et à maistre Jehan Arthault, notaire royal, demeurant à Mentz, à chacun d'iceulx six cens livres tournois payables incontinant sondict décès arrivé.

Item donne et légue aux sieurs Hiérémie Mathieu, François Sarrazin et Jehan Sigaud, à chacun d'eulx trois cens livres tournois qu'il veult semblablement leur estre payé sitost sondict décès advenu, et à Claude Bignony, son sommellier, cent cinquante livres payable comme dessus.

Item donne et légue à damoiselle Honnorade Davin les biens qu'il possedde à Orpierre et ses environs, qui furent et ont esté donnez à luy testateur par feu damoiselle Marguerite de Bonne, sa tante.

Item ledict seigneur testateur institue damoiselles Françoise et Catherine de Créquy, filles naturelles et légitimes de Charles, sire de Créquy, mareschal de France, et de deffuncte dame Magdelaine de Bonne, sa fille, mariez, et à chacunes d'icelles les sommes qu'il leur a donné et constitué en leurs contracts de mariage, sans qu'autres choses elles puissent demander sur les biens et héritages. Plus institué messire Charles de Créquy, seigneur de Canaples, son petit filz, en la somme de trois mil livres tournois outre ce qui luy a donné et constitué en son contract de mariage, payable ladicte somme incontinant sondict décedz, l'excluant moyennant ce de tous ses autres biens.

Item donne et lègue au sieur Tonnard, son secrétaire, sa terre et seigneurie de Saincte Agnez, dependantes de la baronnie de Theix, pour en jouir sytost son dècedz advenu, à condition toutesfois qu'il la tiendra en foy et hommage de sadicte baronnie de Thays, soubz la cense annuelle d'une maille d'or, portant lodz et ventes au tiers denier le cas escheant, et à condition aussi que s'il venoit à mourir sans enfans masles naturelz et légitimes, que ladicte terre et seigneurie reviendra à celluy de ses héritiers qui sera institué en ladicte baronnie de Theys.

Item veult et entend ledict seigneur testateur que le sieur Brémont, son autre secrétaire, jouisse paisiblement et les siens des biens de Varce qu'il luy a venduz, et qu'ilz luy soient maintenus et garentis par lesdicts héritiers universelz à la forme du contract de vente qui luy en a passé pardevant maistre Jullien, notaire à Vantavon.

Item veult et entend qu'il ne soit rien demandé des droicts et prétentions que feue madame des Diguières, sa premiere femme, pouvait avoir et prétendre sur la maison du Gas, d'autant qu'il en a faict donnation au seigneur moderne du Gas, en son contract de mariage avec la damoiselle d'Arragon, à l'observation duquel il veult particulierement ses héritiers estre tenus.

Item donne et lègue iceluy seigneur testateur à dame Marie de Vignon, sa très chère et bien aimée femme et espouze, pour l'affection singuliére qu'il luy porte, la somme de dix mil livres tournois de rente annuelle sa vie durant, en ce comprins ce qu'il luy a donné d'augment et survie et pour douaire viduelz par son contract de mariage ; pour le payement desquelz dix mil livres tournois de rente viagère, ledict seigneur testateur veult et ordonne qu'il soit à son choix de prendre ladicte somme en argent payables par moitié par ses héritiers universelz cy-après nommez, ou de jouir suivant leur susdict contract de mariage des terres et seigneuries du marquisat de Tresfort, le Pont d'Ain, maison forte de Thays et des comtés du Pont de Veylle et Chastillon suivant les baux à ferme qui en sont donnez, arrivant à la somme de six mil cent livres, et les trois mil neuf cens livres restantes pour parfaire lesdicts dix mil livres luy seront payées annuellement au premier jour de janvier par messire François de Créquy, comte de Sault, l'un de ses héritiers universelz, cy apres nommé, des plus clairs deniers et revenus de la part et portion en laquelle il sera institué, sur laquelle part il sera aussy tenu de payer annuellement à dame Françoise de Bonne, à présent espouze dudict seigneur mareschal de Créquy, cohéritiere instituée cy après avec luy, la somme de onze cens livres annuellement tant et si longuement que ladicte dame Vignon, son espouze, jouyra desdictes terres de Tresfort, Pont d'Ain, Thaix, Pont de Veyle et Chastillon pour rendre le payement desdictes dix mil livres de rente esgal entre lesdicts cohéritiers. Et ou ledict sieur comte de Sault seroit en demeure de payer lesdictes sommes, ledict seigneur testateur veult et ordonne qu'un mois après, sans formalité de justice faire garder n'observer, ladicte dame son espouze puisse entrer en la jouyssance de sa terre de Lormarin et de tous les fruicts et revenus d'icelle à quoy ilz puissent monter, en laquelle il est institué.

Item icelluy seigneur testateur donne et lègue à ladicte dame son espouze son logement et habitation sa vie durant dans les maisons à luy appartenantes scizes à Grenoble et Paris à l'un des appartemens qu'elle vouldra choisir et eslire, meublé de tous meubles nécessaires et deubz à sa qualité avecq l'usage et jouissance de la vaisselle d'argent requise pour son service; desquelz meubles et vaisselle d'argent iceluy seigneur testateur ordonne estre faict inventaire par notaire sur ce requis et après le décedz de ladicte dame son espouze ladicte vaisselle d'argent et meubles reviendront à ses héritiers universelz, ainsi qu'il sera cy après par luy ordonné; comme aussi les propriétez desdictes terres et seigneuries de Tresfort, Pont d'Ain, Thaix, Pont de Veylle et Chastillon seront et appartiendront suivant le susdict contract de mariage à ladicte dame Françoise de Bonne, fille dudict seigneur testateur, lequel donne et lègue en outre à icelle dame son espouse une de ses litières avec deux mulletz et leurs harnois, ung de ses carrosses attellé de six chevaulx et leurs harnois pour estre le tout délivré à ladicte dame son espouze sitost ledict décès arrivé dudict seigneur testateur, le voullant et ordonnant ainsy estre faict; deffendant ledict seigneur testateur trés expressement à sesdicts héritiers la recherche des acquisitions par ladicte dame son espouze faictes pendant le temps qu'elle a vescu et demeuré avec ledict testateur des maisons de maistre Morel, des héritiers de la Forge, de damoiselle Marguerite Bonnel et autres, ny des obligations, promesses, cédulles, qu'elle a contractées et passées à son nom et proffict, meubles et pierreries qu'elle s'est acquise ensuitte de la liberté et faculté qu'il luy à donné, tant par leur contract de mariage que par autre contract séparé, receu par Maitre Jehan Arthaud, notaire, des l'année 1622, laquelle faculté ledict seigneur testateur réitère et, en tant que besoing est, la confirme par le présent son testament. N'entendant aussy ledict seigneur testateur que les deniers employez tant ausdictes acquisitions qu'aux réparations desdictes maisons puissent estre répétés par lesdicts héritiers universelz, d'autant que lesdicts deniers et autres par elle acquis sont provenus ou de l'espargne des pensions qu'il luy a données ou des dons du Roy, de la Royne et du Duc de Savoye et desquelles acquisitions soit en fondz, argent, obligations, promesses, chaisnes ou pierreries, en tant que besoing est il luy en faict don et légat particulier.

Item ledict seigneur testateur donne et légue à chacun des lacquais qui seront à son service au temps et lors de sondict décès la somme de soixante et quinze livres payables incontinant icelluy decedz, et à chacun des pages qui seront aussy à sondict service lors de sondict decedz ung des chevaux de son escuyerie et le reste de ses chevaux il les donne et légue audict messire François de Créquy, comte de Sault, avecq tous ses habitz et linges qui se trouveront dans ses garderobbes au temps de sondict décès et tous les livres de la bibliothèque.

Et pour ce que le chef et fondement de tout testament est l'institution d'héritier, icelluy seigneur testateur a faict et ordonné ses héritiers universelz, les nommans de sa propre bouche, assavoir ladicte dame Françoise de Bonne, sa chère et bien aymée fille naturelle et légitime, et de dame Marie de Vignon, son espouse, et à present femme et espouse dudict sieur mareschal de Créquy, et messire François de Créqui, comte de Sault, son petit filz, et à chacun d'eulx és choses cy après déclarées.

Scavoir à ladicte dame Françoise de Bonne, les terres, seigneuries et jurisdictions, pensions, grangeages et tous autres droicts et revenus en quoy qu'ilz concistent à luy appartenans et qu'il seigneur testateur à accoustumé de prendre et recevoir aux mandemens d'Oysens, la Mure, Vaulbonnois, Champs, Saint George, Rochepaviot, Claix, grangeage et pontônage dudict lieu, marquizat de Vizille, baronnie de Theis, prés et autres fondz qu'il tient et possedde à la Pierre, cellier, vignes et prairies de Corbonne, Pisanson, Monteux, Saint Jehan d'Ambononay, La Verpillière, Fallavaux, Collombier, Saint Laurens de Mures, domaine de Mézieux ou le prix de la vente d'icelluy, Tera, Pont d'Ain, marquisat de Tresfort, comté du Pont de Veylle, Chastillon, Moirenc, Saint Jehan, Vrain, maisons grande et petite, jeu de paume et autres bastimens, jardin, pré de Grenoble, pention du Villard Aymont, Rattier, Theys, Villard Saint Pierre, Celle, Falcoudz, chasteaux, maisons et tous autres bastimens et ediffices desdicts lieux, terres et seigneuries, meubles, bestail et autres choses qui ce trouveront lors de sondict décedz dans lesdicts chasteaux, maisons, granges et édiffices. Ensemble icelluy testateur institue ladicte dame Françoise de Bonne, sadicte fille, en la maison par luy acquise dans la ville de Paris des héritiers du feu sieur de Zamet, maintenant appellé l'hostel des Diguières, avec les meubles qui se trouveront en ladicte maison et hostel des Diguières lors de sondict décedz, et la moitié de la vaisselle d'argent et autres meubles qui se trouveront en sadicte maison de Grenoble, et la moictié de toutes les debtes, obligations, cédulles et promesses qui se trouveront luy estre deues au temps de sondict décedz soit à Lion, Paris ou ailleurs, en quoy qu'ilz concistent, et en sa chaine de diamans et grand diamant qu'il a achepté de la dame de Pressains et finallement en la moitié de la rente par ledict seigneur testateur acquise du Roy de trente cinq mil livres sur la gabelle du sel dudict Daulphiné et moictié d'autre rente qu'il a semblablement acquise et assignée sur l'imposition de nouveau faicte de quarante solz sur chacun minot de sel qui se débite en ladicte province de Daulphiné, et en cas de réachept en la moictié dudict pris d'icelle; et ledict seigneur conte de Sault soubznommé en ses terres, seigneuries et jurisdictions, pensions et autres droicts qu'icelluy seigneur testateur à accoustumé de prendre et recevoir de la baronnie de Lauris, Lormarin, Symienne, Saint Christofle, le Revest de Bion, Ameau, Courbain, Redortier, Sallonnet, la baronnie Saint André en Beauchesne, Serres, Sarvornon, Montbrant, domaine de Remolon, La Bastie Neufve, domaine et vingtain de Saint Bonnet, la duchée de Champsault et les dépendances, Saint Euzeby, les Diguières, le Noyer, le Gleysier, la grange de la Pra, domaine et pensions d'Aspres, vignes de Saint Bresmes avec tous les meubles et bestiaux qui seront aux chasteaux, maisons et granges des terres et autres lieux esquelz il est institué pensions qui luy sont deues par les cy apres nommez, scavoir :

par le sieur abbé du Boscodon, Jean Motte Bourgozon, Jayme Rame, communes de Saint Etienne d'Avancon, Ventavon, Monbrand, le Noyer, Aspres, Saint Firmin, le Glaisier, Molines, Vitrolles, Tallard, Curban, Savornon, Sigottier, Scride, Revestz de Bion, Vallavoire, Barlest, et la moitié de la vaisselle d'argent dudict seigneur testateur et meubles qui se trouveront en sadicte maison de Grenoble, moitié des debtes et obligations qui se trouveront luy estre deues audict temps de son décès en quelque part qu'ilz soient et en quoy qu'ilz concistent, et en la moitié de la rente qu'icelluy seigneur testateur à acquise du Roy de trente cinq mil livres sur la gabelle du sel dudict Daulphiné, et en l'autre moictié de la rente par ledict seigneur testateur acquise, et assignée sur l'imposition de nouveau faicte de quarante solz sur chacun minot de sel qui se débite en ladicte province de Dauphiné à condition qu'il quittera l'augment qu'il avoit gaigné par le prédécèds de feue dame Catherine de Bonne, aussi fille dudict seigneur testateur, espouse dudict seigneur comte de Sault, lequel finallement il institue en la place de Piedmore, maisons, meubles, canons, armes, pouldres, munitions et autres choses quelconques qui sont en la charge du sieur de Montoquier, dont il sera tenu rendre compte, sellon l'inventaire qui en à esté faict, audict sieur comte de Sault et aux siens, à la charge expresse qu'il portera le nom et armes et quittera celuy et celles de Créqui et se fera nommer, et ses enfans masles, de celuy de Bonne, et du tiltre et qualité de duc des Diguières et de Champsault, après neantmoings le décès dudict seigneur mareschal de Créquy, son père.

Et ou ledict seigneur conte de Sault seroit obligé par le testament de la feu dame contesse de Sault de porter les noms et armes de Sault, audict cas iceluy seigneur testateur permet audict seigneur comte de Sault de porter et signer l'un et l'autre nom de Bonne, d'Agout et de Créqui et les armes my parties ou escartellées, celles dudict seigneur testateur tenant et occuppant tousiours la première place.

Item qu'iceluy seigneur conte de Sault quittera et se despartira de tous les droicts et actions qu'il pourroit avoir es biens et maisons de Créquy en Picardie, soit qu'il y prétendit par substitutions contractuelles ou testamentaires ou par autres dispositions des prédécesseurs de sondict père soit aussi par la coustume des lieux ou par quelque autre droict que ce soit ; et de ce il en sera tenu faire toutes declarations aux formes et lieux nécessaires pour les rendre vallables, à celuy ou à ceulx de ses frères qu'il plairra audict sieur mareschal de Créquy de choisir et nommer pour héritier ou héritiers universelz ausdicts biens de Picardie ; n'entendant néantmoins icelluy seigneur testateur faire ceste disposition pour advantager les filles dudict seigneur mareschal de Créquy ny les masles d'icelles au préjudice dudict seigneur conte de Sault et ses enfans masles ou femelles, deffaillante la lignée masculine de ses frères, qui au moien de ceste institution auroient delaissé l'héritage et succession de la maison de Créquy, auquel cas de deffault des frères dudict sieur conte de Sault, pourroit et les siens demander et reprendre leurs droicts és biens et maison de Créquy ; n'entendant aussi ledict seigneur testateur de comprendre aux quittations susordonnées les biens et héritages de la feue dame contesse de Sault, suivant le testament d'icelle au prouffict dudict seigneur comte de Sault, son petit filz.

Ordonne pareillement ledict seigneur testateur que des tiltres contractz et autres documens concernans lesdictes terres, biens et héritages, chacun desdicts heritiers universelz retire les siens sans difficulté.

Item ordonne ledict seigneur testateur qu'incontinant aprés sondict décedz il seroit faict inventaire de ses biens et héritages, meubles et immeubles, argenteries et autres choses quelconques, par les premiers notaires sur ce requis sans autre formalité de justice, deffendant icelluy seigneur testateur très expressement à sesdicts héritiers universelz éxécuteurs du présent testament et à tous autres, qu'en procédant à la confection dudict inventaire, ilz n'ayent à comprendre ny faire insérer dans icelluy aucuns meubles, or, argent, bagues, chaisnes, joyaulx, obligations, promesses et cédulles faictes et passées soubz le nom et au prosfict de ladicte dame son espouse, ny autres choses qui se trouveront lors dudict décédz dudict seigneur testateur dans les maisons, logis et cabinet particuliers de ladicte dame, soit és maisons et hostelz dudict seigneur testateur son espoux sciz audict Grenoble, Paris ou ailleurs ou il pourroit décéder, soit en celle qui appartient en propriété à ladicte dame en ladicte ville de Grenoble en laquelle il ne veult et n'entant qu'on entre et s'y transporte pour visiter ny inventorier ce qui sera dans icelle soubz les peines cy aprés déclairées en cas de contrevention à ceste sienne dernière vollonté, d'autant que tous les susdicts meubles, bagues et joyaux, or, argent, promesses et obligations appartiennent à ladicte dame son espouse par les moyens et raisons préalléguées.

A sesdicts héritiers universelz et au chacun d'eulx, iceluy seigneur testateur à substitué et substitue ses enfans masles et les masles de leurs masles par l'ordre de leur naissance ; et l'un desdicts héritiers universelz décédans sans masles ou ses masles sans masles, il luy à substitué l'autre survivant, et s'il se treuve décédé, ses masles et masles des masles par le mesme rang et ordre de primogéniture. En ce cas les filles du prédécéddé seront dottées selon leurs qualitez et facultez dudict prédécéddé. Que sy au temps du décédz de l'un de sesdicts héritiers sans masles il laissoit des filles et l'autre desdicts héritiers n'avoient aussi que des filles, [les filles] d'un chacun de sesdicts héritiers seroient substituez à leur père et leurs enfans comme il à dict des masles. Et s'il arrivoit le décédz de l'un de sesdicts héritiers universelz sans enfans, il luy substitue le survivant ; ou si l'autre estoit prédécéddé laissant des filles ou enfans desdictes filles, il luy substitue lesdictes filles semblablement au deceddé sans enfans par le mesme ordre de naissance et les enfans de ses filles, préférant néantmoings ledict seigneur testateur en ce cas les masles d'icelles filles à leurs sœurs et les aynez aux puisnez. Et ou lesdits héritiers d'icelluy seigneur testateur décéderoient tous deux sans enfans, en ce cas il substitue le susdict messire Charles de Créqui, seigneur de Canaples, et ses enfans.

Voila ou ledict seigneur testateur à declairé et declaire estre son intention que lesdictes substitutions prennent fin ; et au surplus iceluy seigneur testateur deffend tres expressement à sesdicts héritiers universelz toute sorte de detraction et aliénation de ses biens pour quelque cause que ce soit, leur enjoignant d'observer et accomplir sans demeure ny difficulté tout le contenu en la présente disposition et à icelle acquiesser, mesme en ce qui concerne ladicte dame son espouse ; et en cas de contrevention à declairé et declaire ledict seigneur testateur qu'il révoque des à présent l'institution universelle faicte en faveur du contrevenant et nomme et institue qui l'observera et accomplira et ses enfans masles et femelles en la part et portion du contrevenant.

Item a ordonné et ordonne iceluy seigneur testateur, veult et entant que les légatz par luy faictz soient paiez des deniers qui se treuveront dans ses coffres et entre les mains du sieur Hiérémie Mathieu, son receveur général, et le surplus partagé entre sesdicts héritiers ; et ou il n'y auroit assez d'argent pour payer lesdicts légatz, le restant sera payé par moitié par sesdicts héritiers.

Et pour l'entière éxécution, accomplissement et observation de ceste présente sienne dernière volonté, ledict seigneur testateur à nommé, prié et esleu, nomme, prie et eslit, Gaspard de Perrinet, escuier, sieur du Barsac, président en la Chambre des Comptes dudict Grenoble, le sieur Thomas Boffin, escuyer, et le sieur Tonnard, aussi escuyer, son secrétaire, d'en vouloir prendre le soing, faisant cesser tous les empeschemens qui y pourroient estre apportez et formez, et faire paroistre en ceste occasion qu'ilz ont conservé à sa mémoire et après luy, l'affection et service qu'ilz luy ont tesmoigné de son vivant ; declarant que le contenu en cesdites présentes est son dernier testament et dernière vollonté qu'il veult estre vallable par droict de testament, codicille ou donnation à cause de mort ou par tout autre droict de dernière volonté que mieux pourra valloir ; cassant et revoquant iceluy seigneur testateur tous autres testamens, codicilles et donnations à cause de mort qu'il pourroit avoir cy devant faictz nonobstant toutes clauses dérogatoires qui y pourroient estre apposées quelles qu'elles soient, desquelles ledict seigneur testateur à juré par sa foy et serment n'avoir memoire ny souvenance, que si cela estoit il les auroit icy énoncées et spécialement révoquées, ne voullant et n'entendant que soubz prétexte d'icelles ceste sienne dernière vollonté soit anéantie, ains au contraire que ce soit son dernier et vallable testament qui sorte son plain et entier effect, force et vertu, selon sa forme et teneur ; renonceant et desrogeant par exprès ledict seigneur testateur à toutes autres formes de tester, notamment à celle portée par la coustume et stil de ceste dicte ville, prevosté et viconté de Paris et à toutes autres particulières coustumes, son voulloir et intention ainsi qu'il a déclaré estant de tester selon la forme observée en ladicte province de Daulphiné qui est pais de droict escript.

Ce fut faict et passé, dicté et nommé par ledict seigneur testateur ausdicts notaires soubzsignez et à luy depuis releu par l'un d'iceulx notaires soubzsignez, l'autre présent et en la présence dudict sieur Thomas Boffin, escuyer, Claude Eybert, aussi escuyer, conseigneur de

Paryset, dudict sieur Noël Brémont, Jacques Brunel, escuier, lieutenant des gardes dudict seigneur testateur, du sieur François Sarrazin, André Rosset, mareschal des logis de sesdicts gardes, Guichard Fribaud, tous natifz de ladicte province de Dauphiné, demeurant en la suitte dudict seigneur testateur, et de Gaspard Richier, praticien au pallais à Paris, y demeurant rue Saint Anthoine, paroisse Saint Paul, tesmoings à ce requis et appellez par iceluy seigneur testateur et qu'il à dict bien cognoistre, au cabinet du vallet de chambre d'iceluy seigneur testateur, ayant veue sur le jardin et des dépendances dudict hostel des Diguières sus designé et mentionné, l'an mil six cens vingt quatre, le vingt-sixiesme jour de mars apres midy.

Et ont iceluy seigneur testateur et tesmoings susnommez signez la minutte des présentes avec lesdicts notaires soubzsignez, suivant l'ordonnance, icelle minutte est demeurée pardevers et en la possession dudict Vigeon, l'un d'iceulx.

TOLLERON, notaire, VIGEON, notaire.

PREMIER CODICILLE

DE MONSIEUR LE CONNESTABLE DE LESDIGUIÈRES [1]

(28 AOUT 1626.)

Pardevant moy nottaire royal dalphinal, citoyen de Vallance, soubzsigné, et en présence des tesmoings apres nommez s'est estably en sa personne très illustre et puissant seigneur monseigneur François de Bonne, Duc des Diguières, Pair et Connestable de France, Gouverneur et Lieutenant général pour le Roy en ses provinces de Picardie, Bollonnois, Arthois et Pais reconquis et Lieutenant général au gouvernement de Daulphiné, lequel estant memoratif d'avoir fait son dernier testament à Paris le 26e mars 1624, receu par Maitres Estienne Tolleron et Anthoine Vigeon, notaires, gardenottes du Roy au Chastelet de Paris, et par iceluy, aprés ses légatz et autres choses y mentionnées, auroit nommé et institué ses héritiers universelz, assavoir : dame Françoise de Bonne, sa fille naturelle et légitime, femme et espouze du seigneur mareschal de Créquy, et messire François de Créqui, comte de Sault, son petit filz, le chacun d'eulx aux choses y denommées et declarées, aux conditions y apposées et autrement comme il est contenu en iceluy, et parce qu'il est permis par codicille d'adjouster ou diminuer à son testament, à ceste cause ledict seigneur François de Bonne, duc, pair et connestable de France, estant un peu en indisposition de sa personne, sain d'entendement et en parfaicte cognoissance de ses affaires, considérant que par sondict testament il auroit institué ledict seigneur comte de Sault, son petit filz, aux terres et seigneuries et autres choses

---

[1] Ce document se trouve à la suite du précédent dans le même fonds des manuscrits de la Bibliothèque nationale.

y desnommées en sondict testament à condition qu'il quitteroit tous les droicts et actions qu'il pourroit avoir és biens et maison de Créquy en Picardie, soit qu'ils luy feussent acquis par substitutions contractuelles, testamentaires, ou par autres dispositions des prédécesseurs de sa maison, soit aussy que par la coustume des lieux, ou par quelque autre droict que ce fust, cela luy fust acquis, et qu'il soit tenu en faire toutes déclarations aux formes et lieux nécessaires pour les rendre valables, à celluy ou à ceux de ses fréres qu'il plaira audict seigneur mareschal de Créquy de choisir et nommer pour héritier ou héritiers ausdicts biens de Picardie, et qu'au moien de ce il ne reste audict seigneur conte de Sault que les biens ausquelz il est par luy institué en sondict testament :

A ceste cause par ce présent codicille mondict seigneur le Connestable, arrivant son décéds, veult et ordonne qu'incontinant aprés iceluy ledict seigneur conte de Sault jouisse plainement et entiérement tant de la propriété que des fruicts des biens, terres et seigneuries, argent, meubles et autres choses esquelles il a esté institué et substitué le cas eschéant par sondict prédict testament du 26ᵉ mars 1624, sans que ledict seigneur de Créquy, son père, par vertu de l'auctorité et puissance paternelle, ne par quelque autre moien introduict par le droict ou autrement en quelque façon que ce soit, puisse acquerir lesdicts fruits et jouissance des choses ausquelles il à esté institué, le deffendant expressément par ce présent codicille, par lequel aussi semblablement il veult et ordonne qu'en la part et portion en laquelle il à institué par sondict testament dame Françoise de Bonne, sa fille naturelle et légitime, femme et espouse dudict seigneur mareschal de Créqui, elle aye la pleine et entière jouissance et disposition tant de la proprieté que des fruicts de la part et portion en laquelle elle a esté semblablement instituée et substituée, comme de biens adventifz, sans que personne luy puisse donner empeschement.

Et afin que les sommes de deniers qu'il délaissera en aprés de luy, soit en obligations, cédulles, promesses, ausquelles il à institué ladicte dame Françoise de Bonne, sa fille, et ledict seigneur comte de Sault par moitié, soient conservez selon son intention et ordonnance de dernière vollonté portée par sondict testament, il veult et ordonne que lesdictes sommes de deniers, obligations, cédulles et promesses ne puissent estre retirées par sesdicts héritiers pour quelque cause et occasion que ce soit, ne lesdicts débiteurs bien acquictez, si ce n'est pour l'employer en acquisition de terres ou jurisdictions ou pour acquérir audict seigneur comte de Sault quelque charge dans la Cour, auquel cas il luy permect de retirer la part et portion luy appartenant et de vallablement acquitter les débiteurs des sommes que luy seront escheues en partage.

Confirmant tout le surplus de sondict testament, mesme en ce que regarde en particulier la disposition qu'il a faicte au proffict de dame Marie de Vignon, sa trés chére et bien aymée femme et espouze, qu'il veult et entend qu'elle sorte son plain et entier effect ; en cas de contrevention à icelle, appreuve et de plus fort confirme la révocation de l'institution universelle de celuy de ses héritiers nommé qui contreviendra à sadicte dernière disposition et luy donnera aucune sorte de trouble et recherchera en sa personne et biens pour quelque cause et occasion que ce soit, voullant que la nomination d'héritier en la portion du contrevenant faicte au proffict de celuy qui observera et accomplira ladicte disposition, tienne et sorte effect.

Déclare mondict seigneur le Connestable qu'il veult le présent codicil soit vallable par droict de telle disposition et autrement en la meilleure forme que de droict et coustume pourra valloir, et a requis les tesmoings soubzsignez dés à présent expressement appellez, qu'il a dict bien cognoistre et eulx luy, en avoir mémoire, et à voullu en estre faict actes par moydict notaire.

Lesquelz j'ay faict et recité audict Vallance en l'evesché ou mondict seigneur est à présent logé, en sa chambre, le 28e d'aoust avant midy l'an de la Nativité nostre Seigneur Jésus Christ 1626, és presences de noble Thomas Boffin, conseiller du Roy en ses Conseilz d'estat et privé, noble Bernard de Thoulouze de Lautrec, noble Noël Brémont, conseiller du Roy, contrerolleur provincial des guerres en Daulphiné, secretaire de mondict seigneur, noble François Sarrazin et Jean Sigaud, ses hommes de chambre, et messire Guichard Fribaud, de Grenoble, signez avec mondict seigneur

LESDIGUIÈRES, BOFFIN, BRÉMONT, LAUTREC, SARRAZIN, SIGAUD, FRIBAUD, DUPLAY notaire.

SECOND CODICILLE

DE MONSIEUR LE CONNESTABLE DE LESDIGUIÈRES[1]

(25 SEPTEMBRE 1626.)

Pardevant moy nottaire royal dalphinal de Vallance, soubzsigné, et en présence des tesmoins aprés nommez, s'est estably en personne trés hault, trés illustre et trés puissant seigneur monseigneur François de Bonne, Duc des Diguieres, Pair et Connestable de France, Gouverneur et Lieutenant général pour le Roy en ses provinces de Picardie, Bollonnois, Arthois et Pais reconquis, et Lieutenant général au gouvernement de Daulphiné, lequel estant memoratif d'avoir faict son dernier et vallable testament à Paris le 26ᵉ mars 1624 devant maistres Estienne Tolleron et Estienne Vigeon, notaires et gardenottes du Roy au Chastelet dudict Paris, par lequel aprés ses légatz et autres choses y mentionnées auroit nommé et institué ses héritiers universelz dame Françoise de Bonne, sa fille naturelle et légitime, femme et espouse du seigneur mareschal de Créquy, et messire François de Créquy, conte de Sault, son petit filz, le chacun d'eulx aux choses y desnommées et déclarées aux conditions y apposées; de mesme d'avoir faict ung codicille receu par moydict notaire le 28ᵉ aoust dernier passé, par lequel il à plus particulierement espécifié en quelques endroicts et expliqué sondict testament, luy estant permis d'adjouster diminuer et changer le contenu esdicts testamens et codicille tout autant de fois que bon luy semble :

A ceste cause mondict seigneur le Connestable estant en quelque indisposition de sa personne et néantmoins sain d'entendement et

---

[1] Ce document est dans les manuscrits de Brienne à la suite des précédents.

mémoire et en parfaicte cognoissance de ses affaires, comme il à apparu à moydict nottaire et tesmoings, par ce second codicille mondict seigneur à dotté l'hospital, de la construction duquel il a baillé les pris faictz à Vizille, de la somme de quatre cens livres de pension annuelle et rente morte et sans seigneurie directe, le payement de laquelle mondict seigneur veult que soit faicte perpetuellement par sesdicts deux héritiers, la moictié par le chacun, à pareil jour qu'il décédera, commençant le premier payement dans ung an aprés sondict décédz, et ainsi sera perpetuellement continué à l'advenir à pareil jour ; et pour plus de facilité de l'exaction de ladicte rente, mondict seigneur charge sesdicts héritiers de faire ung fond, incontinant aprés son décédz pour le payement de ladite rente, donnant l'administration d'iceluy hospital à celuy de sesdicts héritiers qu'est institué en ladicte terre de Vizille.

Estant aussy mondict seigneur memoratif de n'avoir disposé particulierement de la terre et seigneurie de Calas, en Provence, vallant deux mil livres de rente annuelle, il a donné par le present codicille la jouissance des fruictz d'icelle à dame Marie de Vignon, sa très chère et bien aymée femme et espouze, sa vie naturelle durant, à condition de donner au vénérable père de La Rivière, de l'ordre de saint François de Paule, qui à faict le voyage d'Italie avec mondict seigneur, la somme de cinq cens livres durant tout le temps de la vie naturelle dudict père de La Rivière ; et après le décédz de ladicte dame son espouze, il veult et ordonne que la proprieté de la terre et seigneurie de Calas revienne à ses héritiers.

Se resouvenant encor des bons et agréables services qu'il a receu dudict seigneur Eybert, son escuyer, estant à présent auprés de luy, mondict seigneur luy à donné et legué pour une fois tant seulement les six mil livres qui luy sont esté promises par le sieur de Ferron le 22e des présentz mois et an, qui luy seront payez des premiers deniers qui proviendront de ladicte promesse.

Et en ce que dessus respectivement mondict seigneur à faict les susdicts ses héritiers particuliers ; a en outre mondict seigneur confirmé le surplus de sesdicts testament et précédant codicille, qu'avec le présent veult et declaire sortent leur plain et entier effect, soit par droict de codicille, donnation à cause de mort ou autrement en la meilleure forme et manière que de droict et coustume pourra mieux valloir. A en outre mondict seigneur requis les tesmoings soubzsignez de sa part expressement appellez, lesquelz il à dict bien cognoistre et eulx luy, en avoir memoire pour en tesmoigner en temps et lieu si de besoing est.

A voullu en estre faicts actes par moydict notaires lesquelz j'ay faict et à haulte et intelligible voix recité à Vallance dans la maison de monsieur maistre Louis Rousset, chanoine et trésorier de l'églize cathedralle Saint Appollinaire de ladicte ville, ou mondict seigneur est à present logé, le 25e septembre avant midy l'an de la Nativité nostre Seigneur Jesus Christ 1626. Es présences de Thomas Boffin, escuyer, Philippe de Suau, escuyer, sieur de la Croix, maistre d'hostel de mondict seigneur, Alexandre Falcon, de Sassenage, et maistre Guichard Fribaud, de Grenoble, et non mondict seigneur pour ne l'avoir peu à cause de la foiblesse et indisposition.

BOFFIN, LA CROIX, FALCON, SIGAUD, FRIBAUD, DUPLAY, nottaire.

TROISIÈME CODICILLE
DE MONSIEUR LE CONNESTABLE DE LESDIGUIÈRES [1]
(26 septembre 1626.)

Pardevant moy notaire royal dalphinal de Vallance, soubzsigné, et en présence des tesmoings aprés nommez s'est establi en personne trés hault trés illustre et trés puissant seigneur monseigneur François de Bonne, Pair et Connestable de France, Gouverneur et Lieutenant général pour le Roy en ses provinces de Picardie, Boullonnois, Arthois et Pais reconquis, et Lieutenant général au gouvernement de Dauphiné, lequel se ressouvenant d'avoir faict son dernier testament à Paris le 26e mars 1624, devant maistres Estienne Tolleron et Estienne Vigeon, notaires et gardenottes du Roy au Chastelet dudict Paris, aussi d'avoir faict deux codicilles devant moydict notaire, l'un du 28e aoust dernier passé et l'autre le 25e du présent mois et an, mesmes que par sondict testament aprés les légatz auroit nommé et institué ses héritiers universelz dame Françoise de Bonne, sa fille naturelle et légitime, femme et espouze du seigneur mareschal de Créquy, et messire François de Créquy, comte de Sault, son petit filz, le chacun d'eulx aux choses y desnommées et declarées, et avoir donné ladicte duché des Diguières et de Champsault audict sieur comte de Sault, ayant néantmoins declaré par ledict testament son intention estre que ledict sieur comte de Sault portat son nom et armes et prit le tiltre et qualité de duc des Diguières et de Champsault apres le décéds dudict seigneur mareschal de Créquy, son père, en quoy il sembleroit y avoir quelque sorte de contrariété [2]; pour à quoy obvier et faire cesser tous différends qui pourroient naistre, mondict seigneur le Connestable déclare par le présent codicille son intention et volonté estre que ledict

---

[1] Ce document se trouve à la suite des précédents.

[2] Contradiction.

seigneur mareschal de Créquy jouisse du tiltre et qualité de duc et pair soubz les qualitez et conditions et à la forme de l'éréction et investiture que mondict seigneur le Connestable, codicillant, à eu du Roy d'icelle duché des Diguieres et Champsault, et à la charge qu'aprés le décés dudict seigneur mareschal de Créquy, ladicte duché et pairie appartienne, comme elle doibt, audict sieur comte de Sault en toute proprieté, tant pour le tiltre que pour le domaine et revenu, en quoy qu'il conciste, et jusques à ce ledict seigneur testateur déclare que son intention est que ledict seigneur mareschal de Créquy laissera audict sieur conte de Sault la jouissance et revenu de ladicte duché, si mieux il n'ayme remplacer sa vie durant ledict revenu par la jouissance d'autres siennes terres qu'il sera tenu de bailler audict sieur comte de Sault pour en jouir durant la vie dudict seigneur mareschal de Créquy.

A en outre mondict seigneur confirmé le surplus de sondict testament et précédans codicilles, qu'avec le présent veult et déclare sortent leur plain et entier effect, soit par droict de codicille, donnation à cause de mort et autrement, en la meilleure forme que de droict et coustume pourront mieux valloir, et à requis les tesmoings soubzsignez, de sa part expressement appellez, qu'il a dict bien cognoistre et eulx luy, en avoir memoire pour en tesmoigner en temps et lieu sy besoing est.

Et de ce à voulu estre faict actes par moydict notaire, lesquelz j'ay faict et à haulte voix intelligiblement recité audict Vallance dans la maison de monsieur maistre Louis Rousset, chanoine de l'églize cathedralle, ou mondict seigneur est logé, le 26e septembre mil six cens vingt six, és présences de Thomas Boffin, escuyer, Jean de Gardette, sieur de Montifault, grand prévost de la Connestablerie, Jean Leblanc, escuyer, seigneur du Percy, cappitaine des gardes de mondict seigneur, Alexandre de Bardonnanche, lieutenant de monseigneur le mareschal de Créquy, Claude Eybert, escuyer et escuyer de mondict seigneur, et de Jean Sigaud, aussi escuyer, vallet de chambre de mondict seigneur, tous signez et non mondict seigneur ayant dict ne le pouvoir causant son indisposition et maladie.

T. Boffin, Jean de Gardette, Leblanc du Percy, Eybert, Bardonnanche, Sigaud, Duplay, notaire.

RÉCIT

DE LA

MORT DU CONNESTABLE DE LESDIGUIÈRES

ET DES CÉRÉMONIES DE SON ENTERREMENT[1]

Voicy la lettre escrite, par un père capucin de Valence, frère Benoist de Montbrison, sur la mort de messire François de Bonne, duc de Lesdiguières, Pair, & Connestable de France :

Mon Reverendissime père, très humble salut en Nostre Seigneur. Puisque vostre révérence desire sçavoir de moy comment a terminé la fin de ses jours monsieur le connestable de Lesdiguières, pour fidellement & au vray vous en faire relation, je dois la diviser en deux poincts, scavoir est en ce que j'ay ouy dire d'autruy, & en ce que j'ay veu de mes propres yeux.

Quant au premier, j'ay appris de son aumosnier, homme sage et lettré (qui a toujours esté son confesseur et directeur spirituel depuis sa réversion en la saincte Eglise), que monsieur le Connestable se sentant touché de maladie au corps, il fit une reflection en soy des maladies de son ame, si que la violence de la fievre & d'une fascheuse diarrée, l'obligeant à rechercher des remèdes pour son soulagement, pour la guérison de son ame il eut recours par trois diverses fois, au com-

---

[1] Ce récit est extrait du *Mercure François*, de 1626, p. 476.

mencement, au milieu & à la fin de sa maladie aux saincts et sacrez remédes de la pénitence & de la communion, dont luy mesme a advoué qu'il en avoit ressenty de grandes douceurs & consolations spirituelles.

Et comme il sçavoit la loy estre establie aux hommes de vivre en ce monde pour mourir, voulant mourir au monde pour vivre avec Dieu, après s'estre confessé & communié pour la seconde fois, il fit appeller devant soy tous ses domestiques pour les consoler et leurs dire le dernier adieu, leur recommandant d'estre fidelles à Dieu, au Roy, & à leur patrie ; puis en leur présence déclara le desplaisir qu'il avoit de s'estre separé en sa jeunesse de l'Eglise apostolique & romaine, disant qu'il voudroit qu'il luy eust cousté l'un de ses bras & que cela n'eust jamais esté, remerciant Dieu fort humblement de la grace qu'il luy avoit faicte, après l'avoir si longtemps déservy & abandonné, de l'avoir si miséricordieusement attendu à pénitence, & l'avoir enfin rappellé & réduit par des moyens tant admirables au giron de la saincte Eglise apostolique romaine, qu'il confessoit et recognoissoit estre la vraye Eglise, hors de laquelle nul ne pouvoit estre sauvé ; exhortant cordialement et puissamment ses domestiques de la religion prétendue de se convertir à icelle, autrement qu'ils seroient tous damnez ; protestant qu'il vouloit mourir en bon catholique, apostolique & romain, paroles qui à mon advis n'auront esté infructueuses aux assistans, espérant que dans peu de temps elles produiront quelques bons effects, aussi bien que les autres dévotes actions que ledict seigneur Connestable a depuis operé avec une bonne édification.

Le dimanche vingt-septiesme septembre au matin, voulant satisfaire au précepte de l'Eglise, il fit célébrer la saincte messe dans sa chambre en laquelle il fortifia son ame par le pain de vie & auguste viatique du Saint-Sacrement de l'autel ; d'autant qu'il sçavoit que Satan, ennemy conjuré de nostre nature, redouble ses efforts, & s'anime de plus au combat, lorsque d'une part le corps est denué de ses forces par les douleurs continuelles, par le dégoust des viandes, par les altérations, par les ardeurs de la maladie, par la perte du sommeil & mille sortes de martyres qu'il ressent gisant au lict, & ne respirant que le sépulchre ; lors dis-je que l'ame précipitée en de tristes angoisses & agonies se voit remplie d'imaginations horribles & espouventables, saisie d'une crainte extrême des choses futures & talonnée d'une vive appréhension de la mort, laquelle pourtant n'a point parue en luy, s'estant toujours monstré patient, constant & résigné à recevoir la mort de bon cœur pour l'amour de Dieu durant le cours de sa maladie.

Jusques icy j'ai parlé par la bouche d'autruy mais néantmoins par le récit de personnes dignes de foy qui ont esté présentes aux actions sus escrites : maintenant je vay dire ce que j'ay veu.

Le mesme dimanche que dessus environ les neuf heures du soir, on vint au couvent nous prier de la part de monsieur le mareschal de Créquy de venir veoir monsieur le Connestable & l'assister à bien mourir. J'y fus avec le vénérable père Raphael de Virieu : il nous vit très-volontiers, & print plaisir que nous luy parlassions de Dieu, & des choses de son salut ; ce que nous fismes tout doucement, ensemble avec son aumosnier par petites intervalles, & diverses reprises, afin de ne l'opprimer ny ennuyer par des longs & continuels discours, jusques au lendemain environ les huicts heures du matin qu'il expira. Ce fut lors que ce valeureux homme releva son courage, jettant toute son espérance en Dieu, & se munit de l'extreme-onction, afin que par la grace qui est communiquée en ce Sacrement, il peust vaincre les combats, & tentations que luy livroit la maladie, chasser les craintes et apprehensions pour persévérer en la foy & charité, & acquerir à jamais la gloire de l'immortalité.

En cest estat, bien disposé, il consola tous les assistans qui estoient là en grand nombre, receut l'eau beniste, invoqua & prononça les très-saincts noms de Jésus et de Marie, adora la Saincte Croix, disant : *Adoremus te christe*, etc., baisa les pieds du crucifix fort dévotement, confirmant les protestations qu'il avoit desja faictes de mourir en bon catholique, apostolique & romain ; recita l'Oraison Dominicale avec moy, & ne me pouvant suivre, pour n'avoir les forces, me dit : *Je ne vous puis plus suivre*. Puis il abjura, renonça & détesta tout ce que la saincte Eglise romaine rejettoit et condamnoit, croyant fermement & confessant ingenuement tout ce qu'elle croyoit. Il invoqua plusieurs fois les faveurs et l'intercession de la glorieuse Vierge Marie, de son Ange Gardien, de son patron le grand & séraphique saint François & de tous les saincts en général. Il gaigna, l'indulgence plénière par l'entremise de nostre chapelet & de la medaille de saint Charles Borromée qui y est attachée, laquelle je mis sur luy ; demeurant tousjours dans une parfaicte résignation à la volonté de Dieu, qu'il tesmoigna souvent par paroles et par œuvres, qui est le plus haut poinct de la perfection chrestienne, endurant patiemment & sans plainte les violentes douleurs de sa maladie & de son agonie.

Bref, comme nous aperçumes, environ les huict heures du lundy matin, qu'il commençoit de tirer à sa fin, perdant petit-à-petit l'usage des sens, qui fut seulement un petit quart d'heure avant qu'expirer, nous fismes les recommandations de l'ame, à la fin desquelles justement elle sortit, avec une grande douceur & tranquillité, affranchissant librement, & d'un cœur généreux le passage de ceste vie, afin d'arriver à une autre plus heureuse.

Ainsi il a laissé l'honneur aux siens, la mémoire à son nom, la bonne édification à la postérité, la consolation aux assistans, le regret à la France pour la perte d'un si vaillant capitaine, son corps à la terre, & rendu son ame à Dieu.

L'on ne considère point tant aux chrestiens & aux ames vertueuses les commencements ou le cours de leur vie, que leur fin & persévérance. Si nous avons admiré au printemps & en la jeunesse les fleurs & les vertus morales & martiales de feu monsieur le connestable de Lesdiguières, louons-en les fruicts et les savourons en l'esté, ou plus tost en l'automne de ses perfections. C'est le dernier acte qui donne la perfection à la tragédie; c'est le dernier acte qui accomplit la tragédie de nostre vie. Aussi il ne restoit que le dernier passage qui devoit couronner la grenade de ses vertus : car bien que toute sa vie passée ait rendu tesmoignage de sa magnanimité, néantmoins comme le mouvement naturel est tousjours plus fort vers la fin qu'au commencement, aussi en ceste dernière action sa foy, son zéle, sa dévotion, ont rendu plus d'effects de leurs saincts mouvements.

Voilà donc une grande lumière esteinte dans la France, l'honneur du Dauphiné, la terreur des ennemis de la France, laquelle concevra peu à peu la perte qu'elle a faict, & nous la plaindrons aux siecles à venir.

Que si Licurgue ordonna que les morts seroient enterrez entre des rameaux d'oliviers, aussi dresserons nous sur son tombeau des guirlandes de louanges & de gloire à ses mérites, & l'accompagnerons de vœux, prières & sacrifices, afin que Dieu, ayant effacé tout ce qui est de la naturelle infirmité, la face passer de la mort à la vie, de la guerre à la paix, & des travaux au repos éternel de la béatitude.

Mais afin que je n'obmette rien de ce que j'ay veu digne de remarque, c'est qu'ayant esté présent à l'ouverture de son corps, l'on luy trouva les parties nobles fort saines, seulement le poulmon un peu déseiché, & adhérant aux costes, ce qui estoit provenu de l'excessive et continuelle chaleur de la fievre ; de plus une vessie pleine d'eau dans l'un des reins, son cerveau fort net & espuré de sérosités ; & ce qui est de plus admirable, et que cinq médecins, quelques chirurgiens & apoticaires qui estoient là présents, advouérent n'avoir jamais observé en aucun autre, ny leu, ny ouy dire s'estre rencontré ; c'est que son cœur qui estoit fort petit matériellement, indice d'un grand courage (comme l'on dit qu'estoit celuy d'Alexandre, & comme estoit celuy du feu roy Henry le Grand), s'est trouvé couronné d'une couronne d'osselets & de cartilages, laquelle moy mesme, & nostre vénérable père compagnon, avons manié et touché, signé à la vérité de la grandeur à laquelle il devoit parvenir.

Partant nous attestons tous deux estre véritable tout ce qui est cy dessus dit de mondit seigneur le Connestable, l'avoir veu de mes propres yeux & entendu de nos oreilles, & le publions franchement pour la gloire de Dieu, pour la consolation des catholiques & confusion des hérétiques, & de tous autres qui en voudront parler autrement à son désadvantage.

Monsieur le Mareschal[1] me pria en après de porter la nouvelle à madame la Connestable, & à madame la Mareschale : ce que je fis, leur donnant toute la consolation à mon possible. Le corps fut posé dans l'église de saint Apolinaire, métropolitaine de ce diocèse de Valence, où l'on a enterré ses entrailles.

L'on doit samedy prochain conduire son corps & son cœur à Grenoble, où l'oraison & pompe funèbre se fera la semaine suivante ; le cœur y demeurera pour gage de son amour, et le corps sera transporté à Lesdiguières pour estre inhumé sans pompe, selon qu'il est ordonné par le testament, dans le beau & magnifique tombeau qu'il s'estoit préparé durant sa vie.

Monsieur le comte de Saulx, fils de sa fille (que l'on appelle maintenant duc de Lesdiguières), & madame la mareschale de Créquy sont ses héritiers. Madame la Connestable a esté honorablement partagée.

Ses officiers ont eu quelques légats, et pour des pieux, il y a quatre

---

[1] De Créqui.

cents livres de rente annuelle à perpetuité pour l'hospital de Vizille, & cinq cents livres aussi de rentes annuelles pour le père de la Rivière, religieux minime, sa vie durant. Rien plus, Mon Révérend père, si n'est que je me recommande à vos saincts sacrifices, & salue tous les vénérables pères de vostre famille, aux oraisons desquels je désire participer, & singulièrement à celles de vos petits anges, je veux dire vos devots novices ; me disant tousjours de vostre Révérence, très-humble & affectionné serviteur en Nostre Seigneur.

<blockquote>F. Benoist de Montbrison, pauvre capucin de Valence, ce sixiesme octobre 1626.</blockquote>

Des astrologues qui avoient faict la nativité dudit sieur Connestable, aucuns ont pronostiqué qu'il devoit mourir au delà des Alpes devant une ville assiégée, en sa quatre vingts troisiesme annee, ce que s'il évitoit, il vivroit plus de cent ans. Il n'est advenu ne l'un ne l'autre, car il est décédé en sa quatre vingts quatriesme année, & est descendu au sépulcre en paix & devant tous les siens. De ceux qui ont escrit sur sa naissance & sur sa mort, il y en a qui disent que le feu s'est prit au bourg du chasteau où il fut né le jour de sa naissance, & en fut bruslé plus de la moitié. Aussi (chose à remarquer) qu'au jour & heure de sa mort le feu s'y prit derechef d'une telle violence, qu'il n'y est resté d'entier que son chasteau. On en a fait diverses interprétations, les uns à bon augure pour luy, les autres contre. Les affectionnez à l'Espagne (comme nous avons dit cy-dessus) ont par leurs escrits monstré leurs passions contre luy, comme ont fait aussi quelques huguenots de party, lesquels durant qu'il estoit Huguenot l'appelaient *le Huguenot de l'Estat,* & depuis sa réversion, *le Catholique de l'Estat.* Mais les uns et les autres ont recogneu par la fin de ce grand Connestable, qu'il a tousjours esté stable & fidelle aux Roys Henry IV & Louys XIII.

Le sieur Pelletier fit imprimer ce suivant discours sur sa mort, qu'il presenta au Roy :

Sire, n'y ayant point de douleur plus sensible à un bon Roy, que la perte qu'il fait de ses fidelles serviteurs, je crois que vostre Majesté ne pouvoit pas apprendre une nouvelle plus triste, ny qui l'affligeast d'avantage que celle de la mort de ce grand Connestable, les actions duquel sont si glorieuses qu'elles serviront à la postérité. Car soit que l'on considére comme il est monté par merité, & de degré en degré, aux plus honorables charges du Royaume, ou soit qu'on jette les yeux sur sa valeur, il y aura partout à l'admirer, & à luy donner si bonne part dans vostre histoire, que la mémoire de son nom en sera immortelle. Certes nous n'aurions rien plus à luy souhaiter pour le combler de gloire, sinon qu'il eust l'honneur d'avoir son tombeau aux pieds du feu Roy vostre père, comme le roy Charles V voulut que le corps de ce valeureux connestable du Guesclin reposast auprès du sien, pour digne recognoissance de ses signalez services, comme vostre Majesté est grandement satisfaite de ceux que luy a tousjours rendus ce seigneur, que la France plaint & regrette maintenant avec vous. Car encores que le malheur du siecle luy fit porter ses premieres armes dans un party de contraire religion, à celle en laquelle il est heureusement décedé, si est ce qu'il n'a jamais eu autre intention en servant les Princes du sang, sinon de conserver la Monarchie en son entier, & de voir la couronne affermie sur la teste de ses légitimes héritiers, tant il avoit la Royauté en vénération. Nul n'a aussi jamais esté plus conjuré ennemy que luy de toutes les factions populaires, ainsi qu'on l'a peu remarquer en tout temps, & mesme durant le bas aage de vostre Majesté, le service de laquelle il n'abandonna jamais, quelques brouilleries qui survinssent dans l'Estat, & ayma mieux défaillir à ses propres amis, que de manquer au devoir d'un vray Français. Ce n'est pas, Sire, en un si brief discours que j'aurois à vous représenter ce que ce valeureux seigneur a merité du public, & comme on luy peut justement donner la gloire d'avoir esté l'unique liberateur de sa patrie sous les heureux auspices des grands Roys qu'il a servis.

Les batailles de Pontcharra, & de Salbertran qu'il a gaignées contre l'estranger, les despouilles qu'il a si souvent jettées aux pieds de ses maistres, & les trophées qu'il a tant de fois érigez en leur honneur, sont les colonnes, les statues, les arcs triomphaux, & les glorieux monuments qui feront revivre & refleurir sa mémoire dans les siecles à venir. Mais si son dernier voyage d'Italie n'a pas été accompagné de tant d'heur & de bonne fortune que les précédents, ce n'est pas qu'il n'ait tousjours sceu vaincre, tant qu'il n'a eu à combattre que contre des hommes ; mais de surmonter la mortalité d'une armée, & de purger un mauvais air qui faisoit mourir ses troupes à monceaux, c'est de Dieu seul & non de l'homme qu'on doit attendre ces miracles.

Tellement, Sire, que la plume qui entreprendra d'escrire un jour la vie de cet héros, n'aura peine que sur le choix des divers subjets qu'elle aura à traicter, ne plus ne moins que celuy qui voit dans des parterres un nombre infiny de belles fleurs, ne sçait laquelle cueillir la première, tant elles luy sont toutes agréables. Car quand on considérera les rares vertus de ce grand personnage, elles seront comme autant de lumières capables d'esblouyr nos yeux par leur splendeur. Ceste sagesse, ceste prudence, ceste gravité, ce front serain, ceste constance incomparable aux afflictions, & ceste grande modération aux prosperitez nous les fera admirer comme un Caton, comme un Fabius, & semble qu'en le perdant on puisse dire qu'on a comme perdu le dernier des Romains. Aussi qui a jamais esté plus affable, ny de plus facile accez que ce vertueux seigneur, non seulement envers les hommes de qualité, mais envers les moindres personnes qui s'addressoient à luy? Y-a-t-il jamais eu charge & dignité où il ait esté eslevé, qui l'ait fait se mecognoistre, ny qui l'ait rendu fier & hautain pour mespriser la noblesse, & luy rendre de mauvais offices? On lit d'un Silvius qu'il ne mesuroit la grandeur de sa fortune, que par la licence qu'il se donnoit de nuire à autruy; mais on ne peut pas dire de mesme de ce grand Connestable, parce que tout son contentement estoit de faire plaisir à un chacun.

Certes, Sire, c'estoit un seigneur très-bien nay, & les mœurs duquel estoient si innocentes qu'il n'avoit non plus de passion à se vanger d'une offence, que l'enfant du berceau ne couve de venin en son cœur. Il oublioit tout, il pardonnoit tout, & suffisoit pour satisfaction, de tesmoigner qu'on avoit quelque regret de luy avoir despleu, tant il estoit d'un naturel peu vindicatif. Et comme l'homme pour accomply qu'il soit, n'est jamais si parfaict qu'il ny ait toujours quelque chose à desirer, si est ce que quelque infirmité qu'il y eust en ce généreux seigneur, on y voyoit néantmoins reluire quelque rayon de vertu. Il estoit surtout si religieux à garder la foy promise, que pour chose du monde il ne l'eust violée à une personne qui eust pris confiance en sa parole, comme l'exemple en est tout visible, en ce qu'il a aymé avec tant de constance.

Ce sont là les louanges que ses compatriotes & toute la Cour luy peuvent donner sans adulation. Il n'y a que le Dauphiné entre toutes les provinces de vostre Royaume, qui se puisse vanter d'avoir porté & fait naistre un gentilhomme, qui par sa vertu vrayement heroïque, a esté honoré de charges si relevées, qu'aucun du pays avant luy, ny avoit jamais peu parvenir, ny mesmes osé aspirer. Bref on peut dire sa fortune avoir esté semblable à ces grands fleuves, dont la source est communément petite, & le cours desquels est fort doux, & nullement rapide, comme est celuy des torrens. Car encor que quelquesfois la nécessité des affaires publiques le portast à surcharger les peuples de quelque despense extraordinaire, ils ont à désirer que leur condition n'empire pas à l'advenir, afin de ne regretter toujours plus celuy qui vivant a esté comme leur père & leur protecteur.

Ceste perte, Sire, seroit tant plus grande, si mourant vous n'eussiez donné à ceste province un successeur tel qu'est Monsieur le mareschal de Créquy, la valeur et l'expérience duquel est si cogneue à vostre Majesté par les preuves qu'il luy en a rendues en tant d'occasions, qu'elle ne peut pas douter que son service ne se face en ces pays-là, avec autant de puissance & d'authorité qu'il s'y soit jamais fait. C'est ce qui luy a donné sujet de partir soudain de vostre Cour, pour aller establir toutes choses selon que vous le sçauriez souhaitter, & croy qu'à son arrivée il ne se trouvera nulle mutation, parce que cet auguste Parlement de Grenoble aura à l'instant assisté de ses sages conseils le comte de Saulx, digne fils d'un tel père. Tellement qu'ils n'auront autre chose a faire, qu'à rendre à ce grand Connestable les derniers honneurs que les siens luy doivent, et Dieu luy ayant fait grace de l'avoir illuminé depuis peu d'années pour faire son salut, & pour mourir au giron de l'Eglise Catholique, nous n'avons aujourd'huy qu'à rompre le ciel de vœux & de priéres pour son ame.

Quand on demanda à un Athenien, comme estoit mort Socrate, il est mort (dit-il) de la façon que je desirerois mourir. Nul n'a veu aussi la fin pieuse & chrestienne de ce grand capitaine, qui ne désire que la sienne soit semblable. Tout ainsi donc qu'une fiole pleine d'eau de senteur estant cassée, l'odeur s'en respand partout. De mesme après la mort de celuy qui estoit un des ornements du siecle, la gloire de son nom s'espandra comme un baume par toute la terre habitable, & la renommée en le celebrant annoncera quelle est la grandeur du Monarque qui est servy de tels personnages.

C'est là, Sire, ce que j'avois a vous représenter touchant la course de ce grand Connestable, lequel ayant vescu au monde quatre vingts quatre ans, est mort enfin plein d'honneur & de réputation, sans que la Parque inexorable espargne chose quelconque, non pas mesme la pourpre des plus illustres prelats, comme vostre Majesté le recognoist en ceste autre nouvelle perte qu'elle a faicte de ce grand cardinal de Marquemont, que la France plaint & regrette avec vous pour sa pieté, pour l'innocence de ses mœurs, pour la modération de son esprit, pour sa longue expérience aux affaires, pour son amour envers la patrie, & pour la fidélité incomparable qu'il a toute sa vie tesmoignée au service de sa Majesté. Tellement qu'il semble, Sire, que par ceste mort on voye renversée une des colonnes de l'Eglise & de l'Estat, tant ce très-digne prélat s'estoit rendu nécessaire à tous les deux, par les rares & excellentes vertus dont il estoit accomply, & lesquelles Rome n'a point moins admirées qu'elles ont tousjours esté en vénération à ses compatriotes, qui portans envie à l'Italie de ce qu'elle possède les cendres de ce grand cardinal feront en eschange revivre & fleurir sa mémoire dans leur cœur. Mais il n'y a sorte d'affliction que nous ne supportions avec toute constance, tant que nous verrons heureusement prospérer vostre Majesté, en la seule conservation de laquelle gist tout nostre bonheur & toute nostre félicité. C'est ce qui nous fait aussi lever les mains au ciel, & prier Dieu qu'il soit vostre garde et vostre protecteur contre toutes les machinations des meschans, que leurs pernicieux desseins soient tousjours descouverts, & qu'ils en reçoivent le chastimen mérité, afin que régnant pleinement absolu, et que fortifié du généreux conseil qui vous assiste aujourd'huy, tous les plus hautains soient humiliez à vos pieds, & qu'en toute tranquilité nous cueillions le fruict de la paix qu'il a pleu à vostre Majesté de nous donner au dedans & au dehors de son Royaume [1].

Suivant le testament dudit sieur Connestable on conduit son cœur & son corps à Grenoble ; son cœur pour y estre laissé dans la grande Eglise, & son corps pour estre conduit au tombeau qu'il s'estoit fait bastir de son vivant à Lesdiguières. Voicy l'ordre des pompes funèbres qui luy furent faictes à Grenoble.

Premiérement marchoit le Prevost des Mareschaux, avec leurs lieu-

---

[1] Ce discours a été imprimé à Paris, chez Edme Martin, 1626, in-8°, 15 pp.

tenants de robbe courte, & robbe longue, & autres Officiers & Archers; la Milice, le Sergent Major avec eux portans les picques & mousquets renversez ; les sergents de bandes de mesmes ; les quaisses et tambours couverts de drap noir ; les drapeaux couverts de crespe, les Lieutenants marchans devant en teste, les Enseignes au milieu, les Capitaines en queue, & le Colonel seul & dernier.

Douze flambeaux donnez par la Ville avec les armes de la Ville, portez par douze pauvres avec des grands manteaux noirs, & chapeaux avec des crespes.

Deux cents pauvres avec des flambeaux blancs, & les armes du defunct avec des casaquins noirs.

Les Crieurs & Mandeurs de la ville avec leurs clochettes & escussons en la poitrine.

Les Archers de la Connestablie portans leurs pistolets & carabines renversées.

La Trompette des gardes portant la casaque noire & croix blanche, les soldats des gardes avec mandilles noires, & croix blanche, portant leurs carabines renversées.

Les Mandiants avec leurs croix couvertes de crespe noir, sçavoir : les Augustins reformez, les Capucins, les Recollects, les Minimes, les religieux de Saincte Claire, les Cordeliers, les Jacobins & ceux de Sainct Laurent.

Aucuns Domestiques avec leur chaperons renversez, & leurs chapeaux sur la teste.

Six Pages menans & conduisans six chevaux couverts de sarge noire.

Deux Escuyers conduisans deux chevaux bardez de velours noir, croizez de satin blanc.

Autres Officiers domestiques, puis le Maistre d'hostel avec le baston ; deux Secrétaires ; les gens du Conseil ; un Medecin seul ; les Barbiers, Chirurgiens et Apoticaires.

Trois Trompettes chaperonnez de noir, le chaperon renversé sonnans du cleron, l'Enseigne, le Lieutenant de la compagnie de chevaux legers du défunct.

Autant & de mesmes de la compagnie de gens d'armes.

Les Gentils hommes domestiques du defunct, le premier portant les esperons, le second les gantelets, le troisiesme la cotte d'armes, le quatriesme l'escu blasonné, le cinquiesme l'espée royale, le sixiesme le guidon, le septiesme le heaume doré.

Deux Bastonniers, la croix de Saint André, la croix de Nostre Dame officians à double, la crosse de l'Evesque, monseigneur l'Evesque revestu pontificalement avec ses Diacres.

Le sieur de Montifault[1], Prévost de la Connestablie, seul avec un baston à la main.

Le sieur de Bonrepos[2] seul, portant le manteau de l'ordre.

Le sieur de Chamagneu[3] seul, portant le collier de l'ordre sur un carreau de velours noir.

Le sieur de Vantavon[4] seul, portant le manteau ducal doublé d'ermine, auquel y avoit un chaton de pierreries en fleur de lys; le manteau soustenu par deux valets vestus de noir la teste nue.

Le sieur de Morges[5] seul, portant la couronne ducale sur un carreau de velours noir.

Le sieur de la Motte Verdeyer[6] seul, portant l'espée du Connestable hors du fourreau; le fourreau sur un carreau de toile d'argent.

Deux Huissiers du Parlement avec deux flambeaux aux armes du Roy.

Le corps & cercueil dudit sieur Connestable porté par des Suisses. Les quatre coings du drap portez, le devant à main gauche, par M. de Vitroles, l'autre coing à main droite par M. le baron d'Oriac; le coing à main gauche dernier par le vicomte de Tallard, l'autre coing de la main droicte par M. d'Oriac, tous quatre parents du défunct, & portans mesme nom, & mesmes armes[7].

Autour du corps estoit toute la Noblesse sans rang & en confusion en nombre de soixante seigneurs.

---

[1] Jean de Garlette, sieur de Montifaut.
[2] Guillaume Armuet, seigneur de Bonrepos.
[3] Ennemond de Loras, seigneur de Chamagnieu.
[4] Balthazard de Morges, seigneur de Ventavon.
[5] Abel de Berenger de Morges, neveu de Lesdiguières.
[6] Bertrand de Morges, seigneur de la Motte-Verdeyer, capitaine des gardes de Lesdiguières.
[7] *Le baron d'Oriac* ou plutôt d'Auriac est Étienne de Bonne, maréchal de camp; le *vicomte de Tallard* est Alexandre de Bonne, fils du précédent; *M. de Vitrolles* est Jean de Bonne, seigneur d'Oze et de Vitrolles. Quant à *Monsieur d'Oriac* que le rédacteur de cet écrit nomme le quatrième, il n'existait aucun membre de la famille de Bonne qui pût prendre ce nom. Etienne de Bonne, seigneur d'Auriac, n'ayant qu'un seul fils qui est le vicomte de Tallard. Le quatrième porteur du poêle était ou Balthazard de Bonne, seigneur de Rigneu, ou son frère Georges de Bonne, seigneur des Allots, coseigneur du Vercors, cousins de Lesdiguières à peu près au même degré que les précédents.

Et autour d'eux les Suisses de la Connestablie avec leurs hallebardes renversées.

Après les Secretaires & Huissiers de la Cour portans des flambeaux.

Monsieur le mareschal de Créquy, chaperonné, le collier de l'ordre sur son manteau, sa queue trainante de la longueur de quatre toises souslevée par un Gentilhomme ; & à son costé gauche monsieur Frère premier Président, le conduisant.

Suivoient deux Gentils-hommes, portans l'un le manteau de l'ordre & l'autre le chaperon dudit sieur mareschal de Crequy.

Monsieur le comte de Saulx chaperonné, & la queue trainante de mesme longueur, soustenue par un Gentilhomme, & conduit à son coste gauche par monsieur de Saint André, Président.

La Cour de Parlement en corps en robbes noires ; messieurs des Comptes de mesmes.

Le corps de la Maison de Ville qui faisoit la closture de ceste pompe funebre, laquelle sortit en cest ordre du logis dudit sieur Connestable le lundy dix neufiesme octobre 1626, & passèrent par la place de la Grenette, de là en rue Neufve, de là en Trois Cloistres, & de là à Nostre Dame, où dans le chœur sous une chapelle ardente fut mis le corps, où l'on dit vespres des morts.

Le lendemain après le service divin faict, les petits honneurs furent laissez dans ladite église où son cœur est enterré, et les cinq grands honneurs remportez, & passerent au retour par la Brechere, droict au banc de Mal Conseil & delà au logis dudit sieur Connestable.

Depuis son corps ou cercueil fut conduit à Lesdiguières & mis en son tombeau, attendant le jour de la resurrection [1].

---

[1] Cette description du cérémonial qui accompagna les obsèques de Lesdiguières a été reproduite plusieurs fois entre autres par Videl. Elle existe également en manuscrit à la Bibl. nation., mss. Brienne, vol. 265, p. 260.

GÉNÉALOGIE

DE LA

FAMILLE DE BONNE

ALLIANCES

Abon. Émanché d'or et d'azur de six pièces, les extrémités pommetées.

Agoult. D'or au loup ravissant d'azur.

Ambel. D'or au moulin à vent d'argent, bâti sur un terrain de sinople, les voiles de gueules passées en sautoir par derrière.

Armand. Fascé d'argent et de gueules.

Artaud de Montauban. De gueules à trois châteaux à trois tours d'or, celle du milieu plus haute.

Auriac. De sable au griffon d'or couronné, lampassé et viléné de gueules.

Baile. D'or au chevron d'azur accompagné de trois roses de gueules.

Barthelemy.

Berenger. Gironné d'or et de gueules.

Boyssonnier.

Castellanne. De gueules à la tour d'or sommée de trois tourelles de même, celle du milieu plus haute.

Chabassol. Fascé d'argent et d'azur de six pièces.

Chabestan. D'azur au lion d'or armé et lampassé de gueules, à six étoiles d'or rangées en chef.

Chypre. De gueules à trois écussons d'or.

Coni. De gueules au chevron d'or, surmonté d'une fasce en devise d'argent.

Créqui. D'or au créquier de gueules.

Davin.

Dorgeoise. De gueules à trois fleurs de lis d'argent rangées en fasce, au chef de même chargé d'un chêne à deux branches passées en sautoir, de sinople, englanté d'or.

Faucher. D'azur au chevron d'or accompagné en chef de deux roses d'argent et en pointe d'une coquille de saint Jacques d'or.

Faure. D'azur au château à trois tours, celle du milieu plus haute, d'or, sur laquelle grimpe un lion d'argent.

Flotte. Losangé d'or et de gueules au chef d'or.

Gaillard. Fascé d'azur et d'or de sept pièces au chef cousu de gueules chargé de trois roses d'argent.

Gauthier. D'azur au lion d'argent au chef d'or chargé de trois roses de gueules.

Gruel. De gueules à trois grues d'argent 2 et 1.

Hostun. De gueules à la croix engrelée d'or.

Laye. D'or à la fasce de gueules accompagnée de trois têtes de loup arrachées d'azur.

Léal.

Martin.

Martin. D'azur au chevron d'or, au chef de même chargé de trois cœurs de gueules.

Neuville. D'azur au chevron d'or accompagné de trois croix ancrées de même.

Olivier. D'azur au lion d'argent à quatre billettes de même aux cantons de l'écu.

Olivier (l'). D'or au lion de gueules rampant sur une branche d'olivier de sinople posée en bande et recourbée.

Poncet. D'or à la fasce de gueules accompagnée de trois têtes de loup arrachées d'azur.

Raymond. D'argent à la masse d'armes de sable en pal.

Revillasc. D'argent au lion de gueules armé, lampassé et viléné de sable.

Richière. D'or à deux fasces ondées d'azur.

Rivière. D'or au quadril d'azur, les coins passés sous quatre trèfles de gueules issants des cantons de l'écu.

Rousset. De gueules à la croix cléchée, vuidée et pommetée d'or.

Roux. D'argent à l'ours passant de sable surmonté de deux étoiles rangées de gueules.

Saignet.

Serre (Du). D'azur au cerf élancé d'or au chef d'argent chargé de trois roses de gueules.

Theys. D'azur à deux fasces engrelées d'argent.

Tholon. De sinople au jars d'argent becqué et membré d'or.

Tholosan. D'azur au griffon d'or, au chef d'argent chargé de trois étoiles de gueules.

Thomas.

Varey. D'azur à trois jumelles d'or en bande, au chef d'argent chargé d'un lion issant de sable.

Vaujany. Burelé d'argent et d'azur de dix pièces, au chef de gueules chargé d'un lion issant d'or.

Veynes. De gueules à trois bandes d'or.

Vieux. D'azur au massacre de cerf dix cors d'or.

Vignon. D'or à trois fasces d'azur chargées de six roses d'argent, trois sur la première, deux sur la deuxième, une sur la troisième.

Villeneuve. De gueules fretté de six lances d'or, les claires-voies remplies par des écussons de même, à l'écusson d'azur à la fleur de lis d'or brochant sur le tout en cœur.

ARMOIRIES DE LA FAMILLE DE BONNE.

De gueules au lion d'or, au chef cousu d'azur chargé de trois roses de gueules.

Cimier : un lion à mi-corps tenant une épée haute.

Devise : NIL NISI A NUMINE.

Ces armes ont été portées sans brisure par toutes les branches de la famille soit directes soit substituées.

GÉNÉALOGIE DE LA FAMILLE DE BONNE

Les historiens et les généalogistes contemporains ont obscurci à plaisir l'origine de la famille de Bonne. Videl, dans son *Histoire de la vie du connétable de Lesdiguières*, le fait descendre d'un général romain nommé Bonus, et prétend que l'un de ses ancêtres a fondé Bonneville, capitale du Faucigny. Guy Allard, dans sa généalogie imprimée de la famille de Bonne, se garde bien de faire mention de l'office de notaire que géraient de temps immémorial les ayeux du connétable dans le bourg de Saint-Bonnet en Champsaur. Chorier est également muet sur cette fâcheuse circonstance qui devait déplaire à l'orgueil de Lesdiguières et surtout aux Créqui ses héritiers.

La famille de Bonne est assez ancienne, plus ancienne même en Dauphiné qui ne le supposaient Videl et Guy Allard, puisque ces auteurs font commencer leur généalogie à Boson de Bonne vivant en 1257, tandis que dès 1210 nous avons trouvé des personnages de ce même nom. D'où est-elle originaire ? C'est ce qu'il est malaisé de dire ; peut-être venait-elle du Languedoc où une famille de Bonne avait un certain relief dès le commencement du XIIIe siècle et s'est perpétuée jusqu'à notre époque avec les mêmes armes que celles des de Bonne du Dauphiné.

Nous trouvons, en effet, dans la *Chanson de la croisade des Albigeois*, un Reinier de Bosne, chargé, en 1219, de défendre l'une des portes de la ville de Toulouse (vers 9493) ; ce même personnage est nommé dans la rédaction en prose de ce poème, souvent plus exacte que l'autre, au point de vue du nom des personnages, Raynier de Bona. C'est à cette famille languedocienne qu'appartiennent probablement Franchequin de Bonne, capitaine d'une connétablie et de vingt-huit arbalétriers dans la place Thérouenne, connu par des quittances des 11 janvier et 3 novembre 1396 (B. N. mss. Franc. 26028, n°s 2442 et 2470) et quelques autres personnages qui paraissent étrangers à nos de Bonne dauphinois. Elle a formé elle-même plusieurs branches, entre autres celles des seigneurs de Courjède, de Montgardel, de Misècle, de la Recordière, de Marguerides, de la Bernardie et de l'Artusier, et est encore représentée par une branche existante dans le département du Tarn. Sa généalogie se trouve à la Bibliothèque nationale (Cab. des titres, au mot Bonne) à partir du commencement du XVIe siècle, et on peut consulter aux archives du Tarn (E. 134 et 135) un certain nombre de documents originaux du XVe au XVIIe siècle qui lui sont relatifs. Nous ne nous occuperons pas du reste de cette famille languedocienne étrangère à notre sujet et dont le point d'attache avec les de Bonne dauphinois est certainement trop ancien pour être facilement retrouvé. Qu'il nous suffise de dire qu'elle a occupé pendant le moyen âge en Languedoc une situation supérieure à celle qu'avaient, en Dauphiné, les ayeux du Connétable ; elle appartenait à la noblesse d'épée, tandis que les autres était de noblesse notariale.

1210.   I. — Pontius Bone.

Le premier membre de la famille de Bonne que l'on peut signaler en Dauphiné est peut-être *Pontius Bone*, cité comme témoin dans une charte de 1210 (mss. Fontanieu. B. N. mss. lat. 10951, p. 418). Était-il le père du suivant ? c'est ce que rien n'est venu nous démontrer.

1225.-1228.   II. — G [uillelmus] de Bona.

G. (probablement *Guillelmus*) *de Bona,* notaire impérial et épiscopal à Saint-Bonnet en Champsaur, paraît comme rédacteur de trois chartes du fonds du Durbon (arch. des Hautes-Alpes.) portant les dates de 1225, 1226 et 1228.

Peu d'années après un autre *G. de Bona,* chanoine de l'église cathédrale de Sisteron et prieur de Lardier, paraît dans deux chartes datées de 1235, l'une du 3 des ides d'avril, conservée aux archives des Bouches-du-Rhône (Fonds de Malte), l'autre publiée dans le cartulaire de saint Victor. Il était sans doute parent du précédent ; peut-être était-ce le même personnage entré dans les ordres à la fin de sa vie.

1257.-1301.

III. — Johannes de Bona.

Johannes de Bona, notaire à Saint-Bonnet, est cité dans une charte de 1257, conservée dans les manuscrits de la bibliothèque nationale (mss. Fontanieu, vol. 10952) et dans deux chartes de 1301, l'une relative à l'abbaye de Boscodon, du 17 janvier (arch des H.-A.); l'autre relative à la ville d'Embrun, du 5 juin (Arch. de M. Roman).

A la même époque Guy Allard mentionne un *Boson* ou *Bosonet de Bonne*, d'après un dénombrement de 1250, et il fait de ce personnage la souche de la famille. Il nous paraît infiniment plus probable de supposer, en l'absence de preuves contraires, que l'office de notaire exercé par G. de Bonne, a dû se transmettre de père en fils et d'aîné en aîné, tandis que les cadets ont dû s'établir ailleurs ou embrasser une carrière différente.

1302.-1334.

IV. — Franciscus de Bona.

Franciscus de Bona, notaire à Saint-Bonnet, est le premier à partir duquel nous puissions établir une filiation absolument certaine à l'aide d'actes authentiques. Il acheta, en 1302, les îles de Saint-Bonnet, dépendant du domaine delphinal et prêta hommage au Dauphin pour cette propriété, le 9 janvier 1334. D'une femme inconnue il eut Jean de Bonne, qui suit.

Vers la même époque nous trouvons un *Pontius de Bona*, citoyen de Gap, en 1318 et 1328 (arch. des H.-A.), parent sans doute et peut-être frère du précédent.

Guy Allard et d'autres généalogistes complaisants ont inséré ici un Rostaing de Bonne, conseiller du Dauphin, fils de Boson de Bonne, cité à l'article précédent, témoin, en 1318, du testament du dauphin Jean II, et dont ils font un ancêtre de Lesdiguières. Ce personnage n'a jamais existé, ainsi qu'on peut s'en convaincre en lisant ce testament (voy. Valbonnais, T. II, p. 173). Celui qui y intervient se nommait non Rostaing de Bonne, mais Rostaing de la Sonne *(de Sonna)*.

1347.

V. — Johannes de Bona.

Johannes de Bona, notaire à Saint-Bonnet en 1347, est cité comme fils de François dans une charte de cette date des archives du chapitre de Saint-Arnoul de Gap. Il est également cité en cette qualité dans une pièce du cabinet des titres de la bibliothèque nationale (au mot Bonne). D'une femme inconnue il eut François de Bonne, qui suit.

Raymond de Bonne est mentionné dans le même document du cabinet des titres de la bibliothèque nationale cité plus haut, comme frère de Jean de Bonne ; sans en apporter la preuve.

Enfin, en 1341, apparaît à Embrun *Pierre de Bonne*, chapelain dans l'église de Notre-Dame (arch. des H.-A.), et en 1346 nous trouvons *Jacques de Bonne ait Jacquet*, citoyen d'Embrun (arch. munic. d'Embrun). Ces deux personnages étaient peut-être frères, mais certainement parents rapprochés des précédents.

1375.-1385.   VI. — Franciscus de Bona.

François de Bonne dit François le vieux, notaire à Saint-Bonnet, paraît en cette qualité dans plusieurs chartes du chapitre de Gap, datées de 1375 à 1385. Il prêta hommage au Dauphin pour quelques terres acquises du domaine delphinal, le 24 février 1381. Il acheta à Onuphre de Roux des droits seigneuriaux dans le Champsaur, pour la somme de quarante-deux florins. Il se maria deux fois d'abord avec *Marguerite Vieux*, sœur de noble Jean Vieux, ensuite avec *Alix de Laye*, fille de noble Jean de Laye, seigneur de Laye, coseigneur de Saint-Laurent, et de Sybille de Campeis. Il eut pour enfants, de Marguerite Vieux :

1º Gabriel de Bonne, qui suit.

2º Martin de Bonne, qui suivra, auteur de la branche des coseigneurs de Veynes et barons d'Oze et Vitrolles.

3º Jacques de Bonne dit Jamonet, qui suivra, auteur de la branche d'Auriac et des vicomtes de Tallard.

D'Alix de Laye :

4º Raymond de Bonne, prêtre, religieux de l'ordre de saint Dominique, évêque de Vaison.

D'une femme inconnue un fils naturel qui est peut-être :

5º Honorat ou Honoré de Bonne, coseigneur de la Rochette, qui apparaît à ce titre dans un registre de reconnaissances de François Farel, notaire, rédigé en 1439 (arch. des H.-A.), et qui fit héritier de ses biens Alexis de Bonne, son neveu, fils de Jacques de Bonne dit Jamonet.

1388.-1413.

VII. — Gabriel de Bonne.

Gabriel de Bonne, notaire à Saint-Bonnet, connu à ce titre comme rédacteur de plusieurs chartes de 1393 (arch. du chap. de Gap), de 1394 (arch. des H.-A.), de 1409 (arch. du château de La Ric). D'après un document du cabinet des titres de la bibliothèque nationale, il passe le 12 mai 1388, ainsi que ses frères, une reconnaissance en faveur de son père. En 1402 et 1413 il fait hommage au Dauphin pour les terres qu'il tenait de son domaine, ainsi que ses frères Martin et Jacques (arch. de l'Isère, B. 2631). Il se maria deux fois, d'abord avec *Marguerite de Veynes*, fille de noble Guillaume de Veynes, coseigneur de Veynes, et de Catherine de Roux, et ensuite avec *Catherine Gauthier*, d'une famille du Champsaur. Cette dernière échange en 1402 au nom de son mari une terre située à la Condamine, près Saint-Bonnet, avec Nicolas Oudulphi (arch. de l'Isère). Il eut de Marguerite de Veynes :

1º François de Bonne, qui suit.
2º Armand de Bonne, vivant en 1458.
3º Françoise, morte jeune.

De Catherine Gauthier :

4º Augerie, épouse d'Antoine Thomas.
5º Isoaret.
6º Catherine.

1440.-1477.

VIII. — François de Bonne.

François de Bonne dit François le jeune, notaire à Saint-Bonnet, rédigea en cette qualité des chartes de 1452 et 1477 (arch. des H.-A.). Prêta hommage au Dauphin le 28 avril 1450, pour les terres domaniales qu'il tenait à Saint-Bonnet. Acheta, en 1451, une portion des terres de Saint-Laurent-du-Cros et du Glaizil (Les Diguières) à Jean et François de Laye, et prêta hommage au Dauphin pour ces terres le 2 mai 1455. Acheta, en 1451, le quart de la seigneurie de Laye à Raymond de Laye, et le 2 avril 1455 un autre quart de la même seigneurie à Jean et François de Laye. Il se maria deux fois, d'abord avec *Alix Poncet*, fille de noble Arnoul Poncet, seigneur de Laye, et de Catherine Freichet, ensuite à *Catherine de Chabestan*, fille de noble Guillaume de Chabestan, coseigneur de Chabestan et du Bauchaine. Ses deux fils aînés au moins sont issus de son premier mariage.

1. Raymond de Bonne, notaire à Saint-Bonnet, né en 1440, d'après une enquête appartenant à M. Roman ; vivait encore en 1495 (arch. du chap. de Gap). Il épousa Randonne de Rivière, fille de noble Jordan de Rivière, seigneur de Sainte-Marie, Bruis et Montmorin, et de Béatrix du Puy Montbrun. Il mourut sans postérité. Il fut le dernier titulaire de l'étude de notaire qui était depuis deux cents ans dans la famille de Bonne.

2º Jean de Bonne, qui suit.

3º Antoine de Bonne, prêtre, bénéficier du chapitre de Saint-Arnoul de Gap, vivait encore en 1521 (arch. du chap. de Gap).

4º Jean de Bonne, prêtre, moine bénédictin au prieuré de Romette.

5º Martin de Bonne, tué dans les guerres d'Italie.

6º Pierre de Bonne, mort sans postérité.

7ᵉ Clémence de Bonne, épouse de Jean Olivier.

8º Catherine de Bonne, épouse de noble Jean Chabassol, coseigneur de Savines, fils d'André Chabassol dit Chamous.

9º Lantelme de Bonne, épouse de noble Antoine du Serre, seigneur du Rivail, fils de Bresson du Serre (1440-1519).

10º Jeanne de Bonne.

1454.-1531.

IX. — JEAN DE BONNE.

Jean de Bonne, seigneur des Diguières, coseigneur de Laye, né en 1454, d'après une enquête appartenant à M. Roman ; assiste à la bataille de Fornoue en 1495 ; teste en 1531. Il épousa, le 15 décembre 1504, *Benoite Richière*, fille de noble Michel Richière, coseigneur de Montgardin, et de Jeanne de Montorcier. Il eut de ce mariage :

1º Jean de Bonne, qui suit.

2º Michel de Bonne dit Michaud (minutes de Mᵉ Gaignaire, à Gap), prêtre, curé de la Bâtie-Neuve, prieur de Saléon et de Saint-André-les-Gap, chanoine de Notre-Dame d'Embrun. Il rédigea, en 1555, l'inventaire du trésor de la cathédrale d'Embrun et mourut en 1570, d'après un document des archives du chapitre de Gap. Il eut un fils naturel.

A. Gratien de Bonne, dit le capitaine Gratien, capitaine d'une compagnie sous les ordres de Lesdiguières, châtelain des Diguières, vivant encore en 1599, d'après un document des archives du chapitre de Gap.

3º Jacques de Bonne, prêtre 1544 (arch. des H.-A.).

4º Catherine de Bonne, épouse de Jean Martin, châtelain de Saint-Laurent-du-Cros, qui fut tuteur de Lesdiguières.

5º Marguerite de Bonne, épouse de noble Bernardin Davin, châtelain d'Orpierre, fils de Pierre Davin et de Dauphine Arnaud ; nommée à ce titre dans le testament de Lesdiguières.

6º Jamonne ou Jacqueline de Bonne, épouse de noble Pierre Davin, homme de loi à Orpierre.

7º Clémence de Bonne, épouse d'Étienne Barthélemy, neveu de Bonaventure Barthélemy, premier président au Parlement de Grenoble (1533-1535).

X. — JEAN DE BONNE.

Jean de Bonne, seigneur des Diguières, coseigneur de Laye, vend, en 1532, la terre des Diguières à Louis Lobet, avec faculté de rachat. En prête hommage au Dauphin et à l'évêque de Gap en 1540 et 1541. Meurt en 1548. Il épousa, le 26 mai 1542, *Françoise de Castellanne*, fille de noble Claude de Castellanne et de Louise de l'Aube de Roquemartine. De ce mariage il eut un seul fils.

XI. — FRANÇOIS DE BONNE.

François de Bonne, né à Saint-Bonnet le 1er avril 1543, placé sous la tutelle de Jean Martin, son oncle, châtelain de Saint-Laurent-du-Cros (acte de 1553, 25 octobre, arch. des H.-A., titres des Richière) ; élevé aux frais de François de Castellanne, prieur de Saint-André (1539-1566), son parrain et son oncle maternel ; guidon dans la compagnie du capitaine Furmeyer (1562) ; capitaine d'une compagnie (1565) ; lieutenant de Montbrun en Gapençais (1573) ; chef des protestants du Dauphiné (1577) ; capitaine de cinquante hommes d'armes (1591) ; conseiller d'État (1595) ; lieutenant général en Provence (1595) ; lieutenant général des armées du Roi (1597) ; lieutenant général au gouvernement de Dauphiné (1598) ; maréchal de France (1609) ; duc et pair (1611) ; maréchal de camp général (1621) ; chevalier de l'ordre du Roi (1622) ; connétable de France (1622) ; mort à Valence le 2 septembre 1626. Il fut seigneur des Diguières, de Serres, de Rosans, de Vizille, du Bourg-d'Oisans, de Pont-d'Ain, de Valbonnais, de Champs, de Saint-Georges-de-Commiers, de Rochepaviotte, de Pont-de-Veyle, de Chatillon, de Treffort, de Maubec, de Saint-Laurent-de-Mures, d'Auberives, de Lourmarin, de Rattier, de Saint-Jean-de-Vrain, de Lauris, de Simiane, de Revest-de-Bion, de Roussillon, de Villemur, de la Tour-du-Pin, de Châteauneuf, d'Auneau, de Courbon, de Redortier, de Sellonnet, de Savournon, de Montbrand, de Quinsonnas, de Châteauvillain, de Theys, de la Mure, de Saint-André-en-Bauchaine, de Clais, de Pisançon, de Saint-Jean-de-Bournay, de la Verpillère, d'Heyrieu, d'Anthon, de Moirans, de Monteux, de Fallavaux, de Colombier, de Meyzieux, de Calas, de Notre-Dame et Saint-Pierre-de-Mézage, de Saint-Christophe ; il fut duc de Lesdiguières et du Champsaur. Il se maria deux fois : d'abord avec *Claudine de Berenger du Gua,* le 11 novembre 1566 ; elle était fille de noble André de Berenger, seigneur du Gua, et de Madeleine de Berenger-Pipet, et mourut, en 1608, au château de Puymaure, près de Gap. Il épousa en secondes noces *Marie Vignon,* en 1617. Elle était fille de Pierre Vignon et de Marie Gabié, et était veuve d'Ennemond Matel, marchand de soie à Grenoble; elle testa le 11 août 1655. De son premier mariage il eut :

1º Henri-Emmanuel de Bonne, filleul du duc de Savoie, né en 1580, mort en 1587.

2º Philippe de Bonne, mort jeune.

3º Madeleine de Bonne, née en 1576, morte en 1620. Elle épousa, en 1595, Charles de Créqui-Blanchefort, comte de Sault, fils d'Antoine de Créqui-Blanchefort et de Chrétienne d'Aguerre, comtesse de Sault. Ses enfants furent substitués au nom, aux armes et aux honneurs de Lesdiguières.

4º Bonne de Bonne, morte jeune.

5º Claudine de Bonne, morte jeune.

De Marie Vignon, mais avant de l'avoir épousée, il eut les deux filles suivantes légitimées par lettres patentes de Henri IV et Louis XIII, de 1610 et 1615.

6º Catherine de Bonne, qui épousa, le 10 février 1619, son neveu François de Créqui-Blanchefort, et mourut sans postérité en 1621.

7º Françoise de Bonne, née en 1604, qui épousa, le 3 décembre 1623, Charles de Créqui-Blanchefort, son beau-frère, et mourut sans postérité ; elle vivait encore en 1645.

Nous joignons à cette descendance celle de la ligne directe de la famille de Créqui, substituée au nom et aux armes des de Bonne et à la duché-pairie de Lesdiguières.

1626.-1638. XII. — *Charles de Créqui-Blanchefort*, comte de Sault, duc de Lesdiguières, lieutenant général au gouvernement du Dauphiné, maréchal de France, tué le 17 mars 1638, en Italie. Il épousa, en 1595, *Madeleine de Bonne*, fille du Connétable, et en 1623 *Françoise de Bonne*, sa belle-sœur. De son premier mariage il eut :

1619.-1661. XIII. — *François de Créqui de Bonne*, comte de Sault, duc de Lesdiguières, lieutenant général au gouvernement du Dauphiné (1642-1661). Il épousa, en premières noces, en 1619, sa tante, *Catherine de Bonne*, et en secondes, le 11 décembre 1632, *Madeleine de Ragny*, dont il eut :

1661.-1681. XIV. — *François-Emmanuel de Créqui de Bonne*, duc de **Lesdiguières**, lieutenant général au gouvernement du Dauphiné **(1661-1681)**. Il épousa, en 1675, *Paule-Marguerite de Gondy*, duchesse de Retz, dont il eut :

1678.-1703. XV. — *Jean-François-de-Paule de Créqui de Bonne*, duc de Lesdiguières, né en 1678, mort en 1703, sans postérité.

Ses biens passèrent d'abord à son frère, puis à une branche cadette de la famille de Créqui, puis à la famille de Neuville-Villeroy.

BRANCHE DES SEIGNEURS DE VEYNES ET PRABAUD,

BARONS D'OZE ET DE VITROLLES,

ISSUE DE MARTIN DE BONNE, FILS DE FRANÇOIS DE BONNE LE VIEUX ET DE MARGUERITE VIEUX.

VII. — Martin de Bonne.

1388.-1447. *Martin de Bonne*, coseigneur de Veynes ; vivait en 1388, d'après un document du cabinet des titres. Prêta hommage au Dauphin le

18 mai 1405 ; paraît dans une revision de feux de 1447. Il eut d'une femme, dont le nom n'est pas connu :

1440.

VIII. — François de Bonne.

François de Bonne, coseigneur de Veynes ; vivait en 1440, d'après un document du cabinet des titres. D'une femme dont le nom est inconnu il eut deux fils :

1º Raymond de Bonne, qui suit.

2º Jean de Bonne, qui, d'après un document du cabinet des titres, eut pour fils :

A. Balthazard de Bonne, mort sans postérité.

1495.

IX. — Raymond de Bonne.

Raymond de Bonne, coseigneur de Veynes ; vivait en 1495, d'après un document du cabinet des titres ; il eut d'une femme dont on ignore le nom :

1502.-1545.

X. — Bonnet de Bonne.

Bonnet de Bonne, coseigneur de Veynes ; vivait en 1502, d'après Guy Allard, et en 1543 et 1545, d'après des documents appartenant à M. Roman. Il épousa *Marguerite de Veynes*, fille de noble Guillaume de Veynes, coseigneur dudit lieu, et de Claudine d'Alauson. Il en eut :

1559.-1590.

XI. — Jean de Bonne.

Jean de Bonne, coseigneur de Veynes, déjà mort en 1590. Il épousa, le 20 juin 1559, d'après les documents appartenant à M. Roman, *Jeanne de Theys*, fille de noble André de Theys, seigneur de Clelles, et de Diane de Beaumont. Il en eut :

1º Gaspard de Bonne, qui suit.

2º Jean de Bonne, qui suivra.

1570.-1593.

XII. — Gaspard de Bonne.

Gaspard de Bonne, coseigneur de Veynes et de Furmeyer, dit le capitaine Prabaud, capitaine, puis colonel d'infanterie, gouverneur d'Embrun (1586-1593) ; tué à Saint-Colomban, en Italie, en 1593 (6 mai). Il épousa, en premières noces, *Sybille Artaud de Montauban* fille de noble Antoine Artaud de Montauban, et en deuxièmes *Claudine de Berenger*, fille de noble Giraud de Berenger et de Georgette de Berenger du Gua. De ces mariages il eut trois filles :

1º Françoise de Bonne, mariée en 1625 à Guillaume Abon, seigneur de Reynier, fils de noble Jean Abon et de Philippe de Faudon.

2º Madeleine-Marguerite-Claudine de Bonne, mariée en 1605 à Charles Martin, seigneur de Champoléon, fils de noble Aubert Martin, seigneur de Champoléon, et de Madeleine de Berenger du Gua.

3º Jeanne de Bonne, mariée à Jacques Baile, seigneur d'Aspremont, fils de noble Laurent Baile et de Françoise Sauret.

XII. — Jean de Bonne.

1570.-1626.

Jean de Bonne, coseigneur de Veynes, baron d'Oze et de Vitrolles, seigneur de Remollon, gouverneur d'Exilles (1589-1593) et d'Embrun (1593-1626) ; capitaine, puis colonel d'infanterie. Il épousa *Lucrèce Martin de Champoléon*, fille de noble Aubert Martin, seigneur de Champoléon, et de Madeleine de Berenger du Gua. Il eut de ce mariage six filles :

1º Jeanne de Bonne, dame de Vitrolles, mariée en 1605 à Jacques de l'Olivier, seigneur de Réotier, gouverneur d'Embrun (1626-1635), fils de noble Claude de l'Olivier, qui fut substitué au nom et aux armes des de Bonne.

2º Anne de Bonne, dame d'Oze, qui épousa Pierre Tholosan, anobli en 1640, fils de Pierre Tholosan, consul d'Embrun, et de Suzanne Félicité.

3º Marguerite de Bonne, qui épousa, le 17 mars 1613, Pierre de Dorgeoise, seigneur de la Thivollière, enseigne de la compagnie d'ordonnance de Lesdiguières, fils de noble Claude de Dorgeoise et de Marguerite de Bressieu.

4º Lucrèce de Bonne, qui épousa Jacques de Revillasc, seigneur d'Oriol, coseigneur de Veynes, fils de noble Jean de Revillasc et d'Olympe de Martinel (1628).

5º Isabeau de Bonne, qui épousa François de Gaillard, seigneur de Bellafaire, fils de noble Jean de Gaillard et de Marguerite de Forbin.

6º Marguerite de Bonne, qui épousa Henri de Villeneuve.

Nous joignons à cette descendance celle de la ligne directe de la famille de l'Olivier, substituée au nom et aux armes des de Bonne.

1626.-1635. XIII. — *Jacques de l'Olivier de Bonne*, baron de Vitrolles, gouverneur d'Embrun (1626-1635); marié en 1605 à *Jeanne de Bonne*, fille de Jean de Bonne, dont il eut :

1635.-1670. XIV. — *François de l'Olivier de Bonne*, baron de Vitrolles, gouverneur d'Embrun (1635-1670). Il épousa *Justine d'Armand de Lus*, dont il eut :

1671.-1700. XV. — *Jean de l'Olivier de Bonne*, baron de Vitrolles, mort en 1700. Il épousa *Élisabeth N.....*, dont il eut :

1700.-1739. XVI. — *Pierre de l'Olivier de Bonne*, baron de Vitrolles, mort en 1739. Il épousa *Madeleine Le Camus*, dont il eut :

1739.-1770. XVII. — *Jean-Joseph de l'Olivier de Bonne*, baron de Vitrolles, puis seigneur de Nibles. Il vendit, en 1753 (29 mai), la terre de Vitrolles à Alphonse-Louis Arnaud et mourut vers 1770.

1770.-1790. XVIII. — *Jean-Joseph de l'Olivier de Bonne*, seigneur de Nibles, établi à Sisteron, mort en 1790 ; épousa *Anne* ou *Nannette Nouguier de Malijay*, dont il eut trois filles qui finirent la famille.

XIX. — 1º *Lucrèce de l'Olivier de Bonne*, mariée à N... Pélissier, seigneur d'Esparron.

2º *Eugénie de l'Olivier de Bonne*, mariée à N... Jean, d'Orpierre.

3º *Pauline de l'Olivier de Bonne*, mariée à Victor Bane, de Sisteron.

BRANCHE DES SEIGNEURS D'AURIAC ET LA ROCHETTE,

VICOMTES DE TALLARD,

ISSUE DE JACQUES DE BONNE, FILS DE FRANÇOIS DE BONNE LE VIEUX ET DE MARGUERITE VIEUX.

1405.-1469.

VII. — Jacques de Bonne.

Jacques dit *Jamonet de Bonne*, coseigneur de Saint-Laurent-du-Cros, d'Ancelle et de Jarjayes, notaire à Saint-Étienne-d'Avançon; prête hommage au Dauphin le 16 mai 1405; paraît dans une revision de feux de 1427; rédige un acte de 1440 relatif au canal d'Avançon; était mort en 1469, d'après un acte des archives du chap. de Gap. Il épousa *Catherine Boyssonnier*, fille du seigneur de Saint-Laurent-du-Cros, et en eut :

1º Alexis de Bonne, qui suit.

2º Guillaume de Bonne, capitaine à Briançon en 1454 et 1463 (arch. des H.-A. et arch. munic. de Briançon).

3º Jean de Bonne, qui suivra, auteur des branches de Molines et de la Motte.

4º Armand ou Arnaud de Bonne, coseigneur d'Ancelle, 1446.

5º Jeanne de Bonne, religieuse à la chartreuse de Berthaud en 1453 (arch. des H.-A.).

1447.-1496.

VIII. — Alexis de Bonne.

Alexis de Bonne, seigneur d'Auriac et de la Rochette, avait probablement hérité de cette dernière seigneurie d'Honoré de Bonne, seigneur de la Rochette, son oncle, vivant en 1439. Il est qualifié de fils de Jacques de Bonne dans un acte de 1494, aux archives du chapitre de Gap. Il prêta hommage au Dauphin le 9 mars 1447. Il vivait encore, d'après Guy-Allard, en 1496, mais cette date est d'autant plus douteuse que cet auteur n'a pas exactement connu la filiation de cette branche. Il épousa *Isabeau d'Auriac*, dame dudit lieu, fille de noble Eustache d'Auriac, et en eut :

1494.

IX. — Pierre de Bonne.

Pierre de Bonne, seigneur d'Auriac et de la Rochette, qualifié de fils d'Alexis de Bonne dans un acte de 1494 du chapitre de Gap. Il eut d'une femme, dont le nom est inconnu :

1º Honoré de Bonne, qui suit.

2º Georges de Bonne, qui suivra, auteur de la branche de Lazer et du Vercors.

3º Lantelme de Bonne, prêtre, prieur de Saint-Pierre-de-Douzard.

4º Balthazard de Bonne, vivant en 1516, d'après un titre des archives du chapitre de Gap.

1494.-1536.

X. — Honoré de Bonne.

Honoré de Bonne, seigneur d'Auriac, de Montreviol et de la Rochette, vice-châtelain du Champsaur, châtelain de Montalquier (1494-1510), capitaine des milices à Château-Dauphin (1512). Testa le 8 février 1536, d'après une transaction passée entre ses enfants le 5 février 1543, et appartenant à M. Roman. Il épousa, en premières noces, *Alix de Pierre,* fille de noble François de Pierre, coseigneur de la Beaume-des-Arnauds et de N. de la Villette, et en secondes noces, le 21 février 1526, *Agnès Sagnet,* fille du seigneur de Vaucluse ou de Valeluye au Comtat. Il eut du premier mariage :

1º Gaspard de Bonne, mort avant son père et sans postérité, de Jeanne Flotte, fille de noble Jean Flotte, seigneur de la Roche-des-Arnauds et de Montmaur et d'Antoinette Artaud de Montauban.

2º Marie de Bonne, vivant en 1543.

3º Jaqueline ou Jamonne de Bonne, épouse, en premières noces, de Jean de Roux, de Corps (1514), en deuxièmes noces, de Jean Bonthoux, seigneur de la Sallette, et en troisièmes, de Charles Faucher, châtelain de Lazer, fils de Claude Faucher. Elle testa le 3 juin 1560 (Test. orig. à M. Roman).

4º Louise de Bonne, femme de François de Beaufain, seigneur dudit lieu, vivant en 1543.

5º Marguerite de Bonne, qui épousa, en premières noces, Étienne d'Ambel, coseigneur dudit lieu, et en deuxièmes, Georges Freysse ; vivant en 1543.

Il eut d'Alix Sagnet :

6º Charles de Bonne, qui suit.

7º Pierre de Bonne, chevalier de Malte, vivant en 1529, et tué en Afrique en 1552.

XI. — CHARLES DE BONNE.

Charles de Bonne, seigneur d'Auriac et de la Rochette, prête hommage au Dauphin le 10 septembre 1541 ; teste le 16 août 1592. Il épousa, le 3 janvier 1543 (Mariage original à M. Roman), *Jeanne de Varey*, fille de noble Jean de Varey, seigneur de Manteyer, et de Louise Flotte, dont il eut :

1º Étienne de Bonne, qui suit.

2º Gaspard de Bonne, sieur de Fontclaire, chanoine et archidiacre du chapitre de Gap, capitaine d'infanterie ; tué en 1589 par les soldats d'Ornano à la prise de Moras.

3º Louise de Bonne, qui épousa, le 30 décembre 1563, Benoît du Serre, seigneur du Rivail, fils de Georges du Serre et de Bourguette de Roux.

4º Marguerite de Bonne, qui épousa Antoine du Serre, seigneur de Saint-Léger, frère de Benoît du Serre, mari de la précédente. Elle vivait encore en 1608.

5º Lucrèce de Bonne, qui épousa, en 1572, Gabriel Volans, seigneur d'Aubenas.

XII. — ÉTIENNE DE BONNE.

Étienne de Bonne, seigneur d'Auriac, la Rochette, la Bâtie-Neuve (1591), vicomte de Tallard (10 mars 1600), capitaine, colonel du régiment de Tallard, gouverneur de Tallard (1577-1578) et de Gap (1585-1586), maréchal de camp (1620), chef militaire de la ligne en Gapençais ; mort vers 1630. Il épousa *Madeleine de Rousset*, fille de noble Albert de Rousset, seigneur de Rousset et de Prunières, et de Louise de Grimaldi, dont il eut :

1º Alexandre de Bonne, qui suit.

2º Philippine de Bonne, qui épousa Charles de Chypre, fils de noble Jacques de Chypre, gouverneur de Briquéras, puis Albert de Gaillard, seigneur de Bellafaire, fils de Jean de Gaillard et de Marguerite de Forbin.

3º Julie de Bonne, qui épousa Claude de Gruel, seigneur de Laborel, de Villebois, de Chabestan et de Sigoyer, fils de Jacques de Gruel et de Melchionne Gras de Montorcier, dame de Sigoyer.

4º Louise de Bonne, qui épousa, en 1622, Jean-Antoine de Tholon, seigneur de Sainte-Jalle, fils de Jacques de Tholon, seigneur de Sainte-Jalle et du Poët.

5º Julie de Bonne, abbesse de Sainte-Claire à Sisteron (1611-1656).

1590.-1636.

XIII. — ALEXANDRE DE BONNE.

Alexandre de Bonne, seigneur d'Auriac, la Rochette et la Bâtie-Neuve, vicomte de Tallard, colonel, lieutenant général au gouvernement du Lyonnais (1631). Né vers 1590, il épousa *Marie de Neuville-Villeroy*, fille de noble Charles de Neuville-Villeroy et de Marguerite de Mandelot, dont il eut :

1635.-1683.

XIV. — CATHERINE DE BONNE.

Catherine de Bonne, dame d'Auriac, la Rochette, la Bâtie-Neuve et Tallard ; elle épousa noble *Roger d'Hostun*, seigneur de la Beaume, fils de noble Balthazard d'Hostun et de Françoise de Tournon. Elle vivait en 1683. Leurs descendants héritèrent de tous les biens de cette branche ; Camille d'Hostun, leur fils, fit ériger la terre de Tallard en duché en 1713, et Marie-Joseph d'Hostun, leur petit-fils, la fit ériger en duché-pairie en 1715.

BRANCHE DES SEIGNEURS DE LA MOTTE ET D'AMBEL,

ISSUE DE JEAN DE BONNE, FILS DE JACQUES DE BONNE, NOTAIRE A SAINT-ÉTIENNE D'AVANÇON, ET DE CATHERINE BOYSSONNIER.

1458.
VIII. — Jean de Bonne.

Jean de Bonne, coseigneur d'Ambel, vivant en 1458. Il eut d'une femme dont le nom n'est pas connu :

1º Pierre de Bonne, qui suit.

2º Guillaume de Bonne, d'après un document du cabinet des titres.

3º Reynaud de Bonne, coseigneur d'Ambel ; combattant à Fornoue en 1495. Il eut pour fils :

A. Guillaume de Bonne, coseigneur d'Ambel, mort sans postérité, vivant encore en 1520.

1495.
IX. — Pierre de Bonne.

Pierre de Bonne, seigneur de la Motte-en-Champsaur ; combattant à Fornoue en 1495 ; épousa *Marie de Roux*, fille de noble Jean de Roux, seigneur des Préaux, dont il eut :

1º Jean de Bonne, qui suit.

2º Jacques de Bonne, qui suivra, auteur de la branche des seigneurs de Molines.

1550.
X. — Jean de Bonne.

Jean de Bonne, seigneur de la Motte-en-Champsaur, vivait encore en 1550. Il épousa *Claudie Raymond*, fille de noble Antoine Raymond, seigneur de Sigottier, et de Sébastienne de Montorcier. Il eut pour enfants :

1º Pierre de Bonne, qui suit.

2º Jean de Bonne, prêtre, notaire, vivant encore en 1581, d'après un acte des archives du chapitre de Gap.

3° Madeleine de Bonne, vivant en 1574, dans la paroisse des Infournas-en-Champsaur (minutes de M⁰ Gaignaire).

4° Philis de Bonne, vivant en 1574, à Saint-Bonnet (mêmes minutes).

1565.-1578.

XI. — Pierre de Bonne.

Pierre de Bonne, seigneur de la Motte et de Molines-en-Champsaur, acquit cette dernière terre par héritage de son cousin François de Bonne, seigneur de Molines. Fut chevalier de Malte, surnommé le capitaine Molines, vivait en 1565 et 1578. Mort sans alliances.

BRANCHE DES SEIGNEURS DE MOLINES,

ISSUE DE JACQUES DE BONNE, FILS DE PIERRE DE BONNE, SEIGNEUR DE LA MOTTE, ET DE MARIE DE ROUX.

1545.

X. — Jacques de Bonne.

Jacques de Bonne, coseigneur de Molines-en-Champsaur, vivait en 1545 et assista cette année là au contrat de mariage de son fils. Il eut d'une femme dont le nom est inconnu :

1° François de Bonne, qui suit.

2° N., épouse d'Arnoul de Laye, fils de Guigues de Laye et de Françoise Faure.

1545.-1578.

XI. — François de Bonne.

François de Bonne, coseigneur de Molines-en-Champsaur, épousa, le 10 mai 1545, *Catherine Faure,* fille de noble Gaspard Faure, coseigneur de Veynes, et d'Annette Martin de Champoléon (acte orig. à M. Roman). Il testa, le 20 juillet 1578, faisant des legs à ses trois filles et donnant sa terre de Molines à son cousin Pierre de Bonne. Ses trois filles étaient :

XII. — 1º Anne de Bonne, épouse de Jacques de Vitrolles, sieur de la Ferraye, fils de noble Arnaud de Vitrolles et d'Olive de Grégoire.

2º Marguerite de Bonne, épouse de François de Roux, fils de noble Antoine de Roux, seigneur des Préaux et de Catherine du Serre.

3º Alix de Bonne, épouse d'Antoine de Blosset, capitaine sous les ordres de Lesdiguières.

BRANCHE DES SEIGNEURS DE LAZER ET DU VERCORS,

ISSUE DE GEORGES DE BONNE, FILS DE PIERRE DE BONNE, SEIGNEUR D'AURIAC ET DE LA ROCHETTE

1518.-1528.

X. — Georges de Bonne.

Georges de Bonne, vivant en 1518, teste en 1528 (18 mai). Il épousa *Louise N.*, dont il eut :
 1º Balthazard de Bonne, qui suit.
 2º Catherine de Bonne, épouse de Jean Léal, d'Embrun.
 3º Jeanne de Bonne, épouse de Jean Armand, vivait en 1536 et 1540 (arch. du chap. de Gap).
 4º Barthélemy de Bonne, vivant en 1560 (mêmes archives).

1543.-1573.

XI. — Balthazard de Bonne.

Balthazard de Bonne, coseigneur de Lazer par acquisition de l'évêque de Gap, du 3 mai 1562 ; fut châtelain d'Upaix (1543), de Lazer (1551) ; testa le 3 juin 1573. Il épousa *Dauphine Faucher,* fille de noble Charles Faucher, de Lazer, et de Marguerite de Poncet. Il en eut :

1º Rolland de Bonne, qui suit.

2º Madeleine de Bonne, épouse de Jean Davin, châtelain d'Orpierre en 1570, fils de Pierre Davin et de Dauphine Armand. Elle vivait en 1590.

XII. — Rolland de Bonne.

1573.-1600. *Rolland de Bonne,* coseigneur de Lazer, testa le 8 mai 1600. Il épousa *Françoise d'Agoult,* fille de noble Barthélemy d'Agoult, seigneur de Chanousse et de la Beaume-des-Arnauds, et de Françoise de Remusat, dont il eut :

1º Georges de Bonne, qui suit.

2º Balthazard de Bonne, seigneur de Rigneu, vivant en 1637, qui, d'une femme dont le nom n'est pas connu, eut un fils :

    A. Jean de Bonne, seigneur de Rigneu, mort sans postérité.

3º Catherine de Bonne.

4º Gaspard de Bonne.

5º Louis de Bonne.

6º Anne de Bonne.

7º Marchonne ou Melchionne de Bonne.

XIII. — Georges de Bonne.

1600.-1627. *Georges de Bonne,* seigneur des Allots, coseigneur du Vercors, par son mariage. Testa le 11 avril 1627. Il épousa *Bonne de Coni,* fille de noble Henri de Coni, coseigneur du Vercors, et de Gabrielle de Charançon ; il en eut :

1º François de Bonne, qui suit.

2º Isabeau de Bonne, vivant en 1680.

XIV. — François de Bonne.

1627.-1668. *François de Bonne,* coseigneur du Vercors, avocat à Die, fait, en 1668, ses preuves de noblesse. D'une femme dont on ignore le nom il eut :

XV. — François de Bonne.

1711.-1727. *François de Bonne,* coseigneur du Vercors, avocat à Die. Il épousa, en 1711, *Françoise du Pillon,* et en eut :

XVI. — Charles de Bonne.

1727.-1810.

Charles de Bonne, coseigneur du Vercors, né en 1727, officier d'infanterie ; testa en 1786, mourut à Montélimart en 1810. Il épousa *Marie Bernard,* veuve de Jacques Vial, en 1763, et en eut :

1º Charles-Auguste-François de Bonne, né vers 1766, mort célibataire en 1793.

2º Barthélemy-Honoré-Scipion de Bonne, qui suit :

XVII. — Barthélemy-Honoré-Scipion de Bonne.

1769.-1848.

Barthélemy-Honoré-Scipion de Bonne, qui se qualifiait de marquis de Bonne-Lesdiguières, né en 1769, capitaine d'infanterie, chevalier de saint Louis, mort à Montélimart en 1848. Il épousa *Thérèse Maguet,* fille naturelle de M. Bernard de la Jonquière, qui l'adopta après son mariage et lui donna tous ses biens. Elle se remaria elle-même en 1851, avec Louis de La Bruyère, et mourut vers 1865, en laissant sa fortune à M. Adrien de La Bruyère, mari de Mlle de Luzy-Pelissac, et fils d'un premier mariage de son second mari.

ICONOGRAPHIE

Les statuaires, les peintres, les médailleurs et les graveurs se sont efforcés bien souvent de reproduire les traits du connétable de Lesdiguières. La description des principales œuvres de ces artistes est un complément nécessaire de notre travail.

STATUES.

Le sculpteur Jacob Richier est probablement l'auteur de toutes les statues de Lesdiguières qui sont venues jusqu'à nous. Cet artiste, né à Saint-Mihiel en Lorraine, était le petit-fils de Ligier Richer, vivant au commencement du XVIe siècle et dont il existe dans son pays natal et au musée du Louvre, des œuvres qui témoignent d'une très grande habileté d'exécution. Son petit-fils possédait le même faire précieux et achevé dans les détails, mais péchant quelquefois par l'ensemble de la composition. Lesdiguières l'appela auprès de lui avant 1612 et le chargea de sculpter son tombeau; quand cette œuvre considérable fut terminée, Richier fit également le tombeau de Marie Vignon, seconde femme du Connétable, malheureusement détruit pendant les troubles révolutionnaires. Il fondit ensuite des statues et des bas-reliefs en bronze pour orner la belle résidence de Lesdiguières à Vizille. Enfin, pliant son talent à toutes les exigences de son puissant protecteur, il cisela même une médaille de Marie Vignon. On ignore ce que devint Richier après la mort de Lesdiguières auquel il survécut [1].

---

[1] Consulter sur les relations de Richier avec Lesdiguières l'article suivant : *Notice sur Richier et sur quelques-uns de ses ouvrages*, par M. Pilot, archiviste de l'Isère (*Bulletin de la Société de statistique de l'Isère*, 1860, p. 14).

I. — *Tombeau de Lesdiguières.* — Il se compose d'un large soubassement orné de bas-reliefs, sur lequel est couchée la statue du Connétable de grandeur naturelle. Par derrière est une inscription accostée de deux anges et surmontée d'un fronton au centre duquel est un écusson aux armes de la famille de Bonne. A droite et à gauche sont des obélisques appliqués contre le mur et surmontés d'un ovale. Le gros œuvre du monument est en marbre noir, les parties sculptées et quelques incrustations en marbre blanc.

Les quatre bas-reliefs qui ornent le tombeau sont accompagnés des inscriptions suivantes, qui en désignent les sujets : PRINSE DE GRENOBLE, 1590. — DEFFAITE DE PONT CHARRA, 1591. — RENCONTRE DES MOVLETTES, 1597. — PRINSE DV FORT BARRAVLX, 1598.

La statue de Lesdiguières le représente couché de droite à gauche la tête soutenue par son avant-bras; l'autre main, reposant sur sa cuisse, tient le bâton de maréchal de France. Il est vêtu d'une armure complète extrêmement ornée et de hautes bottes; une fraise plissée entoure son cou, une écharpe orne sa poitrine et sous lui est étendue son épée. Derrière lui est son casque.

On lit par derrière, sur une table de marbre noir, l'inscription suivante :

FRANCOIS DE BONNE,
DVC DE LESDIGVIERES, MORT EN 1626.
LIBERTÉ, ÉGALITÉ.
CE MONVMENT ACCORDÉ PAR LA CITOYENNE
MAVGIRON-VEYNES, PROPRIÉTAIRE,
A ÉTÉ TRANSFÉRÉ DE LA CHAPELLE
DV CI-DEVANT CHATEAV DE LESDIGVIÈRES,
A GAP, PAR LES SOINS
DE L'ADMINISTRATION CENTRALE
DV DÉPARTEMENT DES HAVTES-ALPES,
EN EXÉCVTION DE SES ARRÊTÉS
DES 27 THERMIDOR ET 9 FRVCTIDOR
AN VI DE LA RÉPVBLIQVE FRANÇAISE.

Cette inscription a remplacé celle que Lesdiguières avait fait composer à sa louange pour orner son tombeau. Au-dessus est l'écusson des de Bonne avec leur devise : NIL SINE NVMINE.

Ce monument mesure 4 mètres 50 de hauteur et 3 mètres 77 de largeur.

La statue du Connétable a 1 mètre 75 de longueur.

En face est encastré dans le mur le cénotaphe de Claudie de Bérenger, première femme de Lesdiguières, morte en 1606. Il se compose d'une plaque de marbre noir avec une inscription célébrant les vertus de la défunte; de chaque côté un ange soutient des draperies; au-dessus, dans un fronton demi-circulaire, sont les armoiries accolées des familles de Bonne et de Bérenger au milieu de lauriers et de palmes. L'inscription témoigne que ce cénotaphe a été érigé en 1612.

Ces deux monuments sont aujourd'hui conservés dans la salle des délibérations du conseil général à la préfecture de Gap. Jacob Richier est l'auteur de l'un et de l'autre; leur travail est identique. Le cénotaphe de Claudie de Bérenger fut érigé, comme nous l'apprend une inscription, en 1612; quant au tombeau de Lesdiguières, Richier y travaillait encore en 1613; en effet, dans son testament daté du 31 juillet de cette année et que nous avons publié, Lesdiguières demande à être enseveli dans son tombeau auquel on travaille actuellement.

Lesdiguières ne nous apprend pas dans ce document quel est l'artiste auquel il a confié le soin de sculpter son tombeau, mais nous lisons à la page 477 de l'*Histoire de la vie du connétable de Lesdiguières*, par Louis Videl, son secrétaire, la phrase suivante :

« Le corps du Connétable fut porté avec tous les honneurs conve-
« nables et en grande compagnie à Lesdiguières, dans un sépulchre
« que de longtemps il s'y était fait dresser par Jacob Richier, excel-
« lent sculpteur. »

On trouvera la reproduction du tombeau de Lesdiguières dans l'album joint à notre ouvrage (PL. VI).

II. — *Bas-relief équestre*. — Ce bas-relief se trouve dans un encadrement carré au-dessus du tympan de la porte d'entrée principale du château de Vizille.

Lesdiguières est monté sur un cheval harnaché marchant à gauche; il est vêtu d'une armure complète et tient le bâton de commandement à la main. Ce bas-relief est appliqué sur une plaque de marbre qui mesure 2 mètres 40 de hauteur sur 2 mètres 95 de largeur.

Au-dessous, dans le tympan de la porte, on lit l'inscription suivante :

> FRANCISCVS BONNA DIGVERIVM
> DVX,
> PAR ET MARESCHALLVS FRANCIÆ,
> SVMMVS EXERCITVVM CASTRORVMQVE
> REGIORVM PREFECTVS EQVESTER,
> HAC ÆNEA STATVA, MARTIS ORA
> FERENTIS, AD VIVVM EXPRIMITVR.
> ANNO MDCXII, ÆTAT. LXXVIII.

Cette œuvre d'art, fondue, comme nous l'apprend cette inscription, en 1612, est très probablement due à Jacob Richier, ainsi que la précédente; ce sculpteur travaillait en effet pour Lesdiguières en 1612, ainsi que la témoigne la médaille de Marie Vignon, qui est décrite plus loin.

III. — *Statue d'Hercule.* — Lesdiguières debout, sous les traits d'Hercule, tenant sa massue sur l'épaule et la peau de lion sur son bras ; à ses pieds est une hydre dont les têtes ont été coupées. Cette statue en bronze, de 1 mètre 90 de hauteur, est dressée sur un piédestal orné de sculptures délicates et qui lui paraît postérieur.

Cette œuvre d'art figurait avant la Révolution dans le parc du château de Vizille, d'où elle a été apportée sur une promenade publique de Grenoble. Elle est antérieure à 1619, puisque Expilly, dans sa dissertation sur les embellissements exécutés à Grenoble et à Vizille par ordre de Lesdiguières, dissertation que nous avons publiée, signale à Vizille une statue d'Hercule « avec sa massue effroyable », qui est certainement celle que nous décrivons.

La ressemblance frappante des traits d'Hercule avec ceux de Lesdiguières ne laisse aucun doute sur l'intention allégorique de l'auteur de cette statue. Elle ne porte aucune signature mais offre les mêmes caractères que les œuvres authentiques de Jacob Richier.

IV. — *Buste.* — Lesdiguières est représenté vêtu d'une cuirasse damasquinée sur laquelle est une écharpe en sautoir de droite à gauche; autour de son cou une collerette.

Musée de Grenoble. Hauteur, 65 centimètres; largeur, 63 centimètres.

Ce buste est supporté par un pied de bronze faisant corps avec l'œuvre. Il a été acquis par M. Gariel, bibliothécaire de la ville de Grenoble, il y a quelques années, pour une somme relativement minime. Lesdiguières y est représenté dans les dernières années de sa vie. Ce buste ne porte aucune signature, mais son faire rappelle la manière de Richier.

TABLEAUX.

Les peintures contemporaines qui nous ont conservé les traits de Lesdiguières ne sont pas nombreuses; nous en connaissons quatre seulement se rapportant à deux types différents.

I. — Lesdiguières debout, vu des trois quarts, tourné à droite, vêtu d'une armure noire et dorée, sur laquelle il porte une fraise et une écharpe blanche. Il a des chausses brodées, des culottes grises, est chaussé de hautes bottes éperonnées et à son côté pend une épée. Sa main gauche est appuyée sur sa hanche; la droite tient une longue canne fleurdelisée. A sa gauche, un petit page, vêtu d'un pourpoint jaune et de culottes rouges, porte son gantelet. A sa droite, son casque repose sur une table couverte d'un tapis orné de franges d'or. Au fond, une draperie.

Musée de Grenoble. Hauteur 1 mètre 96; largeur, 1 mètre 08. Provient, ainsi que plusieurs autres beaux tableaux, de ce musée de l'hôtel de Lesdiguières, maintenant l'Hôtel de Ville.

Ce beau portrait, qui paraît peint dans la manière des frères Le Nain, est sans contredit le monument iconographique le plus remarquable qui subsiste de Lesdiguières. Il fait pendant à un portrait de Henri IV de la même main et des mêmes dimensions et a été probablement peint à Paris pendant un voyage du personnage qu'il représente. Il y a dans la longueur des membres inférieurs une exagération qui aurait été commandée, si l'on en croit la tradition, par Lesdiguières lui-même, peu satisfait de sa petite taille.

II. — Buste de Lesdiguières de face, revêtu d'une cuirasse damasquinée, portant la fraise et l'écharpe blanche.

Musée de Grenoble. Hauteur, 58 centimètres; largeur, 43 centimètres.

Ce portrait fait pendant à un portrait de Marie Vignon, seconde femme du Connétable. C'est une œuvre médiocre, dont il doit exister plusieurs répétitions, nous en signalerons deux, conservées au château de Ventavon et à celui d'Uriage.

Les deux portraits de Lesdiguières que nous venons de décrire ont été peints dans les dernières années de sa vie [1].

MÉDAILLES.

Trois médailles seulement reproduisent les traits de Lesdiguières, nous allons les décrire en y joignant trois autres médailles consacrées à ses deux femmes et à sa fille aînée.

I. — FRANCISCVS A BONA DESDIGVERIVS AN. Æ. 58. — Son buste tourné à gauche, vêtu de la cuirasse, une fraise autour du cou, une draperie sur l'épaule. Au-dessous : G. DVPRÉ F.

℟. IN ÆTERNVM MDC, les mots de cette légende sont séparés par des branches de laurier et une palme. Deux mains serrées sortant de deux nuages qui forment une sorte de couronne autour du champ de la médaille. (PL. II. N° 1.) Diamètre : 55 millimètres.

Il existe de cette médaille un superbe exemplaire en argent doré au Cabinet des médailles de la Bibliothèque nationale; les exemplaires en bronze ne sont point rares, on en trouve dans beaucoup de collections.

Superbe pièce due au burin du célèbre Guillaume Dupré, né peut-

---

[1] Il faut probablement ajouter aux quatre portraits ci-dessus un médaillon contemporain dont voici la description :

Plaque d'argent ovale de 42mm sur 33, peinte très finement sur les deux faces. L'une représente Lesdiguières de face, en demi-buste, vêtu d'un pourpoint noir et brun très simple, grande fraise blanche, tête nue, les cheveux et la barbe grisonnants. De l'autre coté de la plaque, portrait de Marie Vignon, de face, coiffée de cheveux crépés et de rubans rouges, le cou un peu découvert et orné d'un double collier de perles et de pendants en pierres fines et perles, une grande collerette en dentelles empesées encadre la tête. Le haut de la robe est bordé de brillants et de rubans.

Le portrait d'homme ne ressemble pas complètement à ceux que nous avons pu voir de Lesdiguières ; mais l'attribution de la figure de la femme à Marie Vignon ne parait pas douteuse. Le peintre était certainement un miniaturiste habile. (Coll. de M. Eug. Chaper.)

être à Troyes vers 1575, mort à Paris avant 1643. Il fut d'abord valet de chambre du roi, puis jusqu'en 1639, contrôleur des poinçons et effigies de la monnaie, enfin commissaire général des fontes de l'artillerie. Il a modelé, fondu et gravé un grand nombre de médailles qui prennent place au premier rang parmi les œuvres des médailleurs français.

Lesdiguières n'alla pas à Paris en 1600, il faut donc que Dupré soit venu cette année-là en Dauphiné, et en effet il est fort possible qu'il ait accompagné Henri IV pendant sa campagne de Savoie. Le roi arriva à Lyon le 6 août, entra en Dauphiné peu de jours après; Lesdiguières l'accompagna pendant une partie de son séjour et Dupré put en profiter pour faire le projet de cette médaille qu'il exécuta sans doute à son retour à Paris.

Le type du revers est une allusion évidente à la paix qui allait suivre les victoires du roi, de Biron et de Lesdiguières sur le duc de Savoie; cette paix fut signée le 7 janvier 1601 seulement, mais les hostilités avaient cessé depuis le mois d'octobre précédent. Je serais assez porté à croire que la légende du revers contient une erreur de date et que c'est 1601 et non 1600 qu'il faudrait y lire; non seulement, en effet, la paix à laquelle le revers fait allusion ne fut signée qu'en 1601, mais encore Lesdiguières, né au mois d'avril 1543, n'atteignit les cinquante-huit ans que lui donne notre médaille qu'au mois d'avril 1601. Commencée en 1600, cette pièce a été probablement terminée en 1601.

II. — FRAN. A BONA D. DES DIGVIERES P. ET COMESTABILIS. — Son buste tourné à droite, vêtu d'une cuirasse dont l'épaulière se termine en tête de lion, une collerette autour du cou, une écharpe et la croix de l'ordre du Saint-Esprit sur la poitrine. Au-dessous, la date 1623.

℞. GRADIENDO ROBORE FLORET. Écu aux armes de la famille de Bonne, entouré des colliers de saint Michel et du saint Esprit, timbré d'une couronne ducale et contenu dans un cartouche orné d'une tête d'ange ailé. (PL. II. N° 2.) Diamètre : 47 millimètres.

Il existe de cette médaille un superbe exemplaire en argent dans la collection de M. Chaper, à Grenoble; les exemplaires en bronze, dont plusieurs sont munis d'une élégante béllière, ne sont point rares.

Cette médaille, qui ne porte point la signature de son auteur, est très inférieure à la précédente ; peut-être pourrait-on l'attribuer au graveur Olier qui a inondé le Dauphiné de produits assez médiocres au commencement du XVIIe siècle. Si cette pièce est de lui, elle est plus soignée que ses œuvres ordinaires, entre autres que les médailles d'Expilly, de Frère et de sa femme Madeleine Plouvier.

III. — Anépigraphe. — Tête de Lesdiguières tournée à gauche, avec une fraise autour du cou.

On connaissait quatre exemplaires de ce petit médaillon ; c'étaient de très minces empreintes sur feuilles d'or et d'argent ; elles faisaient partie de la collection numismatique de la ville de Grenoble et provenaient de celle de M. de Pina. Elles ont été volées en 1882.

Des quatre exemplaires que possédait la ville de Grenoble, trois étaient en or et un en argent. Ce n'étaient pas à proprement parler des médailles mais de petits bijoux qui, remplis d'une pate, pouvaient servir de chatons à une bague.

IV. — I'ESPÉRE ET CRAINS. — Les mots de la légende sont séparés par des quintefeuilles. Ecu parti des armoiries des familles de Bonne et de Bérenger du Gua, entouré d'une palme et d'une branche d'olivier. A l'exergue, la date 1598.

℟. MON DÉSIR N'EST POINT MORTEL. PATIENCE VICTORIEUSE. — Monogramme composé des lettres F. D. B. — C. D. B. D. G. (François de Bonne. — Claudie de Bérenger du Gua), entouré de deux branches de laurier. (PL. II. n° 3).

Il existe de ce jeton un exemplaire en argent au Cabinet des médailles de la Bibliothèque nationale et un autre en étain dans la collection numismatique de la ville de Paris. Il est probable qu'il a été frappé à l'hôtel des monnaies de la ville de Grenoble.

Le monogramme qu'on y voit est d'une composition semblable à celui qui ornait le cachet de Claudine de Bérenger et que nous avons fait graver (PL. V. n° 1). Ce cachet est appliqué sur une lettre de 1601.

V. — Marie Vignon marquise de Treffort. — Buste de Marie Vignon, tourné à droite, une branche de fleurs dans les cheveux, une perle à l'oreille, un collier autour du cou. Sa collerette brodée s'étale derrière elle, son corsage est orné de bijoux. Au-dessous : I. R. F. 1612. (Pl. iii). Diamètre : 106 mil.

Un seul exemplaire de cette médaille est connu, il est conservé au Cabinet des médailles de la Bibliothèque nationale. Les initiales du graveur doivent certainement s'interpréter par *Iacob Richier fecit*. Je ne connais pas d'autre œuvre numismatique de ce sculpteur.

Il modela cette médaille pendant qu'il travaillait au tombeau du Connétable et lorsque Marie Vignon n'était pas encore duchesse de Lesdiguières.

VI. — Magdeleine de Créqvy mareschale de France. — Buste de Magdeleine de Bone, duchesse de Créquy, tourné à droite, les cheveux tombant en boucles sur les côtés, le cou nu, une draperie autour des épaules. Au-dessous : Warin, 1631. (pl. iv.) Diamètre : 95 mill.

Les exemplaires de cette médaille en bronze et généralement munis d'un anneau ne sont point rares.

Jean Varin ou Warin, né à Liège en 1604, mort le 26 août 1672, auteur de cette médaille, fut d'abord page du comte de Rochefort, prince de l'Empire; il fut nommé en 1629 directeur des engins, puis contrôleur des poinçons et effigies de la monnaie, enfin intendant des bâtiments et conseiller-secrétaire du roi. Il modela et fondit un grand nombre de médailles, celle de Madeleine de Bonne n'est pas parmi les meilleures. Je dois faire observer cependant que Madeleine de Bonne étant morte en 1620, et la médaille de Varin étant de plusieurs années postérieures, elle a dû être faite à l'aide d'un buste ou d'un tableau, ce qui rendait bien plus difficile la tâche du médailleur.

GRAVURES.

Les portraits gravés de Lesdiguières sont fort nombreux ; M. Adolphe Rochas, dans l'excellent article qu'il a consacré au Connétable dans sa *Biographie du Dauphiné,* en a décrit quatorze avec son exactitude habituelle ; nous ne pouvons mieux faire que de suivre sa méthode et de l'imiter en le complétant. Autant que faire se peut nous conservons aux portraits de Lesdiguières leur ordre de date.

I.— ✴ Franciscvs bonna ledigverivs regi patriæq. fidiss. virtvte. — meritoq. svo peramabilis. æt. lii. a° 1595.

Son buste tourné des trois quarts à gauche ; vêtu de sa cuirasse ; dans un médaillon ovale. A droite le monogramme M. G. (*Mathieu Greuter*).

H. 153. — L 110. (Bibliothèque nationale).

Très beau portrait.

II. — ✴ Franciscvs bonna ledigverivs regi patriæq. fidiss. virtvte meritoq. svo peramabilis. æt. svæ. liii.

Son buste tourné de trois quarts à droite ; vêtu de sa cuirasse ; dans un médaillon ovale. Au bas les deux vers suivants :

Gallus et Allobroges de te dicent que Salassi,
LESVIGUERI (sic), *magni gloria Martis eras,*

Au bas, à droite, les initiales D. C.

H. 172. — L. 125. (Bibliothèque nationale).

Il existe des exemplaires de ce portrait dans lesquels la légende est différente : on lit au-dessus du portrait :

Franciscvs bonna Ledvigerivs, &c.

Et au-dessous, les deux inscriptions suivantes :

Gallus, et Allobroges, de te dicentque Salassi
LEDVIGERI (sic) *; magni gloria Martis eras.*

Qualis in audacis venias certamina Martis,
LEDVGIERI, pugnis quomodo victor oves ;
GALLIA, et Allobroges, dudum et sensère Salassi :
Sic, tua ne luteant fortia facta caves.
Conspicuum perges tot gestis addere finem,
Cum nec eris facta pace cruoris amans. H. Mar.

(Coll. de M. Chaper).

La Bibliothèque de Grenoble possède encore un contre-état de ce beau portrait ;

L'âge est indiqué par la notation LIII ; le nom est écrit Ledigverivs ;

il n'offre ni l'inscription supérieure, ni le sixain inférieur. Le distique *Gallus, etc.* s'y trouve avec le nom orthographié Ledvigeri.

III. — ❦ François de Bone, seignevr de Lesdigvieres, *âge LIII, 1596.*

Son buste tourné des trois quarts à gauche, vêtu d'une cuirasse sur laquelle est une écharpe flottante; dans un médaillon ovale. Au-dessous, les quatre vers suivants :

En l'honneur de son Roy ce guerrier indonté
Maintes fois a battu les ennemis de France
Cet œil que ie te montre et ce front redouté
Donne à l'estranger crainte au François asseurance.

Au-dessous : *Thomas de Leu fe.*
H. 150 — L. 101. (Bibliothèque nationale).

IV. — ❦ François de bone seign^r d'Esdigvieres, *âge 55, 1598.*
Son buste des trois quarts tourné à gauche ; vêtu de sa cuirasse, sur laquelle est une écharpe; autour de son cou une fraise; dans un médaillon ovale. Au-dessous : *Thomas de Leu. fecit* et les quatre vers suivants :

O France, tu ne produis pas
Tant de lauriers en cent années
Que ce guerrier en ses journées
A pour toy gaigné de combats.

H. 105 — L. 65. (Coll. de M. Roman).

V. — ❦ François de bonne, dvc des Digvieres, connestable de France.

Son buste tourné à gauche des trois quarts ; vêtu d'une cuirasse, portant une fraise et une écharpe; dans un encadrement ovale. Au haut, à gauche, une palme, à droite, un laurier. Au-dessous les quatre vers suivants :

Prudent comme un Nector (sic), *vaillant comme un Pompée,*
Par voz exploits guerriers vous avez mérité
Le rang de Connestable et d'en porter l'espée
La votre ayant noz roys au besoing assisté.

I. *Honervogt. ex.*

H. 175. — L. 114. (Bibliothèque nationale).

Le même portrait existe avec le nom d'un autre graveur : *N. de la Mathonnière* et le monogramme M. L. (Michel Laisné). (Rochas.) N° VI.

VI. — FRANÇOIS DE BONNE, DVC DE LESDIGVIERES, PAIR ET CONNESTABLE DE FRANCE.

Son buste tourné des trois quarts à gauche ; vêtu d'une cuirasse, ayant une fraise autour du cou et le cordon du Saint-Esprit sur la poitrine; dans un encadrement ovale entouré d'armures, d'armes et de drapeaux derrière écu aux armes de la famille de Bonne dans un fronton accosté de deux pots à feu. Au-dessous de l'ovale, les six vers suivants dans un cartouche :

> *C'est icy que tu voys l'image véritable*
> *D'un Ulysse prudent, d'un Achille indomptable,*
> *Qui de tous les honneurs atteignit le sommet :*
> *Mais comme son portraict regarde son histoire*
> *Tu verras que son bras acquitte avecques gloire,*
> *Tout ce que son visage heureusement promet.*

Au-dessous trois tableaux quadrangulaires représentant de gauche à droite le siège d'Exilles, la bataille de Pontcharra, la prise du fort Barraux. On lit au-dessous : *F. d'Exilles ; Bat. de Pontcharra; P. de Barraulx.* Sur le soubassement on lit : A PARIS, *chez* PIERRE RECOLET, Imp. et Lib. ord. du Roy M. D C. XXXVIII. *D. Dumoustier f. Huret f.*

H. 321 — L. 204. (Bibliothèque nationale).

Il existe deux autres états de cette gravure : dans l'un les trois petits tableaux représentant le siège d'Exilles, la bataille de Pontcharra et la prise de Barraux sont vides, il n'y a aucune inscription sur le soubassement. Dans l'autre, les petits tableaux sont remplis, mais on n'a pas gravé l'adresse du libraire Rocolet sur le soubassement.

Ces épreuves sont généralement fort belles. Elles existent à la Bibliothèque nationale.

Ce portrait se trouve en tête de *l'Histoire de la vie du connétable de Lesdiguières*, par Videl (Paris, 1638.)

VII. — ✠ FRANÇOIS DE BONNE, DVC DESDIGVIERES, CONNESTABLE DE FRANCE.

Buste des trois quarts à gauche; vêtu d'une cuirasse très ornée, une fraise autour du cou, écharpe, cordon du Saint-Esprit, les cheveux frisés en boucles très régulières. Dans un cadre ovale inscrit dans un second cadre rectangulaire. En bas, à droite, la lettre M. Dans l'angle gauche, en haut, une palme, à droite, en pendant, une branche de laurier.

H. 146 — L. 116. (Coll. de M. Chaper.)

Gravure sur cuivre, du temps de Louis XIII probablement, et qui paraît faite d'après le n° VI.

VIII. — FRANÇOIS DE BONNE — DVC DE LESDIGVIERES.

Son buste tourné des trois quarts à gauche, avec la cuirasse, l'écharpe et la fraise autour du cou, dans une couronne ovale formée de feuilles de lauriers tressés avec des rubans, et placée sur un fond d'architecture au-dessous duquel est l'écu de la famille de Bonne. A droite et à gauche, casques laurés posés sur une marche; au-dessous, cartel vide reposant sur un bucrane orné de draperies.

H. 250 — L. 190. — (Bibliothèque nationale).

Cette gravure se trouve dans l'ouvrage intitulé: *Les Triomphes de Louis XIII*, par Valdor (Paris 1649).

IX. — FRANÇOIS DE BONNE, DVC DE LESDIGVIERES, *pair, maréchal et connestable de France* (suit une inscription en dix-sept lignes).

Son buste tourné des trois quarts à droite; vêtu d'une cuirasse, portant une écharpe et une fraise; dans un médaillon ovale, au bas duquel sont les armoiries de famille de la Bonne couronnées et soutenues de deux mains tenant des épées hautes. Au bas, à droite: *Daret ex. cü privil. Reg. 1652.*

H. 150 — L. 125. (Bibliothèque nationale).

X. — FRANÇOIS DE BONNE, DVC DE LESDIGUIERES, PAIR ET CONNESTABLE DE FRANCE (en deux lignes et en caractères cursifs).

Son buste tourné des trois quarts à droite; vêtu d'une cuirasse portant une écharpe et une fraise; dans un encadrement à plein cintre. A gauche, une draperie; au haut, écu de la famille de Bonne couronné, entouré des colliers de Saint-Michel et du Saint-Esprit et soutenu de deux mains tenant des épées hautes. Au bas, à droite: *Daret ex. cü privil. reg. Christ.*

H. 224 — L. 143. (Coll. de M. Roman).

XI. — Francesco de bonne, dvca dell'esdigviera, pari, maresciallo e connestabile di Francia.

Son buste tourné des trois quarts à gauche ; vêtu d'une cuirasse, portant une écharpe et la fraise ; dans un encadrement octogone.

H. 150 — L. 100. (Rochas, n° X).

Contre-partie du portrait décrit sous le n° IX.

XII. — ✤ Francesco de bone, signor della digvera.

Son buste tourné des trois quarts à droite; vêtu d'une cuirasse, ornée d'une écharpe; dans un encadrement ovale. Au-dessous le distique suivant:

> *Atas prima togam, sagum tulit altera, utraque*
> *Sat fœlix, sed in hac nomen et omen habes*
> *Franco forma*

Au haut, à droite, le monogramme B. E.

H. 150 — L. 100. (Bibliothèque nationale).

Contre-partie du portrait décrit sous le n° III.

XIII. — Francesco di bona contestabile della dighera.

Son buste tourné des trois quarts à gauche ; vêtu d'une cuirasse portant une écharpe et une fraise. Au haut, écu de la famille de Bonne, couronné et entouré des colliers des ordres de Saint-Michel et du Saint-Esprit. Au bas, le numéro 122.

H. 134 — L. 95. (Bibliothèque nationale).

XIV. — Réduction du portrait précédent, même légende et mêmes dispositions, sauf le n° 122 qui est supprimé.

Se trouve à la page 357 de l'ouvrage intitulé : *Rittratti & elogi di capitani illustri*, in-8°.

H. 128 — L. 95. (Coll. de M. Chaper).

XV. — Dvca dell'esdigvera, pari, maresciallo e contestabile di Francia, &.

Son buste tourné des trois quarts à gauche ; vêtu de la cuirasse, portant une écharpe et une fraise. Il est représenté jusqu'à la taille, dans un octogone orné de feuillages grossiers et de quatre têtes de clou.

H. 230 — L. 158. (Bibliothèque nationale).

Imitation du portrait décrit sous le n° XI.

XVI. — François de bonne, dvc de lesdigvieres, pair et connestable de France.

Son buste tourné des trois quarts à droite; vêtu de la cuirasse, portant une fraise et le cordon du Saint-Esprit. Derrière lui, à gauche, une draperie; à droite, un combat de cavalerie au pied d'une forteresse. Dans un encadrement ovale. Au-dessous, *Montcornet ex.*

H. 139 — L. 107. (Bibliothèque nationale).

Ce portrait se trouve en trois états différents. Dans le deuxième, en haut de l'ovale, à gauche, est une couronne de lauriers, à droite, un écusson de la famille de Bonne couronné, entouré des colliers de Saint-Michel et du Saint-Esprit, posé sur le manteau ducal et soutenu de deux mains tenant des épées hautes. Dans le troisième, l'ovale a été orné de feuillages et on lit au bas, à gauche, la date 1654. La Bibliothèque nationale possède des exemplaires de ce portrait dans ces différents états.

XVII. — Franciscvs de lesdigvieres. comes — stabvli — svb hen° 4° et lvd° 13°.

Omnia virtuti, vix quicquam natalibus debuit : Naturâ probâ animo quam Ingenio melior, procul ab Aulâ egregiis factis inclaruit, longam vitam scumdû Fortunâ emensus est, si Alterum hymenœum exciperes, fœlix, cui nec vera Religio ad extremum defuit.

Cette inscription est coupée par un écusson de la famille de Bonne couronné, entouré des deux colliers des ordres du roi, et soutenu de deux mains tenant des épées hautes.

Il est en pied, tourné des trois quarts à droite; revêtu du manteau de l'ordre du Saint-Esprit, tenant une épée contre son épaule droite. Au-dessous on lit :

> *Contigit huic tandem merces prœclara laborum*
> *Militiœ, à grato principe summus honor*   *Cum Privil.*

Tout autour, sur un encadrement rectangulaire orné de feuillages, sont posés sept tableaux carrés alternant avec quatre médaillons circulaires. Les sujets des tableaux sont indiqués par les inscriptions suivantes : *La prise de la ville de Grenoble, 1590. — Le château de Xilles, 1591. — La journée de Salbertrand, 1597. — La bataille de Pontcharra. — Le siège de Montmeilian. — Il force l'ennemy dans un roc. — Le fort de Barreaux, 1597.*

H. 410 — L. 285. (Bibliothèque nationale).

Extrait de l'ouvrage intitulé : *Les portraits des hommes illustres français qui sont peints dans la galerie du palais du Cardinal de Richelieu* (Paris, 1655).

XVIII. — FRANCISCVS DE LESDIGVIERES COMES-STABVLI.

Il est en pied, tourné des trois quarts à droite ; revêtu du manteau de l'ordre du Saint-Esprit, tenant une épée contre son épaule droite. En haut, à droite, écusson de la famille de Bonne couronné et entouré des deux colliers des ordres du roi.

H. 130 — L. 75. (Bibliothèque nationale).

XIX. — Même portrait, mais au bas on lit le monogramme F. G.
H. 135 — L. 78. (Bibliothèque nationale).

Mauvaises répétitions du portrait décrit sous le n° XVII.

XX. — FRANÇOIS DE LESDI-GVIERES.

Il est en buste, des trois quarts tourné à droite ; revêtu du manteau de l'ordre du Saint-Esprit et tenant une épée appuyée contre son épaule droite.

H. 93 — L 72. (Coll. de M. Roman).

Mauvaise copie partielle du portrait décrit sous le n° XVII.

XXI. — FRANÇOIS DE BONNE, *duc de Lesdiguières, connétable de France, né le 1er avril 1543, mort le 28 septembre 1626, âgé de 84 ans.*

Son buste tourné des trois quarts à droite, revêtu du manteau de de l'ordre du Saint-Esprit et tenant une épée appuyée contre son épaule droite ; dans un ovale, sur un socle. Au bas, à gauche : A I. *pinx*; à droite : *Tardieu filius sculp.*

H. 142 — L. 99. (Bibliothèque nationale).

Il existe un second état de ce portrait avec l'adresse : *A Paris, chez Odieuvre, marchand d'estampes, rue d'Anjou, entrant par la rue Dauphine, la dernière p. cochère.* On le trouve également à la Bibliothèque nationale.

XXII. — *François de Bonne, Duc de Lesdiguières, pair — maréchal et connétable de France sous Henry 3 — Henry 4 et Louis 13. Il mourut à Valence — en 1626, âgé de 85 ans.*

Buste de trois quarts à gauche ; tête nue, fraise, manteau de l'ordre du Saint-Esprit, tenant de la main gauche une épée nue contre l'épaule ; dans un cadre ovale supporté par un cartouche qui renferme la légende. Le tout sur une tablette où sont gravés les mots : *Desrochers ex.*

Plus bas les quatre vers :

> *Rien ne peut égaler le bonheur de ses armes,*
> *La Victoire sembloit accourir à sa voix*
> *L'auroit-elle donc pris pour le Dieu des alarmes*
> *Dont elle doit toujours couronner les Exploix* (sic).

H. 146 — L. 102. (Coll. de M. Chaper).

C'est une reproduction en contre-partie de la gravure de Tardieu, n° XXI.

Dans certains exemplaires, au-dessus du quatrain, on lit sur la tablette les mots : *à Paris, chez Daumont, rue Saint-Martin.*

XXIII. — LE MARÉCHAL DE LESDIGVIERES.

Son buste tourné des trois quarts à gauche ; revêtu du manteau de l'ordre du Saint-Esprit, une collerette autour du cou. Dans un ovale orné de rubans au haut. Au bas, à gauche : P**. A droite : *Chenu sculp.*
H. 129 — C. 79. (M. Coll. de Roman).

Il existe des exemplaires de ce portrait portant en haut, à droite ; T. I, page 375.

XXIV. — LE DVC DE LESDIGVIERES CONNESTABLE DE FRANCE.

Son buste tourné des trois quarts à gauche ; vêtu d'une cuirasse,

portant la fraise autour du cou et le collier de l'ordre du Saint-Esprit sur la poitrine; dans un ovale. Au-dessous, à droite: *Lamfveld fec.*

H. 130 — L. 79. (Coll. de M. Roman).

Fait partie d'un ouvrage imprimé, car en haut on lit: Tom IV, page 437.

Mauvaise contre-partie du portrait décrit sous le n° XVI.

XXV. — DE LESDIGVIERES.

Son buste tourné des trois quarts à droite; vêtu d'une cuirasse, portant une fraise autour du cou et le collier du Saint-Esprit sur la poitrine. Dans un ovale, au-dessous duquel on lit: *C. Muller fec.*

H. 106 — L. 80. (Coll. de M. Roman).

Répétition du portrait décrit sous le n° XVI.

XXVI. — LESDIGVIERES.

Son buste tourné des trois quarts à gauche; vêtu de la cuirasse, portant la fraise autour du cou et le collier du Saint-Esprit sur la poitrine. Dans un encadrement quadrangulaire. Au-dessus: HIST. DE FRANCE. Au bas, à gauche: *Dumoustier pinx^t;* à droite: *Landon delex^t.* Gravure au trait.

H. 68 — L. 57. (Bibliothèque nationale).

Contre-partie du portrait gravé sous le n° XVI. Extrait de l'*Histoire de France* d'Anquetil. Il existe des exemplaires portant au haut, à droite: Tome XXIV, page 290.

XXVII. — *Lesdiguières, (François de Bonne, IVe du nom, duc de), connétable de France, le 27 septembre 1609* (sic) *— 1626.*

Le buste presque de face, un peu à droite; vêtu d'une cuirasse polie, grande écharpe sur l'épaule gauche, fraise, tête nue. Sans encadrement. — En dessous: *Peint par Robert Fleury*, et plus bas: *Chardon aîné.*

H. 157 — L. 87. (Coll. de M. Chaper).

D'autres exemplaires portent en haut: *Galerie historique de Versaille.*

XXVIII. — Lesdigvières.

Son buste tourné des trois quarts à gauche; revêtu du manteau de l'ordre du Saint-Esprit, une fraise autour du cou. Au-dessous : *Mauzaisse. I. lith. de Delpech.*

H. 230. — L. 190. — Lithographie. (Coll. de M. Roman).

Imitation partielle en contre-partie du portrait décrit sous le n° XVII.

XXIX. — Lesdiguières.

Le Connétable est en pied, debout, des trois quarts à droite; l'épée nue appuyée sur l'épaule, tête nue, fraise, grand manteau du Saint-Esprit, culotte bouffante, d'énormes nœuds de rubans sur des souliers.

Sans encadrement. — En haut : série ii. — Pl. 27. — En bas : *Dessiné par Triqueti. — Gravé par Allais.*

H. 165. — L. 124. (Coll. de M. Chaper.)

Il y a des exemplaires coloriés à la main.

La Bibliothèque de Grenoble possède une reproduction agrandie de cette gravure : H. 0,193. — L. 0,135. — Elle est extraite de l'ouvrage : *Le Moyen-Age et la Renaissance. — Cérémonial, étiquette, etc.*

En bas : *Connétable de France, en grand costume. Réduction d'une gravure du XVIe siècle (Bibl. nat. de Paris. — Cab. des Estampes.)*

A. Rivaud del. — Bisson et Cottard, exc. — F. Scri direxit.

XXX. — Lesdigvières, *né à Saint-Bonnet (Hautes-Alpes), en 1543, mort en 1626.*

Son buste tourné des trois quarts à gauche; vêtu de la cuirasse, portant une fraise autour du cou et le cordon de l'ordre du Saint-Esprit sur la poitrine. Dans un encadrement rectangulaire. Au-dessus : Album du Dauphiné, *1re année, pl. 3.* Au-dessous : *Alexandre Debelle.*

n s'abonne à Grenoble, chez Prudhomme, libraire. Lith. de C. Pégeron, à Grenoble.

H. 177. — L. 143. — Lithographie.

Se trouve dans l'*Album du Dauphiné* (Grenoble, Prudhomme, 1835, t. I, p. 27). Imitation du portrait décrit sous le n° XVI.

XXIX. — ✠ François de Bonne dvc de Lediguiere pair et dernier connétable de France sovs Lovis XIII.

Son buste de profil à gauche, avec la cuirasse, la fraise, l'écharpe, le collier du Saint-Esprit. Dans un double cadre ovale dont l'extérieur contient la légende et l'intérieur les arabesques.

Mauvaise gravure d'après la médaille de Lesdiguières décrite sous le n° II. Elle se trouve en tête de quelques exemplaires de la *Vie de Lesdiguières*, par l'abbé Martin de Clansayes, parue en 1806.

(Coll. de M. Chaper.)

XXXII. — *Entretien de saint François de Sales et du duc de Lesdiguières.*

Lesdiguières est représenté presque de face, assis derrière une table, un bonnet sur la tête, une plume à la main droite qui est appuyée sur un livre ouvert, la main gauche est ramenée devant le bas de la figure. Le Saint, de profil à gauche, est assis à droite de la table, dans un grand fauteuil, s'appuie sur le coude droit posé sur la table; il a la main droite levée; un livre dans la main gauche. Il parle évidemment à Lesdiguières qui écoute.

La chambre renferme un prie-dieu, un crucifix, une bibliothèque, à gauche, deux fenêtres jumelles à petits vitraux,

En bas : *Cumen Dupasquier, pinxt. — Elmerich, sculpr.*

H. 150. — L. 131. (Coll. de M. Chaper.)

Doit avoir été gravée de 1840 à 1850.

XXXIII. — François de Bonne dvc de Lesdigvières pair et connétable de France, âgé de LIII ans.

Son buste tourné des troits quarts à gauche; vêtu de la cuirasse sur laquelle est une écharpe. Dans un encadrement ovale, au-dessous : *Masson, del, et sculp., d'après Th. de Leu. Imp. Lemercier et Cie, à Paris.*

H. 200. — L. 160.

Il existe trois états de ce portrait : l'un que nous venons de décrire; un deuxième avant aucune inscription, un troisième avec un petit dauphin à l'endroit où doit commencer la légende. Des épreuves de ces trois états différents ont été déposées au Cabinet des estampes de la Bibliothèque nationale.

Ce portrait a été gravé spécialement pour l'album de la *Correspondance du connétable de Lesdiguières*. C'est la PL. I de cet album.

Il reproduit celui de Thomas de Leu décrit sous le n° III de ce catalogue.

SIGILLOGRAPHIE.

Nous terminerons cette description par celle de quelques-uns des sceaux du connétable de Lesdiguières; nous avons consacré la planche V de notre album à la reproduction d'un certain nombre de spécimens de ces petits monuments

Le plus ancien est un petit sceau à écusson ovale dans un cartouche historié, il date de 1585 (PL. V, N° 2). A la même époque Lesdiguières scellait les actes importants avec un sceau presque semblable mais plus grand et de forme orbiculaire.

Dans un sceau de 1595 (PL. V, N° 3), les armoiries de Lesdiguières sont dans un écusson de forme ordinaire timbré d'un heaume de face. Ce heaume est surmonté d'un demi-lion tourné à gauche dans un sceau datant de 1598 (PL. V, N° 4). Enfin sur un sceau datant de l'année suivante, le demi-lion qui sert de cimier tient une épée haute (PL. V, N° 5).

Le petit sceau qui porte le n° 6 date de 1602 ; il est finement gravé, c'est l'un des plus élégants spécimens des cachets de Lesdiguières.

La série suivante est d'une ornementation toute différente ; les écussons sont couronnés et entourés de branches de laurier. D'abord la couronne varie de forme ; Lesdiguières prend celle à laquelle lui donnent droit les nombreuses seigneuries dont il a fait l'acquisition depuis quelques années. Sur le sceau qui porte sur notre planche le n° 7 et qui date de 1607, l'écusson est surmonté de la couronne de comte à cause sans doute des comtes de Chatillon et de Pont de Veyle en Bresse ; ce sceau est le plus beau de tous ceux dont s'est servi Lesdiguières.

Sur le sceau n° 8 on voit la couronne de marquis à cause du marquisat de Treffort ; sur celui qui porte le n° 9, on voit la couronne de vicomte à cause de la vicomté de Villemur en Languedoc. Mais après l'érection en sa faveur du duché de Lesdiguières et du Champsaur en 1611, Lesdiguières adopte définitivement la couronne ducale (n°s 10 et 11), et en dernier lieu, lorsqu'il est élevé à la dignité de connétable et de chevalier du Saint-Esprit, il charge son écusson de tous les insignes de ses nouveaux honneurs.

Le sceau n° 12, qui date de 1626, porte la couronne ducale timbrée d'un heaume de face, cimée d'un demi-lion tenant l'épée haute ; l'écu est entouré des colliers des ordres de Saint-Michel et du Saint-Esprit, soutenu de deux mains tenant l'épée de connétable, le tout posé sur un manteau de duc et pair.

Nous n'avons rencontré aucun sceau de Lesdiguières portant une légende

BIBLIOGRAPHIE

DES

OUVRAGES RELATIFS A LESDIGUIÈRES

Dans l'excellente biographie que M. Adolphe Rochas a donnée de Lesdiguières, la meilleure assurément qui ait paru jusqu'ici de ce célèbre personnage, un chapitre très ample est consacré à la bibliographie [1].

Le travail que les éditeurs de la correspondance de Lesdiguières ont bien voulu me confier, pour le joindre à leur bel ouvrage, n'est donc en réalité qu'une seconde édition de celui de M. Ad. Rochas. Cette édition ne diffère de la première que par un certain nombre d'additions et par quelques détails que j'ai pu donner *de visu* d'après les exemplaires qui font partie de ma bibliothèque personnelle ou de la bibliothèque de la ville de Grenoble [2].

J'aurais pu grossir beaucoup cette bibliographie en y faisant figurer tous les ouvrages où Lesdiguières joue un rôle, par exemple les histoires générales de la France, les histoires plus spéciales telles que celles de Henri III, Henri IV, Louis XIII, etc., les histoires des guerres de religion en France, ou encore celles du Dauphiné, du Piémont, etc., les mémoires historiques d'un grand nombre de ses contemporains, etc. J'aurais pu cataloguer les nombreux recueils de biogra-

---

[1] *Biographie du Dauphiné*, par A. Rochas, Paris, Charavay (1856), in-8°, 2 vol., t. II, p. 78.

[2] Un astérisque * désigne les articles dont ma bibliothèque ou celle de Grenoble renferment des exemplaires, et que j'ai pu vérifier. — Ceux qui ne portent pas cette indication sont décrits d'après la bibliographie de M. Ad. Rochas et d'après les notes prises par M. Roman à la Bibliothèque nationale.

phies diverses, tels que les biographies universelles de Michaud et autres, les biographies spéciales des connétables, des maréchaux de France, celles des protestants célèbres, etc.

Mais c'eût été grossir beaucoup cette nomenclature, sans intérêt suffisant, à ce qu'il m'a semblé, pour les travailleurs qui n'ont pas besoin qu'on leur indique les compilations et les ouvrages de seconde main, mais auxquels il importe de connaître les publications originales et surtout les documents contemporains. Je n'ai fait à cette règle, adoptée déjà par M. Rochas, que de rares exceptions qui paraîtront, je l'espère, suffisamment justifiées.

Eug. CHAPER.

BIBLIOGRAPHIE

SECTION I.

Bibliographies spéciales.

I. Bibliographie Lesdiguiérienne *(sic)*. Imp. Renou et Maulde, s. n. n. d. (Paris 1856, in 8, 11 pp.)

Tirage à part sur grand papier à cinq exemplaires seulement du chapitre consacré à la bibliographie par M. Ad. Rochas. (*Voir* le n° V.)

SECTION II.

Biographies spéciales.

II. Histoire de la vie du connestable de Lesdiguières, contenant toutes ses actions, depuis sa naissance jusques à sa mort. Avec plusieurs choses mémorables servant à l'intelligence de l'histoire générale. Le tout fidellement recueilli par Louis Videl, secrétaire dudit connestable. Paris, Rocolet, 1638, in-fol. 16 ff. non chif., 478 pp. chif. et 28 ff. pour la table et une épitaphe. — Portrait.

Cet ouvrage a reparu plusieurs fois, mais les réimpressions ne contiennent pas la table alphabétique des matières que renferme l'édition in-fol. En voici la description :

— Autre édition, in-8, en 1 vol. de 16 ff. non chiffrés, 944 pag. chif. et 9 ff. de table. Grenoble, J. Nicolas, 1649. Elle porte 2ᵉ édition revue et augmentée.

— Autre. Grenoble, J. Nicolas 1650. Même format, même pagination. Elle porte la mention : 3ᵉ édition. Mais c'est la seconde sans changement.

— Autre. 2 vol in-12. Le premier de 8 ff. non chif., 568 pp. et 4 ff. de table. Le second de 412 pp. chif., 1 f. de titre et 5 pp. de table. Paris, François Mauger, 1666.

III. Histoire abrégée de la vie de François de Bonne, duc de Lesdiguières, pair et dernier connétable de France, par J. C. Martin. On a joint à cette histoire celle du chevalier Bayard, etc. Grenoble, David, an X (1802); in-8, 180 pp., dont 114 pour la vie de Lesdiguières. — Portrait d'après une médaille.

> Mauvaise compilation, abrégé de la précédente.

IV. Histoire généalogique des familles de Bonne, de Créquy, de Blanchefort, d'Agout, de Vesc, de Montlor, de Maubec, de Montauban, par Guy Allard. Grenoble, Jean Nicolas, 1672, in-4°, 224 pp.

SECTION III.

Généralités.

V. Biographie de Dauphiné, contenant l'histoire des hommes nés dans cette province qui se sont fait remarquer dans les lettres, les sciences, les arts, etc., avec le catalogue de leurs ouvrages et la description de leurs portraits, par Adolphe Rochas. Paris, Charavay, 1856-60, in-8, 2 vol. — La biographie de Lesdiguières occupe dans le second vol. les pp. 53 à 83, sur deux colonnes de texte très fin.

> Il a été tiré à part, à quelques exemplaires, deux parties de ce travail :
> 1° La bibliographie Lesdiguièrienne ;
> 2° Journal des opérations militaires.

VI. Album du Dauphiné..., par MM. Cassien et Debelle, dessinateurs, et une société de gens de lettres. Grenoble, Prudhomme, 1835, etc., in-4, 4 vol., nombreuses vues, portraits lithogr. La biographie de Lesdiguières occupe seulement 5 pp. du 1er vol., 27 et sequ.— Elle est signée A. L. M.

VII. Album historique, archéologique et nobiliaire du Dauphiné, publié sous la direction de M. Champollion-Figeac, par M. A. Borel d'Hauterive. Paris et Grenoble (imp. Gratiot à Paris) 1846-1847., in-4, deux parties en 95 et 92 pp. Gravures. La première partie contient (pp. 58 à 68) des extraits d'un poëme inédit sur Lesdiguières, par Guy Basset. Dans la seconde partie, p. 1 et suiv., des lettres inédites.

VIII. La France protestante, par MM. Haag. Paris, in-8, 1847. (*Voir* t. II, pp. 370 à 385.)

IX. Mémoires de Phil. de Mornay, depuis 1572 jusqu'en 1599 (La Forest), 1624-25, 2 vol. in-4.

— Autres mémoires du même depuis l'an 1600 jusqu'en 1623. Amsterdam, Louys Elzevier, 1651-52, 2 vol. in-4°.

— Histoire de la vie de Phil. de Mornay. Leyde, Bonaventure et Abraham Elzevier, 1647, in-4.

— Mémoires et correspondance de Duplessis-Mornay, pour servir, etc. Édition complète, par MM. de Vaudoré et Auguis. Paris, Treuttel et Wurtz, 1824-25, in-8, 12 vol.

> Ces ouvrages sont indispensables à consulter pour l'histoire de Lesdiguières — *passim*.

X. Mémoire historique et critique sur les principales circonstances de la vie de Royer de Saint-Lary de Bellegarde, maréchal de France, et principalement sur l'entreprise qu'il forma pour se rendre indépendant de l'autorité royale dans le marquisat de Saluces et sur les suites qu'eut sa révolte après sa mort, par M. Secousse. Paris, s. n., 1764, in-12, XXII et 301 pp.

XI. Additions au mémoire historique et critique de la vie de Royer de Saint-Lary de Bellegarde, maréchal de France, par M. le marquis de C*** (De Cambis-Velleron). Paris, s. n., 1767, in-12, VI et 264 pp.

> Ces deux ouvrages sont des plus intéressants à consulter pour Lesdiguières.

XII. Histoire des Protestants du Dauphiné aux XVIe, XVIIe et XVIIIe siècles, par E.

Arnaud, pasteur. Paris, Grassart (Valence, Chenevier), 1875, in-8, 3 vol. *passim*.

XII *bis*. Les guerres de Religion et la Société protestante dans les Hautes-Alpes, 1560-1789, par M. Charronnet, archiviste de la Préfecture. Gap, Jouglard, 1861, in-8º, 4 ff. non chif., plus 528 pp.

SECTION IV.

Pièces contemporaines rangées autant que possible par ordre de date.

XIII. La deffaitte des compaignies d'Alphonse de Corse, près la ville de Lyon, et comme il a esté prins prisonnier et mené à Dijon, par monseigneur le marquis de Saint-Sorlin, frère de monseigneur le duc de Nemours et son lieutenant au gouvernement du Lyonnois. Paris, pour Hubert Velu, 1590, petit in-8, 16 pp.

Lesdiguières est fort attaqué dans cette pièce.

XIV. Discours de ce qui s'est passé en Daulphiné depuis le mois de may dernier par le sieur Desdiguières contre le duc de Savoye. Tours, Jamet Mettayer, 1590, in-8, 24 pp.

XV. Articles accordés sur le fait de la reddition de la ville de Grenoble en l'obéissance du Roy, entre le sieur Desdiguières et les commis du païs. Tours, Jamet Mettayer, 1591, in-8.

XVI. Discours véritable de la défaicte de l'armée rebelle au Roy en Provence, faicte par celle de sa Majesté à Esparron de Pallières, le quinziesme apvril 1591. s. n. n. l., 1591, in 8, 10 pp.

XVII. Discours de la défaicte de l'armée du duc de Savoye faicte par le seigneur Desdiguières en la plaine de Pontcharra près le chasteau de Bayard, vallée de Graisivodan, le 18me jour du mois de septembre 1591. (S. n.), 1591, in-8, 15 pp.

— Autre édition. Tours, chez Jamet Mettayer, 1591.

XVIII. — La bataille de Pontcharra et journée de Salbertrand gaignées par monseigneur le duc d'Esdiguières, pair et mareschal général aux armées du roi et lieutenant général au gouvernement de Dauphiné, décrites par messire Claude Expilly. Grenoble, Marniolles, 1621, in-4, 1 f. et 4 pp. Pièce en vers.

XIX. Brief discours de ce qui s'est passé en Piedmont depuis le 26 septembre, que l'armée du Roy commandée par Monsieur Desdiguières y est entrée jusques au 5 octobre 1592. Tours, Jamet Mettayer, 1592, pet. in-8, 8 pp.

XX. Discours de l'heureuse deffaicte des trouppes du duc de Savoye par monsieur Desdiguières, lieutenant pour sa Majesté, devant Aiguebelle en Savoye, le 19 de juillet 1597, avec le nombre des morts et prisonniers. A Paris, par Claude de Monstr'œil, 1597, in-8, 6 pp.

XXI. La desfaicte des troupes du duc de Savoye par Monsieur des Diguières, lieutenant général pour le Roy ès armées de Piedmont et Savoye le 14 d'aoust 1597. Paris, Jamet Mettayer, 1597, in-8, 6 pp.

XXII. Le vray discours de la deffaicte de neuf compagnies de cavalerie du duc de Savoye par l'armée du Roy commandée par le sieur des Diguières, le 8 septembre 1597. Envoyé du camp de Pontcharrat et de Bayard. Paris, Jamet Mettayer et Pierre l'Huillier, 1597, in-8, 8 pp.

XXIII. Advis de la deffaicte de l'arrière garde du duc de Savoye par l'armée du Roy, à Barraux; extraict d'une lettre escripte par le seigneur des Diguières, lieutenant général de sa maiesté du camp de Pontcharra, le 6e d'octobre 1597. Paris, Jamet Mettayer et Pierre l'Huillier, 1597, in-8, 1 f. et 5 pp.

XXIV. Advis de la desfaicte de partie des trouppes du duc de Savoye par l'armée du Roy, au port de la Gasche, depuis la déconfiture de l'arrière garde dudict duc ; extraict d'une lettre escripte par le seigneur Desdiguières, lieutenant général de sa Majesté en ladicte armée, du 17 octobre 1597. Paris, Jamet Mettayer et Pierre l'Huillier, 1597, in-8, 7 pp.

XXV. Sommaire récit des progrès de l'armée du Roy en Savoye et de la prinse des places et victoires obtenues en icelle. Lyon, Thibaud Ancelin, 1597, in-8, 19 pp.

XXVI. Articles accordez entre les deputez du Roy et ceux du roy d'Espaigne à Vervins, avec ceux du duc de Savoye, pour la négociation du traicté de paix. A Tournon, par Claude Michel, 1598. Prins sur la copie imprimé (sic) à Dijon, in-8, 16 pp.

Cet opuscule renferme trois parties : les deux premières relatives à la paix de Vervins, et la troisième à Lesdiguières, sous le titre : Lissenciement de la gendarmerie par le seigneur de Lesdiguières commandant généralement en Daulphiné et en l'armée de Savoye et Piedmond.

XXVII. Brief discours de la prinse faicte par Monsieur de Lesdiguières le dimanche 15 mars 1598 du fort que le duc de Savoye avoit fait faire à Barraux en l'an 1597. Lyon, Thibault Ancelin, 1598, in-8, 16 pp.

— Réimpression du même ouvrage. Album du Dauphiné, t. IV, pp. 134 et suiv.

XXVIII. Brief discours de la prise de Barraux, faicte sur le duc de Savoye, par Monsieur Desdiguières, lieutenant général du Roy es armées de Dauphiné et Savoye, le jour de Pasques fleuries 1598. Rouen, R. du Petit-val., 1598, in-8, 15 pp.

XXIX. Le discours véritable de la réduction du chasteau de Montmeillan à sa Majesté très chrestienne Henri IV, roy de France et de Navarre. Lyon, Guichard Jullieron, 1600, in-8, 13 pp.

Quelques exemplaires portent comme imprimeurs : Thibaud Ancelin et Guichard Jullieron. Lyon, 1600.

XXX. L'histoire de la conqueste des païs de Bresse et de Savoye, par le Roy très chrestien, à monseigneur de Rosny, par le sieur de la Popelinière. Lyon, Thibaud Ancelin, 1601, in-8, 76 feuillets.

Lesdiguières y joue un rôle à la prise de Montmeillan, etc.

XXXI. Lettres et articles envoyés par Pierre Cotton, jésuite, au seigneur des Diguières, avec la response dudit seigneur des Diguières, ensemble avec les notes sur lesdites lettres et articles, faictes par Chrestien Constant, gendarme de la compagnie dudit seigneur des Diguières, 1601, s. n. n. l., in-8, 243 pp.

Chrestien Constant est évidemment le pseudonyme d'un pasteur protestant.

XXXII. Les Estats généraux assemblez en la ville de Valence en Dauphiné, le 30 novembre 1604. Avec l'arrest de la Cour de Parlement dudit pays sur iceux du 2 may 1605, Grenoble, Guillaume Verdier, 1616, in-8, 8 pp.

XXXIII. Le seigneur de Lesdiguières, mareschal de France et lieutenant général pour le Roy au gouvernement de Daulphiné. S. n. n. l., in-4, 3 p. non chiff. (23 février 1611.)

Ordonnance rendue par Lesdiguières, sur les remontrances à lui adressées par les États de Valence, pour faire cesser les abus causés par les « chevauchées de ses Gardes et autres » par la réparation des chemins. Elle est intéressante.

XXXIV. Panegyric à monseigneur Desdiguières, mareschal de France et lieutenant général pour le roi en Daulphiné, par le sieur d'Avity, gentilhomme ordinaire de la chambre du Roy. Lyon, Guillaume Linocier, 1611, in-8, 61 pp.

XXXV. Coppie de la lettre escritte à monsieur Desdiguières par la Royne, 1614, s. n. n. l., in-8, 7 pp. Du 12 février 1614.

— Autre édition : Lettre de la Royne envoyée au mareschal Desdiguières. Paris, Pierre des Hayes, 1615, in-8, 8 pp.

XXXVI. Articles de la paix establie entre la majesté du Roy catholique et le sérénissime duc de Savoye, le 21 de juin 1615. Traduit d'italien en français. Lyon, Pierre Roussin, 1615, in-8, 8 pp.

XXXVII. Lettres de messieurs de l'assemblée de Grenoble, envoyées au Roi et à la Reine par les députés, datées du   d'aoust 1615. Plus la harangue de monsieur de la Haye, envoyée de la part de monseigneur le prince de Condé en l'assemblée générale de Grenoble, prononcée le 10 d'aoust 1615, avec la lettre dudit prince à messieurs de la Rochelle, et le serment de fidélité qu'il a fait faire à son armée, 1615, in-8.

XXXVIII. Première lettre de messieurs de l'assemblée de Grenoble envoyée au Roy par les Deputez. Et seconde au Roy et à la Royne, 1615, s. n. n. l. n. d., in-8°, 13 pp.

Cette pièce reproduit le contenu du n° XXXVII, c'est-à-dire la première lettre au Roy de l'assemblée de Grenoble (août, 1615). La harangue de M. de la Haye, envoyé du Prince de Condé, à Grenoble (10 août). La lettre du Prince de Condé à Messieurs de la Rochelle (30 juillet). Le Serment fait à l'armée du même Prince (le 4 septembre 1615). Elle contient de plus une seconde lettre de l'assemblée de Grenoble au Roy en lui envoyant le sieur de Brisson *(sic)* (sans date) et enfin une lettre des mêmes à la Reine, portée par le s^r de Brison *(sic)* du 21 août 1815.

XXXIX. Lettre présentée au Roy par le sieur du Buisson *(sic)*, au nom et par l'advis de ceux de la religion réformée touchant le voyage du Roy, 1615, s. n. n. l., in-8°, 8 pp.

Cette plaquette renferme la seconde lettre des députés de Grenoble au Roi et leur lettre du 21 août 1615 à la Reine, lesquelles se trouvent aussi dans le n° XXXVIII.

Toutes ces lettres, sans nommer Lesdiguières, se rapportent aux tentatives de guerre civile faites à Grenoble par le prince de Condé et son parti, tentatives que Lesdiguières fit échouer. Elles sont à cause de cela fort importantes pour son histoire.

XL. Articles que M. de la Faye proposera et promettra à messieurs de l'assemblée de Grenoble, tant en mon nom que des autres Princes, officiers de la Couronne et seigneurs joincts avec moy, s. n. n. l. n. d., in-8°, 7 pp.

Lettre du prince de Condé, datée de Sédan, du 23 août 1615.

XLI. Harangue faite au Roy estant en son conseil à Tours, le XXVIII aoust 1615, par les deputez de l'assemblée de Grenoble. A Tours, par Antoine Jean, 1615, in-8, 13 pp.

XLII. Advis donné par monsieur le mareschal des Diguières à l'assemblée de Grenoble, 1615, in-8, 13 pp., s. l. n. n., 21 septembre 1615.

— Autre édition : s. n. n. l., in-8, 14 pp.

— Autre édition : s. n. n. l., in-8, 13 pp.

— Autre édition : s. n. n. l. ni date, in-4, 10 pp.

— Autre édition : 1615, s. n. n. l., in-8, 16 pp.

Ma collection en renferme cinq éditions différentes. M. Roman en a compté sept à la Bibliothèque Nationale ; quelques-unes font peut-être double emploi.

XLIII. Lettre de monseigneur le Prince, escrite à messieurs de l'assemblée de Grenoble, par le sieur de Cagny, 1615, s. l. n. n., in-8, 8 pp.

— Autre édition : s. l. n. n., 1615, in-8, 8 pp. (22 septembre 1615).

XLIV. Lettre justificative d'un député de Grenoble à monsieur le Prince, 1615, pet. in-8, 8 pp., s. n. n. l.

C'est un pamphlet signé : Jacques, surveillant de Grenoble. Lesdiguières y est maltraité ainsi que le Prince de Condé lui-même. Une note manuscrite du temps sur mon exemplaire dit que c'est une réponse à la harangue prononcée le 10 août 1615, dans l'assemblée de Grenoble, par M. de la Haye, envoyé du prince. Cette pièce serait donc du milieu d'août.

XLV. Lettre de Monsieur de Lesdiguières au Roy. Autre lettre de Monsieur de Lesdiguières à la Royne, in-4, 3 pp.

XLVI. Lettre du Roy à Monsieur de Lesdiguières, in-4, 4 pp.

XLVII. Lettres envoyées au Roi et à la Reine par l'assemblée de Grenoble, 1615, in-8º.

Cette plaquette que je n'ai pas vue est probablement une édition différente du nº XXXVIII ou du nº XXXIX. Les nᵒˢ XLV et XLVI existent, à ce que je crois, à la Bibliothèque Nationale. Je ne les ai pas vus et ne puis indiquer leurs dates précises.

XLVIII. Lettre de Monsieur le mareschal Desdiguières envoyée tant à messieurs de la Rochelle qu'autres chefs de la religion prétendue réformée, ce 28 décembre dernier. Paris, Anthoine du Breuil, 1616, in-8, 8 pp.
— Autre édition. Lyon, jouxte la copie imprimée à Paris, 1616, in-8º, 8 pp.

XLIX. Extraict de la lettre envoyée au Roy en la ville de Bordeaux, par monsieur le mareschal des Diguières. Paris, Jean Bourriquant, 1615, in-8º, 6 pp.

— Autre édition : Paris, jouxte la copie, imprimée chez J. Bourriquant, 1615, in-8, 6 pp.

— La lettre envoyée au Roy en la ville de Bourdeaux, par monsieur le mareschal Desdiguières. Lyon, jouxte la copie imprimée à Paris, in-8, 11 pp.

Ces pièces n'ont pas de date de jour, ni de mois.

L. Responces de Messieurs les deputez de Grenoble, adressées à Monsieur le mareschal d'Esdiguières, et autres de ladite assemblées (sic), 1616, in-8, 15 pp., (13 janvier 1616).

LI. Copie de lettre de monseigneur le mareschal Desdiguières au Roy. Vienne, Jean Poyet, 1617, in-8, 13 pp.

Cette lettre est de 1616, 9 décembre. Elle est fort importante. Lesdiguières se justifie d'être entré en Italie malgré les ordres du Roi.

LII. Extraict du manuscrit trouvé après la mort de Monsieur le duc d'Aumalle en son cabinet, iceluy estant signé de sa main, pour aprobation d'iceluy et cacheté de ses armes. 1616, in-8, 13 pp. et 3 pp. bl.

Satire rare où il est fait mention de Lesdiguières.

LIII. Relation de ce qui est arrivé en l'armée du duc de Savoie, depuis le 27 janvier 1617 jusques à la fin de ce mois, avec l'entrée du prince de Piedmont & des trouppes de Monsieur Desdiguières au Milanois et la prise de la ville et chasteau de Crève-Cœur et autres places. Lion, 1617, in-8, 8 et 7 pp.

LIV. Relation des exploits de Monseigneur le prince de Piedmont, depuis le 27 de janvier jusques au dernier jour de ce mois, 1617, in-8, 7 pp.

LV. La conqueste de la cité d'Albe Pompée, faicte par le duc de Savoye et Monsieur le mareschal de Lesdiguières, depuis le 22 de février jusques au 6 de mars 1617. Traduitte de l'italien, imprimé à Thurin par Louys Pizzamiglio, imprimeur ordinaire de son Altesse. Lyon, André Bergier, 1617, in-8, 15 pp.

LVI. Les victoires et conquestes de son altesse de Savoye et de Monseigneur le mareschal de Lesdiguières sur l'estat de Milan, avec la délivrance d'Ast et cinq places prinses par force, plusieurs villes gaignées et l'armée espagnole diminuée de cinq mille hommes au moins en six jours. Lyon, Claude Morillon, 1617, in-8, 15 pp.

LVII. Propositions faictes pour la paix en Piedmont par l'illustrissime et rever. cardinal Ludovisio et monsieur de Bethune, ambassadeur extraordinaire en Italie de sa Majesté très chrestienne, assisté de Monseigneur le mareschal de Lesdiguières et plusieurs autres seigneurs. Faict dans Ast, le 14 de septembre 1617. Traduict d'italien en françois. Lyon, jouxte la copie imprimée à Turin par Louys Pizzamiglio, imprimeur ducal. Petit in-8, 15 pp.

LVIII. Lettre de Monsieur le mareschal Desdiguières au Roy. Paris, Pierre Lattus, 1618, in-8, 8 pp. (Janvier).

— Lettre de monsieur le mareschal Desdiguières au Roy, 1618, s. n. n. l., in-8, 8 pp.

LIX. Lettre sur ce qui se passe en Savoye. Paris, s. n., par l'autheur, 1618, in-8, 6 pp.

LX. Lettre touchant le traité qui avoit été fait et conclu entre le duc de Savoye et le roi d'Espagne. Paris, P. Lattus, 1618, in-8.

LXI. Lettre de Monsieur le mareschal Desdiguières au Roy, sur l'infidélité de l'Espagnol, 1618, in-8, 8 pp.

— Autre édition, un peu différente : 1618, in-8, 8 pp.

LXII. Lettre escrite à Monseigneur Desdiguières, duc, pair et mareschal de France et lieutenant général pour le Roy en Daulphiné, etc., touchant le mariage futur entre monsieur le conte (sic) de Sault, son petit-fils, et madamoiselle des Diguières, sa fille, Par noble J. F , Visconte, le 9 janvier 1619. Lyon, s. n., 1619, in-8, 24 pp. dont 2 ff. blancs.

LXIII. Coppie de deux lettres escrites l'une au Roy et l'autre à la Royne mère, par Monsieur le mareschal Desdiguières. Lyon, jouxte la coppie imprimée à Paris, 1619, in-8, 8 pp.

LXIV. Lettre et advis envoyé au Roy par monsieur le mareschal de Lesdiguières. Tours, 1619, in-8, 8 pp. (23 août 1619).

— Deux autres éditions : Tours, 1619, in-8.

LXV. Lettre et advis envoyés au Roy par monsieur le mareschal de Lesdiguières, touchant l'assemblée de Loudun. Tours, 1619, in-8.

LXVI. La Piedmontoize, en vers Bressan (sic) par Bernardin Uchard, sieur de Moncepey. Dédiée à Monseigneur Lesdiguières, mareschal de France.... Dijon, Claude Guyot, 1619, in-4, 51 pp.

Édition originale. Cette pièce intéressante est le récit de l'expédition faite en Piémont par Lesdiguières sans l'aveu de la Reine régente, en 1616.

— Réimpression : Bourg-en-Bresse, 1667.

— Réimpression : Paris, Aubry. Lyon, Brun, 1855, in-8, 2 ff. bl. plus X pp., plus 49, plus 3 pp. bl.

Il y a eu 8 exemplaires tirés sur papier de couleur, 3 sur chine et 60 sur papier vélin, en tout 71.

LXVII. Récit véritable de ce qui s'est passé au Louvre à l'arrivée de Monsieur le Mareschal de les Diguières, ensemble les noms des seigneurs qui luy ont esté au-devant. Paris, Anthoine du Breuil, 1620, in-8, 8 pp. (28 janvier).

LXVIII. La réception solennelle de monsieur le mareschal de Lesdiguières en la qualité de duc et pair de France. Lyon. Claude Armand dit Alphonse, 1620, in-8, 8 pp. (par Pelletier).

— Autre édition : La réception solennelle de Monsieur le Mareschal de Lesdiguières en la qualité de duc et pair de France. Paris, Antoine Estienne, 1620, in-8, 8 pp.

— Autre édition : Même titre, ibid., in-8º, 6 pp.

LXIX. Lettre escrite à monsieur le duc de Lesdiguières, par messieurs de l'assemblée de Loudun, ce 26 mars 1620. 1620, in-8, 5 pp., s. n. n. l.

LXX. Copie de deux lettres escriptes de Loudun à messieurs le duc Desdiguières, pair et mareschal de France, et de Chastillon, colonnel de l'infanterie française aux Païs-Bas, avec l'extraict du second article du cahyer de l'assemblée générale des églises de ce royaume et de la souveraineté de Béarn, et quatre lettres de l'assemblée politique de Pau contre les accommodements et surséance qu'on propose en l'affaire de la mainlevée des biens ecclésiastiques de ladicte souveraineté. Imprimé l'an mil six cent vingt, in-8, 38 pp.

LXXI. Lettre de monsieur le mareschal de Lesdiguières, envoyée le neuviesme décembre 1620 aux rebelles du pays de Béarn, sur les assemblées par eux faictes contre le service du Roy. Paris, suivant la copie imprimée à Bourdeaux, par Jacques Chastaignier, 1620, in-8, 12 pp.

Deux autres éditions à la bibliothèque nationale.

LXXII. Lettre de monsieur le mareschal de Lesdiguières envoyée aux rebelles du pays de Béarn, etc... 9 décembre 1620. Lyon, par François Yvrad. MDCXXJ, in-8, 16 pp.

C'est la pièce déjà mentionnée au n° LXXI. La lettre n'occupe que les huit premières pages. Les pages 9 à 12 contiennent des réflexions sur Lesdiguières et sa conduite envers les protestants.

LXXIII. La response de Monsieur le duc Desdiguières aux plaintes à luy envoyées par ceux de l'assemblée de la Rochelle. Paris, Antoine Vitray, 1621, in-8, 13 pp. plus 3 bl. (1er février).

— Autre édition : s. n. n. l., 8 pp.

LXXIV. Lettre de messieurs de l'assemblée de la Rochelle à monsieur le duc de Lesdiguières. La Rochelle, Pierre Pie de Dieu, 1621, in-8, 15 pp. (18 mars 1621).

LXXV. Lettre de Messieurs de l'Assemblée (de la Rochelle) à Monsieur le duc de Lesdiguières. A Montauban, Pierre Coderc, suivant la copie imprimée à la Rochelle par Pierre Pié de Dieu. 1621, in-8, 16 pp. (30 mars 1621).

Cette pièce porte bien la date du 30 mars 1621 ; elle n'est pourtant que la reproduction textuelle du n° LXXIV qui est daté du 18.

LXXVI. Seconde lettre de l'assemblée de la Rochelle à monsieur le duc de Lesdiguières, 2 avril 1621. 1621, s. n. n. l., in-8, 7 pp.

— Autre édition : Bibl. Nat., in-8, 7 pp.

LXXVII. La Palme à Monseigneur le duc de Lesdiguières, pair et mareschal de France, mareschal général des camps et armées royalles et lieutenant général pour le Roy au gouvernement du Dauphiné, pour n'avoir voulu accepter la charge de connestable de France à condition de se faire catholique romain. Paris, 1621, in-8, 14 pp. signé L. V. (10 avril).

LXXVIII. Dernier advis de Monsieur le mareschal Desdiguières à messieurs de la Rochelle sur la dernière résolution du Roy, du 5 may mil six cens vingt-un. Paris, Adr. Bacot, 1621, in-8, 12 pp.

— Autre édition : Lyon, pour François Yvrad. 1621, in-8, 12 pp. et 2 ff. blancs.

LXXIX. Harangue à Messieurs de la Rochelle, prononcée en leur assemblée le 9 de may 1621, par monsieur le conte (sic) de la Cressonnière, leur président, touchant la response qu'ils ont eue de Monsieur Desdiguières par le sieur de Clairville. Et ensemble les tumultes et dissensions qui y arrivèrent. S. n. n. l., 1621, in-8, 12 pp. et 2 ff. blancs.

LXXX. Coppie de la lettre écrite par Monsieur le duc des Diguières à Messieurs de Frère et de Morges; De Castillon, le 12 juillet 1621. Grenoble, par Pierre Verdier, 1621, in-8, 6 pp.

LXXXI. L'entreprise faicte sur la ville de Grenoble découverte à la confusion des ennemis du Roy. Le tout selon les advis asseurez, envoyez à sa Majesté, par son Parlement du Dauphiné. A Troyes, chez Jean Jacquard, jouxte la copie imprimée à Paris, chez Isaac Mesnier, 1621, in-8, 16 pp. (17 octobre 1621).

LXXXII. La prise du Comte de la Suse, faisant levées en Dauphiné pour secourir Montauban, mené et conduit à Grenoble par la noblesse et commune du pays. Sur l'imprimé, à Paris, chez Pierre Rocollet, 1621, in-8, 8 pp. (17 octobre).

LXXXIII. Recit véritable de la trahison découverte et sanglante intelligence sur la ville de Grenoble, par les rebelles du party du sieur de Montbrun. Ensemble les lettres qui ont esté prinses avec un clerc sorty de la ville de Grenoble dans un tonneau à vin ; et comme ils avaient entreprins de se saizir de la Grand Chartrousse et des passages de Lyon et de Savoye, avec l'emprisonnement de Bouffier, advocat au Parlement et plusieurs autres de la ville qui estoyent consors à cette trahizon. A Lyon, chez Pierre Marniolles, 1621, in-8, 14 pp. (7 novembre).

LXXXIV. Coppie de la lettre escrite par monseigneur le duc d'Esdiguières, envoyée au sieur de Montbrun, luy enjoignant, etc. Escrite au camp royal de sa Majesté devant Montauban, ce 9 novembre 1621. A Lyon, chez Pierre Marniolles, in-8, 12 pp. plus 4 blanches.

Cette édition (originale) porte deux fois la date 9 novembre, celle ci-dessous porte deux fois le 19 novembre. — Quelle est la bonne date? Probablement la première.

LXXXV. Lettre de Monseigneur le duc Desdiguières au sieur de Montbrun luy enjoignant expressément de la part du Roy d'avoir à désarmer dans son gouvernement du Dauphiné, et à faute de ce, déclaré criminel de leze magesté et perturbateur du repos public. Escrite du camp royal de sa Majesté devant Montauban, ce 19 novembre 1621. Paris, jouxte la coppie imprimée à Lyon par Pierre Marniolles, chez Robert Feugé, 1621, in-8, 7 pp.

LXXXVI. Lettre de Monsieur le Connestable à Monsieur de Montbazon (18 novembre 1621), in-8, 7 pp., s. n. n. l. n. d.

Cette lettre est du connétable de Luynes, mais elle se rapporte au siège de Montauban et raconte le rôle que Lesdiguières y a joué.

LXXXVII. La fuitte donnée au régiment du sieur de Montbrun, chef des rebelles en Dauphiné, par Monsieur le mareschal de Lesdiguières. Ensemble la prise des principaux de leur caballe ; la deffaite et desroutte de quelques compagnies ; l'ordre qui est de présent tenu en la province par le commandement dudit seigneur Mareschal contre lesdites rebelles. Paris, Isaac Mesnier, 1621, in-8, 16 pp.

— Autre édition : A Troyes, par Jean Jacquard, jouxte la copie imprimée à Paris de l'imprimerie de N. Alexandre, 1621, pet. in-8º.

LXXXVIII. L'ambassadeur général de la Paix arrivé en Dauphiné avec les actions de grâces et réjouissance de tous les habitans de ladite province de Dauphiné, sur l'heureuse arrivée de Monseigneur d'Esdiguières, duc, pair et mareschal de France, etc. Lyon, par Pierre Marniolles, 1621, in-8, 16 pp.

— Autre édition : A Paris, jouxte la copie imprimée à Lyon par Pierre Marniolles, 1622, in-8, 16 pp. Cette pièce est signée G. Rasemollin.

LXXXIX. Lettre à Monsieur Desdiguières l'exhortant à recevoir la charge de connestable et à se faire catholique, en response d'un avis qui luy a esté donné au contraire. Grenoble, Pierre Verdier, 1621, in-4, 23 pp., (par de Quais).

XC. Lettre à Monsieur Desdiguières l'exhortant à recevoir la charge de connestable et à se faire catholique en response d'un avis qui luy a esté donné au contraire. Paris, F. Huby, jouxte la copie imprimée à Grenoble par P. Verdier, 1621, in-8, 16 pp.

— Autre : Vienne, J. Poyet, in-8, 29 pp.

— Une quatrième édition : Grenoble, P. Verdier, in-8, 20 pp. (Bibl. Nat.)

XCI. Lettre de Monsieur le duc Desdiguières escritte à nostre sainct père le Pape, sur son advènement au souverain pontificat. Paris, Antoine Vitray, 1621, in-8, 5 pp.

XCII. La conversion de toute la maison de Monsieur d'Esdiguières à la foy catholique, apostolique et romaine. Paris, Silvestre Moreau, 1621, in-8, 14 pp.

XCIII. Pièces servans à l'histoire du temps présent. 1621, s. n. n. l., in-8, 16 pp.

Cette plaquette contient plusieurs pièces importantes relatives à Lesdiguières :
Coppie des instructions données par M. le duc de Lesdiguières à M. Bellujon, envoyé de sa part à l'assemblée tenant (sic) à Loudun, 9 février 1620. — Escrit de messieurs le duc de Lesdiguières et de Chastillon envoyé à l'assemblée de Loudun, par le sieur de Gilliers, 17 mars 1620. — Coppie de la lettre envoyée à l'assemblée par monsieur le duc de Lesdiguières, avec le susdit escrit, etc.

XCIV. L'Écho dauphinois sur le congé donné à madame la Connestable, de sortir de la Cour, 1622, s. n. n. l., petit in-8 de 8 pp. imp. et 4 blanches.

Pièce en vers où il est plusieurs fois question de Lesdiguières qui n'était pas encore connétable ; à la suite : Quatrain sur le coup de M. le comte de Maugiron, au siège de Bay

— Autre édition : s. n. n. l. n. d., in-8, 8 pp.

Une note manuscrite ancienne sur un exempl. de cette pièce l'attribue à Pierre de Boissat.

XCV. Abbrégé de la vie et de la mort détestable de Monsieur le duc de Rohan, chef des rebelles de France ; avec l'assassinat commis en la personne de feu monsieur du Cros, président en la cour de Parlement de Dauphiné, par les rebelles de Montpellier, ensemble les mémoires amples et générales de tout ce qui s'est passé en Languedoc, etc. Lyon, Pierre Marniolles, 1622, in-8, 15 pp.

Voir pour Lesdiguières les pp. 9 et 10.

XCVI. La réduction des villes du Pousin et Bay à l'obeyssance du Roy, par Monsieur le duc de Lesdiguières, après un furieux assaut ; ensemble les articles de la capitulation. Paris, Joseph Bonvillerot, 1622, in-8, 14 pp.

XCVII. Ordonnance de paix en Dauphiné donnée par Monseigneur le duc de Lesdiguières, pair et mareschal de France, lieutenant général pour le Roy au gouvernement de ceste province. Paris, P. Mettayer, 1622, in-8, 11 pp.

XCVIII. Lettre et dernier advis de Monsieur le mareschal Desdiguières aux rebelles et partialistes de Montauban, Languedoc, Vivarets et la Rochelle, du 26 mars 1622. Paris Germain Druot, jouxte la copie imprimée à Lyon, 1622, in-8, 13 pp.

XCIX. Lettre de Monsieur le duc de Lesdiguières escritte au duc de Rohan le 10 juillet 1622. Paris, Jean Bessin, 1622, in-8, 14 pp.

— Autre édition : Paris, Jean Bessin, in-8, 12 pp.

C. Harangue à Monsieur le Connestable, s. n. n. l., in-8, 4 pp. (1622).

CI. Response de monseigneur le Connestable aux remonstrances et articles à luy proposés par les ministres du Dauphiné sur le subject de sa conversion, 1622, in-12, 13 pp, s. n. n. l.

CII. La conversion de monseigneur le duc Desdiguières à la religion catholique, apostolique et romaine, ensemble le brevet de l'estat de connestable de France à luy envoyé par sa Majesté le septiesme de ce mois de juillet 1622. Paris, Pierre Rocollet, 1622, in-8, 15 pp.

Les cérémonies durèrent quatre jours, du 24 au 27 juillet.

CIII. La conversion de monseigneur le duc de Lesdiguières, connestable de France, à la foy catholique, apostolique romaine, avec ce qui s'est passé puis peu en Languedoc, Dauphiné et ailleurs. Bourdeaux, Simon Millanges, 1622, in-8, 11 pp.

CIV. Heureuse conversion au giron de l'église catholique, apostolique, romaine, de haut et puissant seigneur François de Bonne, duc d'Esdiguières, pair et mareschal de France, lieutenant général pour le Roy en Dauphiné, mareschal général ez armées de sa Majesté et connestable de France Lyon, Guillaume Marniolles (permission datée du 1er août 1622), in-8, 16 pp.

CV. Histoire de la conversion au giron de l'église catholique, apostolique, romaine de ....François de Bonne, duc Desdiguières, pair et mareschal de France, lieutenant général pour le Roy en Dauphiné, mareschal général aux armées de sa Majesté et connestable de France. Grenoble, Pierre Verdier, 1622, in-8, 11 pp.

— Autre édition : à la Bibl. Nat.

CVI. Récit véritable de toutes les cérémonies observées dans la ville de Grenoble à la protestation de foy de monseigneur le duc de Lesdiguières ; ensemble les cérémonies de sa réception à l'estat de connestable de France et à celles de l'ordre du Sainct-Esprit. Avec les magnificences et célébrités faictes tant à Grenoble que par tout le Dauphiné sur ce subject. Paris, Joseph Bouillerot, 1622, in-8, 16 pp.

CVII. Extraict des archives de l'église cathédrale de Grenoble, touchant la cérémonie de la catholization et promotion à l'estat de connestable et ordre de chevalier du Saint-Esprit, de Monseigneur le duc de l'Esdiguières. Grenoble, Pierre Marniolles, 1622, in-8, 16 pp.

CVIII. Brevet de l'estat de connestable de France envoyé du Roy à Monseigneur le duc de Lesdiguières le quinziesme jour de juillet 1622, ensemble l'heureuse conversion dudit seigneur de Lesdiguières à la religion catholique, apostolique et romaine. Rouen, Jacques Besongne et David Ferraud, 1622, in-8, 15 pp.

CIX. Sur la conversion de Monseigneur le duc d'Esdiguières et ses provisions de l'ordre du Roy et connestable de France. Stances. Placard, pet. in-fol., s. n. n. l. n. d. Signée : Valantier.

— Autre édition : in-8, 2 pp., s. n. n. l. n. d., Bibl. nat.

CX. L'Olivier à Monseigneur le duc de Les Diguières créé conestable de France. Devise de mond. Seigneur : *Haud feror incertis, incertis hœreo sertis.* A Grenoble, Pierre Verdier, 1622, in-8, 24 pp. dont 5 blanches, signé T. F. Visconte. (27 juillet 1622).

CXI. Épitaphe de Saincte Paule, excellente dame romaine, traduite et mise en françois de Saint Hierosme, par M. Antoine Rambaud, juge de Dye. Dédié à Madame la duchesse de Lesdiguières. Grenoble, Pierre Verdier, 1622, in-8, 100 pp. (1er août 1622).

Cette publication renferme entre autres parties un discours à Lesdiguières l'exhortant à recevoir la charge de connestable et à se faire catholique, pp. 83 à 90.

CXII. Récit véritable de ce qui s'est passé en la bénédiction du temple de Vizille et de la première messe qui y a esté dicte le premier dimanche d'aoust 1622 par le commandement de Monseigneur le Connestable, seigneur de Vizille. Paris, Denys Langlois, 1622, in-8, 16 pp.

CXIII. La bénédiction du temple de Vizille et de la première messe qui y a esté célébrée par le R. P. Gardien des capucins de Grenoble le 7 d'aoust, premier dimanche dudit mois, par le commandement de Monseigneur le conestable, seigneur de Vizille. *Inspice et fac secundum exemplar*, etc. Paris, Nicolas Rousset, jouxte la copie imprimée à Lyon, in-8, 16 pp. Lettre signée C. C. D. M. F.

CXIV. Advis salutaire à Messieurs de la religion prétendue réformée, sur la bénédiction du temple de Vizille, et de la première messe qui y a esté célébrée, le premier dimanche d'aoust 1622, par le commandement de Monseigneur le conestable, seigneur de Vizille. Grenoble, Pierre Verdier, 1622, in-8, 16 pp.

— Autre édition : Paris, Jouaust, 1873. réimpression à 50 exempl. in-12, dont 2 sur chine.

Les nos CXII, CXIII et CXIV pourraient n'en former qu'un ; c'est à peu de chose près la même lettre signée C. C. D. M. F. et adressée aux protestants.

CXV. Le lys d'allégresse et l'olive de réconciliation sur l'heureuse conversion de Monseigneur le duc de Lesdiguières à la foy catholique, apostolique et romaine, avec le fidèle rapport de toutes les cérémonies qui ont esté observées tant à l'acte de son abjuration de l'hérésie qu'à la réception du collier de l'ordre du Saint-Esprit et l'acceptation de l'espée de conestable à luy envoyée par le Roy ; le tout arrivé dans la ville de Grenoble par quatre jours consécutifs qu'a duré toute ceste belle cérémonie. Paris, Denys Langlois, 1622, in-8, 30 pp.

— Autre édition : Lyon, Louis Muguet, 1622, in-8, 60 pp.

CXVI. Lettre de congratulation à Monseigneur le duc de Lesdiguières, pair et connestable de France, sur son heureuse et désirée conversion à la foy catholique, apostolique et romaine. Paris, Antoine Estienne, 1622, in-8, 18 pp. Signé Pelletier.

— Autre édition : Grenoble, Pierre Verdier, 1622, in-8, 14 pp.

CXVII. Portrait de Monsieur le duc d'Esdiguières où, sous le discours fait en honeur de la bien méritée réception de monsieur le comte de Sault en la charge de lieutenant général du Roy en Dauphiné se découvrent les traits de leur semblance. Grenoble, Pierre Verdier, 1622, in-4, 22 pp. (par Valantier).

CXVIII. Chant d'alegresse (sic) à la louange de Monseigneur le conestable. Dédié à Monseigneur le comte de Sault. Vienne, Jean Poyet, 1622, in-8, 8 pp. (en vers), par Baudet.

— Autre édition : Grenoble, Pierre Verdier, 1622, in-8, 14 pp.

CXIX. Le Véritable à Monseigneur le duc de Lesdiguières, pair et connestable de France, sur les controverses d'à présent. Paris, s. n., 1622, in-8, 16 pp. Signé A. Martin.

Elle est d'un Dauphinois catholique.

CXX. Discours de l'heureux succez des armes du Roy contre la rebellion suscitée dans son estat : ensemble les raisons et motifs de la conversion de Monseigneur le duc de Lesdiguières, connestable de France. Paris, Ant. Estienne, 1623, in-8, 97 pp.

CXXI. Double d'une lettre escritte à Monseigneur le duc de Lesdiguières, connestable de France, lors qu'il se convertit à la foy catholique, apostolique et romaine. Signé Pelletier, in-8, 19 pp. Se trouve joint à l'opuscule précédent.

CXXII. Tableau historique dans lequel sont contenues quelques remarques d'estat et comment le Roy a fait Monsieur le mareschal de Lesdiguières, connestable de France. Par F. F. P. D. V. (F. François Pradier de Vic.). Paris, B. Martin, 1623, in-8.

CXXIII. Recueil des briefs envoyez par nostre sainct père le pape Grégoire XV à monseigneur et dame la connestable de Lesdiguières, touchant sa conversion au giron de la saincte eglise catholique, apostolique et romaine ; avec la translation d'iceux du latin en françois. Ensemble deux lettres missives par lesquelles monsieur l'abbé de Saint-Rambert rend compte de son ambassade à Rome, pour ce subject. Paris, Hierosme Blageart, 1623, in 8, 23 pp. (mars 1623).

CXXIV. Harangue faite à monseigneur le comte de Soissons à son arrivée à Grenoble, par Denys Bouteroüe, au nom de ceux qui font profession de la religion réformée en ladite ville ; avec la response de mondit Seigneur. Paris, Nicolas Alexandre, 1623 ; jouxte la copie imprimée à Grenoble, in-8, 12 pp (novembre 1623).

CXXV. A monseigneur le Connestable, ode, s. d. n. n., n. l. d'imp., pet. in-8, 11 pp. Pièce de vers signée Du Perier, et qui paraît être de 1622 ou 1623.

CXXVI. Lettre et advis de Monsieur le connétable de Lesdiguières au sieur de Soubize, escrite du camp de Gavi le vingt uniesme avril. Paris, veufve du Carroy, 1625, in-8.

CXXVII. Les expéditions guerrières et militaires faites en Italie par l'armée de France et celle de Savoye sous la conduite de Monseigneur le connétable ; avec les villes et chateaux rendus à l'obéissance de son Altesse et du seigneur connétable ; ensemble la prise faite par les galères de son Altesse, vaisseaux et galions de monseigneur le duc de Guise de quatre cent mille écus et autres munitions de guerre qui sortaient d'Espagne, pour secourir la ville de Gênes. Paris, C. Hulpeau, 1625, in-8, 15 pp.

CXXVIII. La grande et signalée victoire obtenue par l'armée du Roy soubs la conduitte de monseigneur le connestable et son altesse de Savoye, devant la ville d'Otagio et Gavy, contre les Espagnols et Génois, avec la liste des noms des seigneurs, capitaines et enseignes et du général qui conduisait l'armée. Ensemble la prise de plusieurs villes, chasteaux et rencontres qui ont esté faictes depuis le 9 avril 1625 jusque à maintenant. Paris, Claude Hulpeau, 1625, in-8, 15 pp.

CXXIX. Récit véritable de ce qui s'est passé en l'armée du Roi conduite par Monsieur le connestable delà les monts, ensemble la prise de Novi, la défaicte de leur secours et de celui de Gavi. Lyon, G. Armand dit Alphonse, 1625, in-8, 11 pp.

CXXX. La prise et réduction de la ville de Gavi par Monseigneur le connestable de Lesdiguières, avec l'estrange fatalité de la guerre qui se fait en ceste présente année contre la république de Gênes. Paris, Adrian Bacot, 1625, in-8, 15 pp.

CXXXI. La prise de la citadelle et fort de Gavy, par Monseigneur de Lesdiguières, connestable de France. Paris, Adrian Bacot, 1625, in-8, 8 pp.

CXXXII. Récit véritable de ce qui s'est passé en l'armée de Monseigneur le connétable depuis la prise de Gavi, avec un prodige étrange arrivé en la ville de Gennes le 30 avril. Paris, veuve du Carroy, 1625, in-8.

CXXXIII. Relation véritable de ce qui s'est passé en l'armée du Roi étant en Italie, commandée par Monsieur le connétable ; ensemble la furieuse défaite des Napolitains envoyés du Milanois pour secourir la seigneurie de Gênes. Paris, P. Ramier, 1625, in-8, 8 pp.

CXXXIV. Les prospérités des armes du Roy et de celles de son Altesse de Savoye en Italie, sous la conduite de Monseigneur le connestable avec la défaite de l'armée des Espagnols et Genois et la liste des noms des seigneurs, capitaines et enseignes et du général qui conduisoit l'armée. Paris, Claude Hulpeau, 1625, in-8, 15 pp.

CXXXV. La sommaton de la ville et seigneurie de Gennes faite par monseigneur le Connétable, ensemble ce qui s'est passé à la Valtoline par l'armée du roi commandée par monsieur le marquis de Cœuvre. Paris, J. Martin, 1625, in-8.

CXXXVI. Lettre de monseigneur le connétable au Roy, ensemble une lettre de monsieur le mareschal de Créquy envoyée à sa Majesté, avec la retraitte du duc de Feria et de ses troupes d'alentour de la ville d'Ast, 1625, in-8, 13 pp. (5 et 6 août)

CXXXVII. La gazette de ce temps, s. n. n. l. n. d., in-8, 8 pp.

Pièce en vers relative aux évènements qui se passaient en Italie, au siège de Gênes et à Lesdiguières.

CXXXVIII. Lettre de monseigneur le Connestable au Roy, touchant les armées de sa Majesté, estant de présent en Italie. Lyon, par Claude Armand, dit Alphonse, 1625, pet. in-8, 15 pp. La lettre est du 15 octobre.

— Autre édition : Lettre de monseigneur le connétable au Roy, du 15 octobre 1625. Paris, J. Bessin, 1625, in-8, 14 pp.

Il annonce la prise d'Aqui par les Espagnols et demande des renforts.

CXXXIX. La levée du siège de Verue avec la desfaicte de l'armée espagnoles (sic) par Monseigneur le Connestable et Monseigneur le mareschal de Créquy. Paris. Rocolet, 1625, in-8, 12 pp. (18 octob. 1625).

CXL. Relation de l'attaque et bataille donnée par monseigneur le Conestable contre les Espagnols, ensemble leur descampement de devant Verrue. A Grenoble, chez Pierre Verdier, pet. in-8, 8 pp.

CXLI. La levée du siège de Verue et la défaicte des Espagnols par monseigneur le Connestable et monsieur le mareschal de Créquy ; ensemble le nombre des morts et des prisonniers. Paris, Henry Sara, 1625, in-8, 13 pp.

CXLII. Relation au vray, particulière et ample de tout ce qui s'est faict iour par iour au siège de Verue, depuis le commencement du mois d'aoust jusques au dix huictiesme de novembre l'an 1625. Traduit de l'italien imprimé à Turin. Lyon. Jacques Roussin, 1626, in-8, 104 pp.

CXLIII. Récit véritable de tout ce qui s'est passé à la deffaitte des Espagnols, et levement du siège de devant Verrue par monseigneur le Connestable et monsieur le mareschal de Criquy (sic) où son Altesse eut le contentement. . . . . . . Lyon, Claude Armand, dit Alphonse, 1625, pet. in-8º 13 pp.

CXLIV. La furieuse et mémorable deffaicte et desroute de huict cens Espagnols, voulant donner l'assaut contre la ville de Verrue, près de Montferrat. Paris, veufve du Carroy, 1625, in-8, 14 pp.

CXLV. Lettre du Roy à Monseigneur le connestable escrit le huictième janvier 1626. Grenoble, Pierre Marniolles 1626 in-8, 6 pp.

CXLVI. Lettre de monseigneur le Connestable envoyée au Roy, 1626, in-8, 11 pp.

CXLVII. Advertissement très important d'un gentilhomme françois en forme de response aux demandes d'un cavalier curieux, sur le juste sujet de la guerre d'Italie, avec la justification de monseigneur le connestable, 1626, in-8. 40 pp. Signé D. C.

CXLVIII. La response d'un gentilhomme françois aux demandes d'un cavalier curieux sur le sujet de la guerre d'Italie, 1626, in-8, 40 pp.

CXLIX. Histoire des exploits généreux faits par les armées tant du Roy que de son Altesse soit en Piedmont, soit sur les terres de Gennes, siège de Verue, qu'en Dauphiné, sous l'heureuse conduite de feu monseigneur le connestable de Lesdiguières, son trespas et enterrement, par F. Bouchet.

Grenoble, Richard Cockson, 1626, in-8, 208 pp.

CL. Lettre du sieur de Vergnes, prieur de Sainte-Marie-de-Bellevue, à messieurs de la province du Dauphiné, en laquelle est contenu au vray toutes les actions vertueuses et chrestienne que le grand conestable de Lesdiguières a pratiquées en sa maladie dernière et la glorieuse et très chrestienne fin qu'il a faite en la religion catholique, apostolique et romaine dont il avoit fait profession depuis l'année mil six cens vingt-deux. Grenoble, P. Verdier, 1626, in-8, 24 pp. *

CLI. Discours sur la mort de feu messire François de Bonne, duc de Lesdiguières, pair et connestable de France, au Roy par le sieur Pelletier. Paris, Edme Martin, 1626, in-8, 15 pp. *

CLII. Oraison funèbre de François de Bonne, duc de Lesdiguières, connétable de France, par Claude Brenier, jésuite. Grenoble, 1626, in-12.

CLIII. Lacrymæ Franciscæ Bonnæ, uxoris Caroli Crequii, Paris et marescalli Franciæ, ad tumulum Francisci Bonnæi, Ducis Lesdigueriarum, Paris et Connestabilis Franciæ, patris amantissimi. (En vers latins, par Salvaing de Boissieu.) Gratianopoli, P. Marniolles, 1626; in-4, 9 pp. *

CLIV. Éloge à la mémoire de haut et puissant seigneur, messire François de Bonne, duc de Les Diguières, pair et conestable de France. Grenoble, Cockson, 1626, in-8, 48 pp. (par M. A. Lambert). *

CLV. Francisci Bonnæi Franciæ Conestabilis elogium. Gratianopoli, Richard Cockson, 1626, pet. in-8, 46 pp. (par Marc-Antoine Lambert). *

CLVI. Mercure de France, 1626, T. XII, pp. 476 et suivantes. Récit de la mort du connétable de Lesdiguières. *

INDEX

DES NOMS D'HOMMES ET DE LIEUX CONTENUS DANS CE VOLUME [1].

Abbé (L') (I). 24 n.
Abbé de Boscodon (L'). Abel de Sautereau, abbé de Boscodon, près Embrun, de 1600 à 1629. 449.
Abel (Cap^{ne}). Balthazard Abel, Sr du Chevalet, fils de Rolland, notaire à Orpierre, et de Françoise de Rosans. Capitaine d'infanterie ; anobli en mai 1597. 30.
Abondance, Ch.-l. de c^{on}, arr^t de Thonon (Haute-Savoie). 199.
Acier (D'). Antoine de Crussol, S^r d'Acier, fils de Charles et de Jeanne de Genouillac d'Acier, lieut^t-gén^l en Languedoc et Dauphiné (1561), chef des protestants de ces provinces. Mort le 15 août 1573, sans postérité de Louise de Clermont sa femme. 6.
Adrets (Le baron Des) (II). 5 n., 366 n.
Aglian. 332.
Agnel (Col d') (I). 52.
Aguin. Jean Aquin, avocat au Parlement de Grenoble, fils légitime de Sébastien Aquin. 49.
Aiguebelle, Éguebelle (I). 79, 161, 162, 163, 165, 166, 204, 264, 266, 274, 278, 279, 282, 284, 291, 292, 316.

Aigueblanche. C^{ne}, c^{on} et arr^t de Moûtiers (Savoie). 316, 317.
Aiglun (D'). Capitaine provençal (1592). 241.
Aiguemont (Cte D') ? 172.
Aiguille (L'), Voy. Éguille (L').
Aix (Savoie) (I). 320, 362.
Aix (Provence) (I). 16, 69, 74, 84, 88, 121, 123, 124, 125, 126, 154, 230, 233, 237, 340.
Aix (D'). Charles-Emmanuel de Seyssel-la-Chambre, Mis d'Aix. 64, 287.
Alard (D'), Allard (D'). Balthazard d'Allard, fils de Gabriel et de Blanche d'Urre, il épousa Sibylle Gigou, puis Caroline Doncieu, et mourut le 5 août 1582. 36, 56, 189.
Albigny (D') (I). 54, 196, 197 n., 199, 204.
Ales. 332.
Alés (Cte D'), Alais (Cte D'). Louis-Emmanuel de Valois, duc d'Angoulême, Cte d'Alais, fils de Charles, bâtard de Charles IX, et de Charlotte de Montmorency. D'abord destiné à l'église, nommé évêque d'Agde (1612), il embrassa la profession des armes, se distingua dans les guerres d'Italie et du Languedoc. Il mourut en 1653. 334, 337, 338, 340.

---

[1] Tous les noms suivis de ces signes (I) - (II) ont été l'objet d'une note dans l'Index de nos deux premiers volumes, auxquels le lecteur est prié de recourir.

Lorsqu'un chiffre romain est suivi d'un N minuscule, c'est que le nom du personnage dont il est question paraît dans une note.

ALEXANDRE. Roi de Macédoine. 466.
ALEXANDRE-SÉVÈRE. Empereur romain. 438.
ALEXANDRIE (II). 343.
ALFONSE, ALFONSE CORS, *Voy.* ORNANO.
ALINCOURT (D'). (II) à Halincourt. 322, 324, 421, 422, 427, 429.
ALLARD, *Voy.* ALARD.
ALLAVAL, *Voy.* ALLEVARD.
ALLEMAGNE, ALEMAIGNE (I). 35, 43, 53, 175, 224.
ALLEMAGNE. (I) à Alemaigne. 26.
ALLEMAGNE (D'). Melchior de Castellane, Sr de la Val-d'Oze, Vitrolles et Allemagne, mari de Jeanne de Gaste, tué en 1586, octobre. 18, 26.
ALLEVARD, ALLAVAL. Ch.-l. de c^{on}, arr^t de Grenoble (Isère). 77 n., 162, 206, 278, 279, 292.
ALLIÈRES (D'). Laurent Allemand, S^r d'Allières. 180, 365.
ALLINGES (LES) (I). 199.
ALLONS (D') (I). 331.
ALLOS (I). 82, 165, 229.
ALPES (LES). 255.
ALTESSE (SON), *Voy.* DUC DE SAVOIE.
AMBEL, EMBEL. C^{ne}, c^{on} de Corps, arr^t de Grenoble (Isère). 8, 14.
AMBEL (D'). Étienne d'Ambel, Cos^r d'Ambel, fils d'Étienne, cap^{ne}. 61.
AMBOISE (II). 5 n.
AMBRES (D'). Louis de Voisins, Vte de Lautrec, B^{on} d'Ambres, chevalier de l'Ordre, cap^{ne} de 50 h. d'armes, tué au siège de Tonnerre en 1622. Il était fils de François et d'Hippolyte de Chambres et avait épousé Paule de Pardaillan, puis Louise de la Chatre. 322.
AMBROISE (Col^l). Colonel espagnol. 169, 267.
ARESI. Jacques Aresi, officier espagnol. 343.
AMBRUN, *Voy.* EMBRUN.
AMEAU. 448.
AMÉDÉE. AMÉDÉE DE SAVOYE (DOM). Amédée de Savoie, marquis de St-Rambert, bâtard d'Emmanuel-Philibert, duc de Savoie, et de Lucrèce Proba. Il mourut en 1610. 75 n., 79, 80 n., 195, 196, 197, 198, 199, 201, 202, 203, 204, 205, 230, 253, 261, 287.
AMIENS. (I) à Amyens. 301, 303.
AMPUS (D'). Henri de Castellane, S^r d'Ampus,
fils de Jean, Sr de la Verdière, et de Diane de Gerard ; il épousa Marie de Brancas. 26.
ANCONNE (D'), ANCOSNE (D'). Antoine de Pracomtal, S^r d'Ancone, fils d'Imbert et de Marguerite de l'Hère ; mort sans postérité. 25, 37, 188, 189.
ANCELLE. C^{ne}, c^{on} de St-Bonnet (Hautes-Alpes). 29, 32, 34, 42.
ANCONNE (I). 57.
ANGLETERRE (I). 4 n., 73 n.
ANGROIGNE, ENGROGNE (I). 94, 95, 128, 130 n., 135, 252.
ANNEBOURG. *Lanslebourg*, ch.-l. de c^{on}, arr^t de St-Jean-de-Maurienne (Savoie). 160.
ANTHEMIUS. Empereur romain. 437.
ANTHERIVE (D'). 322.
ANTHOINE (Cap^{ne}). Antoine Favète, de Grenoble, cap^{ne} dauphinois, tué en 1592. 238.
ANTIBES, ANTIBOUL (I). 88, 89, 90, 95, 233, 234, 235, 236, 241, 243, 244, 247, 252, 261.
ANTRAIGUES, *Voy.* ENTRAIGUES.
AOST, OSTE. *Aouste*, c^{ne}, c^{on} de Crest, arr^t de Die (Drôme). 187.
AOSTE (I). 34, 41, 187 n.
APT. Ch.-l. d'arr^t (Vaucluse). 84, 138, 243.
AQUY (II). 332, 333.
AR (L'). *L'Arc*, riv. de la Maurienne (Savoie), affl. de l'Isère. 158, 159, 161, 278.
ARABIN (Barthélemy) dit le capitaine Roure, fils de Jean, hôte de Corps. 4 n.
ARABIN (Jean). Hôtelier à Corps. 4 n.
ARABIN (Laurent) (I). 3.
ARABIN (Laurent), fils de Barthélemy. 4 n.
ARABIN (Pierre) dit le capitaine Roure, fils de Barthélemy, époux de Honorée de la Place ; mort avant 1610. 4 n.
ARABIN (Salomon) dit le capitaine Roure, (I) au mot Roure. 4 n., 8, 10, 16, 18, 21.
ARABIN (Salomon), fils de Barthélemy. 4 n.
ARAGON (D'), *Voy.* ARRAGON (D').
ARAMON (D') (I). 269.
ARCES (D') (I). 165, 280.
ARCHE (L'). *Larche*, c^{ne}, c^{on} de St-Paul, arr^t de Barcelonnette (Basses-Alpes). 214.
ARCHEVESQUE D'AMBRUN (L'). Guillaume d'Hugues, archevêque d'Embrun, de 1612 à 1648. 421, 426, 428, 429, 433, 435, 436.

Aresi. Pompée Aresi, officier espagnol. 343.

Aressert (Vte D'). 227.

Argentière (L'). Ch.-l. de con, arrt d'Embrun (Hautes-Alpes). 30, 39, 70.

Argentine (I). 161, 165, 166, 171.

Arles (I). 240.

Armillon (Pont d'), près de Saint-Jean-de-Maurienne (Savoie). 275, 276, 278.

Arnaudin, officier français. 352.

Arnaut (Capne). Deux capitaines Arnaut, Arnoux et Baptiste, étaient dans Seyne pendant le siège de cette ville, et furent pendus par ordre d'Épernon. 26, 27.

Arra (Porte de L'). Porte du bourg de Corps (Isère). 7.

Arragon (Dlle D'), Aragon (D'). Isabeau d'Arragon, femme de Gaspard de Berenger, Sr du Gua; fille de François et d'Anne Baile-la-Tour. 398, 445.

Artaud de Montauban (Sybille). Mariée en février 1588 à Gaspard de Bonne-Prabaud ; elle était fille d'Antoine, coseigneur de Veynes et notaire. 43 n.

Arthault. Jean Artaud, notaire de Mens. 444, 447.

Artois, Arthois. Province de France. 443, 454, 457, 460.

Arve (L') (I). 115.

Arve (Fort d'). Fut construit par les Genevois, près de la rivière de ce nom. 208.

Arvieu. Cne, con d'Aiguilles (Hautes-Alpes). 39, 52, 129.

Arvillars (D'). Famille du Graisivaudan, anciennement propriétaire de la terre de Bayard. 77 n.

Arzaliès. *Arzeliers*, ham., con de Laragne (Hautes-Alpes). Ancienne baronnie. 397.

Aspremont (D') (I). 365.

Aspres. *Aspres-les-Corps*, cne, con de Saint-Firmin (Hautes-Alpes). 14, 448, 449.

Aspres, le Grand-Aspres, (I) à Aspres. 11, 31, 32, 42.

Aspres (D'). Commt le fort de Gières. 196 n.

Ast (I). 332.

Astres (D') (I). 283.

Aubagne (I). 245.

Aubeterre. *Aubeterre-sur-Dronne*, Ch.-l. de con, arrt de Barbezieux (Dordogne). 6.

Aubignan. Cne, con et arrt de Carpentras (Vaucluse). 18, 58.

Aubijou (D'). François d'Amboise, Cte d'Aubijoux, d'abord chevalier de Malte, puis colonel, fils de Louis et de Blanche de Leirs, il épousa Isabelle de Levis et testa en 1622. 322.

Aubonne (D'). Fils naturel de Jean de Lettes de Montpezat, évêque de Montauban, et d'Armande de Durfort. 35, 201.

Audeyer (I). 146.

Auguste. Empereur romain. 438.

Aumont (D'). Antoine d'Aumont, chevr des ordres du roi, gouvr du Bourbonnais, fils de Jean et d'Antoinette Chabot, mort en 1635, sans postérité, à 73 ans (ou son neveu). 201.

Auneau. Ch.-l. de con, arrt de Chartres (Eure-et-Loir). 40 n.

Aups. Ch.-l. de con, arrt de Draguignan (Var). 88, 234, 243.

Aurenge (Mis D') (I). A Orange. 6.

Auriac (D'), Oriac (D'), Tallard (Cte de) (I) 19, 70, 98, 101, 109, 116, 123, 128, 143, 151, 153 n., 155, 162, 165, 255, 258, 265, 279, 280, 285, 286, 291, 308, 309, 330, 473.

Auriens. *Avrieux*, cne, con de Modane, arrt de Saint-Jean-de-Maurienne (Savoie). 159, 275.

Auriol. Cne, canton de Roquevaire, arrt de Marseille (Bouches-du-Rhône). 154.

Aurouse. Capitaine catholique tué au combat d'Allemagne en 1586. 26.

Auruse (D'), Aurouse (D'). Jean Flotte, sieur d'Aurouse, fils de Georges, baron de la Roche, et de Marguerite de la Tour-Sassenage ; élu chef des protestants du Haut-Dauphiné en 1566, tué à Montcontour en 1568. 6, 7 n.

Ausasq, *Voy.* Osasco.

Austriche (Cardl D') (I). 161. 303.

Autefort (D'). (I) à Hautefort. 359.

Auvergne (I). 199, 201, 296, 359.

Aux. *Aulx*, ham., cne de Viuz-en-Sallas, con de Saint-Jeoire, arrt de Bonneville (Haute-Savoie). 199.

AVALLON. Ham., c^{ne} de Saint-Maximin, c^{on} de Goncelin, arr^t de Grenoble (Isère). 79, 203, 206, 292.

AVANÇON (I). 40.

AVIGNON (I). 4 n., 42.

AYE (LA). Isaac de Poncet, Sr de Laye, mari d'Olympe de Poligny et fils de François et de Madeleine de Champoléon, mort vers 1632. 349.

AYME. *Aime*, ch.-l. de c^{on}, arr^t de Moustiers (Savoie). 317.

AYMON (I). 87, 106.

AYNÉ. Quartier de la ville de Lyon qui entoure l'église de ce nom. 150.

BAGNOLES (II). 6, 243.

BAIGNOL. *Bagnolo*, c^{ne}, province de Coni (Italie). 129.

BAILLI, BAILLIF, *Voy.* BAYLLY.

BAIROULX, *Voy.* BARJOULS.

BAJANCIEU, *Voy.* BOSANCY.

BAJOLE (LA). Traître qui attira Lesdiguières dans un piège que lui tendait la Marcousse. 43 n.

BALLANÇON (DE). Peut-être Pierre de Cholex, baron de Balleyson, capitaine, fils de Charles, mort vers 1600. 198, 207.

BALLE, *Voy.* BASLE.

BALLIECH (I). 239.

BALLON. Près l'Écluse (Savoie). 198.

BALME (LA). Pierre de la Balme, cap^{ne} d'une compagnie d'infanterie. 62.

BALMES, BAUMES, BEAUMES, BEAULMES. Fort construit près du Bourg-d'Oisans. 18, 48, 51, 54, 56, 61.

BALSAC (Cap^{ne}). Capitaine français (1597). 283.

BAR (LE). Fort de Briançon en Tarentaise. 316.

BAR (Cap^{ne}) (II). 308.

BAR (Cte DU), Annibal de Grasse, Cte du Bar, gouv^r d'Antibes, colonel de cavalerie, épousa Claire d'Alagonia et mourut en 1607. 68, 233, 241.

BARATA. Jean Barata, capitaine, officier espagnol. 343.

BARATIER (DE). Barthélemy Arnaud de Montorcier, Sr de Baratier, commandant la ville de Cavours, fils de Louis et de Marguerite de Pontis. 131.

BARATIER (Le frère DE). Isaac Arnaud de Montorcier, frère du précédent, tué en 1586 au combat d'Allemagne. 26.

BARBEROUSSE Frédéric Ier, empereur. 347 n.

BARCELONNETTE, BARCELONNE (I). 21, 53, 81, 82, 213, 217, 223, 228, 229.

BARCELLONNE (C^{té} de). Aujourd'hui vallée de Barcelonnette (Basses-Alpes). 81.

BARDONNANCHE (DE), BARDONENCHE (DE). (I) 7, 163, 280, 285.

BARDONNANCHE (DE). César de Bardonnanche, lieutenant de la Cie de Créqui et de Sault, Sr de Sousville, mort en 1671. 461.

BAREGNON. *Bargemon*, c^{ne}, c^{on} de Callas, arr^t de Draguignan (Var). 234.

BARGASME. *Bargême*, c^{ne}, c^{on} de Comps, arr^t de Draguignan (Var). 88.

BARGES. *Barge*, c^{ne}, province de Coni (Italie). 129, 255.

BARIOULZ, BARJOUX, BAIROULX. *Barjols*, ch.-l. de c^{on}, arr^t de Brignolles (Var). 88, 155, 234, 243.

BARITEL. Prévôt à Montélimar, pendu en 1585 par les protestants. 15.

BARLES (I). 213, 214.

BARLEST. *Barlet*, c^{ne}, c^{on} de Seyne, arr^t de Digne (Basses-Alpes). 449.

BARME (DE LA). Humbert de la Balme, Sr de Montvernier en Maurienne, fils de Pierre et de Jeanne d'Avrieux, il épousa Anne Rambaud et mourut vers 1636. 287.

BARONNYES (LES) (I). 356.

BARQUE (Pont LA). Pont sur la rivière du Buëch, près de Serres. 440 n.

BARRAS (DE). Elzias de Barras, cadet de Mélan, pendu par ordre d'Epernon après la prise de Seyne; il était fils de Charles, Sr de Mélan, et d'Adrienne Ferrier. 27 n.

BARRAUX (Fort); BARRAULX (Fort) (I). 4 n., 22, 146, 171, 202, 207, 222, 268, 270, 301, 305, 309, 310 n., 311, 313.

BARSA, BARSAC. *Le Bersac*, c^{ne}, c^{on} de Serres, arr^t de Gap (Hautes-Alpes). 397, 452.

BARSA (DU), *Voy.* PERRINET.

BARTHOLOMELIN. Colonel au service du duc de Savoie. 335.

BASLE, BALLE. *Bâle*, chef-lieu du canton suisse de ce nom. 80 n., 200.

BASSET. André Basset, recteur de l'Université de Valence, puis conseiller au Parlement de Grenoble. 403.

BASSET (I). 402, 403.

BASTIE (LA). Bourg au pays de Gex. 195.

BASTIE (LA), BASTIE NEUFVE (LA). *La Bâtie-Neuve*, ch.-l. de c^{on}, arr^t de Gap (Hautes-Alpes). 10, 12, 19 n., 41, 42, 448.

BASTIEN. Sébastien de Roux, dit le capitaine Bastien, fils de Martin, de Montorcier; il épousa Marguerite d'Orcière. 8, 9, 10, 14.

BASTIE ROLLAND (LA). *La Bâtie-Rolland*, c^{ne}, c^{on} de Marsanne, arr^t de Montélimar (Drôme). 33.

BASTILLE DE GRENOBLE (LA). Fort placé au-dessus du faubourg St-Laurent à Grenoble. 223, 438.

BATIE MONT-SALÉON (LA), LA BASTILLE DE MONT-SÉLEAUX, BASTIE (LA). C^{ne}, c^{on} de Serres, arr^t de Gap (Hautes-Alpes). 11, 128.

BAUDISSE (DE) (I). 52.

BAUDUEN, BAUDOYN. C^{ne}, c^{on} d'Aups, arr^t de Draguignan (Var). 88, 232, 233, 240, 243.

BAUJANCY, *Voy.* BOSANCY.

BAUME (LA), *Voy.* BEAUME (LA).

BAUME (LA). *La Beaume*, c^{ne}, c^{on} d'Aspres, arr^t de Gap (Hautes-Alpes). 34, 42.

BAUME-CORNILLANE (LA) (II). 57.

BAUME DE SISTERON (LA) (I). 151, 153 n.

BAUMES, *Voy.* BEAULMES.

BAUMETTES. C^{ne}, c^{on} de Gordes, arr^t d'Apt. (Vaucluse). 69.

BAUSANCY, *Voy.* BOSANCY.

BAY (DE). Gentilhomme savoyard, gouverneur du fort de l'Eguille. 171.

BAY, BAY-SUR-BAY. *Baix-sur-Baix* (II). 328, 329, 330, 331.

BAYARD (I). 75 n., 77, 80, 149, 171, 172, 299.

BAYARD Pierre Terrail, le célèbre capitaine Bayard. 77 n., 79, 253.

BAYLLY (DE), BAILLI, BAILLIF. (I) à Bailli. 32, 40, 49.

BEAUCAIRE (I). 108, 123.

BEAUCHENNE (Vallée du). *Le Bauchaine*, ancien mandement, communes actuelles de Saint-Julien et de la Faurie, c^{on} d'Aspres, arr^t de Gap (Hautes-Alpes). 393.

BEAUJAULLOYS, BEAUJOLOIS (I). 321, 322, 359, 423, 435.

BEAULMES, BEAUMES, BAUMES, *Voy.* BALMES.

BEAUME D'AUTUN (LA), BEAUME (DE LA). Antoine d'Hostun, Sr de la Baume, St-Nazaire et Royans, bailli des baronnies, capitaine de cent hommes d'armes, conseiller d'État, sénéchal de Lyon, mort en 1609. Il épousa Diane de Gadagne. 112, 160, 268, 269, 286, 299, 300, 322.

BEAUMES. Ham., c^{ne} de Châteauneuf-d'Isère, c^{on} du Bourg-du-Péage, arr^t de Valence (Drôme). 34.

BEAUMIAN (LE). Capitaine catholique commandant un des châteaux de la Mure. 10.

BEAUMONT. *Beaumont-les-Valence*, c^{ne}, arr^t et c^{on} de Valence (Drôme). 35.

BEAUMONT (DE) (I). 8, 9, 10, 21, 43, 44, 52, 195, 197.

BEAUNE (DE). Antoine de Solignac, Sr de Veaune, gouverneur de Die (1585-1586), maréchal de la Cie de Gordes, fils de Jean et de Françoise de Colloigne. 24.

BEAUREGARD (DE) (I). 11, 20.

BEAUREPAIRE (I). 249.

BEAUVENIL (DE). Claude de Virieu, Sr de Beauvenir par sa mère, Marguerite de Bernard, dame de Beauvenir. Il fut lieutenant de la Cie du Passage, et épousa Jaqueline Putrain. 308.

BÉGUE (LE) (I). 145 n.

BEINES, *Voy.* BEYNES.

BEINETI (Cte). Colonel au service de la Savoie. 333.

BELJOYEUSE (Galeotte DE). Officier au service de la Savoie, fait prisonnier en 1591 dans le château d'Avalon. 79.

BELLAFFAIRE. C^{ne}, c^{on} de Turriers, arr^t de Sisteron (Basses-Alpes). 39.

BELLEY (II). 115, 209, 320.

BELLECOMBETTE. Ham., c^{ne} de Chapareillan, c^{on} du Touvet, arr^t de Grenoble (Isère) 206.

BELLEGARDE (DE) (I). 213, 359, 365.

BELLEGARDE (DE). Gouverneur du fort Barraux pour le duc de Savoie. Parmi les membres des quatre ou cinq branches de la famille de Bellegarde existant encore en 1597, il est difficile de retrouver exactement celui dont il s'agit ici. 306, 310.

BELLEVUE. Jean Souchon, sieur de Bellevue, tué en 1590 ; il avait épousé Anne de la Villette. 214.

BELLIERS (DE) (I) 76, 200 n.

BELLIÈVRE (I). 127, 128, 136, 365.

BELMONT. *Belmont-Tramonet*, c^{ne}, c^{on} du Pont-de-Beauvoisin, arr^t de Chambéry (Savoie). 199.

BELMONT. N. de Vachon, capitaine Belmont, gouverneur de Guillestre pour la Valette. 38, 190 n.

BELUE. Benoît Belue, économe de la maison de Lesdiguières. 395.

BENIVAY. C^{ne}, c^{on} du Buis, arr^t de Nyons (Drôme). 33, 187.

BEOUS (DE). 322.

BERANGUEVILLE Colonel. 27.

BÉRAUD. Secrétaire de Lesdiguières. 24 n.

BERENGER (Claudine DE), MADAME, Mme DES DIGUIÈRES. Claudine de Bérenger du Gua, femme de Lesdiguières. 43 n., 106 n., 127, 383, 445.

BERETI. Secrétaire de Montmorency-Damville. 29.

BERLIER, BERLIETUS. Jean Berliet, b^{on} de Chilaup, conseiller, puis premier président à la chambre des Comptes de Savoie, surintendant des vivres à l'armée du duc de Savoie, auteur d'un récit des campagnes de 1589 à 1594. Il était fils de Jean Berliet, et mourut avant 1624. Il avait épousé Beatrix de Coysia. 193.

BERLIOZ. Ham., c^{ne} de Vimines, c^{on} de la Motte-Servolex, arr^t de Chambéry (Savoie). 206, 207.

BERNE (I). 182.

BERNIN (DE). David Terrail, Sr de Bernin, de la famille de Bayard, fils de François et d'Anne de Saint-Félix, maistre de camp, tué au siège de Cavours. 77, 78, 96, 253.

BERRE, BÈRE (I). 66, 74, 95, 218, 221, 222 n., 223, 225, 252.

BERTHOLDI. Jean-Baptiste Bertoldi, capitaine des troupes du duc de Modène. 343.

BERTICHÈRES (DE). Abdias de Chaumont, Sr de Bertichères, b^{on} de Montredon, gouv^r d'Aigues-Mortes ; fils d'Antoine et de Suzanne Mottier de la Fayette. Il épousa Madeleine de Pleix. 322.

BEUGEY (LE). Aujourd'hui départem^t de l'Ain. 209.

BEURIÈRES. *Beaurières*, c^{ne}, c^{on} de Luc-en-Diois, arr^t de Die (Drôme). 41, 60.

BEYNES, BEINES. C^{ne}, c^{on} de Mezel, arr^t de Digne (Basses-Alpes). 85, 88, 232, 233, 234, 240, 242.

BEZAUDUN (DE). (I) à Besaudun. 122.

BÈZE (I). 184.

BIARD (I). 24 n., 40, 47, 173, 175, 179, 181, 184.

BIGNONY. Claude Bignony, sommelier de Lesdiguières. 444.

BIGOT (Jean). Il vendit en 1357 la terre de Bayard à la famille d'Arvillars, qui la revendit à Pierre Terrail. 77 n.

BIMAR, BYMAR. Pierre de Bimard, colonel, fils de Pierre, épousa, en 1616, Marie de Favier, mourut en 1629. 160, 285, 309.

BINDY (Ambrosio). Gouverneur de la Grande-Cluse pour le duc de Savoie. 198.

BIOSC (DE), BUOSC (DE). 234, 243.

BIOT. C^{ne}, c^{on} d'Antibes, arr^t de Grasse (Alpes-Maritimes). 234.

BIRAGUE (Sacramor DE) (II). 15.

BISCAUDON. (I) à Boscoudon. 224.

BITHYNIE. Province romaine. 440.

BLACONS (Pont DE). Pont au ham. de Blacons, c^{ne} de Mirabel, c^{on} de Crest, arr^t de Die (Drôme). 13 n.

BLACONS, BLACON (I). 33, 35, 36, 41, 47, 51, 53, 71, 107, 109, 113, 128, 179, 187, **188**, **189**, **190**, **191**, 216, 329, 330, 331, **348**, 350.

BLANC (DE). Marc le Blanc de Camargues, fils de Benoît, de Gap, capitaine, tué en 1587. 32.

BLANC (LE). Jean le Blanc, Sr de Percy (I). 148, 167, 396, 403, 461.

BLANIEU (DE), BLANIEU DU RIVAIL (DE). Guillaume Rivail, Sr de Blanieu, la Sône et Lieudieu, fils d'Aymar, gentilhomme de la

Chambre, et capitaine ; il n'eut pas de postérité de Marguerite de Sassenage. 61, 98, 256, 265, 280, 285.

BLIOUX. *Blieux*, c^ne, c^on de Senéz, arr^t de Castellanne (Basses-Alpes). 155.

BLOYE. (I) à Blois. 56.

BLUSSET (I). 19.

BOBIO, BOBI. (I) à Bobi. 93 n., 129, 130.

BOFFIN (II). 452, 456, 459, 461.

BOLLONOIS, *Voy.* BOULONNAIS.

BONNANS (DE). *Voy.* BOUVANS.

BONE (DE), VICTRIOLLE, VITRIOLLES (DE). (I) à Bonne. 285, 349, 473.

BONNE (LA). Ruisseau qui coule aux portes de Gap et se jette dans la Luye. 5 n.

BONNE (Ville de). *Bonneville.* (I) à Bonneville. 200.

BONNE (Rue de). Rue de Grenoble tracée par ordre de Lesdiguières. 439.

BONNE (Catherine DE). Tante de Lesdiguières et femme de Jean Martin, châtelain de Saint-Laurent-du-Cros, et tuteur de Lesdiguières. 4 n.

BONNE (Catherine DE). Fille adultérine de Lesdiguières et de Marie Vignon, femme de François de Créqui, son neveu, mourut sans postérité en 1621. 379, 381, 382, 383, 384, 385, 386, 387, 396, 397, 449.

BONNE (Françoise DE), MARÉCHALE DE CRÉQUI. Fille adultérine de Lesdiguières et de Marie Vignon, épouse de son beau-père Charles de Créqui, vivait encore en 1645. 379, 381, 382, 383, 384, 385, 386, 387, 396, 397, 445, 447, 448, 454, 455, 457, 460.

BONNE (Henri DE). Fils de Lesdiguières mort en 1687 à sept ans et demi. 41.

BONNE (Gaspard DE), *Voy.* PRABAUD.

BONNE (Madeleine DE), LA DAME DE CRÉQUI. Fille de Lesdiguières et de Claudie de Berenger ; femme de Charles de Créqui, morte en 1620. 382 n., 391, 392, 395, 397, 398, 399, 400, 401, 402.

BONNE (Marguerite DE). Marguerite de Bonne, tante de Lesdiguières, femme de Bernardin Davin, châtelain d'Orpierre. 395, 444.

BONNEFOY (Cap^ne). Commandant la place de Vinon pour la Ligue (1596). 155.

BONNEL (Marguerite). Bourgeoise de Grenoble. 446.

BONREPOS (DE) (I). 9, 30, 32, 40.

BONREPOS (DE). Guillaume Armuet, Sr de Bonrepos, fils de Louis et de Françoise de Saint-Marcel d'Avançon ; il épousa Catherine de Loras-Montplaisant. 473.

BONVERT. Sergent-major de Grenoble, tué en 1586. 46.

BONVILLARS (DE). Charles de Bonvillars, Sr de Mezières et Champremont, gouverneur de Morestel et Montmélian, fils de Claude et de Marie de Laurencin. Epousa Claudine Crassus, mourut vers 1600. 206, 286.

BORDES (DE). Jean de Bordes, écuyer, capitaine au service du duc de Savoie, en 1597. 287.

BOSANCY, BAUSANCY, BAUJANCY, BOZANCI, BAJANCIEU. (I) à Bosansi. 51, 53, 54, 59.

BOSQUET (DU), *Voy.* DU BOUSQUET.

BOTHÉON (DE) (I). 84.

BOUANS (DE), BONNANS. Jean-Amé de Bouvens, Cte de Saint-Pierre, gouv^r de Bourg (1600), fils de Charles-Philibert et de Philiberte de Gingins, mort en 1603. Il épousa Hélène de Chatillon. 201, 286.

BOUCHET. C^ne, c^on de Saint-Paul-trois-Châteaux, arr^t de Montélimar (Drôme). 58.

BOULATI (Cap^ne), BOLATI. Commandant le château de Montélimar. 25, 36, 37.

BOULONNAIS, BOLLONOIS. Province de France. 454, 457, 460.

BOURBON (Card^l DE) (I). 57.

BOURDEAUX (I). 384, 387.

BOURDEAUX, BORDEAUX (II). 16, 57, 174, 176.

BOURG, BOURG-EN-BRESSE (II). 201, 319.

BOURGAREL, BOUGEAREL. Pierre Bourgarel, gouverneur de Seyne pour les protestants, pendu par ordre d'Épernon en 1586. 26, 27.

BOURG-D'OYSANS (LE), BOURG-D'UISANS (LE), LE-BOURG-D'HUYSANS. Ch.-l. de c^on, arr^t de Grenoble (Isère). 21, 36, 37, 52, 53, 55, 56, 113, 158.

BOURGET (Lac DU). Lac, arr^t de Chambéry (Savoie). 205, 207, 247.

BOURGOGNE (I). 188 n., 201.

BOURGOIN. Ch.-l. de c°n, arr¹ de la Tour-du-Pin (Isère). 71, 137, 144, 150.
BOUSQUET (Cap^ne), BOSQUET (DU). Esprit du Bousquet, Sr de Sigonce, de Sisteron, tué en 1588 au Bourg-d'Oisans. 21, 37, 46, 56.
BOUSQUET (Jean DU). Mari d'Armande de Durfort qui devint la maîtresse de l'évêque de Montauban. 35 n.
BOYSSET. 213.
BOZANCI, Voy. BOSANCY.
BRAMANT. Bramans, c^ne, c^on de Lanslebourg, arr¹ de Saint-Jean-de-Maurienne (Savoie). 160.
BRAMEFAN. Tour qui se dressait près de Briqueras (Italie). 100, 257.
BRANDIS (DE). Jacques de Montmayer, b^on de Brandis, gouverneur de Montmélian en 1600. Il était fils de François et de Jeanne de Pesmes. 286, 288.
BRANQUETTI (Col¹). 94.
BRAS. C^ne, c^on de Barjols, arr¹ de Brignoles (Var). 69, 90, 240, 244.
BRÉAULE (LA), BRÉOULE (LA), BRÉOLLE (LA). (I) à Bréoulle. 27, 39, 50, 61.
BRÈCHÈRE (LA). Ancien quartier de Grenoble. 474.
BREGANÇON Fort, c^ne de Bormes, c^on de Collobrières, arr¹ de Toulon (Var). 235.
BRÉMOND (I). 24 n., 395, 398, 445, 453, 456.
BRESSE (I). 115, 196, 197, 201, 288, 359.
BRETAGNE. Province de France. 304.
BREUIL (LE). Faubourg de Grenoble, actuellement le quartier de la paroisse Saint-Louis. 438
BRIANÇON (I). 18, 38, 50, 52, 69, 72, 81, 92, 105, 107, 108, 109, 112, 113, 117, 127, 128, 129, 132, 136, 139, 142, 144, 212, 214, 249, 299.
BRIANÇON EN THARANTAISE. Fort aujourd'hui détruit, près de Moustiers, en Tarentaise. 316.
BRIANÇONOIS, BRIANÇONNOIS (I) 30, 52, 214, 268, 356.
BRICQUEMAUD, BRIQMAUT. Jean de Beauvais, Sr de Briquemault, colonel, fils de François, pendu à la Saint-Barthélemy, et de Renée de Jaucourt: il épousa Françoise de Langhac, et fut tué en 1590 en Provence. 28, 32, 39, 40, 44, 50, 51, 53, 55, 64, 76, 78, 79, 88, 98, 152, 187, 190, 213, 215, 220, 256, 286.
BRIÉ. C^ne, c^on de Vizille, arr¹ de Grenoble (Isère). 54.
BRIGNOLLES, BRIGNOLLE. Ch.-l. d'arr¹ (Var). 237, 241, 244.
BRIGODIÈRES (DE). Thomas Chappuis, Sr de la Brigaudière, procureur des États du Dauphiné (1579). Il était fils de Denis et de Guigonne Gabier. 359.
BRIGNON. Claude Brignon, sommelier de Lesdiguières. 398.
BRIQUÉRAS, BRIQUAIRAS, BRICAIRAS, BRICQUÉRAS (I). 93, 94, 95, 97, 98, 99, 100, 101, 105, 107, 116, 117, 127, 128, 129, 130, 205, 251, 252, 254, 255, 256, 257, 258, 262.
BRISSON (Cap^ne). Tué en 1586 au combat d'Allemagne 26.
BROSSAS. Brossasco, c^ne, cercle de Suze, prov. de Coni (Italie). 52.
BRULART, LE CHANCELLIER (I). 416, 419, 420, 421, 424, 434.
BRUNEL (I). 127, 278.
BRUNEL. Jacques Brunel, lieutenant des gardes de Lesdiguières. 453.
BRUNIER. Reynaud de Brunier, Sr de Larnage. 284
BRUSQUET (LE). C^ne, c^on de la Javie, arr¹ de Digne (Basses-Alpes). 61, 82, 88, 232.
BRUTIN. Commandant le fort de Collonzelles, pendu en juin 1587. 18.
BUAT (DE). Capitaine sous les ordres de La Valette (1586). 28.
BUBIANE, BUBIANO. Bibiano, c^ne, cercle de Pignerol, prov. de Turin (Italie). 129, 255.
BUDŒE. Guillaume Budée, érudit célèbre, cons^r maître des requêtes, né en 1467, mort en 1540, fils de Jean et de Catherine le Picard. Il fut ambassadeur à Rome, prévôt des marchands et épousa Roberte de Lyeur. 78 n.
BUDOS. Jacques de Budos, Vte de Portes, gouv^r du Pont-Saint-Esprit (1595), fils de Jean et de Louise de Porcellets. Il épousa Catherine de Clermont. 43.

BUËCH (LE). Rivière traversant les Hautes-Alpes et se jettant dans la Durance. 440 n.

BUISSE (DE LA), BUYSSE (DE LA) (I). 73, 76 n., 98, 256, 284, 285, 308.

BUISSIÈRE (LA), BUSSIÈRE (LA). C^{ne}, c^{on} du Touvet, arr^t de Grenoble (Isère). 113, 222.

BUISSON. C^{ne}, c^{on} de Vaison, arr^t d'Orange (Vaucluse). 38.

BUISSON (DE). N... du Buisson, Sr de Montmaur, originaire de Toulouse. 50, 51, 286, 308, 310.

BULLION (I). 427.

BUOLC (I). 173.

BUONS (DE), BUON (DE), BUONX (DE) (I). 67, 69, 97, 153, 232, 237, 242, 254, 255.

BUOSC. Voy. BIOSC.

BURIAS. Buriasco, c^{ne}, cercle de Pignerol, province de Turin (Italie). 112, 141.

BURINGE. Fort et pont près de la Roche, ch.-l. de c^{on}, arr^t de Bonneville (Haute-Savoie). 200.

BURLE (Pont DE)-(Moulin DE). Moulin et pont sur le ruisseau de Bonne, près Gap. 5, 48.

BUSSIÈRE (LA). Voy. BUISSIÈRE (LA).

BUSSOD. Capitaine catholique (1588). 43.

BUSSY (DE). Richard de Bussy, S^r d'Isarnore et de Chanay, fils de François et d'Antoinette de Montluel; il épousa Jeanne de Luysieux et mourut en 1586. 198, 287.

BUYSSE (DE LA). Voy. BUISSE.

BUZON (LE). Torr^t qui se jette dans la Luye; c^{ne} de Romette, près Gap (Hautes-Alpes). 11.

BYMAR. Voy. BIMAR.

CABASSOLES (DE). Maistre de camp d'un régiment français (1592). 238.

CACHERANO. Voy. CAQUERANO.

CADENET. Ch.-l. de c^{on}, arr^t d'Apt (Vaucluse). 126.

CADILLAN (DE). Officier de d'Epernon, négociateur de la reddition de Chorges (1586). 28.

CADIÈRE (LA) (I). 90, 237, 245.

CAIGUES. Cognes, c^{ne}, c^{on} de Vence, arr^t de Grasse (Alpes-Maritimes). 234.

CAILHAN. Callian, c^{ne}, c^{on} de Fayence, arr^t de Draguignan (Var). 243.

CALAIS (Prés^t DE). Raynaud Fabri, Sr de Calais, b^{on} de Rians, doyen de la Chambre des Comptes de Provence (1574), fils de Nicolas et de Catherine de Chavari, épousa Marguerite Bompar. 43.

CALIGNON, CHANCELIER DE NAVARRE (LE) (I). 23 n., 24 n., 32, 40, 41 n., 48, 50 n., 95 n., 129 n., 136, 150, 179, 180, 183, 213 n., 227, 271, 311 n, 319 n., 349.

CALLES, CALAS. Callas, ch.-l. de c^{on}, arr^t de Draguignan (Var). 234, 243. 458.

CAMARET Voy. CHAMARET.

CAMBRAY (I). 150.

CAMPO. 335, 340.

CANAPLES. C^{ne}, c^{on} de Domart, arr^t de Doullens (Somme). 391.

CANAPLES (Cte DE). Charles de Créqui, comte de Canaples, fils de Charles et de Madeleine de Bonne. 400, 444, 451.

CANNES. Ch.-l. de c^{on}, arr^t de Grasse (Alpes-Maritimes). 88, 125.

CAPITOLE (LE). A Rome. 439.

CAPRIATA. 332.

CAQUERANO (Francesco), CACHERANO. Francisque Cacherano, gouverneur de la Pérouse en 1591. 93, 251.

CARACIOLO (II). 340, 343.

CARAMAN (DE). Adrien de Montluc, Sr de Montesquiou, comte de Carmain par son mariage avec Jeanne de Foix-Carmain. Il fut maréchal de camp, conseiller d'État, gouverneur du pays de Foix et mourut en 1646, âgé de 78 ans. 322.

CARCASSONNE. Ch.-l. du dép^t de l'Aude. 420, 421, 425, 434, 435.

CARCES (DE) (I). 119, 123, 136, 137, 230, 240.

CARLE. Jean Carle, le premier habitant de Grenoble qui bâtit une maison dans la rue de Bonne. 439 n.

CARMAGNOLLE (I). 52, 53, 135, 213.

CAROSIO. (II) à Caroso. 341.

CARRETTO (Jacques), CARRETO. Commandant dans le fort de Saint-Michel-de-Maurienne. 158, 159.

CARRON. 390.

CARTELLET. Voy. CASTELLET.

CASPLANES. Peut-être *Espagne*, hameau du c^{on} de Rians, arr^t de Brignolles (Var). 234.

CASSART. Cap^{ne} savoyard, tué en 1590. 216.

CASSIS, CASSINS. C^{ne}, c^{on} de la Ciotat, arr^t de Marseille (Bouches-du-Rhône). 90, 237, 245.

CASTELLANE, CHASTELLANE. *Castellanne*, ch.-l. d'arr^t (Basses-Alpes). 88.

CASTELLANNE (François DE). Prieur de Saint-André-les-Avignon (1539-1566), oncle de Lesdiguières et son tuteur. Il était fils de Claude de Castellane et d'Honorée de Glandèves. 4 n.

CASTELLET. Pierre de Guilhem, Sr du Castellet, gentil. de la Chambre, cap^{ne} de cavalerie, fils de Manauld et de Marguerite de Roquefeuil ; il ép., en 1582, Madeleine de Panisse. 221.

CASTELLET, CARTELLET. C^{ne}, c^{on} du Beausset, arr^t de Toulon (Var). 237, 245.

CHASTELNAU D'ARRY. Chef-lieu d'arr^t du dép^t de l'Aude. 416, 419.

CASTILLE (Connétable DE) (I). 140.

CASTILLIÈRE (LA). N... de Buffevent, Sr de la Castillère, capitaine des gardes de Lesdiguières, tué en 1625 au siège de Verrue. 350, 351.

CASTILLON. *Voy.* CHASTILLON.

CASTILLON (DE). François de Castillon, Sr de Beynes, fils de Jean-Louis et d'Honorade de Grasse, il épousa Madeleine de Varadier. 241, 244.

CATANEO. Camille Cataneo, maistre de camp des Génois. 343.

CATON. Consul romain. 469.

CAUMARS. (I) à Colmars. 81.

CAUTA. Hercole Cauta, lieutenant au gouvernement de Saint-Paul de Barcelonnette. 214.

CAVORET (Cte DE) (II). 335.

CAVOURS (I). 97, 98, 100, 102, 105, 115, 116, 129, 131, 132, 135, 136, 137, 139, 140, 141, 205, 209, 255, 256, 258, 259, 262.

CAZETTE (LA) (I). 7, 9, 212.

CAZZOLA. Capitaine des troupes du duc de Parme. 343.

CÉCILLIENNE (DE). (I) à Motet. 45.

CELLE. C^{ne}, c^{on} et arr^t de Brignolles (Var). 448.

CELLES (Pas DE). Près Chaumont (Italie). 214.

CELLON DE CRAUS. *Voy.* SALON.

CENIS (LE). *Voy.* LE MONT-CENIS.

CENTAL, SANTAL (I). 52, 82 n.

CENTONO. Maistre de camp du roi d'Espagne. 196.

CENTURION, CENTURIONE (Jules). 9, 14.

CERESTE, CIRESTE (I). 90, 287.

CERISAYE (Rue de LA). A Paris, quartier St-Paul. 443.

CÈVE (DE). 271, 284, 285, 290.

CHABERT (DE). Etienne Chabert, Sr de Champvert, capitaine. 51.

CHABEUIL. Ch.-l. de c^{on}, arr^t de Valence (Drôme). 62.

CHABLAIS (I). 199.

CHABOUD (DE) (I). 63.

CHABURD. Cap^{ne} savoyard, tué en 1590. 216.

CHAFFARDON (I). 38.

CHALYER. 227.

CHALEMONT. Montagne au-dessus du faubourg Saint-Laurent, à Grenoble. 438.

CHALON (Forest DE). Ferme, aujourd'hui disparue, entre Gap et Romette (Hautes-Alpes). 10.

CHAMAGNEU (DE). Ennemond de Loras, Sr de Chamagneu, fils d'Abel et de Marguerite du Pré, dame de Chamagneu. 473.

CHAMARET LE GRAS, CAMARET. C^{ne}, c^{on} de Grignan, arr^t de Montélimar (Drôme). 18, 57. 58.

CHAMBAUD (DE) (I). 53, 54, 128, 318, 322.

CHAMBÉRY (Porte DE). A Montmélian. 311.

CHAMBÉRY (I). 61 n., 70, 71, 74, 86, 90, 146, 147, 199, 200, 201, 202, 204, 205, 206, 248, 264, 274, 282, 296, 305, 308, 312, 313 n., 317, 319, 320.

CHAMBILLARD (DE). Lieutenant de la comp^{ie} de chevau-légers de Lesdiguières. 337.

CHAMBRE (LA) (I). 161, 275, 316.

CHAMBRE (Doirière de LA), — (M^{ise} DE LA). Claudine de Saulx-Tavannes, fille du maréchal de Tavannes, veuve de Jean-Louis de la Chambre-Seyssel, depuis 1595. 161, 280.

CHAMBRE (Mis DE LA). Pierre de la Chambre-Seyssel, Mis de la Chambre, fils de Jean

Louis et de Claudine de Saux-Tavannes ; il épousa, en 1606, Laurence de Clermont-Montoison. 163, 166, 280, 287.

CHAMBRE (Prést DE LA). Il n'y avait pas en 1592 de président nommé de la Chambre ; peut-être faut-il lire le président de la Chambre [des comptes de Savoie], qui était alors Jean Berliet, l'auteur du mémoire dans lequel il est question du président de la Chambre. 204, 205, 207.

CHAMIER. (I) à Chamyer. 406.

CHAMOIS. Cap^{ne} de cavalerie sous les ordres de Lesdiguières. 160, 286, 308.

CHAMOUS, CHAMOUX. Ch.-l. de c^{on}, arr^t de Chambéry (Savoie). 161, 163, 166, 265, 278, 279, 280, 292, 293, 315.

CHAMOUSSET (I). 161, 163, 164, 165, 166, 265, 266, 280, 282, 293.

CHAMPAGNE. Province de France. 27.

CHAMPAGNIER. C^{ne}, c^{on} de Vizille, arr^t de Grenoble (Isère). 42, 44.

CHAMPILLON. (I) à Campillon. 129.

CHAMPOLLION (DE) (I). 7, 8.

CHAMPS. C^{ne}, c^{on} de Vizille, arr^t de Grenoble (Isère). 30, 31, 32, 35, 37, 44, 186, 440, 447.

CHAMPS (Comm^r DE). Annet de St-Germain-Meyrieu, Sr de Champes, commandeur de Saint-Jean-de-Jérusalem. 43.

CHAMPSAUR (LE), CHAMSAUR, CHAMPSAULT (I). 4 n., 9, 10, 390, 393, 444, 448, 449, 460.

CHANAL (LA). (I) à Chenal. 52.

CHANCELA. Champcella, c^{ne}, c^{on} de Guillestre, arr^t d'Embrun (Hautes-Alpes). 9.

CHANCELLIER (LE). Voy. BRULART.

CHANCELIER DE NAVARRE (LE). Voy. CALIGNON.

CHANDIEU (DE). Antoine de Chandieu, seig^r de Chandieu. 286.

CHANDIEU (DE). Antoine de Chandieu, né en 1534, mort en 1591. Célèbre pasteur et théologien protestant. 43.

CHANTDIEU. Chandieu, ham., c^{ne} de St-Pierre-de-Chandieu, arr^t de Vienne, c^{on} d'Heyrieux (Isère). 72.

CHANTEMERLE. Ham., c^{ne} de Saint-Chaffrey, c^{on} de Monêtier-de-Briançon, arr^t de Briançon (Hautes-Alpes). 18.

CHANTARSIER. Champtercier, c^{ne}, c^{on} et arr^t de Digne (Basses-Alpes). 75.

CHAPAREILLAN, CHAPARRILLAN. C^{ne}, c^{on} du Touvet, arr^t de Grenoble (Isère). 202, 207, 222, 309.

CHAPELLE-BLANCHE (LA). C^{ne}, c^{on} de la Rochette, arr^t de Chambéry (Savoie). 168.

CHAPOT (DE). Commandant Montbonod pour le duc de Savoie. 197.

CHAPOT (aîné et puîné). L'un sergent de bataille, l'autre maréchal de camp, tués en 1590. 215.

CHAPPAN (Cap^{ne}). Louis de Chappan, Sr de Fontreine, fils de Jean-Jacques et de Jeanne Reynaud, époux de Jeanne de Renard, mort en 1634. 19.

CHAPPE, CHAPPES. Jacques de Chappe de Chandieu, baron de Chandieu, colonel, mari d'Antoinette Arnoul. 348, 349, 350, 351, 352.

CHAPPUIS. Pierre Chappuis, mari de Marguerite de Disimieu. 365.

CHARANCE (Cadet DE). Voy. MONTAUQUIER.

CHARITÉ-SUR-LOIRE (LA). Ch.-l. de c^{on}, arr^t de Cosne (Nièvre). 8.

CHARLES BORROMÉE (Saint). 464.

CHARLES V. Roi de France. 468.

CHARMONT (DE). Officier dans les troupes de d'Épernon, négociateur de la reddition de Chorges (1586). 28.

CHARPEY (I). 57, 62.

CHARPEY. Claude de Lattier, Sr de Charpey, fils de Pierre et de Catherine de la Tourette; il épousa, en 1550, Honorade d'Urre. 33, 47, 286.

CHARRETIER. Secrétaire du duc de Montmorency-Damville. 365.

CHARRIÈRE (Baron DE). Nicolas de Charrière, baron de Beloye, mari de Jeanne Gayet, capitaine, tué en 1597 à la prise de Chamousset. 281.

CHARTRES. Ch.-l. du dép^t d'Eure-et-Loir. 40 n., 47.

CHARTROUSSE (LA). (II) à Chartreuse. 63.

CHASSINCOURT (DE). Imbert de Biotière, S^r de

Chassincourt, fils de Claude et d'Antoinette de Brandons (1586). Il fut conseiller du roi de Navarre et député général des réformés. 174.

CHASTE. *Chatte*, c^ne, c^on et arr^t de St-Marcellin (Isère). 91.

CHASTE (Com^r DE). Aymar de Clermont-Chaste, chevalier de St-Jean (1566), vice-amiral de l'ordre (1582), gouverneur de Dieppe (1589), commandeur d'Ormeteau et de St-Paul-les-Romans, mort en 1603. Il était fils de François et de Paule de Joyeuse. 91 n.

CHASTEAU-ARNOULX, CASTEL-ARNOULS (I). 69, 74.

CHASTEAU-DAUFIN (I). 40, 52, 53, 54, 94.

CHASTEAU DE QUÉRAS, QUÉRAS (DE), QUÉRAS (LE) (I). 38, 39, 40, 93, 116, 190.

CHASTEAU D'IF (LE). Château bâti sur une île en face de Marseille. 124.

CHASTEAUFORT (DE). Alexandre Aguilenqui, Sr de Châteaufort, fils de Guillaume et de Marguerite de Cabanes de Vins. 26.

CHASTEAUNEUF. C^ne, c^on du Bar, arr^t de Grasse (Alpes-Maritimes). 88, 234.

CHASTEAUNEUF (DE). Peut être Honoré de Villeneuve, Sr de Châteauneuf, fils d'Honoré et de Lucrèce de Berre, mari de Marguerite de Grasse. 26.

CHASTEAUNEUF DE MAZAN (I). 360, 362, 363.

CHASTEAUREGNARD. (I) à Châteaurenard. 390.

CHASTEAURODON (DE). Jacques Laugier, Sr de Thoard, fils de Louis et de Françoise de Pontis, époux de Lucrèce de Verdillon, dame de Châteauredon, tué en 1588. 26.

CHATEAUROUX. C^ne, c^on et arr^t d'Embrun (Hautes-Alpes). 4 n., 18, 59.

CHASTEAUVILAIN (Cte DE). François de Grolée, Cte de Châteauvilain, fils de Mérand et de Marguerite de Lévis. Il épousa Sébastienne de Clermont et fut tué en 1569 à la bataille de Montcontour. 58.

CHASTELAR (LE). Ham., c^ne de la Condamine-Châtelart, c^on et arr^t de Barcelonnette (Basses-Alpes). 82.

CHASTELARD (DE). (I) à Bocsozel. 64, 77 n.

CHASTELLANE, *Voy.* CASTELLANE.

CHASTELLANIE. *Châtelaine*, quartier aux abords de Genève. 198.

CHASTELLIER (DU). Officier gascon au service de la Ligue en Provence (1595). 154.

CHASTILLON. *Châtillon*, hameau, c^ne de Lent, c^on et arr^t de Bourg (Ain). 445, 446.

CHASTILLON, CASTILLON. *Châtillon-en-Diois*, ch.-l. de c^on, arr^t de Die (Drôme). 12, 16, 34, 189.

CHASTILLON (DE), CHATILLON (DE) (II). 30, 34, 35, 36, 37, 40 n., 187, 188, 190 n.

CHAT (Mont du). Montagne près du lac du Bourget (Savoie). 204.

CHATILLON (DE) (I). 322.

CHATILLON-LE-DÉSERT. C^ne, c^on de Veynes, arr^t de Gap (Hautes-Alpes). 19 n.

CHAULIER, *Voy.* CHOLLIER.

CHAUMONT, CHAULMONT (I). 20, 133, 135, 214, 215.

CHAUP (LA). *Lachau*, c^ne, c^on de Séderon, arr^t de Nyons (Drôme). 66.

CHAUSSIN (Mis DE). 227.

CHAUTAGNE (LA). Circonscription territoriale près de Bellay (Ain). 209.

CHAUVIRIEU, *Voy.* CHOMURAY.

CHAUVIREY (DE), *Voy.* CHOMURAY.

CHEILAS (LE). *Le Cheylas*, c^ne, c^on de Goncelin, arr^t de Grenoble (Isère). 76.

CHÉLUS (DE). Peut être Barthélemy de Cheilus, Sr de la Tourrasse, fils de Rostaing et de Catherine de Paul ; il épousa Françoise de Chaza. 36.

CHESÉ (DE). Peut être Michel du Chesney de Bonne, colonel au service du duc de Savoie. 335.

CHENEVIÈRE (B^on DE). Colonel au service de la Savoie en 1597. 274.

CHENILLAC (DE). N. de Seniliac, Sr de Montréal, gouverneur d'Aubenas pour la Ligue. 36, 189.

CHEVALIER VERT (LE). Tué au combat d'Allemagne en 1586. 26.

CHEVALLIER (LE). N... le Chevalier, Sr de Sinard, 1573. 12.

CHEVRIÈRES (DE), CHEVRIER-MIOLANS (DE) (I). 21, 55.

CHIRENS, CHIRENC. C^ne, c^on de Voiron, arr^t de Grenoble (Isère). 70, 115, 147.

CHIVAS. *Chivasso*, commune, province de Turin (Italie). 351.

CHOLLIER, CHOLIER, CHAULIER. Secrétaire de Lesdiguières. 84, 108, 124.

CHOMURAY (B^{on} DE), CHAUVIRIEU (DE). Commandant à Morestel pour le duc de Savoie. 149, 164, 266.

CHORGES, CORGES (I). 9, 15, 23, 26, 27, 28, 46, 131, 185.

CIMAT DIT BROQUET. Antoine Cimat dit Broquet, cap^{ne} protestant, pendu par ordre de d'Épernon après la prise de Seynes. 27 n.

CIOTAT (LA), CIUTAD (LA), CIOUTAT (LA). *La Ciotat*, ch.-l. de c^{on}, arr^t de Marseille (Bouches-du-Rhône). 90, 237, 245.

CIOUTAT (LA), *Voy.* LA CIOTAT.

CIRESTE. (I) à Cereste.

CISTERON, *Voy.* SISTERON.

CLAINS Peut être *Clavien*, c^{ne}, c^{on} de Callas, arr^t de Draguignan (Var). 243.

CLAIX. C^{ne}, c^{on} de Vif, arr^t de Grenoble (Isère). 393, 447.

CLANSAYES, CLANSEIES. C^{ne}, c^{on} de St-Paul-trois-Châteaux, arr^t de Montélimar (Drôme). 38, 190.

CLARET, CLERET. C^{ne}, c^{on} de la Motte-du-Caire, arr^t de Sisteron (Basses-Alpes). 26, 45.

CLAUDE (La petite). Claude de Bonne, fille de Lesdiguières, morte jeune en 1588. 51.

CLAVERI (Cap^{ne}). Capitaine protestant tué au mont Genèvre en 1587. 30.

CLAVESON (DE) (I). 18, 212.

CLAVEZANO. Paulo-Antonio Clavezano, officier génois. 343.

CLELLES. Ch.-l. de c^{on}, arr^t de Grenoble (Isère). 31, 114.

CLERET, *Voy.* CLARET.

CLERET (DE). François de Castellane, Sr de Claret, fils d'Hélion et de Françoise de Mandol, épousa Lucrèce de Ventimille et testa en 1619. 26.

CLERVANS (DE), CLERVANT (DE) (I). 53, 54, 174, 177, 178.

CLES, *Voy.* PONT DE CLEFS.

CLUSE (Grande et petite). *L'Écluse*, fort, c^{ne} et c^{on} de Collonges, arr^t de Gex (Ain). 196, 197, 198, 199.

CLUSON (LE). Rivière qui arrose le Valcluson (Italie). 105.

COCHE (LA). Pierre de Theys, Sr de la Coche, gouverneur de Grenoble pour les protestants; tué en Lorraine en 1569. 5.

COCHE-SUR-GIÈRE (LA). Ham, c^{ne} de Theys, c^{on} de Goncelin, arr^t de Grenoble (Isère). 44, 54.

COIGNET (Pont de). Pont sur le Drac, près de la Mure (Isère). 186.

COISE (Bois de), COYSE (Bois de). Bois près des Molettes (*Voir* ce nom). 168, 169.

COLAUD, COULLAUD. Martin Colaud, apothicaire. 403.

COLBERT. Ministre de Louis XIV. 23 n.

COLIGNY. Gaspard de Coligny, amiral de France, chef du parti protestant, tué à la Saint-Barthélemy. 8.

COLLET (DU), *Voy.* VULSON.

COLLAUD. Martin Collaud, apothicaire de Lesdiguières. 444.

COLLOMBIER. Ham., c^{ne} de Beauvoir-de-Marc, c^{on} de St-Jean-de-Bournay, arr^t de Vienne (Isère). 448.

COLLONGES. Ch.-l. de c^{on}, arr^t de Gex (Ain). 195, 196.

COLLONZELLES, COLONSELLES. C^{ne}, c^{on} de Grignan, arr^t de Montélimar (Drôme). 18, 57, 58.

COLOMBE (Col de la). En Tarentaise. 277.

COLOMBIÈRE (DE LA). Jean Vulson, Sr de la Colombière, successivement pasteur à la Mure, Die, Tréminis, Gap et Montélimar. Il mourut en 1626. 404.

COLONEL (LE), *Voy.* ORNANO.

COLUMBE (LA). Gaspard de Castellane, Sr de la Colombe, fils d'Hélion, Sr de Claret, et de Françoise de Mandol; il épousa, en 1577, Claudie Raymond. 26.

COMBE (LA). Commandant le château de la Roche-des-Arnauds, tué en 1576. 12.

COMBE (LA). Ministre protestant pendu par ordre de d'Epernon, après la prise de Seynes (1586). 26.

COMPS. C^{ne}, c^{on} de Dieulefit, arr^t de Montélimar (Drôme). 390.

COMPTE (Estienne), COMTE. Capitaine commandant la milice gapençaise au combat du Buzon où il fut tué (1574). 10, 11.

COMTAT (Le), CONTAT (Le) (I). 18, 19, 28, 29, 51, 60, 63.

COMTÉ (Le), *Voy.* NICE (C^té de).

CONCHE (LA). Montée de la Couche, c^ne de Prunières (Hautes-Alpes). 16.

CONDÉ (I). 366 n.

CONDÉ, PRINCE (LE) (II). 175, 356, 433.

CONDÉ (II). 321 n., 322, 323.

CONDRIEU. Ch.-l. de c^on, arr^t de Lyon (Rhône). 62.

COFLANS (I). 158, 162, 166, 278, 279, 313, 314, 315, 316, 317, 320.

CONNAUX. C^ne, c^on de Bagnols, arr^t d'Usez (Gard). 6.

CONNESTABLE (Mme LA), *Voy.* MARIE VIGNON.

CONNÉTABLE (LE), *Voy.* MONTMORENCY.

CONSTANT. 227.

CONSTANTIN-LE-JEUNE. Empereur romain. 437.

CONSTANTINOPLE (Patriarche de). Néophite II, patriarche de Constantinople de 1600 à 1602. 319.

CONTY (Prince DE). François de Bourbon, prince de Conti (I). 371, 375.

CONY (I). 82 n.

COPPET (I). 393.

CORBEAUX (DE). Aubert de Corbeau, Sr de Vaulserre, gouv^r des Échelles, fils de Jacques et de N... de Rochevieille. Épousa en 1599 Jeanne de Voissan, et testa en 1618. 64, 65, 200.

CORBIÈRE. *Corbières*, c^ne, c^on de Manosque, arr^t de Forcalquier (Basses-Alpes). 69.

CORGES, *Voy.* CHORGES.

CORNEILLE (Cap^ne). Tué au combat d'Allemagne en 1586. 26.

CORNILLION (DE). Charles des Alrics, Sr de Cornillon, maître de camp, gouv^r de Valréas, fils de René et d'Honorée d'Urre, il épousa Marguerite de Grolée, et mourut en 1624. 200.

CORNILLON (I). 62, 195 n.

CORNUSSON (DE). Jean de la Valette, Sr de Cornusson, fils de François et de Gabrielle de Murat; il fut colonel. 322.

CORPS, CORP (I). 4 n., 6, 7, 8, 14, 21.

CORRIARDES (Les). *Les Corréardes*, ham.,
c^ne de Lus, c^on de Châtillon-en-Diois (Drôme). 106.

COSANS, COSSANS (II). 36, 189.

CÔTE-SAINT-ANDRÉ (LA), COSTE (LA) (I). 23 n., 72, 91, 118, 127, 136, 149, 249, 319.

COTIGNAC, COTTIGNAC. Ch.-l. de c^on, arr^t de Brignoles (Var). 88, 234, 243.

COTIGNON. Nicolas Cotignon, sieur de Chauvry et du Breuil, généalogiste du roi en survivance de Gabriel de père, 1621, 29 septembre. Puis premier président de la Cour des monnaies. 425, 434, 435.

COUCHERON. Montagne et col entre le Graisivaudan et la Maurienne. 292.

COUDRAY (LE). Guillaume du Coudray, B^on d'Héry, colonel au service du duc de Savoie. 338.

COULOMBIER (Le). *Colombière*, ham., c^ne de Sabran, c^on de Bagnols, arr^t d'Usez (Gard). 48.

COURBIÈRE (Cap^ne). Capitaine protestant (1585), 17 n., 52.

COURBON, CORBONNE, COURBAIN. *Courbons*, ham., c^ne, c^on et arr^t de Digne (Basses-Alpes). 75, 76 n., 447, 448.

COURONNE (LA). (I) à Coronne. 128, 166, 284, 286.

COURTEUILLE (DE). Sergent-major du régiment de Villeroy (1625). 350.

COUTRAS. Ch.-l. de c^on, arr^t de Libourne (Gironde). 40.

COYSE (Bois de), *Voy.* COISE (Bois de).

CRAU (Plaine de LA). Plaine qui s'étend d'Arles à Berre (Bouches-du-Rhône). 138.

CREMOLIN. 333, 334.

CRÉMONE. Chef-lieu de la province de ce nom (Italie). 343.

CRÉQUI (DE), CRÉQUY (DE), SAULT (Cte DE) (I). 25, 31, 137, 157, 158, 161, 162, 163, 169, 170, 265, 276, 279, 280, 284, 285, 288, 289, 294, 297, 302, 304, 311, 312, 315, 316, 318, 322, 338, 344, 348, 351, 352, 353, 382 n., 390, 391, 392, 395, 397, 399, 400, 401, 422, 427, 428, 429, 435, 436, 445, 447, 449, 450, 454, 455, 457, 460, 461, 464, 466, 470, 474.

CRÉQUI (Mme la maréchal DE), *Voy.* FRANÇOISE DE BONNE.

CRÉQUI (LA DAME DE), *Voy.* MADELEINE DE BONNE.

CRÉQUY (Françoise DE). Fille de Charles de Créqui et de Madeleine de Bonne. 444.

CRÉQUI (DE). Catherine de Créqui, fille de Charles de Créqui et de Madeleine de Bonne. 395, 444.

CRESSANTIN (II). 348, 351.

CREST (I). 34, 62, 187, 364.

CREVASSE (LA). 109, 134.

CRILLON (I). 27, 312, 313, 319.

CROIX (LA). Chât., c^{ne} et c^{on} de Tallard, arr^t de Gap (Hautes-Alpes). 19.

CROIX (Montagne de LA), COL LA CROIX. Col donnant accès de la vallée du Queyras en Italie (Hautes-Alpes). 93 n., 129.

CROIX (LA). Louis du Suau, capitaine La Croix, fils de Barthélemy du Suau, de Tallard ; mort en 1585. 21.

CROIX (LA) (I). 42, 43, 55.

CROIX D'AIGUEBELLE (LA). Lieu dit dans les faubourgs d'Aiguebelle (Savoie). 280.

CROLLES. C^{ne}, c^{on} du Touvet, arr^t de Grenoble (Isère). 313, 319, 320.

CROS (Président DU) (I). 5.

CROSSE (DE). (I) à Croze. 125.

CROTTE (Le pas de LA). Route près des Échelles, c^{on} du Pont-de-Beauvoisin, arr^t de la Tour-du-Pin (Isère). 63, 64, 65, 147, 200.

CROTTES (DES) (I). 265, 280, 285.

CROTTES (DES) (I). 15, 17, 25, 50.

CRUES. (I) à Cuers. 237.

CUCURON. Louis de Castillon, Sr de Cucuron, fils de Fouquet et de Louise de la Croix de Corbières ; il épousa Marguerite de Jarente la Bruyère. 221.

CUCURRON. C^{ne}, c^{on} de Cadenet, arr^t d'Apt (Vaucluse). 68.

CUERS (I). 90, 245.

CUGIE (DE), CUGY (DE) (I). 45, 49, 57, 140, 174, 175, 176, 178, 180, 286.

CURBAN. (I) à Curbaing. 45, 449.

CURIUS DENTATUS, consul romain. 327.

DASSE. Capitaine du régiment de Blacons. 350.

DAURENS (LES). *Auris*, c^{ne}, c^{on} du Bourg-d'Oisans, arr^t de Grenoble (Isère). 56.

DAVINE. Honorade ou Honorée Davin, d'Orpierre, fille de Bernardin Davin et de Marguerite de Bonne. 395, 444.

DAVINI. Citoyen de Gap. 48.

DAVISE. Sénateur au Sénat de Chambéry, envoyé au Parlement du Dauphiné par le duc de Savoie, 1589. 61.

DÉAUX. Capitaine provençal (1591). 221.

DEMONT (I). 82, 229.

DERBIÈRES. *Derbière*, ham., c^{ne} de Savasse, c^{on} de Marsanne, arr^t de Chambéry (Savoie). 34, 35.

DESGARRABAGUES, ESGARAVACQUES. Capitaine ligueur originaire du Languedoc qui prit part à toutes les campagnes de Provence et du Dauphiné de 1580 à 1600. 41, 90, 191, 234, 237, 241.

DESPRAUX. Robert de St-Germain-la-Villette, S^r des Praux, fils de Gilles et de Philippine de Bourchenu ; mort en 1608. 15.

DEVOLUY. Circonscription territoriale répondant au canton de Saint-Étienne, arr^t de Gap (Hautes-Alpes). 15, 395.

DIE, DYE (I). 13, 24, 34, 41, 42, 47, 56, 60, 329, 363, 364, 404 n., 429.

DIES (LE), *Voy.* DVOIS (LE).

DIEU-LE-FIT (I). 406 n.

DIGNE, DIGNES (I). 46, 75, 82, 83, 84, 131, 139, 229, 233, 247.

DIGUIÈRES (LES), LESDIGUIÈRES (I). 8, 29, 30, 32, 34, 40, 41, 42, 43, 44, 46, 47, 50, 56, 59, 60, 61, 70, 72, 75, 81, 85, 87, 90, 92, 105, 106, 107, 113, 114, 117, 118, 126, 127, 132, 136, 137, 143, 151, 156, 390, 394, 441, 448, 460, 474.

DIGUIÈRES (Mme DES), *Voy.* BERENGER (CLAUDIE DE).

DISIMIEU (DE) (I). 46, 322.

DOHNA (Cte DE). Fabian, Cte de Dohna, qui commandait avec le duc de Bouillon l'armée des reîtres qui fut battue à Auneau en 1587. 40 n.

DOIRE (LA). Rivière qui sort du Mont-Cenis et se jette dans le Pô à Turin. 111.

DOMÈNE, DOMEYNE. Ch.-l. de c^{on}, arr^t de Grenoble (Isère). 42, 114.

DONSÈRE (I). 57.

DORDONNE (LA). *La Dordogne*, rivière. 6.
DORIA. Gentile Doria, officier génois. 343, 344.
DORIA. Jean-Jérôme ou Giogirolamo Doria, général des troupes de Gênes. 333, 335.
DORIA. Nicolas Doria, officier génois. 333, 334.
DOULLANS. *Doullens*, ch.-l. d'arr[t] (Somme). 390.
DRAC (LE), DRAQ (LE) (I). 31, 188, 189 n.
DRAGUIGNAN. Ch.-l. du dép[t] du Var. 88, 89, 234, 236, 244, 247.
DRUENT (Cte). (I) à Val-d'Izère. 333.
DUBLON. *Dubbione*, ham., c[ne] de Pinasca, cercle de Pignerol, prov. de Turin (Italie). 129, 130, 131.
DUMESNIL-MORAND. Thomas Morand, sieur du Mesnil-Garnier, trésorier de l'épargne, chevalier du Saint-Esprit depuis 1621, 21 février. 422.
DUPLAL. Notaire à Valence. 456, 459, 461.
DURANCE (LA) (I). 10, 16, 27, 39, 42, 45, 69, 84, 121, 122, 139.
DURFORT (Armande DE). Armande de Durfort de Boissières, fille de Pierre et d'Isabeau de Roquefeuil, épousa Guillaume du Bosquet, puis Jean de Lettes de Montpezat, évêque de Montauban. 35 n.
DYE, *Voy*. DIE.
DYOIS (LE), DIEZ (LE). (I) à Valentinois et Diois. 12, 16, 34, 51, 356, 374, 379, 382, 385.
EBENS. (I) à Eybens. 31, 40.
EBENS (D'). Pierre de Chapponay, S[r] d'Eybens, fils de Laurent, conseiller du roi et trésorier de France. 30, 32, 40, 49, 54.
ÉCHELLES (LES), ESCHELLES (LES) (I). 63, 64, 65, 66, 70, 145, 146, 147, 148, 200, 202, 204, 205, 238, 248.
ÉCHILLES, *Voy*. EXILLES.
ÉGALIERS, ESGALIÈRES. *Eygalayes*, c[ne], c[on] de Séderon, arr[t] de Nyons (Drôme). 33, 187.
ÉGUEBELLE, *Voy*. AIGUEBELLE.
EIGUIÈRES, *Voy*. EYGUIÈRES.
ÉGUILLE (L'), EUGLI (L'), ESGUILLE (L'), AIGUILLE (L'). (I) à Éville. 163, 166, 171, 266, 282, 291, 292.

EMBEL, *Voy*. AMBEL.
EMBRUN, AMBRUN, AMBRUNG (I). 4 n., 9, 10, 16, 17, 18, 20, 25, 28, 29, 30, 32, 38, 39, 40, 41, 42, 43, 46, 50, 51, 53, 56, 59, 61, 69, 70, 72, 85, 87, 92, 107, 113, 116, 127, 128, 129, 131, 132, 136, 139, 142, 181 n., 212, 214, 215, 217, 232, 242, 283, 429.
EMBRUN (Archevêque D'), D'AVANCON (I). 16, 181 n.
EMBRUNOIS, AMBRUNOYS (I). 81 n., 214, 223, 356.
ENCOMBRES (Col des). En Tarentaise. 277.
ENGROGNE, *Voy* ANGROGNE.
ENTRAIGUES, ANTRAIGUES. C[ne], c[on] et arr[t] de Carpentras (Vaucluse). 51, 53.
ÉPERNON, *Voy*. ESPERNON.
ESBIN (Porte d') Porte d'Eybins, à Montmélian (Savoie). 311.
ESCHELLES (LES), *Voy*. ÉCHELLES (LES).
ESCOLENGUE (Col[l]). Colonel au service de la Savoie. 304.
ESCOSSE (La reine D'). Marie Stuard. 77 n.
ESCOTY (Cap[ne]). Capitaine protestant (1585). 17 n.
ESCUYER (L'). Jean de Roux, dit l'Écuyer, fils de Martin de Roux; capitaine catholique. 14.
ESGALIÈRES, *Voy*. ÉGALIERS.
ESGUILLE (L'), *Voy*. ÉGUILLE (L').
ESPAGNE (I). 223, 235, 260, 274, 332, 467.
ESPAGNE (Le roi d'), SA MAJESTÉ CATHOLIQUE (I). 79, 110, 112, 132, 155, 195, 199, 200, 202, 203, 253, 272, 344, 410.
ESPARRON, SPARRON, SPARRON DE PALLIÈRES (I). 67, 69, 218, 219, 221 n.
ESPERNON, ÉPERNON (I). 26, 27, 44, 87 n., 92, 97, 108, 118, 119, 120, 121, 122, 123, 124, 125, 128, 136, 137, 138, 139, 142, 150 n., 152, 153, 154, 185 n., 239, 241 n., 243 n., 244 n., 246 n., 247 n., 249, 254, 261.
ESPIERRE. *Épierre*, c[ne], c[on] d'Aiguebelle, arr[t] de Saint-Jean-de-Maurienne (Savoie). 292.
ESPINAC (D'). Pierre d'Espinac, archevêque de Lyon (1573-1599), fils de Pierre, lieut[t] gén[l] du roi en Bourgogne, et de Guicharde d'Albon. 57, 117 n.
ESPRIT. Cap[ne] ligueur provençal. 236, 237.

Esquarabaques, *Voy.* Desgarrabagues.

Essilles, *Voy.* Exilles.

Essods (Les). *L'Aissaud*, c^{ne}, c^{on} de Montmélian, arr^t de Chambéry (Savoie). 168.

Estables (D') (I). 40, 49.

Estant (L'). Il y a évidemment une erreur dans le passage où il est question de ce personnage. Gordes n'eût que deux gendres : Rostaing d'Urre, S^r d'Ourches, et Antoine de Clermont-Montoison. 13.

Estoille (I). 47.

Estrange (De l'), Étrange (L'). (II) à Lestrange. 36, 189.

Eugent. Capitaine protestant pendu par ordre de d'Épernon après la prise de Seyne (1586). 26.

Eugli (L'), *Voy.* Éguille (L').

Évangéliste (Dom) (I). 269, 287, 300.

Évenes (Les). *Évenos*, c^{ne}, c^{on} d'Ollioules, arr^t de Toulon (Var) 90.

Évesque de Gap (L'). (I) à Paparin. 14.

Évesque (Mgr L'). Alphonse de la Croix-de-Chevrières, évêque de Grenoble (1619-1637); il était fils de Jean de la Croix, également évêque de Grenoble, et de Barbe d'Arzac. 473.

Évian. Ch.-l. de c^{on}, arr^t de Thonon (Haute-Savoie). 199.

Exilles, Essilles, Exiles, Echilles (I). 20, 72, 97, 108, 109, 110, 112, 131, 132, 133, 134 n , 199, 212, 213, 214, 215, 216, 217, 222, 254, 268, 283, 299.

Expilly. Claude Expilly, né à Voiron en 1561, mort en 1636; président du Conseil de Savoie (1600), président au Parlement de Grenoble (1616), diplomate, auteur de nombreux ouvrages en vers et en prose. Il épousa Isabeau de Catilhon. 437.

Eybert. Claude Eybert, Sr de Pariset. 452, 458, 461.

Eyguières, Eiguières. Ch.-l. de c^{on}, arr^t d'Arles (Bouches-du-Rhône). 138.

Eyria (D'). Claude de Bussy, S^r d'Eyria, Bon de Brion, fils de Jean et de Louise Palmier; il épousa Antoinette de Dinteville. 201.

Eyrieu. *Heyrieux*, Ch.-l. de c^{on}, arr^t de Vienne (Isère). 136, 144.

Eyton. *Aiton*, c^{ne}, c^{on} d'Aiguebelle, arr^t de St-Jean-de-Maurienne (Savoie). 166.

Fabius. Consul romain. 469.

Fages. 224.

Falcon. Alexandre Falcon, bourgeois de Sassenage. 459.

Falcouds. Peut être *les Falcons*, hameau, c^{ne} de Chabeuil, c^{on} et arr^t de Valence (Drôme). 448.

Fallavaux. Hameau, c^{ne} de la Salette-Falavaux (Isère). 448.

Faucigny. Circonscription territoriale, aujourd'hui Haute-Savoie, capitale Bonneville. 199, 200.

Faure. (I) à du Faure. 47.

Faure. Languedocien attaché à la personne de Montmorency, gouverneur de cette province (1615). 321.

Fauries (Les). *La Faurie*, c^{ne}, c^{on} d'Aspres, arr^t de Gap (Hautes-Alpes). 29, 44.

Faux. *Fos*, c^{ne}, c^{on} d'Istres, arr^t d'Aix (Bouches-du-Rhône). 234, 236.

Fayence, Favance. Ch.-l. de c^{on}, arr^t de Draguignan (Var). 88, 89, 234, 241, 243.

Fayet (Le) Ham., c^{ne} de Barraux, c^{on} du Touvet, arr^t de Grenoble (Isère). 206.

Fenestre (Col de la) — (Fort de la). *Fenestrelles*, c^{ne}, province de Suze (Italie). 283.

Fenestrelles (I). 105, 107, 108, 112, 117, 128, 129, 130, 131, 132.

Ferari. Jean-Baptiste Ferrari, professeur d'hébreu à l'Académie protestante de Die (1611-1616). 406.

Ferrière. Colonel en 1625. 348.

Ferron. Lieutenant au régiment d'Huxelles (1625). 350.

Ferron (De). 458.

Fiennes (De). Officier Languedocien. 322.

Figances. Probablement *Figunières*, c^{ne}, c^{on} de Callas, arr^t de Draguignan (Var). 243.

Filippin (Domp), *Voy.* Philippin (Dom).

Fils ainé du comte de Suze, *Voy.* Suze.

Fin (De la) (I). 119, 120, 121, 122, 123, 124, 125, 174.

Fine. Capitaine. 54, 56.

Firet. Maison forte près de Treffort (Ain). 396.

FITTE (DE LA), Voy. FYTTE (DE LA).

FLANDRES (I). 200, 203.

FLANDRES (DE) (II). 342, 343.

FLÉHARD. (I) à Fléard. 365.

FLEURY (DE) (II). 335, 341.

FLORENT-SAINT-JULIEN, Voy. RENARD.

FLOTTE. Ferme, c^{ne} de la Freissinouse, c^{on} et arr^t de Gap (Hautes-Alpes). 30.

FLOTTE (Balthazard), Voy. LA ROCHE.

FONCLÈRE. Gaspard de Bonne, Sr de Fontclaire, chanoine, archidiacre de Gap et capitaine, fils de Charles et de Jeanne de Varey; tué en 1589 au sac de Moras. 62.

FONTAINEBLEAU (I). 378.

FONTANIL (LE). C^{ne}, c^{on} et arr^t de Grenoble (Isère). 62.

FONTCOUVERTE. Jean l'Evesque, Sr de Fontcouverte, chevalier de l'ordre, gouverneur de Forcalquier et Tarascon, colonel, fils de Jean et de Melchionne de la Cépède, épousa Marguerite de Bouliers, puis Claire de Pontevès, et testa en 1593, mais mourut vers 1600. 160, 163, 265, 279, 284, 285.

FOPPA. Cap^{ne} espagnol. 343.

FORCALQUIER (I). 245.

FOREST (DE LA) (II). 287, 301.

FOREST (LE). Province de France. 144, 321, 322, 359, 423, 435.

FORGET (I). 226, 368, 371, 378.

FRANC (DE) (I). 143.

FRANCIN. C^{ne}, c^{on} de Montmélian, arr^t de Chambéry (Savoie). 312.

FRANÇOIS Ier. Roi de France. 347 n.

FRÉJUS. Ch.-l. de c^{on}, arr^t de Draguignan (Var). 86, 89, 125, 234, 236, 237, 241, 243, 244.

FRÈRE (II). 474.

FRESNE-FORGET (DU). (I) à Forget. 143, 320.

FRESSINOUSE (LA). Bernard de Castellane, Sr de la Freissinouse, fils de François et de Lucrèce de Villeneuve. 26.

FRETTE (LA). 269.

FRETTE (DE LA) (I). 64, 286.

FREYSSIGNIÈRES, FREYSSINIÈRE. Freyssinières, c^{ne}, c^{on} de Guillestre, arr^t d'Embrun (Hautes-Alpes). 9, 10 n.

FRIBAUD. Guichard Fribaud, témoin du testament de Lesdiguières. 453, 456, 459.

FRIZE (DE) (I). 18 n.

FRUSSASC. Frussasco, c^{ne}, cercle de Pignerol, prov. de Turin (Italie). 140, 141, 142.

FURMEYER (Antoine RAMBAUD, S^r DE), FURMEYET, FURMUYET (II). 4, 5.

FURMEYER (DE), RAMBAUD (Jacques) (I). 4 n., 49, 179.

FYTTE (DE LA), FITTE (DE LA). Balthazard de la Fitte, Sr de Pelleport, fils d'Odet et de Belette de Verdusan. Il épousa Jeanne de Tanes. 52.

GACHE (Port de LA), GASCHE (Port de LA). Ham., c^{ne} de Barraux, c^{on} du Touvet, arr^t de Grenoble (Isère). 171, 172, 303, 304.

GAGINETI. François Gagineti, officier génois, de Ravenne. 343.

GAGNA. Dominique Gagna, enseigne espagnol. 343.

GALLATY. Gaspard Gallaty, colonel des Suisses, né dans le canton de Glaris, anobli en 1587, mort en 1619. 312.

GANGAILLE (Cap^{ne}). Noble Daniel Lagier, capitaine Gangaille, de Gap. 14.

GAP (I). 4 n., 5, 6, 7, 10, 11, 13, 16, 19, 20, 26, 31, 32, 43, 45, 48, 49, 54, 61, 69, 70, 75, 87, 92, 106, 116, 131, 139 n., 173 n., 174, 175, 177, 178, 179, 180, 181 n., 182, 183, 184, 187 n., 217, 360, 362, 363, 364, 404 n., 429, 441.

GAPENSOYS (I). 81 n., 356.

GARDE (LA). Jean-Baptiste Escalin des Aimars, Bon de la Garde, fils d'Antoine, amiral de France, et de Marguerite Langlois. 36, 189.

GARDETTE (DE), MONTIFAULT (DE). Jean de Gardette, Sr de Montifault, grand prévôt de la Connétablie en Dauphiné. 461, 473.

GARENO (Jean DE). Capitaine Italien au service de la Ligue (1585). 16.

GARGAS (DE). Balthazard de Moustiers, Sr de Gargas, fils de Henri, Sr de Ventavon, et de Suzanne de Comboursier. 11 n.

GARNERI. Capitaine envoyé par Montmorency-Damville à Lesdiguières. 28.

GARREAUS (DE). Officier ligueur tué au combat d'Esparron (1586). 26.

GARZIGLIANA. C^{ne}, cercle de Pignerol, prov. de Turin (Italie). 101.

GAS (Le S^r DU). Gaspard de Berenger de Morges, Sr du Gua, fils de Gabriel et d'Alix de Laire; il épousa Isabeau d'Arragon. 445.

GASANS, *Voy.* LA MIRANDE.

GASCOGNE. Province de France. 243 n., 249.

GATIEN. Citoyen de Grenoble. 397.

GATINARI (Cte), GASTINAR (Cte), GATINARA (Cte DE). (I) à Gastinar. 269, 287, 300.

GAU (DU). Jean de Sade, Sr du Gout et de Beauchamp, fils de Pierre; épousa Françoise Francois. 26.

GAUTHIER (Pierre). Prieur de Corps. 4 n.

GAVY, GAVI (II). 334, 335, 337, 338, 339, 340, 341, 345, 346, 347 n.

GAZIN (Carles). Commandant le château d'Exilles. 135.

GEBRON (Pont Du). *Pont de Jabron*, aujourd'hui les *Bons Enfants*, ham., c^{ne}, c^{on} et arr^t de Sisteron (Basses-Alpes). 52.

GÊNES (I). 332, 333, 336, 337, 338, 339, 340, 344, 345.

GENÈVE (I). 35 n., 42, 78 n., 80 n , 114, 115, 134 n. 161, 164, 176, 183, 193, 195, 196, 197, 198, 199, 200, 201, 208, 209, 224, 247.

GENISSERAY, GENSERAY. *Genasservis*, c^{ne}, c^{on} de Rians, arr^t de Brignolles (Var). 88.

GENSON (DE). Gaspard de Forbin, baron de Villelaure, Sr de Janson, gouv^r de Pertuis, fils de Jean et d'Antoinette de La Terre. Il épousa Marguerite de Pontevès (1551), et mourut vers 1600. 26.

GENTIL (DE). Pons de Gentil, avocat et capitaine, de Tallard, fils d'Antoine ; juge à Corps au commencement du XVIIe siècle. 170, 181 n.

GENTIL. Alexandre Gentile, officier génois. 343.

GENTIL. Marc-Antoine Gentile, officier génois, commissaire général des vivres. 343.

GENTILLET (I). 183.

GENTON. Maître de camp au service de la Savoie. 217.

GEORGES (Cap^{ne}). Georges Manfredi, capitaine, de Crémone. 343.

GERBEX. 209.

GESIA (Jean de LA). Capitaine italien au service de la Ligue (1585). 16.

GESSEN (DE). (I) à Chatte. 17, 25.

GEX (I). 195, 198, 201.

GIAN, GIANS. *Grans*, c^{ne}, c^{on} de Salon, arr^t d'Aix (Bouches-du-Rhône). 69, 221.

GIERRES, GIÈRE (I). 5, 42, 54, 196.

GIGONDAS. C^{ne}, c^{on} de Beaumes, arr^t d'Orange (Vaucluse). 187.

GILI. Jérôme Gili, capitaine génois, d'Alexandrie. 343.

GILLES (DE). Melchior de Gilles, secrétaire de Lesdiguières. 395, 401.

GILLES (DE). Philippe de Gilles, maître d'hôtel de Lesdiguières. 395.

GINESTOUS. 234.

GIRARD. Antoine Girard, sommelier de Lesdiguières à son château de Vizille. 398.

GIRARD. Arnoux Girard, laquais de Lesdiguières. 395.

GIRAUD (I). 24 n.

GIVORDS. *Givors*, ch.-l. de c^{on}, arr^t de Lyon (Rhône). 72.

GLAISIER (LE), GLEYSIER (LE). *Le Glaizil*, c^{ne}, c^{on} de St-Firmin, arr^t de Gap (Hautes-Alpes). 448, 449.

GONCELIN, GONCELLIN, GONSSELIN (I). 44, 73, 74, 76, 80, 87, 114, 149, 199, 203, 322, 279.

GONNAULT. *Gonnor*, c^{ne}, c^{on} de Thouarcé, arr^t d'Angers (Maine-et-Loire). 390.

GONT (François). Arquebusier de la Cie de Lesdiguières (1575). 12.

GORDES (I). 4, 7, 12, 13, 14, 21.

GORDES (DE) (II). 322.

GOUVERNET (I). 24, 26, 33, 44, 45, 48, 49, 50, 51, 52, 53, 55, 70, 71, 85, 86, 87, 97, 129, 130, 175, 182, 183, 184, 187, 216, 254, 255, 365.

GRACE, *Voy.* GRASSE.

GRAMMONT (DE). Louis de Grammont, Sr de Vachères, cap^{ne} de cinquante hommes d'armes, fils de Guillaume et de Jeanne d'Hostun-la-Beaume ; il épousa Louise d'Ancezune-Cadart. 286.

GRANE (I). 361, 362.

GRAND PRIEUR (LE). (I). 19 n.

GRANGE (LA) (l). 57, 61, 85.

GRANGE (LA). *Le Granges*, ham., c^{ne} de la Vache, c^{on} et arr^t de Valence (Drôme). 35.

CRANGE (DE LA) (II). 330, 348, 349.

GRAS (Guillaume). Guillaume Gras, S^r de St-Maurice, fils de Charles et de Marguerite Bot de Cardebat, mari de Marguerite Arabin, mort sans postérité en 1640. 4 n.

GRASSE, GRACE. (I) à Grace. 89, 95, 234, 252.

GRAVAISON. *Graveson*, c^{ne}, c^{on} de Château-Renard, arr^t d'Arles (Bouches-du-Rhône). 75 n.

GRAYSIVODAN, *Voy.* GRESIVODAN.

GRÈCE. *La Gresse*, riv. du c^{on} du Monêtier-de-Clermont, affl. du Drac (Isère). 46.

GRENETIER (Cap^{ne}). Capitaine français (1597). 160, 278.

GRENETTE (Place). A Grenoble. 474.

GRENOBLE (I). 3 n., 5, 7, 9, 14, 15, 22, 23 n., 30, 31, 32, 34, 35, 42, 44, 46, 49, 50, 51, 54, 56, 59, 62, 63, 66, 70, 71, 72, 73, 74, 75, 76, 77, 80, 81, 85, 86, 87, 90, 92, 106, 107, 110, 113, 114, 115, 116, 117, 118, 126, 127, 128, 136, 137, 143, 144, 146, 147, 148, 149, 150, 151, 156, 157, 160, 162, 166, 167, 171, 180, 181, 186, 195, 196, 199, 202, 203, 206, 207, 209, 222, 223, 237, 246, 248, 263 n., 264, 268, 274, 279, 299, 305, 306, 307, 308, 309, 310, 311, 319, 320, 321 n., 325, 326, 359, 371, 372, 380, 381, 384, 386, 388, 391, 393, 397, 403, 405, 406, 426, 427, 429, 435, 436, 437, 438, 441, 446, 448, 449, 450, 452, 459, 470, 471.

GRENOBLE (Cap^{ne}). Capitaine dans l'armée du duc d'Aumont et gouverneur du fort de Romaney (1591). 204.

GRESIVODAN, GRAYSIVAUDAN, GRAISIVAUDAN. (I) à Graisivaudan. 72, 73, 75, 106, 113, 171, 195, 202, 226, 268, 320, 356, 404, 405.

GREZILIANE. 258.

GRIGNAN (I). 60, 190.

GRIGNAN (Cte DE), GRUGNAN (DE). Louis de Castellane d'Adhémar de Monteil, Sr de Grignan, chevalier de l'Ordre, cap^{ne} de cinquante hom. d'armes, fils de Gaspard et d'Anne de Tournon. Il épousa Isabeau de Pontevès et mourut en 1592. 25, 38, 44, 48, 51, 52.

GRIGNAN (DE). Louis-François de Castellane, fils des précédents, épousa en 1593 Jeanne d'Ancezune, mourut en 1620. 322.

GROSLÉE (Cte DE), GROULET (DE). Claude de Grolée, Cte de Grolée, Lhuis, Neyrieu, etc., chambellan du duc de Savoie, fils de Jean-Philibert et de Marguerite de Châteauvieux. Il épousa Claire de Montluel (1570), et mourut en 1605. 208, 287.

GUA (LE). C^{ne}, c^{on} de Vif, arr^t de Grenoble (Isère). 398.

GUA. 333, 334, 398.

GUARNASE. Horlansio Guarnase, officier génois, de Crémone. 343.

GUASQUI, GUASCO (II). 338, 340, 343.

GUÉRIN. Bourgeois de Grenoble. 397.

GUERRE (DE) Officier au service de la Savoie, fait prisonnier en 1596. 169.

GUESCLIN (DU). Connétable de France sous Charles V. 468.

GUICHARD. Secrétaire du duc de Savoie. 59.

GUICHARD (Cap^{ne}). Sergent de bataille, tué en 1591 à Saint-Genis. 70.

GUICHARD. Sergent-major du régiment de Sault (1625). 350.

GUICHE (DE LA) (I). 27, 225, 290, 302.

GUICIARDI. Scipion Guiciardi, officier espagnol. 343.

GUILLESTRE, GUILESTRE. Ch.-l. de c^{on}, arr^t d'Embrun (Hautes-Alpes). 19, 23 n., 38, 50, 70, 116, 128, 190, 214.

GULLETIÈRE (LA). *La Guillotière*, faubourg de Lyon. 71.

GUISE (Duc DE), GUYSE (DE) (I). 40 n., 47, 48, 56

GUISE (Duc DE) (I). 239, 332, 336.

GUYÉ (LE). *Le Guiers*, riv., affl. du Rhône (Isère). 64.

GUYENNE, GUIENNE (I). 29, 48, 54, 322, 374.

GUYON. Paul Guyon, pasteur protestant à Dieulefit; il mourut en 1615, à 64 ans. 406.

GUYSE (DE), GUISE (DE) (I). 150, 151, 152, 153, 155.

HADRIEN. Empereur romain. 440.
HALINCOURT (D'), Voy. VILLEROY.
HANS (D'). Mort au combat d'Allemagne, en 1586. 28.
HENRI III. LE ROI (I). 15 n., 47, 48, 49, 50, 60, 61 n.,
HAYE (LA), Voy. LAYE.
HENRI IV, LE ROI DE NAVARRE, LE ROY, HENRY-LE-GRAND (I). 4 n., 23 n., 29, 40, 41, 43, 56, 117 n., 118, 314, 356, 366, 369, 371, 372, 373, 374, 378, 379, 381, 389, 441, 442, 466, 467.
HERCULES. (I) à Hercule. 281.
HERCULES (D') (I). 104, 153, 261, 308.
HERMILLON (Pont D'). C^{ne}, c^{on} et arr^t de St-Jean-de-Maurienne (Savoie). 158. 160.
HONGRIE (Le prieur DE) (I). 133.
HORRES (LES). (I) à Orres. 21.
HUGUERIE (LA). Michel de la Huguerie, secrétaire du prince d'Orange, du prince de Condé, né à Chartres vers 1545; il épousa N. Berziau de la Marrillère (1584). 175.
HUMBORNAY. Montagne près de Chaumont (Italie). 134.
IAN, Voy. JEAN.
INFANT (I). Philippe d'Autriche, fils de Philippe II, roi d'Espagne; il fut roi lui-même sous le nom de Philippe III. 235.
INFANTE (L'). Marie-Anne, infante, fille de Philippe III et de Marguerite d'Autriche; elle épousa, en 1631, Ferdinand d'Autriche, depuis Empereur. 283.
ISE (D'), Voy. IZE (D').
ISÈRE (L'), IZÈRE (L'), YSÈRE (L') (I). 35, 77, 91, 114, 158, 163, 167, 168, 171, 188, 195, 199, 202, 203, 222, 265, 266, 268, 269, 270, 278, 280, 289, 299, 301, 304, 306, 307, 315, 438.
ISLE (L') Capitaine ligueur battu par Lesdiguières en 1588. 44.
ITALIE. 264, 332, 410, 468, 471.
IZE (D'), ISE (D'). (I) à Royans. 135, 283.
IZERON. C^{ne}, c^{on} de Pont-en-Royans, arr^t de Saint-Marcellin (Isère). 143
JACOB (DE). Guillaume-François Chabod, Sr de Jacob, Cte de Saint-Maurice, conseiller d'État, ambassadeur en France, grand m^e de l'artillerie de Savoie, gouverneur de Savoie, fils d'Antoine et de Claudie Mallet. Il épousa Louise-Marguerite de Seyssel en 1571 et mourut en 1622. 61, 170, 204.
JAILLONS. 280.
JARJAYES. C^{ne}, c^{on} de Tallard, arr^t de Gap (Hautes-Alpes) 46.
JARNAC. Ch. l. de c^{on}, arr^t de Cognac (Charente). 6.
JASSAND (DE), Voy. GESSEN (DE).
JAY. Secrétaire du roi de Navarre. 43.
JEAN (Cap^{ne}), JAN, JEHAN (I). 50, 54, 125.
JEAN-LOUYS. Colonel au service de la Savoie, commandant au Pont-de-Beauvoisin. 199.
JEANNE. Servante de Lesdiguières. 23 n., 43.
JÉRÉMIE LE MULETIER. Domestique au service de Lesdiguières. 23 n., 43.
JERNIER (Bailliage DE). Ancien bailliage, aujourd'hui Haute-Savoie. 195.
JOINVILLE (DE). Charles de Lorraine, duc de Guise, d'abord prince de Joinville du vivant de son père Henri de Lorraine, duc de Guise, tué à Blois en 1588. 57.
JONQUIÈRE. Ham., c^{ne} et c^{on} de Martigues, arr^t d'Aix (Bouches-du-Rhône). 41, 187.
JOUCQUES. Jouques, c^{ne}, c^{on} de Peyrolles, arr^t d'Aix (Bouches-du-Rhône). 88, 234, 243.
JONS (B^{on} DE), JOUS (DE). (I) à Joux. 85, 95 n., 116, 251.
JOYEUSE (DE). Anne de Joyeuse, duc, pair et amiral de France, chevalier de l'Ordre, gouv^r de Normandie, fils de Guillaume et de Marie de Bathernay du Bouchage. Il épousa Marguerite de Lorraine et fut tué en 1587, à Coutras, sans laisser de postérité. 40.
JULES CÉSAR. 264.
JULLIEN. Jean Jullien, notaire à Grenoble et à Ventavon. 393, 403, 445.
JULLIN. Juillets, ham., c^{ne} de Saint-Roch, c^{on} de Sallanches, arr^t de Bonneville (Haute-Savoie). 199.
JUST (Col^t) (I). 164, 266, 281, 287.
LABOUREL (DE). (I) à Laborel 11.
LACOUR. Gentilhomme de Lesdiguières, officier du régiment de Blacons (1625). 350.
LACRAS. Lieut^t du Mis de Treffort, tué en 1590. 215.

LADRERIE (LA). Ancienne maladrerie, cne de Sisteron (Basses-Alpes). 152.

LAFORGE. Bourgeois de Grenoble. 397, 446.

LAGIER (Pierre). Soldat protestant tué à l'assaut du prieuré de Vif (1573). 12.

LALLEY. Cne, con de Clelles, arrt de Grenoble (Isère). 11.

LALO (DU). Gentilhomme protestant, docteur en droit, ancien de l'église de Montélimar (1614). 406.

LAMANON (DE) (I). 26.

LAMBERT. Messager. 180.

LAMBESC (I). 122.

LAMOTE. Peut être Jean de Pons, Sr de la Motte, fils d'Antoine et de Madeleine Vigier, mort sans postérité. 26.

LAMPUGNAN. Capitaine espagnol. 343.

LANGUEDOC, LANGUEDOCQ (I). 6, 30, 35, 81, 96, 97, 108, 116, 123, 175, 188, 226, 253, 255, 272, 284, 321, 323, 329, 355.

LANNEBOURG. (I) à Lent-le-Bourg. 277.

LARAIGNE. (I) à Laragne. 397.

LARRA. Ham., cne et ccn de la Bâtie-Vieille, arrt de Gap (Hautes-Alpes). 10.

LAUGES (DE). Envoyé de Lesdiguières au duc de Montmorency, en 1593. 109.

LAURIOL, Voy. LORIOL.

LAURIS. Cne, con de Cadenet, arrt d'Apt (Vaucluse). 448.

LAUZET (LE). Ch.-l. de con, arrt de Barcelonnette (Basses-Alpes). 43, 81, 228.

LAYE. Cne, con de Saint-Bonnet, arrt de Gap (Hautes-Alpes). 10.

LAZEGAST. Capitaine tué en 1592. 238.

LE BLANC (Jean). Capitaine de Gap. (I) à Blanc. 4 n., 41.

LÉGIER (Capne). Sergent-major de la ville de Montélimar, tué en la défendant (1587). 37.

LEGRAND DE MONTMÉLIAN. Gouverneur du château de Chamousset pour le duc de Savoie (1597). 164.

LEMENY. Enseigne au régiment de Roque (1625). 349.

LENS. Lans, cne, con du Villard-de-Lans, arrt de Grenoble (Isère). 144.

LEPÈRE (DE). Colonel au service de la Savoie, en 1588. 53.

LESDIGUIÈRES (Duc DE), Voy. SAULT (Cte DE).

LETTES (Jean DE). Jean de Lettes de Montpezat, évêque de Montauban (1539-1556), fils d'Antoine et de Blanche des Prés. Il se fit protestant et épousa Armande de Durfort, avec laquelle il s'enfuit à Genève. 35 n.

LICURGUE. 465.

LIGNÈRES (DE). Capitaine français (1625). 338.

LIMOSIN (LE). Le Limousin. 85.

LION, Voy. LYON.

LIVORNO. Commune à quatre milles de Verrue et à vingt kilomètres de Chivasso (Italie). 352.

LIVRON (I). 52, 62, 174, 175, 176, 179, 180, 360, 363.

LOCCATEL (DE). N... de Manuel de Locatel, commandant pour le duc de Savoie dans Saint-Pierre-d'Albigny. 314.

LOGIERS (DE), LOGIÈRES (DE). (II) à Laugère. 36, 188.

LOISSAY (DE). Jean de Mareste dit de Chevela, Bon de Bucey, capitaine en Savoie. 286.

LOLLIVIER. Capne tué en 1592. 238.

LOMBIN. Hameau, près de Barraux (Isère). 308.

LOMÉNIE (DE). Henri-Auguste de Loménie, Sr de la Ville-aux-Clercs, secrétaire d'État, fils d'Antoine et d'Anne Aubourg. Il mourut en 1666. 392, 421, 427, 428, 435, 436.

LORGIS. (I) à Lorgues. 212.

LORIÈRES (DE). Capitaine français (1625). 338.

LORIOL, LAURIOL (I). 7, 41, 57, 60.

LORMARIN, LURMARIN. Lourmarin, cne, con de Cadenet, arrt d'Apt (Vaucluse). 69, 139, 390, 446, 448.

LORME (DE). Probablement trésorier dans la province d'Auvergne (1597). 296.

LORRAINE (Duc DE). Charles III, duc de Lorraine (1545-1608), fils de François Ier, duc de Lorraine, et de Christine de France. 80 n.

LOUIS XIII. 382, 384, 385, 389, 392, 407, 416, 419, 420, 422, 425, 433, 434, 435, 467.

LOUVAT. Jean de Louvat, secrétaire-greffier du Parlement de Grenoble, anobli en 1623. 371.

LUC. Ch.-l. de c^{on}, arr^t de Die (Drôme). 42.

LUCERNE, *Voy.* LUZERNE.

LUNY. Bâtard de la maison de Maugiron, gouverneur du château Queyras. 39.

LUS, LUX. *Lurs*, c^{ne}, c^{on} de Peyruis, arr^t de Forcalquier (Basses-Alpes). 74, 75 n., 225.

LUS (DE). (I) à Lux. 172, 288.

LUSSAN (DE). François d'Esparbés de Lussan, Bon de la Sarre, Vte d'Aubeterre, fils de Jean-Paul et de Catherine-Bernarde de Montaigu ; il épousa Hippolyte Bouchard et mourut en 1628. 322.

LUTALIUS CATULUS. Consul romain. 439.

LUZERNE, LUSERNE, LUCERNE. (I) à Lucerne. 93, 94, 95, 96, 135, 251, 252, 255.

LUZERNE (Jean-Baptiste DE). Capitaine italien au service de la Ligue (1585). 16.

Lt ZERNE (Cte DE). Emmanuel de Luzerne, officier au service de la Savoie, commandant à Briquéras. 104, 261.

LYON, LION (I). 71, 117, 128, 136, 143, 149, 150, 156 n., 174, 176, 199, 248, 249, 290, 319, 323, 328, 329, 368, 423, 435, 448.

LYON (L'archevêque DE), *Voy* D'ESPINAC.

LYONNAIS (I). 211, 248, 272, 321, 322, 359, 423, 435.

MAINE (Duc DU), *Voy*. MAYENNE (Duc DE).

MAISONNEUVE. Officier ligueur en 1587. 33.

MAISONS NEUVES (LES). Faubourg de Grenoble. 438.

MAJESTÉ CATHOLIQUE (SA), *Voy*. ROI D'ESPAGNE.

MALLEMORT. *Malemort*, c^{ne}, c^{on} de Mormoiron, arr^t de Carpentras (Vaucluse). 122.

MANDELOT (DE) (I). 174.

MANFREDI. Mathieu Manfredi, officier espagnol ; de Crémone. 343.

MANNE. *Mane*, c^{ne}, c^{on} et arr^t de Forcalquier (Basses-Alpes). 121.

MANOSQUE (I). 90, 124, 232, 243, 245.

MANTE (Ch^r DE LA) (I). 101, 258, 286.

MANTEYER. C^{ne}, c^{on} et arr^t de Gap (Hautes-Alpes). 34.

MANTON (Carlo DE) (II). 204.

MARCEL (Pierre). Pierre de Marcel, Sr de Savasse, conseiller à la chambre de l'édit du Dauphiné de 1577 à 1595. 184.

MARCHAND. Courrier de Lesdiguières. 117, 127.

MARCHES. C^{ne}, c^{on} de Montmélian, arr^t de Chambéry (Savoie). 80, 312, 320.

MARCHES (DE), MARCHIER. Ennemond Marchier, avocat au Parlement, mari de Marie de Villeneuve, anobli en 1605. 395, 403.

MARCHIER. Louis Marchier, fils d'Ennemond, prévôt du chapitre de Saint-Sauveur d'Aix. 403.

MARCHON. Chanoine de Gap, tué au combat de Romette en 1574. 11.

MARCHUX. Ennemond Marchus, avocat à Grenoble. 444.

MARCIEU (DE), MARSIEU (DE) (I). 149.

MARCOUSSE (LA) (II). 43 n., 44.

MARENC (Cap^{ne}). Tué au combat d'Allemagne, en 1586. 26.

MARIE. Servante de Lesdiguières. 23 n., 43.

MARIGNANE. C^{ne}, c^{on} de Martigues, arr^t d'Aix (Bouches-du-Rhône). 69, 224.

MARION. Secrétaire du duc de Montmorency-Damville. 358.

MARMOUTIERS. Abbaye voisine de Tours. 438 n.

MARNIEU (DE). Peut être Gaspard de Marnais, fils d'Aymar de Marnais et de Virginie Béatrix-Robert. Il fut officier de cavalerie et fut tué en 1655. 308.

MARQUEMONT (DE). François-Marie des Marquis du Mont Sainte-Marie, cardinal de Marquemont, au titre de Sainte-Marie de Ara-Cœli, puis de Sainte-Marie au-delà du Tibre, évêque de Palestrina, procureur de Sixte V en 1588, mort le 29 août 1626, doyen du Sacré-Collège. 471.

MARQUET, MARGUET (I). 49, 51, 174, 178.

MARQUISAT (LE), MARQUISAT DE SALLUCES. (I) à Salluces. 51, 52, 53, 82 n., 190, 229, 390.

MARSANE. Ch.-l. de c^{on}, arr^t de Montélimar (Drôme). 57.

MARSANE (DE). Antoine Rostaing d'Urre, Sr de Marsanne, fils de Louis, gouverneur de la Tour de Crest, et de Gabrielle Adhémar de Grignan, il fut gouverneur de Casal, lieutenant général en Provence, chevalier de l'Ordre, et mourut en 1655. 62.

MARSEILLE (I). 90, 124, 154, 237.

MARSIEU (DE), *Voy.* MARCIEU (DE).

MARTEL (Ennemond). Ennemond Matel, marchand de soie à Grenoble, premier mari de Marie Vignon, assassiné à Grenoble par le colonel Allard. 383, 386.

MARTIN. Capitaine de Corse. 333.

MARTIN (Jean). Mari de Catherine de Bonne, châtelain de St-Sauveur du Cros, oncle et tuteur de Lesdiguières. 4 n.

MARTINENGUE (Cte), MARTINANGES (DE) (I). 68, 149, 213, 219, 220, 221 n , 252, 264, 274, 277, 278, 286, 287, 296.

MAS (DU) (I). 32, 40, 62, 178.

MASCARON. Thomas de Beau, Sr de Mascaron, fils de Pierre et de Jeanne de Panisse ; il épousa Louise d'Aubenas (1582). 56.

MASCON (II). 201.

MASERAN, MASCERAN, MATERAN. Colonel languedocien (1597). 284, 286, 290.

MASSEL. Ham., c^{ne} de Perrero, cercle de Pignerol, prov. de Turin (Italie). 112.

MATERAN, *Voy.* MASERAN.

MATHIEU. Jérémie Mathieu, concierge de Lesdiguières. 395, 401, 414, 452.

MATIGNON. Jacques de Matignon, Cte de Thorigny, fils de Charles et d'Eléonor d'Orléans-Longueville ; il fut tué en duel en 1626. 374.

MAUBEC (Cap^{ne}). Georges du Serre, cap^{ne} Maubec, fils de Georges, Sr du Rivail, et de Bourguette de Roux ; il fut tué en 1580. 11.

MAL-CONSEIL (Place DU). Maintenant place aux Herbes, à Grenoble. 438, 474.

MAUGIRON, MOGIRON (I). 5, 16, 21, 25, 31, 40, 46, 50, 174, 182, 192, 359, 361, 362, 364, 365.

MAUGIRON, MOGERON (I). 63, 72, 247.

MAURIENNE (LA), MURIANNE, MORIENNE, MORIANE (I). 157, 158, 210, 263 n., 264, 266, 274, 277, 292, 293, 307, 315, 316.

MAYENNE Duc DE), MEYNE (Duc DU), MAINE (DU) (I). 15, 48, 53, 85, 173, 174, 175, 176, 178, 179, 180, 181, 182, 212, 216, 360 n.

MAYRINAC. Bataille de Marignan. 13.

MAZON. 335.

MEDAR. Lieutenant des gardes de Lesdiguières (1625). 350.

MÉES (LES). Ch.-l. de c^{on}, arr^t de Digne (Basses Alpes). 18, 60, 66, 74, 75, 84, 90, 139, 153.

MEFROY (Pont DE), *Voy.* PONT DE MEFROY.

MELANS, MELAN. C^{ne}, c^{on} et arr^t de Digne (Basses-Alpes). 18, 27.

MELET. Conseiller au siège présidial de Nîmes. 47.

MENGLON. C^{ne}, c^{on} de Chatillon-en-Diois, arr^t de Die (Drôme). 12.

MENS, MENTZ (I). 8, 9, 12, 29, 34, 40, 44, 47, 53, 54, 56, 59, 92, 173, 174, 444.

MENTOULES. (I) à Mentoles. 132, 135, 136.

MÉOLANS C^{ne}, c^{on} du Lauzet, arr^t de Barcelonnette (Basses-Alpes). 217.

MÉRARGUES (DE). Etienne de Broue, de Beaumont-en-Diois, mari de Suzanne de Bosse, dit le cap^{ne} Meyrargues. 55.

MERCHE. Capitaine protestant, pendu par ordre de d'Épernon après la prise de Seynes (1586). 26

MERIBEL, *Voy.* MIREBEL.

MÉRIEU (DE). N.. de Boissat, Sr de Meyrieu, fils de Pierre de Boissat, vibailli de Vienne, et de N. Mitalier ; tué en 1588. 55.

MERINDOL. C^{ne}, c^{on} du Buis, arr^t de Nyons (Drôme). 33, 187.

MERNYS (Bar^{nie} DE). 227.

MESEL, *Voy* MEZEL.

MESPLAIS (DE), MESPLÉS (DE), MESPLEZ (DE). Anchot de Mesplez, S^r d'Aren, gouv^r de Berre, fils de Charneau, et de Magnifique de Liechon ; il épousa Diane de Belzunce. 78, 152, 153, 225, 239.

MESSES (DE), MAISSES (DE) (I) à Maisse. 76, 85, 226.

MEVILLON, MEUILLON (I). 49, 361, 362.

MEYNE (Duc DU), *Voy.* MAYENNE (Duc DE).

MEZAGE. *Notre-Dame-de-Mézage*, c^{ne}, c^{on} de Vizille, arr^t de Grenoble (Isère). 440.

MÉZEL, MÉSEL. Ch.-l. de c^{on}, arr^t de Digne (Basses-Alpes). 60, 75, 88, 234.

MÉZIEUX. *Meyzieux*, ch.-l. de c^{on}, arr^t de Vienne (Isère). 448.

MIERES (DE). Garcia de Mieres, maître de camp des armées espagnoles. 111, 112.

MILANOIS (LE) (I). 157, 253, 337.

MILLAN, MILAN (I). 21, 140, 157, 203, 229, 287, 334, 338, 340, 344.

MIOLLANS, MIOLANS (I). 79, 161, 163, 165, 166, 167, 265, 279, 283, 291, 313, 314.

MIRABEL (DE), MIREBEL (DE). (I) à Blacons. 36, 189.

MIRABEL (Pont DE), MIRAMBEAU (Pont DE). Pont, c^{ne} de Mirabel et Blacons, c^{on} de Crest, arr^t de Die (Drôme). 13.

MIRABEAU. C^{ne}, c^{on} des Mées, arr^t de Digne (Basses-Alpes). 18.

MIRAMBEAU (Pont DE), *Voy.* Le pont de MIRABEL.

MIRANDE (LE). Jean Gasaud dit le Mirande, gouverneur de Guillestre et de Château-Queyras (1585-1587). 38.

MIREBEAU, *Voy.* MIREBEL.

MIREBEL. C^{ne}, c^{on} et arr^t de Nyons (Drôme). 26.

MIREBEL, MIRIBEL, MERIBEL, MIREBEAU (I). 144, 146, 147, 204, 209.

MIREBEL (DE). Capitaine. 81.

MIREBOUC (I). 93, 96, 143, 144, 251.

MIREPOIX (DE). Alexandre de Levis-Mirepoix, maréchal de la Foi, sénéchal de Carcassonne, fils de Jean et de Catherine-Ursule de Lomagne. Il épousa Louise de Bethune, puis Louise de Roquelaure, et fut tué en 1637, en Languedoc. 322.

MIRIBEL. C^{ne}, c^{on} de Romans, arr^t de Valence (Drôme). 123.

MOANS, MOVANS. *Mouans-Sartoux*, c^{ne}, c^{on} de Cannes, arr^t de Grasse (Alpes-Maritimes). 88, 234.

MODANE. Ch.-l. de c^{on}, arr^t de Saint-Jean-de-Maurienne (Savoie). 159.

MODÈNE (Duc DE) (II). 343.

MOGINS. *Mougins*, C^{ne}, c^{on} de Cannes, arr^t de Grasse (Alpes-Maritimes). 234.

MOGIRON, *Voy.* MAUGIRON.

MOIRENC, *Voy.* MOYRENS.

MOLETTES (LES), MOULETTES (LES) (I). 22,
167, 168, 170 n., 172 n., 266, 267, 268, 292, 293, 298.

MOLINES. *Molines-en-Champsaur*, c^{ne}, c^{on} de Saint-Bonnet, arr^t de Gap (Hautes-Alpes). 449.

MOLINES. *Molines-en-Queyras*, c^{ne}, c^{on} d'Aiguilles, arr^t de Briançon (Hautes-Alpes). 52.

MOLINS. *Moulins*, ch.-l. du dépt de l'Allier. 201.

MONCHA (DE). Charles-Antoine de Fassion, Sr de Montchal et de Sainte-Jaye, colonel (1622), fils de Jean. 331.

MONÊTIER-DE-BRIANÇON (LE), MONÊTIER (LE), MONESTIER (LE) (I). 30, 37, 52, 129.

MONÊTIER-DE-CLERMONT (LE), MONESTIER-DE-CLERMONT (LE) (I). 12, 42, 53, 56, 106, 365.

MONESTIER (DU) (II). 7, 10, 20, 22, 23 n., 32, 187.

MONGIN. Commandant à Romette, pendu en 1563. 5 n.

MONMÉLIAN, *Voy.* MONTMEILLAN.

MONSEAU. Lieutenant au régiment de Chappes (1625). 350.

MONTAGNAC (I). 212.

MONTAGNE (LA). Sergent de la garnison d'Embrun, en 1585. 17.

MONTAIGNE (DE). Cap^{ne} savoisien, tué en 1590. 215.

MONTAUBAN (I). 175, 177, 328.

MONTAUQUIER (DE), CADET DE CHARANCE MONTARQUIÈRES (DE), MONTALQUIER (DE), MONTOQUIER. (I) à Philibert. 11, 20, 27 186 n., 308, 402, 449.

MONTAUT (DE), MOUSCHANT, MONTAULT, MONTAUD. Jean de Marrent, Sr de Montaut, cap^{ne}, mari d'Hélène d'Urre, anobli en 1604. 41, 88, 191, 220, 234, 236, 237, 239, 243, 244, 247.

MONTBONOD (I). 195, 196, 197.

MONTBRAND. C^{ne}, c^{on} d'Aspres, arr^t de Gap (Hautes-Alpes). 448, 449.

MONTBRISON (DE). Benoît de Montbrison, capucin à Valence, auteur d'une relation de la mort de Lesdiguières. 462, 467.

MONTBRUN (I). 7, 11, 12, 13.

MONTBRUN (DE) (I). 43, 44, 48, 187, 286, 325, 326, 327, 328, 329, 396, 407 n.

MONTCASSIN (DE). Capitaine dans les troupes de la Valette (1588). 44.

MONT-CENIS, MONT-SENIS, CENIS (LE) (I). 157, 158, 160, 167, 223, 264, 266, 274, 276, 277, 278.

MONTCLAR (DE). Rolland de Ripert, Sr de Montclar, cap^{ne}, marié en 1588 à Blanche de Donodei. Il était fils de Pierre et de Baptistine Dodon. 44.

MONTCONTOUR. Ch.-l. de c^{on}, arr^t de Loudun (Vienne). 4 n., 6, 7.

MONTDRAGON (I). 114, 208, 209.

MONTÉLÉGER. C^{ne}, c^{on} et arr^t de Valence (Drôme). 35.

MONTE-MARTIANO (Duc DE). Officier au service de l'Espagne, commandant aux troupes levées par le pape contre la France. 73 n., 79.

MONTESON (DE). (I) à Montoyson. 62.

MONTEUX. C^{ne}, c^{on} et arr^t de Carpentras (Vaucluse). 447.

MONTFERRAT (LE) (II). 332, 337.

MONTFERRAT. C^{ne}, c^{on} de Saint-Geoire, arr^t de la Tour-du-Pin (Isère). 147.

MONTFERRIER (DE). Alexandre de Berenger, Sr de Montferrier, guidon des chevau-légers de Lesdiguières (1597), fils d'André et de Sébastienne de Bressieux. Il épousa Isabeau de Perrinet. 308.

MONTFLEURY. Ham., c^{ne} d'Avressieux, c^{on} de Saint-Genis, arr^t de Chambéry (Savoie). 71.

MONTGARDIN (I). 38.

MONT-GENÈVRE (LE) (II). 30, 92, 96, 97, 110, 113, 205 n., 212, 250, 254.

MONTGIRAUD. *Montgirod*, c^{ne}, c^{ne} d'Aime, arr^t de Moustiers (Savoie). 317, 318.

MONTHÉLIMAR, MONTÉLIMART, MONTELLIMARD, MONTEILAYMARD, MONTLIMART (I). 15, 16, 24, 33, 35, 36, 41, 57, 60, 155, 188, 189, 191, 326, 404 n., 406.

MONTHOU. *Monthoux*, ham., c^{ne} de Vetraz-Monthoux, c^{on} d'Annemasse, arr^t de Saint-Jullien (Haute-Savoie). 200.

MONTIFAUT (DE), Voy. DE GARDETTE.

MONTJOU. C^{ne}, c^{on} de Dieulefit, arr^t de Montélimar (Drôme). 234.

MONTLAUR (Cte DE) (I). 25.

MONTLEAU. *Montlaur*, c^{ne}, c^{on} de Luc-en-Diois, arr^t de Die (Drôme). 16.

MONTLIMART, Voy. MONTHÉLIMAR.

MONTLUEL (I). 359.

MONTMAJOUR, MONTMAYEUR. Ancien comté, Savoie. 265, 282.

MONTMAJOUR (Montagne DE). Montagne dominant le château de Montmayeur (Savoie). 293.

MONTMAJOUR (DE) Melchior-Théodore de Montmayeur, Cte de Montmayeur, fils de François et de Jeanne de Pesmes. Il était colonel en Savoie. 286, 288.

MONTMAUR (I). 38, 50, 60.

MONTMAURIN, Voy. MONTMORIN.

MONTMEILLAN, MONMÉLIAN, MONTMÉLIAN, MONTMELLIAN (I). 73, 74, 75 n., 78, 79, 86, 158, 160, 161, 163, 166, 167, 168, 169, 171, 172, 199, 203, 204, 205, 206, 207, 223, 225, 266, 267, 268, 279, 282, 289, 291, 292, 293, 301, 305, 306, 308, 309, 310, 311, 313, 317, 318, 319.

MONTMIRAL. N... Melet, Sr de Montmiral, de Nîmes. 47

MONTMORANCY, LE CONNÉTABLE (I). 28, 29, 47, 108, 109, 118, 119, 120, 121, 122, 123, 124, 136, 137, 150, 156 n., 225, 226, 355.

MONTMORENCY (Mme DE). Antoinette de la Marck, femme de Henri de Montmorency-Damville, gouverneur du Languedoc. 58.

MONTMORENCY (DE) (II). 321, 322, 323, 324.

MONTMORIN (DE), MONTMAURIN (DE). Louis de Montmorin, Sr de la Bastie, colonel, fils de Jacques et de Gilberte de Marconnay ; il épousa Marie de Beaufort-Canillac (1593), mourut en 1622. 98, 255, 285.

MONTOUROUX. *Montauroux*, c^{ne}, c^{on} de Fayence, arr^t de Draguignan (Var). 243.

MONTOURSIER. Ancien mandement comprenant le c^{on} d'Orcières, arr^t d'Embrun (H^{tes}-Alpes), aujourd'hui ce nom est porté par un simple hameau. 34, 60.

MONTPELLIER (I). 80, 329.

MONTPENSIER (I). 338.

MONTPEZAT (DE). Antoine de Lettes des Prés

de Montpezat, maréchal de France. 85.

MONTPOINT. *Monpont*, ch.-l. de c^{on}, arr^t de Ribérac Dordogne). 40.

MONTRONT. (I) à Monrond. 31.

MONT SAINT-BERNARD (LE) (I). 157, 160, 223, 317.

MONTSÉGUR. C^{ne}, c^{on} de Saint-Paul-trois-Châteaux, arr^t de Montélimar (Drôme). 38, 41, 48, 190.

MONT SENIS, *Voy.* MONT-CENIS.

MORAS. C^{ne}, c^{on} de Crémieu, arr^t de la Tour-du-Pin (Isère) 115, 249.

MOREAU, MAUREAU. Denis Moreau de Verone, capitaine, mari d'Elisabeth de Saint-Ferréol, gouverneur de Serres. 402, 403.

MOREL Bourgeois de Grenoble. 397, 446.

MORETEL, MORESTEL (I). 75, 76, 87, 91, 106, 113, 114, 146, 147, 148, 203, 205, 225, 261.

MORETTE (Cte DE), MORET (DE). N .. de Saluces. Cte de Moretto. 95, 252.

MORGES (DE) (I). 53, 55 n., 66, 76, 78, 98, 106, 117, 123, 144, 148, 149, 190, 215, 216, 284, 285, 304, 308, 311, 312, 319, 322.

MORGES (DE) (I). 11, 17 n., 26, 35, 44, 45, 47, 51, 179, 187, 200, 256, 284, 365, 473.

MORIENNE (LA), *Voy.* MAURIENNE, MORIANE (LA).

MORIERS (DE). François d'Agoult, Sr de Mouriers, fils d'Arnaud et de Lucrèce de Gerente ; il épousa Melchionne Bonpart. 26.

MORNAS. C^{ne}, c^{on} de Bollène, arr^t d'Orange (Vaucluse). 58.

MORYES (Ch^r DE). Antoine Chailan, Sr de Mories, fils de Pierre et d'Anne d'Oraison ; il épousa Jeanne Gourbert et testa en 1596. 88, 233 n.

MOTE DU CAYRE (LA). *La Motte-du-Caire*, ch.-l. de c^{on}, arr^t de Sisteron (Basses-Alpes). 39.

MOTHE (LA), MOTTE (LA). *La Motte-les-Bains*, c^{ne}, c^{on} de la Mure, arr^t de Grenoble (Isère). 54, 127.

MOTTE (DE LA). Gabriel de Morges, Sr de la Motte d'Aveillans. 61.

MOTTE-BOURGOZON. Jean Motte-Bourgozon, débiteur de Lesdiguières. 449.

MOTTE-CONIN (LA), MOTTE-CONNYN (LA). Ham. C^{ne}, c^{on} et arr^t de Valence (Drôme). 57, 61, 91, 115.

MOTTET (DU) (I). 146, 147.

MOTTE-VERDEYER (DE). Bertrand de Morges, Sr de la Motte-Verdeyer, cap^{ne} des gardes de Lesdiguières. 473.

MOULANS. *Mollans*, c^{ne}, c^{on} du Buis, arr^t de Nyons (Drôme). 33, 58.

MOULETTES (LES), *Voy.* MOLETTES (LES).

MOULIN (DU). (I) à Molin. 43 n.

MOULIN (DU). Capitaine au régiment de Villeroy (1625). 350.

MOUSCHANT, *Voy.* MONTAUT.

MOUSTIERS (I). 275, 317, 318.

MOUVANS. Paul Richieud, Sr de Mouvans, fils d'Honoré et de Philippe de Berre ; chef des huguenots de Provence, tué en 1568. 6.

MOUVANS. François Richieud, fils du précédent, épousa Blanche de Remerville. 46.

MOVANS, *Voy.* MOANS.

MOYDIEU. *Moidieu*, c^{ne}, c^{on} et arr^t de Vienne (Isère). 91.

MOYRENS, MOYRENC, MOIRENC. (I) à Moirens. 62, 379, 448.

MUGNER. Pierre Mugner, laquais de Lesdiguières. 395.

MURE, *Voy.* MURS.

MURE (LA) (I). 10, 15, 16, 22, 32, 44, 50, 51, 54, 56, 61, 72, 85, 86, 90, 106, 107, 113, 114, 116, 117, 118, 126, 136, 143, 150, 187, 360, 363, 390, 393, 404 n., 440 n. 447.

MURE (DE), MURES (DE) (I). 58, 67, 76, 78, 87, 98, 220, 255.

MURETTE (DE LA). N... Fillon. Sr de la Murette, fils de Claude, receveur général à Saluces ; il fut tué en 1597. 161, 280.

MURIANNE (LA), *Voy.* MAURIENNE (LA).

MURINAIS (Françoise DE). Femme de Claude du Vache. 41 n.

MURS, MURE. C^{ne}, c^{on} et arr^t de Bellay (Ain). 115, 209.

MUTONIS. Jean Mutonis ou Mouton, notaire à Gap et secrétaire épiscopal 20 n.

MUY (LE). C^{ne}, c^{on} de Fréjus, arr^t de Draguignan (Var). 89, 236, 237, 241, 244, 245.

NANCY. Capitale de la Lorraine 27 n.

NANTES (I). 414.

NANTES. C^ne, c^on de la Mure, arr^t de Grenoble (Isère). 32.

NARBONNE (Château DE). Forteresse de la ville de Montélimar. 25, 37.

NARDOTZ (DE). Officier français tué au combat des Moulettes (1597). 17.

NAVARRE (Chevalier DE), *Voy.* CALIGNON.

NAVARRE (ROI DE), *Voy.* HENRY IV.

NEGRI. Officier de cavalerie au service de la Savoie. 287.

NEMOURS (Duc DE) (I). 15 n., 57, 90, 91, 117, 126, 149, 201, 204, 205, 238, 247, 248, 249.

NÉRAC (I). 23 n.

NÉRON. Empereur romain. 438.

NEUVE (Rue). A Grenoble. 474.

NEUVILLE (LA). Lieutenant au régiment de Chappes (1625). 349, 352.

NEVERS. Ch.-l. du dép^t de la Nièvre. 84.

NICE (I). 88, 89, 215, 228, 235, 237, 240, 244, 247.

NICE (C^té DE), COMTÉ (LE). Maintenant dép^t des Alpes-Maritimes. 217, 235, 290.

NIONS, NYONS (I). 26, 29, 31, 33, 41, 43, 47, 48, 58, 59, 60, 174, 183, 186, 360, 363.

NISMES, NIMES (I). 47, 80, 321 n., 322, 329.

NORANTE. Ham., c^ne de Chaudon, c^on de Barrême, arr^t de Digne (Basses-Alpes). 155.

NOTRE-DAME DE GRENOBLE. Cathédrale de Grenoble. 428, 435, 436, 473, 474.

NOUTE. Pasteur protestant. 406.

NOVALLAISE. *Novalaise*, c^ne, c^on de St-Genix, arr^t de Chambéry (Savoie). 216.

NOVIZAN. Ham., c^ne de Venterol, c^on et arr^t de Nyons (Drôme). 189 n.

NOVY, NOVI (II). 334, 337, 338, 344.

NOYER (LE), NOYERS (LES) (I). 30, 448, 449.

NOZE (LA). Guillaume de la Noze, ministre protestant, pendu par ordre de d'Épernon, après la prise de Seynes. 27 n.

NYONS, *Voy.* NIONS.

OCELZ. *Aussois*, c^ne, c^on de Modane, arr^t de St-Jean-de-Maurienne (Savoie). 159.

ODON. Paul Odone, officier espagnol. 343.

OGOIER. Alexis Ogoier, pendu par ordre d'Épernon, après la prise de Seynes. 27 n.

OLEOLLES. (I) A Ollioules. 90.

OLIER DE MONTJEU. André Ollier de Montjeu, cap^ne, Cos^r de Freyssinières, fils de François, de Gap. 106.

OLIVARO, OLIVERA, OLIVERO, OLIVARES. Officier espagnol commandant les troupes auxiliaires d'Espagne en Italie. 75 n., 79, 104, 112 n., 202, 203, 204, 222, 238, 247, 249, 253, 261.

ORAISON (D'), ORAIZON (D') (I). 18, 87, 128, 129, 153, 232, 237, 239.

ORANGES (Principauté D') (I). 33, 42, 48, 58, 60, 187, 191, 389.

ORAYSON. C^ne, c^on des Mées, arr^t de Digne (Basses-Alpes). 18.

ORBASSAN, ORMESAN. *Orbassano*, c^ne, cercle et province de Turin (Italie). 96, 253.

ORBE. Rivière. 333, 334.

OREILLE. *Aureille*, c^ne, c^on d'Eyguières, arr^t d'Arles (Bouches-du-Rhône). 138.

OREILLE (Pont D'). Non loin de Die (Drôme). 13.

ORENGO. Hiacinthe Orengo, enseigne dans l'armée génoise. 343.

ORGELLET. *Orgellette*, ham., c^ne d'Orelle, c^on de Modane, arr^t de St-Jean-de-Maurienne (Savoie). 284.

ORIAC, *Voy.* AURIAC.

ORMESAN, *Voy.* ORBASSAN.

ORNANO (D'), ALFONSE, COLONEL (LE), ALFONSE CORS (I). 25, 35, 44, 59, 60, 61, 62, 70, 71, 86, 91, 97, 108, 114, 115, 116, 117, 118, 119, 127, 136, 144, 145, 146, 147, 148, 149, 157, 202, 205, 206, 207, 208 n., 224 n., 225, 242, 248, 249, 254, 275, 369, 370, 374, 375.

ORNANO (D'). Jean-Baptiste d'Ornano, fils d'Alphonse et de Louise de Pontèves ; il épousa Marie de Raymond-Modène, fut colonel des Corses, maréchal de France et mourut à la Bastille en 1626. 332.

ORPIÈRE, ORPIERRE (I). 29, 137, 395, 444.

OSASCO, AUSASQ. C^ne, cercle de Pignerol, prov. de Turin (Italie). 93, 250, 255.

OSE (Pont D'). Pont, c^ne d'Oze, c^on de Veynes, arr^t de Gap (Hautes-Alpes). 19.

Ossoc. 276.

Oste, Voy. Aost.

Otagio (II). 335, 340, 341, 342, 344.

Oulcz, Voy. Oulx.

Oule (Col de L'). Col entre l'Oisans et la Maurienne. 158.

Oulx, Oulcz, Ours (I). 72, 95, 109, 110, 112, 135, 212 n., 214 n., 215, 252.

Ourgon. (I) à Orgon. 122, 123, 138, 139.

Ours, Voy. Oulx.

Oursières. *Orsières*, ch.-l. de c^{on}, arr^t d'Embrun (Hautes-Alpes). 9.

Oysans. Ancien mandement comprenant les cantons de la Grave (Hautes-Alpes) et du Bourg-d'Oisans (Isère). 35, 157, 158, 393, 447.

Palières (De). 322.

Pallu (La), Pallue (La). N. Dou dit le capitaine la Palud, tué au combat de Buzon en 1574. 10, 11.

Pape (Le), Pappe (Le). Grégoire XIV, qui régna du 5 décembre 1590 au 15 octobre 1591. 75 n., 80 n.,

Pape (Le). Urbain VIII (II). 410, 431.

Paquiers, Pasquier (I). 40, 72, 159, 171, 172, 276, 278, 280, 285, 316.

Paris (I). 8, 47, 373, 381, 384, 388, 392, 443, 446, 448, 457, 460.

Paris (De). Personnage de la famille des Paris, Sr de Revest, tué en 1588. 43.

Parme (Duc De). Alexandre Farnèse, duc de Parme et Plaisance (1586-1592), fils d'Octave et de Marguerite d'Autriche. Né en 1544 ; il épousa en 1566 Marie de Portugal. 80 n., 85, 343.

Parmenion (Dom) (I). 269, 300.

Pas de Suze. Défilé près de Suze, prov. de Turin (Italie). 254.

Pas du Siel (Le). En Tarentaise. 318.

Pasquier (De). Voy. Paquier.

Passage (Du) (I). 60, 138, 286, 308.

Passieu (De). Michel de Bonnardel-Machy, Sr de la Tour-de-Passieu, fils de Claude et de Françoise Odoin ; il épousa Pernette Rubat et testa en 1605. 48.

Pater. Francisque Pater, argentier de Lesdiguières. 395.

Patra Cap^{ne} de Mens, tué à l'attaque du prieu de Vif en 1573. 12.

Pau (Le), Voy. Po (Le).

Paute (La). Ham., c^{ne} et c^{on} du Bourg-d'Oisans, arr^t de Grenoble (Isère). 21, 55.

Pavie (II). 347 n.

Paviot. Octavien Paviot, cap^{ne} du Graisivaudan, mari de Jeanne de Viennois. 53.

Payan. Pierre Payan dit la Forge, d'Orpierre, légataire de Lesdiguières. 395.

Pays-Bas (Les) (I). 157.

Pedescaux (Cap^{ne}). Commandant dans le château de Beaumont, à la Mure, en 1573. 10.

Pelletier. Littérateur, auteur d'une foule de pièces de circonstance, entre autres d'un discours sur la mort de Lesdiguières. 467.

Pequais. *Peccais*, salines près d'Aigues-Mortes (Gard). 226.

Pepin (I) à Peypin. 152.

Périeu. *Peyrieu*, c^{ne}, arr^t et c^{on} de Belley (Ain). 209.

Permenuto. Officier de cavalerie au service de la Savoie. 287.

Pérouse (La), Peyrouse (La) (I). 92, 94, 95, 97, 128, 130, 132, 140, 142, 250, 251, 252, 253, 254, 283.

Perrière (De la). Officier de cavalerie au service de la Savoie. 287.

Pertuys (I). 84, 121, 122, 126, 139, 154, 211.

Peyrolle. Ch.-l. de c^{on}, arr^t d'Aix (Bouches-du-Rhône). 121, 234.

Peyrouse (La), Voy. Pérouse (La).

Peyruis. Ch.-l. de c^{on}, arr^t de Forcalquier (Basses-Alpes). 69.

Pezenas (I). 358.

Picardie (I). 27, 157, 300, 443, 449, 454, 455, 457, 460.

Piedmeira. Peut-être *Plaumaire*, ham., c^{ne} du Chaffaut, c^{on} et arr^t de Digne (Basses-Alpes). 18.

Piedmont (Le), Piémont (I). 20, 27, 82, 87, 92, 93, 105, 106, 107, 112, 115, 116, 127, 133, 140, 141, 143, 156, 193, 195, 196, 199, 203, 206, 207, 209, 212, 213, 223, 224, 227, 229, 230, 242, 251, 252, 255,

262, 264, 268, 274, 275, 277, 283, 287, 295, 296, 297, 323, 366 n., 367 n., 389, 390.

PIEDMORE, PIEDMOURE, *Voy.* PUYMAURE.

PIERRE. La Pierre, ham., c^ne et c^on de Collonges, arr^t de Gex (Ain). 196.

PIERRE (LA) C^ne, c^on de Goncelin, arr^t de Grenoble (Isère). 73, 86, 447.

PIERRE (LA). 98.

PELLISSON. Les frères Pelisson, capitaines, qui, à plusieurs reprises, entrèrent au service de la Savoie et de la France et les trahirent. 114, 198, 201, 208, 209.

PERDEYER (DE) (I). 143.

PÉRONNES (DE). Peut être Antoine de Péronne, Sr du Hamel, maréchal de camp, gentilhomme de Picardie, fils de Claude et de Barbe de Ravenel, mari de Vulganne de Baudoche. 63.

PERRINET, PERINET (I). 92, 128, 397, 402, 452.

PERRON (I). 76, 85.

PESCAIRE (Mis DE). Alfonse d'Avalos d'Aquin, Mis de Pescaire et du Guast, fils de François-Ferdinand et d'Isabelle de Gonzague. Il épousa Lavinia de la Rovère. 233.

PEVERAGNE (II). 341, 342.

PEYRIN (DE). Alexandre de Calignon, fils de Solfrey de Calignon et de Marthe du Vache; il fut ingénieur habile, posséda la seigneurie de Peyrins et épousa Isabeau de Rosset de la Martelière Né en 1589, il mourut en 1656. 349.

PEYROLES (DE). Peut être François de Cazeneuve, Sr de Peyroles, mari d'Isabelle de Forbin. 154.

PHARAMOND. Tige fabuleuse des rois mérovingiens. 415.

PHILIPPIN (DOM), FILIPPIN (DON). Philippin de Savoie, fils naturel du duc Emmanuel-Philibert et de la fille de Martin Doria. Il fut tué en duel par Créqui, gendre de Lesdiguières. 164, 169, 281.

PICHATTE (Cap^ne). Deux frères de ce nom faits prisonniers au combat d'Allemagne en 1586. 26.

PIÉMONT (Prince DE) (II). 335.

PIERRE ANDRÉ (I). 123, 159, 164, 169, 285.

PIERRE-CHASTEL. Fort, c^ne de Virignin, c^on et arr^t de Belley (Ain). 209.

PIERRE DE GAP. Bourgeois de Grenoble. 397.

PIERRE ENCISE (II). 117.

PIERRE-FITTE. Il est impossible de savoir duquel des nombreux lieux habités de ce nom il s'agit ici. 48.

PIERRELATTE (I). 6.

PIERRELONGUE. C^ne, c^on du Buis, arr^t de Nyons (Drôme). 33, 34, 187.

PIERRERONDE (DE). Colonel français en 1597. 284.

PIGNAN, PIGNANS (I). 90, 212, 241, 244.

PIGNEROL, PINEROL (I). 92, 93, 96, 105, 112, 129, 130, 131, 132, 140, 142, 250, 254, 255.

PIMONTELLO, PIEMANTEL. Jérôme Pimentel, général de la cavalerie du duché de Milan, fils d'Antoine-Alphonse et d'Aloysia Henriquèz. 334, 337, 338, 344.

PIN (LE) (I). 186 n.

PISANÇON. Ham., c^ne de Chatuzange, c^on du Bourg-du-Péage, arr^t de Valence (Drôme). 81, 447.

PLACE (Honorée DE LA). Honorée de la Place, fille de Jean de la Place et de Guigone de Beaufort; épousa, le 31 août 1594, Pierre Arabin. 4 n.

PLACE (Jean DE LA). Jean de la Place, cap^ne châtelain du mandement de corps, mari de Guigone de Beaufort. 4 n.

PLATEL (Jacques). Valet de chambre de Lesdiguières, de Tallard. 19.

PLESSIS-MORNAY (DU) (II). 211 n., 404, 405 n., 430 n.

PLINE-LE-JEUNE. Écrivain romain. 440.

PLOUVIER (I). 359, 365.

PÔ (LE), PAU (LE) (II). 105, 255, 338.

POËT (DU), POUET (DU) (I). 16, 24, 35, 36, 47, 48, 54, 64, 67, 71, 85, 96, 98, 101, 102, 107, 112, 123, 128, 138, 160, 163, 166, 170, 187, 188, 189, 216, 219, 253, 256, 258, 268.

POËT-LAVAL (LE) (II). 33, 34, 187.

POËT (LE). C^ne, c^on de Laragne, arr^t de Gap (Hautes-Alpes). 87.

POIPON (DE). Commandant dans le fort de la Rochette-en-Maurienne. 163.

POISIENS DU PASSAGE (Aymar). (I) à Passage. 27.

POIX. Ch.-l. de c^{on}, arr^t d'Amiens (Somme). 390.

POLIGNAC (DE). Gaspard-Armand, Vte de Polignac, Mis de Chalençon, capitaine de 100 hom. d'armes, gouv^r du Vivarais, fils de Louis-Armand et de Françoise de Montmorin ; il épousa Claudine de Tournon. 322.

POLIGNY. C^{ne}, c^{on} de St-Bonnet, arr^t de Gap (Hautes-Alpes). 42.

POLIN (DE). Bernard de Rabasteins, Vte de Paulin, fils de Samuel et de Marie de Lautrec ; tué en flagrant délit d'adultère, le 16 juillet 1615, par le baron de Régnies. 322.

POLLIGNY (DE), POLIGNY (I). 7, 17 n , 20, 22, 78, 80, 82, 88, 186, 220, 229, 238.

POMPADOUR (DE). Louis, Vte de Pompadour, fils de Geoffroy et de Suzanne d'Escars ; il épousa Perronne de la Guiche en 1570. 85.

PONSENAS. *Ponsonnas*, c^{ne}, c^{on} de la Mure, arr^t de Grenoble (Isère). 54.

PONSONNAS (I). 216.

PONTAIX (I). 360, 362, 363.

PONTCHARRA (I). 21, 22, 23 n., 73, 75 n., 76, 80 n., 92 n., 105 n., 112, 167, 170, 194 n., 203, 222, 228, 246, 268, 270, 279, 290, 292, 299, 301, 468.

PONT-D'AIN (II). 445, 446, 448.

PONT-D'ARVE (LE). Pont et fort sur la rivière d'Arve, près de Genève. 209, 396.

PONT-DE-BEAUVOISIN (LE) (I). 70, 71, 91, 115, 198, 201, 205, 249.

PONT-DE-CLEFS, CLÉS, PONT-DE-CLAIS, CLAIS, PORT-DE-CLAIS. C^{ne}, c^{on} et arr^t de Grenoble (Isère). 9, 35, 46, 50, 440.

PONT-DE-COGNET (LE). Pont sur le Drac dans la c^{ne} de Cognet, c^{on} de la Mure, arr^t de Grenoble (Isère). 32, 440.

PONT-DE-MÉFROY, AMAFRÉ (Pont D'). *Pont Amafrcy.* C^{ne}, c^{on} et arr^t de Saint-Jean-de-Maurienne (Savoie). 160, 275, 278.

PONT-DE-VEYLLE (II). 445, 446, 448.

PONTE (Col^l). Colonel au service de la Savoie. 172, 283.

PONTHAUT. Pont près de la Mure. 440 n.

PONT-EN-ROYANS (I). 360, 362, 363.

PORRO. Bartolomeo Porro, sergent-major dans l'armée génoise. 343.

PORRO. Officier génois. 343.

PORT-DE-CLAIS, *Voy.* PONT-DE-CLAIS.

PORTE (Cte). Officier dans l'armée de Sancy. 201.

PORTES. *Porte*, c^{ne}, cercle de Pignerol, prov. de Turin (Italie). 97.

PORTES (DE). Antoine-Hercule de Budos, Mis de Portes, lieut^t général en Gévaudan et Cévennes ; il était fils de Jacques et de Catherine de Clermont-Montoison. Il fut tué en 1629, au siège de Privas. 322.

PORTE-TRAINE. Porte et rue de la ville de Grenoble. 9.

POURRIÈRES (II). 90, 237.

POUET (DU), *Voy.* POËT (DU).

POUSSIN (LE) (II). 7, 328, 329, 330, 331.

POUY (DU). Capitaine gascon, guidon de la Cie de Montaut, 1591. 220.

PRA (LA). *La Pral*, ferme, c^{ne} d'Aspres-les-Corps, c^{on} de Saint-Firmin, arr^t de Gap (Hautes-Alpes). 448.

PRABAUD, PRABAULT, BONNE (Gaspard DE). (I). à Bonne-Prabaud. 31, 43, 50, 70, 76, 77, 78, 98, 108, 218, 256.

PRAGELA, PRAJALLA (I). 92, 95, 105, 109, 112, 130, 171, 215, 250, 252, 268, 283, 299.

PRAGUIN. Peut-être *les Pognents*, ham., c^{ne} des Molettes, c^{on} de Montmélian, arr^t de Chambéry (Savoie). 168, 171.

PRAJALLA, *Voy.* PRAGELA.

PRÉCENTEUR (LE). Jean Borel de Ponsonnas. chanoine et précenteur du chap. de N.-D de Grenoble. 40, 49.

PRÉCONTAL (DE), PRACONTAL (DE). Jean de Pracontal, S^r d'Anconne, cap^{ne}, tué à Anconne en 1588, fils d'Imbert et de Marguerite de l'Hère ; épousa, en 1575, Claudine de Roux. 36, 189.

PRESSAINS (Mme DE). Charlotte Alleman, femme d'Alexandre Fléhard, Mis de Pressins. 448.

PRESSINS (DE) (I). 359.

PRINCE (LE), *Voy.* CONDÉ.

PROBIO (DOM). Capitaine de cavalerie au service du duc de Savoie, tué en 1597. 269.

PROVENCE, PROUVENCE, PROVANCE (I). 13, 20, 26, 59, 74, 75, 76, 80, 86, 87, 89, 92, 95, 97, 108, 117, 118, 119, 120, 121, 127, 128, 130, 136, 137, 142, 143, 150, 151, 155, 184, 195 n., 202, 204, 205, 211, 213, 218, 219, 223, 229, 230, 231, 232, 235, 238, 239, 241, 242, 243 n., 246 n., 247, 249, 252, 253, 255, 272, 295, 321, 322, 359, 458.

PRUNIÈRES. C^{ne}, c^{on} de Chorges, arr^t d'Embrun (Hautes-Alpes). 34 n.

PRUSE. Capitale de la Bithynie, province romaine. 440.

PUÉCH (LE). *Le Puy Sainte-Réparade*, c^{ne}, c^{on} de Peyrolles, arr^t d'Aix (Bouches-du-Rhône). 84, 230.

PUIMICHEL (I). 211.

PUIMICHEL (DE) (I). 49.

PUIS, Voy. PUY.

PURPURAT (I). 93, 107, 251.

PUTEVILLE. *Putenille*, ham., c^{ne} de Pierre-Châtel, c^{on} de la Mure, arr^t de Grenoble (Isère). 54.

PUTRAILLE (DE). Capitaine catholique, tué près de Corps en 1577. 14.

PUY (Cap^{ne}), PUIS. Claude du Puy dit le cap^{ne} Puy. 14, 175.

PUYMAURE, PIEDMOURE, PIEDMORE, PUIMORE, PUYMORE (I). 4 n., 20, 44, 45, 46, 47, 48, 49, 50, 53, 56, 59, 60, 61, 66, 72, 81, 85, 86, 87, 90, 92, 105, 106, 107, 113, 114, 116, 117, 118, 121, 126, 127, 131, 132, 136, 137, 139 n., 143, 151, 156, 228, 402, 441, 449.

PUYMERAC. *Puymeras*, c^{ne}, c^{on} de Vaison, arr^t d'Orange (Vaucluse). 58.

PUYMOISSON. *Puimoisson*, c^{ne}, c^{on} de Riez, arr^t de Digne (Basses-Alpes). 154, 155.

PUYMORE, Voy. PUYMAURE.

PUY-SAINT-MARTIN (DE) (I). 36, 62, 188.

QUÉRAS (LE), Voy. QUEYRAS.

QUERAS. *Queriasco*, ham., c^{ne} de Verrue, cercle et prov. de Turin (Italie). 93.

QUERENC. *Quenen*, ham., c^{ne} et c^{on} de Vaison, arr^t d'Orange (Vaucluse). 58.

QUEYRAS (LE), QUÉRAS (LE) (I). 52, 53, 93 n., 129, 143, 251.

RACONIS (Maison DE). Famille qui possédait la seigneurie de Cavours. 255.

RAMBAUD (Jacques), Voy. FURMEYER.

RAME (Jayme). Jacques Rame, bourgeois d'Embrun et débiteur de Lesdiguières. 449.

RAMEFORT (I). 33, 36, 37, 38, 40, 41, 44, 53, 54, 152, 153, 189, 191.

RAPHAËL. Envoyé par Lesdiguières aux églises du Languedoc. 175.

RARIO (DOM). Officier de cavalerie du duc de Savoie, tué en 1597. 269.

RASTEAU (LE). C^{ne}, c^{on} de Vaison, arr^t d'Orange (Vaucluse). 18.

RATTIER. Mandement, actuellement c^{on} de la Mure, arr^t de Grenoble (Isère). 448.

RAUVIÉRE (LA). Cap^{ne} savoisien, tué en 1590. 215.

RAVÈNE. Ch.-l. de la province de ce nom (Italie). 343.

RAVESCHAIN. Bernard Raveschin, capitaine espagnol. 343.

REAU (DE) (II). 227.

REDORTIER. C^{ne}, c^{on} de Banons, arr^t de Forcalquier (Basses-Alpes). 448.

REILLANE. Ch.-l. de c^{on}, arr^t de Forcalquier (Basses-Alpes). 126.

REMOLON, ROMOLON (I). 30, 81, 85, 131, 448.

RENARD (Pont). Ham., c^{ne} de Sainte-Marie-de-Cuines, c^{on} de la Chambre, arr^t de Saint-Jean-de-Maurienne (Savoie). 275, 278.

RENARD (Florent DE), SAINT-JULLIAN, SAINT-JULLIEN. (I) à Regnard. 24 n., 28, 29, 87, 106, 114, 117.

RÉTHÉ. 338.

REVEL, RAVEL. *Revello*, c^{ne}, cercle de Saluces prov. de Coni (Italie). 44, 52, 53, 96, 104, 261.

REVEST DE BION. C^{ne}, c^{on} de Banons, arr^t de Forcalquier (Basses-Alpes). 448, 449.

REVOIRE (Cap^{ne}). Capitaine ligueur, tué au combat d'Esparron en 1586. 26.

REYNE RÉGENTE (LA). Marie de Médicis. 390, 392.

RHOSNE (LE), ROOSNE (LE), ROSNE (LE) (I). 6, 7, 35, 48, 115, 187, 188, 196, 197, 204, 205, 209, 329.

RIALTE (LE). Pont de Venise. 440.

RIANS, RYANS. Ch.-l. de c^{on}, arr^t de Brignolles (Var). 68, 83, 84, 88, 90, 219, 234, 243.

RIBERCOURT (DE). Lieutenant au régiment de Champagne. 347 n.

RIBESSAUTES (DE). Capitaine ligueur, fait prisonnier au combat d'Esparron en 1586. 26.

RIBIERS, RUBIÈRES (I). 18, 59, 60, 66, 74, 85, 121, 151.

RICHELIEU. Armand du Plessis, card^l de Richelieu. 20 n., 441 n.

RICHERANCES, ROCHERANCES. C^{ne}, c^{on} de Valréas, arr^t d'Orange (Vaucluse). 18, 57.

RICHIER. Jacob Richier, sculpteur, petit-fils de Ligier Richier, de Saint-Mihiel en Lorraine, travailla pour Lesdiguières depuis 1612. 394 n , 441 n.

RICHIER. Gaspard Richier, praticien à Paris. 453.

RIÈS, RIEZ, RYEZ (I). 26, 60, 88, 121, 153, 154, 155, 232, 240, 243.

RISSOLES. *Uzzolo*, ham., c^{ne} de Prazzo, cercle de Saluces, prov. de Coni (Italie). 213.

RISTOLAS. C^{ne}, c^{on} d'Aiguilles, arr^t de Briançon (Hautes-Alpes). 116.

RIVAIL (DU), *Voy.* BLANIEU.

RIVALTE. 96, 254.

RIVIÈRE (Cap^{ne}). François Isnel, cap^{ne} la Ribière, fils de Jean, mari de Benoîte le Bout, tué en 1592. 17 n., 30, 238.

RIVIÈRE (LA). Lieutenant au régiment de Saint-Nectaire (1625). 349.

RIVIÈRE (Le P. DE LA). Louis de la Rivière, religieux minime, visiteur général de France. Il fut chargé par Lesdiguières de porter au pape ses compliments sur son exhaltation. Il a laissé plusieurs ouvrages. 458, 467.

ROBINE (LA) DIT FONTENILLES. Tué au combat d'Allemagne en 1586. 26.

ROCH'AYGUDE. *Rochegude*, c^{ne}, c^{on} de Saint-Paul-trois-Châteaux, arr^t de Montélimar (Drôme). 58.

ROCHE (LA). Ch.-l. de c^{on}, arr^t de Bonneville (Haute-Savoie). 200.

ROCHE (LA). *La Roche-des-Arnauds*, c^{ne}, c^{on} et arr^t de Gap (Hautes-Alpes) 12, 19.

ROCHE. Capitaine au régiment d'Huxelles, 1625. 350.

ROCHE (Comm^r de LA) (I). 50.

ROCHE (LA), FLOTTE (I). 29, 50, 56, 60, 112, 171 n., 362.

ROCHE (DE LA), ROCHE-DE-GRANE (DE LA) (I). 285, 331.

ROCHEBLAVE (DE). Mathieu de Rastel, Sr de Rocheblave, capitaine. 146.

ROCHELLE (LA) (II). 429.

ROCHEPAVIOT. *Rochepaviotte*, ancien château aujourd'hui détruit, près de la Mure. 447.

ROCHEPENDANT. 229.

ROCHERANCES, *Voy.* RICHERANCES.

ROCHETTE (LA) (I). 79, 161, 162, 163, 167, 264 n., 265, 278, 279, 282, 291, 292.

ROCHETTE (LA). C^{ne}, c^{on} de la Bâtie, arr^t de Gap (Hautes-Alpes). 19 n.

ROCQUEFORT, ROQUEFORT. C^{ne}, c^{on} de la Ciotat, arr^t de Marseille (Bouches-du-Rhône). 90, 237.

ROCRE. Carlo Rocre, d'Asti, gouverneur de Barcelonnette pour la Savoie. 217.

ROGER (Cte). Capitaine de cavalerie du duc de Savoie, de Milan. 128.

ROHAN (Duc DE) (II). 406.

ROHAN (Duchesse DE). Catherine de Partenay-l'Archevesque, femme de René de Rohan, prince de Léon, seigneur de Soubise. 430 n.

ROIBONS, *Voy.* ROYBOND.

ROMANCHE (LA). Rivière affl. du Drac. 31, 35, 55, 190 n., 441.

ROMANEY. *Romanèche-Thorins*, c^{ne}, c^{on} de la Chapelle-de-Guinchay, arr^t de Mâcon (Saône-et-Loire). 201.

ROMANS (I). 46, 50, 51 62, 114, 171, 172, 200.

ROME (I). 52 n., 432, 438, 439, 440, 471.

ROMETTE. C^{ne}, c^{on} et arr^t de Gap (Hautes-Alpes). 5, 10, 11, 13, 43.

ROMILLY (I). 161, 320.

ROMOLON, *Voy.* REMOLON.

72

RONCAS. Secrétaire du duc de Savoie. 319.

ROQUE. Colonel français (1625). 349.

ROQUEBRUNE. C^ne, c^on de Menton, arr^t de Nice (Alpes-Maritimes). 86, 231 n., 239, 247.

ROQUEFORT, Voy. ROCQUEFORT.

ROSAN (DE), ROZANS (DE) (I). 161, 275, 285, 308.

ROSNE, Voy. RHÔNE.

ROSSAS. Ham., c^ne de Valdrôme, c^on de la Motte-Chalançon, arr^t de Die (Drôme). 34.

ROSSET. André Rosset, maréchal-des-logis des gardes de Lesdiguières. 453.

ROSSET (DE) (I). 26, 31, 34, 186.

ROSSILLON (II). 334, 335, 341.

ROUANNE. *Roanne*, ch.-l. d'arr^t du dépt de la Loire. 150.

ROUEN (II). 371.

ROURE (Cap^ne), Voy. ARABIN.

ROUSSET. C^ne, c^on de Chorges, arr^t d'Embrun (Hautes-Alpes). 34 n.

ROUSSET. Louis Rousset, chanoine et trésorier du chapitre de Valence. 459, 461.

ROUSSET (DE). Albert de Rousset, Sr de Rousset, gouverneur de Gap. 6, 7.

ROUSSET. Louis de Rousset, fils d'Albert et de Louise de Grimaldi ; il épousa Philippine de Comboursier. 18.

ROUSSILLON (DE). Just-Louis, Cte de Tournon, Sr de Roussillon (1615), fils de Henri et de Catherine de Levis-Ventadour, dame de Roussillon. Il fut lieutenant général en Dauphiné et Vivarais, sénéchal d'Auvergne, et fut tué au siège de Philisbourg en 1644. 322.

ROUX (DE). Antoine de Roux, Cos^r de Sigoyer, capitaine protestant, pendu par ordre de d'Épernon après la prise de Seyne. 27 n.

ROYANNÈS (LE). Circonscription territoriale aujourd'hui canton de Pont-en-Royans (Isère). 34.

ROYBOND (DE), ROIBON (DE), ROYBON (DE). Claude de Roybon, conseiller au Parlement (1571). 43, 52, 53, 54.

ROYNE MÈRE (LA) (I). Catherine de Médicis. 359, 360.

ROZANS, ROSANS (I). 31, 33, 41, 47, 57, 59, 60.

ROZANS (DE), Voy. ROSANS (DE).

RUAUX (DE). (II) à Réaux. 338.

RUBAMPRÉ Jean de Rubempré, colonel, fils d'Antoine et de Claude de Croy ; il épousa Marie de Hamal. 27.

RUBIÈRES, Voy. RIBIERS.

RUINAT. *Ruinet*, ham., c^ne, c^on et arr^t de Die (Drôme). 361.

RYANS, Voy. RIANS.

SAIGE (Cap^ne). Capitaine pétardier de Lesdiguières (1597). 309.

SAILLANS *Sillans*, c^ne, c^on de Taverne, arr^t de Brignolles (Var). 183, 243.

SAINTE-AGNEZ. C^ne, c^on de Domène, arr^t de Grenoble (Isère). 445.

SAINCT-ANDRÉ (DE). 322.

SAINCT-ANDRÉ DE GRENOBLE. Paroisse de la ville de Grenoble. 426, 427, 473.

SAINCT-JEAN-D'ÉRANS (I). 32.

SAINT-ANDIOL (DE). Laurent Varadier, Sr de Saint-Andéol, d'Arles, mari de Lucrèce de Forbin. 220.

SAINT-ANDRÉ. Faubourg de Gap (I). 10.

SAINT-ANDRÉ. Ch.-l. de c^on, arr^t de Castellanne (Basses-Alpes). 155.

SAINT-ANDRÉ. C^ne, c^on et arr^t d'Embrun (Hautes-Alpes). 9.

SAINT-ANDRÉ. C^ne, c^on de Modane, arr^t de Saint-Jean-de-Maurienne (Savoie). 159.

SAINT-ANDRÉ, SAINT-ANDRÉ-EN-BEAUCHESNE. Ham., c^ne de la Faurie, c^on d'Aspres, arr^t de Gap (Hautes-Alpes). 106, 114, 448.

SAINT-ANDRÉ (DE) (I). 146, 240, 242, 474.

SAINT-ANDRÉ-LES-AVIGNON. Abbaye de Bénédictins, c^ne de Villeneuve-les-Avignon (Gard). 4 n.

SAINT-ANDRIOL. *Saint-Andiol*, c^ne, c^on d'Orgon, arr^t d'Arles (Bouches-du-Rhône). 69.

SAINT-APOLLINAIRE. Cathédrale de Valence (Drôme). 459. 466.

SAINT-AREY. Faubourg de Saint-Arey, à Gap. 14.

SAINT-AUBAN (DE) (I). 185 n.

SAINT-BARTHÉLEMY (Fort de), SAINT-BARTHOLOME (Fort de). Le même fort qui fut appelé plus tard le fort Barraux. 305.

Saint-Benoit. Ham., c^{ne} de Savigliano, cercle de Saluces, prov. de Coni (Italie). 130.

Saint-Bonnet (I). 15, 30, 40, 41, 59, 81, 114, 394, 444, 448.

Saint-Bonnet (De). N... de Calignon, Sr de Saint-Bonnet, cap^{ne} des gardes de Lesdiguières en 1595. 125, 147, 308.

Saint-Bresmes. Ham., c^{ne} de Corps, arr^t de Grenoble (Isère). 448.

Sainte-Catherine. Ruines, c^{ne} de Viry, c^{on} et arr^t de Saint-Julien (Haute-Savoie). 164, 195, 197, 208.

Sainte-Catherine-d'Aiguebelle (I). 161, 318.

Saint-Chaffrey. C^{ne}, c^{on} du Monêtier, arr^t de Briançon (Hautes-Alpes). 30.

Saint-Chama. Émeric de Saint-Chamas, viguier de Lambesc, fils d'Alexis et d'Étiennette Guigonne ; épousa Françoise Mingres (1583), testa en 1605. 48.

Saint-Chaulmont. (II) à Mitte de Chevrières. 322, 421, 422, 423, 427, 429, 435, 436.

Saint-Claude (I). 161.

Saint-Clément. C^{ne}, c^{on} de Guillestre, arr^t d'Embrun (Hautes-Alpes). 4 n., 18, 39.

Saint-Colomban, Saint-Collomban. San-Colombano, ham., c^{ne} d'Exilles, prov. de Turin (Italie) 108, 109.

Saint-Crespin. C^{ne}, c^{on} de Guillestre, arr^t d'Embrun (Hautes-Alpes). 9.

Saint-Christofle. Saint-Christophe-en-Oisans, c^{ne}, c^{on} du Bourg-d'Oisans, arr^t de Grenoble (Isère). 448.

Saint-Égrève. C^{ne}, arr^t et c^{on} de Grenoble (Isère). 53.

Saint-Esprit (Le) (II). 6, 47, 48, 324.

Saint-Estève. (I) à Saint-Étienne-d'Avançon. 40.

Saint Estève-de-Cruys, Voy. Saint-Étienne-de-Crues.

Saint-Étienne-d'Avançon. C^{ne}, c^{on} de la Bâtie, arr^t de Gap (Hautes-Alpes). 449.

Saint-Étienne-de-Cruez, Saint-Estève-de-Cruys. Saint-Étienne-les-Orgues, ch.-l. de c^{on}, arr^t de Forcalquier (Basses-Alpes). 84, 121.

Saint-Euphème. (I) à Sainte-Euphémie. 29.

Saint-Euzeby. Saint-Eusèbe, c^{ne}, c^{on} de St-Bonnet, arr^t de Gap (Hautes-Alpes). 448.

Saint-Ferréol (I). 37, 189, 309.

Saint-Firmin. Ch.-l. de c^{on}, arr^t de Gap (Hautes-Alpes). 449.

Saint-Gaucher (Porte). Porte de la ville de Montélimar (Drôme). 36.

Saint-Genet. N... Orgier, Sr de Saint Genet 26.

Saint-Genis, Saint-Genys (I). 70, 71, 114, 115, 145, 146, 202, 205, 208, 209, 249.

Saint-Genix (De) (I). 36, 37.

Saint-Geoire. Saint-Geoirs, c^{ne}, c^{on} de Saint-Étienne-de-Saint-Geoirs, arr^t de Saint-Marcellin (Isère). 146.

Saint-Georges. Ham., c^{ne} de Vaulnaveys, c^{on} de Vizille, arr^t de Grenoble (Isère). 32, 51, 56, 447.

Saint-Georges (De). Guillaume Sandic, Sr de Saint-Georges, gentilhomme du Languedoc. 322.

Saint-Germain (I). 8, 135.

Saint-Germain (De). Gaspard de Saint-Germain, Sr de Meyrieu, Jarjayes et la Vilette, fils de Jacques et d'Ennemonde de Glandèves, épousa Marguerite de Coques. 7.

Saint-Germain (De). Gilles de Saint-Germain, Sr de Jarjayes, fils d'Antoine et de Georgette Gras, mari de Philippine de Bourchenu. 15.

Saint-Germain (De). Jacques de Saint-Germain, Sr de Meyrieu, mari de Marguerite Lebet, fils de Gaspard et de Marguerite de Coques, mort vers 1630. 286.

Sainte-Hélène (I). 161, 168, 169, 171, 267, 268, 293.

Sainte-Jalle (I). 25.

Sainte-Jalle (De). Jacques de Tholon, Sr de Sainte-Jalle, fils de Fouquet et de Guigonne de Combourcier, mort en 1610. 26.

Saint-Honos. Cap^{ne} savoisien, tué en 1590. 245.

Saint-Jacome. (I) à Saint-Jaquemon. 317.

Saint-Jan. Saint-Jean, ham., c^{ne} de Saint-Jean-Saint-Nicolas, c^{on} de Saint-Bonnet, arr^t de Gap (Hautes-Alpes). 81.

Saint-Jean (de) (I). 7, 17 n., 27, 30, 186 n., 276, 285.

Saint-Jean. *Saint-Jean-de-Chépy*, ham., c^{ne} et c^{on} de Tullins, arr^t de Saint-Marcellin (Isère). 62, 448.

Saint-Jean. Officier au service de la Savoie. 145.

Saint-Jean-d'Emborney. *Saint-Jean-de-Bournay*, ch.-l. de c^{on}, arr^t de Vienne (Isère). 393, 447.

Saint-Jean-de-Morienne, Saint-Jehan (I). 157, 158, 159, 160, 165 n., 166, 264, 275, 276, 278, 316.

Saint-Jean-en-Roians. Ch.-l. de c^{on}, arr^t de Valence (Drôme). 45.

Saint-Jeurs (de), Saint-Just, Saint-Jurs (de) (I). 128, 135, 142, 169, 268, 269, 280, 285, 288, 299, 300, 308, 322, 400.

Saint-Julien, Saint-Julian (I). 158.

Saint-Jullian, Saint-Julien, *Voy.* Renard.

Saint-Jullien. Ancien château, c^{ne} et c^{on} de Savines, arr^t d'Embrun (Hautes-Alpes). 16.

Saint-Jullin, Saint-Julien, Saint-Julian (I). 44, 45, 49, 178, 179, 182, 286, 308.

Saint-Just, *Voy.* Saint-Jeurs.

Saint-Laurens-de-Mures. C^{ne}, c^{on} d'Heyrieux, arr^t de Vienne (Isère). 448.

Saint-Laurent, Saint-Laurans (I). 199, 206 n., 207, 439.

Saint-Laurent. 221, 285.

Saint-Laurent-du-Cros, Saint-Laurens (I). 4 n., 43, 44.

Saint-Marcellin (I). 57, 60, 85, 91, 143, 155, 248, 274.

Sainte-Marie. Gaspard de Rivière, Sr de Sainte-Marie, mari de Lucrèce de Guillemont puis de Richarde de Guiqueran, fils de Claude et d'Esprite de Vachères, mort vers 1645. 365.

Saint-Martin (de) (I). 44 n.

Sainct-Martin. Ham., c^{ne} de la Cluze-et-Pâquier, c^{on} de Vif, arr^t de Grenoble (Isère). 31.

Saint-Martin (I). 94, 130 n., 283.

Saint-Martin. *San-Martino*, ham., c^{ne} de Savigliano, cercle de Saluces, prov. de Coni (Italie). 101 n.

Saint-Martin (Porte). Porte de Montélimar (Drôme). 15, 37.

Saint-Martin-de-Pallières, Saint-Martin. C^{ne}, c^{on} de Barjols, arr^t de Brignolles (Var). 67, 219.

Saint-Martin-de-Poysat. Hameau, c^{ne} de Poisat, c^{on} et arr^t de Grenoble (Isère). 42.

Saint-Martin-de-Quérières. C^{ne}, c^{on} de l'Argentière, arr^t de Briançon (Hautes-Alpes). 39.

Saint-Maurice, Saint-Morice, Saint-Maurice-en-Trièves. C^{ne}, c^{on} de Clelles, arr^t de Grenoble (Isère). 18, 33, 42, 43, 74,

Saint-Maurice (de) (II). 227.

Saint-Maurice-en-Valgaudemar. C^{ne}, c^{on} de Saint-Firmin, arr^t de Gap (Hautes-Alpes). 4 n., 11.

Saint-Maurix. *Saint-Maurice-en-Valais*, célèbre abbaye (Suisse). 195.

Saint-Maximin, Saint-Maximain (I). 213, 245, 406.

Saint-Michel (I). 159, 160, 264, 275, 276, 278, 316.

Saint-Mury (de). François de Montchenu, Sr de Saint-Mury, commandant à Montbonot pour les catholiques; il était mari de Marianne de Vallin, et fils de Eynard et de Lantelme de Vinay. 195 n.

Saint-Paul. Ch.-l. de c^{on}, arr^t de Barcelonnette (Basses-Alpes). 214.

Saint-Paul. Paroisse de Paris, rue Saint-Antoine. 443, 453.

Saint-Paul-trois-Chasteau (I). 18.

Saint-Pierre. *Sampeyre*, c^{ne}, cercle de Saluces, prov. de Coni (Italie). 40, 190.

Saint-Pierre-d'Albigny (I). 265, 278, 313, 314, 315, 320.

Saint-Pol, Saint-Pol-sur-Durance (I). 74, 87, 123, 125, 155, 234, 243.

Saint-Pol-de-Vance. *Saint-Paul*, c^{ne}, c^{on} de Vence, arr^t de Grasse (Alpes-Maritimes). 234.

Saint-Pons. C^{ne}, c^{on} et arr^t de Barcelonnette (Basses-Alpes). 81.

Saint-Pons-les-Seine. Ham, c^{ne}, c^{on} de Seyne, arr^t de Digne (Basses-Alpes). 61.

SAINT-PORCIN. *Saint-Pourcain*, Ch.-l. de c⁰ⁿ, arrᵗ de Gannat (Allier). 201.

SAINT-PRIS. *Saint-Priest*, cⁿᵉ, cᵒⁿ de Saint-Symphorien-d'Ozon, arrᵗ de Vienne (Isère). 136.

SAINT-REIREN. Colonel français (1625). 333, 341, 342, 352.

SAINT-ROBERT. Ham., cⁿᵉ de Saint-Égrève, cᵒⁿ et arrᵗ de Grenoble (Isère). 62, 274.

SAINT-ROMAN (DE), SAINT-ROMAIN (DE) (I). 68, 136, 138, 241.

SAINT-SAUVEUR (I). 29, 48, 51, 216.

SAINT-SÉZARY. *Saint-Césaire*, ham., cⁿᵉ, cᵒⁿ et arrᵗ d'Arles (Bouches-du-Rhône). 243.

SAINT-SORLIN (Mⁱˢ DE) (I). 199.

SAINT-TROPAIS, SAINT-TROPEZ. Ch.-l. de cᵒⁿ, arrᵗ de Draguignan (Var). 89, 237, 244.

SAINTE-TULIE. Cⁿᵉ, cᵒⁿ de Manosque, arrᵗ de Forcalquier (Basses-Alpes). 69, 84, 121, 139.

SAINT-VINCENT (DE). Abel de Calignon, Sʳ de Saint-Vincent et Voreppe, fils d'Abel et d'Olympe Tonnard ; tué en 1595, près de Cavours. 112, 115, 128, 131, 141, 142.

SALASSES (I). 215.

SALINES (DOM) (I). 158, 159, 213, 264, 268, 269, 275, 276, 277, 284, 287, 299.

SALLEBERTRAN. *Salbertrand*, cⁿᵉ, cercle de Suze, prov. de Turin (Italie). 111, 463.

SALLES (DE). Étienne de Bar, Sʳ de Salles, capⁿᵉ. 35, 43, 48, 55, 188.

SALLONET, *Voy.* SELONET.

SALLUCES, *Voy.* MARQUISAT.

SALON, SELLON, SALLON, CELLON DE CRAUS (I). 69, 95, 136, 137, 138, 252.

SALUCE, SALUCES (I). 95, 96, 213 n., 252, 253.

SANCY (DE) (I). 143, 144, 195, 199, 200, 201, 348.

SANETAIRE. (II) à Senetère. 349.

SANSON. 35.

SANTANA. Maréchal de camp de l'armée du duc de Savoie. 341.

SAONE (LA) Rivière. 150.

SAOU (I). 361, 362.

SARAGARAN. Col de Serre-Guérin, près de Saint-Jean-de-Maurienne (Savoie). 275.

SARRA (DE LA). Bertrand de Seyssel, seigʳ et bᵒⁿ de la Serraz, capitaine en Savoie. 287.

SARRAZIN (I). 27 n.

SARRAZIN. François Sarrazin, valet de chambre de Lesdiguières. 395, 444, 453, 456.

SASSELLO. 335.

SASSENAGE. Cⁿᵉ, cᵒⁿ et arrᵗ de Grenoble (Isère). 61, 459.

SASSENAGE. Laurent, baron de Sassenage, fils de François et de Guicharde d'Albon, épousa Françoise Alleman puis Marguerite d'Oraison, et mourut en 1574. 5 n.

SAULSAC (I). 359, 365.

SAULT (Cˢˢᵉ DE) (I). 220, 230, 297.

SAUT, SAULT (I). 31, 138, 186, 390.

SAUT (Cᵗᵉ DE), SAULT (Cᵗᵉ DE), LESDIGUIÈRES (Duc DE). François de Bonne de Créqui, comte de Sault puis duc de Lesdiguières, fils de Charles de Créqui et de Madeleine de Bonne. 338, 348, 349, 382 n., 386, 399, 445, 446, 447, 449, 450, 454, 455, 457, 460, 461, 466, 473.

SAUT (Mˡˡᵉ DE). Jeanne d'Agoult-Montauban, fille de François-Louis, Cᵗᵉ de Sault, et de Chrétienne d'Aguerre. Elle épousa Claude-François de la Baume-Montravel. 172.

SAUTEREAU. Antoine de Sautereau, Sʳ du Fay, capitaine, fils de Jacques et d'Anne de Comboursier. 62.

SAUZE (DU) (I). 81, 82, 229.

SAVINES. Ch.-l. de cᵒⁿ, arrᵗ d'Embrun (Hautes-Alpes). 9.

SAVINES (DE). Antoine de la Font, Sʳ de Savines, mari de Marie de Girard de Saint-Paul, fils de Roux de la Font et de Marguerite de Gaillard ; il fut colonel. 335, 341, 342.

SAVOIE, SAVOYE (I). 24, 37, 71 n., 72, 73, 75 n., 80, 91, 106, 107, 148, 156, 157, 161, 168, 188 n., 193, 195, 203, 205, 210, 211, 214, 219, 226, 247, 248, 253, 261, 262, 263, 264, 272, 273, 274, 282, 283, 285, 286, 287, 292, 295, 296, 297, 301, 302, 303, 306, 319, 328, 332, 344, 366, 389.

SAVOIE (DUC DE), SON ALTESSE, DUC (LE) (I). 20, 28, 52, 54, 59, 61 n., 63 n., 75, 81 n., 82 n., 84, 85, 90, 93 n, 94, 95, 97, 98, 99,

100, 102, 103, 104, 105, 107, 109, 110, 111, 116, 127, 130, 133, 135, 140, 141, 142, 143, 146, 147, 148, 156, 157, 161, 162, 164, 166, 167, 168, 169, 170, 171, 172, 180, 193, 194, 195, 197, 198, 200, 202, 203, 204, 205, 206, 208, 210, 211, 212, 213, 214, 215, 217, 222, 223, 228, 230, 231, 232, 233, 235, 236, 237, 238, 239, 241, 243, 246, 247, 252, 253, 254, 256, 257, 259, 260, 261, 262, 264, 265, 266, 267, 268, 269, 270, 271, 274, 277, 278, 279, 280, 281, 282, 283, 284, 286, 287, 288, 289, 290, 291, 292, 293, 294, 295, 297, 299, 300, 301, 303, 305, 306, 313, 314, 315, 317, 319, 320, 332, 333, 334, 335, 336, 340, 341, 342, 343, 344, 349, 351, 372, 447.

SAVOIE (Duchesse DE) (I). 172, 193, 268.

SAVORNON. *Savournon*, c^{ne}, c^{on} de Serres, arr^t de Gap (Hautes-Alpes). 448, 449.

SCARNAFIZ. Officier au service de la Savoie. 287.

SCHOMBERG. Frédéric-Armand, duc de Schomberg, maréchal de France, né en 1608, expatrié pour cause de religion, tué au combat de Drogheda en 1690. 4 n.

SCIPION. 6.

SCRIDE. 449.

SEDERON (I). 66, 126.

SÉGUR (DE) (I). 179, 180.

SEINE, SEYNE (I). 26, 27, 139, 142.

SEISSEL, SEYSSEL. (I) à Sessel. 205, 207.

SELONET, SALLONET, SILONNET. C^{ne}, c^{on} de Seynes, arr^t de Digne (Basses-Alpes). 87, 88, 131, 443.

SENAS (I). 122, 139.

SENAS. Balthazard de Jarente, Bon de Senas, chevalier de l'Ordre, cap^{ne} de cent hommes d'armes; fils de François et de Marie de Castellane. Il épousa Isabeau d'Agoult et fut tué au combat de Saint-Martin. 26.

SENEZ. Ch.-l. de c^{on}, arr^t de Castellanne (Basses-Alpes). 155, 156.

SENTAL, *Voy.* CENTAL.

SEPTÈME, STÈME (I). 91, 205, 249.

SEQUALISTE (DE). Jean Squalista, capitaine de cavalerie du duc de Savoie, tué en 1597. 269.

SERAVAL, SARAVAL. 334, 338.

SERENY. (I) à Serigny. 348.

SEREZ (DE). Capitaine de Montélimar, gouverneur de Puymoisson en 1596. 155.

SERIZIER (DE). Gouverneur pour le duc de Savoie du château de Miolans. 313, 314.

SERRE (DU). Gaspard du Serre, Sr de la Grange, major d'Embrun, fils de Benoît et de Louise de Bonne, épousa Suzanne de Roux, mourut en 1634. 159, 308.

SERRES (I). 11, 12, 18, 29, 30, 31, 32, 33, 34, 38, 39, 41, 42, 43, 44, 45, 47, 48, 50, 56, 59, 60, 66, 69, 72, 74, 85, 87, 107, 118, 119, 121, 126, 128, 131, 137, 151, 174, 183, 331, 363, 393, 402, 448.

SERRES (DE). Peut-être Aubert du Serre, Sr de la Villette, mari de Dimanche d'Ancin, fils de Jacques et de Isabeau de Roux, mort vers 1635. 350.

SERVETTES. Bois près du fort Barraux (Isère). 309.

SERVIENT. Antoine Servien, Sr de Biviers, conseiller au Parlement de Grenoble, procureur des États, mari de Diane Bailli. 40.

SESSIN. *Seyssin*, c^{ne}, c^{on} et arr^t de Grenoble (Isère). 35.

SEUZE, *Voy.* SUZE.

SEYNE, *Voy.* SEINE.

SEYSSEL, *Voy.* SEISSEL.

SÉZANNE, SÉZAINE (I). 96, 105, 107, 108, 112, 113, 129, 131, 132, 135, 136, 140, 212, 250.

SICARD (Cap^{ne}). Capitaine commandant le fort d'Allos (1597). 165.

SIGAUD. Jean Sigaud, valet de chambre de Lesdiguières. 395, 444, 456, 461.

SIGNAC. Capitaine provençal ligueur (1587). 41, 191.

SIGNE. C^{ne}, c^{on} de Beausset, arr^t de Toulon (Var). 90, 237.

SIGOTTIER. C^{ne}, c^{on} de Serres, arr^t de Gap (Hautes-Alpes). 449.

SIGOYER (I). 27 n.

SILLA. Dictateur romain. 439.

SILLAC. *Ceillac*, c^{ne}, c^{on} de Guillestre, arr^t d'Embrun (Hautes-Alpes). 39.

SILLANS (DE). Jean d'Albert, Sr de Régusse et de Sillans, fils d'Antoine et d'Honorade

Bernusse. Il épousa Diane de Pontevez. 232.

SILLERY (DE) (I). 148, 437 n.

SILONNET, Voy. SELONET.

SILVINS. 469.

SISTERON, CISTERON (I). 21, 27, 45, 82, 86 n., 151, 152, 153, 225, 240, 241, 242, 284.

SOCRATE. Philosophe grec. 470.

SOLLIERS (I). 212.

SOLLIERS N.... de Forbin, Sr de Solliers, officier royaliste (1592). 237.

SONNAZ (DE). SONNAS. N.... Gerbaix de Sonnax, cap^{ne} au service de la Savoie. 20, 196, 197, 200, 214, 215, 216.

SOUBREROCHE. SOUBROCHE Jacques de Chypre, Sr de Soubreroche, cap^{ne}, gouv^r de Briquéras. 35, 37, 188.

SOUCHIÈRE-EN-PRAGELA (LA). Sochières, ham.', c^{ne} de Pragela, cercle de Pignerol, près de Turin (Italie). 140, 142.

SOULEURES. (I) à Soleure. 182.

SPARRON DE PALLIÈRES, Voy. ESPARRON.

SPINE. 335.

SPINOLA. Augustin Spinola, officier génois. 344.

SPINOLA. Étienne ou Stéfano Spinola, officier génois. 343, 344.

SPINOLA. Jacques Spinola, officier génois, sergent-major. 343.

SPINOLA. Officier génois. 337, 338.

SPINTON. Cap^{ne} ligueur, tué en 1589 au sac de Moras. 62.

STAFFARDE (Abbaye DE). Ham., c^{ne} de Revel, cercle de Saluces, prov. de Coni (Italie). 94.

STÈME, Voy. SEPTÈME.

STORBE. Fermier général du sel en France. 226.

STRATA. Capitaine, gouverneur de Saint-Paul de Barcelonnette. 214.

STURA (I). 334.

SUAU (DE). Philippe du Suau, Sr de la Croix, fils de Philibert et d'Honorade de Bermond. 459.

SUISSE (I). 148, 224.

SULLY. (I) à Rosny. 440.

SUZE (I). 20, 92, 97, 113, 133, 135, 140, 157, 160.

SUZE, SEUZE (I). 190, 215, 216, 250, 282, 283, 296.

SUZE (DE). François de la Beaume, comte de Suze, gouverneur du Comtat, chevalier des ordres du roi, tué à Montélimar en 1586. 5, 25, 36, 37 n., 188.

SUZE (Cte DE), FILS AÎNÉ DU COMTE DE SUZE LE). Rostaing de la Beaume, comte de Suze, fils du précédent, maréchal de camp. 36, 42, 138, 188.

SYMIENNE. Simiane, c^{ne}, c^{on} de Banons, arr^t de Forcalquier (Basses-Alpes. 448.

TAGEAN (DE). François de Loupiac, Sr de Tajan, gouverneur de Gap, puis maréchal de camp ; il épousa Philippine de Saint-Gery. 28.

TALLARD, TALARD (I). 14, 19, 21, 43, 44, 45, 49, 61, 107, 151, 181 n., 362, 449.

TALLARD (Cte DE), Voy. AURIAC.

TALLARD (Vte DE). Alexandre de Bonne, vicomte de Tallard, S^r d'Auriac et de la Rochette, fils d'Étienne et de Madeleine de Rousset. 473.

TALLON. Village entre Suze et Novalaise. 216.

TARASCON (I). 225, 226.

TARENTAISE, TARANTAISE (I). 161, 172, 264, 274, 277, 282, 296, 311, 316, 317, 318, 320.

TARNAVAS (DE), TOURNAVAS. Bâtard d'Emmanuel-Philibert, duc de Savoie. 107, 169, 287, 288.

TAVANES (DE). Claude de Saulx, Cte de Tavanes, fils de Guillaume et de Catherine Chabot, mort en 1638. 280.

TEIL (DU). Capitaine catholique, tué à la reprise de Montélimar en 1589. 36, 188.

TENDE (Col DE). Col conduisant de France en Italie (Alpes-Maritimes). 253.

TENSIN. C^{ne}, c^{on} de Goncelin, arr^t de Grenoble (Isère). 76.

TERA. 448.

TERMES (DE). Jean de Saint-Lary, Sr de Termes, mari d'Anne de Villemur, intermédiaire pour la capitulation de Chorges en 1586. 28.

TERMIGNON. *Thermignon*, cne, con de Modane, arrt de Saint-Jean-de-Maurienne (Savoie). 160.

TERRACE (LA), TERRASSE (LA). Cne, con du Touvet, arrt de Grenoble (Isère). 110, 113, 300.

TERRENEUFVE (DUC DE). Gouverneur du duché de Milan pour le roi d'Espagne. 203.

TERRE NEUVE, TERRES NEUFVES (1). 217, 228, 229.

TESSIÈRES. Louis de Durand, Sr de Teysseires, capitaine. 189.

THEIL (Le père DU). Capitaine catholique, fait prisonnier à la reprise de Montélimar (1589). 189.

THÉODORIC. Roi des Ostrogoths. 440, 442.

THEYS, THAYS, THEIS. Cne, con de Goncelin, arrt de Grenoble (Isère). 149, 393, 445, 446, 447, 448.

THOU (DE) (I). 23 n., 95 n., 191 n., 312 n.

THOULOUSE (1). 408.

THOULOUZE DE LAUTREC (DE). Bernard de Toulouze-Lautrec, coseigneur de Veynes 456.

THOULON, *Voy.* TOULON.

THURIN, *Voy.* TURIN.

TIANGE (DE). François de Damas, Sr de Thianges, chevalier de l'Ordre, gouvr de Mâcon et de Soissons, fils de Léonard et de Claudine d'Orge. Il épousa Françoise Palatin de Dio (1580) et mourut en 1615. 201.

TILLET (DU). Jean du Tillet, Sr de la Buissière, greffier en chef du Parlement, puis secrétaire d'État. Il épousa Jeanne Brisson. 392.

Toc (DOM JEAN), TOCCO (DOM JOAN), TORQ (DOM JOAN). Beau-frère de Salinas, officier supérieur au service du duc de Savoie. 269, 287, 300.

TOIRETTE. *Thoirette*, ham., cne de Thoiry, con de Ferney, arrt de Gex (Ain). 201.

TOIRY. *Thoiry*, cne, con de Ferney, arrt de Gex (Ain). 198.

TOLLÈDE (DE) (I). 110, 111.

TOLLERON. Notaire à Paris. 443, 453, 454, 457, 460.

TONARD. (1) à Thonnard. 401, 402, 445, 452.

TORTONE, TOURTONNE. *Dertona*, ville de la province d'Alexandrie (Italie). 334, 335, 337, 344.

TOULON, THOULON. (1) à Tollon. 125, 234, 237, 241, 245.

TOULOUSE. Ch.-l. du dépt de la Haute-Garonne. 438 n.

TOUR (LA). Capitaine catholique (1577). 14, 15.

TOUR (DE LA). Marchand d'Argentine en Savoie. 171.

TOUR-CHARBONNIÈRE (LA). Fort de la ville d'Aiguebelle (Savoie). 161, 266, 278, 279, 315.

TOUR D'EYGUES (LA), TOUR D'AIGUES (LA) (I). 84, 390.

TOURNAVAS, *Voy.* TARNAVAS.

TOURNEBON (DE). (I) à Tourneon. 44, 45.

TOURNES Peut-être *Tavernes*, ch.-l. de con, arrt de Brignolles (Var). 69.

TOURNÉS (DE). Officier provençal (1593). 117, 244.

TOURNON (Cte DE) (I). 25, 322.

TOURS. Ch.-l. du dépt d'Indre-et-Loire. 438 n.

TOUVET (LE) (I). 113, 300.

TRAJAN. Empereur romain. 440.

TRANCHET (LE) Peut-être le *Fanguet*, ham., cne et con d'Allos, arrt de Digne (Basses-Alpes). 165.

TRECLOSTRE, TROIS-CLOISTRES. *Tréscloitre*, ancien faubourg de Grenoble. 438, 439, 474.

TREFFORT, TRESFORT. Ch.-l de con, arrt de Bourg (Ain). 379, 390, 393, 396, 445, 446, 448.

TREFFORT (Mis DE), TRESFORT (Mis DE) LE MARQUIS (I). 113 n., 115, 194 n., 195, 196, 197, 201, 205, 206, 207, 208, 209, 215, 253, 261.

TREMINIS, TRESMINIS (1). 29, 31, 40, 41, 42, 43.

TRÉMON (DE) (II). 338.

TRÉSORERIE (LA). Ancien hôtel des trésoriers, puis hôtel des gouverneurs du Dauphiné, puis préfecture, maintenant hôtel de ville de Grenoble. Il est construit sur l'emplacement de l'ancien palais des Dauphins. 438.

TRÉSORIER (LE). Hugues de Calignon, Sr de

Montmeilleur, fils de Genton et de Claudine Giraud ; épousa Guzame Basset, puis Lucrèce de Montchenu ; fut auditeur à la Chambre des Comptes du Dauphiné (1599) et trésorier des guerres (1597). 271.

TRESQUE. C^{ne}, c^{on} de Bagnols, arr^t d'Uzès (Gard). 6.

TRETS. Ch.-l. de c^{on}, arr^t d'Aix (Bouches-du-Rhône). 123.

TRÉVIC (Mis DE), TREVES (Mis DE). Un des généraux de l'armée du duc de Savoie battue à Pontcharra en 1591. 75 n., 79.

TRIADONS (Cap^{ne}). Capitaine pétardier tué en appliquant le pétard au château de Chamousset. 161, 280.

TRIBOULET (Cap^{ne}). Tué au combat d'Allemagne en 1586. 26.

TRIÈVES (LE) (I). 8.

TRINITÉ (Cte DE LA) N .. Costa, Cte de la Trinité, gentilhomme piémontais au service de la Savoie. 333, 334.

TROIS-CLOISTRES, Voy. TRECLOSTRE.

TROIS-SELVES. Cap^{ne} savoisien, tué en 1590. 215.

TROTTO. Capitaine génois. 343.

TULLETTE (I). 361.

TULLINS. Ch.-l. de c^{on}, arr^t de Saint-Marcellin (Isère). 62, 86, 118, 181.

TURIN, THURIN (I). 47, 75 n., 95, 97, 105, 160, 172, 194, 210, 254, 351.

UDONROTTO. Officier au service de la Savoie. 287.

UPAIX (I). 58, 87.

URIAGE. c^{ne}, c^{on} de Vizille, arr^t de Grenoble (Isère). 44.

USEZ (I). 6, 329.

USSEL (Mis D'), USSELLES (D'), USEL (D'). Jacques du Blé, Mis d'Huxelles, fils d'Antoine et de Catherine de Beauffremont ; il mourut en 1629 au siège de Privas. 334, 338, 348, 350.

VACHE (LA). C^{ne}, c^{on} et arr^t de Valence (Drôme). 35.

VACHE (DU). Claude du Vache, Sr de Peyrins, fils de Joffrey, gouverneur de Saint-Marcellin. 41 n.

VACHE (Louis DU). (I) à Estables. 184.

VACHE (Marthe DU). Marthe du Vache, fille de Claude, Sr de Peyrins, et de Françoise de Murinais ; elle épousa, en 1587, Soffrey de Calignon. 41 n.

VACHÈRE. Fiancée en 1587, à M. de Paris ? 43.

VACHÈRES. C^{ne}, c^{on} et arr^t de Die (Drôme). 60.

VACHÈRES (DE) (I). 25, 36, 48, 54, 187, 189 189.

VACHETTE (LA). Ham., c^{ne} du Val-des-Prés, c^{on} de Briançon, arr^t de Briançon (Hautes-Alpes). 23 n , 30.

VAICHE (DU). (I) à du Vache 122.

VAIR DE MOIRANS (LE). Ancienne route allant probablement de Moirans à Tullins. 440.

VALANCEY. Jacques d'Estampes, Sr de Valencey, fils de Jean et de Sarah d'Happlaincourt, né en 1579, mort en 1639. 338.

VALAURE (DE). Probablement Palamède de Valavoire, Sr de Vaux, gouv^r de Saint-Maximin, fils d'Antoine et de Marguerite de Forbin-Janson ; il épousa, en 1576, Marguerite François. 26.

VALAURY, VALLAURYE. C^{ne}, c^{on} de Grignan, arr^t de Montélimar (Drôme). 18, 234.

VALBONNOYS, VAUBONNAIS Ch.-l. de c^{on}, arr^t de Grenoble (Isère). 14, 44, 54, 447.

VALCLUSON, VAUCLUSON (I). 105, 130 n.

VAL D'OSTE (LA), VAL D'AOSTE (LA). Italie. 264, 274, 277, 287, 296.

VALDYSÈRE (Bar^{on} DE) (I) à Val d'Izère. 315.

VALENCE, Voy VALLENCE.

VALENSOLLE, VALENSOLLES, VALLANSOLE, VALLENSOLLE 66, 75, 88, 153, 211, 212, 243.

VALENTINOIS (I). 31, 329, 356, 374, 379, 382, 385.

VALERNE. C^{ne}, c^{on} de la Motte, arr^t de Sisteron (Basses-Alpes). 151.

VALETTE (DE LA), VALETE (LA) (I). 20, 26 n , 34, 35, 36 n., 38, 40, 44, 45, 49, 50, 51, 53, 54, 59, 63, 66, 67, 69, 72, 74, 76 n., 82, 83, 84, 85, 86, 185 n., 186, 187, 188, 190, 211, 213, 218, 219, 220, 221, 225, 226, 229, 230, 231, 232, 233, 239, 243 n., 247, 255.

VALFANIER (DE). Officier tué au combat de Blacons en 1575. 13.

VALLANSOLE, *Voy.* VALENSOLLE.

VALIAURYE, *Voy.* VALAURY.

VALLAVOIRE. Cne, con de la Motte-du-Caire, arrt de Sisteron (Basses-Alpes). 449.

VALLAVOIRE, VALAVOYRE. Palamèdes de Valavoire, Sr de Valavoire et de Vaux, gouvr de Saint-Maximin, fils d'Antoine et de Marguerite de Forbin-Janson. Il épousa, en 1576, Madeleine François. 220, 241.

VALLENCE, VALENCE (1). 40, 51, 106, 179, 180, 329, 454, 456, 457, 459, 461, 462, 466.

VALLENSOLLE, *Voy.* VALENSOLLE.

VALLEY (II). 277.

VALLIER. Exécuté à Grenoble, pour trahison, en 1597. 162.

VALLIÈRE (DE). Capne savoisien, tué en 1590. 215.

VALOUSES (DE), VELOUSES (DE). Claude, baron de Valouses. 79, 98, 265, 280, 285.

VALLOYSE (LA). *Vallouise*, circonscription ancienne, aujourd'hui con de l'Argentière, arrt de Gap (Hautes-Alpes). 30.

VANCE. Ch.-l. de con, arrt de Grasse (Alpes-Maritimes). 89, 244.

VANTADOUR (DE). (I) à Ventadour. 85, 321, 322, 324.

VANTAVON, *Voy.* VENTAVON.

VANTEROL-LE-JEUNE. Louis d'Urre, fils de Georges, Sr de Venterol, Novizan et Saint-Maurice, lieutt général, maréchal de camp dans l'armée du pape. 36, 189.

VAR. Rivière, ancienne limite de la France et de l'Italie. 88, 235.

VARAGUE. *Varages*, cne, con de Barjols, arrt de Brignolles (Var). 243.

VARCE, VARSE. *Varces*, cne, con de Vif, arrt de Grenoble (Isère). 398, 440, 445

VARCE (DE). Antoine de Briançon, Sr de Varces, mari de Marie-Anne de Berenger; beau-frère de Lesdiguières. 46.

VARS. Cne, con de Guillestre, arrt d'Embrun (Hautes-Alpes). 214.

VARSE. *Voy.* VARCE.

VASSIEU. Charles de Séguins, Sr de Vassieu, fils de Jean et époux de Catherine Comte (1598). 58.

VAUBONNAIS, *Voy.* VALBONNAYS.

VAUCLUSON, *Voy.* VALCLUSON.

VAUCHY. *Vanchy*, cne, con de Collonges, arrt de Gex (Ain). 198.

VAUIANI, VOUJANI, VAUJANI (I). 37, 55, 157, 263 n., 274, 275.

VAUNAVES. *Vaulnavays*, ancien mandement, aujourd'hui comne d'Uriage, con de Vizille, art de Grenoble (Isère). 35.

VAUSSERRES (I) *à Valserre*. 32. 46.

VEINE, *Voy.* VEYNES.

VELAY. Partie de l'Auvergne qui appartenait au Languedoc ; chef lieu le Puy. 91 n.

VENISE (I). 76, 85, 224, 440.

VELOUZES (DE), *Voy.* VALOUSES.

VENTABREN (DE), VENTABRAN. Robert de Quiqueran, Sr de Ventabren, fils de Hardoin et de Jeanne d'Aiguières, il épousa Madeleine d'Aimini (1574). 18, 26.

VENTAVON, VANTAVON (I). 27, 29, 32, 39, 42, 45, 59, 72, 86, 156, 403, 445, 449.

VENTAVON (DE). Jean-Balthazard de Morges, Sr de Ventavon, fils de Jacques et de Suzanne de Moustiers, dame de Ventavon ; il épousa Blanche de Vieux puis Louise de Ponnat. 473.

VENTEROL (I). 31, 58, 186, 189 n.

VENUSTE. Colonel savoisien tué en 1590. 216.

VERACE (DE) (I) 78.

VERSEL (DE), VERCEIL (DE) Jérôme de Verceil, officier piémontais, commandant dans Briquaira. 260, 261.

VERCEIL (DE), *Voy.* VERSEL (DE).

VERCOYRAN (I). 178.

VERDIÈRE (LA). Cne, con de Rians, arrt de Brignoles (Var). 154.

VERDUN (DE) (I) 159, 164, 281, 285.

VERGES (DE). Piétro de Verges, officier des gardes de l'infante d'Espagne. 214.

VERPILLÈRE (LA). Ch.-l. de con, arrt de Vienne (Isère). 448.

VERONNE (DE). Denis Moreau, Sr de Véronne, gouverneur de Serres, mari de Elisabeth de Saint-Ferréol (1599), colonel. 58.

VERRUE (II). 348, 349, 351, 352.

VERRUE (Cte DE) (II). 333.
VERSOY. C^{ne}, c^{on} de Genève (Suisse) 195, 247.
VÉSIN (I). 35.
VESPASIEN. Empereur romain. 439.
VEURAY, VOURAY. C^{ne}, c^{on} de Sassenage, arr^t de Grenoble (Isère). 35, 157.
VEYNES, VEINES. (I) à Veynes. 19, 29, 30, 31, 41, 42, 43, 44, 45, 50, 116, 177, 178, 179, 283.
VIALLET. Jean Vial, de Romette, dit le cap^{ne} Vialet; son fils fut anobli. 13.
VIC (DE) (I). 27.
VICE ROY DE CICILLE (LE). 235.
VICOSE (DE), VICOUZE (DE) (I). 52, 54, 224, 242.
VICTRIOLLE, *Voy.* BONE (DE).
VIDEL (II). 4 n., 61 n.
VIENNE (I). 72, 90, 91, 174, 176, 178, 179, 204, 205, 222, 237, 245, 247, 248.
VIENNOIS (LE) (I). 91, 226, 274.
VIF (I). 10, 12, 31, 35, 46, 53, 86.
VIGEON. Notaire à Paris. 443, 453, 454, 457, 460.
VIGNOLLES (DE) (II). 349, 352.
VIGNON (Marie DE). Mme LA CONNÉTABLE (II). 379, 382 n., 383, 386, 396, 397, 404 n. 406 n., 432 n., 445, 446, 447, 456, 458, 466.
VIGON, VIGNON (I). 93, 95 n., 98, 100, 104, 105, 107, 251, 255, 256, 257, 261.
VILETTE, VILLETTE. Ham., c^{ne} et c^{on} de St-Laurent-du-Pont, arr^t de Grenoble (Isère). 63, 147.
VILETTE (LA). Daniel de la Villette, Sr de Furmeyer et de Veynes, colonel, fils de Gaspard et d'Isabeau Rambaud de Furmeyer, il épousa Madeleine Martin de Champoléon. 98, 255.
VILLAR-CLÉMENT. Ham., c^{ne} de St-Julien, c^{on} et arr^t de St-Jean-de-Maurienne (Savoie). 158, 160.
VILLAR-DE-BOBI (LE) (I). 116.
VILLAR DE BRIANÇON (LE). VILLAR (LE) (I). 30, 38.
VILLARD (DE), VILLARS (DE) (I). 52, 54, 104, 116, 179, 261.

VILLAR-D'ARÈNES (LE). C^{ne}, c^{on} de la Grave, arr^t de Briançon (Hautes-Alpes). 37, 52.
VILLARD-AYMONT. *Villard-Eymond*, c^{ne}, c^{on} du Bourg-d'Oisans, arr^t de Grenoble (Isère). 448.
VILLARD-MOREL (DE). Capitaine catholique gapençais, tué au combat du Buzon en 1574. 11.
VILLAR SALE, VILLAR-SELLET. *Villard-Sallet*, c^{ne}, c^{on} de la Rochette, arr^t de Chambéry. (Savoie). 166, 265, 282.
VILLARD-SAINT-PIERRE. Ham., c^{ne} de Saint-Eusèbe, c^{on} de St-Bonnet, arr^t de Gap (Hautes-Alpes). 448.
VILLARS (Mis DE). Honorat de Savoie, Mis de Villars, amiral et maréchal de France (1572), gouv^r du Languedoc, fils de René de Savoie et d'Anne Lascaris. Il mourut en 1580. 85.
VILLARS. Cap^{ne} au service de la Savoie. 217.
VILLARS-GONDRAN. *Villargondran*, c^{ne}, c^{on} et arr^t de St-Jean-de-Maurienne (Savoie). 275, 276, 278.
VILLEDIEU. C^{ne}, c^{on} de Vaison, arr^t d'Orange (Vaucluse). 18, 58.
VILLEMUR. (I). 390, 393.
VILLENEUVE. Ham., c^{ne} de Cognin, c^{on} de la Motte-Servolex, arr^t de Chambéry (Savoie) ou ham. c^{ne} de Saint-Alban, c^{on} et arr^t de Chambéry (Savoie). 161.
VILLENEUFVE (Cap^{ne}). Antoine Fulcon-Saint, Sr de Villeneuve, fils d'Arnoul notaire à Poligny, ép. Catherine Blanchet. 9, 10, 56.
VILLEROY, HALINCOURT (D') (II). 322, 348, 350, 435, 436.
VILLETTE, *Voy.* VILETTE.
VILLETTE (LA). Gaspard de la Villette, coseig^r de Veynes, fils d'Antoine et d'Etiennette Perdrix. ép. Isabeau Rambaud de Furmeyer. 7.
VILLETTE (DE LA). Daniel de la Villette, Sr de Veynes, époux de Madeleine Martin de Champoléon, fils de Gaspard et d'Isabeau Rambaud de Furmeyer. 283
VILLEVIEILLE. Ham., c^{ne} de Château-Ville-Vieille, c^{on} d'Aiguilles, arr^t de Briançon (Hautes-Alpes). 39.

VILLEVIEILLE (LA). Quartier de la ville de Briquairas (Italie). 128.

VILLOTTE. *Villette*, c^{ne}, c^{on} d'Aime, arr^t de Moustier (Savoie). 317.

VIMORT. *Vimory*, c^{ne}, c^{on} et arr^t de Montargis (Loiret). 40.

VINON. C^{ne}, c^{on} de Rians, arr^t de Brignolles (Var). 66, 67, 83, 85, 152, 154, 155, 218.

VINS. C^{ne}, c^{on} et arr^t de Brignolles (Var). 243, 245.

VINS (DE) (I). 18, 26, 241.

VINSOBRES (I). 403.

VIOLETTE (LA). Officier tué à la prise de Jarjayes (1588). 46.

VIRIEU, VYRIEU. Ch.-l. de c^{on}, arr^t de la Tour-du-Pin (Isère). 71, 149.

VIRIEU (D'). Raphaël de Virieu, capucin à Valence qui assista Lesdiguières à ses derniers moments. 464.

VIRIVILLE (DE) (II). 322.

VISCOMTE. François Visconti, officier espagnol. 343.

VITELLY (Alexandre). (I) à Victollys. 68, 221.

VITROLLES (I). 224, 449.

VITROLLES (DE), *Voy*. DE BONE.

VIVARÈS, VIVARETZS (I). 36, 54, 56, 128, 188, 189, 284, 322, 329.

VIZILLE (I). 44, 189 n., 390, 355 n., 398, 440, 441, 447, 458, 467.

VOIRON, VOYRON (I). 114, 144, 150, 199, 205.

VOLLURE (LA). Cap^{ne} des gardes du duc de Savoie. 213.

VOLONNE. Ch.-l. de c^{on}, arr^t de Sisteron (Basses-Alpes). 75, 156.

VOREPPE (I). 63, 70, 92, 118, 137, 149.

VOUJANI, *Voy* VAUIANI.

VOULTE (DE LA). 322.

VOULX (I), à Voux. 69.

VOURAY, *Voy*. VEURAY.

VOYRON, *Voy*. VOIRON.

VRAIN. 448.

VULSON, COLLET DU). (I) à Vulson. 50, 69, 203 n., 222, 228.

VYRIEU, *Voy*. VIRIEU.

YENNE. Ch -l. de c^{on}, arr^t de Chambéry (Savoie). 70.

YÈRES (D'). Claude-François Coppier, S^r d'Hyères. 49.

YLLINS (D') (I). 136, 146, 148.

YSÈRE (L'), *Voy*. ISÈRE (L').

YZERON. *Izeron*, c^{ne}, c^{on} de Pont-en-Royans, arr^t de St-Marcellin (Isère). 91.

ZAMET (I) 448.

TABLE GÉNÉRALE

VOLUME I.

	Pages.
Préface	v.
Introduction	xvii.
Correspondance de 1375 à 1610, contenant quatre cent quatre-vingt-six lettres	1
Index des destinataires	541
Index des dépôts	545
Index des noms d'hommes et de lieux	548
Additions et corrections	594

VOLUME II.

Correspondance de 1611 à 1626, contenant trois cent quatre-vingt-seize lettres	3
Supplément à la correspondance contenant quarante-trois lettres	461
Discours de l'art militaire	541
Pièces relatives à Lesdiguières non retrouvées ou non insérées	579
Index des destinataires	589
Index des dépôts	592
Index des noms d'hommes et de lieux	595
Additions et corrections	631

VOLUME III.

JOURNAUX ET RAPPORTS MILITAIRES ET POLITIQUES	3
Mémoire, fait par le capitaine Arabin, de la Vie de Monseigneur le Connétable des Diguières	3
Journal des guerres de Lesdiguières de 1585 à 1597	23
Mémoire de ce qui s'est passé en Dauphiné aux mois de juin et juillet 1581	173
Mémoire de ce qui s'est passé en Dauphiné depuis le mois d'avril jusqu'au 20 décembre 1587	185
Mémoire de tout ce qui est advenu en la guerre de Savoie tant contre le Dauphiné que contre Genève, depuis février 1589, par le président Berliet	193
Récit de ce qui s'est passé en Dauphiné depuis le mois de mai dernier (1589)	211
Discours de la victoire d'Esparron	218
Lettre de Lesdiguières à M. Vulson sur les événements qui précédèrent la bataille de Pontcharra	222
Mémoires à M. Vulson, député près du roi, sur ce qui se passa en Dauphiné, Provence et Terres-Neufves de Savoie, de septembre en novembre 1591	228
Discours du voyage fait par M. de Lesdiguières en Provence, du 28 avril 1592 au 12 juillet ansuivant	231

	Pages.
Instructions de M. d'Épernon au roi sur les affaires de Provence.................	239
Brief récit des exploits de guerre du sieur des Diguières, depuis la journée de Pontcharra jusqu'au dernier décembre 1592..	246
Sommaire récit des progrès de l'armée du roi en Savoie et de la prise des places et victoires obtenues en icelles..	263
Lettres de M. de Cève au président de Calignon sur la campagne de Lesdiguières contre le duc de Savoie en 1597..	271
La desfaicte des troupes du duc de Savoye par M. des Diguières, le 14 d'aoust 1597...	297
Le vray discours de la deffaicte de neuf compagnies de cavallerie du duc de Savoye par l'armée du roy commandée par le sieur des Diguières, le 8 septembre 1597.........	299
Advis de la deffaite de l'arrière-garde du duc de Savoye par l'armée du roy à Barraux...	301
Advis de la deffaicte de partie des trouppes du duc de Savoye par l'armée du roy au port de la Garche..	303
Brief discours de la reprinse faicte par M. de Lesdiguières du fort que le duc de Savoye avait faict faire à Barraulx en l'année 1597....................................	305
Ce sont les particularités qui se sont passées à la prise de la ville de Montmeillan, et depuis jusqu'au 17 aoust (1600)..	311
Diaire ou journalier de ce qui s'est passé en la guerre de Savoye...................	319
Mémoire écrit le 10 novembre 1615 par M. Faure, sur un projet d'alliance entre Lesdiguières, Montmorency et Ventadour, contre les protestants......................	321
La fuitte donnée au régiment du sieur de Montbrun par M. le mareschal de Lesdiguières...	325
La réduction des villes du Pousin et Bay en l'obeyssance du roy par Monsieur le duc de Lesdiguières...	328
Les expéditions guerrières et militaires faites en Italie par l'armée de France et celle de Savoye, sous la conduite de Mgr le Connestable.................................	332
Récit véritable de ce qui s'est passé en l'armée du roy conduite par M. le Connestable delà les monts...	337
La grande et signalée victoire obtenue par l'armée du roy sous la conduite de Mgr le Connestable et Son Altesse de Savoie..	340
La prise et réduction de la ville de Gavi par M. le Connestable de Lesdiguières.......	345
Récit véritable de ce qui s'est passé à la deffaicte des Espagnols et lèvement du siège devant Verrue..	348
Copie de la lettre de Son Altesse au roy sur la fuite des Espagnols devant Verrue.....	351
DOCUMENTS SUR LA VIE PRIVÉE, LES CHARGES ET LA MORT DE LESDIGUIÈRES.............	355
Création et nomination faite par Mgr de Montmorency du Sr des Diguières pour estre chef de la noblesse et des églises de Dauphiné, le 5 avril 1577....................	355
Règlement sur la pacification du Dauphiné (4 novembre 1579)....................	359
Vallidation de tout ce que Mgr des Diguières a fait et ordonné durant les troubles de guerre, le 23 septembre 1593..	366
Nomination de Lesdiguières comme lieutenant général par intérim dans la province de Dauphiné, le 3 février 1597..	369
Validation par le roi des articles de trêve conclus entre le sieur des Diguières et le duc de Savoye, le 20 juillet 1598..	372
Nomination de Lesdiguières comme lieutenant général au gouvernement de Dauphiné, le 12 septembre 1598...	374

Lettres patentes autorisant Françoise et Catherine de Bonne, filles adultérines de Lesdiguières, à lui succéder; janvier 1610	379
Lettres patentes déclarant Françoise et Catherine de Bonne, filles adultérines de Lesdiguières, inhabiles à succéder à leur père; 1640	382
Lettres patentes déclarant Françoise et Catherine de Bonne, filles adultérines de Lesdiguières, inhabiles à lui succéder	385
Érection de la terre et seigneurie de Lesdiguières en duché et pairie en faveur de Françoise de Bonne; mai 1611	389
Premier testament de Lesdiguières, du 31 juillet 1613	393
Lettre de M. de la Colombière à Duplessis-Mornay, du 1er janvier 1614	404
Pouvoir de lieutenant général donné à Lesdiguières en une armée de Dauphiné, 17 novembre 1621	407
Avis à M. de Lesdiguières pour le détourner de se faire catholic	409
Provisions du connétable de Lesdiguières et dispense de serment	416
Nomination de Lesdiguières comme chevalier du Saint-Esprit	421
Lettres patentes du roi à MM. d'Allincourt et de Saint-Chaumont pour informer sur la noblesse de Lesdiguières	423
Récit véritable de toutes les cérémonies observées dans la ville de Grenoble à la protestation de foi de Monseigneur le duc de Lesdiguières	426
Lettre du pape à Lesdiguières sur sa conversion	431
Lettres patentes du roi à Mgr l'archevêque d'Embrun pour informer de la religion, vie et mœurs de Lesdiguières	433
Acte de réception de l'ordre du St-Esprit de Monsieur le connétable de Lesdiguières	435
Constructions, embellissements et travaux de voirie faits par Lesdiguières en Dauphiné, par Expilly	437
Dernier testament de messire François de Bonne, duc de Lesdiguières	443
Premier codicille de Monsieur le connétable de Lesdiguières	454
Second codicille de Monsieur le connétable de Lesdiguières	457
Troisième codicille de Monsieur le connétable de Lesdiguières	460
Récit de la mort du connétable de Lesdiguières et des cérémonies de ses obsèques	462
GÉNÉALOGIE DE LA FAMILLE DE BONNE	475
ICONOGRAPHIE	499
STATUES	499
TABLEAUX	503
MÉDAILLES	504
GRAVURES	507
SIGILLOGRAPHIE	519
BIBLIOGRAPHIE DES OUVRAGES RELATIFS A LESDIGUIÈRES	521
INDEX	537
TABLE GÉNÉRALE	581
CORRECTIONS	584

CORRECTIONS

Pages.	Lignes.	
14	18	*des gens le petit pas*, lisez : *des gens, le petit pas.*
16	19	*la Conche*, lisez : *la Couche.*
38	17	*Gasaus et la Mirande*, lisez : *Gasaus de la Mirande.*
40	21	*Bonrepas*, lisez : *Bonrepos.*
48	36	*Passieu Davini*, lisez : *Passieu, Davini.*
74	24	*IIIe coups de canon*, lisez : *III^c coups de canon.*
77	4	*XII*, lisez : *XVII.*
85	9	*1501*, lisez : *1591.*
108	2	*Fenestrolles*, lisez : *Fenestrelles.*
120	21	*le sieur les Diguières*, lisez : *le sieur des Diguières.*
130	Note 3.	*En Grogne*, lisez : *Engrogne.*
136	6	*Provenée*, lisez : *Provence.*
140	18	*au Suze*, lisez : *a Suze.*
Ibid.	22	*Castelle*, lisez : *Castille.*
203	10	*Terreneufvc*, lisez : *Terreneufve.*
212	5	*Ligne*, lisez : *Ligue.*
222	3 de la note,	*mis en chemin*, lisez : *suis en chemin.*
Ibid.	Dernière ligne.	*Par ladicte*, lisez . *par madicte.*
225	19	*13 cents coups de canon*, lisez : *300 coups de canon.*
275	13	*Pont Amafie*, lisez : *pont Amafré.*
286	34	*Bonnans*, lisez : *Bouvans.*
287	34	*Juet*, lisez : *Just.*
308	5	*villoige*, lisez : *villaige.*
368	6	*nostre bon plaisir*, lisez : *nostre plaisir.*
319		Le Diaire ou journalier dont la publication commence à cette page a été analysé dans les *Pièces fugitives pour servir à l'histoire de France*, par le B^{on} d'Aubais (T. II, p. 36).
321	3	*allience*, lisez : *alliance.*
385	4	*et inhabiles*, lisez : *inhabiles.*
401	34	*Saint-Gilles*, lisez : *de Gilles.*
477	30	*de gueules*, lisez : *d'argent.*

www.ingramcontent.com/pod-product-compliance
Lightning Source LLC
Chambersburg PA
CBHW070408230426
43665CB00012B/1296